...KTOREN DER CARIBBEAN SEA FRONTIER

— ATLANTIK —

PUERTO RICO SECTOR

PUERTO RICO · ANEGADA PASSAGE · ANTIGUA · GUADELOUPE · DOMINICA · MARTINIQUE · ST. LUCIA · BARBADOS · MARGARITA · GRENADA · TOBAGO · GALLEONS PASSAGE · TRINIDAD

VENEZUELA

TRINIDAD SECTOR

BRIT. · HOLL. · FRANZ. GUAYANAS

BRAZILIAN SECTOR

U-Bootkrieg in der Karibik
1942–1945

Gaylord T. M. Kelshall

U-Bootkrieg in der Karibik
1942–1945

übersetzt und überarbeitet von
Hans-Jürgen Steffen

Seit  1789

Verlag E.S. Mittler & Sohn GmbH
Hamburg · Berlin · Bonn

Gekürzte Ausgabe.

Originaltitel:
The U-Boat War in the Caribbean,
Gaylord T. M. Kelshall

Originally published in 1988 by
Paria Publishing Co. Ltd., Port-of-Spain, Trinidad and Tobago.

Titelbild: Verlagsarchiv/T. Wehner

Trotz sorgfältiger Recherche ist es nicht in allen Fällen gelungen, die Inhaber der Bildveröffentlichungsrechte zu ermitteln. Wir bitten die Copyrigth-Inhaber sich beim Verlag zu melden.

Die Deutsche Bibliothek – CIP-Einheitsaufnahme

Kelshall , Gaylord T. M. :
U-Bootkrieg in der Karibik 1942–1945 /
von Gaylord T. M. Kelshall / übersetzt und überarbeitet von
Hans-Jürgen Steffen. - Hamburg ; Berlin ; Bonn : Mittler , 1999
ISBN 3- 8132-0547-9

ISBN 3- 8132-0547-9

© 1999 by Verlag E.S. Mittler & Sohn GmbH, Hamburg
Alle Rechte vorbehalten.

Layout und Produktion: Inge Mellenthin
Druck und Bindung: Hans Kock, Buch- und Offsetdruck GmbH, Bielefeld
Printed in Germany

Inhaltsverzeichnis

Vorwort 7

1. Wenn du den Frieden willst, rüste für den Krieg 10
2. Der Beginn der Operation »Neuland« 24
3. Der zweite Teil der Operation »Neuland« 37
4. Der Wonnemonat Mai 57
5. Der goldene Westen 74
6. Die dritte Welle 89
7. Konvois 103
8. Drei U-Boote gehen verloren 120
9. Wachwechsel 136
10. Die Rückkehr der Veteranen 146
11. Ein amerikanisches Kriegsschiff geht verloren 161
12. Die Konvois TM-1 und TB-1 176
13. Ein U-Boot-As stirbt 191
14. Ein zweischneidiges Schwert 205
15. Die Wölfe versammeln sich 216
16. U-Tanker 227
17. Die Krise in der Karibik 239
18. Luftmacht 253
19. Der größte Kampf 265
20. Der Rückzug 280
21. Die siegreiche US-Navy 291
22. Das Ende der karibischen Operationen 304
23. Das Treffen der alten Kämpfer 315

Anhang 319

Ein besonderer Dank an:
Reinhard Hardegen (U 123),
Herbert Schlipper (U 615)
und Joachim Jaworski (U 616)
für die fachliche Beratung
während der Überarbeitung.

Vorwort

Die Geschichte des U-Boot-Krieges in der Karibik wurde geschrieben, um eine Lücke in der Berichterstattung über den Zweiten Weltkrieg zu schließen. Obwohl in der Literatur immer wieder erwähnt, ist die Bedeutung dieses Kriegsschauplatzes für den Seekrieg weitgehend vernachlässigt worden. Ebenso wie im Zweiten Weltkrieg stellt die Karibik auch heute noch den äußeren Verteidigungsring dar, der den empfindlichen »Unterleib« der Vereinigten Staaten schützt. Außerdem bildete sie den Angelpunkt für die Kontrolle über den mittleren Atlantik. Was hat dazu geführt, daß der lebenswichtige Kampf zwischen den Alliierten und den deutschen U-Booten in der Karibik bisher so wenig beachtet wurde? Während des Zweiten Weltkrieges war die Hauptmacht der US-Navy im Pazifik eingesetzt, und die dramatischen Schlachten in diesem Gebiet haben die gefährlichen Ereignisse im Atlantik weitgehend überschattet. Der aufsehenerregende Krieg im Pazifik brachte eine Reihe herausragender Admiräle hervor, die mit ihren Flugzeugträger-Kampfgruppen das militärische Geschehen bestimmten und das Bild der US-Navy in der Öffentlichkeit prägten.

Die Westküste der Vereinigten Staaten war jedoch niemals militärisch oder wirtschaftlich von den Japanern bedroht. Der Krieg im Pazifik war ein Krieg um Gebiete an der Peripherie des amerikanischen Einflußgebietes, und man könnte ihn auch als Auslandskrieg bezeichnen. Andererseits richtete sich die deutsche Bedrohung auf dem Atlantik direkt auf die amerikanische Ostküste. Auf dem Atlantik war die US-Navy gegen die Deutschen aber nicht so erfolgreich wie im Pazifik gegen die Japaner. Das hatte zur Folge, daß die Vorgänge im Pazifik im Zweiten Weltkrieg für die US-Navy im Vordergrund standen. Die amerikanischen Historiker neigten dazu, die Atlantikschlacht weitgehend den Engländern zu überlassen, die sich auf ihren Überlebenskampf im Nordatlantik konzentrierten und dabei manch anderen bedeutenden Kriegsschauplatz vernachlässigten. Ein solcher Kriegsschauplatz war die Karibik.

Der Seekrieg im westlichen Atlantik fand in drei verschiedenen Gebieten und zu unterschiedlichen Zeiten statt. *Paukenschlag*, die U-Boot-Offensive gegen die Ostküste der Vereinigten Staaten, begann im Januar 1942. Ihr folgte einen Monat später die Operation *Neuland*. Dies war die U-Boot-Offensive in der Karibik, die bis Ende des Jahres andauerte. Die U-Boote, die hieran teilnahmen, kamen nicht von der Ostküste der USA, sondern direkt in die Karibik. 36 Prozent aller Schiffsverluste der Alliierten gingen 1942 auf das Konto von *Neuland*. Anfang 1943 war das karibische Gebiet zunächst zu einem Nebenkriegsschauplatz geworden, aber Mitte des Jahres trugen die Deutschen erneut eine groß angelegte Offensive vor. Dieser Vorstoß wurde jedoch von der US-Navy zurückgeschlagen, und bis Ende des Jahres unternahmen die U-Boote dann nur noch gelegentliche Störangriffe. Die dritte U-Boot-Offensive im Westatlantik war gegen den Verkehr entlang der brasilianischen Küste gerichtet und wurde mit unterschiedlicher Intensität bis Ende des Krieges geführt. Ab 1943 war es Hauptziel der Deutschen, die alliierten U-Boot-Abwehrkräfte zu binden, was mit Erfolg geschah. Vom Norden Kanadas bis hinunter zur Südgrenze Brasiliens mußten die Alliierten ein gewaltiges U-Boot-Abwehrnetz unterhalten, da die Deutschen die Bedrohung durch die Präsenz von U-Booten ständig aufrecht erhielten. Vom alliierten Standpunkt aus war der Krieg im westlichen Atlanik sehr frustrierend. Nirgendwo entsprachen die Versenkungen von U-Booten den gewaltigen eingesetzten Mitteln. Die Piloten der Flugzeuge durchstreiften die Weiten des Meeres Tage, Wochen und mitunter ein ganzes Jahr, ohne je ein U-Boot angegriffen oder es auch nur gesichtet zu haben. Trotzdem mußten sie jederzeit bereit sein, sofort zum Angriff überzugehen.

Für viele von ihnen wurde die Langeweile jedoch von reinem Entsetzen unterbrochen, wenn sie sich den geballten Flugabwehrwaffen der U-Boote gegenübersahen, und mancher konnte seine Maschine aus dem Angriffssturzflug nicht mehr abfangen. Nicht wenige Verluste gingen aber auch auf das Konto technischer Defekte nicht ausgereifter Flugzeugmotoren. Für die Mannschaften der Überwassergeleitfahrzeuge war es ebenfalls oft sehr enttäuschend. Es gab niemals genügend oder geeignete Geleitfahrzeuge in der Karibik, was dazu führte, daß sie sich weitgehend auf die Luftstreitkräfte verließen. Trotz Hunderten von Zielerfassungen und Wasserbombenangriffen, versenkten die Geleitfahrzeuge nur drei von insgesamt 17 im karibischen Einsatzraum verloren gegangenen U-Booten.

Für die U-Boot-Besatzungen verkörperte die Karibik zunächst so etwas wie den Goldenen Westen. 1942 wüteten sie fast ungehindert, und eine Feindfahrt dorthin wurde als Geschenk angesehen. Aber mit Fortschreiten des Krieges und zunehmender Überlegenheit der US-Navy wurde die Karibik zu einem gefährlichen Platz für die U-Boote. Dennoch blieb die Moral der U-Bootmänner ungebrochen, und selbst in jenen Tagen, in denen kein Boot das Gebiet unbeschädigt verließ, ging der Kampfgeist der Besatzungen nicht verloren.

Auf dem karibischen Kriegsschauplatz machten sowohl die Alliierten als auch die Deutschen entscheidende Fehler. Die Verteidiger schienen nur auf die deutschen Schritte zu reagieren und waren zeitweise hoffnungslos unterlegen. Auf der anderen Seite bereitete der deutschen Führung die große Entfernung zwischen Europa und der Karibik offenbar Probleme, denn sie unterstellte die Boote nicht der gleichen strikten Kontrolle und Koordination wie die Atlantik-Boote. Das führte dazu, daß einige großartige Gelegenheiten verpaßt wurden.

Beide Seiten haben es wohl vorgezogen, sich nicht allzu intensiv mit dem Geschehen in dieser Region zu beschäftigen und sich auf die bekannteren Kriegsschauplätze zu konzentrieren. Die Männer aber, die in der Karibik gekämpft haben, werden den Krieg dort niemals vergessen. Und hier sind besonders auch die Besatzungen der Handelsschiffe gemeint, die vor allem Opfer der Auseinandersetzungen wurden. Für sie wurde die Karibik zu einem Platz des Schreckens. Sie starben zu Tausenden

VORWORT

durch Torpedoeinwirkung, durch Hitzschlag und Verdursten oder wurden zur Beute der immer anwesenden Haie. Sie haben die karibische Geschichte am Leben erhalten.

Gaylord T. M. Kelshall
St. Augustine, Trinidad, W.I.
August 1987

»Trinidad-Tobago Passage« – nächtelang haben wir dort mit U 160 gestoppt gelegen und das Boot vom Zwei- bis Drei-Meilen-Strom tragen lassen – dorthin, wo im Morgengrauen die Kapitäne der Handelsschiffe hofften, heil durchgekommen zu sein. Sie wurden bitter enttäuscht, denn gerade an dieser Stelle erwartete sie, wie Gaylord Kelshall schreibt, U 160, der Schrecken der Nordküste Trinidads.

Deshalb war ich sehr glücklich und dankbar, als mich 1952 Kapitän Björn Olsen vom norwegischen Tanker HAVSTEN, den ich im August 1942 bekämpft hatte, mit seinem neuen Schiff, dem MT JASPIS, in Kiel besuchte und sich als Freund in das Gästebuch von U 160 eintrug, das den Krieg überlebt hatte.

Der Kampf in der Karibik zwischen den deutschen U-Booten und den alliierten U-Boot-Abwehrkräften ist so fesselnd geschrieben und einfühlsam übersetzt, daß dem deutschen Leser hiermit ein sehr lesenswerter und authentischer Bericht über dieses bisher nicht im Zusammenhang beschriebene Kapitel des U-Bootkrieges vorliegt.

Georg Lassen
Kommandant U 160
Santa Ponca/Mallorca
im November 1998

Kapitel 1

Wenn du den Frieden willst, rüste für den Krieg

Die Verluste an Handelsschiffen durch die deutschen U-Boote erreichten im Frühjahr 1940 für Großbritannien ein so bedrohliches Ausmaß, daß Premierminister Winston Churchill gezwungen war, sich nach Hilfe umzusehen. Rußland war mit Deutschland einen Nichtangriffspakt eingegangen und Italien im Bündnis der Achsenmächte fest verankert. Doch das neutrale Amerika bot Aussicht auf Hilfe. Churchill wandte sich an Roosevelt. Unter Ausnutzung seiner neugewonnenen Freundschaft mit dem amerikanischen Präsidenten und unter Hinweis auf die drohende Vorherrschaft Deutschlands in Europa, bat er um Überlassung von 50 Zerstörern, um dem Aderlaß auf dem Atlantik Einhalt gebieten zu können. Die Zerstörer waren vorhanden, da die US-Navy über eine große Anzahl eingemotteter alter Vierschornstein-Glattdeckzerstörer in ihrer Reserveflotte verfügte. Das Problem war, wie man die Übergabe an die Engländer politisch rechtfertigen konnte, da es in maßgeblichen Kreisen erheblichen Widerstand gab. Eine Gruppe einflußreicher Amerikaner lieferte dem Präsidenten schließlich die Lösung. Sie griff einen Vorschlag aus dem Ersten Weltkrieg auf, nach dem England seine Kriegsschulden durch Abtretung von Militärstützpunkten in der westlichen Hemisphäre bezahlen sollte. Die Idee wurde aufpoliert und auf neuesten Stand gebracht. Es war natürlich unmöglich, eine kriegführende Nation zur Abtretung ihrer Militärbasen an ein neutrales Land zu veranlassen. Man schlug deshalb vor, im Austausch gegen die Zerstörer, amerikanische Stützpunkte Seite an Seite mit den englischen in den britischen Kolonien einzurichten. Das sah dann mehr nach einem Verkauf aus, und Deutschland konnte keinen Anstoß nehmen. Die Deutschen haben jedoch den Vertrag über die Militärbasen stets als einen Versuch Roosevelts angesehen, England zu unterstützen, und sie machten in ihrer Kriegspropaganda auch vollen Gebrauch davon. Churchill hatte keine Wahl. Er mußte zustimmen, denn er fürchtete, daß die U-Boote die lebenswichtige Versorgungslinie über den Atlantik abschneiden könnten. Eine Verschnaufpause in der Schlacht auf dem Atlantik war zunächst erreicht, aber nun mußte England den Preis dafür bezahlen. Im August verkündete Churchill das Abkommen im Unterhaus. Roosevelt berichtete dem Kongreß im September.
Zu dieser Zeit hatten die amerikanischen Untersuchungskommissionen ihre vorbereitende Arbeit bereits geleistet, und man wußte genau, was man wollte. Auf Great Exuma Island in den Bahamas wurden Gebiete für Armee und Marine zur Verfügung gestellt. Auf der Ostseite der Karibik wählte man Antigua und St. Lucia aus, während Trinidad und Britisch Guayana den Ring um das Karibische Meer vervollständigten.

Die abschließenden Verhandlungen fanden im Oktober 1940 statt, wobei von seiten der Amerikaner harte Bedingungen gestellt wurden. Das Land für die Militärstützpunkte mußte auf 99 Jahre an die Vereinigten Staaten verpachtet werden.[1] Den Betroffenen müssen damals 99 Jahre wie eine Ewigkeit erschienen sein. Tatsächlich wurden die Militärbasen bereits nach 25 Jahren geschlossen, und man hätte natürlich auch diese Jahreszahl in die Verträge aufnehmen können, wodurch viel Unmut vermieden worden wäre. Das Ungewöhnliche an diesem Vorgang bestand jedoch darin, daß sich das neutrale Amerika auf Plätzen militärisch einrichtete, die als Teil des Britischen Empire mit Deutschland im Krieg standen.

Auf Great Exuma/Bahamas und Antigua wurden Fliegerhorste eingerichtet, auf St. Lucia sogar Anlagen zur Aufnahme einer gesamten Division, obwohl die Insel eine so große Garnision niemals erhielt. Außerdem entstand auch dort ein Fliegerhorst, dessen Einrichtungen aber ebenfalls nur teilweise genutzt wurden. Trotzdem bewährte sich St. Lucia als exzellenter Zwischenstopp zum Auftanken patrouillierender Flugzeuge und diente als idealer Stützpunkt, um die Vichy-französischen Inseln Martinique und Guadeloupe zu kontrollieren.

Britisch Guayana erhielt eine kleine Sicherungseinheit zur Bewachung des Flugplatzes, der später zu einem Fliegerhorst in vorderster Linie werden sollte. Trinidad jedoch schien der wichtigste Erwerb im Stützpunktabkommen zu sein. Im Nordosten der Insel errichtete man ein großes Armeelager, das nach Generalmajor Reid, einem amerikanischen Helden im Ersten Weltkrieg, benannt wurde. Die ausgedehnten Anlagen waren für die Aufnahme von drei Divisionen ausgelegt, obwohl hier zu keinem Zeitpunkt mehr als 20 000 Mann stationiert wurden.

Von besonderer geostrategischer Bedeutung war der Panama-Kanal. Bevor die Deutschen in der Karibik zuschlugen, gingen die Amerikaner bei der Planung zur Verteidigung des Kanals von zwei möglichen Bedrohungen aus. Die erste bezog sich auf einen eventuellen Flugzeugträger-Angriff der Japaner und die zweite auf die Möglichkeit eines deutschen Luftangriffes aus den Weiten des Amazonas-Beckens. Diese Einschätzung wurde durch die wiederholten Berichte der Verteidigungsinspektionen erhärtet, die in diesem Gebiet vor Eintritt der USA in den Krieg durchgeführt worden waren, und auch durch die spätere Dislozierung der Streitkräfte in der Karibik. Die Anordnung der Stützpunkte in der Karibik und ihre Ausrüstung unterstrichen die Sorge der Amerikaner, die sich über das Potential der japanischen Flugzeugträgerflotte und die Fähigkeiten der deutschen Luftwaffe völlig im klaren waren. Es gab einen äußeren Verteidigungsring, der in Trinidad aufgehängt war und von dort nordwestlich in einem großen Bogen über Puerto Rico hinaus bis nach Cuba reichte. Die hier vorhandenen Stützpunkte waren in erster Linie auf die US-Army Air Corps zugeschnitten. Vor dem deutschen Vorstoß bestanden die Luftkampfmittel der USA in diesem Gebiet aus 189 Bombenflugzeugen und 202 Jagdflugzeugen. Der Auftrag der Bomber war die Bekämpfung deutscher Überseestreitkräfte und der Einsatz gegen die vermuteten deutschen Luftstützpunkte im Amazonas-Becken. Die Jagdflugzeuge waren

KAPITEL 1

zur Luftverteidigung und für den Geleitschutz der Bomber vorgesehen. Die Heeres-Garnisonen und Küstenschutzeinrichtungen dienten der Verteidigung der Flugplätze. Die US-Navy hatte sich mit einer U-Boot-Basis in St. Croix für den äußeren Verteidigungsring eingerichtet. Eine weitere U-Boot-Basis befand sich an der karibischen Seite des Panama-Kanals. Die U-Boote sollten gegebenenfalls Seite an Seite mit dem US-Army Air Corps gegen deutsche Seestreitkräfte operieren. Später war es auch Aufgabe dieser Einheiten, einer Bedrohung durch die Flotteneinheiten der Vichy-Regierung vorzubeugen. Eine derartige Organisation war natürlich nicht darauf ausgelegt, mit einem deutschen U-Boot-Angriff fertig zu werden.

Im Juni 1941 richtete die US-Navy das Kommando *Caribbean Sea Frontier*[2] ein. Die nördliche Linie dieses Gebietes verlief von der Yucatán Halbinsel nach Osten zur Insel Grand Cayman, dann nordwärts nach Cuba und von dort über die Bahamas hinaus in den mittleren Atlantik. Als südliche Begrenzung wurde die in den Atlantik hinein verlängerte Grenzlinie zwischen Französisch Guayana und Brasilien festgelegt. Im Verlaufe des Krieges wurde das Seegebiet südlich dieser Grenzlinie zum brasilianischen Kriegsschauplatz. Anfänglich war die *Caribbean Sea Frontier* in drei Sektoren unterteilt, die jeweils von Panama, Trinidad und Puerto Rico aus kontrolliert wurden. Panama überwachte das Gebiet von der venezolanisch/kolumbianischen Küste bis zur Linie Yucatán Halbinsel/Grand Cayman, während die Trennungslinie zwischen dem *Puerto Rico Sector* und dem *Trinidad Sector* auf der Höhe zwischen St. Lucia und Martinique verlief. Die Ausdehnung der *Caribbean Sea Frontier* in den mittleren Atlantik hinein entsprach der äußersten Reichweite der Flugzeuge, die zu diesem Zeitpunkt im Einsatz waren. 1942 ergab sich dadurch eine Beschränkung auf 500 Meilen. Von der nordwestlichen Ecke der Karibik bis in den äußersten Südosten erstreckte sich die *Caribbean Sea Frontier* anfänglich über 2 500 Meilen. Von der venezolanisch/kolumbianischen Küste nordwärts waren es 1 000 Meilen. Das gesamte Gebiet umfaßte damit 2,5 Millionen Quadratmeilen.

Um den Bereich um Hispaniola (Haiti/Dominikanische Republik) abzudecken, wurde auf dem US-Marine-Stützpunkt Guantánamo Bay auf Cuba zusätzlich ein weiterer Führungssektor eingerichtet. Von dort aus konnten die Flugzeuge westlich bis Grand Cayman und bis zur strategisch wichtigen Straße von Yucatán operieren. Außerdem sollte Guantánamo Bay die Windward Passage zwischen Haiti und Cuba schützen und das Gebiet um die Bahamas kontrollieren. Damit war die *Caribbean Sea Frontier* effektiv in vier Führungssektoren aufgeteilt.

Für den Golf von Mexiko wurde im Februar 1942 die *Gulf Sea Frontier* mit Stützpunkten auf amerikanischem Territorium geschaffen. Dieses Gebiet unterstand dem Kommando der Verteidigung der Ostküste der USA. Die Hälfte der den Golf umgebenden Landmasse, einschließlich der Halbinsel Yucatán, die die wichtige Yucatán-Straße beherrschte, war jedoch mexikanisches Hoheitsgebiet, und erst als Mexiko in den Krieg eintrat und die Einrichtung amerikanischer Stützpunkte erlaubte, ließ sich der Golf wirksam überwachen.

Die Schwerpunkte des Kampfes lagen vor dem Mississippi-Delta, um die Windward-Passage herum und im Gebiet von Trinidad. Die Offensive vor dem Mississippi dauerte nur drei Monate, denn die amerikanische Reaktion auf die Bedrohung war schnell und heftig. Der Einsatzraum lag einfach zu nahe an den Ölhäfen, und das flache Wasser war für die U-Boote ungeeignet. Die Windward Passage war jedoch ein Flaschenhals für die Handelsschiffahrt, den alle Konvois passieren mußten. Natürlich versuchten die Deutschen, diese Durchfahrtsstraße abzuriegeln. Aber trotz des tiefen Wassers war es ein beengter Seeraum, und die Verteidiger befanden sich im Vorteil. Die in der Passage operierenden U-Boote kämpften verbissen und versenkten bis zu ihrer Vertreibung Ende 1942 zahlreiche Schiffe.

Ganz anders waren die Bedingungen im Gebiet um Trinidad, das bis zum Ende des Krieges hart umkämpft blieb. 1941 begannen die Amerikaner mit der Errichtung ihrer Stützpunkte auf Trinidad, wobei sie sich jedoch nicht auf eine U-Boot-Bedrohung vorbereiteten. Innerhalb des großen Armee-Geländes Fort Reid wurden zwei parallel verlaufende Landebahnen für das US-Army Air Corps gebaut, die sich – zusammen mit zwei außerhalb gelegenen Hilfsflugplätzen – als das einzig Brauchbare an den diversen Einrichtungen des Stützpunktes erwiesen.

Die Stützpunkte, besonders auch die in Trinidad, waren als Schutz gegen einen eventuellen deutschen Vorstoß aus dem Seegebiet rund um England nach Westafrika und von dort über den Atlantik in die Karibik gedacht. Ein solches Vorgehen hätte den empfindlichen »Unterleib« der USA ebenso gefährdet wie den sensiblen Bereich des Panama-Kanals. Die Vorstellung, daß die USA von Land her bedroht werden könnten, wurde von den Engländern nicht geteilt. Aber vielleicht war der Gedanke gar nicht so abwegig, wenn man die Situation in Südamerika berücksichtigte. Allein in Brasilien lebten eine Million Deutsche, eine große Zahl wohnte in Argentinien und anderen südamerikanischen Staaten, und dieses deutsche Element hatte natürlich erheblichen politischen und wirtschaftlichen Einfluß. Wenn es den Deutschen gelingen sollte, die Vichy-Franzosen auf Martinique zu veranlassen, ihre Marine-Streitkräfte zur Verfügung zu stellen, dann wären sie zu einer ernstzunehmenden Gefahr für die USA geworden. So jedenfalls war der amerikanische Gedankengang.

Während der ganzen Kriegszeit besaßen die karibischen Länder eine ausgefeilte Zivilverteidigung gegen mögliche deutsche Luftangriffe. Das mag lächerlich erscheinen, wenn man bedenkt, daß die deutsche Luftwaffe mindestens 5 000 Meilen entfernt war. Aber es gab noch einen anderen Grund. Mit Ausbruch des Krieges lag eine große Anzahl von deutschen Flugzeugen in Südamerika fest. Man glaubte, daß diese Maschinen auch als Bomber eingesetzt werden könnten. Zusammen mit den Vichy-Seestreitkräften, die über den Flugzeugträger BÉARN verfügten, bildeten sie ein potentielles Sicherheitsrisiko, und vor diesem Hintergrund erschienen vielen Karibik-Anrainern die Sorgen der Amerikaner verständlich.

Am 7. Dezember 1941 griffen die Japaner Pearl Harbour an und setzten einen Teil der amerikanischen Pazifikflotte außer Gefecht. Das Blutbad schockierte die amerikanische Öffentlichkeit zutiefst, und das Trauma von Pearl Harbour war so überwältigend, daß es die kurz darauf folgenden Ereignisse an der Ostküste der USA zunächst überschattete. Der Eintritt der USA in den Krieg eröffnete den deutschen U-Booten ein neues Operationsfeld, und sie machten vollen Gebrauch davon.

Britische Dechiffrierexperten entdeckten am 29. Dezember 1941 die erste Welle von fünf U-Booten mit Kurs auf die Ostküste der Vereinigten Staaten. Die Amerikaner wurden sofort unterrichtet, aber es war zu spät, um die Versäumnisse der vergangenen Jahre wiedergutzumachen. Die Offensive trug den Namen *Paukenschlag*[3] und sollte am 14. Januar beginnen, sobald alle fünf U-Boote vor Ort waren. Als Kptlt. Hardegen mit U 123 seine Position vor Long Island erreichte, war er erstaunt, die Küste und die Handelsschiffahrt wie in Friedenszeiten hellerleuchtet vorzufinden. Die U-Boot-Kommandanten konnten kaum glauben, daß sie in den Gewässern eines kriegführenden Staates operierten. Die sich gegen die hellerleuchtete Küstenlinie abzeichnenden, einzeln fahrenden Handelsschiffe bildeten ideale Angriffsziele. In den ersten zehn Tagen der Offensive versenkten die U-Boote 25 Schiffe, wobei sie tagsüber in tieferem Wasser auf dem Meeresgrund lagen, nachts auftauchten und dann im flachen Wasser ihr Werk fortsetzten. Insgesamt fielen der Operation *Paukenschlag* 39 Schiffe, davon 16 Tanker, zum Opfer.

Obwohl die US-Navy zwei Jahre Zeit gehabt hatte, die Entwicklung im U-Boot-Krieg zu beobachten, wurde sie von den Ereignissen völlig überrumpelt. Die viel publizierte Neutralitätspatrouille entlang den Küsten Amerikas war ein Witz. Um die 3 000 Meilen Küstenlinie abzudecken, verfügte die US-Navy über ganze 20 Sicherungsfahrzeuge, von denen keines in der Lage war, ein U-Boot über Wasser einzuholen. Von den 108 Flugzeugen, die der Ostküste der USA zugeteilt waren, bestand die Hälfte aus Schulmaschinen. Es gab keine Konvois, keine Verdunkelung der Küste, alle Leuchtfeuer brannten, und die Funknachrichten für die Schiffahrt wurden wie in Friedenszeiten fortgesetzt. Die wenigen Zerstörer, die zum Einsatz kamen, wurden zu Jagdgruppen mit festem Zeitplan zusammengefaßt, so daß ihnen bequem ausgewichen werden konnte.

Der erstaunliche Mangel an Kriegsvorbereitung setzte sich bei der Zivilbevölkerung an Land fort. Es war anfänglich sehr schwer, den Leuten klar zu machen, daß sich durch die Lichter an der Küste die Silhouetten vorbeifahrender Handelsschiffe abzeichneten, die damit eine leichte Beute der U-Boote wurden. Ein Paradebeispiel ereignete sich im Süden, wo die Handelskammer einer Stadt sich weigerte, die Neonbeleuchtung der Wasserfront abzuschalten, weil ein solcher Schritt die Touristen fernhalten würde. Die Vorstellung ist grotesk, daß die Touristen in hellerleuchteten Bars und Strandhotels saßen und den U-Booten bei ihrer Arbeit auf See zusehen konnten.

Das Verhalten der Zivilbevölkerung in der Karibik war nicht viel anders, als der Krieg das Gebiet erreichte. Man war ja Tausende von Meilen von den nächsten deutschen Soldaten entfernt und hatte große Mühe, sich mit den schockierten Überlebenden versenkter Handelsschiffe zu identifizieren. Die Pflicht zur Geheimhaltung verbot es dem

Militär, der Bevölkerung zu erzählen, was sich auf See ereignete. Dadurch wurde jedoch ein Wall zwischen den Truppen und der Öffentlichkeit aufgebaut, und die Bewohner der Inseln taten schließlich so, als ob der Krieg für sie gar nicht existierte. Daß es schwierig war, die Zivilbevölkerung von der Notwendigkeit zur Kriegsbereitschaft zu überzeugen, ist nicht verwunderlich. Es überraschte jedoch, daß auch die Besatzungen der Handelsschiffe lange brauchten, bis ihnen klar wurde, daß sich der tödliche Seekrieg im Atlantik an die Gestade der karibischen Länder vorgeschoben hatte. Die Hafenkommandaturen schienen nicht in der Lage, den Handelsschiffskapitänen zu vermitteln, daß ein hohes Maß an Disziplin und taktischem Können erforderlich war, um in den feindlich gewordenen Gewässern zu überleben. Als dann auch noch der normale Funkverkehr aufrecht erhalten blieb, der den U-Booten die Positionen der Schiffe verriet, da waren die Verluste vorprogrammiert.

Im Ersten Weltkrieg hatte man auf schmerzhafte Weise gelernt, daß den U-Booten nur mit dem Konvoi-System wirkungsvoll zu begegnen war. Im Zweiten Weltkrieg verloren die Engländer keine Zeit und führten die Geleitzüge sofort wieder ein, wobei in kleinerem Umfang auch andere Lösungen getestet wurden. Aber alle Versuche zeigten, daß es zum Konvoisystem und eigens dafür gebauten Geleitschiffen keine Alternative gab. Die amerikanische Regierung vertrat allerdings den Standpunkt, daß diese Geleitfahrzeuge notfalls schnell gebaut werden könnten. Jetzt wurden sie dringend benötigt und waren nicht vorhanden, weshalb die US-Navy sich zunächst nach anderen Lösungsmöglichkeiten umsehen mußte.

Der neu ernannte Chef der US-Navy, Admiral Ernest J. King, wird mit dem Ausspruch zitiert: *»Lieber keinen Konvoi als einen schlecht geschützten.«* Es wird vermutet, daß die Amerikaner gar nicht gewillt waren, dem Beispiel der Engländer zu folgen und deren Lösung auch für sich zu übernehmen. Die traditionelle Unabhängigkeit im Denken überwog, und man weigerte sich, aus der Erfahrung zu lernen. Das Resultat dieser Haltung spiegelte sich in den täglich wachsenden Schiffsverlusten wider. Die Stimmung in den USA verlangte, daß zunächst einmal Japan gestoppt und bestraft werden müßte. Es wurde zwar die Meinung vertreten, daß Deutschland der mächtigere Gegner sei, aber das hatte zunächst keine Auswirkungen. Statt einer massiven Verlegung von Zerstörern in den Atlantik passierte das Gegenteil, indem die leistungsstarken Einheiten der BENSON-Klasse, unabhängig vom Ort ihrer Bauwerft, alle im Pazifik zum Einsatz kamen.

Es wurde oft behauptet, Amerika habe kein Konzept gegen die Bedrohung durch U-Boote gehabt. Das stimmte so sicher nicht. Ebenso wie die Deutschen betrachteten auch die Amerikaner den Kampf auf dem Atlantik als Tonnagekrieg. Es wurde damit gerechnet, daß die U-Boote die Schlacht gewinnen würden, wenn sie 700 000 BRT Schiffsraum pro Monat versenkten. Deshalb mußten mehr Schiffe gebaut werden, als die U-Boote vernichten konnten. Natürlich konnte das niemand öffentlich sagen, denn dieses Konzept nahm keine Rücksicht auf die damit verbundenen möglichen Menschenverluste. Am 19. Februar 1942 gab Präsident Roosevelt den Start-

Kapitel 1

schuß für das größte Schiffbauprogramm in der Geschichte. 24 Millionen Tonnen[4] sollten allein 1942 gebaut werden. 1943 sollte sich der Ausstoß der Werften dann noch einmal verdoppeln.

Aber wie war die Zeit zu überbrücken, bis dieses gigantische Unternehmen wirksam wurde? Am 3. Februar hatte Admiral King erneut einen Vorschlag seines Stabes abgelehnt, im begrenzten Umfang Konvois zuzulassen, und damit an seiner Überzeugung festgehalten. Die Verluste an Handelsschiffen schnellten jedoch derart in die Höhe, daß die US-Navy schon Ende des Monats ihren Stolz herunterschluckte und das Hilfsangebot der Engländer annahm. Aber auch jetzt war man noch sehr selbstbewußt und weigerte sich hartnäckig, erfahrenes Personal zum Aufbau eines Abwehrsystems zu übernehmen.

Und wiederum wurden die Amerikaner von den Ereignissen überrollt. Als die Verluste im März 1942 kritische Ausmaße annahmen, sah sich Admiral King gezwungen, eine Kommission einzuberufen, die ihn über die Einführung eines Konvoisystems beraten sollte. Die Kommission befand, daß eine umfassende Konvoisicherung nicht vor August möglich sei. Diese Einschätzung basierte allerdings auf der Verfügbarkeit der Geleitfahrzeuge und nicht auf der Dringlichkeit des Vorhabens. Es standen der US-Navy im März lediglich 122 Schiffe für Geleitaufgaben zur Verfügung. Um ein wirkungsvolles Konvoisystem zu gewährleisten, wurden jedoch 590 Fahrzeuge benötigt. Die steigenden Verluste zwangen die US-Navy schließlich zu improvisieren, und im April begann man mit dem Versuch, in kleinerem Umfang Konvois einzuführen.

Die USA brauchten Zeit, um sich voll auf den Krieg vorzubereiten. Großbritannien verschaffte den Amerikanern die erforderliche Frist, indem es den Deutschen die Stirn bot. Der Kampf im Atlantik war eine Existenzfrage, und wahrscheinlich war es die einzige Schlacht im Zweiten Weltkrieg, die nicht verloren gehen durfte. Im Sommer 1942 brauchte England jeden Tag vier Tankerladungen Öl, um seine Kriegsmaschinerie in Gang zu halten. Dieses Öl wurde in Trinidad und Venezuela gefördert und in den Raffinerien von Point-a-Pierre im Golf von Paria/Trinidad und auf Aruba verarbeitet. England war außerdem von der Zufuhr fast aller Waren des täglichen Bedarfs abhängig, und die erfolgte ebenfalls über den Seeweg. Viele Schiffsladungen, die in den ersten Monaten der Offensive vor der Ostküste der USA verloren gingen, waren dringend benötigte Güter, und dies erklärt die wachsende Ungeduld der britischen Admiralität gegenüber der Uneinsichtigkeit auf der westlichen Seite des Atlantiks.

Die Abhängigkeit der USA vom Handelsverkehr mit den südamerikanischen Ländern ist allgemein wenig bekannt. Das für die schnell wachsende Flugzeugindustrie unerläßliche Bauxit kam beispielsweise aus den Guayanas. Zucker, Kaffee, Früchte, Leder und Fleisch wurden ebenfalls in großen Mengen aus Südamerika importiert und passierten die Karibik auf dem Weg nach Norden. Die Sicherheit der Schiffsverbindungen in der Karibik war daher für Amerika ebenso wichtig wie für England. Den Deutschen war das nicht entgangen.

Die für Mitte Februar 1942 angesetzte U-Boot-Offensive in der Karibik trug den Decknamen *Neuland*. In der Karibik war man auf den Vorstoß nicht vorbereitet, denn niemand glaubte, daß U-Boote eine derartige Reichweite haben könnten. In der Verteidigungsplanung für den karibischen Raum vor dem Kriege findet sich kein Hinweis auf eine mögliche Bedrohung. Der Vorstoß der U-Boote war daher für die amerikanischen Behörden eine komplette Überraschung. Es scheint, daß die Engländer eher damit gerechnet haben, denn es gab auf Trinidad immerhin »symbolische« Abwehrkräfte, aber natürlich nicht in dem Umfang, um einem entschlossenen Gegner entgegenzutreten.

Für England war die Karibik zu weit entfernt, um ausreichende Seestreitkräfte zur wirkungsvollen U-Boot-Abwehr zur Verfügung zu stellen, und die Verteidigung des Gebietes war und blieb daher weitgehend ein amerikanisches Problem. Der gesamte Bereich dehnte sich über fast 2,5 Millionen Quadratmeilen aus und war damit ebenso groß wie die Verteidigungszone an der Ostküste der Vereinigten Staaten. Aber die Seestreitkräfte der USA zwischen der Yucatán-Halbinsel im Westen und der Inselkette im Osten der Karibik bestanden bei Kriegsausbruch lediglich aus zwei alten Zerstörern, einigen Schleppern und Werftfahrzeugen, die in Trinidad stationiert wurden. Außerdem gab es dort die Royal Naval Volunteer Force – abgekürzt TRNVR –, die einen kleinen Stützpunkt mit Yachten und Minensuchern unterhielt. Mit diesen Streitkräften sollte die Karibik verteidigt werden.

Die USA begannen bei Kriegseintritt sofort mit einer diplomatischen Offensive, die zum Ziel hatte, die Staaten Mittelamerikas und der Karibik zur Teilnahme am Krieg gegen Deutschland zu veranlassen. Es wurden rund um die Karibik Flugplätze benötigt, von denen aus die Flugzeuge alle Gebiete abdecken konnten. Die Initiative der Amerikaner hatte bemerkenswerten Erfolg und führte bald zu lebhafter Bautätigkeit im gesamten Raum. Zunächst mußte man sich jedoch mit den Stützpunkten begnügen, die zwischen Churchill und Roosevelt vereinbart worden waren. Trinidad, als bedeutendste Erwerbung unter dem englisch-amerikanischem Stützpunktabkommen, war das erste Land, das amerikanische Truppen erhielt. Am 11. Mai 1942 landete das 11th US Infantry Regiment zusammen mit Teilen des 252nd Coast Artillery Regiments und bezog Quartier in Fort Reid. Die Landebahnen wurden allerdings erst im Oktober des gleichen Jahres in Betrieb genommen.

Die Insel Trinidad liegt nordöstlich vor der Küste Venezuelas und reicht mit ihren nordwestlichen und südwestlichen Ausläufern fast bis an das Festland. Dadurch entsteht ein Binnenmeer von rund 2 000 Quadratmeilen, der Golf von Paria. Mit seinen gut geschützten Zugängen bildet der Golf den besten Naturhafen in der westlichen Hemisphäre. Während des Krieges wurde er zu einem der größten Marine-Stützpunkte der Welt und ein bedeutender Sammelpunkt für die Bildung von Konvois. Der nördliche Durchbruch zwischen der venezolanischen Küste und dem nordwestlichen Ausläufer Trinidads heißt »Dragon's Mouth«. Er besteht aus drei schmalen Zugängen, den Bocas de Monos, de Huevos und de Navios, und einer sechs Meilen brei-

Kapitel 1

Kapitel 1

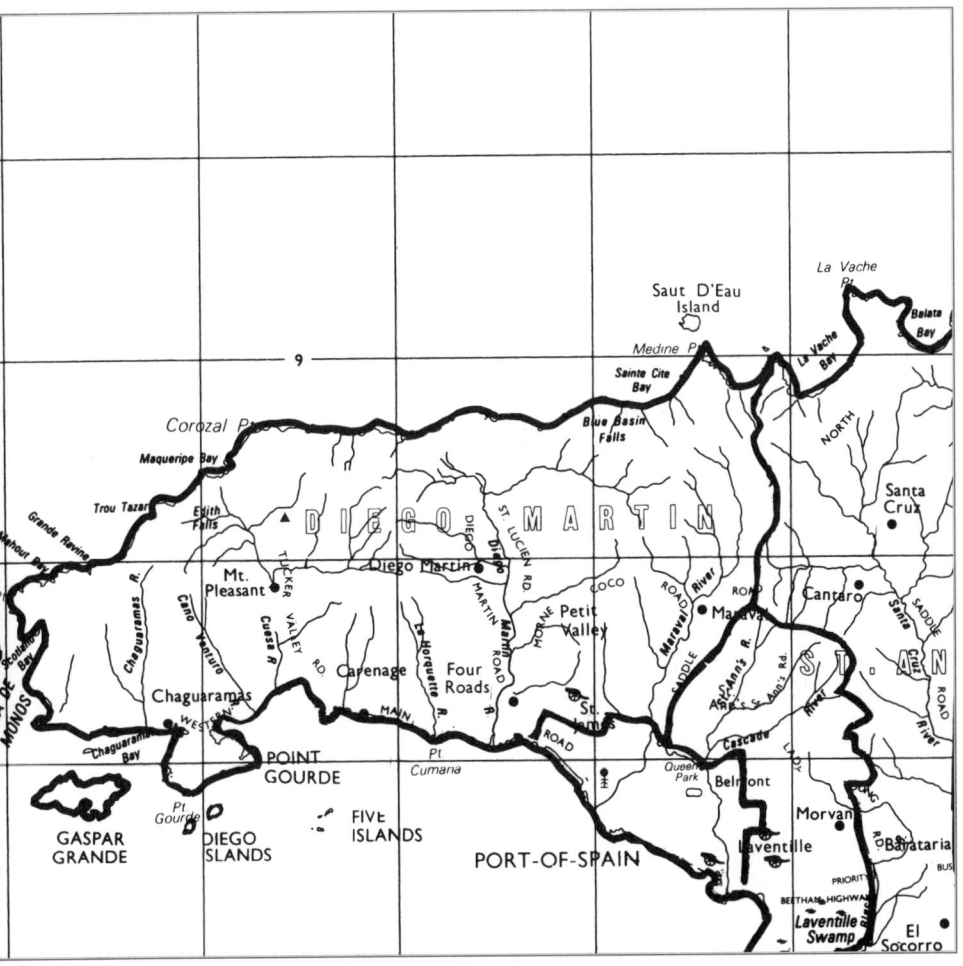

Kapitel 1

ten Zufahrt mit Namen Boca Grande. Sie verlaufen alle in westlicher Richtung und werden auch 1., 2., 3. und Grand Boca genannt. Alle diese Zufahrten haben Wassertiefen bis zu 200 Metern und unterliegen starken Gezeitenströmungen. Die kleineren Bocas sind schwer zu passieren und relativ leicht zu sperren. Die Grand Boca ist jedoch ein großes Seegebiet und nur schwer abzuriegeln. Zwischen den Bocas liegen die Inseln Monos, Huevos und Chacachacare, die alle steil ins Meer abfallen und sich gut für Stellungen der Küstenverteidigung eignen.

Auf dem Meeresboden der Zufahrten hatte man magnetische Induktionsschleifen verlegt, die durch Veränderung des Erdmagnetfeldes die Durchfahrt eines Schiffes anzeigen konnten. Die Kontrollstationen wurden durch die TRNVR besetzt. Die Planung sah vor, daß sich bei Alarm Sicherungsfahrzeuge um den Eindringling kümmern würden. Artilleristisch wurde das Gebiet durch zwei 12-cm-Geschütze aus dem Ersten Weltkrieg abgedeckt, die auf der südlich der Bocas gelegenen Insel Gaspar Grande installiert waren.

Nach Unterzeichnung des Stützpunktabkommens hatten die Amerikaner eine Bucht an der Innenseite des nordwestlichen Ausläufers Trinidads nahe der Bocas ausgesucht, die den Namen *Naval Base Chaguaramas* erhielt. Die Bucht wurde ausgebaggert und zu einem großen Ankerplatz mit Instandsetzungseinrichtungen ausgebaut. Hierhin wurden auch die beiden Zerstörer, die den Hauptteil der karibischen Seestreitkräfte ausmachten, verlegt. Der Schwerpunkt der Bautätigkeit lag jedoch auf der Errichtung eines Seefliegerhorstes für Flugboote. Zum Schutz der Anlagen wurde von den Amerikanern ein Bataillon der Küstenartillerie auf der Insel Chacachacare stationiert. Gegen Mitte des Jahres waren die Abwehrstellungen am Dragon's Mouth bereits recht eindrucksvoll, aber zu Beginn der Operation *Neuland* verfügte man nur über die Geschütze auf Chacachacare und Gaspar Grande und über die Induktionsschleifen.

Östlich von Chaguaramas liegt die Stadt Port of Spain mit ihrem großen Hafen und ihrer Außenreede. In den Hafenanlagen befand sich auch der englische Flottenstützpunkt, der den Namen HMS *Benbow* trug, und eine Einheit der TRNVR-Patrouillenboote. Weiter südlich entlang der Küste stand in Point-a-Pitre die größte Raffinerie Großbritanniens. Sie wurde von einer Einheit der Royal Artillery mit zwei 15,2-cm-Küstengeschützen gesichert.

Der südliche Eingang zum Golf von Paria, der Serpent's Mouth, unterscheidet sich grundsätzlich von den nördlichen Bocas. Schlick aus dem Orinoko-Delta füllt den Großteil der sieben Meilen breiten Öffnung auf und läßt nur einen kleinen Kanal mit gefährlichen Klippen und starken Gezeitenströmen offen. Dieser Zugang wurde nur selten und auch nur von kleineren Küstenfahrzeugen genutzt. Trotzdem verlegten die Engländer drei Induktionsschleifen, und die Amerikaner stationierten zusätzlich vier 15,5-cm-Küstengeschütze.

Auf dem Gebiet der militärischen Luftfahrt war man in Trinidad am weitesten fortgeschritten, wenngleich auch hier noch manches im Planungsstadium steckte. Die Anlagen für die Flugboote in Chaguaramas waren weitgehend vorbereitet, aber die

Geschwader selber fehlten noch. Es sollte weitere sieben Monate dauern, bis die Seefernaufklärer der US-Navy die Operationen gegen die U-Boote aufnehmen konnten. Während dieser Zeit mußte die 1st Bombardment Squadron des US-Army Air Corps, die auf dem Feldflugplatz Waller Field innerhalb des Stützpunktes Fort Reid stationiert war, den Kampf allein führen. Das Geschwader war jedoch für die U-Boot-Abwehr nicht ausgerüstet und unzureichend ausgebildet. Es sollte noch lange dauern, bis die USA in der Karibik voll abwehrbereit waren.

Piarco, der zivile Flughafen der Insel, lag sechs Meilen von Waller Field entfernt. Dort waren 1940 die englischen Marineflieger mit ihrer Beobachter- und Waffenschule eingezogen. Man hatte sich einen ruhigen Platz ausgesucht, fernab der Kriegsstimmung in England, und natürlich ahnte niemand, daß der Luftraum über Trinidad einmal genauso überfüllt sein würde wie der über Großbritannien. Unter den Ausbildern der 800 Flugschüler befanden sich eine Reihe erfahrener Piloten. Sie waren die ersten, die bei Beginn der Operation *Neuland* zu Aufklärungsflügen herangezogen wurden, obwohl ihre Maschinen nur geringe Reichweite hatten und keine nennenswerte Waffenzuladung aufnehmen konnten.

500 Meilen westlich von Trinidad liegen die drei holländischen Inseln Curaçao, Aruba und Bonaire. Curaçao und Aruba verfügten über große Raffinerien. Die damals weltgrößte mit einem Durchsatz von sieben Millionen Barrels Rohöl[5] befand sich nahe dem Ort San Nicholas am östlichen Zipfel von Aruba. Sie lag direkt an der Küste und war weithin von See sichtbar. Ihr einziger Schutz war das Korallenriff, welches Aruba umgibt, aber jenseits davon war das Wasser tief und eignete sich ideal für U-Boot-Operationen. Das 40 Meilen östlich davon gelegene Curaçao besaß neben einer Raffinerie eine große Lagerkapazität für Öl. Die Anlagen auf Curaçao standen jedoch etwas entfernt von der Küste an einem kleinen Binnensee. Die Zufahrt zu diesem landumschlossenen Gebiet erfolgte durch einen breiten Kanal, der direkt durch das Zentrum der Hauptstadt Willemstad führte. Der Kanal war leicht zu schützen, und wenn überhaupt, dann schienen die Anlagen auf Curaçao nur durch einen Angriff von Land her bedroht. Der einzige Nachteil war das tiefe Wasser unmittelbar vor der Küste, das U-Boot-Einsätze nahe der Einfahrt erlaubte. Die Ölraffinerien und Lagerstätten auf den holländischen Inseln waren errichtet worden, um das venezolanische Rohöl aus den notorischen Turbulenzen in den südamerikanischen Ländern herauszuhalten und es in ruhiger Umgebung verarbeiten zu können. Das Rohöl wurde im flachen Wasser des fast landumschlossenen Maracaibo-Sees gefördert und von dort zu den Raffinerien transportiert. Da der Maracaibo-See für seegehende Tanker nicht tief genug war, hatte man flachgehende Spezialtanker entwickelt, die den Verkehr mit den nur 15 bzw. 50 Meilen vor der venezolanischen Küste liegenden Inseln Aruba und Curaçao versahen. Nach der Verarbeitung luden seegehende Tanker das Öl und brachten es nach Europa. Da es nur eine begrenzte Anzahl der flachgehenden Spezialtanker gab, bildeten sie das schwächste Glied in der Transportkette, und jeder Verlust konnte nur durch einen Neubau ersetzt werden.

KAPITEL 1

Die Raffinerien waren für die Engländer natürlich von großer Bedeutung, und sie trafen sofort entsprechende Vorkehrungen. Unmittelbar nach der Besetzung Hollands durch die Deutschen wurde eine Infanterie-Einheit von Jamaica zum Schutz der Inseln entsandt – notfalls unter Gewaltanwendung. Die englische Einheit landete zwei Tage vor der völligen Einnahme der Niederlande durch die deutschen Truppen und übernahm die Verteidigung, wobei man mit großem Takt vorging. Da Holland weiterhin mit Deutschland im Kriegszustand verblieb, gab es keine größeren Probleme, und mit typisch holländischer Gründlichkeit wurden sofort alle Deutschen und Italiener auf den Inseln festgesetzt. Die inzwischen aufgestellte holländisch/britische Streitkraft arbeitete gut zusammen, aber es handelte sich bei ihr in erster Linie um eine Anti-Sabotage-Einheit, die die verwundbaren Tanker natürlich nicht zu schützen vermochte.

Als sich die militärische Lage für Großbritannien ständig verschlechterte, wurde die auf die holländischen Inseln entsandte Garnison mehr und mehr als Luxus betrachtet, den man sich nicht leisten konnte. Man suchte vergeblich nach einer Alternative, aber erst der Angriff der Japaner auf Pearl Harbour brachte die Lösung. Jetzt konnte mit den Amerikanern über einen Austausch der Truppenkontingente verhandelt werden. Am 11. Februar übernahmen Streitkräfte der USA die Verteidigung. US-Infanterie bezog die Kasernen, und Küstengeschütze wurden nahe der Raffinerien in Stellung gebracht. Keiner der amerikanischen Soldaten ahnte, daß sie innerhalb einer Woche in Aktion treten würden. Im Januar war bereits die 59th Bombardment Squadron des US-Army Air Corps mit Flugzeugen vom Typ Douglas A-20 nach Curaçao verlegt worden, wo es aber nur eine kleine Gras-Startbahn gab. Es wurde sofort mit dem Bau eines großen Fliegerhorstes begonnen, der den Namen Hato Field erhielt. Eine kleinere Anlage, Dakota Field, entstand auf Aruba. Die 59th Bombardment Squadron sollte die erste Einheit sein, die einen Angriff auf ein U-Boot in der Karibik durchführte, und sie war auch die erste, die ein U-Boot versenkte.

Auf Aruba gab es eine »Luftangriffsbeleuchtung«, die einmalig in der Geschichte des Zweiten Weltkrieges gewesen sein dürfte. Bei Fliegeralarm versank die Insel in Dunkelheit, während sich die Raffinerie durch die hellen Fackeln der Schornsteine verriet. Versuche hatten jedoch gezeigt, daß es zu einem Blendeffekt kam, wenn auch die Lichter der Stadt brannten. Für einen Piloten war es dann schwierig, die Raffinerie von der Stadt zu unterscheiden, und um diesen Eindruck zu vertiefen, wurden die Lichter sogar verstärkt. Mit dieser Form der »Verdunkelung« lebte Aruba während des ganzen Krieges, wobei nicht überliefert ist, was die Einwohner davon hielten, in dieser Weise zu einem Angriffsziel aus der Luft gemacht zu werden. An U-Boote hat damals sicherlich ohnehin niemand gedacht.

Aruba und Curaçao lagen innerhalb des *Trinidad Sectors* und unterstanden dem dortigen Kommando. Wegen der Nähe zu Venezuela wurde die Anwesenheit amerikanischer Truppen weitgehend geheimgehalten, um die neutralen Südamerikaner nicht zu brüskieren. Dies sollte sich jedoch als überflüssig erweisen, denn innerhalb eines Jahres waren amerikanische Truppen auch in Venezuela stationiert.

Kapitel 1

Mit den Inseln in der Karibik sind immer Ferien und ein sorgloses Leben in Verbindung gebracht worden. Kokosnußpalmen, freundliche Eingeborene, stabile britische Verwaltung und goldfarbene Strände. Friedliches türkisblaues Meer, nur gelegentlich einmal durch einen Hurrikan gestört. Das war das Ziel von fünf deutschen und zwei italienischen U-Booten, die sich ihren Weg durch den Atlantik bahnten. In Kürze sollte die Karibik für viele Menschen zu einem Meer des Schreckens werden. Von Haien umkreiste Wrackteile und schockierte, ölverschmutzte Überlebende, die schreckliche Geschichten zu erzählen wußten, würden bald alltäglich sein. Der Krieg hatte die Karibik erreicht, und er sollte sie für alle Zeit verändern.

KAPITEL 2

Der Beginn der Operation »Neuland«

Im französischen Atlantikhafen Lorient fand am 15. Januar 1942 eine für die Karibik folgenreiche Sitzung statt. Dem Chef der 10. U-Flottille, Korvettenkapitän Günter Kuhnke, saßen fünf U-Boot-Kommandanten gegenüber: Kptlt. Werner Hartenstein (U 156), Kptlt. Jürgen v. Rosenstiel (U 502), Kptlt. Günther Müller-Stöckheim (U 67), Kptlt. Albrecht Achilles (U 161) und Kplt. Nicolai Clausen (U 129). Kuhnke und sein Operationsoffizier erläuterten die Einsatzbefehle. Später würde auch Admiral Dönitz selber noch ein paar anfeuernde Worte sagen. Vorher aber hörten die Kommandanten zwei Männer an, die ihnen nützlich werden sollten. Kapitän Striewing und Kapitän Kregoll waren viele Jahre auf HAPAG-Schiffen im Westindien-Dienst gefahren. Sie sprachen eingehend über die Beschaffenheit von Meer, Strömungen, Riffen und Felsen, von Hafenorganisationen, Leuchtfeuern, Schiffahrtsrouten und den Gewohnheiten der Seeleute in der Karibik. Die Kommandanten machten sich ausführliche Notizen.

Sonntag, der 15. Februar 1942, war auf Aruba ein Tag wie jeder andere. Die Leute gingen morgens in die Kirche und verbrachten dann den Tag in der für die Karibik üblichen Weise. Man befand sich mitten in der Trockenzeit, und das hieß klarer Himmel und strahlende Sonne. Ideal für ein Picknick am Strande. Es gab ein paar Unannehmlichkeiten durch die strandnahen Befestigungen und neugierige amerikanische Soldaten, aber der Krieg war weit entfernt, und an den Anblick der Soldaten hatte man sich inzwischen gewöhnt. Für die Amerikaner war es ein besonderes Erlebnis, da sich Curaçao und Aruba von den anderen karibischen Inseln unterschieden. Es waren trockene, kahle Inseln ohne nennenswerte Erhebungen, aber man hatte sie in ein kleines Stück Holland verwandelt, mit malerischen Häusern, kleinen Straßen und einer sehr konservativen Bevölkerung. Sonst gab es nur die Öl-Industrie, und dort waren auch die meisten der eingewanderten Einheimischen beschäftigt.

Am Abend des 15. Februar standen die U-Boote, die eine der dramatischsten Episoden des Seekrieges einläuten sollten, weit von Lorient entfernt. U 156 lag getaucht vor dem Hafen von St. Nicholas/Aruba. Nur das Sehrohr durchbrach die Wasseroberfläche. Werner Hartenstein betrachtete interessiert die friedliche Szene an Land und machte sich ein Bild von der Lage der Schiffe im Hafen. Als er genug gesehen hatte, wurde das Sehrohr eingefahren, und das Boot schlüpfte zurück auf die hohe See, um die Nacht abzuwarten. Weiter östlich war Günther Müller-Stöckheim in U 67 in gleicher Weise mit der Beobachtung des Hafens Willemstad/Curaçao beschäftigt. Westlich wartete Jürgen v. Rosenstiel mit U 502 nahe des Archipels Los Monjes direkt vor der

Zufahrt zum Maracaibo-See auf den Anbruch der Nacht. Alle drei Boote hatten Befehl, nach Mitternacht anzugreifen. Niemand an Land vermutete feindliche U-Boote innerhalb von tausend Meilen, ganz zu schweigen von der Karibik oder gar von den Gewässern direkt vor den Ölhäfen.

Im Osten des karibischen Meeres, auf Trinidad, brüteten die Einheimischen in der Hitze des Tages, aber nur wenige faulenzten wirklich. Die Ereignisse an der amerikanischen Ostküste hatten zu einer Zunahme der Bautätigkeit in den Stützpunkten geführt, und viele Menschen arbeiteten auch am Sonntag. Aber keiner der am Bau Beschäftigten hatte eine Ahnung, warum es die Amerikaner so eilig hatten. Die Aktivitäten der U-Boote vor der Ostküste der USA waren nur wenigen bekannt, und selbst ranghohe Offiziere hatten zwar davon gehört, aber keine Vorstellung vom Ausmaß der Tragödie. Ihr Motto war das übliche »time is short«, und das war sie auch. Genaugenommen, war die Zeit sogar schon abgelaufen.

Um Mitternacht tauchte U 156 auf und näherte sich der Hafeneinfahrt von San Nicholas. Hartenstein stand auf der Brücke, die Augen am Doppelglas. Wie er erwartet hatte, waren die Küste und die Schiffe im Hafen hell erleuchtet. Das Boot war vorgeflutet, um nicht entdeckt zu werden. Eine überflüssige Maßnahme, denn niemand hielt Ausschau nach einem feindlichen U-Boot. Innerhalb des Hafens hatten die Wachen gerade gewechselt, und die neue Wache richtete sich auf weitere vier Stunden pure Langeweile ein.

Um eine Minute nach 2 Uhr erbebte der englische Tanker PEDERNALES (3 945 BRT) unter einem Torpedotreffer, der das Schiff förmlich aus dem Wasser hob. Die völlig verstörten Besatzungsmitglieder waren kaum wieder auf den Füßen, als ein weiterer Tanker, die ORANJESTAD (2 396 BRT), von zwei Torpedos auseinandergerissen wurde. Brennendes Öl floß aus und überdeckte in kurzer Zeit die ganze Wasseroberfläche des Hafens. An Land taumelten verwirrte Menschen aus ihren Betten und wurden vom Anblick eines Flammenmeeres in Schrecken versetzt. Aber ein Mann behielt die Nerven. Corporal Bruce Park vom 116th Infantry Regiment war der erste Hornist in der Karibik, der einen echten Alarm blies.

Auf U 156 beobachtete Hartenstein mit Genugtuung, wie greller Feuerschein den Hafen und das umliegende Gelände erleuchtete. Operation *Neuland* war glänzend angelaufen, aber die zunehmend starke Rauchentwicklung über dem Hafen machte einen weiteren Torpedoschuß unmöglich. Hartenstein war ein verwegener Kommandant. Er hätte sich bei dem Durcheinander leicht zurückziehen können, aber er blieb statt dessen aufgetaucht liegen und ließ möglichst viele Besatzungsmitglieder an Deck kommen, damit sie sich das Spektakel ansehen konnten. Das war nicht sehr weise, denn die Leute gerieten in einen Erregungszustand, der schon bald tragische Folgen haben sollte.

Die ORANJESTAD war inzwischen gekentert und lag im Schlamm des Hafengrundes. Der Tanker war vom Kiel bis zum Hauptdeck aufgerissen und nicht zu bergen. Die PEDERNALES hatte mehr Glück, da sie in flachen Wasser schnell auf Grund geraten

Kapitel 2

war. Trotz des großen Loches in der Bordwand würde sie eines Tages wiederhergestellt werden. Die Besatzungen aller Schiffe waren damit beschäftigt, die Brandherde im Hafen zu bekämpfen. Brennendes Öl in einem Ölhafen stellt eine extrem große Gefahr dar, und alle verfügbaren Leute waren daher im Einsatz. Langsam setzte sich die Erkenntnis durch, daß nur ein U-Boot innerhalb des Riffs diese Verwüstung verursacht haben konnte. Und tatsächlich befand sich U 156 immer noch innerhalb des Riffs.

Als die Flammen auf dem Wasser erloschen, konnte Hartenstein das Ergebnis seines Angriffs sehen. Während die Besatzung die vorderen Torpedorohre nachlud, manövrierte er das Boot noch näher an den Hafen heran. An Land war man entsetzt über das Ausmaß der Zerstörung. Die ORANJESTAD war in weniger als einer Minute gesunken, und es gab große Verluste zu beklagen. Wenn es ein U-Boot gewesen war, dann war es sicher weit fort, aber es gab trotzdem keine Entwarnung, und die Garnisonstruppen blieben auf ihren Gefechtsstationen. Die inzwischen hellwachen Bedienungen der Küstengeschütze starrten angestrengt in die Dunkelheit. Wenn sie doch nur ein Ziel gehabt hätten! Kurz darauf wurde der Hafen erneut von einer Detonation erschüttert.

Zwei Torpedos trafen den amerikanischen Tanker ARKANSAS (6 452 BRT). Das große Schiff wurde aufgerissen, und ein neuer Strom brennenden Öls ergoß sich in den Hafen. Fassungslos blickten die erschöpften Löschmannschaften auf das schier Unmögliche. Wieder legte sich eine dicke Rauchwolke über den Hafen, und alle Mann mußten erneut an die Arbeit. U 156 hatte die ARKANSAS um 3 Uhr 45 torpediert. Da es bald dämmern würde, konnte man nicht warten, bis der Rauch sich verzogen hatte, um einen weiteren Angriff vorzutragen. Aber es gab ja noch etwas anderes zu tun. U 156 bewegte sich innerhalb des Riffs vorsichtig auf die Raffinerie zu. Sie war hell erleuchtet. Der Einsatzbefehl sah einen Artilleriebeschuß der Raffinerien in Curaçao und Aruba vor, sofern sich eine Gelegenheit ergeben sollte. Das war der Fall, und Hartenstein befahl der Geschützmannschaft an Deck, die 10,5-cm-Bordkanone auf das verlockende Ziel zu richten. Die Bedienung schwenkte das Geschütz herum, der Richtschütze meldete die Entfernung, und das lange Rohr hob sich drohend. An Bord erreichte die Aufregung ihren Höhepunkt, denn dies war die erhoffte goldene Gelegenheit. Die Zerstörung einer Raffinerie würde der Versenkung eines Dutzends Tanker gleichkommen. Das war zwar eine optimistische Annahme, aber einige gut plazierte Granaten hätten erheblichen Schaden anrichten und die Produktion drosseln können. Hartenstein wußte das, als er sich über die Turmbrüstung lehnte und den Feuerbefehl gab.

An Land standen die Kanoniere immer noch an ihren 15,5-cm-Küstengeschützen in Alarmbereitschaft. Sie suchten in der Dunkelheit nach einem Ziel, welches sie bekämpfen konnten, als plötzlich seewärts ein gewaltiger Blitz aufzuckte. Der Blitz schien von einem Schiff zu kommen, und die Kanoniere richteten sofort ihre Geschütze auf die Stelle, wo der grelle Lichtschein gesichtet worden war: auf das U-Boot. Dort hatte das Schicksal mit voller Wucht zugeschlagen. In der herrschenden Aufregung hatte der verantwortliche Bedienungsmann vergessen, den schweren Mündungsdeckel vom Geschützrohr abzunehmen. Das Geschoß war im Rohr explodiert und hatte die Rohrmündung wie eine Tulpe geöffnet. Glühendheiße Geschoß- und Rohrstücke fegten über Deck und rissen zwei Mann der Geschützbedienung nieder. Beide lagen in einer Blutlache, und es herrschte absolutes Chaos auf dem Vorschiff. Als dann auch noch zwei 15,5-cm-Granaten hinter dem Boot einschlugen und die hohen Wassersäulen zusammenfielen, gab es für Hartenstein nur eins, sofort zurück in die Deckung der Rauchwolke über dem Hafen.

Zwei weitere Granaten rauschten noch über das Boot hinweg, dann war U 156 verschwunden, und die Kanoniere der 252nd Coast Artillery stellten das Feuer ein. Auf dem U-Boot lagen der Bedienungsmann, dessen Aufgabe unter anderem die Entfernung des Mündungsdeckels gewesen war, und der Geschützführer schwer verwundet an Deck. Hartenstein veranlaßte, daß die Verwundeten unter Deck gebracht wurden, und rief seinen Leitenden Ingenieur. Nach kurzer Beratung wurde entschieden, den beschädigten Teil des Rohres abzuschneiden, und während das Boot geschützt unter der Rauchglocke lag, machte sich das Maschinenpersonal mit Metallsägen an die Arbeit. Nach langen Minuten und vielen verbrauchten Sägeblättern war das Rohr um 40 cm kürzer. Hartenstein konnte sich vor Ungeduld kaum halten, aber schließlich war U 156 wieder klar. Er war entschlossen, es noch einmal zu versuchen, und steuerte erneut auf die Raffinerie zu.

Mittlerweile hatte die Meldung, daß die Kanoniere ein U-Boot beschossen hatten, das Hauptquartier erreicht, und jetzt war man auf der Hut. In dem Moment, als U 156 aus dem Schutz der Rauchwolke hervorkam, eröffneten die Küstengeschütze sofort das Feuer. Ein Splitter der großen Geschosse hätte genügt, das Boot außer Gefecht zu setzen. Hartenstein drehte ab. Es war ihm jedoch gelungen, vorher noch zwei Granaten abzuschießen, die erstaunlicherweise auch auf dem Gelände der Raffinerie einschlugen. Aber jetzt mußte er sich zurückziehen. Enttäuscht manövrierte er U 156 durch die Lücke im Riff auf die freie See. Die Absetzbewegung kam nicht zu früh, denn jetzt suchten bereits zwei Patrouillenfahrzeuge und ein Flugzeug nach ihm. Es war eine Nacht gewesen, die keiner der Beteiligten je vergessen würde.

Müller-Stöckheim, Kommandant von U 67, war weniger erfolgreich, aber auch er trug seinen Teil zur *Neuland*-Offensive bei. Um 4 Uhr 35 griff er an. Das Boot schlängelte sich durch das Riff und kroch auf die Einfahrt von Willemstad/Curaçao zu. Im inneren Hafen befand sich eine große Anzahl Tanker, aber an die war nicht heranzukommen. Müller-Stöckheim mußte sich daher auf die Schiffe konzentrieren, die außerhalb ankerten. Er ging zu einem der ankernden Tanker in Schußposition und feuerte zwei Torpedos. Dann schwenkte er das Boot und schoß zwei weitere auf einen anderen Tanker. Auf der Brücke starrte die Besatzung wie gebannt auf die Ziele und wartete. Aber noch lange nach Ablauf der Torpedolaufzeit war nichts zu hören. Auf den Schiffen liefen die Menschen aufgeregt herum, denn alle Torpedos hatten getrof-

KAPITEL 2

fen, aber es waren Zündversager gewesen. Einigermaßen verbittert brachte Müller-Stöckheim das Boot in Heckschußposition und feuerte auf einen dritten Tanker. Eine Minute später hob sich der Holländer RAFAELA (3 177 BRT) unter der Wucht der Torpedotreffer aus dem Wasser. Wie in Aruba trat auch hier sofort brennendes Öl aus, aber es erzeugte nicht das gleiche Inferno, da es eine Meile vor dem Hafen passiert war. Der Tanker brannte, und der Feuerschein erleuchtete die Küste und das U-Boot seewärts. Fast sofort schlugen Granaten rund um das Boot ein, und das Unterwasserhorchgerät meldete Schraubengeräusche. Da alle sechs Torpedorohre leer waren, drehte Müller-Stöckheim ab und jagte aus dem Riff hinaus in Sicherheit.

Während U 156 und U 67 auf den beiden holländischen Inseln an der Arbeit waren, führte v. Rosenstiel U 502 in den Golf von Venezuela auf eine Position querab der Tankerroute von Maracaibo nach Aruba. Um 3 Uhr 45 hatten Torpedos die Fahrt des britischen Tankers TIA JUANA (2 395 BRT) auf der Höhe von Punta Macolla beendet. Die Brückenbesatzung des Bootes blickte fasziniert auf das langsam versinkende Schiff. U 502 drang tiefer in den Golf ein, als um 5 Uhr 45 der ebenfalls für Aruba bestimmte britische Tanker SAN NICOLAS (2 391 BRT) aus dem Dunkeln hervortrat. Auf dem Schiff ahnte niemand etwas vom Schicksal der TIA JUANA. 15 Minuten später war v. Rosenstiel in Schußposition, und zwei Torpedos rasten auf ihr Ziel zu. Flammen verschlangen die SAN NICOLAS, nachdem die Torpedos in ihrer Ladung detoniert waren und den Rumpf aufgerissen hatten. Es dauerte nicht lange, und bald war auch dieses Schiff in der See verschwunden. Nach Vernichtung der beiden Tanker drehte v. Rosenstiel ab und verließ kurz vor Anbruch der Morgendämmerung die flachen Gewässer des Golfs.

Zu diesem Zeitpunkt gab es offenbar einige Unklarheiten bezüglich der Einsatzbefehle. Während U 156 und U 67 sich beeilten, von den holländischen Inseln wegzukommen, steuerte U 502 auf Aruba zu, um die Raffinerie anzugreifen. Dort war die Garnison inzwischen jedoch vorbereitet, und für v. Rosenstiel bestand wenig Hoffnung, daß er sein Ziel erreichen würde. Die 59th Bombardment Squadron war in der Luft, und außerhalb des Riffs befanden sich drei Patrouillenboote auf U-Boot-Jagd. Überraschenderweise tadelte der BdU[6] Hartenstein wegen des Zeitverlustes und daß er sein Boot durch den Beschuß der Raffinerie in Gefahr gebracht hatte. Als v. Rosenstiel dann meldete, daß er nicht dicht genug herankommen könnte, zog der BdU den Befehl zurück, die Raffinerie anzugreifen. Während des Funkverkehrs fuhren alle drei U-Boote aufgetaucht zwischen den Inseln und der venezolanischen Küste. Und sie hatten Glück dabei, denn die Piloten der 59th Bombardment Squadron hatten noch keine Erfahrung, und es war leicht, ihren Angriffen auszuweichen. Lieutenant West griff U 67 mit seiner Douglas A-20 nur einige Meilen von Aruba entfernt an, aber das Flugzeug verfügte nicht über eine ausreichende Waffenzuladung, um dem Boot gefährlich werden zu können. Auch U 156 und U 502 wurden angegriffen, ohne daß irgendwelche Schäden entstanden. Es sollte noch einige Zeit dauern, bis die Maschinen der 59th Bombardment Squadron mit den wuchtigen MK44-Wasserbomben

ausgerüstet waren, die den Druckkörper eines U-Bootes noch aus sieben Metern Entfernung aufbrechen konnten.
U-HARTENSTEIN erhielt die Erlaubnis, die Vichy-französische Insel Martinique anzulaufen, um den schwerverwundeten Geschützführer an Land zu geben. Der andere Verwundete war inzwischen gestorben und auf See beigesetzt worden. An diesem Montagmorgen fanden in der Karibik aber auch noch anderswo Beisetzungen statt. In Curaçao und Aruba wurden die ersten 56 Opfer der Auseinandersetzungen beerdigt. Der Auftakt im karibischen Krieg war gespielt, das Töten hatte begonnen.
Im Hauptquartier des *Trinidad Sectors* waren die Nachrichten von den Angriffen auf Curaçao und Aruba mit Bestürzung und Skepsis aufgenommen worden. Führende Offiziere zweifelten, ob hierfür U-Boote verantwortlich gewesen sein konnten. Man glaubte immer noch, daß die Karibik von der französischen Küste aus für U-Boote nicht zu erreichen sei. Aber die eingesetzten Boote vom Typ IX C hatten nicht nur die nötige Reichweite, sie waren auch noch in der Lage, bis zu drei Wochen im Einsatzgebiet zu operieren. Außerdem verfügten sie über eine eindrucksvolle Bewaffnung, und in den frühen Tagen des Krieges in der Karibik war ihre Verwendung nur durch die Anzahl der mitgeführten Torpedos eingeschränkt.
In Trinidad herrschten derzeit chaotische Zustände bei der militärischen Führung. Der britische Gouverneur, der sich dem Bau des amerikanischen Marine-Stützpunktes vehement widersetzt hatte, bestand darauf, daß die Befehlsgewalt über die Insel bei ihm verblieb. Eine Reihe von erbitterten Auseinandersetzungen zwischen Engländern und Amerikanern war die Folge. In Trinidad war das Hauptquartier des *Trinidad Sectors* eingerichtet; der Befehlshaber dieses Sektors war Major General Pratt der US-Army, während Captain Oineder USN der Marinebasis und Lieutenant Colonel Waddington den Einheiten des US-Army Air Corps vorstanden. Auf der englischen Seite gab es den Gouverneur, der rangmäßig praktisch alle übertraf, und Admiral Sir Michael Hodges von der Royal Navy, der im Dienstgrad wiederum alle amerikanischen Offiziere überflügelte. Meinungsverschiedenheiten hatten schon mit dem vorhergehenden amerikanischen Kommandeur bestanden, der in der Savanne im Inneren Trinidads Vorkehrungen gegen Fallschirmlandungen treffen wollte. Die englischen Stellen spielten die amerikanischen Befürchtungen über eine Invasion herunter und wurden dabei von den lokalen Behörden unterstützt. Jede Seite hatte völlig andere Vorstellungen von der Qualität einer möglichen Bedrohung und ging ihren eigenen Weg. Eine gemeinsame Verteidigungsplanung gab es in diesem Stadium des Krieges nicht. Einen größeren U-Boot-Vorstoß in die Karibik hielt ohnehin niemand für möglich, und selbst nach Eintreffen der Meldungen aus Curaçao und Aruba betrachtete man die Ereignisse dort als eine vorübergehende Erscheinung. U 161 unter Achilles sollte diese Einschätzung korrigieren.
Die zeitliche Koordinierung der Angriffe auf Curaçao und Aruba legte nahe, daß man es mit zwei U-Booten zu tun hatte. Außerdem wurden noch zwei Tanker im Golf von Venezuela vermißt. Der ganze Tag verging mit Diskussionen über die

genaue Art der Bedrohung. Es wurde beschlossen, vorsichtshalber erst einmal alle Rohölverschiffungen von Maracaibo zu den holländischen Inseln einzustellen. Unglücklicherweise wurde diese Entscheidung der Associated Press mitgeteilt und über Rundfunk verbreitet. Die Deutschen fingen die Meldung sofort auf, und U 502 (v. Rosenstiel) erhielt den Befehl, das Golf-Gebiet zu verlassen und sich auf den Ost-West-Verkehr entlang der venezolanischen Küste zu konzentrieren.

Die Maschinen der 59th Bombardment Squadron hatten während des Tages ständig über ihre Angriffe gegen U-Boote berichtet und sogar drei davon als versenkt gemeldet. Sollte dies zutreffen, dann war der *Trinidad Sector* gefordert, etwas zu unternehmen. Am Abend wurden die beiden einzigen großen Kriegsschiffe, die amerikanischen Zerstörer USS BARNEY und BLAKELY nach Curaçao in Marsch gesetzt. Eine unmittelbare Gefährdung Trinidads wurde nicht erwartet. Es entbehrt nicht einer gewissen Ironie, daß USS BARNEY und BLAKELY an U 156 vorbeirauschten, als sie aus der Boca ausliefen und auf volle Geschwindigkeit gingen. Während die Zerstörer westwärts verschwanden, berichtete Hartenstein der U-Boot-Führung über den gesichteten regen Schiffsverkehr im Gebiet um Trinidad.

Nur die Deutschen wußten, daß sich U 161 der Galleon's Passage zwischen Trinidad und Tobago näherte. Am 17. Februar stand das Boot nördlich der Küste Trinidads. Die Besatzung hatte sich erst an die Hitze in der Karibik gewöhnen müssen, aber U 161 war ein großes Boot, und selbst der Anblick patrouillierender Flugzeuge konnte die Männer nicht schrecken. Während der Nacht beobachten Albrecht Achilles und sein I.WO LtzS. Werner Bender die Bocas durch ihre Ferngläser. Achilles kannte die Zufahrten und erinnerte sich auch der ausführlichen Beschreibungen der HAPAG-Kapitäne in Lorient. Vor dem Kriege hatten die Einwohner die Schiffe der Hamburg-Amerika Linie wegen der hohen Geschwindigkeit, mit der sie in die Bocas einliefen, bewundert. Die meisten anderen Schiffe waren immer sehr vorsichtig gewesen, wenn sie das klippenreiche Gebiet passierten. Die Deutschen waren für ein behutsames Durchfahren nicht bekannt.

Eine mit Inaktivität verbundene, anhaltende Bedrohung führt leicht zur Selbstzufriedenheit, und so erging es den Streitkräften auf Trinidad im Februar 1942. Sie waren seit ihrer Aufstellung 1940 in ständiger Alarmbereitschaft, ohne daß etwas passierte, was die Ruhe des vom Kriege abgeschiedenen Gebietes gestört hätte. Die Einheimischen, die den Krieg als eine europäische Angelegenheit sahen, amüsierten sich über die Betätigungen des Militärs. Im August 1941 hatte es einen Alarm gegeben, als der britische Nachrichtendienst vor einem Hilfskreuzer warnte. Es entstand große Aufregung, aber nichts geschah. Als die Empfangsstation Staubles Bay am Morgen, des 18. Februar das Überfahren der Induktionsschleifen durch ein nicht identifiziertes Fahrzeug meldete, wurde der Bericht ein wenig zu lässig aufgenommen. Der Marine-Stützpunkt HMS *Benbow* teilte den Vorfall dem amerikanischen Hauptquartier mit, welches der 1st Bombardment Squadron auf Waller Field den Befehl gab, eine Suchaktion durchzuführen. Es scheint, daß man diese Nachprüfung mehr als Routine ansah. Nur die ranghöchsten Offiziere wußten von den Ereignissen auf den holländischen Inseln, aber für die Männer, die das Gebiet patrouillierten, gab es keinen Grund zur Besorgnis.

Achilles hatte U 161 während des Tages durch die Grand Boca gebracht. Er verließ sich darauf, daß die Verteidiger während des Tages nicht so aufmerksam sein würden wie in der Nacht. Einige Meilen vor der Grand Boca war U 161 getaucht und dann in Sehrohrtiefe hindurchgekrochen. Weder die Mannschaften der Geschützstellungen auf der Insel Chacachacare noch die Suchflugzeuge hatten die Spitze des Sehrohrs gesehen, wie sie durch das Wasser der Boca schnitt. Es gab genügend Raum, denn die Wassertiefe betrug 200 Meter. Aber es war schon ein verwegenes Stück. Nachdem er drinnen im Golf war, brachte Achilles das Boot in relativ flaches Wasser und legte es auf Grund. Während die Flugzeuge suchten, lag U 161 ruhig auf dem Meeresboden in 50 Meter Tiefe. Für die Besatzung war es nervenaufreibend, den ganzen Tag die Schraubengeräusche und die Impulse der Asdic-Geräte[7] zu hören. Im U-Boot herrschte absolute Stille, die Männer lagen auf ihren Kojen und warteten.

Um 3 Uhr nachmittags wurde die Suchaktion abgeblasen und die Flugzeuge und Patrouillenboote zurückgerufen. Engländer und Amerikaner waren sich darin einig, daß das gemeldete Überfahren der Induktionsschleifen wahrscheinlich durch ein patrouillierendes Fahrzeug verursacht worden war, das sich außerhalb seiner Position befunden hatte. Damit ließ man die Sache auf sich beruhen.

Als es ganz dunkel war, regte sich Leben im U-Boot. Achilles brachte U 161 auf Sehrohrtiefe und suchte den Horizont ab. Da keine Patrouillenboote in Sicht waren, ließ er auftauchen. Niemand sah den dunklen, schmalen Rumpf, wie er die Wasseroberfläche durchbrach. Als das Turmluk geöffnet wurde, strömte kühle Luft herein, und die Männer atmeten tief durch. Auf der Brücke beobachteten Achilles und Bender das Ufer. Nach Norden hin war der amerikanische Marinestützpunkt hell erleuchtet. Voraus glitzerten die Lichter der Stadt Port of Spain wie zu Friedenszeiten. Die Diesel sprangen an, und Achilles nahm Kurs auf den entfernten Hafen. Während das Boot vorgeflutet langsam auf das Ziel zukroch, passierte es eine Reihe kleinerer Fischerboote, die an einem Stab befestigte winzige Laternen trugen. Entweder sahen oder erkannten die Fischer die lange, dunkle Silhouette des U-Bootes nicht, wie es an ihnen vorbeiglitt. Langsam schob sich das Boot mit dem Wikinger-Schiff am Turm näher an die Ankerreede heran. Das Fernglas wie angeklebt vor Augen, visierte Achilles seine Ziele an. Die vier Ausguckposten auf der Brücke suchten ihre Sektoren ab, während Achilles und Bender über das weitere Vorgehen im inneren Bereich des Hafens berieten. Um 23 Uhr stand U 161 in nur zwölf Meter Wassertiefe südlich von Nelson Island. Um 23 Uhr 30 war man in Schußposition, und Achilles richtete das Boot auf einen Frachter aus.

Die Nacht war sehr dunkel, die See ruhig, und es herrschte kaum Wind. Die Schiffe lagen zwei Meilen außerhalb des Hafens friedlich vor Anker. An Bord des amerikanischen Frachters MOKIHANA brannten das Ankerlicht und die Ladungslampen.

Kapitel 2

Zwei Seeleute standen an der Gangway Wache. Die MOKIHANA hatte in Baltimore Güter unter dem Leih-Pacht-Abkommen geladen und löschte bei einem Zwischenstopp in Port of Spain auf ihrem Weg in den Mittleren Osten Nachschub für das amerikanische Truppenkontingent auf der Insel. Mit ihren Lichtern und dem hellerleuchteten Port of Spain im Hintergrund gab sie ein vorzügliches Ziel ab. Um 23 Uhr 35 ging ein Ruck durch U 161, als ein Torpedo das Rohr verließ. Dann schwenkte das Boot auf ein zweites Ziel. Erneut ging ein Ruck durch das Boot, und der nächste Torpedo war unterwegs. Achilles befahl »Ruder hart Steuerbord« und nach der Drehung »Beide Diesel äußerste Kraft voraus«. Es war Zeit zu entkommen, bevor die beschauliche Hafenidylle sich in einen aufgeschreckten Bienenschwarm verwandelte.

Der Brückenbesatzung kam es wie eine Ewigkeit vor, bevor sie die Wassersäule an ihrem ersten Ziel aufsteigen sah. Die MOKIHANA erbebte, als der Torpedo den Rumpf durchschlug und detonierte. Das 7 460 BRT große Schiff der Matson Navigation Co. wurde förmlich aus dem Wasser gehoben. Der Dampfer krängte nach Steuerbord über und sackte ab. In seiner Seite klaffte ein Loch von 12 x 15 Meter. Als der Donner der ersten Explosion über die Stadt rollte, traf der zweite Torpedo den Tanker BRITISH CONSUL (6 940 BRT). Der Tanker setzte im Schlamm des Hafenbodens auf. An Bord war durch die Explosion Feuer ausgebrochen, und die verstörte Besatzung kämpfte sich mühsam zu den Feuerschläuchen durch. Das Schiff konnte, ebenso wie die MOKIHANA, letztendlich gerettet werden, aber im Moment lagen sie beide mit großen Löchern in der Bordwand auf Grund.

Achilles wußte, daß er nur überleben konnte, wenn er schnell handelte. Sobald er sicher war, daß die Torpedos getroffen hatten, tauchte das Boot. Unglücklicherweise bohrte es sich dabei mit dem Bug in den weichen Schlamm des Meeresbodens. Das Wasser war hier noch viel zu flach, um getaucht zu entkommen. Schließlich gelang es, den Bug wieder aus dem Schlamm herauszuziehen und aufzutauchen. Die Ausgucks verloren keine Zeit, hinter Achilles auf die Brücke zu klettern, der sofort wieder äußerste Kraft voraus befahl. U 161 würde seinen Rückmarsch dann eben über Wasser antreten.

An Land ging mittlerweile alles drunter und drüber. Der Krieg hatte Trinidad erreicht. Die Alarmglocken läuteten, die Telefone klingelten, die Offiziere stürmten durch die Gegend, Meldungen gingen an die verschiedenen Stützpunkte und Außenposten. Im Hauptquartier des *Trinidad Sectors* und auf HMS *Benbow* begann man mit der Auswertung der Situation. Es gab drei Möglichkeiten: der Eindringling, wer immer es war, wartete draußen und plante weitere Angriffe gegen die Schiffe, oder er versuchte, aus dem Golf zu entkommen, oder er bewegte sich in Richtung auf die Raffinerie in Point-a-Pierre zu. Auf der ganzen Insel luden die Kanoniere ihre Geschütze, und die Infanterie rückte in ihre Stellungen ein. In dem Durcheinander dauerte es fast eine Stunde, bis das Verteidigungssystem sich organisiert hatte und schließlich die »Luftschutzsirenen« heulten.

KAPITEL 2

Es war 20 Minuten nach Mitternacht, als die Sirenen die Zivilbevölkerung in Port of Spain, Point-a-Pierre, San Fernando und Point Fortin alarmierten. Dann stellte man den Strom ab, und die Insel versank in Dunkelheit. Dies war der erste wirkliche Alarm, und sofort wurden Mängel offenbar. Der Stromausfall sorgte dafür, daß das Licht in den verschiedenen Befehlszentralen und im U-Boot-Abwehr-Raum auf HMS *Benbow* ausging. Es mußte beim Licht der Taschenlampen gearbeitet werden. Aber auch die Funkverbindungen waren lahmgelegt, so daß nur das Telefon übrig blieb. Viele der jüngeren amerikanischen Offiziere riefen ihre vorgesetzten Kommandostellen an, um herauszufinden, was los war. Das antiquierte Telefonsystem war dem Ansturm nicht gewachsen und brach völlig zusammen. Im Durcheinander der ohne Licht herumrasenden Militärfahrzeuge hatten es die Luftschutzwarte auf ihren Fahrrädern schwer, überall im Lande dafür zu sorgen, daß kein Lichtschein nach draußen drang. Viele von ihnen erwarteten, daß jeden Moment deutsche Bombenflugzeuge auftauchen würden.

Bei der Marine ging es ähnlich konfus zu. Sofort nach den beiden Detonationen waren Rettungsfahrzeuge in den Hafen hinausgefahren, um zu sehen, wo sie helfen konnten. HMS *Benbow* gelang es noch vor dem Stromausfall, die Patrouillenboote in drei Gruppen zusammenzufassen, eine zum Schutz der Raffinerie in Point-a-Pierre und jeweils eine innerhalb der beiden Zufahrten im Norden und Süden, dem Dragon's Mouth und dem Serpent's Mouth. Der amerikanische Marinestützpunkt Chaguaramas beorderte seine PCs[8] und andere verfügbare Fahrzeuge auf See, gleichgültig ob sie die Fähigkeit zur U-Boot-Bekämpfung hatten oder nicht. Die Schiffe im Hafen wurden angewiesen, die Lichter zu löschen. Im Golf von Paria suchten PCs den Meeresgrund mit ihren Asdic-Geräten ab. Sie waren davon überzeugt, daß das U-Boot, wenn es denn eines gewesen war, sich irgendwo unter Wasser verbarg. Es war Achilles' Absicht gewesen, Verwirrung zu stiften, und es war ihm ausgezeichnet gelungen.

Achilles fuhr mit Höchstfahrt in den Schutz von Diego Island, bevor er seinen nächsten Plan in die Tat umsetzte. Er hatte beim Einlaufen bemerkt, daß es südlich vom amerikanischen Marine-Stützpunkt einen regen Verkehr kleiner Schiffe in west-östlicher Richtung gab, und den wollte er für sich nutzen. Er drosselte die Geschwindigkeit, bis sie mit der des fließenden Verkehrs übereinstimmte, und trimmte das Boot runter, so daß das Deck überflutet war. Dann schaltete er die Positionslampen an und fuhr in die Chaguaramas Bay hinein, direkt zwischen die Boote der US-Navy und der Royal Navy. Nur wenige der Männer an Bord der kleinen Barkassen und Schlepper waren je einem U-Boot begegnet, und für sie sahen die Positionslichter von U 161 genauso aus wie die von jedem anderen Fahrzeug. Achilles hatte von den kleinen Booten nichts zu befürchten. Die eigentliche Herausforderung lag vor ihm, dort wo die Küstenbatterien und die Sicherungsfahrzeuge warteten.

Die Insel Gaspar Grande hat die Form eines gestreckten Buckels, der sich rund 100 Meter über dem Meeresspiegel erhebt. Die Geschütze waren nahe der Kammlinie stationiert, die sich entlang der ganzen Insel zieht und deren Seiten steil abfallen. Das

Kapitel 2

tiefe Wasser reicht bis an die Felswände, und kleinere Fahrzeuge benutzten meist die nahe der Küste gelegene Route. Die Geschütze waren auf die Zufahrten nach Westen gerichtet und nicht auf das küstennahe Gebiet. Achilles brachte U 161 dicht unter Land und direkt unter die Mündungen der Geschütze. Die Bedienungsmannschaften der Royal Artillery haben U 161 vermutlich gesehen, aber niemand erwartete, daß ein deutsches U-Boot mit brennenden Positionslaternen 30 Meter vom Ufer und 60 Meter unterhalb der Batterie durchfahren würde. Wahrscheinlich wurden sie für die Lichter einer Barkasse der Navy gehalten. Die Kanoniere richteten ihre Aufmerksamkeit auf See und erwarteten wahrscheinlich ein aufgetauchtes U-Boot oder doch zumindest den weißen Wasserwirbel eines Sehrohrs. Auf der Brücke von U 161 muß die Spannung unerträglich gewesen sein.
Nachdem er Gaspar Grande passiert hatte, setzte Achilles seinen Weg an der Insel Monos vorbei fort. Theoretisch war er jetzt am gefährlichsten Punkt angekommen, denn die Geschütze von Gaspar Grande und die acht 15,5-cm-Kanonen auf Chacachacare hätten ihn mühelos in Grund und Boden schießen können, wenn er erkannt worden wäre. Unter Beibehaltung der Täuschung lief U 161 weitere drei Meilen westwärts. Achilles wußte, daß er jetzt eine gute Chance hatte, denn das Wasser unter Kiel war 90 Meter tief, und er hätte sofort tauchen können. Südlich der Insel Huevos ließ er die Positionslampen löschen, drehte hart nach Steuerbord und ging auf Höchstfahrt. U 161 hatte noch drei Meilen zurückzulegen. Mit schäumendem Wasser über Deck und turbulentem Kielwasser durchquerte das Boot die restliche Strecke, direkt unter den Nasen der Kanoniere.
Wiederum war es Staubles Bay, von der die einzig zuverlässige Information kam. 24 Minuten nach Mitternacht, vier Minuten nachdem Luftalarm gegeben war, und 49 Minuten nach dem Angriff im Hafen erfaßte Staubles Bay die Fahrt eines Schiffes über die Induktionsschleifen. Das war U 161 auf der Ausfahrt. Kurz vor dem Tauchen konnte die Brückenbesatzung noch die Scheinwerferstrahlen sehen, die den Golf hinter ihnen abtasteten. U 161 hatte ein Meisterstück vollbracht.
Wie gewohnt, wurde die Meldung von Staubles Bay ignoriert. Die B-18-Bomber von Waller Field suchten jetzt den Golf von Paria ab, ebenso wie alle U-Boot-Abwehr-Einheiten, die Trinidad besaß. Dabei kam die Erfassung durch Staubles Bay praktisch einer Standortbestimmung von U 161 gleich. Wäre die Meldung ernst genommen worden, dann hätte man Schiffe und Flugzeuge vor die Bocas beordern und dem Boot schwer zu schaffen machen können. Um 3 Uhr morgens wurden alle Flugzeuge zurückgerufen. Sie sollten aufgetankt werden, um dann in der Morgendämmerung mit einer umfassenden Suchaktion zu beginnen. Ein Rückruf erging auch an die Zerstörer BARNEY und BLAKELY, denn die Bedrohung Trinidads war nun akut geworden.
Inzwischen hatte U 156 Fort de France, Martinique, angelaufen, wo der verwundete Geschützführer an Land gegeben wurde. Es ist anzunehmen, daß sich das Boot mit frischem Obst und Gemüse versorgen konnte, und wahrscheinlich haben die Fran-

zosen Werner Hartenstein auch empfangen. Es gibt keine Aufzeichnungen darüber, ob U 156 bebunkert wurde. Das war auch unerheblich, da ohnehin jedermann glaubte, daß so etwas geschah. Amerikas Eintritt in den Krieg brachte die Welt der Vichy-Franzosen auf Martinique und in Französisch Guayana durcheinander. Die Deutschen trauten den Vichy-Franzosen nie so recht, und das Resultat war jetzt, daß sowohl die Deutschen als auch die Amerikaner Martinique blockierten. Die Amerikaner kontrollierten, daß deutsche U-Boote in Martinique nicht bebunkert und verproviantiert wurden, und die Deutschen stellten sicher, daß die französischen Schiffe nicht ausbrechen und sich den Alliierten anschließen konnten. Es war ein Drahtseilakt, den die bemitleidenswerten Einwohner der französischen Besitzungen während des ganzen Krieges zwischen den militärischen und politischen Persönlichkeiten Vichy-Frankreichs einerseits und den Deutschen und den Alliierten andererseits vollführten. Nach der Niederlage Frankreichs war die prodeutsche Vichy-Regierung gebildet worden; der Befehlshaber der Marine gehörte ihr als Kabinettsmitglied an. Kurz zuvor waren Einheiten der französischen Marine mit dem Flugzeugträger BÉARN, einigen Kreuzern und Zerstörern nach Martinique ausgelaufen. Sie transportierten die gesamten Goldreserven Frankreichs.

Die französische Marine war nicht wie der Rest der französischen Armee von den Deutschen besiegt worden. Sie war eine verschworene Gemeinschaft und ihrem Chef treu ergeben. Der Chef wiederum war ein leidenschaftlicher Gefolgsmann Vichys, was manchen französischen Marineoffizier in arge Verlegenheit brachte. Einige wenige waren nach England geflohen, um sich den Einheiten der *Free French Forces* anzuschließen. Die Mehrheit folgte jedoch den Befehlen ihrer Führung. Churchill empfand es als unerträglich, daß sich die viertgrößte Flotte der Welt in einer Art Schwebezustand befand. Er befahl, alle Schiffe zu vernichten, die nicht bereit waren, sich den Alliierten anzuschließen. Die Royal Navy bekam den unangenehmen Auftrag, diese Aufgabe durchzuführen. Die Wut der Franzosen über die Zerstörung ihrer Flotte in Oran, angestachelt durch die deutsche Propaganda, sorgte dafür, daß es zu keiner Verständigung zwischen Vichy-Frankreich, den verbliebenen Marine-Einheiten und den Engländern kam. Die französischen Schiffe in Martinique standen unter dem Kommando von Admiral Robert, der ein entschiedener Gegner der Briten war. Er gab Befehl, auf englische Schiffe bei Insichtkommen zu schießen. Dieser Befehl wurde in bezug auf amerikanische Schiffe dahingehend abgewandelt, nur dann zu schießen, wenn sie feindliche Absichten zeigten. Vielleicht fühlten sich die Franzosen den Amerikanern noch aus der Zeit des Unabhängigkeitskrieges verbunden, wo sie die amerikanischen Truppen gegen die Engländer unterstützt hatten.

Nach dem Besuch Hartensteins in Martinique und dem Entkommen von Achilles entstand eine kurze Ruhepause, und es erfolgte 30 Stunden lang kein weiterer Angriff. Das war auch nicht nötig, denn die Haupthäfen in der Karibik waren immer noch wie gelähmt. Die Schiffahrt kam zum Stillstand, obwohl nur vier Tanker versenkt, drei weitere und ein Frachter schwer beschädigt worden waren. Aber für die Rohöl-

Kapitel 2

transporte waren es schwerwiegende Verluste gewesen, denn zehn Prozent der flachgehenden Spezialtanker war entweder gesunken oder hatte große Beschädigungen davongetragen. Die Besatzungen waren so verunsichert, daß sie sich weigerten, ohne alliierten Begleitschutz in See zu gehen. Das war Meuterei, und die holländischen Behörden zögerten nicht, die meuternden Besatzungen kurzerhand ins Gefängnis zu stecken, was das Problem natürlich nicht löste. Venezuela war hauptsächlich ein Produktionsland mit vielen Ölquellen und Förderanlagen, verfügte jedoch kaum über Lagerkapazität. Wenn die Tanker nicht mehr fuhren, mußten die Ölförderung im Maracaibo-See und auch die Verarbeitung in den Raffinerien auf den holländischen Inseln eingestellt werden. Englands Öllieferungen wären an der Quelle abgeschnitten gewesen.

Alle in der Karibik verfügbaren Flugzeuge wurden nunmehr zur U-Boot-Jagd eingesetzt, aber sie suchten natürlich nach Booten, die gar nicht mehr in diesen Gebieten waren. U 502 (v. Rosenstiel) war weiter westlich von Aruba bis an die Küste Kolumbiens vorgerückt, während U 67 (Müller-Stöckheim) sich nach Norden in Marsch gesetzt hatte. U 161 (Achilles) steuerte mit Nordwestkurs ins Zentrum des karibischen Meeres, und U 156 (Hartenstein) näherte sich dem *Puerto Rico Sector*. Die U-Boote zogen sich zurück, um der Schiffahrt die Rückkehr zu ermöglichen, bevor sie erneut angriffen.

Die psychologische Wirkung der Eröffnungsrunde der Operation *Neuland* war gewaltig. Die Offensive war nicht in kleinen Schritten angelaufen, sondern wurde von den U-Booten gemeinsam und sehr aggressiv vorgetragen. Jedes Boot hatte in Gebieten, die von den Alliierten als relativ sicher angesehen wurden, unter schwierigsten Umständen einen kühnen Angriff durchgeführt. Die immer noch fassungslosen Verteidiger ahnten dabei nicht einmal, daß sich schon bald drei weitere U-Boote in der Karibik bemerkbar machen würden.

Als die U-Boote wieder in Aktion traten, konzentrierten sie sich auf die großen Tanker und Frachter, die die holländischen Inseln und den Golf von Paria verließen. Erneut forderten sie einen hohen Tribut, aber aus unerklärlichen Gründen unterbanden sie niemals mehr die Öltransporte von Venezuela nach Aruba. Hätten sie sich auf die Vernichtung der flachgehenden Spezialtanker konzentriert, dann wäre die Ölzufuhr aus der Karibik dauerhaft unterbrochen worden. Möglicherweise ist den Deutschen die hohe Verwundbarkeit dieser Achillesferse jedoch nicht bewußt gewesen.

Am 1. März 1942 wurde Rear Admiral USN Jesse B. Oldendorf eilends nach Curaçao entsandt und mit Einwilligung der holländischen Exilregierung zum Befehlshaber aller Streitkräfte auf den holländischen Inseln ernannt. Dieser fähige Marineoffizier sollte in nicht allzu ferner Zeit dafür sorgen, daß die U-Boote keine Chance mehr bekamen, die Schwachstellen in den Öltransporten erneut ernsthaft zu bedrohen. Aber das war Zukunftsmusik, und bis dahin sollten die U-Boote noch mehrere Male ein heilloses Durcheinander anrichten.

Kapitel 3

Der zweite Teil der Operation »Neuland«

Das italienische U-Boot LUIGI TORELLI stieß als erstes Boot der zweiten Welle der *Neuland*-Offensive auf ein Ziel. Das Operationsgebiet des Bootes befand sich im östlichen Grenzgebiet des *Trinidad Sectors* und damit auf der Schiffahrtsroute zwischen Brasilien und Nordamerika. In den späten Stunden des 19. Februar war der nichtsahnende britische Frachter SCOTTISH STAR der Blue Star Line über dem Horizont in Sicht gekommen. Der Dampfer war auf dem Weg nach New York, und sein Kapitän hoffte, daß er mit dem weit nach Osten abgesetzten Kurs dem U-Boot-Schlachtfeld an der Ostküste der USA ausweichen konnte. Zwei Torpedos schickten das 7 224 BRT große Schiff auf den Meeresgrund. In Trinidad wurde der Notruf aufgefangen, aber es gab nichts, was man tun konnte, denn man hatte genug Probleme vor der eigenen Tür.

Während die Spekulationen darüber anhielten, welches U-Boot die SCOTTISH STAR versenkt haben könnte, bewegte sich ein drohender Schatten durch die See in Richtung auf Galera Point an der Nordostspitze Trinidads zu – U 129 war angekommen. Auf der Brücke des Bootes vom Typ IX C stand Kptlt. Nicolai Clausen und blickte in den blutroten Sonnenuntergang. Mit 31 Jahren war er der zweitälteste Kommandant der *Neuland*-Boote, aber ohne Zweifel der erfahrenste der Gruppe. Als Jagdrevier war ihm das Seegebiet zwischen Trinidad und den Guayanas zugewiesen worden, wo die Schiffe mit dem kriegswichtigen Bauxit verkehrten. Auf der Vorderseite des Kommandoturms waren in schwarzen Lettern das Schlagwort »*Westward Ho*« aufgemalt, das die Hoffnungen der U-Boot-Kommandanten symbolisierte, die die Offensive in die Karibik vortrugen. Bisher hatte Clausen den größten Teil seiner Frontzeit als Kommandant damit verbracht, sich in schwer geschützte Konvois hineinzukämpfen und nach dem Angriff wieder heraus. Jetzt würde er Gelegenheit bekommen, Schiffe unter idealen Voraussetzungen zu versenken.

Bei Anbruch der Nacht stand U 129 auf der Höhe von Galera Point, und es dauerte nicht lange, bis das erste Ziel auftauchte. Der norwegische Frachter NORDVANGEN (2 400 BRT) dampfte an der Nordküste Trinidads entlang. Die meisten Kapitäne der im Golf von Paria festliegenden Handelsschiffe warteten auf Entwarnung und überlegten, ob sie sich zu einem nichtgeschützten Konvoi zusammenschließen sollten. Der Kapitän der NORDVANGEN versprach sich sicher mehr davon, allein zu fahren. Die Ausgucks auf der Brücke von U 129 entdeckten den Frachter, und Clausen brachte das Boot in eine günstige Schußposition. Um 22 Uhr umrundete die NORDVANGEN Galera Point und schwenkte auf Kurs Südsüdost, als zwei Torpedos das kleine Schiff

Kapitel 3

auseinanderrissen. Die Explosion war so gewaltig, daß der Frachter sofort auf den Meeresgrund sank und ihm keine Zeit blieb, ein SOS-Signal abzusetzen. Es wurden keine Wrackteile und keine Überlebenden gefunden, und es war gerade so, als ob die NORDVANGEN vom Meer verschluckt worden wäre. Am Ende des Krieges war sie nicht einmal als gesunken aufgeführt, obwohl sie nur zwei Meilen von Galera Point untergegangen war und die Bewohner des naheliegenden Dorfes Toco den Donner der Explosion hatten hören können. Die NORDVANGEN war das erste Schiff, das an der Stelle unterging, die bald als »Torpedo Junction« berüchtigt werden sollte.

300 Meilen nördlich hatte Hartenstein (U 156) inzwischen Martinique verlassen und näherte sich dem Dominica Channel zwischen den Inseln Guadeloupe und Dominica. Er war verärgert, denn es war vier Tage her, daß er angegriffen hatte, und er brauchte dringend weitere Versenkungserfolge. Der Vorfall mit dem Mündungsdeckel und der Verlust von zwei Besatzungsmitgliedern waren zu Hause bestimmt nicht vergessen, und er war sicher, daß man ihn bei Rückkehr in Lorient maßregeln würde. Da war es wenig hilfreich, wenn er ohne beeindruckende Abschußliste nach Hause käme. Zu diesem Zeitpunkt konnte Hartenstein natürlich noch nicht wissen, daß er einer der erfolgreichsten U-Boot-Kommandanten während des Krieges in der Karibik werden sollte.

Als sich U 156 am Morgen des 20. Februar 60 Meilen westlich des Dominica Channels befand, tauchte an der Kimm der amerikanische Frachter DELPLATA (5 127 BRT) auf. Der Dampfer hatte noch nichts von U-Booten in der Karibik gehört und zog ruhig seine Bahn südwärts, froh darüber, den gefährlichen Gewässern an der Ostküste der USA entkommen zu sein. Auf der Brücke war man gelassen, und keiner hielt nach einer Torpedolaufbahn Ausschau. U 156 nahm die Verfolgung auf, und als das Boot querab war, schoß Hartenstein zwei Torpedos. Aber seine Berechnungen waren fehlerhaft, und die Aale rasten am Ziel vorbei. Auf der DELPLATA hatte man nichts von den beiden Unglücksbringern gemerkt und war seelenruhig weitergefahren. Wütend drehte Hartenstein ab und jagte hinterher, bis er sich erneut querab befand. Diesmal war er sorgfältiger, und der zweite Satz Torpedos fand sein Opfer. Der Dampfer sank beinahe sofort, aber noch während sich die Mannschaft um die Rettungsboote balgte, gelang es dem Funker, ein »SSS«[9] abzusetzen.

Die DELPLATA war das erste Schiff, das im *Puerto Rico Sector* versenkt wurde, und der Empfang des Notsignals trug erheblich zu den Problemen des kommandierenden Admirals bei. Er hatte es mit U-Booten in zwei seiner drei Sektoren zu tun und verfügte praktisch über keine Gegenmittel. Trotzdem wurde der Flugplatz Borinquen Field an der Westseite Puerto Ricos alarmiert, und die Maschinen der 45th Bombardment Squadron des US-Army Air Corps starteten zu ihrem ersten U-Jagd-Flug. An diesem Morgen waren überall in der Karibik die Flugzeuge in der Luft, denn die 59th Squadron auf Curaçao und die 1st Bombardment Squadron des US-Army Air Corps auf Trinidad suchten auch noch immer nach ihren U-Booten. Die U-Boote berichteten über sie und auch darüber, daß sie zahlreich und die Piloten offenbar unerfahren wären. Mit der Zeit sollte sich diese Einschätzung grundlegend ändern. Weitere 24 Stunden vergingen, bevor ein U-Boot wieder zuschlug. U 502 (v. Rosenstiel) war in westlicher Richtung an der kolumbianischen Küste entlanggefahren, aber ohne ein Opfer zu finden. Am 21. Februar präsentierte sich dem Boot jedoch ein vorzügliches Ziel. Wie im Fall der DELPLATA war auch der amerikanische Tanker J. N. PEW (9 033 BRT) in Unkenntnis, daß sich U-Boote in der Karibik befanden, als er zwischen der kolumbianischen Küste und Aruba auf U 502 stieß. Zwei gut plazierte Torpedos schickten den Tanker auf den Meeresgrund, und sein »SSS« verkündete dem kommandierenden Admiral auf Puerto Rico, daß er es jetzt mit U-Booten in allen drei seiner Sektoren zu tun hatte. Die J. N. PEW war das größte Schiff, das bisher im Rahmen der Operation *Neuland* versenkt worden war, und die Besatzung des U-Bootes beobachtete zufrieden den Untergang des Tankers. Diese Ruhepause wurde jedoch durch das Auftauchen eines weiteren Schiffes jäh unterbrochen. Es war, als ob man jetzt mit Zielen geradezu überschwemmt werden sollte. Ein Frachter näherte sich dem Ort des Geschehens, aber der Kapitän war offenbar gewarnt, denn er drehte sofort ab und versuchte in der Richtung, aus der er gekommen war, zu entfliehen. v. Rosenstiel gab nicht auf, und das Boot jagte mit Höchstfahrt hinterher. Nach einer Stunde mußte er sich allerdings geschlagen geben, denn der Frachter war nicht nur schneller, es erschienen jetzt auch noch Flugzeuge am Horizont, und er war gezwungen zu tauchen.

Im Verlauf des 21. Februar schlug auch Achilles, das As der Eröffnungsrunde der *Neuland*-Offensive, erneut zu. Nach seiner spektakulären Unternehmung im Hafen von Trinidad, hatte er sich nach Nordwesten abgesetzt, um den pausenlosen Aktivitäten in der Luft zu entgehen. Aber drei Tage, nachdem er in das Wespennest gestochen hatte, schien ihm der Zeitpunkt gekommen, zurückzukehren. Am Mittag des Tages stand das Boot etwas nordwestlich vor Trinidad. Der britische Motortanker CIRCE SHELL (8 200 BRT) war in Ballast auf dem Wege von England nach Aruba unterwegs, und es scheint, daß man auch ihn vor den U-Booten gewarnt hatte, denn er verhielt sich so vorsichtig, wie es die Umstände erlaubten. 400 Meilen östlich Barbados hatte er den Konvoi verlassen und steuerte nun mit voller Kraft in Richtung Trinidad. Der Kapitän glaubte wahrscheinlich, daß es sicherer sei, wenn er sich unter Land hielte. Achilles machte das Schiff aus, als es im flachen Wasser rund 30 Meilen von Boca Grande entfernt war. U 161 befand sich etwas weiter westlich und wartete, daß der Tanker seinen Bug kreuzte. An Bord der CIRCE SHELL suchten vier Ausguckposten die See ab, während sich der Tanker seinen Weg durch die leichte Dünung bahnte. Sicherlich war man erstaunt, als einziges Schiff an der sonst so lebhaften Küste entlang zu fahren. Um 15 Uhr 15 erbebte der Tanker plötzlich unter einem Torpedotreffer, ohne daß vorher eine Blasenbahn oder ein Sehrohr gesichtet worden war. Die Detonation des Gefechtskopfes riß ein Loch in die Steuerbordseite von Tank 3, durchschlug die inneren Schotten und blies sogar noch ein paar Stahlplatten an der Backbordseite hinaus. Wenige Sekunden später traf ein weiterer Torpedo die Steuerbordseite in Höhe des achteren Maschinenraums. Die zweite Explosion sprengte das Heck glatt ab. Die verstörte Mannschaft kletterte in die Rettungsboote. Das 10,2-cm-Geschütz zu besetzen, machte keinen Sinn, denn rundherum war nichts zu sehen gewesen. Die Boote kamen mit 57 Überlebenden zu Wasser, ein Mann war durch den Torpedotreffer im Achterschiff getötet worden. Die CIRCE SHELL war verlassen, ihre Geheimpapiere über Bord geworfen, aber sie schwamm noch. Der Funker hatte den Notruf »SSS« abgesetzt und Trinidad den Empfang bestätigt. Es bestand also Hoffnung auf Beistand, und der kam auch. Ein Flugzeug der Royal Navy erschien am Ort des Geschehens und signalisierte, daß Hilfe unterwegs sei. Als der Pilot das Schiff umkreiste, entdeckte er einen schwarzen Schatten unter der Wasseroberfläche, der nur von dem schuldigen U-Boot stammen konnte. Die Maschine vom Typ *Fairey Albacore* ging sofort in den Sturzflug über und warf zwei Bomben. Hohe Wassersäulen stiegen auf, als die Bomben explodierten. Die Besatzung von U 161 hörte die Detonationen, aber es entstand kein Schaden. Eine Wirkung wäre nur erzielt worden, wenn die eingesetzten 50-kg-Bomben das Boot direkt getroffen hätten. Die Überlebenden der CIRCE SHELL verfolgten das Geschehen mit Genugtuung. Kurz darauf erschienen auch noch zwei weitere Flugzeuge vom Typ B-18 der 1st Bombardment Squadron, die von Waller Field aufgestiegen waren.

U 161 war inzwischen unter Wasser um den beschädigten Tanker herumgefahren, und Achilles wagte einen Blick durch das Sehrohr. Er erkannte, daß das Schiff leicht nach Trinidad eingebracht werden konnte, wenn er es nicht vorher erledigte. Obwohl eine Torpedolaufbahn den kreisenden Flugzeugen seine Position verraten würde, schoß er ein weiteres Mal. Die Detonation riß den Boden des Schiffes auf, und es sank sofort.

Nachdem der Tanker untergegangen war, verschwanden die Flugzeuge, und die Überlebenden gewannen das Gefühl, nunmehr allein gelassen zu sein. Der klare Tag ging über in einen goldenen Sonnenuntergang, und immer war noch keine Hilfe für sie gekommen. Die Nacht brach an, der Mond tauchte das Meer in einem schwachen Silberschein und beleuchtete die Gruppe der verzweifelten Menschen, deren Stimmung sich kurz darauf von Teilnahmslosigkeit in Schrecken verwandelte. Mit einem großen Wasserschwall tauchte aus den Tiefen des Meeres ein U-Boot auf. Sie konnten die Silhouette des Bootes deutlich sehen, als es sie umkreiste und auch die weiße Mütze des Kommandanten, der sie durch sein Fernglas musterte. Die Legenden, die die »Räuber der Meere« umgaben, hatten die Seeleute der Handelsmarine häufig veranlaßt, ihre Rettungsboote zu verlassen, wenn sich ihnen ein U-Boot näherte. Es lag am Wesen des uneingeschränkten U-Boot-Krieges, daß sich diese Gerüchte festsetzten und die U-Boote mit einer Intensität gehaßt wurden, die selbst das Ende des Krieges überdauerte.[10] Auch die Mannschaft der CIRCE SHELL fürchtete sich vor den U-Booten und beobachtete mit Schaudern, wie U 161 herankam, um sie zu inspizieren. Lieber wollte man sich den Haien aussetzen, als der Bedrohung durch ein U-

Kapitel 3

Boot ausgeliefert zu sein. Zu ihrer großen Erleichterung drehte das Boot schließlich ab und verschwand in der Dunkelheit. Die Zeit schleppte sich dahin, und die Strömung trieb die Schiffbrüchigen von der Untergangsstelle weg. Aber gerade als sie nahe am Verzweifeln waren, da stürmte zu ihrer großen Erleichterung Seiner Majestät Schlepper BUSY über die mondbeschienene See heran und rettete sie.

Die Versenkung der CIRCE SHELL der Anglo Saxon Petroleum Co. trug nicht dazu bei, die nervöse Spannung in Trinidad abzubauen. Nachdem U 161 aus dem Golf entkommen war, wurde in den Militärlagern Entwarnung gegeben, aber man hatte vergessen, auch die Truppen in den Stellungen und die Zivilbevölkerung zu benachrichtigen. Die gesamte Organisation befand sich in Unordnung, aber wegen der kriegsbedingten Zensur gelangte wenig davon in die öffentlichen Medien. Die Einheimischen wußten ohnehin mehr von den Ereignissen in Nordafrika als von der Situation auf ihrer eigenen Insel. Die Informationslücke, die während des ganzen Krieges bestand, war Ursache erbitterter Auseinandersetzungen, aber das alles blieb nicht auf Trinidad beschränkt, es umfaßte alle Inseln.

Gerade als die Rettungsaktion für die Überlebenden der CIRCE SHELL angelaufen war, fand U 67 im Gebiet von Curaçao endlich ein Ziel. Das Boot, das eine magere Zeit durchgemacht hatte, war aus der Mitte des karibischen Meeres zurückgekehrt. Am Morgen hatte der moderne norwegische Motortanker KONGSGAARD (9 467 BRT) die Nordspitze Curaçaos umrundet und Kurs auf die Windward Passage zwischen Haiti und Cuba genommen. Müller-Stöckheim brachte U 67 dicht unter Land und wartete darauf, daß der Tanker seinen Bug kreuzte. Zwei Torpedos krachten in das große Schiff, sprengten den Maschinenraum heraus und setzten die Ladung in Brand. Die KONGSGAARD war das bisher größte Schiff, das im Rahmen der Offensive erwischt worden war. Der Feuerschein des brennenden Tankers erleuchtete den Himmel, und die Zuschauer an Land starrten fasziniert auf das Spektakel auf See. Und wieder schwärmten Flugzeuge und PCs aus und konzentrierten sich auf das Gebiet des Untergangs. In den Führungsstäben versuchte man derweil, einen aktuellen Lageplan der Versenkungen zu erstellen, um die Anzahl der U-Boote in der Karibik zu ermitteln. Es war jetzt klar, daß die SCOTTISH STAR weit im Osten, die DELPLATA hoch im Norden, die CIRCE SHELL vor Trinidad, die J. N. PEW vor der kolumbianischen Küste und zuletzt die KONGSGAARD unmöglich von nur einem U-Boot versenkt sein konnten. Die fünf Standorte lagen so weit auseinander, daß es auf die Anwesenheit von fünf U-Booten hindeutete. Bedauerlicherweise standen den Verteidigern aber nur zwei Zerstörer in der Karibik zur Verfügung.

Rear Admiral USN John H. Hoover, der das Kommando über die *Caribbean Sea Frontier* innehatte, sandte Washington einen Bericht mit seiner Einschätzung der Situation und bat dringend um sofortige Verstärkung. Dabei war U 129 noch nicht einmal entdeckt worden, und niemand ahnte auch nur, daß sich ein weiteres Boot, U 126 unter Kptlt. Ernst Bauer, unverdrossen seinen Weg durch den Atlantik in die Karibik bahnte.

Kapitel 3

Südöstlich von Trinidad patrouillierte Clausen mit U 129 mitten auf der Bauxit-Route. Am Nachmittag des 22. Februar kam der englische Frachter GEORGE L. TORIAN (1 754 BRT) in Sicht. U 129 war in guter Position, und um 16 Uhr 30 verließ ein Torpedo das Rohr. Die Detonation brach dem Dampfer das Rückgrat, und in wenigen Minuten war er verschwunden. Alles was übrig blieb, war eine kleine Gruppe verzweifelter Menschen in ihrem Rettungsboot. U 129 war während des Angriffs über Wasser geblieben und näherte sich jetzt den entsetzten Überlebenden. Der Mann auf der Brücke mit der zerbeulten weißen Mütze und den erfahrenen Augen fragte nach dem Namen des Schiffes, seiner Ladung und der Bestimmung. Zu ihrem Erstaunen sah er nicht aus wie ein babyfressender, fanatischer Nazi, wie man es ihnen erzählt hatte. Und tatsächlich wußten sie auch nicht, daß nur wenige der U-Boot-Männer fanatische Nazis waren, weil es in ihrer gefährlichen Welt keinen Platz für Politik gab. Der U-Boot-Kommandant sagte ihnen, daß Trinidad 120 Meilen nordwestlich

Nico Clausen (U 129) vom erfolgreichen Einsatz zurück.

Quelle: U-Boot-Archiv, Cuxhaven

läge und übergab ihnen Lebensmittel und Wasser. Die überraschte Mannschaft des kleinen Frachters machte sich auf den Weg, den nach ihr noch viele in den nächsten zwei Jahren antreten sollten. Sie würden an der Ostküste Trinidads anlanden, die am Ende des Krieges mit Wrackgut vieler Handelsschiffe übersät war. Die GEORGE L. TORIAN sank so schnell, daß nicht einmal ein Notsignal abgesetzt werden konnte. Trinidad wußte daher immer noch nichts von U 129 im Osten der Insel.

Nach weiteren Zielen brauchte Clausen nicht lange zu suchen, denn er befand sich ja genau auf der Schiffahrtsroute. Um 23 Uhr kam der amerikanische Frachter WEST ZEDA (5 658 BRT) des Weges und bot im schwachen Mondlicht ein ideales Ziel. Zwei Torpedos zischten aus den vorderen Rohren. Der Frachter erzitterte unter dem Aufschlag, und durch die aufgerissenen Bordwände strömte das Wasser herein, während der Bauxitstaub sich auf dem Meer verteilte. Und wieder ging das Schiff so schnell unter, daß der Funker keine Gelegenheit mehr hatte, den Notruf auszusenden. Trinidad erfuhr wiederum nichts von der Gegenwart des U-Bootes, und die Besatzung der WEST ZEDA trat nun in ihren Rettungsbooten den gleichen Weg an, wie vorher die Mannschaft der GEORGE L. TORIAN.

Während U 129 langsam südöstlich weiterfuhr, führte Achilles U 161 mit hoher Fahrt auf Nordwestkurs von Trinidad weg, da er annahm, daß die Gegend bald sehr gefährlich werden könnte. Um Mitternacht stand das Boot 200 Meilen westlich Martinique, als kurz darauf der amerikanische Frachter LIHUE (7 000 BRT) am Horizont auftauchte. Ein Torpedo traf den Rumpf des Dampfers, der jedoch nicht stoppte. Der Kapitän war zum Kampf entschlossen, die Geschützmannschaft eilte an ihr 10,2-cm-Bordgeschütz, und der Funker sandte die Position des Schiffes aus. Achilles fuhr einen zweiten Anlauf und schoß einen weiteren Torpedo. Im Mondschein konnte der Kapitän jedoch die Torpedolaufbahn ausmachen, und die LIHUE drehte rechtzeitig ab. Der tödliche Aal glitt an der Seite des Schiffes entlang, und der Kapitän brachte den Frachter zurück auf Kurs zu den östlich gelegenen Inseln. Im selben Moment begann das Geschütz der LIHUE zu feuern und, ein Geschoß flog in die ungefähre Richtung des U-Bootes. Achilles wollte keinen weiteren Torpedo opfern, da er nur noch acht übrig hatte. Er wußte, daß er Zeit hatte, und befahl die Geschützmannschaft an Deck. Als der Frachter auf ganzer Länge in Brand geschossen war, brach Achilles die Aktion ab und verließ den Ort des Geschehens. Er ließ ein sinkendes Schiff zurück, aber es dauerte noch zwei Tage, bis die LIHUE endgültig untergegangen war.

Am achten Tag der Operation *Neuland* schickte v. Rosenstiel den 8 329 BRT großen panamaischen Tanker THALIA 80 Meilen vor Aruba auf den Meeresgrund, und Clausen (U 129) fügte seinen beiden Versenkungen vom Vortag die LENNOX (1 904 BRT) hinzu. Diesmal konnte der Funker jedoch sein Notsignal absetzen, und endlich war Trinidad gewarnt, daß ein U-Boot auf der Bauxit-Route operierte. U 502 führte seinen letzten Angriff am 23. Februar mittags aus. Ein Torpedo traf den amerikanischen Motortanker SUN (9 002 BRT) mittschiffs, konnte ihn aber nicht stoppen.

Kapitel 3

Ein U-Boot nähert sich dem Rettungsboot eines sinkenden Frachters vom britischen War Emergency Typ.

Quelle: Verlagsarchiv

Schwer beschädigt behielt er seinen Kurs auf Aruba bei. v. Rosenstiel war machtlos, da er keine Torpedos mehr hatte. Auftauchen war unmöglich, denn es war heller Tag, und in Kürze würden die Flugzeuge auf der Bildfläche erscheinen. U 502 hatte in großartiger Weise seinen Teil zur Operation *Neuland* beigetragen. Alle fünf versenkten Schiffe und das zuletzt beschädigte waren Tanker gewesen, und das Versenkungsergebnis belief sich auf 25 200 BRT. Jürgen v. Rosenstiel brachte das Boot auf nördlichen Kurs und verließ die Karibik durch die Windward Passage.
Einen ganzen Tag lang war es in der Karibik still. U 129 kreuzte südöstlich von Trinidad und war erstaunt, die Bauxit-Route plötzlich ausgestorben vorzufinden. Die Versenkung der LENNOX hatte dazu geführt, daß alle Bauxit-Transporte eingestellt wurden. Die Ankunft der Schiffbrüchigen an der Ostküste Trinidads bestätigte die Befürchtung, daß im Osten Trinidads ein Wolf unter der Herde wütete.
Während U 161 ostwärts auf die Kleinen Antillen zusteuerte, planten Achilles und Bender den nächsten Streich. Für die Stäbe an Land war es mittlerweile klar, daß man es nicht mit einer vereinzelten U-Boot-Aktion zu tun hatte, sondern mit einer großangelegten Offensive. Die Schiffe wagten nicht auszulaufen und lagen in den Häfen fest. Die Piloten der drei Bombergeschwader waren erschöpft, denn sie hatten bereits neun Tage rund um die Uhr nach der Pfeife der U-Boote getanzt. Die Zerstörer waren ebenfalls ständig im Einsatz und stoppten nur kurz zum Bunkern, um dann ihre erfolglose Suche fortzusetzen. In den Führungsstäben hatte man noch zu wenig Erfahrung, und es wurde ein folgenschwerer Fehler gemacht.

Nachdem die Schiffahrtsrouten leergefegt waren, suchten die U-Boote vergeblich nach Zielen. Es war jedoch notwendig, den Schiffsverkehr wieder in Gang zu setzen, und die Dienststellen erlaubten daher den Schiffen im ganzen Gebiet, die Häfen zu verlassen, wobei man hoffte, daß die Kapitäne den Räubern schon entgehen würden. Aber dann wurde die ganze Aktion völlig unnötigerweise im Rundfunk verbreitet. Der B-Dienst[11] in Deutschland fing die Radiosendung auf und informierte die Boote. Die Schiffsführungen waren darin vor der U-Boot-Gefahr in der Karibik gewarnt und aufgefordert worden, äußerst vorsichtig zu sein. Man empfahl den Schiffen, sich auf der östlichen Seite der Inselkette dicht unter Land zu halten, da die U-Boote vermutlich auf der westlichen Seite innerhalb des karibischen Meeres konzentriert wären. Die Handelsschiffe akzeptierten diese Empfehlung – und die U-Boote natürlich auch. U 156 befand sich südlich der Mona Passage, als der britische Tanker LA CARRIERE (5 685 BRT) in Sicht kam. Hartenstein war immer noch unzufrieden mit sich, und der entgegenkommende Tanker erschien ihm wie ein Geschenk. Zwei Torpedos verließen die Rohre, aber wieder hatte er kein Glück. Ein Torpedo lief vorbei, der andere traf das Schiff direkt hinter dem Bug. Obwohl der Tanker unter dem Aufschlag erzitterte, setzte er seine Fahrt fort. Nach einer Stunde war U 156 abermals in Schußposition, und ein weiterer Torpedo raste davon. Und wiederum ein Fehlschuß. Während die Besatzung auf der Brücke das U-Boot gegen den Horizont erkennen konnte, versuchte der Tanker mit höchster Fahrt zu entkommen. Um 3 Uhr morgens war Hartenstein erneut in Position, und noch einmal durchquerten zwei Aale die See. Beide trafen die LA CARRIERE und stoppten sie. Flammen schossen aus dem Rumpf des Tankers, als sich die Ladung entzündete. Der Funker hatte während der ganzen Zeit der Funkstation in Puerto Rico einen laufenden Kommentar über die verzweifelte Lage des Schiffes gegeben, und Hartenstein wußte das. Die B-18-Bomber der 45th Squadron waren nur 60 Meilen entfernt und damit eine unmittelbare Gefahr für das Boot. U 156 mußte verschwinden und verließ den vom Bug bis zum Heck in Brand stehenden Tanker. Es dauerte einen ganzen Tag, bis das Schiff endlich gesunken war.
Aber auch die italienischen U-Boote, die an der Operation *Neuland* teilnahmen, waren inzwischen nicht untätig geblieben. Die LUIGI TORELLI versenkte den modernen panamaischen Motortanker ESSO COPENHAGEN (9 245 BRT) 480 Meilen östlich von Trinidad. Währenddessen war ein Schwesterboot, die LEONARDO DA VINCI, ebenfalls an der Arbeit und torpedierte den brasilianischen Frachter CABEDELO (3 557 BRT). Es war bereits das dritte brasilianische Schiff, das einem U-Boot zum Opfer fiel. Brasilien war neutral, und den U-Booten war es nicht erlaubt, Schiffe unter dieser Flagge anzugreifen. Die CABEDELO ging mit dem Verlust aller 57 Besatzungsmitglieder unter, und es ist nicht verwunderlich, daß der italienische Kommandant es vorzog, den Namen des versenkten Dampfers nicht zu melden. Die fortgesetzten Angriffe auf brasilianische Schiffe führten schließlich dazu, daß Brasilien im August 1942 in den Krieg eintrat, was böse Folgen für die U-Boote haben sollte.

KAPITEL 3

Zur Entlastung der U-Boote muß allerdings gesagt werden, daß es für sie oft schwierig war, ein neutrales Handelsschiff zu identifizieren. Denn obwohl die Schiffe eigentlich nachts hellerleuchtet fahren sollten, löschten manche Kapitäne alle Lichter und versuchten, sich abgedunkelt durch die gefährdeten Zonen hindurchzumogeln. Trotzdem gaben die Überlebenden später niemals zu, daß ihr Schiff abgeblendet gefahren war. Außerdem darf man natürlich nicht vergessen, daß viele der sogenannten »Neutralen« häufig entweder der einen oder der anderen Seite halfen, und das bedeutete, daß der Begriff der Neutralität nicht immer eindeutig zu bestimmen war.

Da alle Torpedos bereits verschossen waren, vernichtete U 156 am Freitag, dem 27. Februar, den britischen Frachter MACGREGOR (2 498 BRT) mit dem abgesägten Geschütz. Das Boot war am Vortag durch die Mona Passage gekommen und befand sich jetzt 25 Meilen nördlich von Hispaniola. Zur gleichen Zeit erwischte U 129 (Clausen) vor der Küste Holländisch Guayanas den kleinen panamaischen Dampfer BAYOU (2 605 BRT). Nachdem der Verkehr praktisch zum Erliegen gekommen war, hatte U 129 es jetzt schwer, Ziele zu finden. Aber am letzten Tag des Monats Februar fanden sich dann doch noch zwei weitere Opfer. Die LEONARDO DA VINCI schickte den Dampfer EVERASMA (3 644 BRT) an der östlichen Grenze des PUERTO RICO SECTORS auf den Meeresgrund. Und weiter nördlich beendete Werner Hartenstein seine erste karibische Feindfahrt auf stilvolle Weise, indem er den amerikanischen Tankdampfer OREGON (7 017 BRT) ebenfalls nur mit seiner berühmten Bordkanone versenkte. Er befand sich 120 Meilen nördlich der Mona Passage, und es war ein tollkühnes Stück, denn die Bomber auf Puerto Rico konnten jeden Moment am Ort des Geschehens erscheinen. U 156 war jetzt auf dem Rückmarsch. Fünf versenkte und zwei beschädigte Schiffe gingen auf seine Rechnung, darunter fünf Tanker. Die Erfolgsquote des Bootes betrug 22 700 BRT.

In den ersten zehn Tagen des intensiven Seekrieges in der Karibik waren 22 Schiffe versenkt worden. Und *Neuland* war noch nicht einmal zu Ende. In der Karibik schrie man nach Verstärkungen, aber es war schon zu spät. Von den 22 versenkten und sechs schwer beschädigten Schiffen waren 17 wertvolle Tanker gewesen.

Der Monat März wurde mit der Versenkung des norwegischen Frachters GUNNY (2 362 BRT) nordöstlich der Bahamas durch U 126 (Bauer) eröffnet. Am 3. März torpedierte Clausen (U 129) den amerikanischen Turbinendampfer MARY (5 104 BRT), und wieder war die Meeresoberfläche mit Bauxitstaub bedeckt. Weniger Glück hatte U 161, als die Torpedos einen Frachter 200 Meilen nordwestlich von Trinidad verfehlten. Bevor es einen erneuten Versuch unternehmen konnte, wurde es von B-18-Bombern von Waller Field angegriffen. Die Explosionen erschütterten das Boot, und alle Lichter gingen aus. Achilles beklagte sich beim BdU über das helle Mondlicht, und in der Tat waren die Vollmond-Nächte in der Karibik kein Freund der U-Boote. In der silbern erleuchteten See hoben sich die dunklen Silhouetten der Boote deutlich ab, und die Torpedos hinterließen gut sichtbare Blasenbahnen, denen ausgewichen werden konnte. Die Piloten der in der Karibik stationierten Geschwader schätzten die Helligkeit, denn ohne Radar war es die einzige Möglichkeit, U-Boote bei Nacht aufzuspüren. Als später genügend Flugzeuge vorhanden waren, mußten die Boote während der Vollmondphasen die Karibik verlassen. U 161 war das erste U-Boot, das einen Nachtangriff bei Mondschein erlebt hatte. Achilles zog sich sofort von der Insel zurück, um die Torpedorohre nachzuladen und den Flugzeugen zu entgehen.

Am 7. März arbeitete sich Kptl. Ernst Bauer mit U 126 durch die Windward Passage in das karibische Meer. Diese Durchfahrt wurde von den schwerbeladenen Tan-

Kptl. Ernst Bauer (U 126)

Quelle: U-Boot-Archiv, Cuxhaven

Kapitel 3

kern auf ihrem Weg von Trinidad und den holländischen Inseln nach Großbritannien benutzt und durch den US-Marinestützpunkt Guantánamo Bay bewacht. Aber alles, was man dort hatte, waren einige hölzerne PCs und ein paar leichte Wasserflugzeuge. Der Doppelschlag, den Bauer ausführte, bewirkte mehr als nur die Versenkung von zwei Schiffen. Er bedeutete, daß der Versorgungsweg unterbrochen war. Diese Tatsache elektrisierte die amerikanischen Kommandobehörden und sorgte endlich für Verstärkungen in der gesamten Karibik, auch wenn die nur zögerlich eintrafen.

Um 3 Uhr 35 morgens hatte Bauer den amerikanischen Frachter BARBARA (4 637 BRT) vor der Nordwestspitze Haitis versenkt und damit eine wertvolle Importladung der USA vernichtet. Drei Stunden später war im gleichen Gebiet der amerikanische Dampfer CARDONIA (5 104 BRT) dran, der torpediert und dann mit Geschützfeuer zur Strecke gebracht wurde. Nicht nur, daß das Boot in der lebenswichtigen Passage operierte, es tat dies noch dazu in der Morgendämmerung über Wasser und nahm sich sogar die Zeit, einen Frachter zusammenzuschießen – und das alles nur 100 Meilen von Guantánamo Bay entfernt.

Später am Vormittag erwischte Achilles den großen kanadischen Tanker UNIWALECO (9 755 BRT) 45 Meilen westlich der Insel St. Vincent. Der Tanker hatte Trinidad am Vortag verlassen und lief die Inselkette hoch, um wahrscheinlich durch die Anegada Passage (zwischen den Virgin Inseln und St. Martin) den Atlantik zu erreichen. Das Schiff hatte Benzin geladen, aber die U-Boot-Besatzung glaubte eher an Munition, denn als die zwei Torpedos ihr Ziel fanden, explodierte der Tanker mit ungeahnter Heftigkeit. U 161 blieb während des Angriffs getaucht, da es sich in einem gefährlichen Gebiet befand. Die Gewalt der Detonation schüttelte das zwei Meilen entfernt stehende Boot gründlich durch. Achilles beobachtete fasziniert die totale Vernichtung eines so großen Schiffes, und selbst nachdem es längst verschwunden war, setzten sich die Explosionen fort. Die Besatzung konnte den Weg des Tankers auf seinem Weg zum Meeresgrund buchstäblich verfolgen. Und jede Explosion erschütterte das Boot derart, daß ein Großteil der Mannschaft glaubte, sie würden von einem unerkannten Flugzeug angegriffen. Das Boot verließ das Gebiet so schnell wie möglich. Von der UNIWALECO gab es keine Überlebenden.

Währenddessen wurde U 67 weiterhin vom Pech verfolgt. Das moderne holländische Motorschiff BRASTAGI (9 246 BRT) meldete, daß zwei Torpedos das Schiff verfehlt hätten. Tatsächlich hatte Müller-Stöckheim sogar sechs Torpedos geschossen, und alle hatten das attraktive Ziel verpaßt. Völlig niedergeschlagen ging er auf Heimatkurs. Er hatte nur zwei Schiffe versenkt und eins beschädigt. Verglichen mit den anderen Booten war dies ein betrübliches Ergebnis. Aber das Boot würde wiederkommen, denn die Karibik sollte sein Einsatzgebiet bleiben.

Im nördlichen Teil des karibischen Meeres war Bauer mit U 126 weiter auf Erfolgskurs. Als der 8. März anbrach, schoß er über Wasser zwei Torpedos auf den Motortanker ESSO BOLIVAR (10 389 BRT). Während der eine Aal ein großes Loch in die Bordwand riß, ging der andere nur wenige Meter am Schiff vorbei. Der Kapitän änderte sofort den Kurs und steuerte auf Guantánamo Bay zu, das nur 20 Meilen entfernt lag. Bauer jagte hinterher und erzielte mit der Bordkanone einige Treffer, aber dann brach er den Angriff ab. Das alles spielte sich bei vollem Tageslicht und in Sichtweite des US Marinestützpunktes ab. Nun war es Zeit zu verschwinden. Als U 126 wegtauchte, rollten bereits die Flugzeuge auf die Startbahn, und die PCs verließen den Hafen. Am folgenden Tag hatte Bauer mehr Glück, als er den panamaischen Motortanker HANSEAT (8 241 BRT) nur zehn Meilen von der Ostspitze Cubas entfernt abfing und torpedierte. Dann näherte er sich dem brennenden Tanker wiederum über Wasser und deckte ihn bei vollem Tageslicht mit Granaten ein, so als ob die Windward Passage ihm gehörte. Was unterdessen auf dem nahen US-Stützpunkt an Land vor sich ging, das konnte man nur als großen Flop bezeichnen.

Der 10. März sollte mit einer unvergeßlichen Leistung wiederum Achilles mit U 161 gehören. U 161 befand sich ungefähr 100 Meilen westlich der Windward Islands. In Kürze mußte die Rückkehr in die Heimat angetreten werden, denn das Dieselöl wurde knapp. Albrecht Achilles und sein I.WO Werner Bender diskutierten, was sie noch tun könnten, denn U 161 hatte noch drei Torpedos, und die wollte man nicht mit nach Hause nehmen. Das Boot hatte sich bisher großartig geschlagen, aber die Ziele wurden langsam rar. Der Gedanke, mit den Torpedos zurückzukehren, widerstrebte Achilles. Es sollte etwas Besonderes sein. Schließlich schlug Bender einen Angriff auf den Hafen von St. Lucia vor. Die Idee eines Überfalls im Stil von Port of Spain gefiel Achilles, und beide gingen unter Deck, um die Karte der Insel und des Hafens Castries zu studieren. Es schien unmöglich – Grund genug für sie, es zu probieren.

Die Insel St. Lucia hat die Form einer Niere. In der südlichen Hälfte umgibt Hochland den alten Vulkan Soufrière. Felswände fallen steil ins Meer ab und sorgen für tiefes Wasser dicht unter Land. Das Gebiet um das Vieux Fort an der Südspitze der Insel wurde bei Eintreffen der Amerikaner als Stützpunkt ausgewählt. Dort befand sich auch der große Militärflugplatz Beane Field, der aber von Castries, dem einzigen Hafen im Norden der Insel, weit entfernt lag. Da jedoch der ganze Nachschub über diesen Hafen lief, mußten die Amerikaner zusätzliche Verteidigungsstellungen um Castries herum einrichten. An sich war der Schutz des kleinen Hafens nicht schwierig, denn er war von zwei Landzungen beinahe umschlossen und von hohem Terrain umgeben. Außerdem war die Bucht hinter den Landzungen nur eine Meile breit und das Wasser nirgends tiefer als zehn Meter. Es war also definitiv kein Operationsgebiet für U-Boote.

Um noch bei Tageslicht vor Castries einzutreffen, wurde die Geschwindigkeit des Bootes entsprechend angepaßt. Bei Sonnenuntergang stand U 161 fünf Meilen von der Hafeneinfahrt entfernt, und Achilles betrachtete sie durch das Sehrohr. Bender war vor dem Kriege schon einmal in Castries gewesen und galt als Experte. Da der Hafen viel zu flach war, gab es nur die Möglichkeit einer »Kavallerie-Attacke« über Wasser. Die Fahrrinne war nur wenige hundert Meter breit und wand sich zwischen Felsen und Sandbänken hindurch.

Kapitel 3

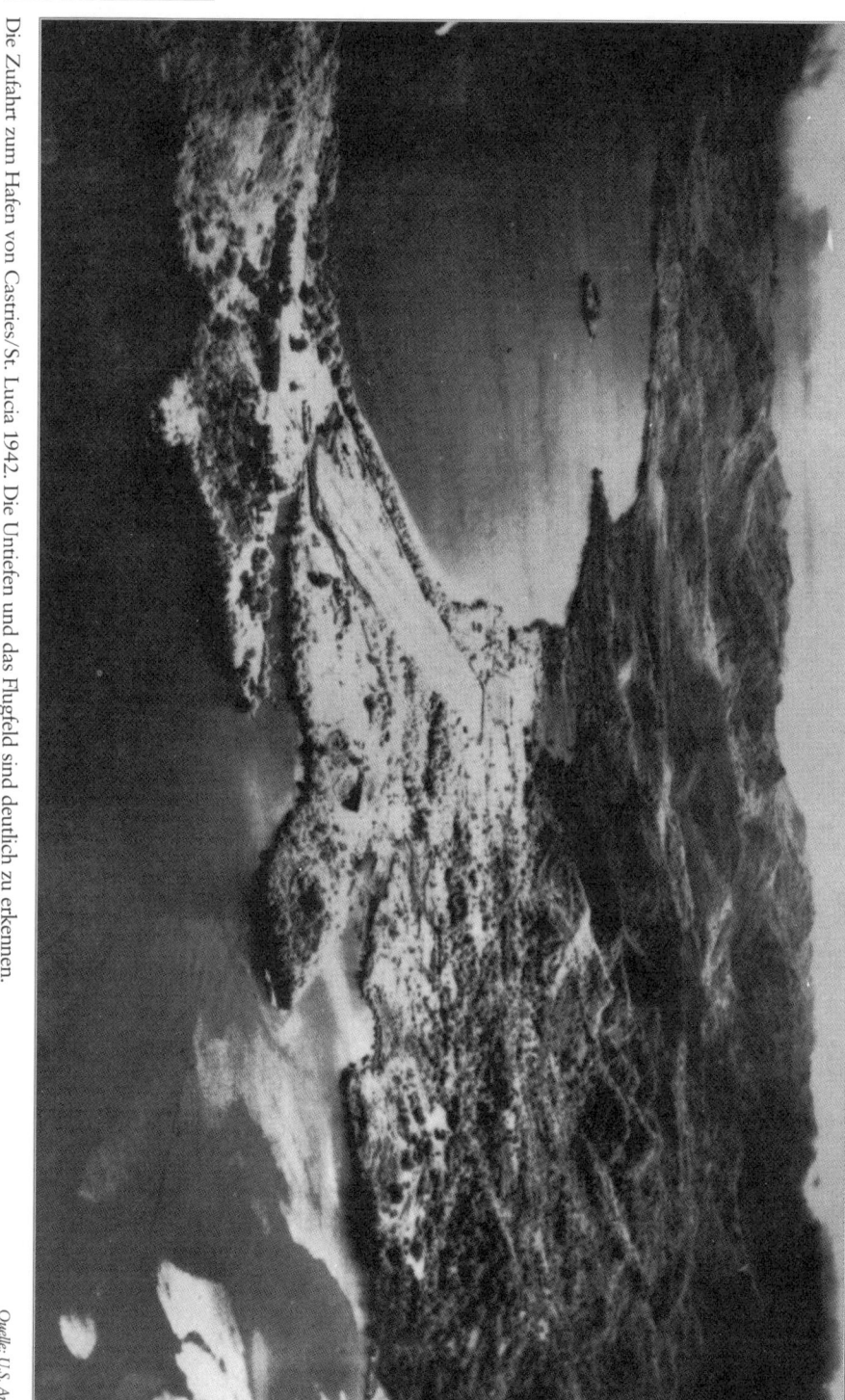

Die Zufahrt zum Hafen von Castries/St. Lucia 1942. Die Untiefen und das Flugfeld sind deutlich zu erkennen.

Quelle: U.S. Army

Gegen 22 Uhr schob sich U 161 vorsichtig an den beiden äußeren Spitzen der Landzungen, D'Estrees Point zur Linken und La Toc Point zur Rechten, vorbei. Es war zwar abnehmender Mond, aber Licht genug, daß die Offiziere auf der Brücke sich orientieren konnten. Es gab keine Möglichkeit zu tauchen, und Achilles hatte vier Ausgucks auf der Brücke, und das Geschütz war besetzt. Da die Behörden keine Bedrohung für den Ankerplatz gesehen hatten, brannten die Leuchtfeuer im inneren Hafenbereich und die Lichter am Kai. Zwei Schiffe mit Ausrüstungsgütern für Beane Field waren bei Tage eingelaufen, und die Amerikaner hatten dringend verlangt, die Entladung noch während der Nacht vorzunehmen. Beide Schiffe lagen daher ebenfalls hellerleuchtet am Kai.

U 161 passierte die erste Biegung der Fahrrinne und steuerte auf die Ankerreede zu. Nun gab es kein Zurück mehr, da die Fahrrinne zu eng war und das Boot erst im Hafen wenden konnte. Auf der rechten Seite waren die amerikanischen Truppen in ihren Verteidigungsstellungen vermutlich beim Kartenspiel und wiegten sich in Sicherheit. Auf der linken Seite zog die Landzunge vorbei, auf der sich die Landepiste von Castries und ein amerikanisches Camp befanden. Niemand sah das U-Boot, wie es im fahlen Mondlicht dahinglitt. Die Wachen müssen im Tiefschlaf gewesen sein, denn Bug- und Heckwelle waren in dem engen Gewässer nicht zu übersehen. Um 23 Uhr 45 erreichte U 161 die Reede. Der kanadische Fracht- und Passagierdampfer LADY NELSON (7 970 BRT) lag vor dem britischen Frachter UMTATA (8 141 BRT) am Kai. Achilles wendete das Boot, bis es auf die LADY NELSON zielte, und löste den ersten Torpedo. Während der Bug des U-Bootes weiter herumschwang, glitt der zweite Verderben bringende Aal auf sein Ziel zu. Achilles befahl »*Ruder hart Backbord*« und »*Beide Diesel äußerste Kraft voraus*«. Sein Ruf ging im Donner der Explosion fast unter, als der erste Torpedo die LADY NELSON traf. Als die Diesel auf volle Touren gingen, blauen Rauch ausstießen und das Boot herumkam, schlug der zweite Torpedo in die Bordwand der UMTATA ein. Neben den Schiffen stiegen Sprengsäulen hoch, und die Druckwellen zertrümmerten die Fenster der Häuser, die in Castries bis hinunter zur Wasserkante standen.

Als U 161 gewendet hatte und in die Fahrrinne einlief, brannten beide Schiffe bereits lichterloh. St. Lucia war auf dramatische Weise geweckt worden. Mit schäumender Hecksee stürmte das Boot aus dem Hafen. Diesmal mußte mit äußerster Kraft gefahren werden. Achilles und Bender waren auf der Brücke und starrten angestrengt in die Dunkelheit vor ihnen. Jetzt durfte ihnen kein Fehler unterlaufen, und es gab nicht einmal Zeit für sie, einen Blick zurückzuwerfen, wo beide Schiffe inzwischen auf den Hafengrund abgesackt waren. Für die Ausgucks muß es ein Bild wie aus Dantes Inferno gewesen sein, denn die kleine Stadt erglühte im roten Schein der in Flammen stehenden Schiffe. Die Hafenarbeiter hatten sich eilends in Sicherheit gebracht, und auf den umliegenden Landzungen waren die Soldaten wie benommen aus ihren Unterkünften gestürzt – ungewiß, was zu tun sei. Man war nicht sicher, ob die doppelte Explosion von einem Unfall am Kai oder von einer feindlichen Aktion herrührte. Aber ein U-Boot innerhalb des kleinen Hafens, das war unvorstellbar.

KAPITEL 3

U 161 raste mittlerweile die Fahrrinne hinunter, und der hintere Teil des Turms war vom hellen Schein des Feuers erleuchtet. Als sich das Boot mit hoher Fahrt zwischen den Landzungen hindurchwand, stieg die Spannung an Bord ins Unerträgliche. Achilles hatte die Mannschaft informiert, und alle wußten, daß die Ausfahrt aus dem Hafen der gefährlichste Abschnitt des Unternehmens sein würde. Die letzte Windung wurde genommen, das Inferno lag hinter ihnen und die offene See recht voraus. Die Geschützbedienung wurde unter Deck befohlen, damit sofort getaucht werden konnte, wenn das Boot aus der Fahrrinne heraus war. Plötzlich rauschten Leuchtspurgeschosse über den Turm hinweg. Aber so schnell es angefangen hatte, brach es auch wieder ab. Wahrscheinlich war sich der Schütze seines Zieles nicht sicher oder wartete auf höheren Befehl. Doch bevor er wieder beginnen konnte, war das U-Boot verschwunden. U 161 hatte die offene See erreicht, und ein Jubelruf ging durch das Boot, als Achilles die Mannschaft benachrichtigte. Ein weiterer tollkühner Angriff war unter unmöglichen Bedingungen durchgeführt worden. Das Team Achilles/Bender schien unschlagbar zu sein.

Am Morgen des 11. März mußte das Militär in der Karibik die Neuigkeiten aus St. Lucia erst einmal verdauen. Vorrangige Aufgabe würde die schwierige Bergung der beiden Schiffe sein, da der Hafen bis dahin nutzlos und die amerikanische Garnison praktisch abgeschnitten war. Daß das U-Boot entkommen konnte, wurde der Unerfahrenheit der amerikanischen Rekruten zugeschrieben, die nicht wußten, wann und auf wen sie zu schießen hatten. Das galt sicher auch für Trinidad, und daher mußten die Schießbefehle entsprechend geändert werden. Eine bessere Kenntnis der Möglichkeiten eines U-Bootes und von der Entschlossenheit ihrer Besatzungen war notwendig. Dies führte zu einem Umdenken in der Verteidigung. Der Feind hatte gezeigt, daß er ungestraft innerhalb eines geschützten Hafens operieren und den Krieg bis an die mit Garnisonstruppen belegten Inseln bringen konnte. Die sich anschließenden Untersuchungen und Beschuldigungen führten dazu, daß die Soldaten nervös und schießwütig wurden. Sie schossen jetzt auf alles – ihre eigenen Schiffe, Flugzeuge und sogar aufeinander und auf die Einwohner der Inseln. Achilles' Vermächtnis sollte seinen Tod überdauern.

Unter dem Eindruck der beiden Angriffe war die *Caribbean Sea Frontier* gezwungen, den Schutz des Gebietes sofort drastisch zu verstärken. Im Hafen von St. Lucia wurde ein U-Boot-Abwehrnetz installiert und außerdem an der Einfahrt ein Bataillon der Küstenartillerie mit 15,5-cm-Geschützen stationiert. Der Militärflugplatz Beane Field erhielt ebenfalls ein Bataillon der Küstenverteidigung, denn er lag in Sichtweite des Meeres und war daher durch Angriffe von See verwundbar.

Auch in Trinidad hatte sich inzwischen ein Gefühl für Dringlichkeit durchgesetzt, und am Tag nach dem Überfall auf St. Lucia wurde dem Marine-Stützpunkt Chaguaramas das U-Boot USS S 11 zugeteilt. Das amerikanische Boot hatte drei Aufgaben zu erfüllen: erstens den Leuten, die damit zu tun hatten, zu zeigen, wie ein U-Boot aussieht, zweitens als Zielschiff für Übungsangriffe der U-Boot-Abwehrkräfte zu dienen, und drittens die Bocas zu schützen. Für den Rest des Krieges war nun ständig ein U-Boot im Bereich der Bocas auf Horchposten stationiert. Vor Ankunft von USS S 11 waren alle U-Boote als feindlich eingestuft worden, aber jetzt benötigte man innerhalb und außerhalb des Golfs Schutzräume für das eigene Boot. Die Deutschen ahnten nichts von diesen hochgeheimen Schutzräumen, aber sie nutzten sie unwissentlich bei ihren Überfällen, während die Abwehrkräfte auf die Freigabe zum Angriff warten mußten. Die Küstenverteidigung Trinidads wurde ebenfalls verstärkt. Auf der Insel Monos wurden Stellungen für 15,5-cm-Geschütze gebaut. Ein Regiment mit 9-cm-Flak rückte ein, vornehmlich zur Sicherung des inneren Hafenbereiches. Die Engländer begannen mit der Errichtung von Bettungen für schwere Artillerie zum Schutz der Raffinerie in Point-a-Pierre. Die Stellungen und die Unterkünfte konnten fertiggestellt werden, aber die U-Boote erwischten die Geschütze, bevor sie Trinidad erreichten. Die Verminung der Bocas war umstritten, trotzdem begann man mit den Vorbereitungen dazu, desgleichen mit der Installation eines U-Boot-Abwehrnetzes um die Ankerreede.

Dieser verstärkte Schutz mußte jetzt in allen Haupthäfen der Karibik eingeführt werden. Achilles verursachte damit den Einsatz erheblicher militärischer Mittel der Alliierten. Nach seiner Rückkehr nach Frankreich verbreitete der Deutsche Rundfunk eine Reportage über seine Taten. Ein hoher amerikanischer Offizier, der die Niederschrift der Sendung las, bezeichnete Achilles daraufhin als Lügner. Aber es war tatsächlich einer jener seltenen Fälle, wo sich die deutsche Propaganda mit dem Sachverhalt deckte.

Während sich U 161 westwärts absetzte, um den erwarteten heftigen Abwehrangriffen zu entgehen, wußte der Befehlshaber auf Trinidad noch nicht, daß Operation *Neuland* für seinen Sektor vorbei war. Bis das nächste Schiff in diesem Gebiet versenkt werden würde, sollte ein Monat vergehen. Jetzt waren die U-Boote erst einmal fort. Sie hatten die Schiffahrt in diesem Bereich förmlich pulverisiert, und der Blutzoll war erschreckend. In nur zwanzig Tagen waren allein im *Trinidad Sector* 19 Schiffe versenkt und acht beschädigt worden. Operation *Neuland* sollte noch sechs Tage andauern, aber sie beschränkte sich jetzt auf die nördliche Karibik innerhalb des *Puerto Rico Sectors*.

Am 11. März arbeitete sich Bauer mit U 126 durch den Old Bahama Channel hindurch die Nordküste Cubas hinauf. Nachdem er frühmorgens den amerikanischen Tanker HALO (6 986 BRT) beschädigt hatte, versenkte er am Abend den amerikanischen Frachter TEXAN (7 005 BRT) mit einer Kombination aus Torpedos und Granaten. Und wieder operierte er über Wasser in Sichtnähe der Küste, und die Flammen des brennenden Schiffes waren von Land aus zu sehen. Am nächsten Tag schickte er den kleinen amerikanischen Frachter OLGA (2 496 BRT) auf den Meeresgrund. Keine zehn Meilen von der Küste entfernt, feuerte er am 13. März seine letzten Torpedos auf den amerikanischen Dampfer COLABEE (5 518 BRT), aber es gelang dem beschädigten Schiff zu entkommen. Nachdem er alle seine Torpedos verschossen hatte, blieb Ernst Bauer nichts anderes übrig, als durch die Bahamas hindurch den

KAPITEL 3

Rückmarsch anzutreten. Mit sieben versenkten und drei beschädigten Schiffen war es die bisher erfolgreichste Feindfahrt eines *Neuland*-Bootes gewesen. Das Versenkungsergebnis belief sich auf 33 000 BRT; U 126 würde wiederkommen.

Fünf italienische U-Boote nahmen an der Offensive teil. Keines der Boote kam in das Karibische Meer hinein, aber sie operierten trotzdem alle innerhalb des Gebietes der *Caribbean Sea Frontier* und waren jeweils für ein bis zwei versenkte Schiffe verantwortlich. Die zuletzt eingetroffenen Boote gaben ihren Einstand an der nördlichen Flanke. Die ENRICO TAZZOLI kam durch die Bahamas und versenkte fünf Meilen vor der Küste der Insel San Salvador den panamaischen Frachter CYGNET (3 628 BRT), während der MOROSINI der britische Dampfer STANGRANT (5 804 BRT) zweihundert Meilen nördlich der Virgin Islands zum Opfer fiel.

Sonnabend, der 14. März, sollte endlich ein glücklicher Tag für das vom Mißgeschick verfolgte U 67 werden. Müller-Stöckheim hatte sich entschlossen, durch den Dominica Channel heimzukehren. Entweder war die Torpedowaffenleitanlage des Bootes schlecht justiert gewesen, oder er hatte nicht richtig gezielt, denn eine große Anzahl seiner Torpedos waren Fehlschüsse und einige auch Versager gewesen. Aber an diesem Tag hatte er Glück. Der panamaische Motortanker PENELOPE (8 436 BRT) kam in Sicht, und Müller-Stöckheim brachte U 67 in Schußposition. Zwei Torpedos rasten auf das Schiff zu, und während der erste im Maschinenraum des Tankers explodierte, riß der zweite den Schiffsboden auf. Zufrieden sah Müller-Stöckheim, wie das große Schiff langsam absackte und schließlich unter Wasser verschwand. Jetzt fühlte er sich besser, denn trotz seine Pechsträhne hatte er drei Schiffe mit über 17 900 BRT versenkt.

Der Rest des Tages gehörte noch einmal Achilles. Er beabsichtigte die Heimfahrt durch die Mona Passage anzutreten und hoffte, für seinen letzten Torpedo noch ein Ziel zu finden. 200 Meilen westlich Guadeloupe traf er auf den kleinen kanadischen Dampfer SARNIADOC (1 940 BRT). Der Torpedo traf das Schiff und löste eine ungeheure Explosion aus, so als ob es entzündliche Ladung an Bord gehabt hätte. Dreißig Sekunden später war der Frachter spurlos verschwunden. Als U 161 sich vierundzwanzig Stunden später südlich von Hispaniola auf die Durchfahrt durch die Mona Passage vorbereitete, erschien der 1 200 Tonnen verdrängende Tonnenleger USS ACACIA am Horizont. Torpedos waren nicht mehr verfügbar, aber es gab ja noch die Bordkanone, und Achilles befahl die Bedienungsmannschaft sofort an Deck. Nach einer Stunde sank das erste Schiff der US-Navy[12], das im karibischen Raum angegriffen wurde. In dieser Nacht verließ U 161 schließlich die Karibik und wandte sich heimwärts. Als Resultat konnte Achilles fünf versenkte Schiffe mit zusammen 28 000 BRT und vier beschädigte verzeichnen. Seinen eigentlichen Ruhm begründeten jedoch die waghalsigen Unternehmungen in Trinidad und St. Lucia, die sein Boot zum bekanntesten der Operation *Neuland* machten.

Das letzte Schiff, das der Erfolgsliste der Offensive zugeschrieben wurde, war der holländische Tanker OSCILLA (6 341 BRT), der am 16. März hundert Meilen nörd-

Kapitel 3

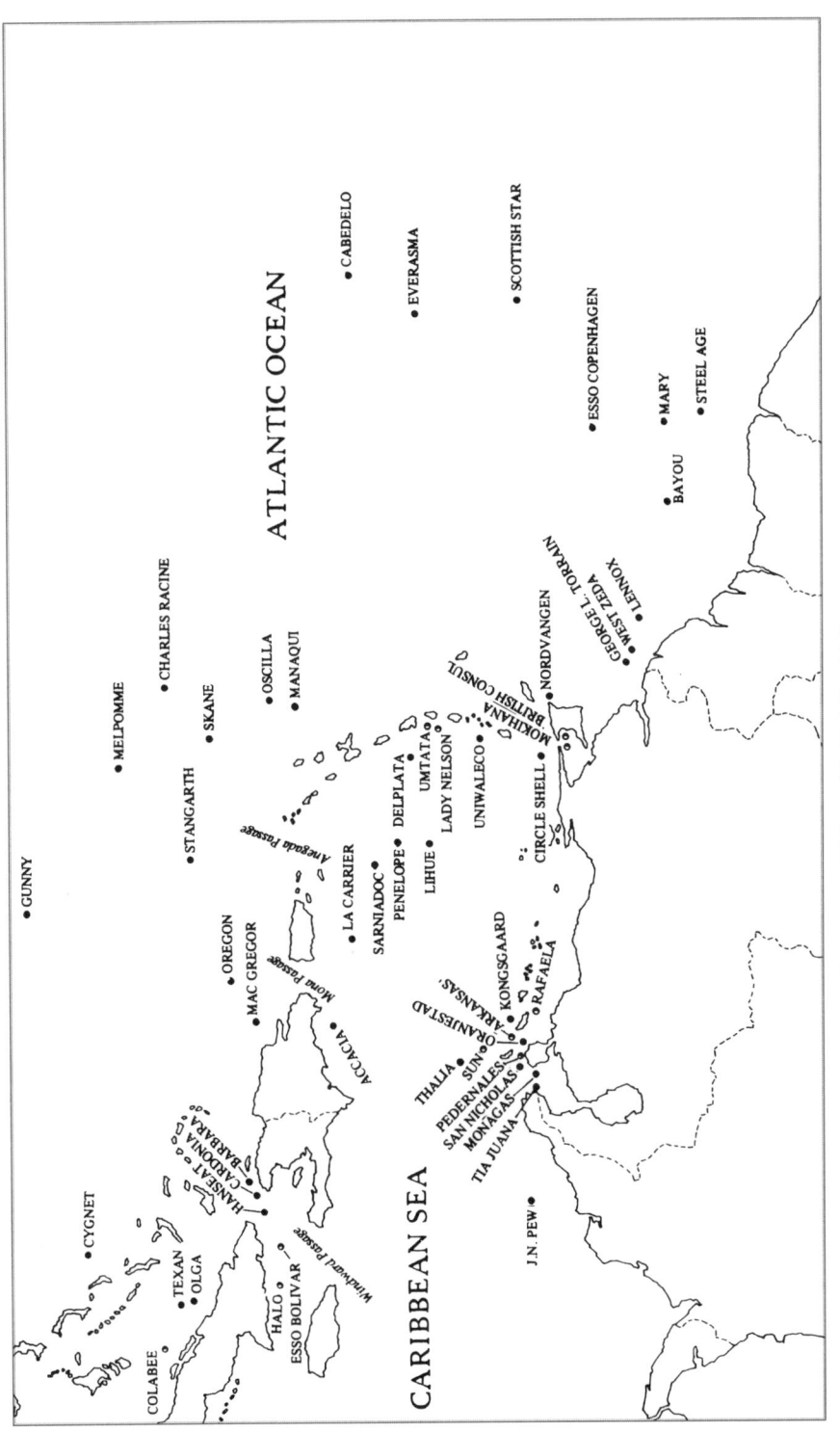

Schiffsverluste im ersten Monat der *Operation Neuland* vom 16. Februar bis 16. März 1942.

Quelle: Autor

KAPITEL 3

lich der Insel Barbuda von dem italienischen U-Boot MOROSINI auf den Meeresgrund geschickt wurde. Damit war *Neuland* vorbei. U 502 (v. Rosenstiel) erreichte Lorient am selben Tag, U 156 (Hartenstein) wurde am folgenden Tag erwartet, während U 161 (Achilles) und U 67 (Müller-Stöckheim) noch unterwegs waren. U 129 (Clausen) hatte die Guayanas am 11. März mit einem Versenkungsergebnis von sieben Schiffen mit insgesamt 25 600 BRT verlassen. Der Veteran Nicolai Clausen hatte seine erste und einzige Feindfahrt in die Karibik abgeschlossen. Bei seiner Rückkehr wurde er mit dem Ritterkreuz ausgezeichnet. Auch Ernst Bauer (U 126) erhielt das Ritterkreuz. Er hatte ebenfalls den Rückmarsch angetreten, ebenso wie alle fünf italienischen U-Boote. Kein Boot war verloren gegangen oder auch nur beschädigt worden.

Operation *Neuland* hatte 28 Tage gedauert und war ein außerordentlicher Erfolg gewesen. 41 Handelsschiffe, darunter 18 Tanker, mit zusammen 222 651 BRT waren insgesamt in allen Sektoren versenkt und elf Handelsschiffe, darunter sieben Tanker, beschädigt worden.

KAPITEL 4

Der Wonnemonat Mai

In der dritten Woche des Monats März setzte sich bei den erschöpften militärischen Einheiten in der Karibik die Erkenntnis durch, daß sich die U-Boote zurückgezogen hatten. Man war sich jedoch darüber im klaren, daß dies nur eine kurze Pause sein würde. Die U-Boot-Offensive war viel zu erfolgreich gewesen, als daß die Deutschen die goldenen Gelegenheiten nicht nutzen würden, die das Gebiet ihnen bot. Der Befehlshaber der *Caribbean Sea Frontier* wußte, daß die Schonfrist dazu verwendet werden mußte, das Selbstvertrauen des Militärs und der Seeleute, die auf seinen Schutz hofften, wieder aufzubauen. Aber woher sollte der Schutz kommen?
Für Winston Churchill hatte der Kampf gegen die U-Boote eine derartige Bedeutung, daß er persönlich den Vorsitz über das »Anti-U-boat Warfare Committee« des Kabinetts führte. Er bedrängte den Admiralstab, eine Lösung für die verfahrene Lage zu finden. Während die U-Boote in der Karibik und an der Ostküste der USA tätig waren, gelang es den Engländern zwar, 450 Handelsschiffe in neunzehn unbehinderten Konvois[13] über den Atlantik zu bringen. Aber das war auf Dauer nur von beschränktem Wert, solange die U-Boote im Westen die Zufuhr von Rohmaterial zu den großen amerikanischen Häfen unterbrachen. Da nützte es wenig, wenn der Versorgungsweg über den Atlantik offen, aber keine Ladung zu transportieren war. Was vor den amerikanischen Küsten passierte, war daher für die Engländer von größter Bedeutung.
Die Royal Navy war über die fortgesetzten Erfolge der U-Boote vor der Ostküste Amerikas und in der angrenzenden Karibik zunehmend verärgert. Die Situation verlangte, daß der nationale Stolz der Amerikaner den Erfordernissen und der gemeinsamen Behandlung der Probleme untergeordnet werden mußte. In dieser Krisenlage akzeptierten die Amerikaner schließlich die Verlegung von Kriegsschiffen in ihre Gewässer. Vierundzwanzig kampferprobte U-Jagd-Trawler[14] wurden entsandt. In einem zweiten Schritt wurden die Konvois statt alle fünf nur alle sieben Tage auf die Reise geschickt. Durch diese Änderung wurden sofort zwei britisch/kanadische Geleitgruppen und zehn Zerstörer der US-Navy freigesetzt. Die nordatlantischen Geleitgruppen bestanden in der Regel aus acht bis neun Zerstörern und Korvetten. Diese Streitkräfte konnten jetzt zusammen mit den Trawlern entlang der Küste eingesetzt werden.
Die Karibik profitierte von diesen Maßnahmen durch die Stationierung einiger alter Vierschornstein-Zerstörer, u.a. der USS Upshur, die bereits an den Konvoischlachten im Atlantik teilgenommen hatte. Ende April verlegten die Amerikaner zusätzlich

Kapitel 4

sechzehn Coast Guard Cutter, fünf PCs, zwei Minensucher und zwölf Werftfahrzeuge in das Gebiet. Im Mai kam der hochmoderne Zerstörer USS LANSDOWNE der BENSON-Klasse hinzu. Der englische Beitrag bestand in der Entsendung der 19th Motor Torpedo Boat Flotilla nach Trinidad. Die zehn Motortorpedoboote vom Typ VOSPER III konnten zwar keine getauchten U-Boote jagen, waren aber in der Lage, ein U-Boot mit den vier mitgeführten Wasserbomben unter Wasser zu halten.

Der Karibik blieb ein Monat Zeit, sich auf den nächsten Ansturm vorzubereiten, aber das reichte natürlich nicht. Die Marinestreitkräfte waren immer noch nicht ausreichend, um die U-Boote zu beeindrucken, aber die Luftstreitkräfte wurden allmählich stärker. Der Seefliegerhorst in Chaguaramas wurde Ende Mai fertiggestellt und war in der Lage, fünf Flugboot-Geschwader aufzunehmen. Das erste Geschwader sollte jedoch erst im September ankommen. In der Zwischenzeit mußte man sich mit einmotorigen Wasserflugzeugen für die Überwachung zufrieden geben. Der Seefliegerhorst auf Isla Grande/Puerto Rico erhielt eine Abteilung der kostbaren zweimotorigen Flugboote vom Typ Consolidated PBY *Catalina*, die praktisch die ganze Karibik patrouillieren mußten. Guantánamo Bay bekam ebenso wie Chaguaramas Wasserflugzeuge vom Typ OS2N *Kingfisher* zugeteilt.

Es scheint, daß die US-Army Air Force schneller auf die Krise in der Karibik reagierte. Vielleicht war dies darauf zurückzuführen, daß General Marshall sich stärker auf den europäischen Konflikt konzentriert hatte, während Admiral King auf den Pazifik fixiert war. In den ersten fünf Monaten der Offensive brauchten die U-Boote nur die Angriffe der Flugzeuge des US-Army Air Corps zu fürchten. Die waren zwar noch unerfahren, aber es war alles, was die Alliierten hatten. Ein Beispiel für die Bereitschaft des Army Air Corps lieferte ihr Einsatz gegen U 129. Clausen hatte den Verkehr auf der Bauxit-Route zum Stillstand gebracht. Den ersten Hinweis, daß die Route unterbrochen war, brachte die Versenkung der LENNOX am 23. Februar. Fünfzehn Tage später verließ die 99th Bombardment Squadron die USA und verlegte zum PanAm-Flugplatz Zandery in Holländisch Guayana. Zwei Tage danach nahmen die B-18-Bomber ihre Flüge entlang der Bauxit-Route bereits auf. Die Reaktionszeit des US-Army Air Corps ließ sich eher in Tagen als in Monaten messen.

Die zurückkehrenden Kommandanten berichteten von der ungeschützten Karibik, wo es von Zielen nur so wimmelte. Aber Admiral Dönitz hatte nicht auf diese Berichte gewartet, sondern sich schon vorher entschlossen, die Offensive fortzusetzen. Am 11. März war KKpt. Walther Kölle mit dem IXC-Boot U 154 von Lorient aus in See gestochen. Als Operationsgebiet waren ihm die Mona Passage und die wichtige Windward Passage zugewiesen worden. Ihm folgte am 21.3. KKpt. Richard Zapp mit U 66 (IXC) nach Trinidad und wenige Tage später U 130 (IXC) unter KKpt. Ernst Kals mit Bestimmung Curaçao. U 108 (IXB) unter dem Kommando von Ritterkreuzträger Kptlt. Klaus Scholtz, das am 30. März aus Lorient auslief, war für den Einsatz in den Bahamas vorgesehen, aber es nahm vorher noch an einer anderen für die Karibik-Boote äußerst bedeutenden Unternehmung teil: einem Rendezvous mit einem U-

Tanker.[15] Am 4. April verließen dann zwei weitere Boote Lorient, und zwar die IXC-Boote U 125 unter Kptlt. Ulrich Folkers mit Kurs auf Jamaica und die Yucatán Region und U 507 unter KKpt. Harro Schacht als erstes Boot zum Golf von Mexiko. Zwei Tage später folgte ihnen U 506 unter Kptlt. Erich Würdemann.

Am 12. April wurde U 108 von U 459, dem ersten U-Tanker, im Mittelatlantik versorgt. Das Boot wurde von Kptlt. Georg v. Wilamowitz-Moellendorff, einem Veteranen des Ersten Weltkriegs geführt. Die U-Tanker vom Typ XIV verdrängten 1688 Tonnen und waren lediglich mit zwei 3,7-cm-Flak-Geschützen bewaffnet. Neben ihrer normalen Bunkerfüllung von 203 Tonnen besaßen sie eine zusätzliche Kapazität von 432 Tonnen Dieselöl und für etwa 50 Tonnen sonstige Vorräte. Es konnten auch vier Reservetorpedos in druckfesten Behältern an Deck mitgeführt werden. Die U-Tanker waren in der Lage, zwölf Boote vom mittleren Typ VII C für zusätzliche vier Wochen oder fünf große Boote vom Typ IX für zusätzliche acht Wochen Seezeit zu versorgen. Die Bebunkerung auf See ermöglichte es den VIIC-Booten, die Karibik zu erreichen, und gab den IXer-Booten die Fähigkeit, über längere Zeit bis in die entferntesten Winkel des Golfs von Mexiko hinein zu operieren. Für die Offensive in der Karibik waren die U-Tanker von entscheidender Bedeutung, da zeitweise bis zu 90 Prozent der eingesetzten Boote versorgt werden mußten. Als die U-Tanker ausgeschaltet wurden, war das Schicksal der karibischen Boote besiegelt.

Im Kriegstagebuch der U-Bootwaffe findet sich eine bemerkenswerte Eintragung, die den Booten auch per Funkspruch mitgeteilt wurde. Es war eine Warnung vor einer Minensperre in den Zufahrten zum Golf von Paria/Trinidad. Die Deutschen waren zwar in den alliierten Marine-Code eingebrochen, aber das erklärt nicht, woher der BdU die Information hatte. Die US-Navy hatte entschieden, daß die beste Sicherung des Dragon's und des Serpent's Mouth in der Verminung der Zufahrten lag. Diese Entscheidung sollte eine Quelle ständiger Reibereien zwischen der Royal Navy und der US-Navy sein. 350 Ankertau-Minen wurden an extralangen Kabeln verlegt. Die Engländer behaupteten, die sieben Knoten schnelle Strömung würde die Ankertaue im flachen Winkel zum Meeresgrund halten und die Minen damit nutzlos machen. Sie bewiesen das, indem sie verschiedene Schiffe mit einem Tiefgang bis zu 6,70 Meter sicher über das Minenfeld brachten. Innerhalb von drei Monaten rissen sich viele Minen los und trieben ab, was zu manch tragischem Resultat führte. Die einzig unverminte Ein- und Ausfahrt war die 3. Boca. Die Deutschen versuchten später, sie zu verminen. Das Entscheidende war jedoch, daß man die Existenz der Minensperre als bestgehütetes Geheimnis betrachtete, von der nicht einmal die Kommandanten der Sicherungsfahrzeuge wußten. Die Bereiche wurden zum Sperrgebiet erklärt, und damit ließ man es bewenden. Und trotzdem, noch bevor das Legen der Minen beendet war, hatten die Deutschen davon erfahren. Wie es dazu kam, ist unklar und bleibt spekulativ: Fünfte Kolonne, reine Vermutung oder ein grober Sicherheitsfehler?

U 154 begann die erste karibische Feindfahrt sehr vielversprechend. Am 4. und 5. April versenkte Walther Kölle die amerikanischen Tanker COMOL RICO (5 034 BRT) und CATAHOULA (5 030 BRT) nördlich der Mona Passage. Am Tag danach verhinderte die 45th Squadron in Borinquen/Puerto Rico, daß das Boot bei Tag die Passage über Wasser durchqueren konnte. Die Nacht wurde abgewartet, und nachdem man durch war, gab es nur noch wenig fliegerische Aktivitäten.

Am 11. April erzielte Ernst Kals mit U 130 seinen ersten Erfolg durch Versenkung des norwegischen Frachters GRENANGER (5 393 BRT). Am Tag danach war Kölle mit U 154 erneut erfolgreich und brachte den amerikanischen Dampfer DELVALLE (5 032 BRT) fünfundsiebzig Meilen südwestlich Cabo Beata/Dominikanische Republik zur Strecke. Aber dabei war nicht irgendeine x-beliebige Ladung verloren gegangen. Die DELVALLE hatte Ausrüstungsgüter für die Stützpunkte auf Trinidad geladen, und als das Wrack in den 4000 Meter tiefen Beata-Graben sackte, da nahm es auch den zweiten großen Flugboot-Hangar für Chaguaramas mit in die Tiefe. Als endlich Ersatz zur Verfügung stand, da war der Krieg fast vorbei, und man gab sich mit nur einem Hangar auf dem Seefliegerhorst zufrieden.[16]

Später am Tag weckte Kals das 12th Infantry Regiment auf Antigua, als er den amerikanischen Tanker ESSO BOSTON (7 699 BRT) mit Torpedos und Granaten angriff. Der Tanker setzte die Fahrt mit größtmöglicher Geschwindigkeit in Richtung auf die Insel fort, während die Geschosse weiter in den brennenden Rumpf einschlugen. Als U 130 abdrehte, brannte das Schiff von Bug bis Heck, aber es machte immer noch Fahrt. Schließlich strandete der Tanker in dramatischer Weise auf der Insel Barbuda und wurde zum Totalverlust. Kölle hielt mit und versenkte am nächsten Tag

Der Flugboot-Hangar auf dem ehemaligen Gelände des US-Marinestützpunktes Chaguaramas 1992 mit dem Ehrenmal im Vordergrund (siehe Seite 316). *Quelle: Steffen*

den brandneuen englischen Tanker EMPIRE AMETHYST (8 032 BRT) im Zufahrtsgebiet zur Windward Passage.
Die U-Boote konzentrierten sich auf die drei Verkehrsknotenpunkte in der Karibik – und zwar auf die Windward Passage, die Curaçao-Aruba-Region und das Gebiet um Trinidad. Der Bereich der Windward Passage umfaßte die Gewässer zwischen Jamaica, Cuba und Haiti mit den dazugehörigen Ausläufern ins Meer hinaus. Dieser Knotenpunkt sollte sich mit Fortdauer der Offensive zu einem Schlachtfeld für die Handelsschiffahrt entwickeln. Der zweite Knotenpunkt lag im Halbkreis von Südosten nach Nordwesten vor den holländischen Inseln. Die Gegend war hart umkämpft, aber schließlich gewannen die Flugzeuge und die Geleitfahrzeuge die Oberhand. Trotz anfänglicher Erfolge konzentrierten sich die U-Boote nicht auf dieses lebenswichtige Gebiet. Der dritte Knotenpunkt war Trinidad. Die Gewässer um Trinidad waren für die Handelsschiffahrt sehr komplex und gefährlich und sollten auch am härtesten umkämpft bleiben. Hier gab es vier Jagdgründe. Der erste war der Bereich, der das Seegebiet vom Dragon's Mouth westlich bis zur Insel Margarita und nördlich bis Grenada umfaßte. In diesem westlichen Sektor gingen im Laufe des Krieges 40 Schiffe verloren. Der zweite Bereich zog sich vom Dragon's Mouth nördlich bis Grenada und dann im Halbkreis um Tobago herum bis zum Galera Point an der Ostspitze Trinidads. Dieser nördliche Sektor sollte unter den Seeleuten als »Torpedo Junction« bekannt und gefürchtet werden, dort wurden 25 Schiffe versenkt. Die dritte Bereich erstreckte sich von Grenada über Barbados fünfhundert Meilen östlich in den Atlantik hinaus und dann in einem Viertelkreis hinunter bis zur Bauxitroute. In diesem atlantischen Sektor gingen mehr als 100 Handelsschiffe verloren. Ein vierter Bereich schließlich betraf die außerhalb des karibischen Meeres gelegene Bauxitroute selber. Das war der Verkehrsweg, der von Clausen mit U 129 aufgerissen worden war und wo es zur Vernichtung von insgesamt 75 Schiffen kam.
Im Laufe des Monats April konzentrierten sich die U-Boote vermehrt auf den *Puerto Rico Sector*, was erheblich zur nervösen Spannung im *Trinidad Sector* beitrug, denn man wußte, daß der nächste Ansturm kommen würde. Und tatsächlich war U 66 bereits auf dem Wege. Am 14. April machte Richard Zapp sich durch Versenkung des kleinen Frachters KORTHION (2 166 BRT) südlich St. Vincent bemerkbar. Alle Flugzeuge waren in der Luft und versuchten vergeblich, sich dem Angriff entgegenzustellen. Zwei Tage später versenkte Zapp den holländischen Tanker AMSTERDAM (7 329 BRT) 60 Meilen westlich von Grenada – und nur 24 Stunden später den panamaischen Tanker HEINRICH VON RIEDEMANN (11 020 BRT) 30 Meilen nördlich der Isla de Margarita vor Venezuela. Es waren die ersten Schiffe, die im westlichen Bereich des *Trinidad Sectors* verloren gingen.
Am 18. April gab Kals mit U 130 seinen Einstand im *Trinidad Sector* mit dem Versuch, die Raffinerie in Curaçao zu beschießen. Dort hatte ein Bataillon der 252nd Coast Artillery den Schutz der Anlagen übernommen. Die Geschützmannschaften

KAPITEL 4

waren bereits während der ersten Phase der Operation *Neuland* im Einsatz gewesen und besaßen Erfahrung. Sie waren scharf darauf, sich zu rächen. Flugzeuge und PCs standen ebenfalls bereit, und die Raffinerie war zusätzlich noch getarnt worden. Für Kals war es eine Heidenarbeit, den patrouillierenden PCs auszuweichen, um durch das Riff zu kommen. Aber selbst dann konnte er die Raffinerie nicht sehen. Es gelang ihm aber, fünf Granaten abzuschießen, bevor ihn die 15,5-cm-Küstengeschütze unter Feuer nahmen. Alle fünf Geschosse schlugen auf dem Gelände der Raffinerie ein und verursachten einigen Schaden. Kals drehte ab und räumte schleunigst das Feld. Er konnte von Glück sagen, daß die Kanoniere ihn in der Dunkelheit schnell verloren und er ungeschoren davon kam. Die Abwehr war jetzt so stark, daß es ihm nicht gelang, während des Einsatzes weitere Ziele an Land anzugreifen.

Am 7. April hatte FKpt. Jürgen Wattenberg mit U 162 Lorient mit Bestimmung Trinidad/Barbados verlassen. Fünf Tage später folgten die ersten Boote vom mittleren Typ VIIC: U 69 unter Kptlt. Ulrich Gräf und U 558 unter Kptlt. Günther Krech. Beide Boote sollten unterwegs versorgt werden und dann zur Windward Passage und nach Trinidad marschieren. Auch Jürgen v. Rosenstiel lief mit U 502 zu seiner zweiten und letzten Reise in die Karibik aus. Dann folgten die IXC-Boote U 103 unter Kptlt. Werner Winter mit Bestimmung Golf von Mexico, U 515 unter Kptlt. Adolf Piening in das Gebiet um Trinidad und U 107 unter Kptlt. Harald Gelhaus mit Kurs auf Cuba. Auch Werner Hartenstein machte sich mit U 156 zu seiner zweiten Fahrt nach den Windward Islands und Trinidad auf den Weg. Zweifellos haben die englischen Dechiffrierexperten den massierten Anmarsch der U-Boote entdeckt und ihrerseits die Amerikaner informiert. Aber es gab nichts, was man tun konnte, denn die erforderlichen Kräfte waren einfach nicht verfügbar.

Während Kölle (U 154) am 20. April das norwegische Motorschiff VINELAND (4 436 BRT) in der Nähe von Mayaguana Island/Bahamas unter Wasser beförderte, fuhr Zapp (U 66) damit fort, den Meeresboden im westlichen Sektor von Trinidad mit Wracks zu pflastern. Am 26. April versenkte er den norwegischen Bauxit-Frachter ALCOA PARTNER (5 513 BRT) und drei Tage später den panamaischen Tanker HARRY G. SEIDEL (10 354 BRT) 60 Meilen westlich Grenada. Am letzten Tag des Monats wechselte die Aufmerksamkeit vom westlichen zum atlantischen Sektor, als U 162 (Wattenberg) seine Ankunft durch Versenkung des britischen Tankers ATHELEMPRESS (8 941 BRT) 80 Meilen östlich von Barbados ankündigte. Der April endete mit nur 14 vernichteten Schiffen, aber es waren alles große, und das Gesamtergebnis belief sich auf 90 000 BRT.

Der Monat Mai begann mit einem Mißgeschick der Deutschen. U 162 sichtete ein bewaffnetes, grüngestrichenes Schiff, das keine Flagge zeigte. Wattenberg schöpfte Verdacht, tauchte und ging zum Unterwasserangriff über. Er schoß einen Torpedo, der im Maschinenraum des Dampfers detonierte. Während das Schiff langsam unterging, verließen 60 Besatzungsmitglieder das Schiff, nur der Funker blieb zurück und sendete laufend Notrufe. Das Boot tauchte auf, und Wattenberg schickte einen Torpedo hinterher, um der Funkerei ein Ende zu bereiten. Nachdem der Frachter gesunken war, stellte er fest, daß er den alten brasilianischen Dampfer PARNAHYBA (6 692) mit einer Ladung Kaffee für New York versenkt hatte. Die brasilianischen Behörden behaupteten später, das Schiff habe seine Flagge gezeigt und sei ohne Warnung torpediert worden. Trotzdem wurde eine Untersuchung eingeleitet und der Kapitän verurteilt, weil er sich abseits seiner Route, in einem Gebiet wo U-Boote operierten, befunden hatte. Wie dem auch sei, die PARNAHYBA war bereits der sechste brasilianische Frachter, der auf dem Meeresgrund landete. Die Feststellung der Deutschen, man habe die Nationalität nicht erkennen können, wäre sicher akzeptabel gewesen, wenn man die Situation nicht weiter verschlimmert hätte. Und genau das geschah, denn zu diesem Zeitpunkt befand sich U 128 unter Kptlt. Ulrich Heyse in Begleitung von zwei italienischen U-Booten vor der brasilianischen Küste, und natürlich wurden dort weitere brasilianische Schiffe versenkt. Vielleicht nahmen die Deutschen an, daß Brasilien sowieso in den Krieg eintreten würde, und sie stimmten ihre Maßnahmen darauf ab. Dies erscheint auch nicht so abwegig, denn seltsamerweise waren alle diese neutralen brasilianischen Schiffe bewaffnet.

Am 2. Mai fiel Zapp als letztes Schiff seines Karibik-Einsatzes der norwegische Tanker SANDAR (7 624 BRT) 30 Meilen nordwestlich Tobago zum Opfer. In der Morgendämmerung des folgenden Tages hatte er jedoch ein enttäuschendes Erlebnis. Er torpedierte den panamaischen Tanker GEORGE W. MCKNIGHT (12 502 BRT) 30 Meilen östlich Tobago, der schwer beschädigt liegen blieb. Der Funker sendete Hilferufe, während U 66 näher heranging und das Feuer mit dem Geschütz eröffnete. Das Schiff war bald ein brennendes Inferno, aber bevor Zapp ihn versenken konnte, erschienen B-18-Bomber der 1st Bombardment Squadron auf dem Schauplatz, gefolgt von einigen MTBs[17] der Royal Navy. U 66 mußte sich zurückziehen und hilflos mit ansehen, wie die Verteidiger den Havaristen umkreisten. Sie blieben beim Tanker, bis ein Schlepper ankam und ihn auf den Haken nahm. Als die Verteidiger die GEORGE W. MCKNIGHT durch den Dragon's Mouth nach Port of Spain brachten, hatten sie ihr erstes Schiff vor dem Untergang gerettet. Die Brände waren inzwischen gelöscht, und das Schiff wurde später repariert.

Am 4. Mai begann eine zeitlich gut abgestimmte Offensive der U-Boote. Genau in dem Moment, wo der Druck an der Ostküste der Vereinigten Staaten nachließ und die Streitkräfte dabei waren, die dringend benötigten Verstärkungen in die Karibik zu verlegen, eröffneten die U-Boote eine neue Front im Golf von Mexiko. Es war vorgesehen, die Operation zu dem Zeitpunkt durchzuführen, wo sich eine große Anzahl von U-Booten in der Karibik befand. Das würde dem Vorstoß in den Golf von Mexiko Durchschlagskraft verleihen und die Alliierten zwingen, harte Entscheidungen zu treffen. Entweder konnten sie ihre Kräfte auf ein Gebiet konzentrieren oder auf mehrere aufteilen. Der Golf von Mexiko war ein hochsensibler Bereich, nicht allein wegen des regen Tanker-Verkehrs, sondern auch, weil er praktisch ein amerikanisches Binnenmeer war. Am 4. Mai war erst ein U-Boot in Position, eine Woche später waren

Kapitel 4

es schon zwei, und Ende Mai würden fünf Wölfe hinter den Tankern her sein. Die US-Navy war gezwungen, die Karibik vorerst ihrem Schicksal zu überlassen.

Am 4. Mai wurden vier Schiffe in der Karibik versenkt. Wattenberg operierte mit U 162 auf der Höhe von Georgetown, der Hauptstadt Britisch Guayanas, als er den amerikanischen Bauxit-Frachter EASTERN SWORD (3 785 BRT) auf den Meeresgrund schickte. In der Morgendämmerung traf er auf die FLORENCE M. DOUGLAS, den ersten der vielen Schoner, die zwischen den Inseln verkehrten. Er erbeutete eine große Menge Lebensmittel und ein schwarzes Ferkel, das auf das Boot zuschwamm, nachdem der Schoner durch Geschützfeuer zerstört worden war. Da ein anderer Schoner jedoch sehr viel mehr frisches Fleisch lieferte, beschloß die Besatzung das Ferkel als Talisman zu behalten. Es erhielt den Namen »Douglas« und wurde bei der Rückkehr nach Frankreich feierlich dem Flotillenchef überreicht.

»Douglas« wird dem Flottillenchef am 8. Juni 1942 überreicht. *Quelle: Alfred Hiller (U 162)*

Am Nachmittag versenkte U 125 (Folkers) den amerikanischen Frachter TUSCALOOSA CITY (5 687 BRT) 40 Meilen westlich Grand Cayman. Zuständig für die nordwestliche Ecke der Karibik war der *Puerto Rico Sector*, aber der Stützpunkt lag mehr als 1 000 Meilen weiter östlich und war nicht in der Lage, Operationen auf diese Distanz durchzuführen. Die Verantwortung für die Region hatte Guantánamo Bay, aber zu diesem Zeitpunkt lag sogar Guantánamo zu weit ab, und man überließ das Gebiet daher zunächst sich selbst.

Auf dem Wege nordwärts heizte U 108 (Scholtz) am 5. Mai die Spannung in der Windward Passage durch Versenkung des amerikanischen Frachters AFOUNDRIA

(5 010 BRT) an. Am nächsten Tag beförderte das Boot 20 Meilen von Great Inagua/ Bahamas den lettischen Dampfer ABGARA (4 422 BRT) auf den Meeresgrund. In der Gegend von Grand Cayman fielen der amerikanische Frachter GREEN ISLAND (1 946 BRT) und der große englische Dampfer EMPIRE BUFFALO (6 404 BRT) U 125 (Folkers) zum Opfer. Auch Wattenberg (U 162) war nicht untätig geblieben und versenkte nordöstlich Trinidads die beiden Bauxit-Frachter MONT LOUIS (1 905 BRT) und FRANK SEAMANS (4 271 BRT). In allen drei Sektoren der *Caribbean Sea Frontier* flogen die Fetzen, und wiederum waren die Verteidiger vom Ausmaß des Angriffs überwältigt.

Massive Versenkungen machten in den nächsten Tagen die dramatische Zunahme von U-Booten im *Triniad Sector* deutlich. Als erster torpedierte v. Rosenstiel (U 502) den britischen Frachter CAPE OF GOOD HOPE (4 963 BRT). Der Dampfer, von

Fregattenkapitän Jürgen Wattenberg nach Rückkehr von einer Feindfahrt aus der Karibik.

Quelle:
Alfred Hiller (U 162)

KAPITEL 4

New York nach Kapstadt unterwegs, hatte gepanzerte Fahrzeuge und Munition unter dem Leih-Pacht-Abkommen geladen und transportierte zerlegte Flugzeuge auf seinen Luken. Die Ladung war für die alliierten Truppen in Afrika bestimmt. Dann kündigte U 69 unter Ulrich Gräf seine Ankunft an. Beim Marsch durch die Mona Passage hatte das VIIC-Boot bereits eine Auseinandersetzung mit den Verteidigern gehabt. Es war das erste U-Boot, das in der Karibik durch ein Überwasserfahrzeug mit Wasserbomben belegt wurde. Am 9. Mai hatte Gräf versucht, einen US Coast Guard Cutter zu torpedieren, aber vorbeigeschossen. Gemeinsam mit B-18-Flugzeugen der 45th Bombardment Squadron machte der Kutter dem Boot die Durchfahrt zur Hölle. Als Gräf schließlich durch war, revanchierte er sich und versenkte drei Tage später den norwegischen Tanker LISE (6 826 BRT) 90 Meilen nördlich der holländischen Insel Bonaire. Am 13. Mai eröffnete Hartenstein die neue Runde mit der Torpedierung von zwei Frachtern, die ebenfalls mit Leih-Pacht-Material von New York nach Kapstadt auf dem Wege waren. Zunächst erwischte es den holländischen Dampfer KOENJIT (4 551 BRT) an der östlichen Ecke des *Puerto Rico Sectors* gegenüber der Insel Dominica und kurz danach den britischen Frachter CITY OF MELBOURNE (6 630 BRT).

Um 21 Uhr am selben Tag schoß Wattenberg (U 162) den Tanker BRITISH COLONY (6 617 BRT) 90 Meilen östlich Barbados in Brand. Der Tanker hatte versucht, als Einzelfahrer dringend benötigten Brennstoff von Trinidad nach Gibraltar zu bringen. Kurz vor Mitternacht schnappte U 155 (Piening) den belgischen Frachter BRABANT (2 483 BRT) 80 Meilen nordwestlich den Dragon's Mouth und schickte damit das fünfte Schiff innerhalb von 24 Stunden auf den Meeresgrund. Das war zuviel für die Verteidiger des *Trinidad Sectors*. Sie standen mit dem Rücken zur Wand.

Am Morgen des 14. Mai waren fünf U-Boote – U 69, U 155, U 156, U 162 und U 502 – im Bereich des *Trinidad Sectors* aktiv. In den anderen Sektoren operierten U 103, U 106, U 107, U 108, U 130, U 558, U 751, U 753 und U 755, während sich U 68, U 159, U 172 und U 504 im Anmarsch auf die Karibik befanden. Vor der amerikanischen Ostküste war inzwischen ein ineinandergreifendes Konvoisystem eingeführt worden, wodurch die Anzahl der Versenkungen zurückging. Die meisten U-Boote wurden daher jetzt in der Karibik konzentriert, wo es einen regen Schiffsverkehr und praktisch keine Verteidigung gab.

In der Nacht zum 15. Mai versenkte Hartenstein mit dem norwegischen Motorschiff SILJESTAD (4 301 BRT) und dem jugoslawischen Dampfer KUPA (4 382 BRT) zwei weitere Frachter im Bereich nordöstlich Trinidads. Am folgenden Tag fand ein auffallend reger Funkverkehr zwischen den U-Booten und dem BdU statt. Wattenberg (U 162) berichtete, daß sich keine Schiffe im Hafen von Bridgetown/Barbados befänden, und fügte hinzu, daß die nördliche Hälfte der Insel wie in Friedenszeiten hell erleuchtet sei. U 108 (Scholtz) meldete einen Waboangriff durch einen Zerstörer, und U 155 (Piening), daß Trinidad über eine starke, aber nachlässige Luftaufklärung verfüge, und empfahl die Verminung des Gebietes. Der BdU erließ dann den

erstaunlichen Befehl, daß alle südamerikanischen Schiffe, mit Ausnahme der argentinischen und chilenischen, ohne Warnung angegriffen werden dürften. Vermutlich hatte man sich in Deutschland damit abgefunden, daß die meisten südamerikanischen Staaten sich früher oder später den Alliierten anschließen würden.
Am Abend des 16. Mai bereitete U 103 (Winter) vor der einsamen Küste Honduras der Fahrt des amerikanischen Frachters RUTH LYKES (2 612 BRT) durch Geschützfeuer ein jähes Ende. Kurz vor Mitternacht versenkte dann Piening den britischen Tanker SAN VICTORIO (8 200 BRT) 80 Meilen vor dem Dragon's Mouth und kurz danach den amerikanischen Frachter CHALLENGER (7 667 BRT) nur 15 Meilen von der Küste Grenadas entfernt. Gleich nach Mittag am 17. Mai schickte Hartenstein (U 156) den britischen Frachter BARRDALE (5 072 BRT), der auf dem Wege nach Basra war, zu den anderen Wracks auf den Meeresgrund im atlantischen Bereich des *Trinidad Sectors*. Später, als der Mond hoch am Himmel stand, war die Reihe noch einmal an Wattenberg (U 162), der mit seinem letzten Torpedo den norwegischen Tanker BETH (6 852 BRT) 130 Meilen südöstlich von Barbados unter Wasser beförderte. Nachdem alle Torpedos verschossen waren, trat U 162 den Rückmarsch an. Das Boot hatte 47 200 BRT an Schiffsraum auf seiner Feindfahrt vernichtet.
Aber auch im Norden waren die U-Boote nicht untätig geblieben. Folkers (U 125) kam 100 Meilen südlich Cubas zum Erfolg und versenkte den amerikanischen Motortanker MERCURY SUN (8 893 BRT). Kurz danach torpedierte U 558 (Krech) den kleinen holländischen Frachter FAUNA (1 254 BRT), der östlich der Bahamas unterging.
In der Morgendämmerung des 18. Mai gelang es Hartenstein, seiner Erfolgsliste den amerikanischen Frachter QUAKER CITY (4 961 BRT) hinzuzufügen. Inzwischen war man im Hauptquartier des *Trinidad Sectors* zu der Überzeugung gekommen, daß sich im östlichen Bereich ein »stationäres« U-Boot befand. Ein Zerstörer wurde in Marsch gesetzt, während B-18-Flugzeuge der 1st Bombardment Squadron das Gebiet absuchten. Um 12 Uhr mittags schoß U 156 zwei Torpedos auf den britischen Tanker SAN ELISEO (8 042 BRT), wovon nur einer traf. Der Tanker rief um Hilfe und setzte seine Fahrt nach Trinidad fort. Hartenstein jagte hinterher, und es glückte ihm, das Schiff mit zwei weiteren Torpedos zu treffen. Aber gerade als der Tanker an Fahrt verlor und Hartenstein die Geschützmannschaft für den Fangschuß an Deck rief, kamen der Zerstörer und die Flugzeuge in Sicht. U 156 mußte schleunigst verschwinden, während der schwer beschädigte Tanker nach Port of Spain eingebracht wurde.
Nachdem Ulrich Folkers (U 125) den kleinen amerikanischen Frachter WILLIAM J. SALMAN (2 616 BRT) seinem Erfolgskonto hinzugefügt hatte, trat er den Rückmarsch an. Acht versenkte Schiffe mit 42 000 BRT kamen auf sein Konto, und die Mannschaft bedauerte es sehr, daß sie nicht mehr Torpedos zur Verfügung gehabt hatte. Die in der Karibik eingesetzten Boote vernichteten in dieser Phase des Krieges durchschnittlich 25 000 BRT Handelsschiffsraum pro Tag. Es war eine hervorragende Jagd.
Das Gebiet der Karibik war so riesig und die Verteidiger so spärlich, daß die im Mai operierenden U-Boote nur selten von Seestreitkräften und Flugzeugen behelligt wur-

Kapitel 4

den. In den meisten Fällen blieben die Boote aufgetaucht, konnten das Sinken der Schiffe beobachten und die Überlebenden nach ihren Bestimmungshäfen und ihrer Ladung ausfragen. Oft wurden den Schiffbrüchigen Lebensmittel und Wasser ausgehändigt und die Richtung zur nächstgelegenen Küste gezeigt. Es ist auch überliefert, daß Gerettete zunächst von Ölresten befreit und dann an Land abgesetzt worden sind, oder daß man sie an einen Ort brachte, wo sie schnell geborgen werden konnten.[18] Ein Überlebender verbrachte fünf glückliche Tage an Bord von U 126 (Bauer), bevor er einem venezolanischen Schiff übergeben wurde. Das korrekte Verhalten der U-Boot-Besatzungen in der Karibik veränderte die Einstellung der Seeleute ihnen gegenüber jedoch nicht, denn dazu war die alliierte Propaganda zu gründlich.

Die Karibik war sicherlich das attraktivste Gebiet für die U-Boote während des Krieges. Sie entgingen dort der eisigen Kälte der Arktis, den nichtendenwollenden Stürmen des Nordatlantiks, und ihr einziges Problem bestand darin, sich den tropischen Temperaturen anzupassen. Es gab unbewohnte Inseln vor der Yucatán-Halbinsel, in den Bahamas und den Virgin Islands, wo sich die Boote ausruhen und ihre Besatzungen an Land schicken konnten. Baden und Fischen waren für die Männer eine willkommene Abwechslung von der drückenden Enge an Bord, und wegen des Fehlens der Luftaufklärung in den ersten Monaten benötigte man nur wenig Tarnung, um unerkannt zu bleiben. In den goldenen Tagen haben nahezu alle Boote gelegentlich einen Ruhe- und Erholungstag eingelegt. Es existierten Anlaufplätze, wo die U-Boote frische Lebensmittel von den Einheimischen kaufen konnten, die sich nicht darum scherten, worum

IXC-Boot auf Feindfahrt im »friedlichen türkisblauen« Meer der Karibik. *Quelle: Archiv Peter Tamm*

es in diesem Krieg ging. Es wird berichtet, daß bei einigen dieser Besuche sogar Frauen im Spiel waren. In der Karibik kursieren viele Geschichten über die Wagemut der U-Boot-Kommandanten, wobei die phantastischsten und unwahrscheinlichsten niemals bestätigt worden sind. Trotzdem glauben bis heute viele daran.

Unter den Geschichten gibt es die, wo ein kleiner Dampfer, der zwischen Trinidad und Tobago verkehrte, von einem U-Boot gestoppt wurde und der Kommandant sich nach Bestimmungshafen und Art der Ladung erkundigte. Da das Schiff für einen kostbaren Torpedo zu klein war, wurde der Kapitän lediglich gewarnt, daß sein Schiff versenkt werden würde, wenn er seine Fahrten zwischen den Inseln fortsetzen sollte. Der U-Boot-Kommandant habe dem Kapitän dann zwei abgerissene Eintrittskarten präsentiert und einen Film empfohlen, der zur Zeit in Trinidads führendem Kino spielte. Nach dem Kriege zeigte ein Offizier der Hamburger Horn-Linie dem Hafenagenten in Barbados die Stelle, an der er mit seinem Kommandanten in einem Schlauchboot an Land gekommen war, um in Bridgetown ins Kino zu gehen. Da sich zu der Zeit Hunderte von Geretteten aller Nationen auf der Insel befanden, sei es im Sprachengewirr nicht weiter aufgefallen. In einem anderen Fall wurde der Kommandant eines U-Bootes vom Kapitän eines gerade versenkten Schoners wiedererkannt und aufgefordert, zukünftig vorsichtiger zu sein und im Kino nicht Deutsch zu sprechen.

In der Morgendämmerung des 19. Mai eröffnete das VIIC-Boot U 751 unter Ritterkreuzträger Kptlt. Gerhard Bigalk den Tag mit der Versenkung des amerikanischen Frachters ISABELA (3 110 BRT) 70 Meilen östlich Jamaicas. Am folgenden Morgen traf Piening (U 155) auf den ersten größeren Konvoi, der sich auf der Fahrt von New York via Trinidad nach Afrika befand. Er näherte sich den Schiffen, als sich der Konvoi auf der Höhe der Insel Los Testigos befand. Aber fast im gleichen Moment drehte der sichernde Zerstörer USS UPSHUR auf ihn zu, und das Boot war gezwungen zu tauchen und hinterherzufahren. 40 Meilen vor Dragon's Mouth sah Piening eine Chance, aber jedes Mal, wenn er das Sehrohr ausfuhr, lief der Vierschornstein-Zerstörer wieder auf ihn zu. Trotzdem gelang es ihm, einen kurzen Blick auf die Schiffe zu werfen. Er berechnete die Entfernung und den Kurs nach den Daten des Unterwasserhorchgerätes und schoß dann vier Torpedos. Zwei trafen den englischen Tanker SYLVAN ARROW (7 797 BRT) und brachen dem Schiff das Rückgrat. Brennend ging der Tanker unter, aber Piening konnte das nicht beobachten. In nur 90 Meter Wassertiefe hatte er große Mühe, sich abzusetzen, während USS UPSHUR und ein PC das Gebiet mit Wasserbomben pflasterten. In den nächsten zwei Stunden hielt der Zerstörer U 155 unter Wasser, bis der Konvoi im Schutz der Küstengeschütze von Chacachacare angekommen war.

Nachdem die Versenkungen in der Karibik ein derart alarmierendes Ausmaß angenommen hatten, befürchtete Washington, daß die Vichy-französischen Seestreitkräfte in Martinique ausbrechen und sich an der Vernichtung alliierten Schiffsraums beteiligen könnten. Admiral Hoover wurde daher beauftragt, den Hafen Fort de

KAPITEL 4

France zu blockieren, und zu diesem Zweck wurden die Zerstörer USS BLAKELY, USS ELLIS und ein PC in Marsch gesetzt. Alle Schiffe, die im Hafen ein- oder ausliefen, wurden von den Zerstörern untersucht. Die Deutschen wiederum glaubten, daß die Vichy-Franzosen die Gelegenheit nutzen könnten, um die Amerikaner und die Engländer in der Karibik zu unterstützen, zu einer Zeit, wo jede Hilfe willkommen war. U 156 (Hartenstein) und später U 69 (Gräf) wurde daher befohlen, Fort de France abzusperren und dafür zu sorgen, daß die Alliierten nicht in den Hafen hinein und die Franzosen nicht aus ihm heraus konnten. So kam es, daß beide Seiten gleichzeitig Martinique blockierten und sich gegenseitig in die Quere kamen.

Während U 155 (Piening) einen Vorgeschmack auf das Ende der Narrenfreiheit bekam, operierte U 103 (Winter) am anderen Ende der Karibik ungestört. Vor der Westküste Cubas schickte es am 20. Mai die beiden amerikanischen Frachter CLARE (3 372 BRT) und ELISABETH (4 727 BRT) auf den Meeresgrund. Um 2 Uhr am folgenden Morgen versenkte U 69 (Gräf) den englischen Dampfer TORONDOC (1 927 BRT) 60 Meilen westlich Martinique und am Mittag U 558 (Krech) das Schwesterschiff TROISDOC östlich von Jamaica. Kurz danach war Hartenstein wieder dran, der außerhalb des Hafens von Fort de France den kleinen dominikanischen Frachter PRESIDENTE TRUJILLO torpedierte. Am Abend griff U 558 den amerikanischen Tanker WILLIAM L. THOMPSON (6 203 BRT) südlich Jamaica an. Der Tanker war von zwei Torpedos getroffen und lag gestoppt, aber als Krech sich ihm zu nähern versuchte, erschienen PCs vom Stützpunkt Guantánamo auf der Bildfläche und brachten so ihr erstes Schiff in Sicherheit.

Hartenstein überprüfte am folgenden Morgen den Hafen von St. Vincent, fand ihn aber verlassen vor. Derweil feuerte U 69 (Gräf) auf einen Frachter, der in den Hafen von Martinique einlaufen wollte, schoß jedoch vorbei. Der Dampfer wehrte sich mit seinem museumsreifen Geschütz und schaffte es, sich in den Hafen zu retten. Südlich davon versenkte U 155 (Piening) den panamaischen Dampfer WATSONVILLE (2 220 BRT), während weit im Westen der Karibik U 103 (Winter) weiter erfolgreich war und neben dem amerikanischen Tanker SAMUEL Q. BROWN (6 625 BRT) den holländischen Frachter HECTOR (1828 BRT) zu den anderen Wracks auf dem Meeresgrund schickte.

Am 24. Mai morgens traf U 502 den brasilianischen Dampfer GONCALVES DIAS (4 996 BRT) mit zwei Torpedos an Steuerbordseite. Das Boot hatte in den vergangenen zehn Tagen wenig Glück gehabt, und v. Rosenstiel war sicher froh, endlich ein Ziel zu haben. Er meldete, daß das Schiff nach New Orleans unterwegs gewesen sei und keine Neutralitätskennung geführt hätte. Sechs Seeleute kamen bei den Detonationen ums Leben, aber dem Rest der Besatzung gelang es, die Rettungsboote zu Wasser zu bringen. v. Rosenstiel fragte sie aus und sorgte dann dafür, daß sie genügend Proviant hatten.

Am 25. Mai kam es am Vormittag zum unvermeidlichen Zusammenstoß vor Martinique. Hartenstein (U 156) sah den Zerstörer USS BLAKELY zwischen sich und der

Küste kreuzen und ergriff die Gelegenheit beim Schopf. Zwei Torpedos verließen die Rohre, und während der eine vorbeiging, blies der andere den Bug des Kriegsschiffes glatt weg. Der Kommandant des Zerstörers reagierte sofort, USS BLAKELY schwenkte vom U-Boot weg und lief auf Fort de France zu. Als der Zerstörer sicher im Hafen war, meldete Hartenstein den Vorfall und bat um Erlaubnis, in den Hafen einlaufen zu dürfen, um ihn zu erledigen. Er hätte das sicher mit Vergnügen getan, aber der BdU verbot es ihm. Die Angelegenheit wirkte sich ohnehin für die U-Boote vor Martinique nachteilig aus, da die US-Navy dafür sorgen mußte, daß der Zerstörer den Hafen innerhalb der international vorgesehenen Frist von 24 Stunden wieder verließ. Alle verfügbaren Streitkräfte wurden daher mobilisiert. Die Zerstörer USS BRECKENRIDGE, USS GREER und USS TARBELL marschierten mit Höchstfahrt auf die Insel zu. Am schwersten wog jedoch die Verlegung von zwei Flugbooten vom

Adolf Cornelius Piening (U 155).

Quelle: U-Boot-Archiv, Cuxhaven

Kapitel 4

Typ PBY *Catalina* der VP-53 Squadron von Puerto Rico nach Chaguaramas, die die Luftüberwachung westlich von Martinique durchführten. Nach zwei Tagen waren U 156 und U 69 total erschöpft, da sie fast während der ganzen Zeit unter Wasser bleiben mußten. U 156 verzeichnete 121 Stunden Tauchfahrt in einer Woche, und der Vollmond sorgte dafür, daß die Boote auch nachts während der Überwasserfahrt laufend von den Flugbooten angegriffen wurden, was bereits zu einer ernsthaften Beschädigung der Tanks von U 156 geführt hatte. Der BdU hatte ein Einsehen und erlaubte den Booten, sich westwärts abzusetzen. Zuvor versuchte Hartenstein jedoch noch, den Zerstörer USS TARBELL zu torpedieren. Der Torpedo ging vorbei, und U 156 verdrückte sich, bevor der erwartete Gegenangriff einsetzte. Zur gleichen Zeit berichtete U 755 unter Kptlt. Walter Göing, daß man in der Floridastraße nur stark gesicherte Geleitzüge gesichtet hätte. Das Boot wurde in den Golf von Mexiko umdirigiert, aber die Information gab bereits einen Vorgeschmack darauf, wie es in Zukunft in der Floridastraße aussehen würde.

In den letzten sechs Tagen des Monats Mai wurden sieben Schiffe versenkt. Am Tag des Angriffs auf die BLAKELY erwischte U 103 (Winter) den amerikanischen Bauxit-Frachter ALCOA CARRIER (5 588 BRT) zwischen Jamaica und Grand Cayman. 48 Stunden später ging eine weitere wertvolle Bauxitladung verloren, als v. Rosenstiel (U 502) den nagelneuen Frachter ALCOA PILGRIM (6 900 BRT) südlich von Puerto Rico in die Tiefe schickte. Am gleichen Tag fiel der US-Army-Frachter JACK (2 622 BRT) U 155 (Piening) zum Opfer, und wenig später U 103 der amerikanische Tanker NEW JERSEY (6 414 BRT). Dann kündigte Harald Gelhaus mit U 107 seine Ankunft durch Versenkung des englischen Dampfers WESTERN HEAD (2 599 BRT) 50 Meilen östlich von Guantánamo Bay an. Am folgenden Tag machte U 504 unter FKpt. Fritz Poske seine Aufwartung in der Karibik, indem es den britischen Frachter ALLISTER (1 597 BRT) torpedierte. Das letzte Schiff, welches im »Wonnemonat Mai« verloren gehen sollte, war der norwegische Frachter BAGHDAD (2 161 BRT), für den Piening seinen letzten Torpedo verwendete. U 155 hatte sieben Schiffe mit 32 400 BRT versenkt und trat mit einer zufriedenen Besatzung den Rückmarsch an.

20 U-Boote waren im Mai in der Karibik tätig gewesen, und sie hatten 53 Schiffe vernichtet und vier beschädigt. Wenn man die Verluste hinzuzählt, die im gleichen Monat mit 19 versenkten und sechs beschädigten Schiffen im Golf von Mexiko entstanden, dann kommt man auf das für die Alliierten bedrückende Ergebnis von 72 Schiffen mit rund 365 000 BRT, die in vier Wochen verloren gegangen waren.

Der BdU hatte wahrscheinlich schon vermutet, daß die großen Schiffe, die von Afrika und Südamerika nach den Vereinigten Staaten unterwegs waren, die Karibik meiden würden. Das ist der Grund, warum U 156 und U 162 für lange Zeit weit östlich der Inseln und direkt auf der Umgehungsroute operierten. Aber Admiral Dönitz hatte noch eine weitergehende Strategie entwickelt. U 593, U 594, U 578, U 588 und U 404 wurden 900 Meilen nördlich der Karibik in einem Gebiet zwischen dem Längengrad des östlichen Zipfel Cubas und dem Längengrad Antiguas positioniert. Diese fünf Boote waren der Sperriegel, der die Schiffe, die um die Karibik herumgeleitet wurden, abfangen sollte, und sie waren alle erfolgreich. Ein weiterer Teil seiner Strategie betraf U 126, U 129 und U 161, die vom mittleren Atlantik südwärts geschickt wurden und in Äquatornähe nach Westen auf die brasilianische Küste zudrehten. Mit U 161 am landseitigen Flügel marschierten sie in einem Suchstreifen nordwärts. Wie eine Gruppe von Schäferhunden trieben sie die Handelsschiffe vor sich her. Diese operativen Maßnahmen bewirkten, daß die Gesamterfolge im Mai noch größer waren als die nur in der Karibik erzielten.

KAPITEL 5

Der goldene Westen

Die Alliierten waren entsetzt über die Verluste, aber eine schnelle Verstärkung der Abwehr war nicht möglich. Man griff zur einzigen Gegenmaßnahme, die sich sofort einführen ließ, und änderte die Routen, wobei man hoffte, daß die U-Boote die Wiederaufnahme des Verkehrs auf den alten Schiffahrtswegen erwarten würden. In der Karibik erfreuten sich die U-Boote jedoch großer Freiheit, und viele von ihnen streiften abseits der ihnen zugewiesenen Einsatzräume umher. So ergab es sich, daß die Boote die Ausweichrouten sehr bald entdeckten und dies dem BdU mitteilten. Dönitz reagierte, indem er sechs Boote von der Ostküste der USA abzog und zusammen mit vier weiteren in die Karibik schickte. Das Resultat war, daß sich der Juni für die alliierte Handelsschiffahrt noch katastrophaler entwickelte als der Monat Mai und vom Standpunkt der U-Boote aus den Höhepunkt bildete.
Zehn Boote waren zu Beginn des Monats im Operationsgebiet. U 69 (Gräf), U 156 (Hartenstein) und U 502 (v. Rosenstiel) befanden sich im *Trinidad Sector*. U 107 (Gelhaus) und U 504 (Poske) standen vor Mittelamerika und schnitten den Verkehr in den Golf von Mexiko ab, während sich das IXC-Boot U 158 unter Kptlt. Erwin Rostin in den Golf vorarbeitete. In den Bahamas operierten U 103 (Winter) und U 753 unter KKpt. Alfred Manhardt von Mannstein. Zwei weitere IXC-Boote waren im Anmarsch, U 172 unter Kptlt. Carl Emmermann näherte sich Puerto Rico und U 68 unter KKpt. Karl-Friedrich Merten der Mona Passage. Zu diesen zehn kamen noch die drei Boote der Jagdgruppe östlich Brasiliens und sechs weitere, die sich ihren Weg durch den Atlantik zur Karibik bahnten.
Auf Seiten der Alliierten sah es nicht sehr hoffnungsvoll aus, aber auf längere Sicht gab es eine Reihe Entwicklungen, die das Pendel zu ihren Gunsten ausschlagen lassen würden. Da war zunächst die Kriegsgerklärung Mexikos, die die mexikanischen Fliegerhorste für die US-Luftstreitkräfte öffnete. Hierdurch wurde eine bessere Abdeckung des Golfs von Mexiko und später auch der Yucatán-Straße erreicht. Dann folgte eine Warnung des BdU vor Angriffen brasilianischer Streitkräfte, was bedeutete, daß man diese als einen weiteren Feind betrachtete. Brasilien hingegen erklärte Deutschland erst im August den Krieg, und es scheint im nachhinein so, als ob die Deutschen das südamerikanische Land regelrecht dazu gedrängt haben. Eine weitere positive Entwicklung für die Alliierten betraf die Einrichtung von Funkpeilstationen an der US-Ostküste und innerhalb der Karibik. Alle paar Tage mußten die U-Boote über ihre Position und ihre Aktionen an den BdU berichten und erhielten ihre Anweisungen. Durch das andauernde Geplapper im Äther konnten die Alliier-

ten jetzt mittels Kreuzpeilung die Quellen und damit die ungefähren Standorte der Boote bestimmen und gelegentlich sogar U-Jagd-Kräfte heranführen. Erstmals wurde der alliierte Nachrichtendienst in die Lage versetzt, die genaue Anzahl der U-Boote festzustellen, mit denen man es zu tun hatte. Als besonders gravierend erwies sich jedoch die Ausrüstung der Flugzeuge des RAF Coastal Command mit dem Leigh-Light[19] und dem ASV Mk II Radar[20], womit den U-Booten das Passieren der Biscaya beim Ein- und Auslaufen außerordentlich erschwert wurde.

Dönitz wußte, daß die reiche Ernte in der Karibik nicht von Dauer sein würde, und er versuchte, solange es ging, so viel wie möglich daraus zu machen. Für die U-Boot-Kommandanten war es der goldene Westen, und es scheint, daß er um so goldener wurde, je weiter sie nach Westen vordrangen. In diesem Gebiet eröffnete Harald Gelhaus mit U 107 die Trefferliste für den Monat Juni. In der Morgendämmerung des ersten Tages schob sich das Boot mit den vier Assen am Turm vorsichtig an die Küste von Grand Cayman vor und pirschte sich an den panamaischen Frachter BUSH RANGER (4536 BRT) heran. Zwei Torpedos verließen die Bugrohre und bohrten sich in die Bordwand des Schiffes. Die Detonationen sorgten dafür, daß der Dampfer fünf Meilen vom Ufer und in Sichtweite der entsetzten Einheimischen versank. Am Abend des gleichen Tages torpedierte U-Hartenstein auf der entgegengesetzten Seite der Karibik den brasilianischen Frachter ALEGRETE (5 970 BRT), der nach dem Treffer langsam absackte. Bevor er den Dampfer verließ, veranlaßte der Kapitän jedoch, daß alle Lichter an Bord brannten, um der Welt seine Neutralität zu bekunden. Nachdem sich die vier Rettungsboote mit 64 Überlebenden entfernt hatten, schoß Hartenstein zwei weitere Torpedos auf den mit einer vollen Ladung Kaffee für die USA bestimmten Frachter, der schließlich 40 Meilen südwestlich St. Lucia unterging. Der Zerstörer USS TARBELL nahm eines der Rettungsboote auf, während die anderen drei in Trinidad, La Blanquilla Island und in La Guaira/Venezuela anlandeten. Hartensteins Erklärung, daß das Schiff grau angestrichen gewesen wäre, war richtig, aber angesichts der letzten Funksprüche des BdU spielte es ohnehin keine Rolle mehr.

Am 2. Juni eröffnete U 158 unter Erwin Rostin sein Konto mit der Versenkung des amerikanischen Frachters KNOXVILLE CITY (5 686 BRT) 35 Meilen westlich Cubas. Am Abend fügte Emmermann, auf seiner einzigen Feindfahrt in die Karibik, seiner Liste den amerikanischen Dampfer CITY OF ALMA (5 446 BRT) hinzu. Während Emmermann mit U 172 auf Erfolgstour war, meldeten U 106 (Rasch) und U 753 (Manhardt von Mannstein) aus dem Golf von Mexiko und dem Gebiet nördlich Cubas, daß sie auf Konvois gestoßen wären, in die sie nicht einzudringen vermochten. Es war ein weiterer Vorgeschmack darauf, was kommen sollte. Inzwischen waren die drei U-Boote der Jagdgruppe vor der brasilianischen Küste neu eingeteilt worden. U 161 (Achilles) sollte auf seine alte Spielwiese vor Trinidad zurückkehren, während U 126 (Bauer) und U 128 (Heyse) die Aufgabe erhielten, östlich der Windward Islands zu operieren. Kaum war die Gruppe jedoch aufgelöst, da waren die Boote

KAPITEL 5

auch schon wieder mitten unter den Handelsschiffen. Am 3. Juni beendete U 126 mit zwei Torpedos die Reise des norwegischen Tankers HOEGH GIANT (10 990 BRT) auf der Höhe von Französisch Guayana. Das Boot ging näher heran und verwandelte das große Schiff mit der Bordkanone in ein flammendes Inferno. Als die 99th Bombardment Squadron mit ihren Flugzeugen endlich auf der Bildfläche erschien, da gab es die HOEGH GIANT nicht mehr, und man konnte nur noch den Standort der Schiffbrüchigen melden.

Aber es gingen noch zwei weitere Schiffe an diesem Tag verloren. U 502 befand sich unmittelbar nördlich der Insel Margarita vor der venezolanischen Küste, als der amerikanische Tanker M.F. ELLIOTT (6 940 BRT) auf seiner Fahrt nach Trinidad über die Kimm kam. Aufgetaucht schoß v. Rosenstiel einen Torpedo, der eine gewaltige Explosion auslöste, die das Schiff auseinanderriß. Als das Wrack auf den Meeresboden sank, nahm die Besatzung von U 502 einen einzelnen Überlebenden auf und setzte ihn später unter einem über ihr kreisenden alliierten Rettungsflugzeug in ein Dingi. Der Tag klang aus mit der Versenkung des amerikanischen Frachters ILLINOIS (5 447 BRT) durch das im Anmarsch befindliche U 159 unter Kptlt. Helmut Witte, 300 Meilen nördlich von Antigua.

Der Tag darauf war erfolglos, aber der 5. Juni sah die U-Boote wieder hart an der Arbeit, und erneut erschütterten sie das Selbstvertrauen der Verteidiger. Westlich des Südausgangs der Anegada Passage verschwand der amerikanische Tanker L.J. DRAKE (6 693 BRT) in einem gewaltigen Feuerball, als er von den Torpedos von U 68 (Merten) getroffen wurde. Das Boot war durch die selten benutzte Durchfahrt zwischen den Virgin Islands in die Karibik gekommen und stand am Beginn eines sehr erfolgreichen Einsatzes. Merten fand die Gegend sehr ruhig und konnte während der ganzen Zeit über Wasser bleiben. Die Anegada Passage ist schmaler und flacher als die besser bekannten Galeons, Mona und Windward Passagen, aber für einen risikofreudigen U-Boot-Kommandanten zahlte es sich aus. Es sollten noch etliche Wochen vergehen, bis auch die Anegada Passage ständig bewacht war.

Sechs Stunden nach Vernichtung der L.J. DRAKE kreuzte zur Freude von Merten ein fast doppelt so großer Tanker seinen Bug. Alle drei Torpedos trafen, und Meerwasser füllte den Rumpf des Schiffes. Merten bobachtete zufrieden, wie die in Panama registrierte C.O. STILLMAN (13 006 BRT) mit dem Heck zuerst versank. Es war Mertens erste Fahrt in die Karibik, und er wunderte sich sicherlich über sein Glück. Wieviel schwieriger war so ein Erfolg in den Konvoischlachten im Nordatlantik zu erringen, und hier blieb er bei vollem Tageslicht aufgetaucht und fand nur 30 Meilen südlich der gefährlichen Mona Passage ein derartiges Schiff! 1200 Meilen weiter westlich beendete Rostin (U 158) den Tag mit der Versenkung des amerikanischen Frachters VELMA LYKES (2 572 BRT). Es war der letzte Erfolg von U 158 in der Karibik, bevor das Boot nordwärts durch die Yucatán-Straße in den Golf von Mexiko verlegte.

Am 6. Juni wurde als einziges Schiff der honduranische Frachter CASTILLA (3 910 BRT) westlich Cubas von U 107 (Gelhaus) versenkt. Am Tag darauf war die Reihe an Helmut Witte, der U 159 durch die Mona Passage und entlang den holländischen Inseln in sein Einsatzgebiet gebracht hatte und den amerikanischen Frachter EDITH (3 382 BRT) nördlich von Barranquilla abfing. Inzwischen hatte sich U 172 (Emmermann) an die Küste von Hispaniola herangeschoben und schickte am späten Abend, zehn Meilen vor Cabo Beata/Dominikanische Republik, den panamaischen Frachter SICILIEN (1 654 BRT) in die Tiefe.

Zwei Tage waren seit den zahlreichen Versenkungen vergangen, und es war Zeit für die U-Boote, der *Caribbean Sea Frontier* ein neues Schauspiel zu bieten. In den frühen Morgenstunden des 8. Juni versenkte U 504 (Poske) vor der Yucatán-Halbinsel den honduranischen Frachter TELA (3 901 BRT) und kurz darauf den amerikanischen Dampfer ROSENBORG (1 512 BRT). Zweitausend Meilen weiter östlich verzeichnete U 128 (Heyse) seinen ersten Erfolg in der Karibik mit der Vernichtung des Tankers SOUTH AFRICA (9 234 BRT), der an der äußersten Grenze des *Trinidad Sectors* unterging. Bei Anbruch der Nacht verlagerte sich das Geschehen wieder zurück in den westlichen Teil der Karibik, wo Gelhaus (U 107) der amerikanische Dampfer SUWIED (3 249 BRT) vor Cozumel zum Opfer fiel.

Erneut geriet die *Caribbean Sea Frontier* unter der Wucht des Angriffs ins Wanken. Die Versenkungen erfolgten so schnell, daß man sich in Trinidad kein genaues Bild über die Bewegungen der U-Boote machen konnte. Zu den Schwierigkeiten, die die verloren gegangenen Handelsschiffe und Ladungen verursachten, kam das Problem der Bergung Schiffbrüchiger. Überall in der Karibik dümpelten Rettungsboote mit verletzten und sonnenverbrannten Schreckgestalten, die auf Rettung warteten. Die Strömung im Gebiet der Karibik fließt zunächst in nordwestlicher, dann nördlicher Richtung und vereinigt sich schließlich mit dem Golfstrom vor Florida. Wenn man die Überlebenden ihrem Schicksal überlassen hätte, dann wären sie um die Karibik herum direkt in den Atlantik hinausgetrieben worden. Ein Teil der knappen Mittel mußte daher für Rettungsmaßnahmen zur Verfügung gestellt werden. Außerdem galt es, Auffanglager an allen wichtigen Plätzen einzurichten, wo die halbverhungerten, verletzten und oft auch seelisch angeschlagenen Seeleute untergebracht werden konnten. Für die Alliierten war die Situation bitter, aber ein kleiner Silberstreifen zeichnete sich am Horizont ab. Dadurch, daß die U-Boote ihre Aktivitäten von der Ostküste der Vereinigten Staaten nach Süden verlagert hatten, waren einige Streitkräfte frei geworden. Die US-Navy schickte zehn Zerstörer, und die Engländer und Kanadier verlegten zusätzlich einige ihrer Einheiten zur Geleitsicherung in die Karibik. Trinidad und Puerto Rico verfügten jetzt über je vier Zerstörer, was für die jeweiligen Sektoren jedoch wenig bedeutete, da die Kriegsschiffe immer dort eingesetzt wurden, wo sie am dringendsten gebraucht wurden. Das galt im übrigen auch für die Luftstreitkräfte, die ebenfalls sektorübergreifend zum Einsatz kamen.

Erstmalig waren jetzt auch Zerstörer im *Panama Sector* aktiv, aber sie vermochten die Flut der Versenkungen nicht einzudämmen. Die wichtigste Veränderung betraf jedoch die Floridastraße, wo jetzt ein Zerstörer rund um die Uhr Dienst tat. Das

KAPITEL 5

bedeutete, daß nun zumindest eine Zufahrt zur Karibik durch ein Überwasserfahrzeug bewacht war, und es sollte sich auszahlen. Mit der Zeit wurden alle Passagen in gleicher Weise geschützt, aber im Moment war das nur ein Wunschtraum. Obwohl die U-Boote sich vermehrt dem *Panama Sector* zuwandten, blieb der *Trinidad Sector* nach wie vor das wichtigste Operationsgebiet, da er im Schnittpunkt aller Verkehrswege zwischen Nord- und Südamerika lag. Es war zu dieser Zeit, daß die strategische Bedeutung Trinidads endlich voll erkannt wurde.

Alle im östlichen Teil der Karibik operierenden Boote berichteten jetzt über die Gegenwart von Konvois. Sie fuhren nicht so diszipliniert wie auf dem Nordatlantik, sondern eher in losen Gruppen, die den Wunsch hatten, die Karibik zu passieren. Die Geleitfahrzeuge besaßen auch noch nicht die Konvoierfahrung ihrer Gegner in den U-Booten, aber es war immerhin ein Anfang. Admiral Hoover, Befehlshaber der *Caribbean Sea Frontier*, sah einen Hoffnungsschimmer – aber die U-Boote ebenfalls. Kurz nach Tagesanbruch am 8. Juni verließ Konvoi TA-5 den Dragon's Mouth. In dem Bestreben, die Schiffe besser zu schützen, hatte man die Route geändert. Schiffe, die Trinidad in westlicher Richtung verließen, liefen normalerweise mit Kurs Nordwest aus und hielten sich seewärts der Insel Los Testigos, um das flache Wasser rund um die Isla de Margarita zu meiden. Der übliche Schiffahrtsweg führte dann nördlich an Blanquilla Island und der gefährlichen Los Roques-Inselgruppe vor der venezolanischen Küste vorbei zu den holländischen Inseln. TA-5 war umgeleitet worden und sollte nun Los Testigos zur Festlandseite hin passieren, die Nordspitze Margaritas umrunden und sich dann bis Aruba dicht unter der venezolanischen Küste halten. Damit hoffte man die vermuteten Positionen der U-Boote zu umgehen. Zum Unglück für den Konvoi erkundete v. Rosenstiel gerade dieses Gebiet. Am 3. Juni war U 502 in den Raum vor Trinidad beordert worden, und der BdU glaubte sicherlich, daß sich das Boot auf dem üblichen Schiffahrtsweg im westlichen Sektor befinden würde. v. Rosenstiel hatte sich Trinidad genähert, war aber dann dicht unter der venezolanischen Küste westwärts weitergefahren. Am Morgen des 9. Juni hielt er sich 300 Meilen von seinem zugewiesenen Operationsgebiet auf und befand sich damit zur rechten Zeit am rechten Platz.

TA-5 erschien am Horizont, und U 502 tauchte, um die Ankunft des Konvois abzuwarten. Der Konvoi steuerte 270 Grad und bewegte sich mit einer Geschwindigkeit von sieben Knoten, als die ersten beiden Torpedos aus den Bugrohren zischten. Wegen der günstigen Angriffsbedingungen blieb v. Rosenstiel auf Sehrohrtiefe, und als die Sprengsäulen am ersten Ziel aufstiegen, schoß er zwei weitere Torpedos. Während der belgische Dampfer BRUXELLES (5 085 BRT) bereits zurückfiel, schlug das andere Paar in die Bordwand des amerikanischen Tankers FRANKLIN K. LANE (6 589 BRT) ein. Der Konvoi fuhr langsam weiter und überließ die getroffenen Schiffe ihrem Schicksal. Ein Zerstörer hatte jedoch die Spitze des Sehrohrs gesehen, und während U 502 tief wegtauchte, begann er mit der Wasserbombenverfolgung. Das Boot wurde heftig durchgeschüttelt, und die Beleuchtung fiel aus. Der Angriff war gut ausgeführt, aber es war nichts im Vergleich zu dem, was die Boote im Nordatlantik durchmachen mußten, um zwei so große Schiffe zu versenken. Noch waren die Verhältnisse in der Karibik ideal.

Der 10. Juni war ein weiterer schlechter Tag für die Handelsschiffahrt. U 68 befand sich jetzt im zugewiesenen Einsatzgebiet vor Panama, und Merten kündigte kurz nach Mitternacht sein Erscheinen durch die Versenkung des britischen Frachters SURREY (8 581 BRT) an. Der Dampfer, der mit Panzern, Geschützen und Munition beladen war, ging unmittelbar östlich der zu Kolumbien gehörenden Insel San Andrés unter. Zehn Minuten danach kam das britische Motorschiff ARDENVOHR (5 025 BRT) in Sicht. Zwei Torpedos genügten, um das Schicksal dieses Schiffes zu besiegeln. Die Ladung mußte sich entzündet haben, denn lange nach dem Untergang wurde U 68 durch eine gewaltige Unterwasserexplosion erschüttert. Beide Schiffe mit ihrer wertvollen Ladung waren nur eine Meile voneinander entfernt gesunken. Das Boot kreuzte noch in der gleichen Gegend, als fünf Stunden später der britische Frachter PORT MONTREAL (5 882 BRT) auf der Bildfläche erschien. Merten beförderte ihn zu den anderen auf den Meeresgrund. In wenigen Stunden hatte U 68 fast 20 000 BRT alliierten Schiffsraum vernichtet.

Aber damit war es noch nicht genug. Poske, seit Ende Mai mit U 504 in den Gewässern vor der Yucatán-Halbinsel tätig, hatte schon vier Frachter versenkt, als ihm der holländische Passagierdampfer CRIJNSSEN (4 282 BRT) über den Weg lief, den er mit einem Torpedo zerstörte. U 159 (Witte) beendete schließlich den Tag mit der Versenkung des Liberty-Frachters FORT GOOD HOPE (7 130 BRT) 50 Meilen vor der atlantischen Seite des Panama-Kanals. Damit belief sich das Gesamtergebnis der vergangenen 24 Stunden auf 31 000 BRT. Im westlichen Teil der Karibik gab es noch keine Konvois, kaum Luftüberwachung und viele Ziele. Die Wölfe waren unter der Herde, und U 172 (Emmermann) und U 161 (Achilles) erhielten Anweisung, sich an der erfolgreichen Jagd zu beteiligen.

Im Golf von Mexiko hatte U 106 (Rasch) inzwischen den Rückmarsch angetreten und wurde von U 158 (Rostin) abgelöst. U 157 unter KKpt. Wolf Henne und U 129 unter Kptlt. Hans-Ludwig Witt befanden sich ebenfalls auf den Weg dorthin, ebenso wie U 67. Müller-Stöckheim kam zurück, um die Pechsträhne von der ersten Feindfahrt wettzumachen. U 157 stand derweil an der südlichen Ecke des Old Bahama Channel vor der Nordküste Cubas. Es war Hennes erste Fahrt als U-Boot-Kommandant, und an diesem Morgen hatte er seinen ersten Erfolg. Er torpedierte den amerikanischen Tanker HAGAN (6 401 BRT) und sah mit Genugtuung, wie das große Schiff in den Wellen verschwand.

Spät am Abend führte Rostin mit U 158 einen verwegenen Angriff in der Nähe des Mississippi-Deltas durch. Nur 30 Meilen vor der Mündung und in weniger als 18 Meter Wassertiefe torpedierte er das größte Schiff, das auf dem westlichen Kriegsschauplatz versenkt werden sollte. Von Land aus konnten die Menschen zusehen, wie der französischen Motortanker SHÉHÉRAZADE (13 467 BRT) brennend auf Grund

Kapitel 5

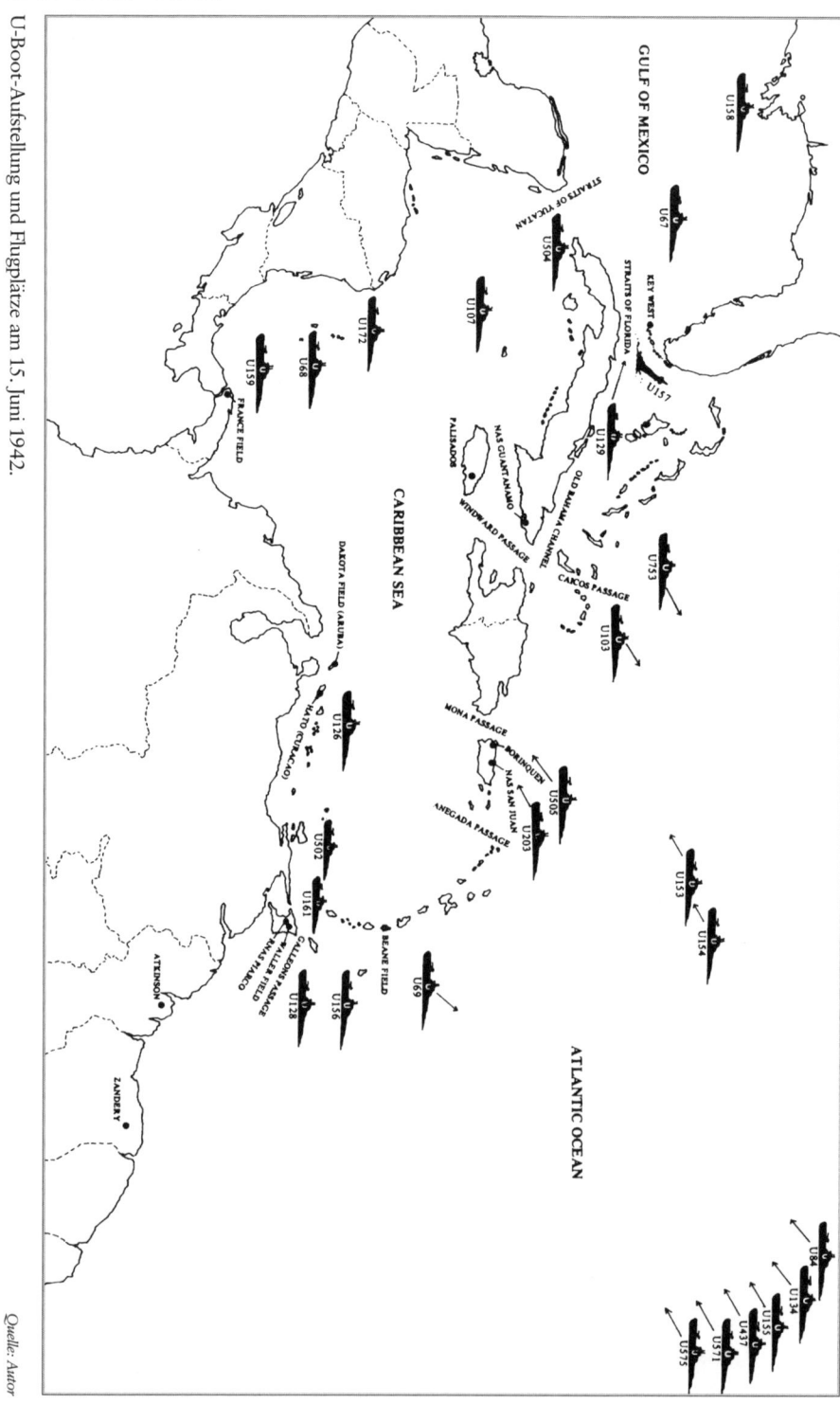

U-Boot-Aufstellung und Flugplätze am 15. Juni 1942.

Quelle: Autor

sank, wobei das flache Wasser seine Mastspitzen kaum bedeckte. Rostin operierte weiter in der Gegend, wo das Wasser nicht tief genug war, um zu tauchen, und versenkte zehn Meilen vor der Küste den amerikanischen Tanker CITIES SERVICE TOLEDO (8 192 BRT). Dann zog er sich eilends zurück, denn der Angriff so nah an den Gestaden des Golfs war eine Provokation für die US-Navy und mußte eine Reaktion nach sich ziehen.

Um diese Zeit teilte der BdU in einem Funkspruch allen Booten mit, daß fast alle schwedischen Frachter im Auftrag der Alliierten fahren würden. Die Boote wurden angewiesen, sie anzuhalten und an Bord zu gehen. Sollten die Schiffe Zickzack-Kurs steuern, wären sie zu versenken. Portugiesische Frachter seien in gleicher Weise zu behandeln. Die Instruktionen bezüglich der schwedischen Schiffe waren durchaus vernünftig, denn das offiziell neutrale Schweden trieb offen Handel mit den Alliierten und belieferte sie häufig mit dringend benötigten Maschinenausrüstungen.

Inzwischen hatten die Royal Navy, die US-Navy und die TRNVR vier Tage lang im Rahmen eines gemeinsamen Verteidigungsplanes Hochseemanöver vor der Nordküste Trinidads durchgeführt und sich auf ein gemeinsames Vorgehen gegen weitere mögliche Überfälle geeinigt. Der Britische Gouverneur, der sich mit aller Macht gegen die amerikanischen Stützpunkte gewehrt hatte, war zurückgerufen worden, und an seine Stelle rückte Sir Bede Clifford, mit dem die Amerikaner gut zurechtkamen. Der gemeinsame Feind hatte Engländer, Amerikaner und die Einheimischen endlich an einen Tisch gebracht.

Der 13. Juni sollte ein denkwürdiger Tag für die Alliierten werden, denn an diesem Tag wurde das erste U-Boot versenkt. U 157 (Henne) war von den US-Navy eingepeilt worden, als es einen Funkspruch über die Versenkung der HAGAN im Old Bahama Channel absetzte. Das Boot konnte nur den Golf als Bestimmung haben, und dort wurde es jetzt von den amerikanischen Streitkräften erwartet. Henne hatte sicherlich die vielen Meldungen anderer Boote gehört, die vor den patrouillierenden Zerstörern in der Floridastraße warnten. Das ist wahrscheinlich auch der Grund, warum er sich dicht unter der Küste Floridas hielt. Hiermit umging er zwar den diensttuenden Zerstörer, lief dafür aber einem US Coast Guard Cutter direkt in die Arme. USCG THETIS war in der nördlichen Seite der Floridastraße auf Patrouille, als ein kleines Echo auf dem Radarschirm seine Aufmerksamkeit erregte. Während der Kutter in Richtung der Radarerfassung Fahrt aufnahm, fuhr U 157 weiter, ohne die drohende Gefahr aus dem Norden zu erkennen. Es ist möglich, daß die Ausgucks auf dem Boot die Schuld trugen, denn sie sahen den Kutter wohl erst, nachdem dieser sie schon lange gesichtet hatte. Als U 157 schließlich alarmtauchte, war es zu spät. THETIS überlief den Tauchstrudel des Bootes, und die tödlichen Kanister rollten von ihrem Heck. Die Wasserbomben müssen den Druckkörper zum Bersten gebracht haben, denn das Boot versank sofort mit seiner gesamten Besatzung.

Am 14. Juni stand der unverwüstliche Achilles mit U 161 erneut vor Trinidad und plante einen weiteren spektakulären Überfall. Der war diesmal jedoch nicht gegen Trinidad

KAPITEL 5

gerichtet, denn er wußte, daß er ein zweites Mal nicht davonkommen würde. Achilles beabsichtigte, einen Konvoi anzugreifen. Bei Sonnenaufgang stand U 161 hundert Meilen nordwestlich des Dragon's Mouth, als Rauch am Horizont das Erscheinen eines Dampfers ankündigte. Es war jedoch nicht ein einzelnes Schiff, sondern gleich ein ganzer Konvoi. Die Geleitfahrzeuge waren sich der Gefahren in diesem Gebiet bewußt und hatten alle Schiffe angewiesen, besonders wachsam zu sein. Das Boot wartete in Sehrohrtiefe auf die Ankunft des Geleitzugs.

Achilles wählte einen großen Frachter aus der äußeren Kolonne an Backbordseite aus. Die Schiffe würden nahe am Boot vorbeiziehen, und er hatte vor, sich ein Schiff nach dem anderen vorzunehmen. Nachdem die Schußwerte errechnet waren, schoß er zwei Torpedos. Der Bedienungsmann des Unterwasserhorchgerätes konnte den singenden Ton der schnelldrehenden Torpedopropeller im Donner der Schrauben so vieler Handelsschiffe kaum wahrnehmen. Achilles stand in der Zentrale, die Augen am Okular des Sehrohrs und beobachtete, wie die Sprengsäulen an der Seite eines Frachters aufstiegen. An Bord des Schiffes mit dem Konvoi-Kommodore hatte jedoch jemand die Blasenbahnen gesehen und ein Ausweichmanöver nach Backbord befohlen. Zu spät erkannte der U-Boot-Kommandant, daß die Schiffe wendeten. Der amerikanische Frachter SCOTTSBURG (8 001 BRT) war sinkend liegengeblieben und sorgte inmitten der abdrehenden Schiffe für ein heilloses Durcheinander. Die Kapitäne versuchten jetzt, dem untergehenden Dampfer auszuweichen, und einige waren gezwungen, das Ruder nach Steuerbord zu legen. Die Ordnung im Konvoi brach zusammen, Schiffe fuhren in alle Richtungen, aber die Masse von ihnen schwenkte weiter nach Backbord auf das verborgene U-Boot zu.

U 161 ging auf Tiefe, um dem erwarteten Gegenschlag zu entgehen. Im Boot hatte man keine Vorstellung, was sich da oben eigentlich abspielte, aber die Geräusche ließen vermuten, daß sich der Geleitzug auflöste. Das schienen ideale Voraussetzungen für einen erneuten Torpedoangriff zu sein. Achilles befahl, auf Sehrohrtiefe zu gehen. Die Schraubengeräusche waren laut, aber es waren nicht die der schnellaufenden Zerstörer. Gerade als Achilles das Sehrohr ausfahren wollte, erbebte das Boot und rollte unter dem Knirschen zerreißenden Metalls auf die Seite. Das dumpfe Schlagen einer Schiffsschraube unmittelbar über ihnen war zu hören. U 161 war gerammt worden, und als Achilles sich aufrappelte, blickte die Mannschaft wie betäubt nach oben, in Erwartung, den Druckkörper einbrechen zu sehen. Aber dann entfernten sich die Geräusche immer weiter. Jeder Gedanke an einen Angriff erübrigte sich, denn nun ging es erst einmal darum, den Schaden festzustellen. Sie hatten Glück gehabt, denn es gab keinen Wassereinbruch.

Als nichts mehr zu hören war, brachte Achilles das Boot wieder auf Sehrohrtiefe. Ein Blick durch das Seerohr zeigte, daß der Horizont klar war, und U 161 tauchte auf. Auf der Brücke bot sich der Besatzung ein unglaublicher Anblick. Die Steuerbordseite des Brückenschanzkleides war eingedrückt und teilweise verschwunden. Der

Frachter hatte nur den Turm bzw. die Brücke getroffen, ohne das Boot entscheidend zu beschädigen. Wundersamerweise war auch das Sehrohr nicht zerstört, und alle Systeme funktionierten. Mit den vorhandenen Torpedos und einem einsatzbereiten Sehrohr konnte Achilles die Fahrt in die äußerste Ecke der Karibik fortsetzen. Die SCOTTSBURG war inzwischen gesunken, aber es gab noch ein weiteres Opfer aus dem Konvoi. U 502 (v. Rosenstiel) hatte die Sichtmeldung von U 161 aufgefangen und unter Ausnutzung des Durcheinanders den panamaischen Dampfer COLD HARBOR (5 010 BRT) dem untergegangenen amerikanischen Frachter hinzugefügt.

U 68 setzte am Nachmittag des 15. Juni seinen erfolgreichen Einsatz fort. Der Vichy-französische Tanker FRIMAIRE (9 242 BRT) fuhr in Charter der Portugiesen und befand sich auf der Reise nach Panama, als Merten ihn vor der kolumbianischen Küste schnappte. Das Schiff löste sich in einem gewaltigen Feuerball auf, und es gab keine Überlebenden, so daß er nicht erfuhr, um wen es sich gehandelt hatte. Am Abend des Tages versenkte U 126 (Bauer) den amerikanischen Frachter ARKANSAN (6 997 BRT) westlich Grenadas und kurz darauf den amerikanischen Dampfer KAHUKU (6 062

U 161 auf der Weiterfahrt mit eingedrücktem Brückenschanzenkleid nach Unterwasserrammung durch einen Frachter am 14. Juni 1942.

Quelle:
U-Boot-Archiv,
Cuxhaven

Kapitel 5

BRT), der mit militärischen Ausrüstungsgegenständen auf der Fahrt via Trinidad nach Nordafrika unterwegs war. U 159 (Witte) operierte weiterhin vor dem Panamakanal und hatte fast alle seine Torpedos verschossen. Der BdU wies U 161 (Achilles) an, sich mit U 159 zwischen Hispaniola und Aruba zu treffen. U 161 hatte eine magere Zeit durchgemacht und noch fast alle Torpedos an Bord, aber dafür waren durch die lange Einsatzdauer die Lebensmittel auf dem Boot knapp geworden. Die Boote sollten zusammenkommen und Torpedos gegen Lebensmittel austauschen. Das Treffen war für den 20. Juni vorgesehen, aber bis dahin gab es für beide Boote noch einiges zu tun. Am 17. Juni operierten neun Boote in der Karibik. U 68 (Merten), U 107 (Gelhaus) und U 172 (Emmermann) waren im Westen tätig, U 159 (Witte) lief langsam auf den Treffpunkt mit U 161 (Achilles) zu, U 126 (Bauer) und U 128 (Heyse) befanden sich im Gebiet von Trinidad, U 158 (Rostin) war aus dem Golf entkommen, und U 67 (Müller-Stöckheim) hatte die gefährliche Floridastraße gerade passiert.

Am Abend führte Witte U 159 in das seichte Wasser an der westlichen Seite von Punta Gallinas an der kolumbianischen Küste und versenkte mit dem holländischen Frachter FLORA (1 417 BRT) das neunte Schiff auf seiner Feindfahrt, während Emmermann kurz danach den amerikanischen Tanker MOTREX (1 958 BRT) direkt vor der Isla de Colón bei Panama mit seiner 10,5-cm-Bordkanone auf den Meeresgrund schickte. Am Nachmittag des 18. Juni zeigte Kptlt. Hans-Ludwig Witt (U 129), daß die Verteidiger in der Floridastraße ihn nicht schrecken konnten, und torpedierte den amerikanischen Frachter MILLINOCKET (3 274 BRT) im San Nicholas Channel nördlich Cubas. Dies war bereits das dritte Schiff auf seiner Erfolgsliste, und dabei

10,5-cm-Bordkanone von U 172, mit der der amerikanische Tanker MOTOREX am 17. Juni 1942 versenkt wurde.

Quelle: U-Boot-Archiv, Cuxhaven

hatte er sein Einsatzgebiet noch nicht einmal erreicht. Der Nicholas Channel ist die Verlängerung des Old Bahama Channels und führt direkt in die Floridastraße. Aber Clausens altes U 129 hatte eben immer Glück.

Am 19. Juni versenkte U 159 den jugoslawischen Dampfer ANTE MATKOVIC (2 710 BRT) hundert Meilen westlich Arubas. Da das Boot keine Torpedos mehr hatte, wurde der Frachter am hellichten Tag mit Geschützfeuer eingedeckt. Offenbar störte die 59th Bombardment Squadron auf Curaçao Witte nicht, und er konnte nach getaner Arbeit seine Fahrt zum Treffen mit U 161 fortsetzen. Aber auch Achilles blieb nicht ganz untätig, obwohl es nur ein Schoner war, den er in der Mona Passage erwischte. Sinnigerweise war die 45th Bombardment Squadron auf Puerto Rico, die die Mona Passage zu einem gefährlichen Gebiet für die U-Boote gemacht hatte, zwei Tage vorher zum Flugplatz France Field in Panama verlegt worden. Sie sollte das U-Boot stoppen, das dort soviel Unheil angerichtet hatte, aber bei ihrer Ankunft, war U 159 bereits fort. Der Tag ging mit der Versenkung des amerikanischen Frachters WEST IRA (5 681 BRT) südöstlich von Barbados durch U 128 (Heyse) zu Ende.

Am Ende der dritten Juniwoche war die Belastbarkeit der Verteidiger wieder einmal erreicht. Wertvolle Ladungen gingen in großer Menge in der Karibik verloren, und auf anderen Kriegsschauplätzen waren negative Auswirkungen bereits zu spüren. Unter den vernichteten Gütern befanden sich auch viele Ausrüstungsgegenstände für die *Caribbean Sea Frontier*, darunter die 23-cm-Küstengeschütze, die im Golf von Paria eingesetzt werden sollten. Aber obwohl die Verteidiger völlig ausgelaugt schienen und dem Treiben der U-Boote im Moment keinen Einhalt gebieten konnten, gab es doch erste Anzeichen für eine Wende.

Am 19. Juni führte die 59th Squadron ihren ersten kombinierten Luft-/See-Angriff gegen ein U-Boot durch. Ein Bomber vom Typ Douglas A 20 von Curaçao machte zusammen mit einem Patrouillenboot U 159 schwer zu schaffen, aber Witte war nicht aufzuhalten. Ein Großteil des Erfolges der Karibik-Unternehmungen beruhte auf dem Wagemut einiger U-Boot-Kommandanten, und Helmut Witte war einer ihrer Besten. Am 22. Juni versenkte er das letzte Schiff auf seinem Einsatz. 200 Meilen nördlich der holländischen Insel Bonaire stieß er auf den amerikanischen Tanker E.J. SADLER (9 639 BRT). Die Tatsache, daß er keine Torpedos mehr hatte, war für ihn kein Hindernis. Aufgetaucht jagte er hinter dem großen Tanker her, bis es ihm gelang, den Maschinenraum mit einer Granate zu treffen und das Schiff zu stoppen. In einer vierstündigen Kanonade schoß die Geschützmannschaft den Tanker zum Wrack, aber er wollte nicht sinken. Obwohl das Schiff die ganze Karibik über Funk von dem Angriff unterrichtet hatte und Flugzeuge jeden Moment erscheinen konnten, entsandte Witte ein Enterkommando. Die deutschen Matrosen stiegen auf das brennende Schiff und brachten Sprengladungen am Rumpf an. Die Explosionen unterhalb der Wasserlinie sorgten dafür, daß der Tanker endlich unterging. Nach dieser spektakulären Aktion trat U 159 den Rückmarsch an. Mit neun versenkten und einem beschädigten Schiff hatte das Boot ein Gesamtergebnis von 41 300 BRT erzielt.

KAPITEL 5

Nach Mitternacht am 23. Juni torpedierte U 128 (Heyse) den norwegischen Tanker ANDREA BRÖVIG (10 173 BRT) und damit eines der wenigen derart großen Schiffe, die in der Karibik verloren gingen. Der Tanker stand in Flammen, und der Feuerschein war von Barbados aus zu sehen. Erst ein Fangschuß sorgte dafür, daß er unterging. U 159 war inzwischen nicht das einzige Boot, das den Kriegsschauplatz verließ, auch U 172 (Emmermann) hatte keine Torpedos mehr und mußte den Rückmarsch antreten. Merten (U 68) war ebenfalls auf Heimatkurs, als er 100 Meilen westlich Arubas auf den Tanker ARRIAGA (2 469 BRT) stieß und ihn mit seinem letzten Torpedo auf den Meeresgrund schickte. Für Merten, inzwischen mit dem Ritterkreuz ausgezeichnet, war es ein kleines Schiff, aber es hatte immerhin die zweifelhafte Ehre, den bisherigen Versenkungserfolg der U-Boote in der Karibik auf eine Million BRT zu bringen. U 68 erzielte mit 50 900 BRT zerstörten Schiffsraum auf einer Feindfahrt ein Rekordergebnis, aber Rostin, der mit U 158 im Norden der Karibik und im Golf von Mexiko operierte, sollte ihn mit 52 700 BRT sogar noch überbieten, bevor er ebenfalls aus Mangel an Torpedos den Heimweg antreten mußte. Auch ihm wurde das Ritterkreuz verliehen. Mehreren Booten waren jetzt die Torpedos ausgegangen, und sie befanden sich auf dem Rückmarsch, was zu einer dreitägigen Ruhepause in der Karibik führte. Aber der Mangel an Torpedos war nicht der einzige Grund dafür. Es war Vollmond. Die Piloten hatten während der letzten beiden Monate eine Menge Erfahrungen gesammelt, so daß es für die U-Boote zunehmend gefährlicher wurde, in dieser Zeit nahe den Inseln über Wasser zu operieren. Während der hellen Nächte zogen sich die Boote daher in die Weiten des Meeres zurück. Es war lange her, daß ein Tag ohne das aufgeregte »SSS« untergehender Schiffe in der Karibik vergangen war, und während die U-Boote fern den Schiffahrtsrouten auf das Ende der Vollmondphase warteten, nutzten die Verteidiger die Gelegenheit, die zahllosen Schiffbrüchigen zu bergen.

Am 26. Juni schlugen die Boote wieder zu. U 203 unter dem Kommando von Ritterkreuzträger Kptlt. Rolf Mützelburg versenkte den bewaffneten brasilianischen Frachter PEDRINHAS (3 666 BRT) 300 Meilen nördlich Antigua. Die Überlebenden hatten Glück, denn sie wurden bereits nach dreieinhalb Tagen geborgen. U 203 war auf dem Weg nach Trinidad. Den nächsten Morgen läutete Bauer (U 126) mit der Torpedierung des norwegischen Motortankers LEIV ERIKSSON (9 952 BRT) achtzehn Meilen westlich Barbados ein. Wenige Stunden später fiel der Dampfer POLYBIUS der US Maritime Commission (7 041 BRT) U 128 (Heyse) östlich von Trinidad zum Opfer. Im Golf von Mexiko versenkte U 129 (Witt) die beiden mexikanischen Tanker TUXPAN (7 008 BRT) und LAS CHOAPAS (2 005 BRT), und das für Panama bestimmte U 153, unter KKpt. Willfried Reichmann, beendete den Tag mit der Vernichtung des amerikanischen Frachters POTLATCH (6 065 BRT) nördlich von Antigua. Damit hatten die U-Boote in 24 Stunden 32 000 BRT Schiffsraum auf den Meeresgrund geschickt.

Der 28. Juni unterschied sich kaum vom vorhergehenden Tag. U 203 (Mützelburg) versenkte 90 Meilen nördlich Antiguas den amerikanischen Liberty-Frachter SAM HOUSTON (7 176 BRT), der mit militärischer Ladung auf dem Weg nach Kapstadt unterwegs war. Um 21 Uhr ereilte den amerikanischen Frachter SEA THRUSH (5 447 BRT) durch U 505 nördlich der Kleinen Antillen das gleiche Schicksal. U 505 war unter KKpt. Axel-Olaf Loewe ebenfalls auf den Weg in den *Panama Sector*. Dann torpedierte Heyse (U 128) als letztes Schiff seiner Feindfahrt den amerikanischen Dampfer STEEL ENGINEER (5 687 BRT). Der Frachter war trotz schwerer Beschädigung noch seetüchtig und steuerte sofort auf Trinidad zu. Im Juni gibt es viele Regenschauer in der Karibik, und wahrscheinlich nutzte der Kapitän der STEEL ENGINEER einen dieser Schauer, um zu entkommen.

Der 29. Juni war ein weiterer verlustreicher Tag für die Handelsschiffahrt: U 67 (Müller-Stöckheim) versenkte im Golf von Mexiko den neuen britischen Tanker EMPIRE MICA (8 032 BRT), U 153 (Reichmann) den amerikanischen Frachter RUTH (4 833 BRT) nahe Acklins Island in den Bahamas und U 505 (Loewe) den amerikanischen Liberty-Frachter THOMAS MC KEAN (7 191 BRT), der mit Kriegsmaterial von New York nach Trinidad unterwegs war. Aber am letzten Tag des Monats herrschte Ruhe, und es war fast so, als ob alle auf ein besonderes Ereignis warteten.

Am 30. Juni befand sich Rostin mit U 158 auf dem Rückmarsch und meldete dem BdU seinen letzten Erfolg. Die US-Navy hatte ihm schon seit der Versenkung der SHÉHÉRAZADE zugehört und die Bewegungen des Bootes aufgrund der ständigen Funksprüche verfolgen können. Obwohl der Funkverkehr in verschlüsselten Zahlengruppen erfolgte, konnte er anhand der Frequenz und gewisser Ähnlichkeiten bei Beginn der Berich-

Kptlt. Müller-Stöckheim (U 67) als Kaffeegast an Bord bei Kptlt. Emmermann (U 172) in der Karibik.
Quelle: U-Boot-Archiv, Cuxhaven

Kapitel 5

te identifiziert werden. Am 25. Juni hatte er seine letzten beiden Torpedos verschossen, die aber das Ziel verfehlten. Er setzte daraufhin einen langen Spruch an den BdU ab, in dem er die technischen Gründe hierfür erklärte. Nachdem er die patrouillierenden Zerstörer in der Floridastraße geschickt umgangen hatte, teilte er auch dies per Funk mit. Am 28. Juni stieß er auf einen schwer bewaffneten Frachter und berichtete, daß er ihn aus Mangel an Torpedos nicht angreifen könnte. All diese Funksprüche hatten eine Linie auf der Seekarte hinterlassen, die der US-Navy seinen Kurs und sein Vorrücken aufzeigten, und es ihr erlaubten, seine vermutliche Position für den nächsten Tag vorauszuberechnen. Zweifellos war Rostin ein sehr mitteilungsfreudiger Kommandant, denn es gab viele andere, die über einen längeren Zeitraum schwiegen und sich dann nur mit einem Kurzsignal meldeten.

Am 29. Juni stoppte Rostin den lettischen Frachter EVERALDA (3 950 BRT) mit einem Schuß vor den Bug. Das Schiff setzte ein Notsignal ab, woraufhin Rostin ein Enterkommando an Bord schickte, das die Seeventile öffnete und Sprengladungen am Rumpf anbrachte. Als das Schiff untergegangen war, setzte U 158 seine Fahrt mit dem alten Kurs fort. Rostin hatte es mit einer zermürbten US-Navy zu tun, die unter enormem Erfolgsdruck stand, etwas gegen die Raubzüge der U-Boote zu unternehmen, und hier bot sich die Gelegenheit bei einem U-Boot, welches eine deutliche Spur auf der Seekarte hinterließ. Nach seiner Funkmeldung über die Versenkung der EVERALDA wurde die Position des Bootes für den nächsten Tag ermittelt, und die Patrol Squadron VP-74 der US-Navy alarmiert.

VP-74 war das erste Geschwader, das über die hervorragenden Martin PBM *Mariner* Flugboote verfügte. Am Dienstag, dem 30. Juni, wurde eine *Mariner* zu einem Punkt 700 Meilen vor der Ostküste der USA geschickt. Das Flugzeug sollte kurz vor Rostins üblicher Sendezeit ankommen. Pünktlich begann dieser seinen Bericht und wiederholte zusätzlich die Ereignisse des Vortages. Die Landstationen fingen den Funkspruch auf und teilten der *Mariner* sofort die Frequenz mit, so daß sie das Signal einpeilen konnte. Das U-Boot war zwanzig Meilen voraus, als das Flugboot seinen Zielanflug begann, und die Funkübertragung lief noch, als es das Boot überflog. U 158 wurde total überrascht, denn die Ausgucks müssen die Gefahr zu spät erkannt haben. Drei Wasserbomben landeten in der See und detonierten Sekunden später. Die Brückenwache wird die explodierenden Wabos vermutlich noch gesehen haben, bevor sie durch das Turmluk herunterpurzelte. Vielleicht nahm man an, davongekommen zu sein, und bevor das Flugzeug einen neuen Angriff fliegen konnte, wäre das Boot unter Wasser in Sicherheit. Niemand sah die vierte Wasserbombe. Selbst die Flugzeugbesatzung glaubte an einen Blindgänger, aber wenn die Brückenbesatzung einen Blick aufs Deck geworfen hätte, dann hätte sie gewußt, welch schreckliches Schicksal sie erwartete. Die Wasserbombe hatte nämlich das U-Boot direkt getroffen, die Holzbeplankung durchschlagen und war darunter auf dem stählernen Bootskörper liegengeblieben. Sie konnte nicht herunterrollen und ihr hydrostatischer Zünder war auf eine Wassertiefe von acht Metern eingestellt. U 158 war auf dem Weg nach unten. Es wurde niemand gerettet.

KAPITEL 6

Die dritte Welle

Im Juni waren alle Beteiligten um eine Erfahrung reicher geworden. Die Heftigkeit der Offensive hatte die Alliierten schwer erschüttert. Einschließlich des Golfs von Mexiko waren im gesamten Operationsgebiet im Juni 76 Schiffe versenkt und drei beschädigt worden. Das bedeutete den Verlust von 378 000 Tonnen an Schiffsraum und vermutlich die gleiche Menge an Ladung. Seit Beginn ihrer Operationen im Februar hatten die U-Boote 181 Schiffe vernichtet und 18 zum Teil schwer beschädigt. Was bedeutete dies nun?
131 Schiffe wurden im Juni auf allen Meeren versenkt. 60 Prozent davon entfielen auf die Karibik, die sich damit zum profitabelsten Operationsgebiet für die U-Boote entwickelt hatte. Allein 77 wertvolle Tanker waren bisher hier verloren gegangen, und ein weiteres Dutzend befand sich in Reparatur. Mindestens 100 der versenkten Schiffe hatten dringend benötigtes Kriegsmaterial und Versorgungsgüter geladen. Die Verluste wirkten sich nicht nur in der Karibik, sondern auch in Großbritannien und den USA aus. Der Verkehr zwischen den karibischen Inseln war unterbrochen, was eine Verknappung der Nahrungsmittel zur Folge hatte. In den Vereinigten Staaten wurden Zucker und Kaffee rationiert und die Öllieferungen für den Hausgebrauch eingestellt. In Großbritannien nahm die Ölknappheit nahezu katastrophale Züge an, denn die Einsatzbereitschaft der RAF und der Marine war von den Ölzulieferungen abhängig. Die Vernichtung der Bauxitfrachter beeinträchtigte den Flugzeugbau in England und in den USA. Der Aufbau der 8. Armee in El Alamein wurde genauso verzögert wie die Operation Torch[21] und die Kampfhandlungen in Fernost. An eine Invasion auf dem Kontinent war überhaupt nicht zu denken, denn viel zu viel wichtiges Kriegsmaterial war auf dem Meeresgrund gelandet, und die notwendigen Reserven konnten nicht geschaffen werden.
Die Alliierten mußten zuerst die U-Boote besiegen, bevor sie selber siegreich sein konnten. Die U-Bootwaffe war aber genauso ausgelaugt wie die Verteidiger. Es gab einfach nicht genügend Boote, um einen entscheidenden Durchbruch zu erzielen. Die Torpedos der U-Boote im Einsatzgebiet waren bereits verbraucht, bevor Verstärkung in der Karibik eintreffen konnte. Im Juli gingen die Verluste an Schiffsraum zurück, aber nicht aufgrund besserer Abwehrmaßnahmen, sondern weil es zu wenig U-Boote gab. Im allgemeinen brauchte ein U-Boot etwa drei Wochen für den Anmarsch und genau so lange für den Rückmarsch. Die durchschnittliche Einsatzdauer – einschließlich An- und Abmarsch – betrug mit Hilfe der Versorgungs-U-Boote ungefähr neun Wochen. Nach Rückkehr benötigten die Besatzungen drei

KAPITEL 6

bis vier Wochen zur Erholung. Um zwanzig Torpedos im Einsatzgebiet verschießen zu können, mußte also eine Gesamtzeit von bis zu drei Monaten pro Boot eingerechnet werden. Unter logistischen Gesichtspunkten benötigte Dönitz daher mindestens die doppelte Anzahl an U-Booten, damit jederzeit eine genügende Anzahl in der Karibik operieren konnte, um die Schiffahrtswege dauerhaft zu unterbrechen. Die gab es aber nicht, und deshalb trafen die Boote immer nur schubweise in der Karibik ein. Andererseits erlaubten die Zwischenzeiten den Verteidigern, sich besser zu organisieren, Übungen abzuhalten und die Vorräte aufzustocken.

Die Versenkung hilfloser Handelsschiffe wurde von der alliierten Propaganda als Schlächterei hingestellt, und noch heute gibt es viele, die diese Art der Kriegführung genauso beurteilen. Die U-Boote führten jedoch nichts anderes als einen Handelskrieg. Dadurch, daß sie die Zufuhr von Rohmaterial unterbanden, waren sie effektiver als alle Schlachten, die an Land geschlagen wurden. Es gibt keinen besseren Weg, Kampfverbände lahmzulegen, als ihnen die Versorgung abzuschneiden. Genau das taten die U-Boote, und sie taten es in der ersten Hälfte 1942 in der Karibik mit dem Verlust von nur zwei Booten.

Die strategische Bedeutung der Karibik war jedermann nach den verhängnisvollen Monaten Mai und Juni klar geworden, und als Folge ergoß sich eine Flut von Verstärkungen in das Gebiet. Selbst in Zeiten, wo nur ein U-Boot vor Ort war, blieb der gesamte Verteidigungsapparat in Bereitschaft, womit die Bindung umfangreicher See- und Luftstreitkräfte erreicht wurde. Es bedarf keiner großen Phantasie, sich vorzustellen, was diese Kräfte bewirkt hätten, wenn sie auf anderen Kriegsschauplätzen eingesetzt worden wären.

Am 1. Juli läuteten erneut die Alarmglocken auf Trinidad und in Panama. Am Mittag hatte U 126 (Bauer) den amerikanischen Frachter WARRIOR (7 551 BRT) dreieinhalb Meilen vor dem Ort Sans Souci an der Nordküste Trinidads versenkt. Das Schiff war mit einer Ladung Leder unterwegs und sollte zu einem Konvoi im Golf von Paria stoßen, um von dort nach Murmansk weitergeleitet zu werden. Die Versenkung so dicht vor der jetzt gut geschützten Küste löste furiose U-Bootabwehrmaßnahmen aus. Zwei Wochen hatte Ruhe in Trinidad geherrscht, aber jetzt signalisierten die U-Boote der *Caribbean Sea Frontier*, daß sie zum Brennpunkt Trinidad zurückgekehrt waren.

Nach dem Treffen mit U 159 hatte U 161 das Karibische Meer durchquert und stand am 2. Juli vor der Ostküste von Costa Rica. Bei Einbruch der Abenddämmerung brachte Achilles das Boot näher unter Land. Er beabsichtigte einen Überfall, der die Kräfteverteilung in der Region nachhaltig beeinflussen sollte. Als es dunkel war, tauchte U 161 auf und schlängelte sich zwischen den Felsen und Sandbänken außerhalb Puerto Limons hindurch. Nachdem es den Stützpunkt der Patrouillenboote an Backbordseite und die Landzunge, die den Hafen schützte, an Steuerbordseite passiert hatte, befand es sich im Inneren der Bucht. In dem friedlichen Hafen lag ein einzelner Frachter an der Pier. Um 20 Uhr 01 verließen zwei Torpedos die Bugrohre und rasten durch

KAPITEL 6

das Hafenwasser auf ihr Ziel zu. Die zweifache Explosion hob den panamaischen Frachter SAN PABLO (3 305 BRT) förmlich aus dem Wasser und schleuderte ihn auf den Kai. Die Detonation zerstörte das kleine Schiff, beschädigte die Hafenanlagen und traf die Amerikaner an einem sehr empfindlichen Nerv. Während in Puerto Limon ein heilloses Durcheinander herrschte, jagte U 161 aus dem Hafen heraus auf die freie See. Puerto Limon bekam nun plötzlich große Bedeutung. Die Amerikaner verlegten vor dem Hafen ausgedehnte und komplizierte Minenfelder. Küstenartillerie, Infanterie und weitere Kriegsschiffe trafen ein, und der Bau eines Flugplatzes wurde begonnen. Man erkannte die drohende Gefahr für Colón am Eingang zum Panamakanal, wo

Kptlt. Achilles und seine Besatzung verabschieden sich im August 1942 zur zweiten Feindfahrt in die Karibik.

Quelle:
U-Boot-Archiv,
Cuxhaven

KAPITEL 6

noch weit umfangreichere Schutzmaßnahmen getroffen wurden. Am Ende waren alle Häfen entlang der mittelamerikanischen Ostküste in gleicher Weise gegen die eventuelle Rückkehr eines gewissen Albrecht Achilles gesichert. Der hatte jedoch inzwischen den Rückmarsch angetreten und verließ die Karibik durch die Windward Passage. Er sollte nicht wiederkommen, aber viele Menschen würden für den Rest des Krieges auf seine Rückkehr warten.

Am folgenden Tag verschoß Bauer 20 Meilen nördlich von Tobago seinen letzten Torpedo auf den amerikanischen Tanker GULFBELLE (7 104 BRT). Die B-18-Bomber von Trinidad waren jedoch schnell zur Stelle, und er mußte das mit dem Heck tief im Wasser liegende Schiff seinem Schicksal überlassen. U 126 hatte damit seine zweite Feindfahrt in die Karibik beendet und kehrte mit einem Ergebnis von sieben versenkten Schiffen mit 41 800 BRT heim.

Inzwischen näherte sich die dritte Welle der Karibik. U 154, U 171 und U 575 marschierten von Norden her auf die Windward Passage zu, während U 153 und U 203 auf Tobago zuliefen. U 129 wechselte in das Gebiet der Yucatán-Straße über, und U 66 und U 166 verließen Lorient mit der Aufgabe, das Mississippi-Delta zu verminen. Am 6. Juli passierte Kölle (U 154) auf seiner zweiten Feindfahrt die Windward Passage auf dem Weg in den Golf von Mexiko. Es stellte sich jedoch bald heraus, daß dies Gebiet für U-Boote sehr gefährlich geworden war. U 154 mußte laufend den Geleitfahrzeugen und patrouillierenden Flugzeugen ausweichen und wurde wiederholt mit Wasserbomben belegt. Schäden am Boot verursachten den Austritt von Öl, das eine verräterische Spur auf der Wasseroberfläche hinterließ. Die Angriffe wurden daraufhin so heftig, daß Kölle um Erlaubnis bat, den Golf zu verlassen. In der Zwischenzeit waren U 203 und U 575 erfolgreich. Das VIIC-Boot U 575 unter Kptlt. Günther Heydemann hatte bereits am 3. Juli den amerikanischen Frachter NORLANDIA (2 689 BRT) nördlich von Hispaniola versenkt und war dann durch die Windward Passage in Richtung Trinidad weitermarschiert. Am 8. Juli traf Heydemann 30 Meilen vor Tobago auf den britischen Dampfer EMPIRE EXPLORER (5 985 BRT), den er mit Torpedos und Granaten auf den Meeresgrund beförderte. Am folgenden Tag erwischte Rolf Mützelburg mit U 203 das britische Motorschiff CAPE VERDE (6 914 BRT) im selben Seegebiet. Kurz darauf stoppte er nur zehn Meilen von der Ostspitze der Insel entfernt den modernen panamaischen Tanker STANVAC PALEMBANG (10 444 BRT) und beschoß ihn mehrere Stunden, bis er endlich unterging.

Am nächsten Morgen dümpelten rund um Tobago wieder zahllose Flöße und Rettungsboote mit Schiffbrüchigen, und die Freiwilligen von der Insel hatten alle Hände voll zu tun, sie zu bergen und sich um die verletzten und verbrannten Menschen zu kümmern. Erlebnisse wie diese führten der Zivilbevölkerung erneut vor Augen, was sich in der Karibik abspielte, und bestärkte sie in ihrer Überzeugung, daß da so manches gründlich schief lief. Sie hatte sich schon in den vergangenen Monaten ständig mit Überlebenden beschäftigen müssen, und hatte nachts das Grummeln der U-Boot-Diesel vor der Küste hören können, nur unterbrochen von den gelegentlichen

Explosionen, wenn ein Torpedo sein Ziel fand. Gerüchte liefen um, aber von amtlicher Seite wurde Stillschweigen bewahrt.
Die Amerikaner hatten sich vor dem Krieg wenig um die Karibik gekümmert und deshalb kaum Beziehungen zur Bevölkerung in den einzelnen Ländern unterhalten. Aus diesem Grunde waren sie vielen Einheimischen gegenüber mißtrauisch und vermuteten überall Aktivitäten der 5. Kolonne. Offiziell unterstellte man den Inselbewohnern, daß sie der Sache der Amerikaner treu wären, aber gleichzeitig gab man den Zensoren die Möglichkeit, jeden Hinweis auf bedeutsame Vorgänge zu unterbinden. Die englischen Militärbehörden mischten sich nicht ein, da sie sich vermutlich den Amerikanern nicht gewachsen fühlten, die immerhin 90 Prozent der Soldaten auf den Inseln stellten. Die mit den Kolonien vertrauten Engländer hatten es einfacher, sich der Umgebung anzupassen, als die Amerikaner, die immer und an erster Stelle Amerikaner blieben. Die zivile Verteidigungsorganisation auf Trinidad wurde wiederholt wegen der U-Boot-Aktivitäten in Alarmzustand versetzt, ohne daß ihr ein einziges Mal mitgeteilt wurde, warum. Hinzu kam zu allem Überfluß die Wirkung des Alkohols auf die Militärangehörigen. Es gab ständig Streit zwischen den englischen und amerikanischen Matrosen, und der Rum von Trinidad ließ diese Auseinandersetzungen oft genug in richtige Kämpfe ausarten, die auch Zivilisten und deren Eigentum in Mitleidenschaft zogen. Es war verständlich, daß Männer, die der Gefahr täglich ins Auge sahen, Dampf abließen, und eine vernünftige Öffentlichkeitsarbeit hätte dafür bei der Zivilbevölkerung sicherlich Verständnis geweckt. Aber das offizielle Schweigen stumpfte die Einheimischen ab. Vielleicht wäre mehr erreicht worden, wenn man der Presse erlaubt hätte, für eine aktive Mitarbeit zu werben. Und Mitte 1942 gab es ja immerhin eine Reihe Erfolge, die man hätte ausschlachten können, und der erste große war die Versenkung von U 153.
Nach der Versenkung des amerikanischen Frachters RUTH schien U 153 zunächst verschwunden zu sein. Aus den wenigen Funkmeldungen des Bootes geht hervor, daß Wilfried Reichmann U 153 durch die Windward Passage brachte und dann südöstlich auf das Gebiet der holländischen Inseln zusteuerte, bevor er westlich zur kolumbianischen Küste abdrehte, um sein Einsatzgebiet vor Panama zu erreichen. Im Gegensatz zu Rostin muß Reichmann einer der schweigsamen U-Boot-Kommandanten gewesen sein. Am 5. Juli hatte Lieutenant Groover mit seiner Douglas A-20 der 59th Bombardment Squadron auf Hato Field/Curaçao ein U-Boot 36 Meilen nördlich Cabo de la Vela an der Nordspitze der kolumbianischen Küste gesichtet und angegriffen. Der Pilot war überzeugt, das U-Boot versenkt zu haben, und da kein anderes Boot in dieser Gegend operierte, konnte es eigentlich nur U 153 gewesen sein. Fünf Tage später fing der BdU jedoch einen Funkspruch des Bootes auf, womit es noch einmal die Einzelheiten der Versenkung der RUTH mitteilte. Das scheint zu bestätigen, daß U 153 nicht durch die 59th Squadron versenkt worden war. Es ist merkwürdig, daß der Kommandant einen Funkspruch über ein Ereignis wiederholte, das bereits elf Tage zurücklag. Der Funkspruch war jedenfalls der letzte, der von U 153 registriert wurde.

Kapitel 6

PMB Mariner in Formation (Baujahr: 1942)
Triebwerk: 2 x 1 900 PS   Geschwindigkeit: 340 km/h
Reichweite: 3 600 km   Spannweite: 35,97 m
Länge: 24,33 m   Bewaffnung: acht MG 12,7 mm
   und 3 600 kg Bomben oder Wasserbomben

Vought OS2U Kingfisher (Baujahr: 1940)
Triebwerk: 1 x 450 PS   Geschwindigkeit: 264 km/h
Reichweite: 1 300 km   Spannweite: 10,95 m
Länge: 10,31 m   Bewaffnung: zwei MG 7,62 mm
   und 550 kg Bomben

Lockheed PV-2 Harpoon (Baujahr: 1940)
Triebwerk: 2 x 2 000 PS   Geschwindigkeit: 518 km/h
Reichweite: 3 000 km   Spannweite: 22,86 m
Länge: 15,77 m   Bewaffnung: vier MG 12,7 mm, zwei MG 7,62 mm,
                          1400 kg Bomben oder sechs 147 kg Wasserbomben
                          oder ein Torpedo

Consolidated Vultee PBY-5A Catalina (Baujahr: 1941)
Triebwerk: 2 x 1 200 PS   Geschwindigkeit: 281 km/h
Reichweite: 3 800 km   Spannweite: 31,70 m
Länge: 19,45 m   Bewaffnung: zwei MG 12,7 mm, drei MG 7,62 mm,
                          1800 kg Bomben oder Wasserbomben

Kapitel 6

Grumman TBM-3 Avenger (Baujahr: 1943)
Triebwerk: 1 x 1 750 PS   Geschwindigkeit: 430 km/h
Reichweite: 1 800 km   Spannweite: 16,51 m
Länge: 12,19 m   Bewaffnung: zwei MG 12,7 mm, ein MG 7,62 mm,
                          900 kg Bomben

Lockheed Hudson Mk III (Baujahr: 1942)
Triebwerk: 2 x 1 200 PS   Geschwindigkeit: 400 km/h
Reichweite: 3 100 km   Spannweite: 19,96 m
Länge: 13,51 m   Bewaffnung: vier MG 7,62 mm,
                          635 kg Bomben oder vier 147 kg Wasserbomben

Douglas B-18 Bolo (Baujahr: 1942)
Triebwerk: 2 x 1 000 PS   Geschwindigkeit: 346 km/h
Reichweite: 1 900 km   Spannweite: 27,28 m
Länge: 17,63 m   Bewaffnung: drei MG 7,62 mm,
                          2 900 kg Bomben oder Wasserbomben

Douglas A-20 G Havoc
(Baujahr: 1942)
Triebwerk: 2 x 1 600 PS
Geschwindigkeit: 510 km/h
Reichweite: 1 650 km
Spannweite: 18,69 m
Länge: 14,63 m
Bewaffnung:
neun MG 12,7 mm,
1 800 kg Bomben

KAPITEL 6

Am 13. Juli fuhr der Zerstörer USS LANSDOWNE der BENSON-Klasse 80 Meilen nordwestlich von Colón im *Panama Sector* einen Wasserbombenangriff gegen ein Unterwasserziel. War dies das Ende von U 153? Das Boot war jedenfalls verschwunden. Weder die 59th Squadron noch USS LANSDOWNE haben Wrackteile gesichtet oder konnten die Versenkung nachweisen, aber beide waren überzeugt, ein U-Boot vernichtet zu haben. Nachdem das Boot auf die verschiedenen Funksprüche nicht reagiert hatte, wurde es am 1. August vom BdU aus der Liste gestrichen. Es ist seltsam, daß der Versenkungsort des ersten Bootes, das im karibischen Meer verloren ging, nicht näher bestimmt werden kann. Die Positionen, an denen die beiden Angriffe erfolgten, lagen 500 Meilen und acht Tage auseinander.

Am 16. Juli traf ein anderer Meister der Jagd vor Trinidad ein. Das IXC-Boot U 160 unter Kptlt. Georg Lassen eröffnete den Reigen um 2 Uhr morgens mit der Torpedierung des panamaischen Tankers BEACONLIGHT (6 926 BRT) nur zehn Meilen von der Ortschaft Matelot an der Nordküste Trinidads entfernt. Von Land aus konnten die Zuschauer den Donner der Explosionen hören und zusehen, wie der Tanker in Brand geriet, bevor er in den Wellen versank. Er war der erste von Lassens vielen Opfern, mit denen er den Meeresgrund um Trinidad pflastern würde.

Zwei Tage später traf U 575 (Heydemann) 30 Meilen vor Manzanilla Point an der Ostküste Trinidads den britischen Tanker SAN GASPAR (12 910 BRT) mit zwei Torpedos. Das große Schiff erzitterte unter der doppelten Detonation, und Öl trat aus den zerborstenen Bordwänden aus, aber es fuhr weiter. Die Hilferufe brachten die Bomber von Waller Field zum Schauplatz, und U 575 mußte verschwinden. Der Tanker kehrte nach Trinidad zurück, und ein Großteil des für die 8. Armee in Nordafrika bestimmten Öls fand sich später in Form von Teerklumpen an den Stränden Trinidads wieder.

Alle U-Bootabwehrkräfte waren an diesem Morgen im Einsatz, und das Gebiet wurde für U-Boote sehr gefährlich, so daß sich U 575 weit nach Osten absetzte. Die zahlreichen amerikanischen Flugzeuge schienen Lassen (U 160) dagegen nicht zu stören. Um 9 Uhr torpedierte er den panamaischen Frachter CARMONA (5 496 BRT) ganze zehn Meilen vom Armee-Beobachtungsposten in La Fillete Point an der Nordküste Trinidads entfernt. Drei Tage später war er immer noch vor der Nordküste, und trotz der intensiven Luftüberwachung griff er erneut an. Der britische Motortanker DONOVANIA (8 149 BRT) wurde in Brand geschossen und kurz darauf mit einem weiteren Torpedo auf den Meeresgrund geschickt.

Nach dem Untergang der zwei Frachter hatte Axel-Olaf Loewe (U 505) keinen weiteren Erfolg gehabt. Am 22. Juli zerstörte er den Schoner ROAMER, und es scheint, als ob das Glück dem Boot danach endgültig den Rücken kehrte. Alte Seeleute glauben, daß die Versenkung von Segelschiffen Unglück bringt. Aber dann hätten eigentlich alle in der Karibik operierenden Boote Unglück haben müssen, denn alle hatten Schoner vernichtet, und das aus gutem Grund. Jahrhundertelang war der Verkehr zwischen den karibischen Inseln durch Schoner aufrecht erhalten worden. Mit jeder

Versenkung ging eine Ladung dringend benötigter Nahrungsmittel verloren, wodurch die Inselbewohner die Auswirkungen des U-Boot-Krieges zu spüren bekamen und die Alliierten um Hilfe bitten mußten. Da das Militär es sich nicht leisten konnte, sich besser zu verpflegen als die Zivilbevölkerung, waren die Amerikaner gezwungen, für die größeren Schiffe Begleitschutz zu stellen Es ist zweifelhaft, ob die U-Boot-Kommandanten wußten, was sie mit der Unterbrechung der Versorgung bewirkten, denn sie machten sich nicht einmal die Mühe, über die Versenkungen der Schoner zu berichten.[22] Mit dem Untergang der ROAMER hatte sich jedenfalls das Glück von U 505 abgewendet. Das Boot fand kein weiteres Ziel und mußte mit einem erkrankten Kommandanten nach Lorient zurückkehren.

Die Situation im Norden der Karibik unterschied sich deutlich von den Verhältnissen im Gebiet um Trinidad, wo Lassen, Heydemann und Mützelburg leichte Opfer fanden. So war es U 84 unter Kptlt. Horst Uphoff nicht möglich, durch die Floridastraße zu kommen. Das Boot wurde ständig aus der Luft angegriffen und mußte wiederholt tief tauchen, um den Geleitfahrzeugen zu entgehen. Uphoff wurde daraufhin der Bereich der Crooked Passage und des Old Bahama Channels als Alternative zugewiesen. Um die in der Floridastraße erlittene Niederlage sozusagen wiedergutzumachen, versenkte er im neuen Einsatzgebiet gleich zwei Frachter und beschädigte einen weiteren.

In der letzten Juliwoche gingen elf Schiffe unter sehr verschiedenen Umständen verloren. Am 24. Juli führte Lassen (U 160) einen Unterwasserangriff gegen einen Konvoi südöstlich Trinidads durch. Der holländischen Frachter TELAMON (2 078 BRT) war das unglückliche Opfer, das im hellen Mondenschein in den Schlamm des Orinoco-Deltas sank. Am Morgen des 26. Juli torpedierte U 66 (Markworth) zehn Meilen vor Tobago den brasilianischen Frachter TAMANDARE (4 942 BRT). Der Torpedo war im Maschinenraum explodiert und hatte die vierköpfige Wache getötet sowie die Rettungsboote an Backbordseite zerschmettert. Der Funker verließ das sinkende Schiff, da die Antenne abgebrochen war, aber dem Kapitän gelang es, eine Ersatzantenne aufzustellen und ein Notsignal abzusetzen. Sein »SSS« alarmierte die B-18-Bomber, und am nächsten Morgen konnten die 48 Überlebenden bereits vom PC 492 der US-Navy geborgen werden. Die anschließende Untersuchung des Untergangs wirft Licht auf die möglichen Gründe für das Verhalten der U-Bootkommandanten gegenüber neutralen brasilianischen Schiffen. Der Kapitän der TAMANDARE sagte aus, daß er alle Instruktionen befolgt habe, die er in einem versiegelten Umschlag von der »British Naval Control« erhalten hätte. Das Schiff habe Recife am 16. Juli verlassen und keinen weiteren Hafen angelaufen. Daraus läßt sich der Schluß ziehen, daß es in Recife eine englische Kontrollstelle für die Schiffahrt gegeben hat, die den brasilianischen Schiffen Anweisungen erteilte. Wenn die Deutschen von dieser Zusammenarbeit gewußt haben sollten, dann wird ihre Haltung verständlicher.

Markworth, der U 66 genauso erfolgreich führte wie sein Vorgänger Zapp, besiegelte in der folgenden Nacht das Schicksal des britischen Motorschiffs WEIRBANK (5 150

KAPITEL 6

BRT) 100 Meilen östlich von Tobago. Zwei Torpedos hatten den Rumpf aufgerissen, und es ging sofort unter. Die Überlebenden, die fast alle verletzt waren, kamen wiederum in Tobago an Land und strapazierten erneut die dürftigen Möglichkeiten der kleinen Insel. Markworth konnte sich ganz der Jagd auf Handelsschiffe widmen, da er seine Hauptaufgabe bereits erfüllt hatte. Nach Eintreffen in der Karibik war U 66 direkt zur Insel St. Lucia weitergefahren und hatte in der Nacht zum 16. Juli im äußeren Kanal zu dem stark befestigten Hafen Castries ein Dutzend Minen gelegt. Das Boot blieb unentdeckt und entwischte. Kaum war es von der Insel frei, als eine der Minen bereits ein Opfer forderte. Ein US Coast Guard Cutter, der sich auf der Ausfahrt zu einer U-Jagd-Patrouille befand, wurde von einer explodierenden Mine fast vernichtet. Der Schock über den schwer beschädigten Kutter war nichts im Vergleich zu der Welle der Besorgnis, die die Karibik erfaßte. St. Lucia stand erneut im Scheinwerferlicht, und die Tatsache, daß die Deutschen jetzt Minen legten, brachte die Schiffahrt wiederum fast zum Stillstand. Zusätzlich zu den ohnehin knappen Sicherungsstreitkräften wurden nun auch noch Minenräumboote benötigt, um die Haupthäfen der Karibik regelmäßig abzusuchen. Ebenso wie Achilles erzeugte auch Markworth mit seinem Vorgehen eine Langzeitwirkung in der Karibik.

Mit Adolf Piening, der mit U 155 auf seiner zweiten Feindfahrt war, traf zu dieser Zeit ein weiterer Wolf in der Karibik ein. Um 1 Uhr 30 am Morgen des 28. Juli erwischte er den brasilianischen Frachter BARBACENA (4 772 BRT) mit zwei Torpedos. Nachdem die Boote entsprechende Anweisungen vom BdU erhalten hatten, bedurfte die Versenkung eines brasilianischen Schiffes keiner weiteren Erklärung. Keine zehn Meilen weiter lief ihm mit dem Dampfer PIAVE (2 347 BRT) der zweite brasilianische Frachter vor die Rohre. Zwei Aale genügten, um ihn zur BARBACENA auf den Meeresgrund zu schicken. Bei den meisten dieser brasilianischen Dampfer handelte es sich um frühere deutsche Schiffe, die vor oder im ersten Weltkrieg gebaut worden waren. Am folgenden Tag versenkte Piening den norwegischen Frachter BILL (2 445 BRT) 360 Meilen östlich Trinidads und am letzten Tag des Monats den amerikanischen Frachter CRANFORD (6 096 BRT) östlich von Grenada.

Die Boote der dritten Welle hatten im Juli 90 000 BRT in der Karibik und 45 000 BRT im Golf von Mexiko versenkt. Insgesamt waren 37 Schiffe vernichtet und acht schwer beschädigt worden. Das Ergebnis seit Beginn der Offensive belief sich jetzt auf 1,2 Millionen BRT zerstörten Handelsschiffraums.

Trinidad lag im Schnittpunkt der Schiffahrtswege zwischen Nord- und Südamerika und von der Karibik nach Europa und Afrika. Der Golf von Paria eignete sich vorzüglich als Sammelbecken für die Konvois und als sicherer Bunkerplatz. Im Juli führte die US-Navy ein wohldurchdachtes Konvoisystem mit Trinidad als Angelpunkt ein. Die Schiffe wurden von Trinidad an Aruba vorbei und durch die Windward Passage entlang der Nordküste Cubas bis nach Key West begleitet. Je nach Richtung wurden die Konvois dabei mit den Buchstaben WAT oder TAW bezeichnet. In Key West schlossen sich die Schiffe auf ihrem Weg nach New York oder Halifax dem Konvoisystem an der Ostküste der USA an, um danach den Atlantik zu überqueren. Im September 1942 wurde die Bezeichnung dieser Geleitzüge in GAT und TAG geändert. Guantánamo Bay und Aruba waren Sammelpunkte für Schiffe, die zu den Konvois stoßen sollten. Die Geleitzüge von Trinidad nach Freetown/Sierra Leone erhielten die Buchstaben TF und FT und die nach Nordafrika TO und OT. Die Bezeichnung TM galt nur für Konvois, die direkt von Trinidad nach Gibraltar fuhren, während CU und UC die Geleitzüge von und nach Großbritannien kennzeichneten. Unverständlicherweise blieb die Bauxit-Route bis Ende 1942 ungesichert. Die ersten Konvois von und nach Belém trugen die Buchstaben TB und BT und nach Verlängerung der Route bis Rio de Janeiro JT und TJ. Auch die Verkehre mit dem Golf von Mexiko und dem *Panama Sector* wurden in das reguläre Konvoisystem einbezogen.

Obwohl normale Konvois von und nach allen karibischen Häfen verkehrten oder zumindest dicht daran vorbeiführten, fuhren rund 50 Prozent der Schiffe, die in Trinidad eintrafen, als Einzelfahrer. Dieser Zustand änderte sich im Kriegsverlauf nicht und zeigt, wie schwierig es war, die Handelsschiffahrt davon zu überzeugen, daß die Karibik genauso gefährlich war wie der Nordatlantik. Auf dem Nordatlanik konnten sich die Schiffe gelegentlich bei schlechtem Wetter verstecken, aber in der Karibik begünstigte das gemäßigte Klima die U-Boote. Trotzdem zogen es viele Handelsschiffe vor, allein zu fahren, was Dönitz zu der Äußerung veranlaßte, daß der Golf von Mexiko und Trinidad seine bevorzugten Operationsgebiete seien. Die starke Abwehr machte Einsätze im Golf von Mexiko zwar bald unmöglich, aber Trinidad blieb sein Lieblingsrevier. Dönitz wußte natürlich, daß die außerordentliche Bewegungsfreiheit, die die U-Boote genossen, nicht von Dauer sein konnte. Er wunderte sich, daß die Amerikaner nicht schneller auf die Gefahren reagiert hatten. Das war bei der *Paukenschlag*-Offensive schon nicht der Fall gewesen und jetzt in der Karibik auch nicht. Dabei handelte es sich bei der Karibik um ein im wesentlichen abgeschlossenes Seegebiet, das aus der Luft und in den Zugängen leicht zu kontrollieren war. Sicherlich wäre der U-Boot-Krieg hier anders verlaufen, wenn die Alliierten gleich im Mai alle ihre Kräfte auf die Zufahrten konzentriert hätten.

Der Konflikt in der Karibik entwickelte sich zu einem Duell zwischen den Flugzeugen und den U-Booten, besonders als die amerikanischen Geschwader in größerer Anzahl zum Einsatz kamen. Die US-Navy war nicht in der Lage gewesen, sich dem ersten Ansturm der U-Boote mit geeigneten Flugzeugen entgegenzustellen, aber es konnten zumindest einige Aufklärungsgeschwader stationiert werden. Diese Einheiten waren mit Maschinen vom Typ Vought OS2N *Kingfisher* ausgerüstet. Dabei handelte es sich um zweisitzige, einmotorige Wasserflugzeuge, die ursprünglich als Artilleriebeobachter für Schlachtschiffe entwickelt worden waren. Die Maschinen hatten nur eine begrenzte Reichweite und eine geringe Waffenzuladung, so daß sie den Booten nicht gefährlich werden konnten. Sie waren jedoch in der Lage, ein U-Boot zum Tauchen zu zwingen, und ihre Gegenwart hat manches Handelsschiff gerettet. Erst mit Eintreffen der legendären Consolidated PBY *Catalina*-Flugboote der VP-53

KAPITEL 6

Squadron verfügte die US-Navy über ein Flugzeug, das eine echte Gefahr für die U-Boote darstellte. Die PBYs, wie sie in der Navy genannt wurden, waren zur richtigen Zeit am richtigen Platz. Es war nicht das beste Flugboot, welches die Alliierten besaßen, aber es war verfügbar und hatte einen guten Ruf hinsichtlich seiner großen Reichweite und seines Durchhaltevermögens. Im Juli rückte als zweites Geschwader die VP-92 Squadron[23] mit ihren PBYs im Fliegerhorst von Guantánamo Bay ein.

Das US-Army Air Corps flog 1942 während des ganzen Jahres die wenig bekannte zweimotorige Douglas B-18, die während des Krieges fast ausschließlich in der Karibik eingesetzt wurde. Einige dieser Maschinen waren auch in Pearl Harbour stationiert gewesen, wo aber die meisten von den Japanern zerstört wurden. Die zur U-Jagd umgerüsteten Flugzeuge waren langsam und verwundbar. Die B-18 basierte auf einem Entwurf von 1935, mit dem Douglas überraschenderweise über den Entwurf von Boeing für die B-17 siegte. Nachdem die Boeing B-17 ihre Kinderkrankheiten überwunden hatte, stellte sie sich bald als das überlegene Flugzeug heraus. Die B-18 vereinigte Leitwerk, Tragflächen und Motoren der Douglas DC-2 mit einem tiefliegenden Rumpf und einer Haifischnase. Mit einer Waffenzuladung von 2700 kg und einem primitiven Radar trug dieser Flugzeugtyp zunächst die Hauptlast im Kampf gegen die U-Boote. In der 59th Bombardment Squadron wurde neben der B-18 auch die Douglas A-20A geflogen, die ursprüngliche Version des leichten Bombers vom Typ *Havoc*. Die zweimotorige Maschine besaß allerdings nur eine unzureichende Reichweite und Waffenzuladung, aber sie war zusammen mit der B-18 das einzig halbwegs geeignete Flugzeug, über das die für die Karibik zuständige US Sixth Air Force verfügte.

Wegen der Unerfahrenheit der Amerikaner in der U-Bootabwehr verlegten die Engländer Mitte August die No. 53 Squadron des RAF Coastal Commands nach Trinidad. Dieses Geschwader flog die erprobte Lockheed *Hudson Mk III*, die über ein Bombenstreugerät verfügte, das die Abwurfintervalle der Wasserbomben regulierte. Obwohl diese Flugzeuge viel zu spät in der Karibik zum Einsatz kamen, hatten sie dennoch bedeutenden Anteil daran, die U-Boote in der zweiten Hälfte 1942 in Schach zu halten.

KAPITEL 7

Konvois

Am 1. August operierten zwölf U-Boote in der Karibik, während fünf den Rückmarsch angetreten hatten. U 66, U 155, U 160, U 162 und ENRICO TAZZOLI befanden sich in einem weiten Halbkreis um Trinidad und konzentrierten sich auf einzeln fahrende Schiffe. U 108, U 134 und U 173 näherten sich von Nordosten, U 508 und U 509 patrouillierten in der Windward Passage, und U 166 und U 171 standen im Golf von Mexiko.
Um eine Minute nach Mitternacht eröffnete Piening (U 155) die neue Monatsrechnung mit der Versenkung des holländischen Frachters KENTAR (5 878 BRT) 180 Meilen östlich von Tobago. Später am Morgen schickte er den britischen Dampfer CLAN MACNAUGHTON (6 088 BRT) hinterher. Am Abend fügte das italienische Boot ENRICO TAZZOLI den griechischen Frachter KASTOR (5 497 BRT) hinzu. Aber an diesem Tage hatten auch die Alliierten endlich einen Grund zu feiern. Zwei Frachtmaschinen mit dem Vorauskommando der No. 53 Squadron der RAF waren auf Waller Field auf Trinidad gelandet, und ein Frachter mit der ersten Ladung der mit dem Sprengstoff *Torpex* gefüllten Wasserbomben war im Hafen von Port of Spain eingetroffen. Diese neuen, gegenüber dem bisher mit *Amatol* gefüllten, um ein Drittel wirkungsvolleren Bomben konnten den Druckkörper eines U-Bootes aus sechs bis acht Metern Entfernung aufbrechen und bis zu 17 Metern Abstand erhebliche Beschädigungen hervorrufen. Und während der Frachter noch entladen wurde, ging das erste U-Boot im Golf von Mexiko verloren.
Das IXC-Boot U 166 unter OltzS. Hans-Günther Kuhlmann hatte Lorient am 17. Juni mit der Aufgabe verlassen, das Mississippi-Delta zu verminen. Auf dem Anmarsch versenkte das Boot am 13. Juli den amerikanischen Frachter ONEIDA (2 309 BRT) in der Nähe von Great Inagua in den Bahamas. Nachdem es die gefährliche Floridastraße ungeschoren passiert hatte, wandte sich U 166 nordwärts auf das eigentliche Ziel zu. In der Nacht zum 24. Juli schob sich das Boot im flachen Wasser des Mississippi-Deltas bis an eine Verladepier vor und legte 500 Meter davon entfernt zwölf Minen. Kuhlmann hätte jetzt wenden und das Weite suchen können, aber er war ein mutiger junger Mann und entschied sich, in der Nähe des Deltas zu bleiben und über den Schiffsverkehr zu berichten. Drei Tage lang verharrte er trotz starker Luftüberwachung meist getaucht im flachen Wasser der Flußmündung. Die Amerikaner hatten die Minen bald entdeckt und wußten, daß sich ein U-Boot in der Nähe befand, wobei ihm seine vielen Funksprüche zum Verhängnis wurden. Jede Nacht ließ Kuhlmann auftauchen, um das Boot durchzulüften, die Batterien aufzuladen, und die

Kapitel 7

Meldungen abzusetzen. Am letzten Tag des Monats versenkte er den amerikanischen Passagierdampfer ROBERT E. LEE (5 184 BRT) in der Nähe von Grand Isle unmittelbar vor New Orleans. Selbst Skeptiker waren jetzt von der Gegenwart eines U-Bootes überzeugt. Irgendwann mußte das Boot auftauchen, und als dies schließlich am 1. August geschah, da warteten bereits die Flugzeuge der 212th Coast Guard Squadron und griffen sofort an. U 166 sank in flachem Wasser, so daß die Besatzung eigentlich hätte aussteigen können. Da aber keine Überlebenden gefunden wurden, ist anzunehmen, daß außer dem Turmluk auch die Notausstiege durch die Bomben zerstört wurden.

Die Versenkungen im Golf von Mexiko gingen zurück, nachdem die amerikanischen Streitkräfte die Sache nunmehr ernsthaft in die Hand genommen hatten. Die ersten U-Bootabwehr-Einheiten wurden abgezogen, um den Druck in der Karibik mindern zu helfen. Es war ein kalkuliertes Risiko, denn die U-Boote waren über den gesamten Atlantik verteilt und jederzeit in der Lage, Schwerpunkte zu bilden. Die Alliierten mußten immer auf unerwartete Vorstöße in geschwächten Gebieten oder an verwundbaren Plätzen vorbereitet sein. Genau so etwas passierte am 2. August, als MTB 342 und MTB 349 der Royal Navy die Hauptfahrrinne zum Hafen von Castries/St. Lucia benutzten. Beide Motortorpedoboote aktivierten Minen, die U 66 gelegt hatte und mußten schwerbeschädigt auf Land gesetzt werden. Ihrer Vernichtung waren sie wahrscheinlich nur durch ihre hohe Geschwindigkeit entgangen.

Am gleichen Morgen traf Lassen mit U 160 auf eine Gruppe von acht Handelsschiffen, die von zwei B-18 der 1st Bombardment Squadron von Trinidad begleitet wurden. Lassen richtete das Boot auf einen der Frachter aus und löste zwei Torpedos. Der britische Dampfer TREMINNARD (4 694 BRT) wurde getroffen und sackte achteraus. Die beiden B-18 entdeckten das Boot, und U 160 mußte den Angriff abbrechen und tauchen. Der Bedienungsmann am Horchgerät konnte jedoch hören, wie die TREMINNARD auf den Meeresboden sank, während der Geleitzug sich entfernte.

Während Lassen seinen Angriff auf die TREMINNARD durchführte, landeten die ersten sechs Lockheed *Hudson MK III* der No. 53 Squadron der RAF auf Waller Field. Dem Geschwader fielen zwei Hauptaufgaben zu: erstens die U-Boote zu bekämpfen, die sich mit großer Bewegungsfreiheit vor Trinidad tummelten, und zweitens bei der Schulung der amerikanischen Flieger in der U-Bootabwehr zu helfen. Die Absichten der Engländer waren lobenswert, aber sie kamen ebenso wie die Reaktionen der US-Navy reichlich spät.

Im August begann die US-Navy, ihre anfänglichen Rückschläge langsam zu überwinden, was an zwei Beispielen deutlich wurde. U 509 unter dem Kommando von Kptlt. Karl-Heinz Wolff wurde von einer PBY *Catalina* des VP-92 von Guantánamo Bay derart beschädigt, daß es sich zur Reparatur in den Norden der Karibik zurückziehen mußte. Die Auswirkungen dieses Angriffs waren offenbar so schwerwiegend, daß das Boot keinen Erfolg auf seiner Feindfahrt verbuchen konnte. Ein weiteres

Boot, U 134 unter Kptlt. Rudolf Schendel, wurde beim Versuch, einen Konvoi von acht Schiffen anzugreifen, von drei Zerstörern und einigen begleitenden Flugzeugen angegriffen. Schendel meldete die Versenkung eines Zerstörers, aber die alliierten Unterlagen belegen diesen Verlust nicht. Einen Tag später wurde Schendel krank, und das Boot kehrte ebenfalls erfolglos zurück.

Am 3. August traf Klaus Scholtz mit U 108 auf seiner zweiten Feindfahrt in der Karibik ein und kündigte um 3 Uhr nachmittags seine Ankunft mit der Versenkung des britischen Motortankers TRICULA (6 221 BRT) an. Der Tanker war als Einzelfahrer auf dem Weg von Trinidad nach Gibraltar, als Scholtz ihn 250 Meilen von der Insel entfernt erwischte. Um 19 Uhr 15 traf es dann den norwegischen Tanker HAVSTEN (6 161 BRT), den U 160 weit östlich Trinidads mit einem Torpedo stoppte. Dann gab Lassen seiner Geschützmannschaft die Möglichkeit zum Üben, und nach einer Stunde brannte das Schiff auf ganzer Länge. Obwohl der Tanker noch nicht gesunken war, trat U 160 mit dem Kapitän und dem Funker des Schiffes, die als Letzte von Bord gegangen waren, den Rückmarsch an. Die übrige Besatzung hatte wegen des Artilleriebeschusses schon vorher das Weite gesucht. Drei Tage später fand das italienische Boot ENRICO TAZZOLI das noch immer schwimmende Wrack und gab ihm mit einem Torpedo den Fangschuß.

Am 5. August bekam die No. 53 Squadron der RAF fünf weitere *Hudson MK III*, die an der Ostküste der USA im Einsatz gewesen waren. Das Geschwader wuchs nach und nach auf seine volle Stärke von zwanzig dieser mit Radar ausgestatteten U-Jagd-Maschinen auf. Der Hauptstützpunkt mit der Mehrzahl der Flugzeuge war Trinidad, aber es wurden auch Maschinen auf den Flugplätzen Beane Field auf St. Lucia, Atkinson in Britisch Guayana und Zandery in Holländisch Guayana stationiert. Mit dieser Aufstellung war eine umfangreiche Abdeckung der Schiffahrtswege von St. Lucia bis zur Grenze zwischen Französisch Guayana und Brasilien möglich. Eine weitere Maßnahme gegen die Konzentration der U-Boote vor Trinidad war die Verlegung von einigen Maschinen der 45th Bombardment Squadron von Borinquen auf Puerto Rico nach Beane Field. Es gab jetzt fünf U-Jagdgeschwader, die zwischen St. Lucia und Zandery operierten, was sich auf die Bewegungsfreiheit der U-Boote auszuwirken begann.

Markworth (U 66) berichtete als erster über die verstärkte Luftüberwachung im Raum Trinidad und äußerte den Verdacht, daß die Maschinen mit Radar ausgerüstet wären. U 108 (Scholtz) und U 162 (Wattenberg), die in der Nähe Trinidads standen und mitgehört hatten, meldeten daraufhin ebenfalls verdächtige Anzeichen. Währenddessen befand sich Piening mit U 155 unbelästigt 350 Meilen östlich von Trinidad, wo er als achtes Schiff seiner Feindfahrt das holländische Küstenmotorschiff DRACO (389 BRT) versenkte. Piening war auf dem Weg nach Trinidad, und auch er würde die neue Luftstreitmacht bald kennenlernen.

Am 7. August führte Kptlt. Georg Staats das IXC-Boot U 508 die kubanische Küste entlang und erlaubte sich einen Blick in den Hafen von Habana, um zu sehen, was

Kapitel 7

drinnen war. Zwanzig Handelsschiffe und vier Zerstörer befanden sich zu dieser Zeit im Hafen. Aber noch während er sich umguckte, wurde er schon von Land aus gesichtet. Bevor das Boot wieder tiefes Wasser erreicht hatte, bearbeiteten es die PBYs der US-Navy bereits derart, daß es sich nach Westen absetzen mußte, um einen ruhigen Platz für die Reparaturen zu finden. Das wichtigste Ereignis des Tages betraf jedoch U 507 unter Harro Schacht. Das Boot war diesmal nicht für den Einsatz in der Karibik, sondern für den mittleren Südatlantik vorgesehen. Als Schacht um Erlaubnis bat, vor der brasilianischen Küste zu operieren, machte der BdU den Fehler, ihm dies zu gestatten. Bisher waren alle brasilianischen Schiffe in der Karibik oder weit außerhalb versenkt worden. U 507 sollte jetzt die gesamte strategische Situation im Westen des Atlantiks grundlegend ändern.

Piening (U 155) hatte Pech, als ihm ein Frachter nach einem Geschützduell entwischte. Zwei Tage später rächte er sich an dem modernen britischen Motortanker SAN EMILIANO (8 071 BRT), den er 80 Meilen vor der Küste von Holländisch Guayana mit zwei gut plazierten Torpedos unter Wasser beförderte. Am Abend des gleichen Tages verbuchte U 510 unter KKpt. Karl Neitzel einen wohlverdienten Erfolg. Nachdem Neitzel kaum Schiffe an der US-Ostküste vorgefunden hatte, war ihm die Windward Passage als neues Operationsgebiet zugewiesen worden, aber als er ankam, stellte er fest, daß sein Unterwasserhorchgerät ausgefallen war. Ein U-Boot ohne funktionierendes Horchgerät ist wie ein Blinder unter Sehenden. In einem solchen Fall hätte mancher Kommandant die Feindfahrt abgebrochen. Neitzel bat jedoch lediglich um Genehmigung, außerhalb des Karibischen Meeres zu operieren, wo ein Überraschungsangriff weniger wahrscheinlich war. Eine Woche später stieß U 510 auf den britischen Tanker ALEXIA (8 016 BRT) 60 Meilen östlich von Guadeloupe. Neitzel schoß einen Fächer von drei Torpedos, die alle trafen. Er nahm an, daß das Schiff sinken würde und zog sich sofort zurück, um dem erwarteten Gegenangriff aus der Luft zu entgehen. Der schwer beschädigte Tanker war jedoch standfest und hatte Glück. Er wurde gefunden und kaum noch schwimmfähig nach Puerto Rico in Sicherheit gebracht.

Am 10. August befanden sich immer noch 13 U-Boote in der Karibik, obwohl es eine Reihe Veränderungen gegeben hatte. U 508 operierte jetzt zusammen mit U 171 im Golf von Mexiko. U 654 und U 509 standen in der Nähe der Windward Passage, auf die auch U 600 zusteuerte. U 217 hatte die Mona Passage passiert und lief auf Curaçao zu, während U 66, U 108, U 155, U 162, U 173, U 510, U 564 und ENRICO TAZZOLI sich im Halbkreis östlich von Trinidad aufhielten.

Im Anmarsch auf die Karibik befanden sich U 84, U 163, U 164, U 511, U 553, U 598 und U 658. Ihre Aufgabe war es, das in der Karibik eingeführte Konvoisystem herauszufordern. Die geographischen Besonderheiten der Region machten es erforderlich, daß sich die Handelsschiffe an bestimmten Knotenpunkten sammelten, was es den U-Booten erheblich leichter machte, sie vor die Rohre zu bekommen – viel leichter als im Nordatlantik. Die anmarschierenden Boote sollten bald herausfinden, daß

KAPITEL 7

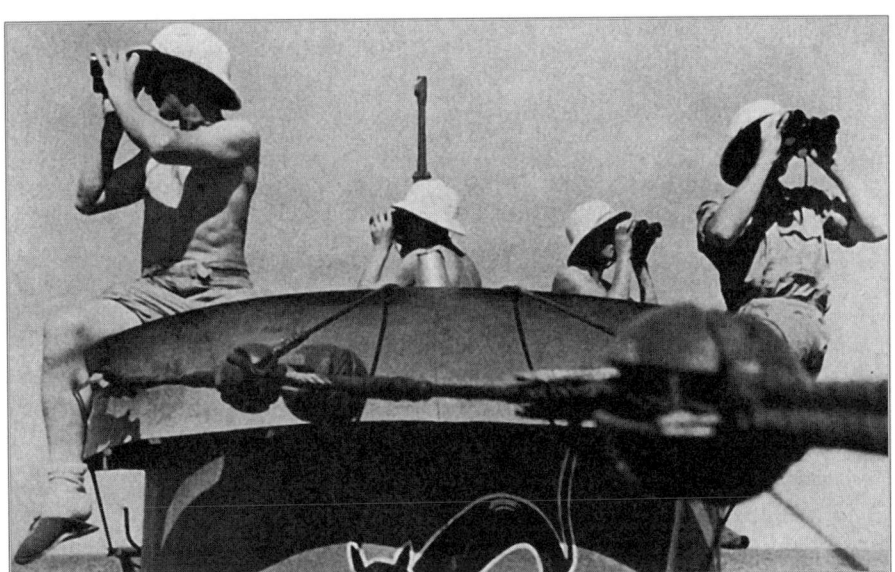

Scharfer Ausguck auf U 564 (Teddy Suhren) im Karibischen Meer. *Quelle: U-Boot-Archiv, Cuxhaven*

die karibischen Konvois zwar von schwachen und relativ unerfahrenen Sicherungsfahrzeugen geleitet, aber immer zusätzlich von Flugzeugen geschützt wurden.

U 658 unter Kptlt. Hans Senkel war das erste Boot, das einen Konvoi in der Windward Passage, einem der Knotenpunkte, angriff. Das kampfprobte VIIC-Boot traf am 12. August mittags im Gebiet vor der Guantánamo Bay ein. Zwölf Stunden später sichtete Senkel 50 Meilen vom amerikanischen Stützpunkt entfernt den südgehenden Konvoi WAT 13. Der Geleitzug steuerte einen Kurs, der ihn direkt am Bug des U-Bootes vorbeiführte, und Senkel bereitete sich auf einen sofortigen Angriff vor. Sieben Minuten später zischten zwei Aale aus den Rohren und rasten auf die Kolonne der 24 Schiffe zu. Nach drei Minuten 58 Sekunden konnte Senkel einen Blitz im Konvoi aufzucken sehen, gefolgt vom Donner der explodierenden Torpedos. Der Feuerschein erleuchtete den Konvoi, als U 658 nach Backbord schwenkte. Die verbleibenden beiden Torpedos verließen die Bugrohre, und die Besatzung begann mit der mühevollen Arbeit des Nachladens. Als Senkel äußerste Kraft voraus befahl, um sich dem Konvoi weiter zu nähern, wurde er vom Ruf eines Ausgucks auf eine sich nähernde Bugwelle aufmerksam gemacht. Eine Korvette lief die Torpedoblasenbahn entlang und kam schnell auf das Boot zu. U 658 hatte gerade noch Zeit zu tauchen, um der ersten Wabosalve zu entgehen. Innerhalb von Minuten war ein Zerstörer zur Stelle, und nun wurde es ernst.

Drei Stunden lang war U 658 den pausenlosen Wasserbombenangriffen der beiden Geleitfahrzeuge ausgesetzt. Die Besatzung hörte das schrille, zirpende Geräusch der suchenden Asdic-Geräte, gefolgt von gewaltigen Erschütterungen durch die explodierenden Wasserbombenlagen. Im Tumult der Unterwassergeräusche versuchte

KAPITEL 7

Senkel jedesmal durch Erhöhung der Unterwassergeschwindigkeit und Veränderung der Tauchtiefe zu entkommen, bevor die Asdic-Geräte das Boot erneut orten konnten. Überzeugt davon, daß U-Boot vertrieben zu haben, schlossen sich die Geleitfahrzeuge dem Konvoi wieder an. Aber über Wasser war die Situation konfus. Die ersten beiden Aale hatten den kleinen holländischen Dampfer MEDEA (1 311 BRT) getroffen und das Schiff völlig zerstört. Vermutlich hatte der Frachter Munition geladen, was den Blitz und die gewaltige Detonation erklärte. Das zweite Paar Torpedos war ohne zu treffen durch die Reihen hindurchgelaufen und hatte für ein Durcheinander unter den Schiffen gesorgt. Der Konvoi wäre beinahe auseinandergebrochen, aber in der Zeit, während die Geleitfahrzeuge U 658 unter Wasser hielten, konnten die anderen Begleiter die Ordnung im Konvoi wiederherstellen.

Nach dem Ablaufen der Sicherungsfahrzeuge ließ Senkel das Boot auftauchen, um nach dem Geleitzug zu suchen, der aber nicht mehr zu sehen war. Der Bedienungsmann des Unterwasserhorchgerätes hörte jedoch den Lärm vieler Schiffsschrauben, die sich entfernten. Senkel wendete U 658 und schoß einen Torpedo aus dem Heckrohr in die generelle Richtung der Geräusche. Im Konvoi konnte man beobachten, wie der Torpedo zwischen den Kolonnen der Schiffe hindurchlief. Nachdem er am Ende der Strecke detoniert war, rasten die Geleitfahrzeuge zurück, um das lästige U-Boot zu bestrafen. Wieder mußte das Boot tauchen, um der Verfolgung zu entgehen, die diesmal allerdings volle acht Stunden andauerte. Währenddessen konnte der Mann am Horchgerät neben den ohrenbetäubenden Explosionen der Wasserbomben auch noch andere Geräusche hören. Offenbar war noch jemand anders in Schwierigkeiten geraten.

In dieser Nacht bot die Windward Passage eine Szene der Verwirrung. Während Konvoi WAT 13 südwärts steuerte, kam ihm Konvoi TAW 12 mit Nordkurs entgegen. Einige Schiffe verließen die Geleitzüge, um zu einem anderen zu stoßen, der vor Guantánamo Bay mit Bestimmung Panama und der westlichen Karibik zusammengestellt wurde. Andere strebten in östlicher Richtung auf die Inseln der nördlichen Karibik zu, und zu all dem kamen die Schiffe, die bereits vor Guantánamo und Jamaica warteten, um sich den nord- und südgehenden Konvois anzuschließen. Überall gab es Schiffe, und mitten unter ihnen standen drei U-Boote in Bereitschaft.

Eine Stunde nach dem Zusammenprall von U 658 mit WAT 13 sichtete U 600 unter Kptlt. Bernhard Zurmühlen Konvoi TAW 12 gegenüber dem Golfe des Gonaives/Haiti. Um 1 Uhr 50 am Morgen stand das Boot westlich vom Geleitzug und drehte zum Angriff an. Zurmühlen hatte sich an den äußeren Sicherungsfahrzeugen vorbeigearbeitet und schoß aus der Position zwischen den Handelsschiffen und ihren Korvetten nacheinander drei Torpedos. Zwei davon liefen durch den Konvoi hindurch, ohne ein Ziel zu treffen, und detonierten am Ende ihrer Laufstrecke, während der dritte den lettischen Frachter EVERELZA (4 520 BRT) traf. Das mit Munition beladene Schiff explodierte in einer 200 Meter hohen Flammensäule und war in wenigen Sekunden verschwunden. Während Angst sich im Konvoi breit machte, suchten die

Geleitfahrzeuge nach dem Angreifer, aber sie suchten außerhalb des Sicherungsschirms und nicht zwischen den unzähligen Radarechos innerhalb des Konvois. Zurmühlen, der sich inzwischen näher an den Konvoi herangeschoben hatte, löste den letzten seiner Bugtorpedos, wendete das Boot und schoß aus dem Heckrohr. Beide Torpedos passierten die äußere Kolonne und liefen auf die großen Frachter innerhalb des Konvois zu. Dort trafen sie das Schiff des Konvoi-Kommodores, den amerikanischen Dampfer DELMUNDO (5 032 BRT), der binnen fünf Minuten versank. Zurmühlen hatte keine Zeit, das Schiff untergehen zu sehen, denn die Geleitsicherung hatte ihn entdeckt, und U 600 mußte alarmtauchen, als eine PBY des VP-92 sich im Sturzflug näherte. Kaum war das Boot unter Wasser, da wurde es auch schon von einem Zerstörer, der von der *Catalina* herbeigerufen worden war, mit Wasserbomben belegt. Während U 600 unter Wasser gehalten wurde, formierte sich der Konvoi wieder neu.

Der Doppelschlag in der Windward Passage war nicht die einzige Aktion der U-Boote in jener Nacht. Staats hatte die Reparaturen beendet, und U 508 lief jetzt auf die gefährliche Floridastraße zu. Er berichtete dem BdU, daß er den größten Teil der Nacht vergeblich versucht hätte, die Sicherung eines großen Konvois zu durchbrechen. Die aufmerksamen Geleitfahrzeuge hätten jedoch alle Angriffe abgewehrt, weshalb er sich zurückziehen und an der kubanischen Küste nach einfacheren Gelegenheiten Ausschau halten wollte.

Konvoi WAT 13 erreichte Trinidad ohne weitere Verluste, aber TAW 12 hatte es noch nicht geschafft. Zurmühlen hatte vor dem Angriff eine Sichtmeldung abgegeben, die von U 598 unter Kptlt. Gottfried Holtorf aufgefangen wurde. Das Boot stand nahe der Nordwestspitze Haitis und lief westlich in Richtung auf den nördlichen Ausgang der Passage zu. Am Morgen des 13. August bat Holtorf um weitere Informationen über die Position des Konvois, aber U 600 (Zurmühlen) und U 658 (Senkel) waren zu diesem Zeitpunkt anderweitig beschäftigt und konnten nicht antworten. Der BdU dirigierte Holtorf zur östlichen Spitze Cubas, und tatsächlich war der Geleitzug inzwischen um Cabo Maisí herumgekommen. Er trug jetzt die Nummer TAW 12J, zum Zeichen, daß sich ihm in Jamaica weitere Schiffe angeschlossen hatten.

U 598 machte sich an die Verfolgung und jagte den ganzen Tag entlang der kubanischen Küste hinter dem Konvoi her, bis es ihn schließlich um 20 Uhr sichtete, als er gerade zwischen Cuba und Great Inagua Island / Bahamas hindurchfuhr. Holtorf arbeitete sich vor, um das Boot landseitig querab zum Gros der Schiffe zu bringen. Um 4 Uhr 50 am Morgen des 14. August stand der Konvoi 30 Meilen südwestlich von Ragged Island in den Bahamas, und U 598 befand sich an seiner Backbordseite in Position. Holtorf schätzte Kurs und Geschwindgkeit von TAW 12J und schoß zwei Torpedos. Er war sich seiner Schußdaten nicht ganz sicher gewesen und dachte schon, daß die Aale vorbeigehen würden. Aber dann trafen beide den britischen Frachter MICHAEL JEBSEN (2 323 BRT), der sofort sank. Wieder ertönten die Alarmglocken, und die zermürbten Geleitfahrzeuge stürmten nach draußen in die offene See, um das unsichtbare U-Boot

KAPITEL 7

zu finden. Holtorf behielt jedoch seine landseitige Position bei und schwenkte nun den Bug des Bootes in Richtung auf das Führungsschiff in der dritten Kolonne. Zwei weitere Torpedos verließen die Bugrohre und rasten auf den Konvoi zu. Auf dem eigentlichen Ziel, der EMPIRE CORPORAL, dem neuen Flaggschiff des Konvoi-Kommodores, sah man die Blasenbahnen vor dem Bug vorbeiziehen. Während ein Torpedo die Kolonnen der Schiffe passierte und am Ende der Strecke detonierte, traf der zweite den britischen Tanker STANDELLA (6 197 BRT) und beschädigte ihn schwer. Holtorf war noch immer unentdeckt, und er war entschlossen, sein ursprüngliches Ziel zu vernichten. U 598 wendete und richtete das Heck auf die EMPIRE CORPORAL (6 972 BRT) aus. Ein sorgfältig gezielter Torpedo verließ das Rohr und riß ein riesiges Loch in die Bordwand des Frachters, der kurz darauf versank. Das U-Boot fiel zurück, um die Torpedorohre nachzuladen, während die Geleitfahrzeuge sich um den Tanker STANDELLA bemühten, der später nach Key West eingebracht wurde. Während der ganzen Zeit des Angriffs war Holtorf über Wasser geblieben und hatte dem Untergang der EMPIRE CORPORAL zugesehen. Als U 598 wieder einsatzbereit war, setzte Holtorf hinter dem Konvoi her, aber dieses Mal waren die Geleitfahrzeuge vorbereitet und hielten ihn in Schach. Das Ergebnis der ersten Geleitzugschlacht des Monats belief sich auf vier versenkte Frachter, einen versenkten und einen beschädigten Tanker.

Geleitzugschlachten waren furchterregend und erzeugten häufig Angst unter den Seeleuten. Im Nordatlantik war es vorgekommen, daß Besatzungen von Bord gegangen waren, bevor die Torpedos ihre Schiffe überhaupt getroffen hatten. Trotzdem trugen Geleitzugschlachten nur selten in größerem Maße zum Ergebnis des Tonnagekrieges der U-Boote bei. Es war wesentlich wirksamer, einzeln fahrende Schiffe zu jagen, und im August 1942 war das erfolgversprechendste Gebiet hierfür sicherlich die Gegend um die Windward Passage und entlang der südamerikanischen Küste. Die Boote, die in diesen Gebieten operierten, hatten nur ein Problem, mit dem sie fertig werden mußten, und das waren die zunehmend aggressiver werdenden U-Jagd-Patrouillen, ganz besonders durch die Flugzeuge.

Als U 108 (Scholtz) am 15. August 150 Meilen nordöstlich von Georgetown/Britisch Guayana kreuzte, wurde es von einer auf dem Flugplatz Zandery stationierten Lockheed *Hudson* der No. 53 Squadron mit Radar gefaßt. Squadron Leader Hilditch brachte die Maschine auf Angriffskurs und warf vier mit Torpex gefüllte Wasserbomben. Das Boot war gerade unter der Wasseroberfläche verschwunden, als die Wabos in acht Meter Tiefe explodierten. U 108 erhielt einen gewaltigen Stoß, und alle Lampen an Bord gingen zu Bruch. Das Flugzeug blieb noch 40 Minuten über dem Gebiet und war überzeugt, das Boot entweder versenkt oder zumindest schwer beschädigt zu haben. Dies war der erste Angriff der No. 53 Squadron der RAF seit ihrem Eintreffen in der Karibik.

Piening (U 155) war inzwischen von Holländisch Guayana aus nordwärts marschiert und stand am 16. August 60 Meilen östlich von Martinique, während seine Besatzung sich an Deck erholte. Aber die Zeiten, an denen ein U-Boot sich frei nehmen

KAPITEL 7

konnte, um die Sonne der Karibik zu genießen, waren endgültig vorbei. Eine Lockheed *Hudson*, die von Flight Sergeant Sillcock geflogen wurde, hatte Waller Field kurz nach 9 Uhr verlassen. Um 11 Uhr 50 befand sich das Flugzeug östlich Martinique, als das Radar einen Kontakt in 27 Meilen Entfernung anzeigte. Auf 16 Meilen kam ein U-Boot in Sicht, und Sillcock ergriff die goldene Gelegenheit, da seine Maschine offensichtlich nicht erkannt worden war. Er ließ die *Hudson* einen weiten Bogen fliegen und drehte dann mit der Sonne im Rücken auf Angriffskurs, wobei das Flugzeug ständig an Höhe verlor. Zehn Meter über dem Wasser fliegend und mit 370 km/h Geschwindigkeit näherte es sich schnell dem nichtsahnenden U-Boot. Die Ausgucks auf dem Turm sahen die Maschine erst, als sie nur noch zwei Meilen entfernt war. Es gab ein Tohuwabohu, als die an Deck befindlichen Besatzungsmitglieder bei Ertönen des Alarmsignals nach unten stürzten. Die *Hudson* war noch eine Meile entfernt, als der Tauchvorgang endlich eingeleitet war und das Boot nach unten wegzusacken begann. Ein IXC-Boot benötigt unter günstigen Bedingungen 35 Sekunden zum Tauchen und eine *Hudson* kann mit einer Geschwindigkeit von 370 km/h eine Strecke von einer Meile in 20 Sekunden zurücklegen. Als das Flugzeug U 155 mit geöffnetem Bombenschacht überflog, war der Turm des Bootes noch über Wasser. Drei Wasserbomben fielen, und in dem Moment, als sie auf acht Meter gesunken waren und ihr hydrostatischer Zünder sie auslöste, war das U-Boot ungefähr auf gleicher Tiefe. Die Hammerschläge der Explosionen zerschmetterten im ganzen Boot viele Einrichtungsgegenstände, aber Piening hatte Glück, denn der Druckkörper war bis auf einige kleine Lecks heil geblieben. Sillcock blieb noch fünfzehn Minuten über dem Gebiet, bevor er nach St. Lucia weiterflog. Einige Stunden später brachte Piening sein arg in Mitleidenschaft gezogenes Boot an die Wasseroberfläche, und nachdem er den Schaden besichtigt hatte, meldete er dem BdU, daß er sich von den Inseln absetzen müßte, um zu sehen, was er reparieren könnte.

Zwei Stunden später erfaßte die Lockheed *Hudson* PZ/H der No. 53 Squadron mit ihrem Radar ein Objekt nördlich der Mona Passage und ging sofort auf Angriffskurs. U 511 unter Kptlt. Friedrich Steinhoff war gerade in der Karibik angekommen, als die Maschine herandonnerte und das Boot alarmtauchen mußte. Und wiederum war das Flugzeug bereits über dem Boot, bevor der Turm unter Wasser war. Die Wasserbomben schossen zwanzig Meter über das Ziel hinaus, aber die Druckwelle erwischte das Boot gerade im Moment eines schwierigen Manövers und trug dazu bei, daß es aus dem Gleichgewicht kam. Das Heck von U 511 ragte in einem Winkel von 30 Grad aus dem Wasser, und die Schrauben waren deutlich zu sehen. In der kurzen Zeit jedoch, bevor das Flugzeug zu einem neuen Angriff ansetzen konnte, hatte Steinhoff sein Boot in brillanter Weise wieder in den Griff bekommen.

Der Alarmtauchvorgang ist ein außerordentlich kompliziertes Manöver. Das Boot muß Fahrt nach vorn haben, damit die Tiefenruder wirken können, und sie muß beibehalten werden, während der Antrieb von den Dieselmotoren auf die E-Maschinen umgeschaltet wird. Gleichzeitig werden die vorderen Untertriebszellen geflutet, um

Kapitel 7

Intensiver Ausguck nach den »widerlichen« Flugzeugen.

Quelle: U-Boot-Archiv, Cuxhaven

dem Boot eine Abwärtsneigung von zehn Grad zu geben, bevor auch die achteren Untertriebszellen geflutet werden können. Im Fall von U 511 muß es eine Verzögerung beim Fluten der achteren Zellen gegeben haben, was wahrscheinlich darauf zurückzuführen war, daß das Boot zu plötzlich von der *Hudson* überrascht wurde. Das Gewicht im Vorschiff sorgte nun dafür, daß der Bug in einem steileren Winkel als zehn Grad nach unten zeigte. Das Heck kam aus dem Wasser, und die Vorwärtsbewegung brach ab. Noch schlimmer war, daß die Öffnungen der achteren Zellen jetzt über dem Meeresspiegel lagen und das Ballastwasser auslaufen konnte, wodurch das Heck noch leichter wurde. Im schlimmsten Fall kommt ein Boot dann fast senkrecht zu stehen, und wenn die Schrauben wieder ins Wasser eintauchen, kann der Antrieb es bis zu einer Tiefe treiben, die es nicht überlebt. Steinhoff reagierte schnell und ließ die vorderen Zellen ausblasen, um den Bug an die Wasseroberfläche

KAPITEL 7

zu bringen, bevor er den Alarmtauchgang erneut begann. Katastrophen dieser Art waren bei Schulungen gelegentlich schon passiert, aber selten war ein U-Boot bei einem angreifenden Flugzeug damit davongekommen. Als die *Hudson* einen erneuten Anlauf nahm, war U 511 verschwunden.

Für die No. 53 Squadron der RAF war die Tagesarbeit am 15. August jedoch noch nicht erledigt. U 108 (Scholtz), U 162 (Wattenberg) und U 173 (Beucke) hatten sich 150 Meilen östlich von Holländisch Guayana zu einem inoffiziellen Rendezvous zusammengefunden. Eine von Petty Officer Kennard geflogene *Hudson* erfaßte die Gruppe mit dem Radar, aber die Ausgucks auf den drei Booten machten die anfliegende Maschine rechtzeitig aus. Diese wählte das noch sichtbare U 173 aus, als sie zum Angriff ansetzte. Das Boot war verschwunden, als das Flugzeug den Tauchstrudel kreuzte und vier Wasserbomben in die See fielen. Als sie explodierten, war das U 173 bereits tief genug, aber die Druckwellen verursachten dennoch einige Schäden an der Ausrüstung. Die *Hudson* blieb noch einige Zeit in der Gegend, als wollte sie verhindern, daß der Gesellschaftsabend fortgesetzt wurde.

Am Abend teilte der BdU neue Angriffsgebiete in der östlichen Karibik zu. U 155, U 108 und U 173 sollten vor den Guayanas operieren, U 162 und U 564 nahe Trinidad und U 217 westlich davon vor der venezolanischen Küste Stellung beziehen. U 66, U 509 und U 510 erhielten den innerkaribischen Raum südlich Puerto Ricos zugewiesen. Zu dieser Zeit waren die Kampfhandlungen in der Windward Passage immer noch voll im Gange. U 658 (Senkel) stand südlich der Passage und sichtete am Abend des 16. August einen Geleitzug, der aus dem Jamaica Channel herandampfte. Es handelte sich um *PG 6* auf dem Weg von Panama nach Guantánamo Bay. Senkel folgte und brachte das Boot auf die Steuerbordseite des nordwärts marschierenden Geleitzuges. 19 Minuten nach Mitternacht befand er sich in Angriffsposition zwischen den Sicherungsfahrzeugen und dem Konvoi. Zwei Aale verließen die Bugrohre und trafen den britischen Frachter FORT LA REINE (7 133 BRT), 40 Meilen von Guantánamo Bay entfernt. Der Dampfer fiel achteraus und sank. Eine Minute später schoß Senkel einen weiteren Torpedo, der sich in die Seite des ägyptischen Frachters SAMIR (3 702 BRT) bohrte. Mit aufgerissener Bordwand kenterte das Schiff und ging unter. Seinen letzten Bugtorpedo setzte Senkel für das englische Motorschiff LAGUNA (6 466 BRT) ein, das schwer beschädigt liegenblieb, während der restliche Konvoi seine Fahrt fortsetzte. Als Senkel sich dem Motorschiff nähern wollte, sah er, wie eine Korvette auf ihn zuhielt. Er wendete U 658 und schoß einen Torpedo aus dem Heckrohr auf das anlaufende Geleitfahrzeug, das jedoch ausweichen konnte, so daß das Boot alarmtauchen mußte. Zwischen den Wabosalven konnte Senkel die Sinkgeräusche der beiden Frachter hören. U 658 mußte eine zermürbende Wasserbombenverfolgung über sich ergehen lassen, und während es so unter Wasser gehalten wurde, konnte die LAGUNA in Sicherheit geschleppt werden.

Vor der brasilianischen Küste hatte inzwischen Harro Schacht zugeschlagen. Wie ein Wirbelwind war U 507 zwischen den brasilianischen Küstenverkehr gefahren und

Kapitel 7

hatte in 36 Stunden fünf Frachter auf den Meeresgrund geschickt. Das war für den U-Boot-Kommandanten eine großartige Leistung, aber für Deutschland ein grober diplomatischer Schnitzer. Die bisher weit weg in der Karibik versenkten brasilianischen Schiffe beunruhigten die Bevölkerung nicht sonderlich, und die Deutsch-Brasilianer konnten die Regierung immer wieder beeinflussen, sich aus dem Krieg herauszuhalten. Die Angriffe von U 507 direkt vor der Tür führten jedoch zu Unruhen, bei denen deutsche Flaggen verbrannt wurden, was die brasilianische Regierung schließlich zum Handeln zwang. Am 22. August erklärte Brasilien Deutschland den Krieg, womit die ausgedehnte brasilianische Küste den amerikanischen Flugzeugen und Geleitschiffen offenstand. Die U-Boote versenkten in einer Operation, ähnlich der in der Karibik, noch Dutzende von Schiffen vor der brasilianischen Küste, aber die amerikanischen Befürchtungen einer »südamerikanischen Bedrohung« waren endgültig vorüber, und die Alliierten konnten ab sofort auch den Südatlantik wirksam kontrollieren.

TAW 13, bestehend aus zwanzig Handelsschiffen, zwei Zerstörern und zwei Korvetten, hatte Trinidad auf seinem langen Weg nach Key West am 13. August verlassen. Wegen der starken Konzentration der U-Boote auf der südlichen Seite der Windward Passage, war der Konvoi um das Westende Jamaicas herum umgeleitet worden. Aber diese Maßnahme war umsonst, denn am Abend des 17. August wurde er von U 553 entdeckt. Das VIIC-Boot unter KKpt. Karl Thurmann setzte sich hinter den Geleitzug und gab eine Sichtmeldung ab. Georg Staats, der sich mit U 508 nahe der Windward Passage befand, und das am Vortag eingetroffene U 163 unter KKpt. Kurt-Eduard Engelmann fingen die Sichtmeldung auf und machten sich daran, den Konvoi abzufangen. Um 22 Uhr waren alle drei Boote in Kontakt mit ihm. U 553 befand sich hinter dem Geleitzug, während U 163 und U 508 vor ihm im Hinterhalt lagen. Als der Angriff der drei Boote begann, hatten die Geleitfahrzeuge alle Hände voll zu tun. Die beiden Zerstörer nahmen sich der beiden U-Boote vor ihnen an, während die beiden Korvetten versuchten, U 553 unter Wasser zu halten. Aber Thurmann war ein erfahrener Konvoi-Kämpfer, der bereits vier erfolgreiche Nordatlantik-Einsätze hinter sich hatte. Er arbeitete sich langsam die Küste Jamaicas herauf, bis er querab vom Geleitzug stand. Um fünf Minuten nach Mitternacht sah er eine Chance, und zwei Torpedos zischten aus den Bugrohren. Beide detonierten an der Bordwand des kleinen schwedischen Frachters BLANKAHOLM (2 845 BRT), der sofort sank. Zehn Minuten später schoß er die beiden anderen Bugtorpedos, wendete und schoß den Hecktorpedo hinterher. Das erste Paar lief durch den Geleitzug durch, aber der letzte traf den amerikanischen Liberty-Frachter JOHN HANCOCK (7 176 BRT). Die Explosion riß die Bordwand auf und zerstörte die angrenzenden Schotten. Innerhalb weniger Minuten war der Frachter gesunken. Vor dem Konvoi belegten die Zerstörer U 163 und U 508 mit Wasserbomben, während die Korvette HMS PIMPERNEL auf die vermutliche Torpedoabschuß-Position zulief. Thurmann hatte das erwartet und sich sofort, nachdem er den letzten Torpedo gelöst hatte, mit äußerster Kraft nach Süden abgesetzt. Als PIMPERNEL an der vermuteten Position ankam und mit der Suche begann, stand U 553 bereits weit genug südlich und war damit beschäftigt, die Torpedorohre nachzuladen.

Das vierte Geleitfahrzeug, das nicht wie die drei anderen mit der Verfolgung der U-Boote beschäftigt war, hatte große Mühe, seine nervös gewordenen Schützlinge bei der Stange zu halten. Erschwerend kam hinzu, daß die Schiffe, die hinzustoßen sollten, noch nicht eingetroffen waren. Wegen der vielen U-Boote im Gebiet, weigerten sich die Kapitäne der Handelsschiffe, die sich in der Passage anschließen sollten, den Hafen von Santiago de Cuba zu verlassen, solange der Geleitzug nicht direkt vor der Hafeneinfahrt angekommen war. Der Konvoi mußte seine Fahrt verringern und schließlich ganz anhalten. Die gestoppt liegenden, hilflosen Schiffe rollten in der Dünung, und die Seeleute säumten die Decks. Den Geleitschiffen gelang es schließlich, eine gewisse Ordnung im Verband herzustellen, während sie gleichzeitig aggressive Angriffe gegen U 163 und U 508 vortrugen, die ständig heranzukommen versuchten. Nur U 553 blieb unbehelligt, aber das Boot war noch mit dem Nachladen beschäftigt.

Um 3 Uhr 15 war Thurmann zu einem weiteren Angriff bereit. U 553 schloß auf, während die beiden Korvetten die Neuankömmlinge in ihre Positionen lotsten. Thurmann war sich bewußt, daß er es mit einer fähigen Sicherungsgruppe zu tun hatte und daß die Korvetten ihn festnageln würden, wenn er zu nahe herankam. Er mußte deshalb auf größere Entfernung schießen. Viermal erzitterte das Boot, als die Torpedos einer nach dem anderen die Bugrohre verließen und sich auf den Weg zu den entfernt liegenden Schiffen machten. Aber gerade als der Fächer unterwegs war, setzten die Schiffe die Reise fort. Drei Aale rasten ohne zu treffen durch den Konvoi, während der vierte ein Loch in die Bordwand des Frachters EMPIRE BEDE (6959 BRT) riß. Obwohl das Schiff nicht sank, ließ die Mannschaft es nicht darauf ankommen und ging sofort von Bord. Zu diesem Zeitpunkt hatte HMS PIMPERNEL U 553

Britische Korvette der »Flower class«, zu der auch HMS PIMPERNEL gehörte.   Quelle: Archiv Peter Tamm

KAPITEL 7

endlich geortet, und Thurmann versuchte, in großer Tiefe und geräuschlos dem Hagel der Wasserbomben zu entkommen.

Während PIMPERNEL U 553 unter Wasser hielt, gelang es U 508 (Staats) zwei Stunden später, den Sicherungsschirm zu durchbrechen und sich zwischen die Zerstörer und den Konvoi zu schieben. U 163 (Engelmann) hatte für Ablenkung gesorgt, und Staats hatte die Gelegenheit ergriffen. Ein Zerstörer entdeckte ihn jedoch, und er konnte gerade noch zwei Torpedos schießen, bevor er alarmtauchen mußte. Die Torpedos gingen vorbei, und U 508 wurde erneut von den Explosionen der Wasserbomben durchgeschüttelt. Die Korvette und die beiden Zerstörer saßen jetzt jeweils über einem U-Boot, während die zweite Korvette den Konvoi anführte. Bei Tageslicht erschienen die PBYs des VP-92, und die Geleitfahrzeuge konnten die U-Boote verlassen, um hinter dem Konvoi herzueilen. VP-92 hielt die Boote den ganzen Tag über beschäftigt, so daß der Geleitzug eine Chance erhielt, Cabo Maisí an der Ostküste Cubas zu umrunden und den Weg nach Key West unbehelligt fortzusetzen.

Am Nachmittag des 18. August beobachtete Jürgen Wattenberg (U 162) eine Gruppe von 14 Handelsschiffen, die die 3. Boca in Trinidad verließen. Die Patrouillenboote der TRNVR wirbelten herum, um Ordnung in den Verband zu bekommen, während zwei Zerstörer und zwei PCs ihre Positionen einnahmen. U 162 mußte getaucht bleiben, da ständig B-18-Bomber in der Luft waren. Aber sobald der Konvoi sich nach Nordwesten abgesetzt hatte, tauchte Wattenberg auf und setzte eine Sichtmeldung ab. Konvoi TAW (S) war unterwegs. Zu den 14 Schiffen sollten in Aruba, Key West und Halifax weitere hinzustoßen, um dann als Konvoi mit einer anderen Bezeichnung den Atlantik nach England zu überqueren. Wattenberg hatte die Geburt eines riesigen Geleitzuges beobachtet, der, je weiter er kam und je größer er wurde, viele Opfer fordern sollte. Seine Sichtmeldung wurde von U 564 unter Eichenlaubträger Kptlt. Reinhard (Teddy) Suhren aufgefangen, der das VIIC-Boot sofort auf Abfangkurs brachte. Bei Sonnenuntergang schob sich U 162 langsam querab zum Konvoi vor, wie er an der Inselgruppe Los Testigos vorbeizog. Wattenberg war der starken Luft- und Seesicherung erfolgreich ausgewichen und stand um 22 Uhr in Schußposition. Zwei Torpedos verließen die Rohre und trafen den amerikanischen Frachter WEST CELINA (6 187 BRT), der langsam in den Fluten versank.

Als die Besatzung der WEST CELINA verzweifelt versuchte, die Rettungsboote zu Wasser zu lassen, richtete Wattenberg U 162 auf ein weiteres Ziel aus. Aber TAW (S) hatte eine starke Luftsicherung, und ein Ruf des Ausgucks warnte ihn vor einer anfliegenden *Hudson*. Er mußte den Angriff abbrechen und tauchen. Das Boot war rechtzeitig unten, und die Wasserbomben blieben wirkungslos, aber sie hatten seine Position den Geleitfahrzeugen verraten. Als ein PC ankam, schlich U 162 bereits in großer Tiefe davon. Zu diesem Zeitpunkt hatte auch U 564 den Geleitzug gesichtet. Das Boot wurde von einem erfahrenen Konvoi-Kämpfer geführt, der bereits fünf erfolgreiche Einsätze im Nordatlanik mit fünfzehn versenkten Schiffen hinter sich hatte. Suhren fand die Operation gegen TAW (S) wegen der pausenlosen Angriffe durch die

Maschinen der 1ˢᵗ Bombardment Squadron des US-Army Air Corps und der No. 53 Squadron der RAF schwieriger als gegen die nordatlantische Geleitzüge. U 564 mußte ständig tauchen, aber um 4 Uhr morgens war es endlich in Schußposition. Sieben Minuten nach 4 Uhr verließ ein Fächer von vier Torpedos das Boot.
Der britische Tanker BRITISH CONSUL (6 940 BRT) war bei dem Überfall von Achilles im Hafen von Port of Spain schwer beschädigt worden. Die Reparatur hatte sechs Monate gedauert, bis das Schiff wieder seeklar war. Der Tanker übernahm danach an der Raffinerie in Point-a-Pierre eine Ladung Betriebsstoff und schloß sich dem Konvoi TAW (S) an. Die ersten drei von Suhrens Torpedos detonierten nacheinander an der Bordwand des Tankers. Das war zuviel für das Schiff, und anders als sonst bei Tankerkatastrophen üblich, versank es einfach in den Fluten. Der vierte Torpedo traf den britischen Frachter EMPIRE CLOUD (5 969 BRT), der sinkend liegen blieb. Suhren ließ U 564 zurückfallen, um Torpedos nachzuladen und sich Wattenberg am Ende des Konvois anzuschließen. Beide Boote passierten das Wrack, dem eine Korvette bis zum Untergang zur Seite stand. Die Erfolgsmeldung von U 564 veranlaßte den BdU, OltzS. Kurt Reichenbach-Klinke (U 217) und KKpt. Otto Fechner, der gerade mit U 164 in der Karibik eingetroffen war, anzuweisen, sich an der Jagd zu beteiligen. Durch Kreuzpeilung der vielen Signale konnte der U-Boot-Lageraum des Hauptquartiers auf Trinidad die ungefähre Position der U-Boote ermitteln und schickte sofort zusätzliche Geleitschiffe und Flugzeuge, um den Konvoi zu sichern.
Während U 164 und U 217 Kurs auf den Geleitzug absetzten, war Suhren damit beschäftigt, sein Boot in eine Position querab zum TAW (S) zu bringen. Bei Anbruch der Morgendämmerung schoß er zwei Torpedos in Richtung auf die Handelsschiffe, aber diesmal sollte er enttäuscht werden. Beide Torpedos detonierten vorzeitig. Das war das Signal für die Geleitzerstörer, die ebenso wie eine *Hudson* zum Ort des Geschehens stürmten. U 564 tauchte tief, um den suchenden Asdics zu entgehen. Die Verfolgung dauerte mehrere Stunden, bis der Konvoi aus der Gefahrenzone war, und nach Ablaufen der Zerstörer sorgten die ständig patrouillierenden Flugzeuge dafür, daß Suhren den Geleitzug endgültig verlor.
U 164 und U 217 kamen am gleichen Tag auch noch mit TAW (S) in Kontakt, der aber jetzt so stark gesichert war, daß jeder Versuch einzubrechen scheiterte. Steinhoff (U 511) hatte den Funkverkehr ebenfalls abgehört und Kurs auf den Konvoi genommen. Um 19 Uhr 30 war er in Position, aber bevor er einen Torpedo lösen konnte, griff ihn eine *Catalina* des VP-92 im Sturzflug an. Aufgrund der Hilferufe waren zwei PBYs von Guantánamo Bay nach Aruba abgestellt worden, um den Konvoi zu schützen. Steinhoff mußte tauchen und verlor den Anschluß. Nachdem U 164 und U 217 nicht herankommen konnten, brachen sie die Aktion ab und marschierten in Richtung Curaçao. Nur U 162 blieb dran und beschattete den Geleitzug bis zum nächsten Tag.
U 217 entschädigte sich für das Scheitern an TAW (S) mit der Versenkung des Schoners SEAGULL, wurde dafür aber kurze Zeit später von einer von Captain Campbell

Kapitel 7

geflogenen Douglas A 20 östlich von Bonaire beim Überwassermarsch bestraft. Der Bomber überflog das U-Boot und warf die Wasserbomben, als der Turm noch sichtbar war. Der Pilot war überzeugt, daß die Besatzung auf der Brücke durch das Feuer der Maschinengewehre getötet worden war, aber der eigentliche Schaden entstand durch die Wabos. Als U 217 nach zwei Stunden auftauchte, um das Ausmaß der Beschädigungen zu besichtigen, wurde es sofort von einer anderen Douglas A 20 angegriffen. Lieutenant Sheddon beharkte das Boot mit seinen Maschinengewehren, die Wasserbomben schossen jedoch übers Ziel hinaus. Reichenbach-Klinke mußte U 217 aus der Reichweite der 59th Squadron auf Curaçao herausbringen, um die notwendigen Reparaturen auszuführen.

Die letzten zehn Tage hatte Piening (U 155) nichts versenken können, und er befand sich immer noch östlich von Trinidad, als eine B-18 der 1st Bombardment Squadron ihn über Wasser entdeckte. Der Warnruf des Ausgucks kam so spät, daß er einen seiner Männer auf der Brücke zurücklassen mußte, als das Boot alarmtauchte. Das Besatzungsmitglied wurde wahrscheinlich von den explodierenden vier Wasserbomben getötet, die alle Lampen im Boot zerschmetterten und die Mannschaft durcheinanderwirbelten. Am 21. August erhielt Piening einen weiteren Schock. U 155 fuhr auf östlichen Kurs mit acht Knoten Geschwindigkeit, als Petty Officer Rickards das Boot mit dem Radar seiner Lockheed *Hudson PZ/C* auf fünfzehn Meilen erfaßte. Auf acht Meilen kam das Boot optisch in Sicht, und er brachte die Maschine zum Zielanflug auf drei Meter über den Wellen herunter. Die Ausgucks sahen das Flugzeug, als es noch zwei Meilen entfernt war, und das Boot begann sofort zu tauchen. Um das Wegtauchen zu beschleunigen, gab Piening den Befehl *»alle Mann voraus«*. Es war aber nur noch eine Minute Zeit, und als die Maschine das U-Boot überflog, war der Turm noch nicht vollständig unter Wasser. Vier Torpex-gefüllte Wasserbomben verließen den Bombenschacht, im Abstand von jeweils zehn Metern. Die letzte der vier landete fast unmittelbar vor dem Turm. Als die Wabos in acht Meter Tiefe explodierten, zermalmten sie U 155 nahezu. Alles im Boot, was nur irgendwie kaputtgehen konnte, war zerbrochen, und die Tiefenrudergänger hatten die größte Mühe zu verhindern, daß das Boot durchsackte. Die Schadensmeldungen überfluteten die Zentrale, und alle berichteten von schweren Schäden in den einzelnen Abteilungen. Piening hielt des Boot für eine Stunde behutsam in einer Tiefe von 20 Metern, während die Besatzung die Lecks bekämpfte und versuchte zu reparieren, was immer möglich war. Schließlich ließ Piening auftauchen, um die Beschädigungen zu besichtigen. Er meldete dem BdU, daß er nicht mehr tauchklar war, und setzte die Fahrt über Wasser mit bestmöglicher Geschwindigkeit fort, um schnellstens aus der Gefahrenzone herauszukommen. Adolf Piening, dem am 13. August das Ritterkreuz verliehen worden war, hatte seine zweite Feindfahrt in die Karibik abgeschlossen, auf der er 43 500 BRT versenkt hatte, womit sein Gesamtergebnis sich jetzt auf über 76 000 BRT belief. Der BdU wies U 510 (Neitzel) an, Piening zu begleiten, aber das Boot war auch nur beschränkt einsatzfähig, da das Horchgerät ausgefallen war. Im mittleren

Atlantik mußte Piening auf ein anderes Boot mit Ersatzteilen warten, bevor er den gefährlichsten Teil der Reise nach Lorient beenden konnte. U 155 hatte den gesamten Weg über Wasser zurückgelegt und hielt sich jetzt, begleitet von U 704 (Kessler), dicht unter der spanischen Küste, bis es endlich am 15. September den Heimathafen erreichte.

Teddy Suhren (U 564) versorgt U 154 (Kölle) westlich der Antillen mit Treibstoff und Torpedos.
Quelle: U-Boot-Archiv, Cuxhaven

KAPITEL 8

Drei U-Boote gehen verloren

Die Boote der dritten Welle erlebten die Karibik weniger ideal als ihre Vorgänger. Es gab zwar immer noch ausreichend Ziele, aber die alliierte Luftherrschaft machte ihnen das Leben zunehmend schwerer. Die U-Boot-Kommandanten fanden mit dem für sie typischen Wagemut eine passende Lösung, indem sie bei ihren Überwasserangriffen in unmittelbarer Nähe der Geleitschiffe operierten, so daß es für die Radarbeobachter schwierig war, sie zu identifizieren. Im August wurde diese Taktik von einer ganzen Reihe von Booten angewendet, aber es dauerte nicht lange, bis die Besatzungen der Geleitfahrzeuge dahinterkamen.
Diese Methode war für die Boote, die nicht an Konvois operierten, jedoch nutzlos. In der Weite des Meeres waren sogar die handlicheren Boote des Typs VII im Nachteil. Sie konnten zwar mit 25 Sekunden[24] zehn Sekunden schneller tauchen als die Boote des Typs IX, aber selbst dieser kleine Vorteil war nicht ausreichend. Ein U-Boot sah ein angreifendes Flugzeug selten auf eine größere Entfernung als zwei bis drei Meilen. Es blieb ihm dann weniger als eine Minute Zeit zum Tauchen, und da konnte es unmöglich eine Tiefe erreichen, die es vor den Druckwellen der Wasserbomben schützte. Das Problem war, daß ein U-Boot sich dreidimensional bewegt, und da reichte es meist auch nicht aus, daß die Besatzung auf den Befehl »Alle Mann voraus« Hals über Kopf ins Vorschiff stürzte, um den Tauchvorgang zu beschleunigen. Nur in wenigen Fällen gelang es einem U-Boot, das sich auf die optische Sichtung eines Angreifers verließ, diese Schwierigkeiten zu meistern. Wenn ein Flugzeug das tauchende U-Boot überflog, war der Turm vielfach noch über Wasser, und es hing dann alles von der Zielgenauigkeit des Piloten ab, die sich natürlich mit der Zeit stetig verbesserte. Dies war auch der Grund für den Verlust des zweiten U-Bootes in der Karibik, nachdem es auf ein erfahrenes Geschwader gestoßen war.
OltzS. Ludwig Forster brachte U 654 an Great Inagua Island in den Bahamas vorbei in die Windward Passage, die das Boot ohne Widerstand passierte. Als es in seinem Operationsgebiet vor Panama ankam, hatte er bis dahin noch keinen »karibischen« Luftangriff erlebt. Es war eine langweilige Feindfahrt, auf der ihm zehn Tage lang kein Schiff und kein Flugzeug begegnete. Zunächst dachte der BdU, daß es sich um eine vorübergehende Flaute im Schiffsverkehr handeln würde, und als Forster sich am 20. August über seine Untätigkeit beschwerte, wurde ihm das Gebiet weiter nördlich zugewiesen. Der amerikanische Führungsstab im *Panama Sector* wußte nichts von einem U-Boot in seinem Bereich, bis Forster am 20. August seinen Funkspruch absetzte. Die Übertragung wurde eingepeilt und der ungefähre Standort

KAPITEL 8

errechnet. Von diesem Moment an war das Schicksal des Bootes besiegelt. Die nach Panama verlegte 45th Bombardment Squadron des US-Army Air Corps, die bereits vorher im *Puerto Rico Sector* Erfahrungen sammeln konnte, war keinesfalls entmutigt, obwohl sie seit langem kein einziges U-Boot mehr gesichtet hatte. Am 22. August ertappte eine B-18 U 654 beim Überwassermarsch 150 Meilen vor Colón. Die Maschine sah, wie das noch zwei Meilen entfernte U-Boot alarmtauchte, und ging tiefer herunter. Vier Wasserbomben gabelten das tauchende Boot ein, das seinen Weg auf den Meeresgrund einfach fortsetzte.

Am 24. August stand Wattenberg mit U 162 östlich von Barbados, als er den holländischen Frachter MOENA sichtete, der als Einzelfahrer den Atlantik querte. Zwei Torpedos schickten das 9286 BRT große Schiff in die Tiefe. Zwei Tage später fing er den norwegischen Tanker THELMA (8 297 BRT) ab, der sich auf der Fahrt in die Karibik befand, und versenkte ihn ebenfalls durch zwei Torpedos. U 162 war auf dem besten Weg zu einer weiteren erfolgreichen Feindfahrt.

Ritterkreuzträger ObltzS. Otto Ites war ein populärer und erfolgreicher Kommandant, als er mit U 94 am 3. August St. Nazaire verließ. Die Mannschaften der U-Boote leg-

Oberleutnant zur See Otto Ites (U 94).

Quelle: U-Boot-Archiv, Cuxhaven

KAPITEL 8

ten großen Wert darauf, daß ihre Kommandanten Glück hatten, und das war bei Ites der Fall. Obwohl er mit 25 Jahren sehr jung war, wurde er von seiner Besatzung liebevoll Onkel Otto genannt. U 94 hatte ein Rendezvous mit dem U-Tanker U 463 und setzte dann seinen Marsch zum Operationsgebiet in der Windward Passage fort. Am 20. August war Ites in Position und wartete auf die erste Sichtmeldung eines Konvois.

Konvoi TAW 15, der letzte vor der Umbenennung in TAG, formierte sich am 24. August vor dem Dragon's Mouth. Nachdem der Konvoi dem Befehlshaber der Geleitsicherungsgruppe übergeben worden war, setzte er sich nach Nordwesten in Marsch. Die Eskorte bestand aus dem Zerstörer USS LEA, den kanadischen Korvetten HMCS OAKVILLE, HMCS HALIFAX und HMCS SNOWBERRY, dem holländischen Minenleger HMNS JAN VAN BRAKEL und drei PCs der US-Navy. Über dem Verband sorgten die Maschinen der 1st Bombardment Squadron und der No. 53 Squadron der RAF für ständige Luftüberwachung. Der Geleitzug war angewiesen, sich westlich zu halten und dicht an Aruba vorbeizufahren, um einige Tanker aufzunehmen. Aus Panama ausgelaufene Frachter würden im Jamaica Channel und weitere Schiffe aus anderen Häfen der Karibik in Guantánamo Bay warten, um sich ihm anzuschließen. TAW 15 war für Key West bestimmt, wo eine Gruppe aus dem Golf von Mexico hinzustoßen sollte. Dann sollte er unter der Bezeichnung KN nach New York marschieren, sich mit weiteren Schiffen aus Halifax vereinen und gemeinsam mit ihnen als HX-Konvoi den Nordatlantik nach England überqueren. Es war eine lange und gefahrvolle Route, mit deren Planung und Organisation Tausende von Menschen beschäftigt waren. Ein Geleitzug konnte ein administratives Monstrum werden, und genau das geschah mit TAW 15. Bereits vor seinem Eintreffen wurden die Frachter, die im Jamaica Channel und südlich Haiti warteten, als Bestandteil des Konvois angesehen, und das neu eingetroffene U 558 (Krech) war offiziell daher schon mit ihm in Kontakt, als es die Schiffe sichtete. Um 4 Uhr 37 am Morgen des 25. August schoß Günther Krech einen Torpedo auf den kleinen britischen Dampfer AMAKURA (1 987 BRT), der sofort sank. Aber die heftige Reaktion überraschte ihn. Fast sofort stürzte sich eine PBY *Catalina* auf ihn, und er mußte alarmtauchen. Innerhalb kürzester Zeit erschienen weitere Flugzeuge und ein PC und vertrieben das Boot.

Um die Mittagszeit hatte Otto Fechner ein ähnliches Erlebnis, als er mit U 164 auf die wartende Gruppe südlich Haitis stieß. Um 12 Uhr 20 schoß er zwei Torpedos auf den holländischen Dampfer STAD AMSTERDAM (3 780 BRT). Der Frachter ging 80 Meilen vor der Küste Haitis unter, aber ehe Fechner sich's versah, waren die Flugzeuge zur Stelle. Er mußte tauchen und verlor den Kontakt. Beide Boote wußten zu diesem Zeitpunkt noch nicht, daß sie mit ihren Aktionen den Kampf um TAW 15 eingeläutet hatten.

Am 26. August übernahm die 59th Squadron des US-Army Air Corps auf Curaçao die Luftsicherung von TAW 15, als er sich Aruba näherte und die PCs die wartenden Tanker zu den vorbeifahrenden Schiffen lotsten. Kurz danach änderte der Kon-

KAPITEL 8

voi seinen Kurs nach Nordwest und trat die lange Reise quer durch das karibische Meer zur Windward Passage an. Otto Ites sichtete den Geleitzug 200 Meilen von der Passage entfernt und heftete sich als Fühlungshalter an seine Fersen. Seine Sichtmeldungen alarmierten U 164 (Fechner), U 511 (Steinhoff) und U 558 (Krech). Inzwischen hatten die weitreichenden *Catalinas* von der VP-92 die Deckung von den Douglas A 20 der 59th Squadron übernommen, deren Aktionsbereich zu gering war. Im U-Boot-Lageraum der *Caribbean Sea Frontier* in Puerto Rico verschoben die Stabsoffiziere die Symbole auf der Karte, um das Vorrücken von TAW 15 anzuzeigen. Sie hatten die Sichtmeldung von U 94 (Ites) und die Angriffsberichte von U 164 und U 558 aufgefangen und waren sich über die aufziehende Gefahr für den Geleitzug im klaren. Ein Lagebericht wurde an den Befehlshaber der Sicherungsgruppe auf USS Lea geschickt. Mit Anbruch der Morgendämmerung am 27. August hatte USS

Kanadisches Propagandaposter, das den Versuch der Kaperung von U 94 zeigt.

Quelle:
US Naval Academy Museum

Kapitel 8

LEA Position vor dem Konvoi bezogen. An ihrer Steuerbordseite marschierten im Abstand von vier Meilen vom Gros der Schiffe HMCS HALIFAX, ein PC der US-Navy und HMNS JAN VAN BRAKEL, und an ihrer Backbordseite HMCS SNOWBERRY, ein PC der US-Navy und HMCS OAKVILLE. Den Nachhut bildete ein einzelnes PC der US-Navy.

Am späten Abend des 27. August kam auch Steinhoff (U 511) mit TAW 15 in Kontakt. Gemeinsam mit U 94 beschattete er den Konvoi, und beide Boote bereiteten sich trotz des Mondscheins auf einen Nachtangriff vor. Steinhoff hatte bereits Erfahrung mit den alliierten Flugzeugen, aber Ites noch nicht. Vor Mitternacht begannen die Boote damit, am Konvoi entlang vorzusetzen, so daß sie von den Flanken aus angreifen konnten. U 511 übernahm die Steuerbordseite und U 94 die Backbordseite. Sie überholten langsam den Geleitzug, der mit acht Knoten einen Kurs von 300 Grad steuerte. Dabei mußten sie laufend tauchen, um der starken Luftsicherung durch die Flugboote zu entgehen. Um Mitternacht standen sie schließlich etwas vorlicher als querab der seitlichen Sicherungsfahrzeuge und drehten auf den Konvoi zu. U 94 bewegte sich im Schneckentempo, als Ites das vorgeflutete Boot auf östlichen Kurs brachte. Er mußte erst an den drei weit außen fahrenden Geleitfahrzeugen vorbei, bevor er an die Handelsschiffe herankonnte. Das Mondlicht glitzerte auf dem Wasser, als sich die niedrige Silhouette des U-Bootes hinter der Korvette HMCS SNOWBERRY hindurchschob, die die Sicherungsfahrzeuge an Backbordseite anführte. Vor dem Boot war ein PC der US-Navy, dem Ites jedoch keine weitere Beachtung schenkte. Diese 26 Meter langen Schiffe waren nicht sehr schlagkräftig und wurden deshalb häufig ignoriert. Achteraus von dem PC war die Bugwelle der Korvette HMCS OAKVILLE schwach zu erkennen, und Ites wußte, daß diese Schiffe viel gefährlicher waren. Seine ganze Aufmerksamkeit galt daher der Korvette, denn sie war das einzig ernstzunehmende Hindernis, das er überwinden mußte. Dabei übersah er, was sich über ihm zusammenbraute.

Eine den Konvoi umkreisende *Catalina* des VP-92 entdeckte den dunklen Schatten des U-Bootes, wie er sich an Backbordseite des Konvois heranschob. Der Pilot zögerte keinen Moment, und das große Flugboot stürzte sich wie ein Habicht auf den Eindringling. Die Ausgucks auf U 94 waren wachsam, und das Boot tauchte, noch bevor das Flugzeug über ihm war. Die PBY fegte über den Tauchstrudel, und vier Wabos fielen aus ihren Aufhängungen. Die Wassersäulen und der Donner der Explosionen alarmierten HMCS OAKVILLE, die sofort auf volle Fahrt ging, um schnell zum Schauplatz zu kommen. Als die Korvette über das aufgewühlte Wasser lief, bekam der Bedienungsmann des Asdic-Gerätes eine gute Peilung. Zwei Wasserbomben verließen die Werfer, und drei weitere rollten von den Schienen am Heck. Sie lagen gut, und die gewaltigen Detonationen so nahe am Boot zerschmetterten die Einrichtung und beschädigten die Tiefenruder und Tauchzellen. Da Wasser durch mehrere Lecks im Druckkörper drang, wußte Ites, daß U 94 erledigt war. Die einzige Alternative war, aufzutauchen und weiterzukämpfen. Oben kreiste die *Catalina* und erhellte die

KAPITEL 8

Gegend mit Leuchtfackeln, als das Boot aus der Tiefe an die Wasseroberfläche kam. In allen Jahrhunderten haben Marineoffiziere den unwiderstehlichen Drang verspürt, den Gegner zu rammen, obwohl ihre Schiffe dabei meist schwer beschädigt wurden. Lieutenant Commander King auf HMCS OAKVILLE war da keine Ausnahme, und der Anblick des auftauchenden U-Bootes erweckte in ihm sofort den gleichen Wunsch. Das glitzernde U-Boot lag in einem Meer von aufgewühltem Schaum, als die Korvette mit hart Ruder auf neuen Kurs herumzukommen versuchte. OAKVILLE hatte nicht genug Seeraum, um zu wenden, und der Rammversuch endete damit, daß die Korvette am Rumpf des U-Bootes entlangscheuerte. Als die Korvette herumschwenkte, schoß sie zwei Leuchtgranaten, um das U-Boot zu beleuchten. Die 10,2-cm-Geschütze der Korvette eröffneten zusammen mit der 2-cm-Flak das Feuer, und bald erhielt das Boot Treffer. Die Geschützbedienung von U 94 wurde niedergemäht, als sie versuchte, auf das Vordeck des Bootes zu kommen.

Im August 1941 hatte die Royal Navy U 570 (Kptlt. Hans-Joachim Rahmlow) auf hoher See gekapert, wobei ihr hochgeheime Unterlagen in die Hände fielen, die sich für die Geleitsicherung von großem Wert erwiesen. Während des ganzen Krieges versuchten alle Marinen, dem nachzueifern. Den Amerikanern sollte es später gelingen, aber jetzt versuchte es erst einmal Lt.Cmdr. King für die kanadische Marine mit U 94. Lieutenant Hal Lawrence war als Prisenoffizier eingeteilt und sein Prisenkommando stand bereit, als die Korvette einen neuen Anlauf machte. Otto Ites war allerdings nicht gewillt, sich rammen zu lassen, und es gelang ihm, OAKVILLE auszuweichen. Der Rammversuch endete wiederum damit, daß die Korvette am Rumpf des U-Bootes entlangschrappte. OAKVILLE hatte Glück dabei, denn die herausstehenden Tiefenruder hätten ihre Seitenwände leicht aufreißen können. King war wild entschlossen, seinen Gegner zu erledigen, und noch während die Korvette an der Seite des U-Bootes entlangrauschte, rollten Wasserbomben von ihrem Heck. Die Wabos detonierten fast unter dem Boot und beschädigten die Motoren, so daß U 94 nur noch kriechen konnte. King erkannte seine Chance, und OAKVILLE brauste jetzt im rechten Winkel auf das Boot zu. Die Korvette prallte kurz vor dem Turm auf, stieg am Boot hoch, drückte es unter Wasser, zerschmetterte das Vorschiff und glitt auf der anderen Seite in einem Chor von Krachen und Bersten wieder herunter.

Nun war U 94 wirklich erledigt. Der Druckkörper war vielen Wasserbombenexplosionen ausgesetzt gewesen, und die Treffer der Artillerie hatten auch ihren Teil dazu beigetragen. Der Rammstoß hatte die Vorderseite des Turms zerstört und den Rumpf aufgespalten. Im Bewußtsein seines Sieges brachte King OAKVILLE erneut längsseits, um seine Prisenmannschaft überzusetzen. Nur Lt. Lawrence und Petty Officer Powell schafften es jedoch, bevor die Korvette wieder vorbei war. Lawrence und Powell stellten sich der U-Boot-Besatzung entgegen, die aufgeregt versuchte, daß sinkende Boot zu verlassen. Sie machten von ihren Schußwaffen Gebrauch, um die Hektik zu stoppen, kontrollierten die Ausstiegsluken an Deck und ließen die Leute von unten heraufkommen. Dann bewies Lawrence viel Mut, als er in das unterge-

KAPITEL 8

hende Boot stieg, um die Seeventile zu schließen. Während er unten war, erkannte Powell, daß das Boot nicht zu halten war. Ein Warnruf brachte Lawrence durch das brusttiefe Wasser zurück auf die Brücke. Kaum hatten sie das Boot verlassen, da erhob U 94 sein Heck und glitt in die Tiefe. USS LEA erschien am Ort des Geschehens und rettete viele Besatzungsmitglieder und die beiden Kanadier aus der See. Auch die beschädigte OAKVILLE nahm einige Schiffbrüchige auf, worunter sich auch Ites befand. Seit der ersten Sichtung von U 94 waren 45 Minuten vergangen.

Während die Geleitschiffe an Backbordseite mit U 94 beschäftigt waren, hatte Steinhoff den Sicherungsschirm auf der anderen Seite durchbrochen. U 511 befand sich über Wasser zwischen den Geleitfahrzeugen und den Handelsschiffen. Um 1 Uhr 20 am Morgen verließen zwei Torpedos die Bugrohre. Drei Minuten später folgten die restlichen zwei. Steinhoff hatte gut gezielt, denn das erste Paar traf den britischen Tanker SAN FABIAN (13 031 BRT). Die Explosionen rissen die Seitenwände auf und entzündeten die Ladung. Eine turmhohe Flamme schoß himmelwärts, und der Tanker kam zu einem abrupten Halt. Es war das größte Schiff, das im Karibischen Meer versenkt wurde. Drei Minuten später schlug das zweite Paar in die Bordwand des holländischen Motortankers ROTTERDAM (8 968 BRT) ein und setzte ihn in Brand, wobei auch er langsam absackte. Steinhoff wendete U 511 und schoß zwei Torpedos aus den beiden Heckrohren auf einen weiteren Tanker. Noch bevor der erste die SAN FABIAN traf, waren alle Torpedos auf dem Wege, und er konnte tauchen. U 511 war schon fast unter Wasser, als der erste Torpedo traf, und weit unten, als die letzten beiden ihr Ziel fanden. Die Torpedos erwischten den amerikanischen Tanker ESSO ARUBA (8 773 BRT), der unter dem Aufschlag erzitterte und an Fahrt verlor. Die Geleitfahrzeuge auf der Steuerbordseite des Konvois eilten auf die vermutliche Abschußstelle zu, aber U 511 war inzwischen tief getaucht und schlich langsam davon.

TAW 15 hatte vier Schiffe mit zusammen 27 766 BRT verloren, und ein Tanker war schwer beschädigt worden. Dieser Verlust wurde ausgeglichen durch die Versenkung von U 94, aber dabei muß man natürlich berücksichtigen, daß auch HMCS OAKVILLE Schäden davongetragen hatte. Sie war zunächst für zehn Tage außer Dienst, während sie in Guantánamo Bay provisorisch repariert wurde, und danach für längere Zeit bis zur ihrer völligen Wiederinstandsetzung. Spät am Nachmittag liefen OAKVILLE und ESSO ARUBA mit den Überlebenden von U 94 in Guantánamo Bay ein. Ites hatte einen Beinbruch und verschiedene andere Besatzungsmitglieder Schußverletzungen erlitten.

Die Kämpfe in der Windward Passage waren zu Ende, da es den U-Booten wegen der starken Luftüberwachung nicht mehr gelang, den Konvois größere Verluste zuzufügen. Alleinfahrende Schiffe wurden dort allerdings auch in den folgenden Jahren noch regelmäßig angegriffen.

Die Offensive verlagerte sich nun auf das Gebiet um Trinidad. U 164, U 511 und U 558 blieben nach den Angriffen auf TAW 15 weiterhin südlich der Windward Passage, sie konnten jedoch keine Erfolge mehr erzielen. U 553 operierte südlich der

Mona Passage, während U 66, U 162, U 173, U 217 und U 564 sich vor Trinidad aufhielten. Der Führungsstab des *Trinidad Sectors* wußte von ihrer Anwesenheit, und alle verfügbaren Flugzeuge befanden sich auf Überwachungsflügen. Entlang der Inselkette patrouillierten Schiffe der TRNVR und MTBs der Royal Navy. Es war ein himmelweiter Unterschied zu den Tagen, wo die gesamte Streitmacht der Alliierten aus zwei alten Zerstörern bestanden hatte.

Zunächst sollte jetzt FKpt. Heinz-Ehler Beucke (U 173) einer schweren Prüfung durch die Luftstreitkräfte unterzogen werden. Um 13 Uhr 45 am 28. August war die Douglas *Hudson* PZ/W der No. 59 Squadron der RAF mit Flight Sergeant Sillcock am Steuerknüppel, der bereits U 155 (Piening) schwer beschädigt hatte, von Waller Field zur U-Jagd gestartet. Als die Maschine sich rund 150 Meilen südöstlich von Trinidad befand, zeigte das Radar einen Kontakt in acht Meilen Entfernung an. Auf sechs Meilen wurde das U-Boot optisch sichtbar, das langsam auf Trinidad zusteuerte. U 173 tauchte, als die Maschine eine Meile entfernt war, aber sein Heck war noch zu sehen. Vier gut gezielte Wabos fielen, wovon zwei unmittelbar hinter dem Boot auftrafen und die anderen beiden kurz außerhalb des Tauchstrudels. Als die Wassersäulen zusammengefallen waren, sah die Besatzung der *Hudson*, wie Öl und Luftblasen aufstiegen und ein gelber Gegenstand inmitten des Schaums aufschwamm. Ein wenig später erschien ein langes schwarzes Objekt, welches jedoch gleich wieder versank. Sillcock wurde richtigerweise die Beschädigung eines U-Bootes zuerkannt, denn tatsächlich war U 173 auch schwer beschädigt worden.

Beucke war gerade noch rechtzeitig von seinen Ausgucks vor dem Flugzeug gewarnt worden. U 173 vollzog einen schnellen Alarmtauchvorgang, aber die Zielgenauigkeit der *Hudson* war sehr gut gewesen. Die Detonationen so nahe am Boot beschädigten einen großen Teil der Einrichtung und verursachten zahlreiche Lecks im Druckkörper. Das Boot verblieb einige Zeit auf 20 Meter Tiefe, während die Besatzung mit der Schadensabwehr beschäftigt war. Als U 173 schließlich auftauchte, bot sich der Brückenbesatzung ein fürchterlicher Anblick. Die vier Deckbehälter mit den Reservetorpedos waren zerstört, und der schwarze Gegenstand, den Sillcock gesehen hatte, war ein Torpedo gewesen. Fünf der sechs Torpedorohre waren unbrauchbar geworden, und das Sehrohr war ebenfalls kaputt. Beucke teilte dem BdU mit, daß U 173 kampfunfähig sei und er sich ostwärts in die offene See absetzen würde. Aber sein Leidensweg war noch nicht zu Ende. Als die Sonne unterging, erwischte eine B-18 der 1st Bombardment Squadron ihn erneut. Er tauchte wiederum schnell, und diesmal hatte er Glück, denn der Pilot zielte schlecht. Es traten keine zusätzlichen Beschädigungen auf. Der BdU rief U 173 zurück, aber es sollte noch weiteren Ärger bekommen. Am Morgen des 29. August entdeckte Flight Sergeant Badger mit seiner *Hudson* PZ/C das Boot östlich von Barbados. Diesmal war der Tauchvorgang noch nicht eingeleitet, als die Maschine das Boot überflog, denn die Besatzung war mit der schwierigen Aufgabe beschäftigt gewesen, die am Vortag beschädigten Teile an Deck zu beseitigen. Erst nachdem die *Hudson* ihre Wasserbomben geschmissen

KAPITEL 8

hatte, tauchte U 173. Als die Wabos unter dem Boot explodierten, war es noch über Wasser, und dadurch wurde es wahrscheinlich gerettet.
Kurz nach Mitternacht beendete der Veteran Suhren seinen einzigen Karibikeinsatz mit der Versenkung des norwegischen Motortankers VARDAAS (8 176 BRT) 40 Meilen vor Trinidads Grand Boca. U 564 stoppte das Schiff mit einem Torpedo und schoß es dann mit der Bordkanone in Brand. Der Tanker brannte die ganze Nacht, und der Feuerschein am Horizont brachte die U-Jagd-Flugzeuge zum Schauplatz, aber Suhren war bereits fort. Zwei Stunden später besiegelte Wattenberg (U 162) 70 Meilen südlich Barbados das Schicksal des amerikanischen Liberty-Frachters STAR OF OREGON (7 176 BRT), das als letztes Schiff seiner zweiten Feindfahrt in die Karibik unterging. U 66 hatte bereits am Vortag mit der Torpedierung des amerikanischen Dampfers TOPA TOPA (5 356 BRT), der mit Kraftfahrzeugen und Flugzeugen beladen war, östlich Trinidads Erfolg gehabt. Jetzt schlug Friedrich Markworth erneut zu und schickte am Morgen des 30. August das panamaische Motorschiff SIN HURN (6 049 BRT) auf den Meeresgrund, dem er am Nachmittag den amerikanischen Frachter WEST LASHAWAY (5 637 BRT) hinzufügte. Den letzten Tag des Monats beendete er dann stilgerecht mit der Versenkung des britischen Tankers WINAMAC (8 621 BRT), der mit einer vollen Ladung Brennstoff nach Gibraltar unterwegs gewesen war.
Der Monat August stellte den Höhepunkt in bezug auf die Anzahl der in der Karibik eingesetzten Boote dar. In der ersten Woche hatten zehn, in der zweiten Woche 13 und in der dritten Woche 19 Boote im Gebiet der *Caribbean Sea Frontier* operiert. In den vierten Woche waren nur noch neun Boote vor Ort. Von den 14, die sich auf dem Rückmarsch befanden, waren zehn durch Luftangriffe beschädigt worden. Die Konzentration der U-Boote im August hatte jedoch nicht die von Dönitz erhofften Versenkungszahlen gebracht. Einschließlich des Golfs von Mexiko waren von 26 eingesetzten Booten 44 Schiffe versenkt und drei beschädigt worden. Die Offensive war nicht vorüber, und in den nächsten Monaten sollten noch viele Schiffe untergehen, aber die Waage neigte sich zunehmend zugunsten der Alliierten. Insgesamt waren in den sechseinhalb Monaten seit Beginn der Operation *Neuland* 262 Handelsschiffe mit etwas über 1,5 Mio BRT verloren gegangen, was einem Monatsdurchschnitt von 40,3 Schiffen entsprach. Im selben Zeitraum wurden fünf U-Boote versenkt, und das bedeutete, daß auf 52 versenkte Schiffe ein U-Boot-Verlust entfiel. Es war ein sehr »wirtschaftliches« Ergebnis, und Dönitz beabsichtigte daher, die Offensive fortzusetzen. In der Zwischenzeit konzentrierten sich die U-Boote jedoch zunächst wieder auf den Nordatlantik, da die Luftüberwachungslücke in der Mitte des Ozeans immer noch bestand und der BdU die Chance nutzen wollte. Als die Lücke schließlich (im Mai 1943) geschlossen wurde, kehrten die U-Boote in großer Zahl in die Karibik zurück, aber da war es bereits zu spät.
Admiral King wurde von Roosevelt und Churchill unter Druck gesetzt, der Schlacht gegen die U-Boote im Atlantik einen höheren Stellenwert einzuräumen, was auch unmittelbare Auswirkungen auf Trinidad haben sollte. Im September erhielt die im

KAPITEL 8

Besatzung einer PBY Catalina des VP-53 Chaguaramas, Trinidad. *Quelle: Autor*

Flugzeughangar auf dem Seefliegerhorst Chaguaramas. *Quelle: National Archives, Washington*

KAPITEL 8

Brennpunkt stehende Insel zwei weitere Seefernaufklärergeschwader. Die VP-53 Squadron der US-Navy wurde mit ihren PBY *Catalinas* von Puerto Rico nach Chaguaramas verlegt, gefolgt von der VP-74 Squadron mit ihren PBM *Mariners*. Die Martin PBM *Mariner* war das beste Flugboot, das die Amerikaner während des Zweiten Weltkrieges gebaut haben. Sie war nicht so berühmt wie die *Catalina*, aber letzterer in Leistung und Kampfwert weit überlegen. Die Waffenzuladung des Flugzeugs betrug vier Tonnen, und es hatte eine sehr hohes Durchhaltevermögen. VP-74 kam zunächst mit nur vier dieser mit einem seegrauen Anstrich versehenen Maschinen, die schon bald zu einem vertrauten Anblick in der Karibik wurden.

Veränderungen gab es auch auf Waller Field, wo die 1st Bombardment Squadron des US-Army Air Corps auf den neuen Feldflugplatz Edinburgh Field, im Inneren von Trinidad, übersiedelte und dort zusammen mit der No. 53 Squadron der RAF die 9th Bomber Group bildete. Auf Waller Field zog die 22nd Pursuit Squadron mit zwölf Jagdflugzeugen vom Typ P-39 und vier vom Typ P-40 ein. Die Insel verfügte damit jetzt über Jäger, die sich für Aufklärungsflüge eigneten, sowie über Bomber und Seefernaufklärer. Von Curaçao aus operierte weiterhin die 59th Squadron mit ihren Douglas A 20 *Havocs*, um die Ölverladeanlagen auf den holländischen Inseln zu schützen. Die US Naval Air Station San Juan auf Puerto Rico erhielt die Patrol Squadron VP-204 mit PBM *Mariner* Flugbooten, von denen einige auch auf Antigua stationiert wurden, die den Strand gegenüber dem neugebauten Flugplatz Coolidge Field benutzten. Auf Coolidge Field selber war die 10th Bombardment Squadron zu Hause, die helfen sollte, die Nordostecke der Karibik abzudecken. Ein anderes neues Geschwader war die 430th Bombardment Squadron, die mit ihren B-18-Bombern zu den Lockheed *Hudsons* der RAF auf Atkinson Field in Britisch Guayana verlegte. Das waren umfangreiche Verbesserungen, und es gab jetzt keinen Fleck mehr in der Karibik und entlang der südamerikanischen Küste, der nicht regelmäßig patrouilliert wurde.

Die Kommandostrukturen auf Trinidad und die vorhandenen Seestreitkräfte zeigten, daß die Insel jetzt fest als Sammelpunkt für Konvois etabliert war. Am 7. September wurde Rear Admiral Jesse B. Oldendorf zum Befehlshaber des *Trinidad Sectors* ernannt. Damit hatte endlich ein Marineoffizier das Kommando über den in diesem Gebiet stattfindenden Seekrieg erhalten. Der Stützpunkt Chaguaramas der US-Navy verfügte mittlerweile über eine ansehnliche Flotte, die aus sechs amerikanischen und drei britischen Zerstörern, jeweils einem englischen und einem holländischen Kanonenboot, einem U-Boot, vierzehn PCs, neun britischen MTBs und zwei amerikanischen PTs[25] bestand. Der Golf von Paria war gut geschützt, zum Teil sogar zu gut, wie ein Vorfall mit der Minensperre zeigen sollte.

Der Monat September begann sehr ruhig, und während der ersten fünf Tage wurden keine Versenkungen registriert. Dafür sollte jedoch ein U-Boot verlorengehen. U 162 (Wattenberg) war fast am Ende einer weiteren erfolgreichen Feindfahrt, und vielleicht hätte das Boot sogar einen Rekord aufgestellt, wenn es nicht das einzige Opfer der Royal Navy in der Karibik geworden wäre. Nach seinem Angriff auf TAW

(S) am 19. August hatte Wattenberg auf seiner Jagd nach großen Schiffen U 162 ostwärts in das Gebiet um Barbados gebracht. Mit der Versenkung der STAR OF OREGON am 31. August erreichte er ein Ergebnis von 34 481 BRT, was einem Durchschnitt von über 7 600 BRT pro Schiff entsprach. Am 1. September schickte er seinen letzten Funkspruch. Und dann machte er den entscheidenden Fehler, daß er unvorsichtigerweise drei Zerstörer angriff.

Die Zerstörer HMS PATHFINDER, HMS QUENTIN und HMS VIMY befanden sich auf dem Weg nach Trinidad, um einen Tanker-Konvoi über den Atlantik zu geleiten. Die moderne PATHFINDER der ONSLOW-Klasse verfügte über vier 10,2-cm-Geschütze und Radar des älteren Typs 286. Die ebenfalls im Krieg gebaute QUENTIN der Q-Klasse war mit vier 12-cm-Geschützen und gleichfalls mit Radar 286 ausgerüstet. Der älteste Zerstörer des Trios war die aus dem Ersten Weltkrieg stammende VIMY der ADMIRALITÄTS-V-Klasse, die bei der Modernisierung zwei 10,2-cm-Zwillingsgeschütze und das neuere Seeaufklärungsradar vom Typ 271 erhalten hatte. Alle drei Schiffe verfügten über Asdic und führten Wasserbomben mit sich, die von Werfern und über Schienen am Heck geworfen werden konnten.

Am 3. September marschierten die drei Schiffe in Dwarslinie mit PATHFINDER in der Mitte, QUENTIN an Backbordseite und VIMY an Steuerbordseite und befanden sich ungefähr 50 Meilen nordöstlich von Tobago. Kurz vor 18 Uhr am Abend sichtete Wattenberg einen Zerstörer auf zehn Meilen Entfernung, und er hätte Gelegenheit gehabt, ihm auszuweichen. Aber nach dem Motto, daß nur der Mutige gewinnt, entschloß er sich anzugreifen. Zu diesem Zeitpunkt hätte der Mann am Horchgerät ihm melden müssen, daß er die Geräusche von drei Schraubensätzen hörte, aber aus unerfindlichen Gründen wurde Wattenberg nicht informiert. U 162 ging auf Sehrohrtiefe und wartete, daß der Zerstörer in Schußweite kam. Fünf Minuten nach 18 Uhr ortete das Asdic auf HMS PATHFINDER in 1 100 Meter ein Ziel, woraufhin der Wachoffizier Gefechtsalarm auslöste und das Schiff auf Angriffskurs brachte. Kurz darauf betrat der Kommandant die Brücke und widerrief den Befehl. PATHFINDER stoppte, um dem Asdic bessere Möglichkeiten zum Peilen zu geben. Wattenberg, der immer noch glaubte, es nur mit einem Zerstörer zu tun zu haben, schoß in diesem Moment einen Torpedo. Der Bedienungsmann des Horchgerätes an Bord des Zerstörers erfaßte das Laufgeräusch des Torpedos und meldete es. Sekunden später konnten die Brückenbesatzungen auf PATHFINDER und QUENTIN die Blasenbahn ausmachen, und zunächst schien es so, als ob der Torpedo weit vor QUENTIN durchlaufen würde, aber dann machte er einen weiten Bogen und kam direkt auf den Zerstörer zu. QUENTIN hatte große Mühe auszuweichen, und einen Augenblick sah es so aus, als ob der Zerstörer nicht schnell genug drehen konnte. Der Torpedo lief an dem unter harter Ruderlage krängenden Zerstörer entlang, und von der Brücke konnte man das Nasenkreuz des Aufschlagzünders deutlich erkennen.

PATHFINDER hatte jetzt eine sichere Peilung auf 550 Meter und lief zum Angriff an. In der Annahme, daß das U-Boot nach dem Torpedoschuß tief getaucht sei, wurden

KAPITEL 8

die Wasserbomben auf Explosionstiefen zwischen 50 und 100 Meter eingestellt. Sobald Wattenberg hörte, daß der Zerstörer beschleunigte, erhöhte er die Fahrt und versuchte südwärts auszuweichen. Als PATHFINDER die geortete Stelle passierte, verließen zehn Wasserbomben das Heck. Die Wabos sanken mit einer Geschwindigkeit von 4,25 Meter pro Sekunde, bis ihre hydrostatischen Zünder die Detonationen auslösten. Es war ein punktgenauer Angriff, und die Hammerschläge der 135-kg-Bomben zerschmetterten zahlreiche Instrumente und das Horchgerät des Bootes. U 162 war jetzt in einer kritischen Situation praktisch blind. Die Wasserbomben hatten außerdem eine der Tauchzellen beschädigt, und die Zerstörer konnten einen Pfeifton unter Wasser hören, der vermutlich von der entweichenden Preßluft kam. PATHFINDER gewann erneut Asdic-Kontakt, brach aber den Anlauf ab, da auch QUENTIN Fahrt aufgenommen hatte. Als der Zerstörer über U 162 hinwegflief, verließen sechs Wabos das Schiff. Zwei davon waren auf 50 Meter, die anderen beiden auf 80 Meter und das dritte Paar auf 120 Meter eingestellt. U 162 wurde von den explodierenden Wasserbomben eingegabelt, und die starken Druckwellen beschädigten seine Tiefen- und Seitenruder. Lecks entstanden im Maschinenraum, aber Wattenberg war ein erfahrener Kämpfer und noch nicht bereit aufzugeben. Die Lecks wurden abgedichtet, und das Boot ging erneut auf Schleichfahrt. Es war 18 Uhr 30, als die Zerstörer den Kontakt mit dem ausweichenden Boot verloren. Der gerissene Wattenberg war ihnen vorübergehend entwischt. Die Kommandanten der Zerstörer waren sich inzwischen im klaren darüber, daß sie es mit einem Meister zu tun hatten. Die drei Zerstörer formierten sich im Westen der ursprünglichen Angriffsposition und bildeten einen Suchstreifen nach Osten. Der Verbandsführer ging davon aus, daß das Boot nach Osten zur offenen See hin zu entkommen versuchte, und tatsächlich bekam VIMY nach 30 Minuten eine Asdic-Peilung.

Nachdem PATHFINDER und QUENTIN bereits Angriffe gefahren hatten, war VIMY jetzt an der Reihe. Der alte Zerstörer schlich sich direkt über U 162. Unten im Boot konnten sie die Schrauben des Zerstörers direkt über ihnen passieren hören und erwarteten die Explosionen der Wabos, die jedoch nicht kamen. Der Kommandant der VIMY wollte nur sichergehen, daß er das Boot festgenagelt hatte, dann drehte er nach 1 300 Meter um und griff an. Diesmal rollten 14 Wasserbomben mit Tiefeneinstellungen von 50 Meter, 100 Meter und 130 Meter vom Heck. Wattenberg ließ sich vom Scheinangriff des Zerstörers nicht täuschen, und als er ihn näherkommen hörte, lief er ihm entgegen und brachte das Boot auf eine geringere Tiefe. Das Ergebnis war, daß die Wasserbomben hinter dem Boot und zu tief explodierten. Wiederum verloren die Jäger das Wild.

Die Zerstörer hatten nicht die Absicht, das U-Boot davonkommen zu lassen, und nachdem es ihnen nicht gelang, es schnell zu erledigen, begannen sie nun mit einer intensiven Suche, die bis 22 Uhr nachts andauerte. Vier Stunden waren seit der ersten Asdic-Ortung vergangen und inzwischen auch zweieinhalb Stunden seit dem letzten Angriff. Das nervenaufreibende Kratzen der Asdicpeilstrahlen auf dem Bootskörper und das ständige Schlagen der Zerstörerschrauben waren sehr zermürbend für die Mannschaft von U 162, aber Jürgen Wattenberg behielt das Boot blendend im Griff. Es schien unmöglich, daß ein U-Boot-Kommandant drei erfahrene Zerstörer ausmanövrieren konnte, insbesondere da das Horchgerät ausgefallen und das Boot beschädigt war. Aber genau das schien Wattenberg zu gelingen. Am Ende der Suche war der Verbandsführer auf PATHFINDER davon überzeugt, daß das U-Boot inzwischen aufgetaucht und nach Osten hin entkommen war. Man entschied, daß die Zerstörer sich verteilen und die Suche mit Radar und Asdic ostwärts fortsetzen sollten. Ob über oder unter Wasser, sie würden es schon finden, wenn es versuchte, in den Atlantik auszubrechen.

In dieser Phase äußerte Graham de Chair, Kommandant der VIMY, die Vermutung, daß sich das U-Boot möglicherweise südöstlich von ihnen befinden könne. Beim letzten Angriff der VIMY hatte sich das Boot in dieser Richtung bewegt. Daraufhin drehten die drei Zerstörer und führten die Suche in südöstlicher Richtung fort. Wattenberg konnte sich nur auf sein Gehör verlassen, und in dem Moment, wo die Zerstörer Fahrt aufnahmen, wendete er U 162 in die entgegengesetzte Richtung und schlüpfte hinter sie. Im Gegensatz zu der Annahme der Zerstörer bewegte sich U 162 nordwestlich auf die karibischen Inseln zu. Wäre das Boot eine weitere Stunde unter Wasser geblieben, wäre es vielleicht davongekommen. Aber die Luft im Boot war verbraucht, und die Besatzung benötigte dringend eine Pause. Außerdem ließen sich über Wasser die Schäden besser besichtigen, und man konnte mit höherer Geschwindigkeit ablaufen. Vorsichtig ging U 162 auf Sehrohrtiefe, und Wattenberg suchte den Horizont ab. Die Zerstörer waren verschwunden, und das Boot tauchte auf. Frische Luft durchwehte das Innere, die Diesel sprangen an, und U 162 begann den Marsch in die vermeintliche Sicherheit. Weit im Südosten hatten die drei Zerstörer ihre Suche beendet. Es war 22 Uhr 50 und damit Zeit, auf östlichen Kurs zu gehen. Es schien eine lange Jagd zu werden. Als die Schiffe einschwenkten, setzte sich der Verbandsführer auf PATHFINDER an den Kartentisch, um alle Eintragungen noch einmal genau zu studieren. Die Karte zeigte die sich überschneidenden Kurse der Schiffe, aber es gab einen kleinen Kegel in Richtung 315 Grad, der offenbar noch nicht abgesucht war. Der Verbandsführer war ein sorgfältiger Mann, und obwohl es eher unwahrscheinlich war, daß das U-Boot diesen Kurs steuerte, wollte er nichts unversucht lassen. Er entsandte VIMY mit dem Auftrag, eine Suche in nordwestlicher Richtung vorzunehmen, womit sich der Zerstörer auf dem gleichen Kurs wie U 162 befand.

Um 23 Uhr 10 meldete das Radar auf VIMY einen Kontakt 2 500 Meter voraus, und bald darauf hatte die Brücke das schwer faßbare U-Boot auch optisch gesichtet. Der Zerstörer ging sofort auf hohe Fahrt und eröffnete das Feuer mit den vorderen 10,2-cm-Geschützen. Da die Mündungsblitze das Brückenpersonal jedoch blendeten, ließ der Kommandant das Feuer wieder einstellen. Der alte Wunsch der Marineoffiziere regte sich nun auch bei ihm, und er beabsichtigte, das U-Boot zu rammen. Wattenberg muß gewußt haben, daß er keine Chance hatte, mit dem beschädigten Boot zu

Kapitel 8

Der britische Zerstörer VIMY. *Quelle: Alfred Hiller (U 162)*

entkommen, aber er gab noch nicht auf. Ganz unerwartet wurden zwei rote Notsignale vom Turm des U-Bootes abgefeuert, worauf zwei Dinge passierten. Zum einen war dies das für die Nacht gültige Erkennungssignal der alliierten Marinestreitkräfte, was die Mannschaft des Zerstörers zunächst verwirrte, und zum anderen waren die Notsignale so gleißend, daß das Brückenpersonal des Zerstörers das U-Boot vorübergehend aus den Augen verlor.

PATHFINDER und QUENTIN, die weiter östlich standen, konnten sich keinen Reim darauf machen, was los war. Das Geschützfeuer, gefolgt von den Signalraketen, konnte bedeuten, daß entweder VIMY das U-Boot versenkt hatte oder umgekehrt das U-Boot VIMY. Beide Zerstörer drehten auf Westkurs, während VIMY mit voller Fahrt auf das unsichtbare Ziel zusteuerte. Schließlich kam das U-Boot vier Strich an Backbord voraus in Sicht. Der Zerstörer drehte hart nach Backbord, krängte beängstigend über, als er herumkam, und versuchte, das U-Boot zu rammen. In diesem Moment sah die Brückenbesatzung, daß VIMY Gefahr lief, statt zu rammen selber gerammt zu werden. U 162 hatte nämlich ebenfalls gedreht und steuerte auf den Maschinenraum der VIMY zu. Um auszuweichen, ging der Zerstörer sofort von hart Backbord- auf hart Steuerbordruder über. Das U-Boot hätte die dünne Bordwand leicht aufreißen können, aber der abrupte Schwenk nach Steuerbord rettete den Zerstörer. U 162 kollidierte nur leicht, und einige Stahlplatten wurden verbogen. Der Schaden war geringfügig, aber die Nachwirkungen waren erheblich. Das Heck des mit voller Fahrt nach Steuerbord drehenden Zerstörers brach nach Backbord aus und scheuerte an der Seite des U-Bootes entlang. Der gehärtete Stahl des Druckkörpers kam mit der Backbordschraube des Zerstörers in Berührung und riß sie ab, so daß VIMY stoppen mußte. Wenn Wattenberg manövrierfähig gewesen wäre, dann hätte er jetzt einen Torpedo schießen können, aber nun war er am Ende. Das schwer beschädigte Boot hatte gegen die drei Zerstörer keine Chance, und die Mannschaft wurde deshalb an Deck befohlen.

Der Brückenbesatzung der VIMY kam der Anblick deutscher Seeleute in Shorts und Badehosen an Deck verdächtig vor. Es war möglich, daß sie bereit waren sich zu ergeben, aber vielleicht waren ja andere unten, die versuchen wollten, mit dem Boot zu entkommen. Auf der VIMY kam man zu der Überzeugung, daß es sich um eine Finte handeln müsse. Der Zerstörer nahm mit seiner einen Schraube erneut Fahrt auf. Vielleicht war auch Ärger über die mißglückte Rammung im Spiel, als VIMY am sinkenden Rumpf von U 162 vorbeifuhr und eine Wasserbombe warf, die neben dem U-Boot landete. Die Explosion fegte alle Deutschen vom Deck in die See.[26] Als der Zerstörer mühsam heranmanövrierte, war nur noch der Turm des Bootes über Wasser. U 162 ging zwischen Barbados und Tobago unter und nahm den Leitenden Ingenieur mit sich in die Tiefe, der unten im Boot die Flutventile geöffnet hatte, als die Wasserbombe explodierte. PATHFINDER und QUENTIN waren inzwischen am Schauplatz eingetroffen und fischten 49 Überlebende aus der See, darunter Wattenberg. Nachdem die VIMY ihre Fahrtüchtigkeit mit einer Schraube getestet hatte, verließen die drei Zerstörer um sieben Minuten nach 2 Uhr morgens – acht Stunden nach der ersten Ortung – den Untergangsort des dritten U-Bootes, das in der Karibik verloren ging, und setzten ihre Fahrt nach Trinidad fort.

Die Überlebenden von U 162 landeten in Port of Spain und wurden in das St.-James-Kriegsgefangenenlager gebracht. Ein Offizier des US-Nachrichtendienstes beobachtete ihre Ankunft und äußerte, daß sie ein undisziplinierter Haufen und schlechtes »war material« wären. Wahrscheinlich war es der gleiche Offizier, der Achilles einen Lügner genannt hatte. Wenn die Schlacht im Atlantik eines gelehrt hatte, dann dieses, daß eine makellose Uniform und eine gute Rasur nicht mit Tüchtigkeit gleichzusetzen waren.

KAPITEL 9

Wachwechsel

Nach dem Untergang von U 162 verblieben nur sechs U-Boote im Operationsgebiet. Kptlt. Günther Pfeffer befand sich mit U 171 im Golf von Mexiko, wo er am 4. September mit der Versenkung des mexikanischen Tankers AMATLAN (6 511 BRT) zu seinem dritten Erfolg kam. U 511 hielt sich nahe der Windward Passage auf, und U 558, U 164 und U 127 standen in einem weiten Bogen von Haiti über Aruba bis Trinidad. Nur U 66 operierte im lukrativen Sektor östlich von Trinidad. Ende August war auch die hilfreiche Teilnahme der italienischen U-Boote zu Ende gegangen, die inzwischen alle den Rückmarsch angetreten hatten.
Zu spät erkannte der BdU seine Fehlentscheidung, die zum Einsatz vor der brasilianischen Küste geführt hatte, und befahl allen Booten, mindestens 20 Meilen von der Küste abzustehen. Dieser Befehl kam jedoch, nachdem Brasilien Deutschland den Krieg erklärt hatte, und ist der klassische Fall, daß die Stalltür geschlossen wird, nachdem das Pferd draußen ist. Der Schaden war angerichtet, und die Deutschen standen jetzt einem weiteren, nicht unbedeutenden Gegner gegenüber. Hierbei ging es nicht allein um die Stationierung von Streitkräften der USA, es ging vor allem auch um die brasilianische Marine, die eine aktive Rolle im Kampf gegen die U-Boote spielen sollte. Brasilien war außerdem das einzige südamerikanische Land, welches später Kampftruppen nach Europa entsandte. Die Ereignisse im August brachen den deutschen Einfluß in Brasilien für alle Zeit.
Am 9. September versenkte Markworth (U 66) den neutralen schwedischen Frachter PEIPING (6 390 BRT) nordöstlich Antiguas. Es war das letzte Schiff seiner Feindfahrt. Das Boot vom Typ IXC gehörte zu den erfolgreichsten der Offensive und hatte zuerst unter KKpt. Zapp und dann unter Kptlt. Markworth insgesamt 13 Schiffe mit 86 900 BRT versenkt und fünf weitere mit Torpedos oder durch Minen beschädigt. Zusammen mit U 66 trat nach und nach der Rest der dritten Welle den Rückmarsch an. Es wurde leer in der Karibik, aber nicht für lange Zeit, denn die vierte Welle war bereits im Anmarsch. U 175, U 201, U 202, U 332, U 512, U 514, U 515 und U 516 vollzogen den Wachwechsel.
Deutschland hatte den Krieg mit 57 U-Booten begonnen, die von hervorragend ausgebildeten Kommandanten geführt wurden. Während der ersten zwei Jahre der Auseinandersetzungen gab es noch ausreichend Zeit, Kommandanten für die langsam wachsende Zahl der U-Boote heranzubilden, wenngleich auch nicht auf dem gleichen hohen Niveau wie vor dem Kriege, aber gehärtet durch die Konvoischlachten im Nordatlantik. Viele der Asse der ersten Stunde waren inzwischen gefallen. Die Kom-

mandanten, die die Karibik in Brand gesetzt hatten, kamen aus der zweiten Gruppe der Asse. Die vierte Welle wurde jedoch von Männern angeführt, die den Mangel an Erfahrung durch Aggressivität und Kampfgeist wettmachen wollten. Kptlt. Hans-Jürgen Auffermann, Kommandant von U 514, gehörte dazu.

Am 11. September erreichte der Krieg Barbados und sorgte für große Aufregung. Trinidad war gemeldet worden, daß ein U-Boot vor der Carlisle Bay in Barbados gesichtet worden sei. Derartige Berichte erreichten Trinidad in dieser Zeit täglich, und wahrscheinlich wurde er in der Flut der eingehenden Meldungen nicht weiter beachtet. Aber U 514 befand sich tatsächlich seit Tagen vor Barbados. Auffermann hatte keine lohnenden Ziele gefunden und entschloß sich, einen Blick in den Hafen zu werfen. Seit Achilles' Überfall auf Port of Spain waren alle Haupthäfen der Karibik mit U-Bootabwehrnetzen versehen worden. Zusätzlich mußte eine Netzsperre allerdings durch Geschütze und ständige Patrouillenfahrten gesichert sein. Letzteres fehlte in Bridgetown, dem Hafen von Barbados. Es gab nur eine Freiwilligen-Einheit, die einige Küstenwachstationen besetzt hatte, und als einzig reguläre Militäreinheit einen Fernmeldetrupp der RAF. Auffermann sollte die Verhältnisse auf der Insel auf sehr unkonventionelle Weise ändern.

Am Nachmittag um 16 Uhr 30 schob sich U 514 in den Außenhafen von Bridgetown und tastete sich an die Netzsperre vor. Durch das Sehrohr sah Auffermann die Bojen, die das Netz markierten, und stellte fest, daß es keine Patrouillenfahrzeuge gab. Fünf Minuten später verließen vier Torpedos die Bugrohre und rasten auf die Netzsperre zu. Sobald der letzte Torpedo das Rohr verlassen hatte, drehte U 514. Das Boot hatte kaum angefangen, auf das Ruder anzusprechen, da traf ein Torpedo nach dem anderen. Große Wasserfontänen stiegen über den zerschmetterten Netzsektionen auf, und die zwei Tonnen schweren Bojen wurden wie Tennisbälle herumgewirbelt. Man kann sich die Verblüffung der Leute in dem kleinen Hafen gut vorstellen. Einige weitsichtige Zeitgenossen wußten wahrscheinlich, was der Aufruhr bedeutete, und segneten im stillen das Netz, ohne zu ahnen, was das unsichtbare U-Boot als nächstes zu tun gedachte. Nachdem U 514 gewendet hatte und das Heck auf die Lücke im aufgerissenen Netz ausgerichtet war, schoß Auffermann zwei weitere Torpedos.

Der kanadische Frachter CORNWALLIS (5 458 BRT) lag im Hafen vor Anker, und die Besatzung stand an Deck, um das Theater an der Sperre zu beobachten. Der fünfte Torpedo detonierte ebenfalls am Netz, wieder stieg eine Wassersäule auf, und Netzstücke flogen durch die Luft. Der sechste Torpedo lief jedoch glatt durch die Lücke, und die entsetzten Seeleute an Bord der CORNWALLIS sahen, wie er durch das kristallklare Wasser schnitt und direkt auf sie zukam. Es blieb ihnen kaum Zeit, von der bedrohten Seite des Schiffes wegzulaufen, bevor der Torpedo in Höhe der Luke 3 traf. Die Explosion riß ein großes Loch in die Bordwand und zertrümmerte das angrenzende Schott. Wasser trat ein, überflutete den Kesselraum und schwemmte Ladung ins Meer. Der Frachter sackte auf Grund, während Auffermann aus dem Hafen flüchtete. Er hinterließ eine Insel in großer Aufregung.

KAPITEL 9

Die verzweifelten Hilferufe erreichten Trinidad und bewirkten eine sofortige Reaktion. Zwei B-18 starteten von Edinburgh Field, aber da die Flugzeit nach Barbados eine Stunde betrug und man einer Panik vorbeugen wollte, wurden zusätzlich einige OS2N *Kingfisher* von St. Lucia geschickt, die früher auf der Insel eintreffen konnten. Außerdem leitete man einige Douglas A 20 der RAF um, die sich östlich von Trinidad auf einem Überwachungsflug befanden. Zwei MTBs der Royal Navy verließen HMS BENBOW mit äußerster Kraft zu einer siebenstündigen Überfahrt. Barbados war eine Urlaubsinsel, und niemand hatte sich vorstellen können, daß sie jemals in das Fadenkreuz eines U-Bootes kommen konnte. Vielleicht nicht einmal die Deutschen.

Der 12. September 1942 ist ein wichtiges Datum in der Geschichte der U-Boote im Zweiten Weltkrieg. An diesem Tage versenkte Hartenstein (U 156) nordöstlich der Insel Ascension im Südatlantik den bewaffneten Truppentransporter LACONIA (19 695 BRT), der mit 2771 Passagieren, darunter ca. 1 800 italienischen Kriegsgefangenen, unterwegs war. U 156 wurde bei der Rettungsaktion – trotz ausgebreiteter Rotkreuzflagge an Deck und Funk- und Morsesprüchen in englischer Sprache – mit 193 Schiffbrüchigen an Bord von einem amerikanischem Flugzeug angegriffen und beschädigt. Dies veranlaßte den BdU in einem Geheimbefehl, den U-Booten Rettungsmaßnahmen für die Zukunft zu untersagen.[27]

An diesem folgenschweren 12. September traf U 515 unter Kptlt. Werner Henke auf seiner ersten Feindfahrt als Kommandant des neuen IXC-Bootes im Gebiet vor Trinidad ein. Trotz der eindringlichen Warnung des BdU vor den auf Trinidad stationierten Flugzeugen, beschloß Henke, dicht unter Land zu operieren. U 515 marschierte langsam in westlicher Richtung auf Manzanilla Point im Osten der Insel zu, als um 2 Uhr morgens der panamaische Tanker STANVAC MELBOURNE (10 013 BRT) in Sicht kam. Der Tanker war auf dem Wege nach Port of Spain, um sich einem Konvoi nach New York anzuschließen, als sich das Boot an seiner Seite in Schußposition schob. Um 3 Uhr früh schlug der erste Torpedo in die Bordwand des Tankers ein und setzte die entzündliche Ladung sofort in Brand. Da er nicht wollte, daß das Schiff als Richtfeuer für U-Jagdflugzeuge diente, schoß Henke zwei weitere Aale hinterher. Der Funker hatte kaum Zeit, den Notruf abzusetzen, da begann die STANVAC MELBOURNE bereits auseinanderzubrechen. Sinnigerweise versank der Tanker nur siebzehn Meilen von Darien Rock entfernt, das von den Flugzeugen des US-Army Air Corps als Übungsgebiet für Bombenabwürfe benutzt wurde.

Nachdem die Flammen schnell erloschen waren, drehte U 515 und entfernte sich langsam in östliche Richtung. 40 Minuten später wurde der holländische Tanker WOENSDRECHT (4 668 BRT) gesichtet, der ebenfalls auf Trinidad zulief. Henke brachte das Boot in Position und schoß zwei Torpedos, die beide trafen und große Löcher in die Bordwand rissen. Die Besatzung ging sofort in die Boote, aber WOENSDRECHT wollte nicht sinken. Das Schiff rollte in der leichten Dünung, lag inzwischen etwas tiefer, aber machte keine Anstalten unterzugehen. Der Funker hatte den

Notruf absetzen können, und während Henke den Tanker beobachtete, verließen bereits die PCs den US-Marinestützpunkt Chaguaramas mit Kurs auf den Ort des Geschehens.

Henke hatte drei Torpedos auf den vorhergehenden, großen Tanker geschossen und jetzt zwei auf das wesentlich kleinere Schiff. Er löste nun auch einen Hecktorpedo und sah, wie er traf. Als die Sprengsäule an der Bordwand zusammenfiel, mußte er jedoch feststellen, daß der Tanker immer noch schwamm. Da alle Torpedorohre jetzt leer waren, trieb Henke die Mannschaft an, sich mit dem Nachladen zu beeilen. Jeden Moment konnten die U-Jagdfahrzeuge eintreffen, ganz zu schweigen von den widerlichen Flugzeugen. Schließlich meldete ihm der I.WO, daß ein Rohr nachgeladen sei. Henke ging näher an den Tanker heran und schoß erneut. Der Torpedo war noch unterwegs, als die Ausgucks Flugzeuge sichteten. U 515 mußte alarmtauchen und konnte die Wirkung nicht beobachten. Es war unglaublich, aber die WOENSDRECHT überstand auch diesen Treffer, ohne in Brand zu geraten oder auseinanderzubrechen. Henke konnte sie durch das Sehrohr schwimmen sehen, aber er war machtlos, denn über ihm kreisten Flugzeuge, und das Horchgerät meldete schnelle Schraubengeräusche.

Es war heller Tag, als die Sicherungsfahrzeuge erschienen. WOENSDRECHT hatte vier große Löcher in der Bordwand an Steuerbordseite und nur noch wenig Freibord, aber der sportliche kleine Tanker weigerte sich zu sinken. Einige Besatzungsmitglieder gingen wieder an Bord, und die Geleitschiffe nahmen den Tanker ganz vorsichtig in Schlepp. Sie waren in großer Anzahl eingetroffen und umgaben das Schiff, als sie es langsam entlang der Nordküste nach Port of Spain einbrachten. Im Hafen stellten die Sachverständigen jedoch fest, daß die WOENSDRECHT nicht wieder seetüchtig gemacht werden könnte. Henke sollte dies allerdings niemals erfahren.

Während die Geleitfahrzeuge im Osten Trinidads nach dem Totengräber der STANVAC MELBOURNE suchten, befand sich U 558 getaucht vor Trinidads Dragon Mouth. Nach dem Kampf um TAW 15 hatte Krech das Boot durch die Karibik in das Gebiet vor der Insel gebracht. Er kannte den 5-Tage-Rhythmus der Konvois und wartete auf den nächsten Geleitzug. Er wurde nicht enttäuscht, denn kurz nach der Morgendämmerung entwickelte sich die übliche Routine. PCs der US-Navy und MTBs der Royal Navy kamen aus der 3. Boca und verteilten sich über das Gebiet, in dem sich der Konvoi formieren sollte. Kurz danach erschienen die Handelsschiffe, die von den TRNVR-Fahrzeugen auf ihre Positionen eingewiesen wurden. Schließlich kamen auch die Geleitschiffe heraus, die den Konvoi von den Patrouillenfahrzeugen übernahmen. Die Luft war vom Dröhnen der Motoren erfüllt, als Trinidads Jäger, Bomber und Flugboote ihre Stärke demonstrierten. Krech konnte sich nur hin und wieder einen schnellen Blick durch das Sehrohr leisten.

Schließlich waren die Formalitäten beendet, und der Geleitzug setzte sich nach Nordwesten in Bewegung. Nachdem die Luftüberwachung schwächer geworden war, tauchte U 558 auf und setzte eine Sichtmeldung ab. Krech beschattete den Konvoi den

KAPITEL 9

ganzen Tag über, wobei er den Flugbooten und den begleitenden Bombern sorgfältig auswich. Kurz nach Sonnenuntergang machte sich U 558 daran, querab vom Konvoi zu kommen, und um Mitternacht stand es 40 Meilen nördlich der Isla de Margarita. Um 24 Uhr 20 brachte Krech das Boot in Position und schoß einen Dreierfächer. Kurz darauf schlug ein Torpedo in den holländischen Frachter SURINAME (7 915 BRT) ein, während die anderen beiden den britischen Dampfer EMPIRE LUGARD (7 250 BRT) trafen. Beide Schiffe fielen zurück und begannen zu sinken. Aber bevor Krech überhaupt einen weiteren Schuß erwägen konnte, war bereits ein Flugboot im Anflug, und das Unterwasserhorchgerät meldete schnellaufende Schraubengeräusche. Die Wasserbomben des Flugzeugs rüttelten das Boot während des Tauchens, blieben aber ohne größere Wirkung. U 558 war bereits tief unten, als ein Zerstörer eintraf. Er blieb zwei Stunden über dem Boot, aber das war nicht genug, wenn man es mit einem erfahrenen Konvoikämpfer wie Krech zu tun hatte. Als der Zerstörer den Kontakt verlor, schloß er sich dem Geleitzug wieder an, was dem Boot erlaubte, aufzutauchen und die Jagd fortzusetzen.

Um 20 Minuten nach 2 Uhr war U 558 wieder in Angriffsposition. Zwei Aale verließen die Rohre, aber Krech mußte alarmtauchen, bevor sie ihr Ziel fanden. Der norwegische Motortanker VILJA (6 672 BRT) wurde getroffen und ging unter. Inzwischen war den Sicherungsfahrzeugen klar, daß sie es mit einem erfahrenen Gegner zu tun hatten, und sie verfolgten das Boot jetzt so hartnäckig, daß es den Geleitzug schließlich verlor. Während Krech sich mit TAG 5 herumschlug, war Henke (U 515) in seinem bevorzugten Gebiet an der Arbeit. Er hatte den ganzen Tag getaucht vor der Ostküste Trinidads verbracht und zugehört, wie die Geleitfahrzeuge nach ihm suchten. Nach Sonnenuntergang tauchte er auf, um die Batterien aufzuladen und das Boot durchzulüften. Um 20 Uhr 40 kam der britische Liberty-Frachter OCEAN VANGUARD (7 174 BRT) in Sicht. U 515 befand sich genau auf der Route von Südamerika und Südafrika nach Trinidad, und dort gab es genügend Ziele. Zwei Torpedos detonierten an der Bordwand des Frachters, und in wenigen Minuten war das Schiff verschwunden. Kein Notsignal war abgesetzt worden, und alles, was man sehen konnte, war eine Ansammlung von schwimmenden Ladungsteilen und Lukendeckeln. Die Haie in der Gegend werden sicher dafür gesorgt haben, daß es keine Überlebenden gab. Vier Stunden später, und näher an Trinidad heran, kreuzte der alte panamaische Frachter NIMBRA (1 854 BRT) den Bug von U 515. Ein Torpedo genügte, und er verschwand genau so schnell wie die OCEAN VANGUARD unter der Wasseroberfläche. In den 24 Stunden des 12. September hatten U 558 und U 515 mit 45 036 BRT versenktem Handelsschiffsraum einen neuen Tagesrekord aufgestellt, der im Verlauf des Krieges nicht überboten wurde.

U 164 (Fechner) hatte die Sichtmeldung von U 558 aufgefangen und sich TAG 5 in den Weg gelegt. Das Boot wurde jedoch während des Tages am 13. September von einem Piloten der 59th Bombardment Squadron auf Curaçao entdeckt und über Wasser mit Wabos angegriffen. Die Zielgenauigkeit des Piloten war gut, und das Boot erlitt Beschädigungen an den Brennstofftanks, die nicht repariert werden konnten, so daß es die Karibik verlassen mußte. Fechner hatte für seine beiden Versenkungen hart arbeiten müssen und seinen Teil zu den Erfolgen bei den Kämpfen um die Konvois TAW (S) und TAW 15 beigetragen.

Am 14. September befand sich Werner Henke immer noch vor Galera Point an der Nordostecke Trinidads. Es schien ihm dort zu gefallen, denn es war zwar ein gefährliches, aber sehr einträgliches Seegebiet. U 515 war in flachen Gewässern und in unmittelbarer Nähe zahlreicher U-Jagd-Flugzeuge. Henke war sich darüber im klaren, aber er war ein junger, wagemutiger Offizier. Um 8 Uhr 20 führte er einen Unterwasserangriff auf den britischen Frachter HARBOROUGH (5 415 BRT) durch, der 40 Meilen vor Galera Point versank. 16 Stunden später war er, trotz der inzwischen eingeleiteten Suchaktion, immer noch in der gleichen Gegend und versenkte das moderne norwegische Motorschiff SÖRHOLT (4 801 BRT). Anschließend räumte er das Feld. In zwei Tagen hatte er sechs Angriffe auf Handelsschiffe gefahren, und es war nur eine Frage der Zeit, wann die U-Jagdkräfte ihn finden würden. U 515 wandte sich südwärts und steuerte auf die Guayanas zu.

Einige der Kommandanten der vierten Welle verhielten sich so, als ob Operation *Neuland* immer noch im Gange wäre, und ihre Kühnheit hat die Verteidiger wahrscheinlich überrumpelt. Die Zeiten, in denen jemand wie Henke schalten und walten konnte, wie er wollte, waren eigentlich vorbei. Aber noch schlimmer war, daß jetzt ein Mann wie Auffermann anrückte, als Henke die Gegend verließ. Der Angriff von U 514 gegen Bridgetown war zweifellos ungewöhnlich gewesen, aber es war in bezug auf Dreistigkeit nichts im Vergleich zu dem, was als nächstes passieren sollte. Morgens, am 15. September, sichtete Auffermann in der Galleon's Passage zwischen Trinidad und Tobago den britischen Frachter KIOTO (3 297 BRT), der Westkurs steuerte. Nach der Art, wie er dann vorging, muß Auffermann gedacht haben, daß er es mit einem viel größeren Schiff zu tun hatte. U 514 kam die Passage über Wasser herunter und jagte den Dampfer fast bis in die Untiefen. Fünf Meilen vor dem Ort Scarborough auf Tobago und in Sichtweite vieler Zuschauer auf dem Fort, das den Hafen überblickt, begann Auffermann den Angriff. Zwei Torpedos trafen das Schiff und sprengten den Maschinenraum heraus. Überraschenderweise sank das Wrack nicht, und Auffermann befahl die Geschützmannschaft an Deck. Fasziniert und entsetzt beobachteten die Augenzeugen, wie U 514 die KIOTO mit Granaten eindeckte. Es war unvorstellbar, daß ein U-Boot ungestraft in dieser Weise bei hellem Tageslicht operieren konnte.

Im Laufe der Monate Juli und August hatten sich die in Trinidad stationierten Flugzeuge einen furchteinflößenden Ruf bei den U-Booten erworben, aber jetzt kamen sowohl Henke als auch Auffermann ungeschoren davon. Es gibt keine Hinweise in den Unterlagen über die Gründe des alliierten Versagens, und so muß man wohl annehmen, daß die Verteidiger auf dem falschen Fuß erwischt wurden. Die KIOTO brannte jedenfalls lichterloh, wobei der Ort ihrer Vernichtung nur fünf Meilen vom

KAPITEL 9

Flugplatz von Tobago, 50 Meilen von Edinburgh Field und 60 Meilen vom Seefliegerhorst Chaguaramas entfernt war.

Als U 514 sich schließlich aus dem flachen Wasser absetzte und tauchte, hatte die KIOTO keine Ähnlichkeit mehr mit einem Schiff. Es war ein flammendes Inferno, das am Columbus Point auf Tobago an Land trieb. Als die schrecklich verbrannten Überlebenden gerettet und die Toten geborgen wurden, stellte man fest, daß die KIOTO eine Besatzungsstärke von 80 Mann gehabt hatte. Es war eine weitere Nacht, die die Inselbewohner nicht vergessen würden.

Um 4 Uhr am nächsten Morgen schlug U 558 als letztes Boot der dritten Welle noch einmal zu und versenkte 45 Meilen östlich von Manzanilla Point den amerikanischen Frachter COMMERCIAL TRADER (2 606 BRT). Nachdem das Schiff verschwunden war und die Schiffbrüchigen ihre Reise zu der mit Wrackgut übersäten Ostküste Trinidads angetreten hatten, ging Krech auf Heimatkurs. Jetzt gab es nur noch fünf Boote in der Karibik. U 175 unter Kptlt. Heinrich Bruns befand sich zusammen mit Henke vor den Guayanas. Auffermann (U 514) hielt sich vor der Nordküste Trinidads auf, wo er von rachedurstigen Flugzeugen gejagt wurde, während U 512 unter Kptlt. Wolfgang Schultze und U 516 unter KKpt. Gerhard Wiebe östlich der Kleinen Antillen auf Trinidad zuliefen.

U 516 traf am 18. September vor Trinidad ein, und es scheint, daß Wiebe ein etwas eigenartiger Mann gewesen ist. Auf dem Anmarsch in die Karibik hatte er es fertiggebracht, den großen britischen Frachter PORT JACKSON (9 687 BRT) mit vier Torpedos zu verfehlen, und für die Versenkung des amerikanischen Tankers JACK CARNES (10 600 BRT) benötigte er sechs Torpedos. Jetzt befand er sich mit U 516 außerhalb des Dragon's Mouth und wartete auf das turnusmäßige Erscheinen des Konvois. Genau wie man es ihm gesagt hatte, kamen die Schiffe aus der 3. Boca heraus. Das Boot lauerte über Wasser, und entweder wußte Wiebe nichts von der starken Luftsicherung, die die abfahrenden Konvois schützte, oder er glaubte den Berichten nicht. Innerhalb weniger Minuten donnerte eine B-18 heran, und U 516 mußte alarmtauchen. Die Wabos schossen übers Ziel hinaus, aber dennoch wurde das Boot durchgeschüttelt. Aber der Angriff des Flugzeugs war nur der Anfang, denn schon bald wurde U 516 auch von den Geleitfahrzeugen gejagt. Als Wiebe endlich seinen Verfolgern entwischt war, hatte er eine gründliche Lektion über Konvois in der Karibik und ihre Luftsicherung erhalten.

Während U 516 gejagt wurde, hatte Bruns (U 175) nördlich Georgetown (Britisch Guayana) ein eher seltsames Erlebnis. Nachdem er in den frühen Morgenstunden den kanadischen Bauxit-Frachter NORFOLK (1 901 BRT) versenkt hatte, traf er zwei Stunden später auf den norwegische Dampfer SÖRVANGEN (2 400 BRT), der erratische Kursänderungen durchführte. Bruns stand unter dem Eindruck, daß es sich hier um ein Q-Schiff[28] handeln könnte, und beschloß, unter Wasser anzugreifen. Als die beiden Torpedos nicht explodierten, wuchs sein Mißtrauen weiter. Das Schiff hatte jedoch sofort den Kurs geändert und schien auch die

Geschwindigkeit zu steigern. Die Neugier gewann schließlich die Oberhand, und Bruns ließ auftauchen. Das Bordgeschütz trat sofort in Aktion, aber wiederum konnte er keine Wirkung auf dem Frachter beobachten. Als nach dem Hilferuf der SÖRVANGEN prompt ein Flugzeug erschien, war Bruns davon überzeugt, es mit einem sehr mysteriösen Schiff zu tun zu haben, und er verlor keine Zeit, sich aus dem Staub zu machen.

Was Bruns gesehen hatte, war ein Musterbeispiel für die psychologische Wirkung des U-Boot-Krieges auf die Seeleute. Die SÖRVANGEN war ein verängstigtes Handelsschiff. Die Verluste der vergangenen Monate und die damit verbundenen Gerüchte waren nicht ohne Einfluß auf die Mannschaft geblieben, was wahrscheinlich auch den erratischen Zickzack-Kurs erklärte. Die beiden Torpedos waren nahe am Schiff vorbeigegangen und waren der Auslöser dafür, daß die Besatzung endgültig die Nerven verlor. Der Dampfer drehte und lief mit äußerster Kraft auf die entfernte Küste zu. Die Wirkung der Granaten hatte U 175 nicht beobachten können, da sie tief im Schiff inmitten der Bauxitladung explodiert waren. Die Ankunft der B-18 der 430th Bombardment Squadron von Britisch Guayana hatte auch nicht dazu beigetragen, die nervöse Anspannung an Bord zu lindern, und lange, nachdem U 175 verschwunden war, marschierte die SÖRVANGEN immer noch auf Land zu. Trotz der verzweifelten Anrufe durch das Flugzeug, strandete der Dampfer schließlich an der Mündung des Waini Rivers. Bedauerlicherweise hat Bruns den Höhepunkt des ergötzlichen Dramas nicht miterleben können.

Nachdem U 516 den Geleitfahrzeugen außerhalb des Dragon's Mouth entkommen war, stieß es weiter im Norden auf einen Inter-Island-Konvoi. Wiebe griff an, aber wieder wurde er von der Luftsicherung abgedrängt. Jetzt schützten Flugzeuge auch die kleineren Küstenschiffe. Der einzige Ausweg war, sich von den Inseln weg nach Osten abzusetzen. Dabei hatte er das Glück, daß ihm der amerikanische Frachter WICHITA (6 174 BRT) über den Weg lief, den er nördlich von Barbados auf den Meeresgrund schickte. Wiebe hatte versucht, sich mit den U-Jagdkräften anzulegen, ohne die Gegend zu kennen. Das Ergebnis war, daß er mit dem Boot jetzt einen großen Kreis schlug und dort erfolgreich wurde, wo er seinen Einsatz in der Karibik begonnen hatte. Da er jedoch ein entschlossener Mann war, verließ er das Gebiet um Barbados und steuerte erneut auf Trinidad zu. Am Mittag des folgenden Tages traf er nördlich von Tobago auf einen anderen kleinen Inter-Island-Konvoi. Sofort setzte er zum Überwasserangriff an, und wieder kam ein Flugzeug auf ihn zu. Diesmal deckte ihn eine B-18 aus St. Lucia mit Wasserbomben ein. U 516 wurde beschädigt und mußte sich nach Osten zur Reparatur zurückziehen.

Auch Auffermann (U 514) hatte Probleme. Nach der Versenkung der KIOTO kam er zu der Überzeugung, daß das Gebiet vor der Nordküste Trinidads zu gefährlich sei, und hatte sich ostwärts abgesetzt. Es war kurz vor Vollmond, und alle Boote hatten zu dieser Zeit Schwierigkleiten, denn U-Jagdkräfte – mit und ohne Radar – befanden sich in großer Zahl im Einsatz. U 514 pirschte hinter einem schnellen Frachter

KAPITEL 9

her, als es von einer *Mariner* der VP-74 entdeckt wurde. Das Flugzeug hatte das Kielwasser im Mondlicht gesehen und einen punktgenauen Angriff durchgeführt. Die Explosionen der Wasserbomben zerschmetterten einen Teil der Inneneinrichtung des Bootes. Nachdem die *Mariner* einen Zerstörer eingewiesen hatte, machte die dann einsetzende Waboverfolgung U 514 kampfunfähig. Sowie sich eine Möglichkeit ergab, eilte Auffermann weiter ostwärts in Sicherheit. Vier Tage lang arbeitete das Maschinenpersonal daran, das Boot wieder klar zu bekommen. Zwei Boote waren jetzt außerhalb der Reichweite der Flugzeuge mit Reparaturen beschäftigt. Die U-Jagdkräfte hatten zu ihrer gewohnten Form zurückgefunden.

Um 3 Uhr am Morgen des 20. September erwischte Henke den britischen Frachter REEDPOOL (4 838 BRT), der sich auf der Reise nach Trinidad befand. Nachdem zwei Torpedos dem Schiff den Garaus gemacht hatten, führte Henke U 515 an die Versenkungsstelle und entdeckte eine im hellen Mondlicht schwimmende Gruppe von Überlebenden. Die Rettungsboote hatten nicht zu Wasser gebracht werden können, und die Schiffbrüchigen erwartete der sichere Tod in den mit Haien verseuchten Gewässern. U 515 drehte bei und nahm, trotz der drohenden Gefahr durch die Flugzeuge, die ölverschmierten Überlebenden auf. Im Inneren des Bootes wurden sie gesäubert, und man gab ihnen warmes Essen und Kleidung. Dieser Vorfall ist von besonderer Bedeutung im Lichte dessen, was später mit Henke geschah.[29]

Am 17. September trafen sich U 201 unter OltzS. Günther Rosenberg, U 202 unter OltzS. Günter Poser und U 332 unter Kptlt. Johannes Liebe am Standort des U-Tankers U 460 im Atlantik mit dem auf dem Rückmarsch befindlichen U 511 unter Steinhoff. Die drei Kommandanten erhielten von ihm einen Lagebericht aus erster Hand über die Zustände in der Karibik. Der BdU gab den Booten sodann freies Manöver für den Einsatz vor und östlich von Trinidad und wies gleichzeitig auf die starke Luftsicherung hin. Der Veteran Teddy Suhren, der den Funkspruch des BdU an die jungen Kommandanten mitgehört hatte, ergänzte, daß er in einem Radius von 180 Meilen um Trinidad herum während des Tages grundsätzlich unter Wasser geblieben wäre. Gleichzeitig warnte er vor den kleinen, schnellen Landflugzeugen und fügte hinzu, daß er Patrouillenflüge in der Nähe der Konvois nur nachts festgestellt habe. Es waren gute Ratschläge, die den drei Kommandanten gegeben wurden, wozu dann auch noch Auffermanns Meldung beitrug, daß U 514, trotz durchgeführter Reparaturen, nicht länger nahe Trinidad operieren könne.

In der Vollmondnacht torpedierte U 175 den jugoslawischen Frachter PREDSEDNIK KOPAJTÍC (1 798 BRT), der nach Britisch Guayana unterwegs war. Bruns operierte bei hellem Mondenschein über Wasser, allerdings 150 Meilen von Geleota Point an der Südostspitze Trinidads entfernt. Obwohl er sich innerhalb der Reichweite der U-Jagdflugzeuge befand, blieb er unentdeckt und setzte sich sofort weit nach Osten ab, nachdem der Dampfer untergegangen war. Auch U 512, U 514, U 515 und U 516 waren ostwärts ausgewichen, denn das Mondlicht machte die Arbeit in der Nähe der Stützpunkte zu gefährlich.

Bevor Henke sein kurzes Gastspiel in der Karibik beendete, brachte er am 23. September, als der Mond abnahm, U 515 noch einmal in das Gebiet vor Trinidad. Kurz nach Mitternacht versenkte er den norwegischen Frachter LINDVANGEN (2 412 BRT) 75 Meilen östlich von Galeota Point. Vier Stunden später schoß er seine letzten zwei Torpedos auf den amerikanischen Dampfer ANTINOUS (6 034 BRT). Beide Aale trafen, und die Besatzung verließ prompt das Schiff, das jedoch nicht sank. U 512 (Schultze) fand die immer noch schwimmende ANTINOUS acht Stunden später und schickte sie mit einem weiteren Torpedo endlich unter Wasser. Werner Henke trat den Rückmarsch an. Er hatte acht Schiffe versenkt und zwei beschädigt, die jedoch ebenfalls Totalverluste waren. Das Gesamtergebnis von U 515 belief sich auf 42 100 BRT.

KAPITEL 10

Die Rückkehr der Veteranen

Am 29. September trafen drei U-Boote in der Karibik ein. Das VIIC-Boot U 332 unter Johannes Liebe eröffnete den Reigen und versenkte 140 Meilen nordöstlich von Barbados den britischen Frachter REGISTAN (5 886 BRT). Dann war die Reihe an Günter Poser, der das VIIC-Boot U 202 mit einer erfahrenen Besatzung auf seiner ersten Feindfahrt als Kommandant führte. Poser schoß vor der Nordküste Trinidads einen Viererfächer auf einen schnellen Tanker, der jedoch fehlging, aber bevor er das überhaupt sah, wurde er bereits von einer PBY der VP-53 Squadron angegriffen. Vier Wasserbomben schüttelten das Boot gewaltig durch, als es alarmtauchte. U 202 schlich in eine ruhigere Ecke und meldete dem BdU, daß seine Kompressoren beschädigt worden wären.

Im September hatten sich die Aktivitäten der U-Boote weitgehend auf die Gegend um Trinidad konzentriert, und mit Ausnahme von drei Versenkungen im nordöstlichen Bereich der Karibik spielte sich das Geschehen vor der Haustür der Insel ab. Trotz vieler Probleme mit der ständigen Luftüberwachung hatte sich die dritte Welle gut geschlagen. Zehn U-Boote waren zu unterschiedlichen Zeiten im Einsatz gewesen und hatten 27 Schiffe mit 130 000 BRT versenkt. Die Einführung der Geleitzüge hatte die Möglichkeiten der Boote zwar drastisch eingeschränkt, aber dafür konzentrierten sie sich jetzt auf die einzeln fahrenden Schiffe. Dönitz notierte Ende September, daß sich im Westen Trinidads ebenso wie in der Windward Passage mit hoher Wahrscheinlichkeit Konvois finden ließen, aber diese Vermutung berücksichtigte die inzwischen vorherrschenden Bedingungen natürlich nicht. Die alliierte Luftmacht hatte beide Gebiete für die U-Boote höchst gefährlich gemacht. Auch die Gegend östlich Trinidads hielt der Admiral für vielversprechend und vermerkte, daß dringend Radarwarngeräte benötigt würden, um die relativ hohen Verluste zu verringern. Der letzte Kommentar bezog sich allerdings nicht auf die bisher in der Karibik und im Golf von Mexiko versenkten sechs Boote. Sechs Boote gegen 187 vernichtete Handelsschiffe stellte eine hervorragende wirtschaftliche Bilanz dar. Dönitz meinte vielmehr die überraschenden Angriffe aus der Luft, die die Boote in Mitleidenschaft gezogen hatten. Ein beschädigtes Boot, das sich 4 000 Meilen von der Heimat entfernt befand, verursachte erhebliche Probleme – und beschädigt worden war ja nahezu jedes Boot. Dabei sollte sich die Situation eher noch verschlimmern, denn jetzt waren bereits zehn U-Jagd-Geschwader zwischen Antigua und Holländisch Guayana im Einsatz.

Im Oktober wurden nicht so viele Schiffe versenkt, da nur wenige U-Boote in dem Gebiet operierten. Aber das war nicht der einzige Grund. Acht Monate lang hatten die U-Boote die Karibik praktisch im Würgegriff gehalten, und obwohl sie fast immer siegreich waren, lernten die Verteidiger in der harten Schule des Kampfes schnell dazu. Im Oktober eröffneten sie ihren ersten ernsthaften Angriff auf die Vorherrschaft der U-Boote, was zu einem heftigen Schlagabtausch führen sollte.

Am letzten Tag des Septembers standen östlich von Trinidad acht Boote in einem weiten Bogen von Barbados bis zur Grenzlinie zwischen Französisch Guayana und Brasilien. Eine Gruppe setzte sich aus U 175, U 201, U 202 und U 332 zusammen. Südöstlich davon bildeten U 512 und U 516 zusammen mit Auffermanns weit seewärts stehendem U 514 die zweite Gruppe. Alle Boote hielten sich außerhalb des Karibischen Meeres auf, und zum ersten Mal seit April war das Gebiet nördlich von Trinidad nicht bedroht. Aber das sollte nicht lange andauern, denn Verstärkung durch die Veteranen war im Anmarsch. Zunächst rückten U 67 und U 129 bereits auf der dritten und U 160 auf der zweiten Feindfahrt in die Karibik an. Ihnen folgten U 163, U 505 und U 508, die ebenfalls alle bereits ihren zweiten Einsatz durchführten. Von einem Nachlassen der Offensive gegen Trinidad konnte also keine Rede sein.

Um 3 Uhr 40 am Morgen des 1. Oktober eröffnete U 175 (Bruns) die Monatsrechnung mit der Versenkung des britischen Frachters EMPIRE TENNYSON (2 880 BRT). Obwohl der Dampfer schnell unterging, konnte der Funker sein »SSS« absetzen, wodurch dem Boot ein ungemütlicher Tag beschert wurde. Während des Vormittags mußte das Boot zweimal alarmtauchen, um den B-18-Bombern der 1st Bombardment Squadron zu entgehen. Jedesmal gelang es U 175, rechtzeitig unter Wasser zu sein, aber die Explosionen der Wasserbomben beschädigten die empfindliche Einrichtung in zunehmendem Maße. Das inzwischen reparierte U 202 operierte in der Nähe von U 175 und zog ungewollt die Aufmerksamkeit der Verteidiger auf sich. Um 9 Uhr 40 marschierte das Boot in Überwasserfahrt, als ein Ausguck Poser vor einer anfliegenden *Catalina* warnte. Der Turm war gerade unter Wasser als die PBY der VP-53 Squadron U 202 überflog und sich vier Wabos von den Aufhängungen unter den Tragflächen lösten. Da der Tauchvorgang rechtzeitig erfolgt war, richteten die Detonationen keinen weiteren Schaden an. Eine Stunde später setzte Poser seinen Überwassermarsch fort, und am Abend ergab sich endlich die lang ersehnte Gelegenheit. Der holländische Dampfer ACHILLES (1 815 BRT) befand sich auf dem Weg von Trinidad nach Holländisch Guayana, als ein Torpedo des Bootes ihn auf den Meeresgrund beförderte.

Um 1 Uhr 30 am folgenden Morgen kam Günther Rosenberg mit U 201 zum Erfolg. Rosenberg war ebenso wie Poser auf seiner ersten Feindfahrt als Kommandant. 120 Meilen südöstlich Galeota Point, und nur zwanzig Meilen von U 202 entfernt, versenkte er den amerikanischen Bauxitfrachter ALCOA TRANSPORT (2 084 BRT). Im gleichen Gebiet traf U 175 zweieinhalb Stunden später den panamaischen Dampfer ANEZOID (5 074 BRT) mit zwei Torpedos. Bruns beobachtete die doppelte Detonation und wartete, bis das Schiff abzusacken begann, bevor er abdrehte. Zwölf Stunden später entdeckte eine Lockheed *Hudson* das verlassene Schiff, wie es langsam auf Tri-

Kapitel 10

nidad zu trieb, aber irgendwann versank es dann im Meer. Doch diese Handelsschiffe sollten nicht die einzigen sein, die in dieser Nacht untergingen.

U 512 unter Kptlt. Wolfgang Schultze hielt in langsamer Überwasserfahrt auf die Küste Französisch Guayanas zu. Schultze muß gedacht haben, daß er sich, so weit südöstlich, außerhalb der Reichweite der Flugzeuge auf Trinidad befinden würde. Wahrscheinlich wußte er nichts von der 99th Bombardment Squadron, die auf dem Flugplatz Zandery in Holländisch Guayana stationiert war, denn das Boot befand sich nur 100 Meilen von diesem Stützpunkt entfernt. Seit Clausen die Bauxitroute im März unterbrochen hatte, flog das Geschwader ständig Patrouille und führte auch einige Angriffe aus, ohne jedoch bisher Erfolg gehabt zu haben. In den frühen Morgenstunden des 2. Oktober sollte sich das ändern.

Um Mitternacht war Lieutenant Lehti mit einer Douglas B-18 gestartet und auf Ostkurs in Richtung auf das ihm zugewiesene Überwachungsgebiet entlang der Küste Französisch Guayanas eingeschwenkt. Um 4 Uhr morgens meldete der Bedienungsmann am Radar einen Kontakt in zwölf Meilen Entfernung. Lehti brachte die Maschine auf 100 Meter herunter und begann den Zielanflug. Nach einer Meile war er über dem Kielwasser des Bootes und konnte es kurz darauf sehen. U 512 wurde völlig überrascht. Als der Bomber das Boot überflog und zwei Wasserbomben warf, beobachtete die Flugzeugbesatzung, daß die Luken an Deck geöffnet waren und Licht herausschien. Je eine 300 kg und eine 150 kg Wasserbombe fielen vor dem Boot ins Wasser. Es war ein punktgenauer Angriff, denn das U-Boot bewegte sich auf die Stelle zu, wo die Bomben auf die eingestellte Explosionstiefe von acht Metern sanken. Vermutlich wurde U 512 durch die Detonationen beschädigt, denn als Lehti den Bomber herumgebracht hatte und zum zweiten Anflug ansetzte, war das Boot verschwunden. Auf dem Radarschirm zeigte sich kein Echo, und das MAD-Gerät[30] gab keinen Hinweis auf das Vorhandensein eines Unterwasserzieles.

Lehti war ein erfahrener Pilot, und er wußte, daß U-Boote nicht spurlos weg sind. Entweder hatte er es tatsächlich versenkt, oder es befand sich noch irgendwo unter Wasser. Er wendete die B-18 in Richtung auf die 120 Meilen entfernte Küste. Dann nahm er den markanten Leuchtturm von Cayenne als Standortbestimmung, drehte um und flog zur Position seines Angriffs zurück. Neun Meilen davor zeigte das Radar erneut ein Echo an. Schultze war aufgetaucht, da er vermutlich glaubte, daß es in dieser Nacht keine weiteren Scherereien geben würde. Lehti brachte die Maschine auf 15 Meter herunter und begann den Zielanflug mit Hilfe des Radars. Zum zweiten Mal gelang ihm die Überraschung, und als die B-18 das Boot überflog, löste er zwei 150-kg-Wasserbomben gleichzeitig, die unmittelbar neben U 512 im Wasser landeten. Nach den Explosionen war das Boot nicht mehr zu sehen. Bei seiner Rückkehr nahm Lehti mit typischem Understatement für sich lediglich in Anspruch, das Boot ein wenig »aufgemischt« zu haben und machte keine Versenkung geltend. Der Nachrichtenoffizier des Geschwaders kannte jedoch seinen Mann und verlangte eine Erkundung des Gebietes bei Tagesanbruch. Eine B-18 überflog die Angriffsstelle und sichtete einen großen Ölteppich, in dessen Mitte sich ein Mann in einer Schwimmweste befand. Das Flugzeug warf ein Dingi ab und beobachtete, wie der erschöpfte Mann hineinkletterte. Er war der einzige Überlebende von U 512, der zehn Tage später von dem amerikanischen Zerstörer USS ELLIS gerettet wurde.

Da alle U-Boote im Osten von Trinidad konzentriert waren, konnten die Geleitzüge sich frei bewegen. Um 9 Uhr früh am 3. Oktober verließ TAG 10 mit 17 Schiffen den Dragon's Mouth zu seiner langen Reise nach Großbritannien. Um 9 Uhr 30 lief der Küstenkonvoi TRIN 15 mit 13 Handelsschiffen aus. Um 12 Uhr mittags traf GAT 9 mit weiteren elf Frachtern ein, die in England unter Begleitschutz in See gegangen waren. Kurz danach dampften die amerikanischen Zerstörer USS BELKNAP und USS EBERLE durch die Boca, um sich den Seestreitkräften in Chaguaramas anzuschließen.

Am Abend des Tages wurden die Verteidiger jedoch vor ein schwieriges Problem gestellt. Um 19 Uhr 30 fuhr der britische Dampfer ATHELBRAE (681 BRT) durch die von Minen geräumte Fahrrinne im Serpent's Mouth, der südlichen Zufahrt zum Golf von Paria, wobei er überraschenderweise auf eine Mine lief. Als der Kapitän merkte, daß sein Schiff untergehen würde, ließ er sofort hart Steuerbordruder legen und schaffte es bis in die Untiefen vor den Green Hill Batterien, wo der Frachter auf Grund lief. Aber wieso hatte eine Mine in der Mitte des Zufahrtskanals gelegen? Die Frage elektrisierte das Untersuchungsteam der Marine. Es stellte sich heraus, daß es sich um eine losgerissene amerikanische Mine gehandelt hatte. Beide Seiten des Serpent's Mouth waren vermint worden, aber die Strömung in der Fahrrinne war zu stark für die Ankertauminen. Ungewiß war jetzt, wieviele der Minen sich losgerissen hatten und wie lange die Minenfelder wirksam bleiben würden. Dieses Problem sollte man während des Krieges nicht in den Griff bekommen.

Am nächsten Morgen beendete Heinrich Bruns seine erfolgreiche Feindfahrt mit der Versenkung des amerikanischen Frachters WILLIAM A. MCKENNY (6 153 BRT). Der Dampfer hatte sich dicht unter der südamerikanischen Küste gehalten, um den U-Booten zu entgehen, die in dieser Gegend operieren sollten. U 175 traf den Frachter mit seinem letzten Torpedo und setzte ihn in Brand. Unmittelbar nachdem das Boot abgedreht hatte, um den Rückmarsch anzutreten, wurde Bruns vom Ausguck vor einer anfliegenden PBY gewarnt. U 175 war ein effizientes Boot, und es war bereits auf sicherer Tiefe, als das Flugzeug heran war und seine Wasserbomben abwarf. Die VP-53 Squadron hatte auf ihre Weise »Auf Wiedersehen« gesagt. In den drei Wochen seines Einsatzes vor Trinidad versenkte U 175 neun Schiffe und beschädigte ein weiteres, aber da es sich mehrfach um kleinere gehandelt hatte, belief sich das Ergebnis nur auf 33 400 BRT.

Am 8. Oktober vereinten die Schwesterboote U 201 und U 202 ihre Talente, um den Liberty-Frachter JOHN CARTER ROSE (7 200 BRT) zu versenken. Das Schiff befand sich, technisch gesehen, außerhalb der Karibik, als es 900 Meilen östlich Trinidads auf dem Weg nach Kapstadt mit einer Ladung von Flugzeugen, Bomben und

Kapitel 10

Benzin in Fässern unterging. Bei Tagesanbruch hatte Rosenberg das Schiff gesichtet und U 201 in Position gebracht. Ein Torpedo verließ das Rohr, aber nach Ablauf der Zeit verriet ein metallischer Klang unter Wasser dem Horchgerät, daß es sich um einen Zündversager gehandelt hatte. Die JOHN CARTER ROSE änderte sofort den Kurs, und U 201 jagte hinterher. Zwei Stunden später bekam U 202 den Frachter in Sicht. Poser errechnete den Schußwinkel, und zwei Torpedos zischten aus den Rohren. Beide Aale trafen, die JOHN CARTER ROSE verlangsamte ihre Fahrt und kam dann zu einem völligen Stillstand. Während des Angriffs hatte der Funker einen laufenden Kommentar gegeben, aber nun machte er Schluß und gesellte sich zu den anderen Besatzungsmitgliedern, die das Schiff verließen. Der Dampfer war tödlich getroffen und rollte tiefliegend in der Dünung, aber er sank nicht. Da die JOHN CARTER ROSE ursprünglich das Ziel von U 201 gewesen war, zog sich Poser zurück und überließ Rosenberg den Fangschuß. Ein Torpedo traf den Frachter, und der Aufschlag ließ den Rumpf wie eine Glocke ertönen. Wieder hatte U 201 einen Zündversager geschossen. Voller Verzweiflung befahl Rosenberg die Geschützbedienung an Deck, die das Schiff schließlich unter Wasser schickte.

Am Abend des Tages waren nur noch vier Boote aus der letzten Welle aktiv. U 332 hatte Befehl erhalten, U 175 im Gebiet vor Trinidad abzulösen. U 156, U 514, U 516 befanden sich vor den Guayanas, wo U 512 verlorengegangen war, während U 201 und U 202 den Rückmarsch angetreten hatten. Beide Boote waren mit je einem und einem gemeinsam versenkten Schiff nicht sonderlich erfolgreich gewesen. Aber jetzt trafen an der Nordostecke der Karibik die ersten Boote der Veteranen ein. Günther Müller-Stöckheim mit U 67, Hans-Ludwig Witt mit U 129 und Georg Lassen mit U 160 waren zurückgekehrt.

Der BdU wußte, daß die Konvois in Trinidad ungestört ein- und auslaufen konnten. U 516 erhielt daher Anweisung, nach Norden zu marschieren. Am 10. Oktober war Gerhard Wiebe vor der Nordküste der Insel in Position, und gleich stieß er auf einen Geleitzug. Die Verschiffungen militärischer Ladung von den USA nach Brasilien hatten deutlich zugenommen, und die Frachter fuhren unter starkem Sicherungsschutz unter der Bezeichnung TRIN Konvois. U 516 bewegte sich auf den Geleitzug TRIN 17 zu, aber fast sofort wurde es von den Zerstörern USS ELLIS, USS GREENE, USS BADGER, USS OSMOND INGRAM und den PCs vertrieben. Die 17 Schiffe des Konvois zogen an Wiebe vorbei, der in dieser Situation machtlos war. Am folgenden Morgen versuchte er es erneut. Dieses Mal war es der Geleitzug TRIN 18, der mit sechs Handelsschiffen und einer kleinen Eskorte auslief, aber wieder wurde Wiebe abgewehrt. Ein Wasserflugzeug vom Typ OS2N *Kingfisher* kam im Sturzflug heran, und U 516 mußte alarmtauchen. Am 12. Oktober war Wiebe immer noch vor der Nordküste Trinidads, aber inzwischen wußte er, daß verschiedene U-Jagdgruppen nach ihm suchten und das Gebiet für ihn gefährlich wurde. Um 10 Uhr 45 wurde das Boot von dem US Coast Guard Cutter CRAWFORD in die Enge getrieben und mußte eine zermürbende Wasserbombenverfolgung über sich ergehen lassen. Die U-Boote wurden jetzt von den Geleitschiffen hart rangenommen, aber noch waren sie aufgrund ihres Erfahrungsvorsprungs im Vorteil.

Während U 516 sich vorsichtig von USCG CRAWFORD entfernte, lief der amerikanische Frachter PAN GULF (5 599 BRT) vor Cedros Point im Golf von Paria auf eine Mine. Das Schiff wurde schwer beschädigt und mußte nach Port of Spain zurückgeschleppt werden. Eine wachsende Anzahl von Minen riß sich von den Ankertauen los, trieb in die empfindlichen Gewässer des Golfs und trug damit erheblich zu den Schwierigkeiten der Verteidiger bei. Jetzt mußten auch Flugzeuge von wichtigen U-Boot-Patrouillen abgezogen werden, um im Golf nach Minen zu suchen.

Um 16 Uhr nachmittags hatte das beschädigte U 514 (Auffermann) noch einmal Erfolg, als es den amerikanischen Frachter STEEL SCIENTIST (5 688 BRT) 60 Meilen vor Cayenne mit zwei Torpedos versenkte. Nach dem Untergang des Schiffes trat das Boot den Rückmarsch an. U 514 hatte auf seinem dreiwöchigen Einsatz in der Karibik nur zwei Schiffe versenkt und eines beschädigt, aber der Tonnageverlust stand in keinem Verhältnis zu den nachhaltigen Auswirkungen von Auffermanns aggressiven Vorgehen in der Karibik.

Das bedeutsamste Ereignis des Tages war jedoch die Entdeckung von U 160, wie es direkt nordöstlich von Tobago tauchte. Georg Lassen, der inzwischen mit dem Ritterkreuz ausgezeichnet worden war, hatte sich mit dem U-Tanker U 461 im mittleren Atlantik getroffen und dann seine Reise in die Karibik fortgesetzt. Eine *Mariner* der VP-74 Squadron erfaßte U 160 mit ihrem Radar, aber das Boot die *Mariner* ebenfalls. U 160 war als eines der ersten Boote in der Karibik mit dem Radarwarnempfänger *Metox*[31] und der plumpen Biscaya-Kreuz-Antenne ausgerüstet. Das Gerät zeigte die von den U-Jagdflugzeugen ausgestrahlten Radarwellen an, wodurch es für die Maschinen jetzt schwieriger war, den Gegner an der Wasseroberfläche zu überraschen. Die deutschen Geräte hatten allerdings den entscheidenden Nachteil, daß sie keine Entfernungsanzeige besaßen, weshalb die Boote ständig tauchen mußten, obwohl die Flugzeuge oft noch weit weg waren. Der Technologiekampf lief auf vollen Touren und damit eine Auseinandersetzung, die die Schlacht im Atlantik letzten Endes entscheiden sollte.

In den nächsten zwei Tagen tat sich nicht sehr viel im *Trinidad Sector*. Wiebe (U 516) mußte noch einmal eine Waboverfolgung über sich ergehen lassen, aber er verstand es, den PCs der US-Navy zu entkommen. Nach dem Angriff ging das Boot mit einem Ergebnis von drei versenkten Schiffen auf Heimatkurs. Nur Liebe (U 332) war als einziger von der letzten Welle übriggeblieben, die jetzt von den Veteranen abgelöst wurde. Lassen befand sich mit U 160 in seinem Lieblingsgebiet vor der Nordküste Trinidas und sollte bald damit beginnen, den Meeresboden wieder mit Wracks zu pflastern. Müller-Stöckheim, mit U 67 auf seiner dritten Karibikfahrt, kreuzte in der Nähe Tobagos, während Witt (U 129) bereits sein erstes Opfer gefunden hatte und dem Untergang des norwegischen Motorschiffes TRAFALGAR (5 542 BRT) weit nördlich von Antigua zusah.

Kapitel 10

Bei Tagesanbruch am 16. Oktober wartete Lassen vor dem Dragon's Mouth hoffnungsvoll auf das Erscheinen eines Konvois. Um 6 Uhr morgens beobachtete er die ersten Anzeichen einer sich entwickelnden Geschäftigkeit, als MTBs und PCs die 3. Boca verließen und sich vor der Zufahrt verteilten. U 160 war über Wasser, als der Metox-Empfänger vor einem Flugzeug warnte. Das Boot tauchte, und Lassen sah sich die weitere Vorstellung durch das Sehrohr an. Um 6 Uhr 45 begannen die 14 Schiffe von Konvoi TRIN 19 aus dem Dragon's Mouth herauszudampfen und sich zu formieren. Die TRNVR übergab den Geleitzug an den Befehlshaber auf dem holländischen Kanonenboot HMNS Jan van Brakel. Das Kriegsschiff setzte sich vor den ostwärts steuernden Konvoi, während die Korvette HMS Clarkia zusammen mit vier U-Jägern der US-Navy auf der gefährdeten Seeseite und zwei U-Jäger der US-Navy zur Landseite hin Position bezogen.

Ein strahlender Kptlt. Georg Lassen (U 160) bei Rückkehr nach Lorient am 24. August 1942.

Quelle: Georg Lassen

Sobald die Luft rein war, tauchte U 160 auf und gab eine Sichtmeldung ab. U 67 und U 332 fingen den Funkspruch auf und drehten sofort auf Abfangkurs. Lassen begann sich langsam an der Flanke des Konvois vorzuschieben. Alle Boote mußten sehr vorsichtig sein, denn der Geleitzug fuhr dicht unter Land an der Nordküste Trinidads und verfügte über eine starke See- und Luftsicherung. Direkt über dem Konvoi zogen P-39-Jäger zusammen mit OS2N *Kingfisher* ihre Kreise, während die *Catalinas* von VP-53 und die *Mariners* von VP-74 das Seegebiet vor dem Geleitzug überwachten.
U 67 marschierte auf den Konvoi zu, als eine PBY das Boot entdeckte und sofort anflog. Das Metox warnte Müller-Stöckheim rechtzeitig, und das Boot war tief unter Wasser, als das Flugzeug passierte. Die Meldung der *Catalina* bestätigte jedoch, daß jetzt ein zweites U-Boot Kontakt hatte, nachdem U 160 bereits geortet worden war, bevor der Konvoi auslief. Die Geleitfahrzeuge waren instruiert und auf einen Nachtangriff vorbereitet, der mit Sicherheit nach Sonnenuntergang erfolgen würde. Die No. 53 Squadron wappnete sich ebenfalls für den Nachteinsatz und hielt so viele Lockheed *Hudsons* wie irgend möglich zurück, damit genügend Maschinen zur Verfügung standen. Niemand vermutete, daß die U-Boote so nahe an Trinidad einen Tagesangriff wagen würden.
Lassen (U 160) war ständig gezwungen gewesen zu tauchen, aber langsam setzte er sich an dem acht Knoten schnellen Konvoi vor. Um 14 Uhr war er in Position. Der Geleitzug hatte inzwischen den Chupara Point in der Mitte der Nordküste Trinidads ostwärts passiert und befand sich damit in der Gegend, in der U 160 im Juli drei Schiffe versenkt hatte. Die Mehrzahl der Sicherungsfahrzeuge und alle Patrouillenflugzeuge konzentrierten ihre Aufmerksamkeit auf die seewärtige Backbordseite des Konvois, denn nur von dort her lauerte ja Gefahr. Um 14 Uhr 20 beobachtete ein erschreckter Pilot einer P-39, der die Steuerbordkolonne des Konvois kreuzte, Torpedoblasenbahnen. Sein aufgeregter Warnruf über Radio konnte die Schiffe nicht mehr retten. Lassen stand mit dem Boot nicht an der offenen Flanke zur Seeseite hin, sondern zwischen der felsigen Küste und dem Gros der Schiffe, wodurch ihm eine taktische Überraschung gelang. Drei Torpedos hatten die Rohre verlassen. Zwei von ihnen schlugen in den amerikanischen Küstenfrachter CASTLE HARBOUR (730 BRT) ein und rissen das Schiff auseinander, so daß es in 30 Sekunden verschwunden war. Sekunden danach traf der dritte Torpedo den amerikanischen Frachter WINONA (6 197 BRT). Das große Schiff geriet außer Kontrolle und drehte nach Backbord, womit es die dort marschierende Kolonne durcheinander brachte. Es war einen Monat her, daß ein Konvoi in der Karibik von U-Booten angegriffen worden war, und noch am Vorabend war den Handelsschiffskapitänen bei der Einsatzbesprechung gesagt worden, daß damit auch nicht zu rechnen sei. Niemand erwartete also einen Angriff. Jetzt kamen plötzlich Torpedos von der Landseite her, was zu einer Panikhandlung der auf dieser Seite fahrenden Schiffe führte. Sie fühlten sich exponiert, da sich die meisten Geleitfahrzeuge seewärts befanden, und schwenkten aus der Gefahrenzone weg zu ihnen nach Backbord.

KAPITEL 10

Um der ebenfalls nach Backbord drehenden WINONA auszuweichen, war die auf der seewärtigen Seite marschierende Kolonne gezwungen gewesen, das Ruder nach Steuerbord zu legen. Das Unvermeidliche passierte: zwei der Frachter kollidierten und blieben ineinanderverkeilt mitten unter den hin und her drehenden Schiffen liegen. JAN VAN BRAKEL und zwei U-Jäger preschten mit Höchstfahrt durch die Reihen der Frachter zur gefährdeten Seite des Geleitzuges. Der Aufruhr war zu groß, um Lassen eine weitere Gelegenheit zum Schuß zu geben. Die Geleitfahrzeuge kamen heran, und die Zeit wurde knapp. Der Angriff hatte vor dem Ort Sans Souci an der Nordostecke Trinidads stattgefunden und führte dazu, daß der Konvoi auseinanderbrach.

Als das Durcheinander am schlimmsten war, entdeckte eine PBY des VP-53 das vorgeflutete U 67, wie es sich langsam an die Backbordseite des Konvois heranschob. Die *Catalina* griff sofort an, aber Müller-Stöckheim hatte das Boot schnell unter Wasser. Trotzdem warf das Flugzeug einige Wasserbomben, deren Explosionen HMS CLARKIA auf den Plan riefen. Den Handelsschiffen kam es jetzt so vor, als ob sie zwischen einem U-Boot auf der Seeseite und einem auf der Landseite eingezwängt wären. Ob die Geleitfahrzeuge sie schützen konnten, war ohnehin zweifelhaft, und daher blieben ihnen nur zwei Optionen: entweder zurückzukehren oder zu versuchen, unter Aufgabe der Konvoigeschwindigkeit mit erhöhter Fahrt nach vorn in Sicherheit zu kommen. Die Mehrheit der Schiffe entschied sich dafür weiterzufahren.

Der Pilot des Jagdflugzeuges gab einen laufenden Kommentar zu dem Geschehen unter ihm ab, was die Alarmglocken auf den Flugplätzen und den Stützpunkten der Geleitfahrzeuge schrillen ließ. Zu diesem Zeitpunkt äußerster Verwirrung entdeckte eine *Mariner* U 332 (Liebe), wie es langsam auf die Spitze der Handelsschiffe zusteuerte. Als die Maschine sich im Sturzflug näherte, tauchte das Boot. Die Explosion der Wasserbomben vor den Schiffen schien weiteres Unheil für den Konvoi anzukündigen. Zwei U-Jäger rasten nach vorn, während viele der Frachter jetzt umkehrten. Für sie war die Falle zugeschnappt, denn jetzt gab es U-Boote an drei Seiten und nur wenig Seeraum zum Manövrieren. Überall waren die Explosionen der Wasserbomben zu hören. U 160 wurde beharrlich von JAN VAN BRAKEL gejagt, während *Clarkia* und ein U-Jäger U 67 angriffen. Die *Mariner* kreiste über der Stelle, wo U 332 getaucht war, und hielt das Boot unter Wasser, bis zwei U-Jäger eintrafen. Die anderen Geleitfahrzeuge versuchten vergeblich, die auseinanderstrebenden Schiffe unter Kontrolle zu bekommen, die sich jetzt über eine Strecke von zehn Seemeilen zwischen Grand Matelot Point im Osten und Chupara Point im Westen an der Nordküste Trinidads verteilten. Die beschädigte WINONA lag gestoppt, und die Mannschaft verließ das Schiff, während die verkeilten Frachter einen makabren Tanz aufführten. Der Jägerpilot berichtete von einer größer werdenden Fläche von Bauxitstaub und von Schiffbrüchigen im Meer. Die Besatzungen der ineinander verhakten Dampfer verschlimmerten die Situation, indem sie die Rettungsboote zu Wasser ließen und Anstalten machten wegzukommen.

Während sich dies abspielte, verlor der Motor einer OS2N *Kingfisher* den Öldruck und blieb stehen. Der Pilot versuchte eine Notlandung, aber die Dünung war zu hoch, so daß das Flugzeug in die Wellen stürzte und sich in seine Einzelteile zerlegte. Unterdessen hatte Liebe (U 332) es geschafft, sich von den U-Jägern abzusetzen, aber in dem Moment erlitt er einen Schwindelanfall und mußte sich ganz von der Aktion zurückziehen. Zweifellos hatte er eine solche Verwirrung in einer Konvoischlacht auch wohl noch nie gesehen.
Die verzweifelten Hilferufe des Konvois und die laufende Berichterstattung des Jägerpiloten führten dazu, daß die Prioritäten auf Trinidad neu gesetzt wurden. Die in Reserve gehaltenen Flugboote in Chaguaramas wurden startklar gemacht. Konvoi TRIN 19 mußte schnellstens wieder zusammengeführt werden, denn bei drei an dem Geleitzug operierenden U-Booten bestand die Gefahr, daß alle in der Gegend verteilten Schiffe versenkt werden würden. Die No. 53 Squadron der RAF auf Edinburgh Field änderte ihre Einsatzplanung, so daß die zurückgehaltenen Lockheed *Hudsons* sofort an der Luftüberwachung teilnehmen konnten. Zerstörer und MTBs liefen aus, um die Geleitsicherung zu verstärken.
Währenddessen lag U 160 in 30 Meter Tiefe auf dem Meeresgrund, und Lassen hörte dem Chaos über sich zu. Alles, was er getan hatte, war, einen kleinen Frachter zu versenken und einen anderen zu beschädigen, aber die Wirkung war durch sein Vorgehen und das Verhalten der Handelsschiffe vervielfacht worden. Konvoi TRIN 19 würde sich wieder sammeln, wenn auch mit einem Minus von vier Schiffen. Es war ein beachtlicher psychologischer Schlag, den der Meister der Jagd wieder einmal ausgeteilt hatte.
Am folgenden Morgen wurde U 160 von einer *Mariner* vor der Ostküste Trinidads angegriffen, als es den inzwischen neuformierten Konvoi beschattete. Das Metox warnte Lassen rechtzeitig, und er hatte das Boot gut unter Wasser, als die Wasserbomben fielen. Am Abend des gleichen Tages brachen U 160 und U 67 die Verfolgung ab und setzten sich gemeinsam mit U 332 ostwärts ab. Alle Boote versuchten jetzt, möglichst viel Abstand zu Trinidad zu gewinnen, denn dieses war die Nacht vor dem Vollmond.
Am 19. Oktober errang Liebe (U 332) mit der Versenkung des britischen Motorschiffes ROTHLEY (4 996 BRT), 300 Meilen östlich von Barbados, seinen zweiten und letzten Erfolg auf dieser Feindfahrt, wonach er auf Heimatkurs ging. Die in Trinidad stationierten Flugzeuge waren jedoch noch nicht ganz fertig mit ihm. Wahrscheinlich glaubte er, daß er so weit östlich der Inseln bereits außerhalb der Reichweite der Luftüberwachung war, aber dann überraschte ihn eine *Mariner* des VP-74, und das schon dreimal beschädigte Boot wurde weiter in Mitleidenschaft gezogen. Man kann sich vorstellen, daß die Besatzung von U 332 froh darüber war, der Karibik endlich den Rücken kehren zu können.
Am 22. Oktober spielte sich ein höchst rätselhafter Vorfall ab. U 129 (Witt) traf sich mit dem spanischen Tanker CAMPECHE (6 382 BRT) 390 Meilen östlich von Bar-

Kapitel 10

bados. Die CAMPECHE hatte die Überlebenden der ROTHLEY aufgefischt, die von Liebe versenkt worden war. Nachdem U 129 längsseits des spanischen Schiffes gegangen war, stieg Hans-Ludwig Witt an Bord. Es ist nicht bekannt, ob dies ein zufälliges oder ein geplantes Zusammentreffen gewesen ist. Es könnte natürlich auch sein, daß er nur die Schiffbrüchigen befragen wollte. U 332 war jedoch ebenfalls in der Nähe, und es ist möglich, daß auch Johannes Liebe an Bord des Spaniers ging. Der Tanker war auf der Reise nach Aruba, wo er sich schließlich auch einfinden sollte, aber drei Tage später befand er sich seltsamerweise 30 Meilen weiter östlich von der Stelle, wo er die Schiffbrüchigen aufgenommen hatte. Während des Tête-à-tête zwischen den Booten und dem Spanier erschienen zwei einzeln fahrende amerikanische Handelsschiffe auf der Szene, die die sehr private Veranstaltung offensichtlich störten. Als erster kam der Dampfer REUBEN TIPTON (6 870 BRT) auf, dessen Kapitän die Silhouetten der U-Boote am Tanker erkannte und sofort den Kurs änderte. Das Erscheinen des Frachters bewirkte den Abbruch des Treffens, und Witt stieg schleunigst wieder auf sein Boot über.

Er war kaum an Bord, als der Dampfer KABOT auftauchte. Der Kapitän des zweiten amerikanischen Schiffes sah ebenfalls die drohende Gefahr und drehte ab. U 129 legte vom Tanker ab und nahm die Verfolgung der REUBEN TIPTON auf, während Liebe sich hinter die KABOT klemmte. Mittags, als der Kapitän des Frachters feststellte, daß er von einem U-Boot gejagt wurde, berichtete er Trinidad, was er gesehen hatte. Der Kapitän der KABOT tat das Gleiche und befahl dann seinem Leitenden Ingenieur, das Äußerste aus der Maschine des alten Dampfers herauszuholen.

Um 4 Uhr nachmittags war U 129 endlich querab der REUBEN TIPTON und griff an. Zwei Torpedos verließen die Rohre, aber der gerissene Kapitän drehte rechtzeitig ab, und sie gingen vorbei. Das Boot war achteraus gefallen, und Witt mußte von neuem damit beginnen, sich vorzuarbeiten. Inzwischen hatte U 332 die KABOT eingeholt und ebenfalls zwei Torpedos geschossen. Der Frachter wich jedoch ebenfalls aus, und die Torpedos verfehlten ihr Ziel. Liebe jagte noch einige Stunden hinterher, aber dann gab er auf, und der alte Dampfer entkam nach Trinidad. Während U 332 sich der Heimat zuwendete, jagte Witt weiter hinter der REUBEN TIPTON her. Die Dunkelheit gab ihm schließlich die notwendige Deckung, und um 23 Uhr 30 war er erneut querab des Frachters. Zwei Torpedos trafen das Schiff, das zu einem erschöpften Stopp kam. Seine Reise von Kapstadt nach Trinidad hatte östlich von Martinique ihr Ende gefunden.

Zwei Tage später hatte Müller-Stöckheim ein aufregendes Erlebnis. Frühmorgens kreuzte der amerikanische Dampfer PETER MINUET den Bug von U 67. Der Frachter drehte um und versuchte mit hoher Geschwindigkeit, dem hinterherpreschenden U-Boot zu entkommen. Um 9 Uhr kam der norwegische Dampfer PRIMERO (4 414 BRT) in Sicht, woraufhin ein aufgeregter Funkverkehr zwischen beiden Schiffen einsetzte. Die PETER MINUET forderte die PRIMERO auf, ebenfalls zu fliehen, aber der alte Dampfer war nicht schnell genug. Um 9 Uhr 15 drehte Müller-Stöckheim in voller Fahrt auf Annäherungskurs. Ein Elektrotorpedo (G7e) verließ das Rohr und machte sich auf den Weg zur PRIMERO. Der Kapitän ahnte jedoch, daß das U-Boot geschossen hatte, obwohl der Aal fast keine Blasenbahn hinterließ, und legte hart Backbordruder, um auszuweichen. Der Torpedo hatte gerade den halben Weg zurückgelegt, als er vorzeitig explodierte. Die aufsteigende Wasserfontäne verbarg den Frachter für einige Sekunden. Sobald Müller-Stöckheim das Schiff wieder erblickte, schoß er einen Preßlufttorpedo (G7a). Diesmal war die Blasenbahn deutlich zu erkennen. Der Kapitän eilte in die Brückennock, um zu sehen, ob er dem Schuß entgehen konnte, aber als es offensichtlich war, daß der Torpedo treffen würde, zog er sich in Erwartung der Detonation schnell wieder zurück. Den Rudergänger hatte er dabei komplett vergessen, so daß das Schiff weiter nach Backbord drehte, aber das war jetzt ohnehin belanglos. Der Torpedo traf auf, und der Rumpf des Frachters erklang wie eine Glocke. Das Undenkbare war geschehen: es war ein Zündversager! Während der Kapitän seine Fassung allmählich zurückgewann, drehte PRIMERO immer noch nach Backbord. Müller-Stöckheim ärgerte sich über den Versager, aber es blieb ihm keine Zeit, darüber nachzudenken, denn sein Boot war jetzt in großer Gefahr. Er hatte darauf vertraut, daß der Torpedo das Schiff stoppen würde, und jetzt lief der Dampfer voll auf ihn zu.

U 67 legte hart Steuerbordruder und versuchte auszuweichen. Der Kapitän der PRIMERO hatte die Gelegenheit jedoch erkannt, denn das U-Boot war nahezu unter seinem Steven, und er war auf dem besten Weg, U 67 zu rammen. Währenddessen war das Boot dabei, nach Steuerbord zu drehen, und beide Diesel liefen Äußerste Kraft. Müller-Stöckheim hatte nur eine einzige Chance, und er nutzte sie. Ein barscher Befehl, und die Maschinen stoppten. Seine schnelle Reaktion rettete das Boot. Die PRIMERO kollidierte kurz vor dem Turm mit U 67, aber es war nur eine flüchtiger Zusammenstoß. Der Aufprall rollte das Boot zum Frachter hinüber, und der Steven des alten Schiffes schrappte über das Deck und die Vorratsbehälter. Als die PRIMERO an der Seite des U-Bootes entlangpolterte, blickten der Kapitän und seine Offiziere auf einen der berühmten Wölfe des Atlantiks hinunter und verfluchten ihr Pech. Sobald das Boot freigekommen war, wurden die Diesel wieder angefahren, und es drehte weiter nach Steuerbord. Der Frachter hatte seine Chance verspielt, jetzt kam er an die Reihe. Als U 67 herum war, verließen zwei Torpedos die Heckrohre, die beide trafen. Der Dampfer kam zum Stehen und begann zu sinken. Als die Rettungsflöße ins Meer klatschten, setzte sich Müller-Stöckheim ab.

U 67 war beschädigt und mußte aus dem Gebiet verschwinden, bevor die Flugzeuge eintrafen. Die Lecksicherungsgruppe stieg an Deck und besichtigte die Schäden an der Backbordseite des Bootes und an den Behältern der Reservetorpedos. Die Behälter mußten geöffnet werden, um zu sehen, ob die Torpedos zerstört waren. Plötzlich ließ eine Explosion das Boot erbeben. Ein Besatzungsmitglied hatte versucht, den Behälter zu öffnen. Die alte PRIMERO hatte späte Rache genommen, dabei zum Glück aber nur Sachschäden verursacht. U 67 meldete dem BdU, daß sich das Boot

Kapitel 10

Die Geleitfahrzeuge USS GREENE und USS OSMOND INGRAM durchfahren am 1. Oktober 1942 zusammen mit dem Wasserflugzeugtender USS POCOMOKE die 3. Boca zum Golf von Paria.
Quelle: National Archives, Washington

wegen der erforderlichen Reparaturen weit ostwärts absetzen würde. Durch einen verrückten Zufall kreuzte es dabei noch einmal den Weg der PETER MINUET. Um 20 Uhr war Müller-Stöckheim in Schußposition, und ein Torpedo verließ das Rohr. Der Torpedo ging vorbei, und wieder gelang es dem Frachter zu entfliehen. Aber U 67 hatte jetzt dringlichere Probleme zu lösen und gab auf.

Am Nachmittag des 29. Oktober glückte U 129 (Witt) der zweite Abschuß, als das Boot 400 Meilen östlich Martinique operierte. Der amerikanische Frachter WEST KEBAR (5 620 BRT) lief Witt vor die Rohre, der ihn mit zwei Torpedos auf den Meeresgrund schickte. Als das große Schiff unterging, gelang es der Mannschaft, ein Rettungsboot zu Wasser zu lassen. Zwölf Tage später landeten 38 sonnenverbrannte und ausgehungerte Schiffbrüchige auf Barbados. Die WEST KEBAR war das dreizehnte Schiff, das den U-Booten im Oktober zum Opfer fiel und womit sie ein Gesamtergebnis von 52 000 BRT erzielten. Hinzu kamen drei Schiffe, die während des Kampfes um Konvoi TRIN 19 beschädigt worden waren. Verglichen mit den Vormonaten, war dies ein mageres Resultat und ungefähr so viel, wie es im Mai und Juni von nur einem effizienten U-Boot erreicht wurde. Dabei hatten sie hart kämpfen müssen, um überhaupt so viele Schiffe zu versenken. Nur zehn Boote operierten im Oktober in der Karibik, wobei selten mehr als vier zur selben Zeit im Einsatz waren.

Die Masse der U-Boote war in den sturmumtosten Nordatlantik zurückgekehrt, um die noch bestehende Luftüberwachungslücke auszunutzen. In der Karibik war der Oktober dagegen sehr ruhig verlaufen, aber Dönitz hatte das Gebiet nicht vergessen.

Die Boote waren nur im *Trinidad Sector* tätig gewesen, und das wollte er im kommenden Monat ändern. Ende Oktober standen sieben erfahrene U-Boote bereit, die Verteidiger wieder tanzen zu lassen. U 129 (Witt) befand sich 400 Meilen östlich und bewegte sich auf Trinidad zu, um dann nach Aruba weiterzulaufen. Lassen bereitete sich südlich Grenada mit U 160 darauf vor, gegen Geleitzüge zu operieren und dabei die bei seinen Aktionen allgemein übliche Bestürzung hervorzurufen. U 505 unter OltzS. Peter Zschech war entlang der Kette der Kleinen Antillen im Anmarsch auf Trinidad. Ihm folgten U 163 (Engelmann), U 508 (Staats) und U 154 unter seinem neuen Kommandanten KKpt. Heinrich Schuch. 500 Meilen weiter östlich reparierte Müller-Stöckheim die beträchtlichen Schäden, die die alte PRIMERO und die Explosion des Torpedos auf U 67 angerichtet hatten. Das Boot wurde rechtzeitig fertig und sollte seinen Anteil an den Ereignissen im November haben. Es war keine starke Streitmacht, aber es waren erfahrene Kämpfer, und sie kannten sich fast alle in der Karibik aus.

Die Verteidiger hatten die Ruhepause genutzt, ihre Stellungen auszubauen. Der Sammelpunkt für die Konvois und der Marinestützpunkt der US-Navy in Chaguaramas waren erweitert worden. Elf Konvois mit insgesamt 113 Schiffen waren in Trinidad eingetroffen, und 18 Konvois mit 190 Schiffen hatten die Insel verlassen. Auf dem Marinestützpunkt trafen während dieser Zeit 44 Kriegsschiffe ein, und 68 liefen aus. 50 Schiffe der US-Navy und der US Coast Guard waren dort stationiert, während die Royal Navy und die TRNVR über weitere 26 Geleitfahrzeuge verfügten, sowie die kanadischen Korvetten, die nach Trinidad abgestellt waren. Das wichtigste Ereignis war jedoch die Ankunft von 23 U-Jagd-Trawlern der Royal Navy von der Ostküste der USA.

Veränderungen gab es auch bei den Luftstreitkräften. Die tüchtige 99th Bombardment Squadron wurde vom Flugplatz Zandery in Holländisch Guayana nach Orlando in Florida verlegt. Ihren Platz nahm die 35th Bombardment Squadron von Borinquen auf Puerto Rico ein. Dieses Geschwader unterhielt eine Abteilung auf Atkinson Field in Britisch Guayana. Sie löste dort die 430th Squadron ab, die nach Brasilien wechselte. Die 1st Bombardment Squadron, die erste in der Karibik aufgestellte Luftstreitkraft, verließ Edinburgh Field auf Trinidad am Ende des Monats. Das Geschwader hatte lange und hart gekämpft, aber kein U-Boot versenken können. Seine Chance sollte im März 1943 kommen. Der Ersatz wurde aus drei Einheiten, den 10th und 80th Bombardment Squadrons und einer Abteilung der 417th Squadron zusammengestellt, die die 25th Bomber Group bildeten. 28 Douglas B-18 und 20 Lockheed *Hudson* standen jetzt zur Verfügung. Eine zweite Landebahn war in Betrieb genommen worden, und der Flugplatz hatte sich zu einem ausgedehnten Komplex entwickelt, obwohl die Mannschaften vielfach immer noch in Zelten untergebracht waren. Edinburgh Field war jetzt größer als der ursprüngliche Feldflugplatz Waller Field, und inzwischen waren sogar die Arbeiten für einen weiteren Flugplatz in Camden angelaufen. Waller Field wurde nur noch von den Jägern benutzt und von den vielen Maschinen, die einen Zwischenstopp auf dem Weiterflug nach Brasilien einlegten.

Kapitel 10

Auf dem Seefliegerhorst in Chaguaramas hatte die VP-74 Squadron ihre Sollstärke mit 13 seegrau gestrichenen PBM *Mariners* erreicht. VP-53 Squadron besaß zwölf weiß angemalte PBY *Catalinas* und weitere zwei, die nach Panama abgestellt waren. VS-45 Squadron verfügte über 17 OS2N *Kingfishers*, wovon etliche bald in den Flußmündungen an der südamerikanischen Küste stationiert werden sollten. Der Seefliegerhorst hatte sich weiter ausgedehnt, und die Flugboote patrouillierten jetzt ständig die Schiffahrtsrouten. So ausgestattet, erwarteten die Verteidiger den Ansturm im Monat November.

Chaguaramas Naval Base: im Vordergrund Korvette USS Surprise, die Zerstörer USS Goff und USS Barney liegen längsseits des Tenders USS Altair. *Quelle: National Archives, Washington*

Kapitel 11

Ein amerikanisches Kriegsschiff geht verloren

Um 9 Uhr früh am 1. November verließ Konvoi TRIN 23 die Bocas, und zwei Stunden später lief Konvoi GAT 17 ein. Der Geleitschutz richtete sich dabei nach den im September und Oktober bekannten U-Boot-Aufstellungen. Der ankommende Konvoi, der das ruhige Karibische Meer durchfahren hatte, war nur von einem Kanonenboot, einem Zerstörer und zwei PCs gesichert worden. Konvoi TRIN 23, der den Weg östlich Trinidads und entlang der südamerikanischen Küste einschlagen sollte, erhielt jedoch starken Geleitschutz. Die zwölf Handelsschiffe wurden von den leichten Kreuzern USS Omaha und USS Marblehead, sowie den Zerstörern USS Davis, Badger, Jouett, Ellis und Osmond Ingram begleitet. Die Konvoi-Einsatzzentrale wußte natürlich nicht, daß Admiral Dönitz seine Taktik inzwischen geändert hatte. Kurz bevor TRIN 23 Trinidad verließ, hatte U 129 (Witt) die Galleon's Passage passiert und Kurs auf Aruba genommen. U 508 (Staats) folgte hinterher, während U 160 (Lassen) bereits westlich von Grenada stand.

Am folgenden Morgen lief TAG 18 aus der Bocas aus. Seine Sicherung spiegelte die überholte Vorstellung der Verteidiger von der Disposition der U-Boote in der Karibik wider. Der langsame Geleitzug mit 22 Schiffen war lediglich durch die zum Geleitboot umgebaute Yacht USS Siren und drei PCs geschützt. Um 5 Uhr nachmittags sichtete Lassen das Gros der Schiffe und setzte eine Sichtmeldung ab. Witt, der mit U 129 weit vor dem Konvoi stand, fing den Spruch auf und ging sofort auf Abfangkurs in der Nähe der Tankerterminals auf Aruba, während Staats U 508 mit hoher Fahrt aufschließen ließ. Um 23 Uhr brachte Lassen U 160 auf der Steuerbordseite des Geleitzuges in Schußposition, und sieben Minuten später wurde der kanadische Frachter Chr. J. Kampmann (2 260 BRT) von einem Torpedo getroffen. Der Dampfer verstreute seine Zuckerladung im Meer und war im Nu verschwunden. Lassen zog sich hinter den Geleitzug zurück, als ein PC auf ihn zuhielt. Eine Stunde später erreichte Staats TAG 18 und begann damit, sich an der Backbordseite des Konvois vorzusetzen, während Lassen sich wieder an Steuerbord vorarbeitete Um 2 Uhr morgens drehten beide Boote von den jeweilgen Flanken her zum Angriff ein. U 508 war noch nicht weit gekommen, als es von einem Flugzeug entdeckt und zum Tauchen gezwungen wurde. Während ein PC auf das getauchte U-Boot zulief, schoß Lassen um 2 Uhr 26 vier Torpedos, von denen zwei direkt durch den Konvoi hindurchliefen und die beiden anderen den modernen norwegischen Motortanker Thorshavet (11 015 BRT) trafen. Wieder jagten die PCs auf U 160 zu, aber Lassen wandte die gleiche Technik wie

Kapitel II

zuvor an und ließ sich achteraus fallen. Dem Befehlshaber der Sicherungskräfte war inzwischen klar, daß seine Geleitfahrzeuge der doppelten Bedrohung nicht Herr werden konnten. Er bat Trinidad dringend um Verstärkung, die auch sofort gewährt wurde. Zwei Zerstörer, USS BIDDLE und USS GREER, wurden losgeschickt und sowohl die VP-53 Squadron als auch die No. 53 Squadron alarmiert. TAG 18 war erst 100 Meilen von Trinidad entfernt, so daß die Flugzeuge ihn in einer Stunde und die Zerstörer ihn in vier Stunden erreichen konnten.

Staats behelligte den Konvoi an Backbordseite bis in die Morgenstunden, wodurch die andere Seite von Geleitfahrzeugen weitgehend entblößt war. Lassen nutzte die Lücke, ließ das einzelne PC, das die Steuerbordflanke schützte, hinter sich und setzte wieder vor. Bei Tagesanbruch war er in guter Position und ging auf Sehrohrtiefe, um nicht von den kreisenden Flugzeugen behindert zu werden. Um 7 Uhr 30 verließen zwei Torpedos die Rohre. Einer lief durch die Reihe der Schiffe hindurch, aber der andere traf den britischen Dampfer GYPSUM EMPRESS (4 034 BRT), der sofort zu sinken begann. Das sichernde PC drehte auf die vermutete Position des U-Bootes zu und warf einen Fächer von Wasserbomben, aber Lassen war inzwischen näher an den Konvoi herangerückt. 13 Minuten später glitt das schlanke Angriffssehrohr erneut nach oben, und zwei weitere Torpedos machten sich auf den Weg. Die beiden Aale durchquerten die See und schlugen in die Bordwand des panamaischen Tankers LEDA (8 546 BRT) ein, der zum Stillstand kam und nach Backbord krängte. Das PC erkannte jetzt, daß sich das U-Boot nahezu innerhalb des Konvois befand, und preschte heran. Aber U 160 war bereits tief getaucht auf Schleichfahrt, als die Wabos detonierten.

Ungefähr zu dieser Zeit stieß die von Petty Officer Rickards geflogene Lockheed *Hudson PZ/L* auf Lassens erstes Opfer. Die THORSHAVET schwamm noch, war aber tödlich getroffen. Der spanische Tanker GOBEO (3 346 BRT), der sich auf dem Weg in die Karibik befand, versuchte Beistand zu leisten und war dabei, ein Rettungsboot zu Wasser zu lassen. Die alliierten Flieger trauten den Spaniern jedoch nicht und die *Hudson* signalisierte der GOBEO, daß sie ihre Fahrt fortsetzen sollte. Fünf *Hudsons* der No. 53 Squadron operierten jetzt im Bereich hinter dem Geleitzug, während die PBYs der VP-53 Squadron ihn umkreisten. Kurz darauf sichtete *Hudson PZ/E* mit Petty Officer Puckeridge am Steuerknüppel ein Rettungsboot des Spaniers auf dem Weg zur THORSHAVET. Die *Hudson* ging in den Sturzflug über und eröffnete das Feuer auf das Wasser vor dem Rettungsboot, so daß die Spanier umdrehen mußten. Die GOBEO fuhr weiter, aber sie änderte laufend den Kurs und kurvte ziellos zwischen den sinkenden Schiffen und den Booten mit Überlebenden hinter dem Konvoi herum. Die *Hudsons* trieben sie fort, als eine ganze Armada von PCs, Schleppern und Geleitschiffen von Trinidad herandampfte. Wenig später war der Tanker LEDA von fünf Schiffen umgeben. Als die GOBEO am nächsten Tag Port of Spain anlief, gingen britische und amerikanische Nachrichtenoffiziere an Bord, um die Mannschaft zu vernehmen. Aber die Spanier blieben dabei, daß sie nur Rettungsmaßnahmen durchführen wollten, und die Alliierten mußten die Sache daraufhin fallen lassen.

Um 8 Uhr morgens waren die Geleitschiffe von TAG 18 dem Verzweifeln nahe. Vier Schiffe mit zusammen 25 000 BRT waren verloren gegangen. Aggressives Vorgehen und Wasserbomben hatten die koordinierten Angriffe nicht stoppen können. Seit der Morgendämmerung waren unzählige Wabos an der Steuerbordseite des Konvois detoniert, und trotzdem war das U-Boot immer noch da, und ständig gab es Berichte über ein gesichtetes Sehrohr. Die zur Verstärkung abgestellten Zerstörer waren noch eine Stunde entfernt, und bis dahin war ein erneuter Angriff möglich. Irgend etwas mußte geschehen, woraufhin der Befehlshaber auf USS SIREN zu einer ungewöhnlichen Taktik griff. Da die PCs nicht in der Lage waren, das U-Boot unter Wasser festzuhalten, befahl er einen Nebelvorhang an Steuerbordseite zu legen. Die Nebelwand war sehr wirkungsvoll, denn Lassen konnte die Schiffe jetzt nicht mehr sehen. Ihm blieb nur die Möglichkeit aufzutauchen und durch den Nebel zu stoßen, aber das war zu gefährlich. Entweder würde das Boot an der Wasseroberfläche sofort von den kreisenden PBYs entdeckt oder vom Radar der Geleitschiffe erfaßt werden, wenn es aus dem Nebelvorhang hervorkam. Lassen gab sich geschlagen und ließ U 160 zurückfallen.

Die große THORSHAVET war inzwischen untergegangen, aber die LEDA schwamm noch, und Lassen steuerte auf sie zu. Während der Verschnaufpause, die durch die Einnebelung gewonnen worden war, trafen die Zerstörer USS BIDDLE und USS GREER ein und bezogen beiderseits des Konvois Station. U 508 mußte sich daher ebenfalls zurückziehen, denn jetzt war die Luft- und Seesicherung zu stark geworden. Beide Boote wurden von den *Hudsons* angeflogen, aber das Metox warnte sie rechtzeitig, und sie waren in sicherer Tiefe, bevor die Flugzeuge angreifen konnten. Ein Schlepper versuchte, die LEDA einzubringen, aber 30 Meilen nordwestlich Trinidads versank der schwerbeschädigte Tanker in den Wellen. Lassens viertes Opfer aus dem Konvoi war untergegangen.

Die *Hudsons* der VP 53 Squadron bestätigten, daß sie die beiden U-Boote weit hinter dem Konvoi gesichtet hätten, und daher nahm man an, daß TAG 18 nunmehr in Sicherheit sei. Seit längerem hatte kein U-Boot mehr nahe Aruba operiert, und niemand im Geleitzug konnte ahnen, daß sich U 129 auf dem Marsch dahin in den Weg legen würde. Witt hatte Aruba erreicht und an der üblichen Anschlußstelle für Tanker Position bezogen. Am Abend des 4. November geleiteten die PCs acht Tanker hinaus und koordinierten das Zusammentreffen ihrer Schiffe mit der Spitzengruppe von TAG 18.

Um 2 Uhr am nächsten Morgen war Witt in Schußposition, und ein Dreierfächer verließ die Rohre in Richtung auf den ahnungslosen Konvoi. Nach einer Minute und 29 Sekunden detonierte der erste Torpedo an dem amerikanischen Tanker METON (7 027 BRT). Kurz darauf trafen auch die beiden anderen den Tanker und brachten ihn zu einem jähen Halt. Die Mannschaft verließ eilends das Schiff, das in einer Minute von der Meeresoberfläche verschwunden war. Witt hatte U 129 inzwischen gewendet und schoß aus beiden Heckrohren auf den norwegischen Tanker ASTRELL (7 595

Kapitel II

BRT). Die Torpedos trafen und setzten den Tanker in Brand. TAG 18 hatte sein sechstes Schiff verloren. Die Geleitfahrzeuge reagierten schnell, und im Schein des brennenden Tankers liefen sie auf das U-Boot zu. Während sie U 129 unter Wasser hielten, setzte der Konvoi die Reise fort und erreichte endlich sichere Gewässer.

Während U 508 (Staats) im Gebiet nördlich der Isla de Margarita blieb, kehrte U 160 an die Nordküste Trinidads zurück. Um 2 Uhr am Morgen des 6. November holte Lassen den aus acht Handelsschiffen bestehenden Konvoi TRIN 24 ein, der von der Korvette HMS Clarkia und den U-Jagd-Trawlern Arctic Explorer und Lady Elsa geleitet wurde. Acht Meilen von Trinidads Galera Point entfernt schoß er zwei Torpedos, wovon einer durch den Konvoi hindurchlief und am Ende der Strecke detonierte, während der andere in den Rumpf des britischen Frachters Arica (5 390 BRT) einschlug. Der Dampfer ging sofort unter, und der Pilot eines P-39-Jagdflugzeuges berichtete, daß nur der Bug aus dem Wasser ragen würde. Lassen umrundete Galera Point und legte U 160 auf den Meeresboden, um den U-Jagd-Trawlern zu entgehen.

Am 7. November begannen die Alliierten die Wiedereroberung Nordafrikas mit der zeitlich verzögerten Operation *Torch*. Der BdU verlegte – auf Befehl Hitlers – eine große Anzahl U-Boote in das Gebiet vor Marokko, worunter sich mehrere befanden, die ursprünglich für die Karibik vorgesehen waren. Durch das Umdirigieren der Boote wurde erstmalig die Offensive in der Karibik ernsthaft gedrosselt. Dönitz war mit der massiven Verlegung der U-Boote nicht einverstanden, denn die Gegend vor Marokko wimmelte nur so von U-Bootabwehrkräften. Er wollte lieber, daß sich die Boote auf die Versorgungsrouten zur Invasionsfront konzentrierten, aber er mußte sich dem Willen des Führers beugen. Der Operationsturnus geriet völlig durcheinander, und im Dezember fehlten U-Boote an allen Fronten. Besonders hart war die Karibik betroffen, wo Dönitz zum Jahresende die Veteranen der U-Bootwaffe versammeln wollte.

In der Karibik zeichnete sich der 7. November durch mehrere Ereignisse aus. Das erste war die Rückkehr von Müller-Stöckheim mit dem reparierten U 67 an die Nordküste Trinidads. Dann kam Staats zu seinem ersten Erfolg. U 508 war im Juli und August erfolglos geblieben, hatte sich aber beim Kampf um den Konvoi TAW 13 dadurch bewährt, daß es die Verteidiger ablenkte, so daß U 553 (Thurmann) zum Schuß kam. Bei TAG 18 hatte das Boot für Lassen eine ähnliche Rolle gespielt, und Staats muß es so vorgekommen sein, als ob er die Rolle eines Zuspielers gepachtet hätte. An diesem Tag erhielt er endlich seine Chance.

Konvoi TAG 19 war am 6. November mit 17 Handelsschiffen aus der Boca gedampft. Die Geleitsicherung bestand aus dem alten Glattdeck-Zerstörer USS Breckenridge, auf dem sich der Befehlshaber eingeschifft hatte, der Korvette USS Surprise und fünf PCs. Staats sichtete den Geleitzug und gab eine Meldung ab, während er ihn beschattete. Um Mitternacht arbeitete er sich an der seewärtigen Flanke des Konvois vor, wobei er ständig tauchte, wenn ihm ein Flugzeug zu nahe kam. Um 3

Uhr 45 früh war er in guter Position und angriffsbereit. Zwei Torpedos verließen die Rohre und trafen den amerikanischen Frachter NATHANIEL HAWTHORNE. Das 7 176 BRT große Liberty-Schiff ging mit dem Bug zuerst unter, während die Mannschaft sich verzweifelt bemühte, von Bord zu kommen. Sieben Minuten später zielte Staats erneut und schoß zwei weitere Torpedos. Aber jetzt hatte BRECKENRIDGE das Boot eingepeilt und preschte darauf zu. Staats verlor keine Zeit, und U 508 war bereits auf Tiefe, als die Torpedos an dem britischen Frachter LINDENHALL (5 248 BRT) detonierten. Nicht weit von der sinkenden NATHANIEL HAWTHORNE entfernt, kam der Dampfer zum Stillstand, und nach einer Stunde waren alle beide 40 Meilen nördlich der Isla Margarita auf dem Meeresgrund vereint.

Der Tag endete damit, daß U 154 auf der dritten Feindfahrt in die Karibik unter seinem neuen Kommandanten KKpt. Heinrich Schuch den belgischen Frachter D'ENTRECASTEAUX (7 291 BRT) 150 Meilen östlich Barbados in die Tiefe schickte. Am Morgen des nächsten Tages beschädigte U 67 mit einem Elektrotorpedo den britischen Dampfer CAPO OLMO (4 712 BRT) acht Meilen vor dem Ort Blanchiseusse an der Nordküste Trinidads. Da MTBs das Gebiet unsicher machten, mußte sich Müller-Stöckheim zurückziehen, während das schwer mitgenommene Schiff den Weg in den rettenden Golf antrat.

Sechs Boote standen in einem weiten Ring um Trinidad, und die Abwehrkräfte waren pausenlos im Einsatz. Die *Mariner* Flugboote von VP-74 und die *Hudsons* der No. 53 Squadron führten mehrere Angriffe gegen U 67, U 160, U 154, U 505 und U 508 durch, während die PCs versuchten, die Boote mit Wasserbomben festzunageln. Trotzdem gelang es U 67 (Müller-Stöckheim) am Morgen des 9. November, den norwegischen Frachter NIDARLAND (6 132 BRT) 20 Meilen nördlich Tobagos zu versenken, und eine Stunde später torpedierte U 154 (Schuch) den britischen Dampfer NURMAHAL (5 419 BRT) östlich von Martinique. Die Besatzung gab das Schiff auf, das jedoch zunächst nicht sinken wollte und erst drei Tagen später sang- und klanglos verschwand.

Am Morgen des 10. November dampfte der langsame Konvoi TAG 20 aus der 3. Boca und machte sich nach Aruba auf den Weg. Der aus 13 Handelsschiffen bestehende Geleitzug wurde von dem großen Kanonenboot USS ERIE, dem Zerstörer USS BIDDLE und der Korvette USS SPRY und vier PCs gesichert. Kurz nach dem Auslaufen kreuzte TAG 20 den einlaufenden Konvoi GAT 19 mit dem Zerstörer USS UPSHUR und dem Coast Guard Cutter USCG GUYAHOGA. Beide Geleitzüge verfügten als Reaktion auf die Angriffe auf TAG 18 und 19 über eine starke Deckung aus der Luft. Um 9 Uhr 45 am gleichen Vormittag startete Flight Sergeant Sillcock mit seiner Lockheed *Hudson* PZ/L von Edinburgh Field und steuerte in Richtung auf die Bauxit-Route. Sillcock war einer der hervorragenden Piloten der No. 53 Squadron und der erste, der unmittelbar nach dem Eintreffen des RAF-Geschwaders im August einen Angriff auf ein U-Boot flog. Es war Pienings U 155 gewesen, das er östlich von Martinique schwer beschädigt hatte. Auch U 173 (Beucke) war von ihm angegriffen

KAPITEL 11

und fast versenkt worden. Er flog mit der gleichen erfahrenen Besatzung, zu der die Sergeants Nelson, Miller und Skinner gehörten.

U 505 unter Peter Zschech hatte die letzten drei Tage damit verbracht, ca. 150 Meilen östlich von Trinidad zu kreuzen. Wegen der ständigen Warnungen durch das Metox war das Boot gezwungen gewesen, 18 Stunden unter Wasser zu verbringen. An diesem Morgen marschierte U 505 aufgetaucht unter einer 300 Meter hohen, teilweise aufgerissenen Wolkendecke. Unter solchen Bedingungen hätte der vorherige Kommandant des Bootes, KKpt. Axel-Olaf Loewe, das Boot vorgeflutet, um sofort tauchen zu können. Die Tatsache, daß U 505 voll aufgetaucht fuhr, beunruhigte die Besatzung. Ständige Auseinandersetzungen mit den Männern hatten Zschech halsstarrig gemacht, so daß er immer meinte, sich beweisen zu müssen. Der I.WO wurde nervös und fragte höflich, ob die Ausgucks nicht besser verdoppelt werden sollten. Zschech fühlte sich irritiert, daß man ihn auf eine offensichtliche Vorsichtsmaßnahme aufmerksam machte, und wischte den Vorschlag beiseite, wobei er auf das Metox verwies und auf die Tatsache, daß der Tauchvorgang länger dauern würde, wenn zu viele Leute auf der Brücke wären.

Sillcock und seine Crew starben an diesem Vormittag durch nicht ganz geklärte Umstände. Entweder war das Radargerät ausgefallen oder Sillcock hatte es wegen der guten Wetterverhältnisse abgeschaltet. Jedenfalls wurde U 505 vom Metox vor der anfliegenden *Hudson* nicht gewarnt. Vermutlich sichtete Sillcock das Boot optisch und begann den Zielanflug. Die Ausgucks auf U 505 erkannten das Flugzeug erst, als es noch knapp 500 Meter entfernt war. Ein Alarmruf und Deckungsuchen war alles, was sie tun konnten, wobei sie vermutlich die vier tödlichen Behälter, die aus der *Hudson* trudelten, noch gesehen haben. Sillcocks Personalakten belegen, daß er bei seinen Angriffen auf U-Boote das Ziel nie verfehlte, und auch jetzt war sein Abwurf punktgenau. Wahrscheinlich landeten drei der Wasserbomben vor dem Boot, während die vierte auf das Achterdeck von U 505 aufprallte. Normalerweise hätte sie die Deckbeplankung durchschlagen müssen, aber in diesem Fall explodierte sie bereits beim Auftreffen, wodurch die Druckwelle der Detonation hauptsächlich nach oben gegen das Flugzeug gerichtet wurde. Ein gigantischer Feuerblitz zuckte auf und schleuderte die Brückenwache zu Boden. Der Druckkörper des Bootes erklang wie eine gewaltige Glocke, geradeso als ob U 505 gegen eine Mauer geprallt wäre. Die Explosion der anderen drei Wasserbomben war im Vergleich dazu unerheblich. Sekunden später stürzte die *Hudson* 100 Meter vor dem Boot in einem großen Feuerball ins Meer. Als Zschech aus dem Turmluk stieg, bot sich ihm ein Anblick der Verwüstung. Die Hälfte der Brückenwache lag in einer Blutlache, und das Achterschiff sah aus, als ob es von einem riesigen Hammer getroffen worden wäre. Der Wintergarten war verschwunden, und alles war voll von verbogenem Stahl. Die Diesel waren gestoppt, und das Boot lag still. Jetzt bewährte sich Zschech. Besonnen und kühl dirigierte er die Maßnahmen zur Schadensbegrenzung. Um 11 Uhr setzte U 505 die Fahrt mit einem Diesel fort. Die *Hudson* hatte keinen Angriffsbericht gesendet, weshalb sie erst nach

Ablauf ihrer normalen Einsatzzeit vermißt werden würde. Zschech hatte also acht Stunden Zeit, sich zu verdrücken. Die Verwundeten wurden versorgt, während das Maschinenpersonal den defekten Backborddiesel auskuppelte, der unbrauchbar geworden war. An Deck wurde das Gewirr von Stahlteilen mit Schneidbrennern weggeschnitten, wobei der blanke Druckkörper freigelegt wurde. Nachdem das Funkgerät wieder einsatzbereit war, gab Zschech seinen Bericht ab und verlangte nach einem Arzt. Der BdU ordnete ein Treffen mit U 462 (Vowe) im Mittelatlantik an. Das Boot entkam, da die No. 53 Squadron nicht wußte, was mit Sillcock passiert war. Am folgenden Tag, als Zschech das schwer beschädigte U 505[32] bereits aus dem Gebiet herausgeführt hatte, wurde Sillcocks Einsatzraum abgesucht, aber es fanden sich keine Wrackteile oder irgendein Hinweis auf das Schicksal des Flugzeuges. Nachdem U 505 sich in den Atlantik abgesetzt hatte, verblieben östlich von Trinidad nur noch U 67 (Müller-Stöckheim) nahe Tobago und U 154 (Schuch) vor Barbados. U 160 war auf dem Weg nach Britisch Guayana, wo ihm vor der Mündung des Waini Rivers der britische Frachter CITY OF RIPON (6 368 BRT) vor die Rohre lief. Zwei Torpedos schickten das Schiff mit seiner kostbaren Ladung in den Schlick des Flußdeltas. Lassen hatte die Nordküste Trinidads endgültig verlassen, nachdem er dort insgesamt neun Schiffe auf den Meeresgrund befördert hatte. Staats (U 508) befand sich als einziger nordwestlich von Trinidad, aber er wurde ständig von Flugzeugen verfolgt, und TAG 20 war inzwischen um das Boot herumgeleitet worden. Aber auf seinem weiteren Weg nach Westen lauerten U 129 (Witt) und U 163 (Engelmann) nahe den holländischen Inseln. In der Morgendämmerung des 12. November dampfte der Konvoi in Richtung auf Curaçao, wobei die Kolonnen der Handelsschiffe von sieben Geleitfahrzeugen umringt waren. Drei der Sicherungsfahrzeuge verfügten über Radar, und alle waren mit Asdic ausgerüstet. Über dem Gros der Schiffe zogen die ebenfalls mit Radar ausgestatteten *Catalinas* der VP-53 Squadron ihre Kreise. Dreimal waren während der Nacht U-Boote hinter dem Geleitzug geortet worden. Das war Staats gewesen, der nach dem Konvoi suchte, welcher ihn bereits passiert hatte. Die Geleitfahrzeuge nahmen jedoch an, daß drei U-Boote den Konvoi beschatteten. Die wichtigere Mitteilung kam jedoch von einer Douglas A 20, deren Pilot ein U-Boot nördlich von Curaçao angegriffen hatte. Es war Witt, der mit U 129 mitten auf dem Vormarschweg des Konvois lag. Trotz des überwältigenden Sicherungsschirms von TAG 20 sorgte sich Commander Mack auf USS ERIE, daß er zwischen zwei U-Boot-Gruppen geraten und ihn das gleiche Schicksal ereilen könnte wie die beiden vorhergehenden Geleitzüge. Er beschloß daher, die U-Boote durch eine weitere Umleitung des Konvois zu verwirren, und teilte dies den anderen Geleitfahrzeugen mit. Der Geleitzug drehte nach Backbord in südliche Richtung auf die Inselgruppe Los Roques zu und ging dann wieder auf westlichen Kurs. Das führte ihn südlich an Bonaire vorbei bis in die Gegend südlich von Curaçao, wo die Tanker auf die Aufnahme in den Konvoi warteten. Durch diese Kursänderung waren sowohl U 508 als auch U 129 nördlich Curaçaos ausmanövriert.

KAPITEL II

Kurt-Eduard Engelmann hatte sich mit U 163 nicht an der Jagd auf Konvois beteiligt und suchte statt dessen südlich Curaçaos nach Einzelfahrern. Das Boot hatte seit vier Tagen keinen Funkspruch abgesetzt, und daher wußten die Alliierten nicht, daß es sich auf der neuen Konvoiroute befand. Für TAG 20 gab es keinen Ausweg, und egal welchen Weg er einschlug, er würde unweigerlich auf einen von Dönitz' Wölfen stoßen. Engelmann hatte ähnlich wie U 508 bei den Kämpfen am Geleitzug TAW 13 als Ablenkung gedient und endlose Waboverfolgungen über sich ergehen lassen müssen, während andere Boote zum Erfolg kamen. Er besaß einen gewaltigen Respekt vor der Luftmacht in der Karibik, und das war der Grund, warum er unentdeckt geblieben war.

USS ERIE war eines von zwei gleichartigen besonderen Schiffen. Das Kanonenboot war 1936 nach einem veralteten Bauplan entstanden, fand aber seinen Platz im Krieg als ideales Geleitfahrzeug. Mit einer Wasserverdrängung von 2 000 Tonnen war es größer als ein Zerstörer, konnte jedoch aufgrund der geringen Geschwindigkeit von 20 Knoten nicht mit den schweren Einheiten der Hochseeflotte mithalten. USS ERIE verfügte über eine starke Bewaffnung von vier 15,2-cm-Geschützen in Einzellafetten, sowie Radar, Asdic und Wasserbomben, und führte ein Flugzeug mit sich. Das Wasserflugzeug wurde in der Karibik allerdings selten benötigt. Das Kanonenboot war für seine Aufgabe gut gerüstet und diente den Konvois auf der Route Trinidad/Key West stets als Führungsschiff.

Am frühen Nachmittag des 12. November näherte sich TAG 20 Willemstad auf Curaçao, mit USS ERIE zwei Meilen vor dem Gros der Schiffe. Es war üblich, daß die Geleitfahrzeuge bei Tageslicht passive Horchgeräte benutzten und nur bei Nacht die aktiven Asdics einschalteten. Aber aufgrund der Gegenwart der U-Boote waren alle Sicherungskräfte angewiesen, ihr Asdic auch bei Tage zu gebrauchen. Jedem Fahrzeug war ein Suchsektor von 120 Grad zugewiesen, was ein beträchtliche Überlappung garantierte. Theoretisch war es unmöglich, daß ein U-Boot unerkannt in den Konvoi eindringen konnte. Um 17 Uhr 30 steuerte der Geleitzug einen Kurs von 300 Grad und befand sich nur wenige Meilen südlich der Hafenstadt. Die Handelsschiffe marschierten in sechs Kolonnen, wobei der Zerstörer USS BIDDLE und drei PCs in einem Halbkreis hinter ihnen sicherten. Vor dem Geleitzug liefen an Backbordseite ein PC, in der Mitte USS ERIE und an Steuerbordseite die Korvette USS SPRY. Backbord voraus stand die aus vier Tankern bestehende Gruppe, die sich anschließen sollte, mit zwei PCs und einem U-Jäger als Deckung und dem kampfkräftigen holländischen Artillerieschulschiff HMNS VAN KINSBERGEN an der Spitze. Zu diesem Zeitpunkt waren also elf Geleitfahrzeuge in unmittelbarer Nähe vom Geleitzug sowie die patrouillierenden Flugzeuge. Kein U-Boot konnte eigentlich mit einer derartigen Sicherung fertig werden, aber Engelmann war schon inmitten des Konvois.

U 163 hat den Krieg nicht überlebt, und leider stimmt sein KTB nicht mit den Berichten der Augenzeugen überein, aber es wäre interessant gewesen zu erfahren, wie Engelmann es geschafft hat, unentdeckt in den Konvoi einzudringen. Um 17 Uhr 30 befand sich U 163 auf Sehrohrtiefe unmittelbar vor den Steven der anmarschierenden Handelsschiffe, als zwei Torpedos die vorderen Rohre verließen. Zwei weitere Aale folgten Sekunden später. Engelmann wendete das Boot und schoß einen Torpedo aus dem Heckrohr auf USS ERIE. Das Führungsschiff lief mit 15 Knoten ca. 4 500 Meter vor dem Konvoi, als der Wachoffizier zwei Torpedos an Steuerbordseite bemerkte, die in 2 000 Meter Entfernung die Wasseroberfläche durchbrachen. Die Torpedos wirbelten dabei eine große Menge Gischt auf, und das Kanonenboot drehte nach Steuerbord, um nach dem Rechten zu sehen. Das Schiff hatte gerade begonnen, auf das Ruder anzusprechen, als der WO zwei weitere Torpedos in 450 Metern an Steuerbordseite meldete, woraufhin sofort hart Backbord und äußerste Kraft voraus befohlen wurde. Berichte über die sich nähernden Torpedos kamen nun von allen Seiten. Die Alarmglocke ertönte, und Dutzende von Augen folgten den beiden Torpedos. Sie schienen mit flacher Tiefeneinstellung zu laufen, und gelegentlich durchbrachen sie die Meeresoberfläche. USS ERIE fing an, nach Backbord zu drehen, aber es war zu spät. Die Torpedos waren so nahe, daß man den kupferfarbenen Kopf erkennen konnte, und sie schienen leicht zu kurven, als sie auf die achtere Steuerbordseite des Kanonenbootes zuliefen.

Während ein Torpedo vor dem Schiff passierte, traf der andere USS ERIE ungefähr 1,50 Meter unter Wasser auf der Höhe des hintersten Geschützturms. Die Explosion öffnete den Rumpf bis zum Hauptdeck und zerstörte die Brennstofftanks. Sie traf auch die Admiralskabine, und viele Offiziere, die sich in diesem Teil des Schiffes befanden, starben. Zehn Sekunden nach der Detonation des Torpedos explodierte das Flugbenzin. Brennstoff, Dieselöl und Flugbenzin ergossen sich durch das Schiff, das mit zerstörter Steuerbord-Propellerwelle liegenblieb. Die Explosion hatte viele wasserdichte Türen aufgesprengt, so daß sich das Feuer ausbreiten konnte. Das Kanonenboot sackte über das Heck weg und bekam Schlagseite nach Steuerbord.

Unmittelbar nachdem der Torpedo USS ERIE getroffen hatte, lief die Korvette USS SPRY zu einem Wasserbombenangriff nach vorn, und kurz danach feuerten die Korvette und ein Navy-Tanker mit ihren Geschützen auf eine Stelle im Wasser. Es ist zweifelhaft, ob es Engelmanns Sehrohr war, denn der war sicher damit beschäftigt, sich davonzumachen. Mit elf Geleitfahrzeugen in seiner Nähe konnte er es nicht wagen, das Sehrohr auszufahren und gleichzeitig zu hoffen, daß ihm die Flucht gelingen würde. Das amerikanische Kriegsschiff war vier Meilen vor der Einfahrt zum Hafen von Willemstad torpediert worden, wo das Wasser tief war. U 163 ist wahrscheinlich nach Süden geschlichen, und nachdem es von den Sicherungskräften frei war, tauchte es auf und setzte seinen Angriffsbericht ab.

Der Kommandant der ERIE befahl, die Rettungsboote zu Wasser zu lassen und die Verwundeten hineinzuladen. Während dieser Operation versuchten die Brandabwehrtrupps das Feuer zu bekämpfen. Die Explosion hatte den Hauptfeuerlöschstrang zerrissen, und der Wasserdruck war bis zur Wiederherstellung der Stromversorgung durch die Hilfsmaschinen unterbrochen. Man konnte wenig gegen das Feuer

Kapitel II

tun, das sich weiter ausbreitete und die Leute im achteren Teil des Schiffes abgeschnitten hatte. Während HMNS van Kinsbergen mit ihrem Asdic nach dem U-Boot suchte, drehte USS Spry auf die Erie zu, um Hilfe zu leisten. Zehn Minuten nach dem Torpedotreffer gelang es den Ingenieuren im raucherfüllten Maschinenraum, die Backbordturbine in Gang zu bringen, so daß das Schiff wieder Fahrt aufnehmen konnte. Der Wasserdruck war jedoch immer noch nicht ausreichend, um das Feuer wirkungsvoll bekämpfen zu können, darum wurde ein Wasserschlauch an einen Kombüsenhahn angeschlossen und eine Eimerkette gebildet. Das Kanonenboot lief mit sieben Knoten quer zum Wind, um die Ausbreitung des Feuers zu verringern. Die Schlagseite hatte jedoch zugenommen, und das Heck war tiefer gesunken. Der Kommandant entschloß sich, das Schiff auf Grund laufen zu lassen, und nahm Kurs auf Piscadero Point nahe Willemstad.

USS Spry kam längsseits und versuchte, mit ihren Feuerlöschschläuchen Wasser auf das Achterschiff zu spritzen, aber der Löschstrahl reichte nicht. Dann ging die 15,2-cm-Bereitschaftsmunition in die Luft, und die Korvette mußte sich eilends zurückziehen. Der verwundete I.WO und einige Besatzungsmitglieder bemühten sich, die Wasserbomben zu sichern, bevor die Flammen sie zwangen, über Bord zu springen. Einige der Rettungsboote folgten USS Erie und sammelten die im Wasser treibenden Männer auf. Ein holländisches Schnellboot, das herangekommen war, beriet den Kommandanten, welcher Strand sich für sein Vorhaben am besten eignete. Curaçao ist von sehr tiefem Wasser umgeben, und der Meeresgrund fällt steil ab. Der Kommandant mußte das berücksichtigen, damit der Bug des Schiffes sich nicht festrammte und das Heck im tiefen Wasser versank. Die Absicht war, das Schiff sanft aufzusetzen, so daß es nicht kenterte und man das Feuer bekämpfen konnte.

Das Kanonenboot verlangsamte die Fahrt und lief mit drei Knoten Geschwindigkeit auf den Strand auf. Der Kommandant befahl, alle Hilfsmaschinen auf die Feuerlöschpumpen umzuschalten und jeden verfügbaren Mann zum Löschen heranzuziehen. Aber es war zu spät. Kaum war USS Erie zur Ruhe gekommen, flossen viele Tonnen brennenden Kraftstoffs durch das Loch in der Bordwand und breiteten sich auf der Wasseroberfläche aus. Innerhalb von Minuten war nur noch eine kleine Stelle an der Backbordseite des Bugs vom Feuer frei. Als die Besatzung erkannte, daß das Schiff in Kürze von Flammen eingeschlossen sein würde und es keinen Fluchtweg mehr gab, befahl der Kommandant, das Schiff über den Backbordbug zu verlassen. Es war keine Minute zu früh, denn jetzt begannen die Wasserbomben auf dem Achterdeck in die Luft zu gehen, und die Überlebenden mußten vom Strand aus mit ansehen, wie ihr schönes Schiff sich in einem gewaltigen pyrotechnischen Spektakel in Rauch auflöste.

Der Kommandowechsel ging indes glatt vonstatten, und HMNS van Kinsbergen übernahm die Führung des Konvois, der inzwischen seinen Weg fortgesetzt hatte. Die Regel war, daß die Sicherungsfahrzeuge eines Geleitzuges keine Zeit bei der Hilfeleistung für getroffene und liegengebliebene Schiffe verlieren sollten, da ihre Hauptaufgabe im Schutz der fahrenden Schiffe bestand. U 163 beschattete TAG 20 den ganzen Tag, aber es ergab sich keine weitere Gelegenheit für einen Angriff. Die Amerikaner spielten sogar mit dem Gedanken, daß der Angriff auf USS ERIE von den Deutschen geplant war, obwohl diese von der Umleitung des Konvois nicht gewußt haben konnten. Es war ja auch nicht irgendein x-beliebiges Geleitschiff gewesen, sondern ein Kriegsschiff, das einem leichten Kreuzer zum Verwechseln ähnlich sah. Der Verlust des Kanonenbootes forderte die No. 59 Squadron heraus, die eine Reihe von Wasserbombenangriffen auf beide U-Boote durchführte, so daß Witt (U 129) und Engelmann (U 163) sich schleunigst ostwärts in Richtung Trinidad absetzten.

Am 15. November brauchte U 67 vier Torpedos, um den britischen Frachter KING ARTHUR (5 224 BRT) zu versenken. Die ersten beiden waren vorbeigegangen, so daß Müller-Stöckheim ein zweites Paar benötigte, um dem Schiff 70 Meilen vor der Ostküste Trinidads den Garaus zu machen. Am gleichen Tag wollte U 160 den Rückmarsch antreten, aber der BdU wies Lassen an, eine weitere Woche in der Karibik zu verbringen, und sicherte Versorgung durch einen U-Tanker zu. Man versuchte jetzt, die Einsatzplanung so zu ordnen, daß einige Boote in der Karibik verblieben, während man gleichzeitig den Forderungen Hitlers bezüglich der Konzentration von U-Booten vor Marokko nachkam. Am 17. November stieß U 508 (Staats) auf den britischen Frachter CITY OF CORINTH (5 318 BRT). Ein gut gesetzter Torpedo schickte den Dampfer fünf Meilen vom Ort Sans Souci an der Nordostecke Trinidads auf den Meeresgrund.

U 163 war schnell an Trinidad vorbeigefahren, da das Metox defekt war. Ohne dieses wichtige Gerät konnte kein Boot mehr in der feindlichen Umgebung der Karibik überleben. Engelmann war dabei, durch die kleinen Antilleninseln hindurchzuschlüpfen, und hoffte, den Flugzeugen entgehen zu können. Aber dann erwischte Petty Officer Barnett, der mit der Lockheed *Hudson PZ/C* nach St. Lucia unterwegs war, U 163 an der Wasseroberfläche. Die *Hudson* hatte kein Radar und das U-Boot kein funktionierendes Metox, so daß der Angriff im alten Stil erfolgte und das Boot lediglich kräftig durchgeschüttelt wurde. Am folgenden Tag, dem 19. November, führte Flight Officer Underhill mit seiner Lockheed *Hudson PZ/U* den letzten Angriff der No. 53 Squadron auf ein U-Boot in der Karibik durch, und wieder war es U 163, das sich inzwischen auf der östlichen Seite der Inseln befand. Engelmann sah das Flugzeug auf zwei Meilen, aber der Turm war noch nicht unter Wasser, als die *Hudson* den Tauchstrudel überflog. Vier Wasserbomben fielen neben dem Boot ins Meer, die Explosionen hämmerten auf den Druckkörper und zerschmetterten viele Einrichtungsgegenstände.

Am 20. November beendete No. 59 Squadron ihren Einsatz in der Karibik und bereitete sich auf die Rückkehr nach Großbritannien vor. Die U-Jagdgeschwader der US-Navy waren jetzt voll einsatzfähig, und die U-Boote waren in den Nordatlanik zurückgekehrt. Die Strategie der Engländer bestand darin, den Bewegungen der U-Boote zu folgen, und daher wurden alle Einheiten zurückgerufen. No. 59 Squadron hatte

KAPITEL II

fünfzehn Angriffe auf U-Boote geflogen, und in allen Fällen waren die Boote kräftig durchgerüttelt oder sogar beschädigt worden. Insgesamt flog das Geschwader 702 Einsätze, wobei fünf Maschinen und drei Flugzeugbesatzungen verloren gingen.
Die meisten Boote hatten sich ostwärts abgesetzt, denn die Vollmondperiode hatte begonnen. U 67 (Müller-Stöckheim) versenkte am 19. November 250 Meilen östlich Barbados das norwegische Motorschiff TORTUGAS (4 697 BRT) und Lassen (U 160) zwei Tage später 600 Meilen östlich Trinidad als letztes Schiff seiner Feindfahrt den holländischen Frachter BINTANG (6 481 BRT). Weder Lassen noch sein Boot kehrten in die Karibik zurück, aber mit 14 versenkten und zwei beschädigten Schiffen und einer Gesamttonnage von 74 100 BRT stand er an sechster Stelle auf der karibischen Erfolgsliste. Auch Engelmann (U163) kam noch einmal zu einem Erfolg, als ihm 180 Meilen östlich Barbados der britische Dampfer EMPIRE STARLING (6 024 BRT) und 120 Meilen weiter westwärts der brasilianische Frachter APALÓIDE (3 766 BRT) zum Opfer fielen. In den folgenden Tagen hielt sich nur U 508 (Staats) nahe der Inseln auf. Am 26. November schickte er mit dem britischen Frachter CLAN MACFADYEN (6 191 BRT) 95 Meilen südöstlich Trinidads Galeota Point und einen Tag später mit dem britischen Dampfer EMPIRE CROMWELL (5 970 BRT) die letzten beiden Schiffe des Monats auf den Meeresgrund.
Im November waren acht U-Boote in der Karibik tätig gewesen. U 332 (Liebe) hatte nicht am Gesamterfolg teilgehabt und U 505 (Zschech) mit lediglich einem Schiff. Das bedeutete, daß die anderen sechs Boote 24 Schiffe mit 146 800 BRT versenkt und zwei beschädigt hatten. Die Quote war besser als im Oktober, und sie war von einer kleineren Gruppe von U-Booten erreicht worden. Das bisherige Gesamtergebnis der U-Boot-Offensive in der Karibik belief sich damit auf 330 versenkte Schiffe mit 1 840 000 BRT und mehrere Dutzend beschädigte Frachter.
Viele der für die Karibik bestimmten Boote waren wegen der Operation *Torch*, der Landung der Alliierten in Nordafrika, abgezogen worden, so daß Ende November nur noch zwei Boote die Stellung hielten. Fünf Boote waren im Anmarsch, aber die Flaute in der Offensive wirkte sich verhängnisvoll aus. Die Zeit sollte noch kommen, wo die größte Anzahl an Booten in die heftigsten Kämpfe mit den Verteidigern verwickelt werden würde. Die Ära der großen Verluste an Handelsschiffen war jedenfalls weitgehend vorüber, nie wieder sollten die Versenkungen eine zweistellige Zahl überschreiten. Die Ruhepause gab den Streitkräften der Vereinigten Staaten Gelegenheit, um Luft zu holen, sich zu reorganisieren und zu trainieren. In der kommenden Phase waren es vor allem die Leistungen einzelner Kommandanten, die zu herausragenden Erfolgen führten, während ein massierter Einsatz von U-Booten, wodurch die Schiffahrt zum Erliegen gebracht wurde, nicht mehr möglich war.
Die Offensive in der Karibik hatte gewaltige Verstärkungen nach sich gezogen, und Ende November waren bereits 110 000 amerikanische Heeres- und Luftwaffensoldaten auf den Inseln stationiert. Eine gleiche Anzahl Marineangehöriger befand sich in den stark befestigten Stützpunkten und auf Hunderten von Schiffen und Flugzeugen im

Einsatz. Der Ausbau der Flugplätze ging flott voran, und man kann wahrscheinlich sagen, daß die Reaktion der Amerikaner auf die U-Boot-Bedrohung die Grundlage für die Infrastruktur des Flugverkehrs in der Karibik nach dem Zweiten Weltkrieg gewesen ist. Zusätzlich zu den Stützpunkten in der südlichen Karibik wurden Feldflugplätze auf Eleuthera, San Salvador, Mayaguana, Great Exuma und Turks Islands in den Bahamas eingerichtet. Im nordwestlichen Bereich entstanden, außer den Stützpunkten in Mittelamerika, die Feldflugplätze Vernam und Portland auf Jamaica und ein größerer auf Grand Cayman. In Manzanilla auf Trinidad gründete die US-Army eine Schule für den Dschungelkrieg, und hier wurden auch Merill's Marauders ausgebildet, die später in Burma zum Einsatz kamen. Die Ostküste Trinidads strotzte jetzt ebenso wie die Nordküste vor Geschützstellungen und Beobachtungsposten.

Am Ende des Krieges folgerte das Time Magazine, daß Amerika seine Unschuld verloren hätte. Nirgends war dies zutreffender, als auf dem Feld des Nachrichtenwesens in der Karibik und in Südamerika. In den englischen Kolonien fanden die Amerikaner einen guteingeführten Nachrichtendienst vor, auf dessen Informationen sie sich verlassen konnten. Auf dem südamerikanischen Kontinent waren die Verhältnisse jedoch grundlegend anders. Dort lebte man in einer Atmosphäre des Hörensagens; vieles, was da kursierte, war unwahr oder von regierungsfeindlichen und von Vichyfanzösischen Gruppen lanciert. In Holländisch Guayana zum Beispiel hörte ein US-Nachrichtenoffizier auf eine dem Gouverneur feindlich gesonnene Gruppe, was die US-Army in ein Komplott zu seiner Absetzung verwickelte. Der Gouverneur sah sich darauhin veranlaßt, eigene Truppen zu unterhalten, die wiederum den Amerikanern gegenüber feindlich eingestellt waren, was sich nachteilig auf die amerikanisch/holländischen Beziehungen auswirkte. Viele dieser fehlgeleiteten Aktivitäten erfolgten in direktem Widerspruch zu Roosevelts schriftlichen Instruktionen an die US-Army, bevor sie in das Gebiet einrückte. Er hatte den Kommandeuren nahegelegt, ihren Offizieren und Mannschaften einzuprägen, daß sie in Staaten kommen würden, die bereits vor Gründung der USA bestanden. In bezug auf Südamerika hätten die amerikanischen Frontbefehlshaber tatsächlich vorsichtiger auftreten können. Man muß allerdings berücksichtigen, daß es dort unzählige deutsche Einwanderer gab. Im großen und ganzen verhielten sich die Deutsch-Südamerikaner ruhig, besonders nachdem Deutschland in die Defensive geraten war. Viele von ihnen hatten Einheimische geheiratet und wollten in den jeweiligen Ländern bleiben.

Die amerikanischen Nachrichtenoffiziere fanden sich in Hunderte von Untersuchungen verwickelt, von denen keine zu einem Resultat führte. Sie lebten in einer Atmosphäre ständiger Verdächtigungen und Gerüchte über Aktivitäten der 5. Kolonne, was den Einsatz in der Karibik zu einem Alptraum machte. Auf der anderen Seite haben die Umstände dazu beigetragen, das Wissen der Amerikaner über die Region und ihre Menschen zu fördern und gleichzeitig die amerikanische Präsenz auf dem südlichen Kontinent zu zementieren. Der Weg für den amerikanischen Einfluß in Südamerika wurde auf diese Weise geebnet.

Kapitel II

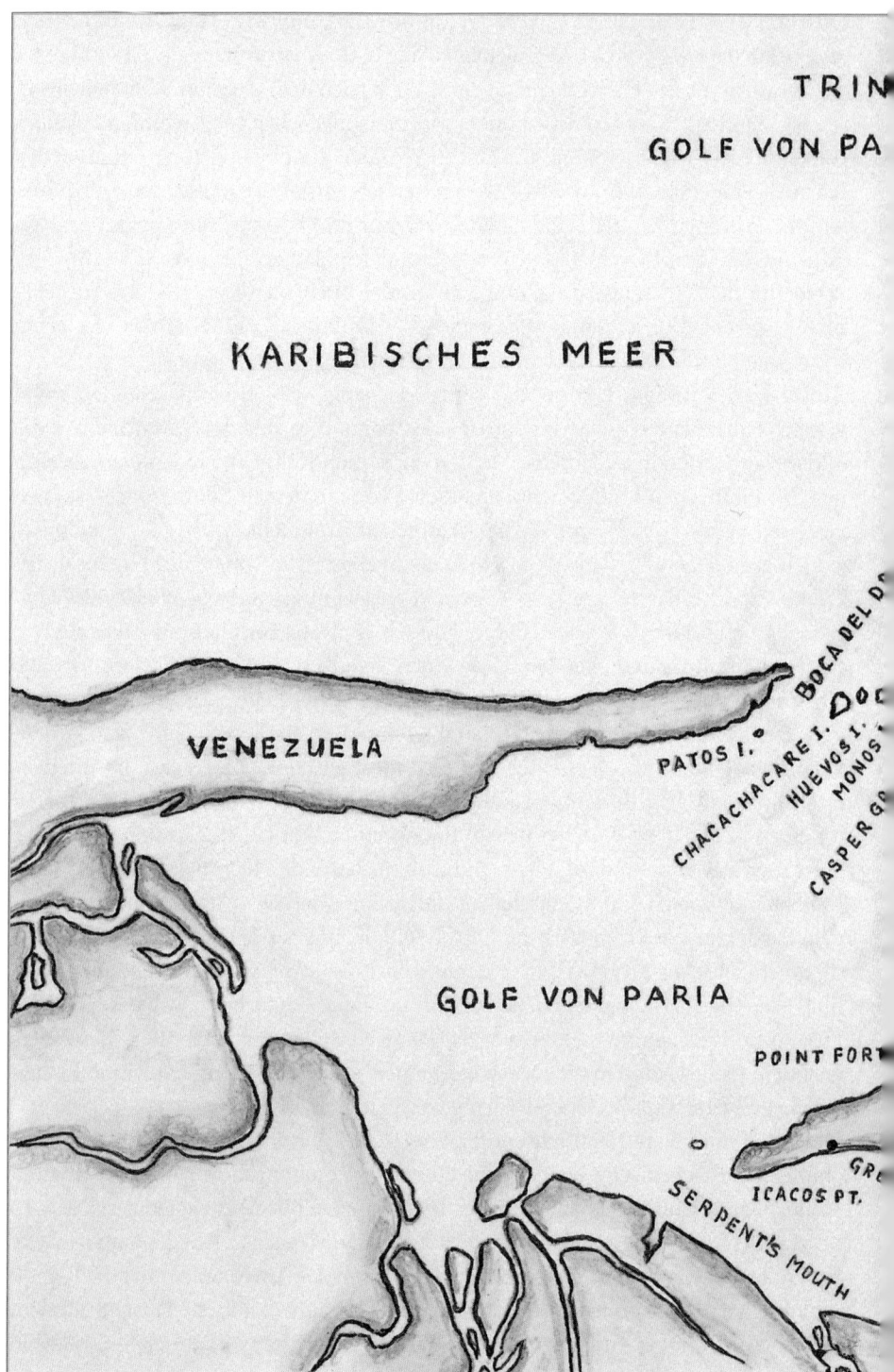

Kapitel 11

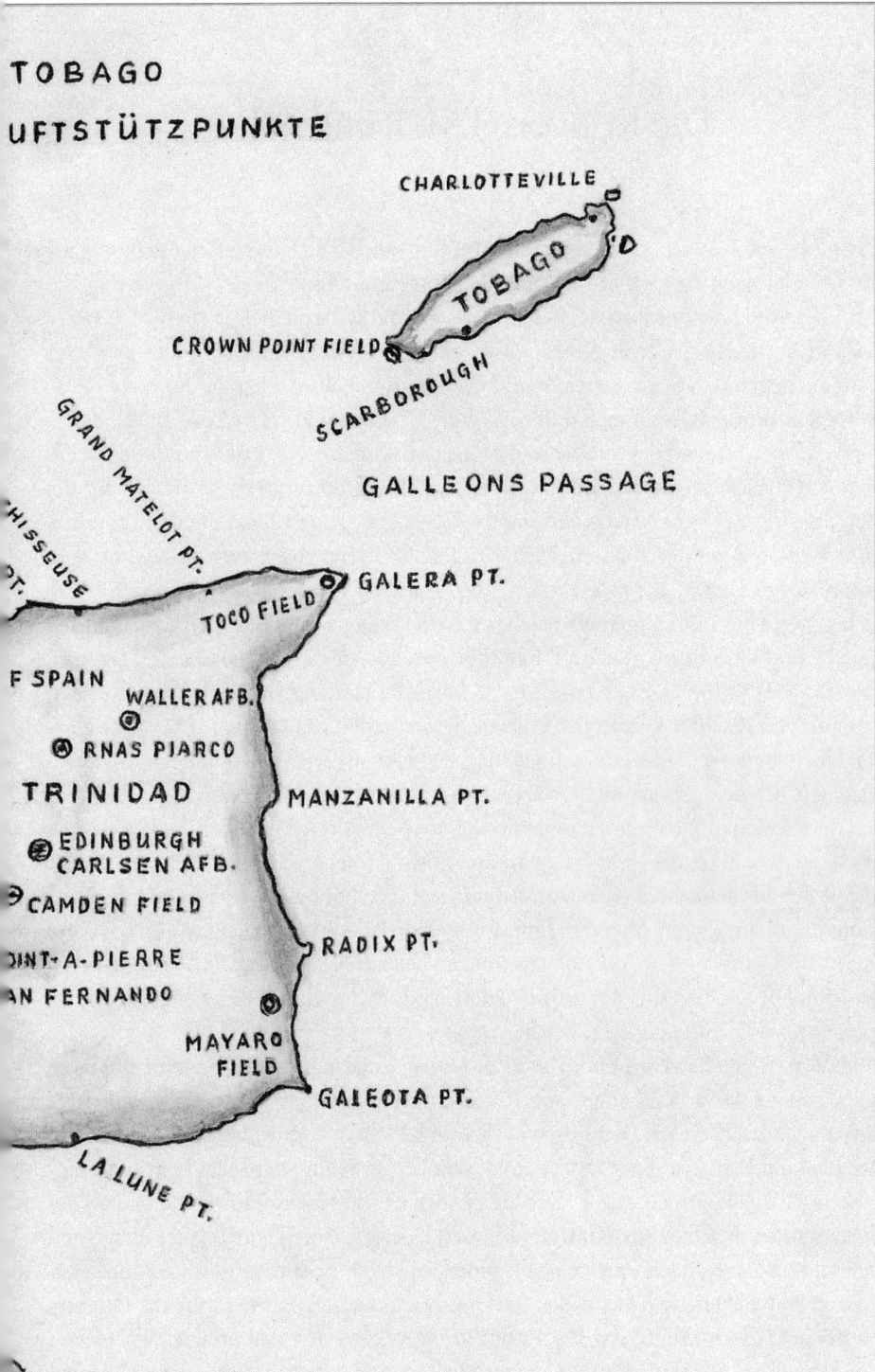

KAPITEL 12

Die Konvois TM-1 und TB-1

Am 1. Dezember steuerte Staats mit U 508 südöstlich Trindads bei Sonnenuntergang auf Galeota Point zu, als ihm das britische Motorschiff TREVALGAN (5 299 BRT), das auf dem Weg von Brasilien nach Trinidad war, in die Arme lief. In dieser Jahreszeit wird es in der Karibik früh dunkel, aber Staats konnte die Silhouette des Frachters deutlich gegen den noch ausreichend hellen Himmel ausmachen und schickte zwei Torpedos auf die Reise. Beide trafen, und die Besatzung kletterte eilends in die Rettungsboote, während der Funker sein Notsignal absetzte. U 508 war zu diesem Zeitpunkt 100 Meilen von der Südostecke Trinidads entfernt und damit mitten auf der Bauxitroute, wo es mit Sicherheit weitere Ziele gab. Aber es war auch ein gefährliches Gebiet, denn die Wassertiefe betrug nur 50 Meter, was zwar ausreichte, dem Angriff eines Flugzeuges zu entgehen, aber keinesfalls dem eines Geleitschiffes. Um sich gegen Überraschungen abzusichern, hatte Staats zusätzliche Ausgucks auf der Brücke und das Boot vorgeflutet. Es zahlte sich aus, denn nach kurzer Zeit erschien der britische Dampfer CITY OF BATH (5 079 BRT) auf der Bildfläche. Ein Torpedo stoppte den Frachter fast an der Untergangsstelle der TREVALGAN. Die verzweifelten Überlebenden entdeckten schnell, daß sie nicht allein waren, und beide Gruppen machten sich gemeinsam auf den langen Weg zur Ostküste Trinidads. Obwohl Staats mit den Versenkungen sehr zufrieden war, setzte er sich wohlweislich nach Südosten ab, denn er wußte, daß sehr bald eine Reaktion erfolgen würde. Zwei Tage später, als die Schiffbrüchigen die Küste erreichten, stand das Boot 300 Meilen von der Insel entfernt, als am späten Abend der mit Eisenerz beladene britische Frachter SOLON II (4 561 BRT) in Sicht kam, der sich einem Konvoi anschließen sollte. Ein Torpedo bereitete ihm ein Ende, wobei der größte Teil der Besatzung durch den schnellen Untergang mit in die Tiefe gerissen wurde.
Alle Boote waren jetzt am Ende ihrer Einsatzzeit angelangt. U 163 (Engelmann) hatte inzwischen Erlaubnis erhalten, den Rückmarsch anzutreten. U 129 (Witt) arbeitete sich an der östlichen Seite der Inseln in Richtung Heimat vor, während U 154 (Schuch) Trinidad mit Kurs Nord passierte, gefolgt von U 508. Staats sollte allerdings noch einmal zum Zuge kommen. Am 8. Dezember stieß er 30 Meilen südöstlich Trinidads auf den britischen Frachter NIGERIAN (5 423 BRT), der mit einer Ladung von Nüssen und Palmöl von Lagos nach Port of Spain unterwegs war. Nachdem das Schiff untergegangen war, näherte sich U 508 den Rettungsbooten und nahm vier britische Offiziere an Bord. Danach drehte das Boot auf Nordkurs, um sich den anderen im Gebiet nordöstlich von Antigua für den langen Heimweg über den Atlantik anzuschließen.

U 129 kehrte mit einem Ergebnis von fünf versenkten Schiffen mit 32 000 BRT von der dritten Feindfahrt in die Karibik zurück. Das Boot hatte damit die 100 000-BRT-Marke überschritten, was den Rekord darstellte. U 129 würde wiederkehren, aber die Zeiten der großen Tonnageerfolge waren vorbei. Hans-Ludwig Witt wurde ebenso wie vorher Nicolai Clausen das Ritterkreuz verliehen, wobei letzterer den Krieg nicht überleben sollte. Heinrich Schuch hatte auf seiner einzigen Feindfahrt mit U 154 in die Karibik drei Schiffe versenkt. Nach seiner Rückkehr gab er das Kommando an OltzS. Oskar-Heinz Kusch ab, der mit dem Boot noch einen Einsatz vor Brasilien durchführte. Engelmann (U 163), der durch seinen Angriff auf USS ERIE für großen Propagandarummel in Deutschland gesorgt hatte, kehrte nicht in die Karibik zurück. U 508 ebenfalls nicht, aber das Ergebnis konnte sich sehen lassen, denn Staats waren auf seinen beiden Karibikfahrten elf Schiffe mit über 50 000 BRT zum Opfer gefallen.

Während die goldenen Zeiten in der Karibik mit dieser kleinen U-Boot-Gruppe endeten, bereiteten die vertriebenen Ankertauminen den Verteidigern weiterhin große Kopfschmerzen. Theoretisch hätten sich die Minen beim Bruch der Ankertaue selbst entschärfen sollen, aber das geschah nicht. Der Bereich um den Dragon's Mouth war des öfteren von ohrenbetäubenden Explosionen erschüttert, wenn eine Mine auf die Felsen der Küste aufprallte. Die meisten Minen wurden jedoch von der Strömung durch die Bocas direkt in das karibische Meer getrieben. Und so passierte es, daß am 5. Dezember dem amerikanischen Tanker FREDERIC R. KELLOGG (7 127 BRT), der allein die Küste Venezuelas entlangfuhr, der Bug weggeblasen wurde. U-Boote waren nicht in der Nähe, so daß es nur eine Mine gewesen sein konnte. Und einen Monat später verschwand der Schoner THOMAS B. SCHALL spurlos, was vermutlich auch auf eine treibende Mine zurückzuführen war. Die Amerikaner hatten ständige Patrouillen im Golf von Paria eingeführt, die verhinderten sollten, daß Minen in die Schiffahrtswege gerieten. Mit Fortgang des Krieges mußten für diese Aufgabe ganze Einheiten abgestellt werden. Glücklicherweise fiel das Auftreten dieser Probleme mit der Flaute in der U-Boot-Offensive zusammen, so daß genügend Kräfte zur Verfügung standen, die sich dieser Schwierigkeiten annehmen konnten.

Fünf Boote waren inzwischen im Anmarsch auf die Karibik, aber bis zu ihrem Eintreffen gab es eine Ruhepause von zehn Tagen, und dann tauchte plötzlich auch noch ein neuer Verbündeter der Alliierten auf – und zwar in Form des sogenannten »Maquis«.[33] Als die ersten U-Boote nach der Niederlage Frankreichs nach Lorient verlegt wurden, hatten sich die Deutschen sehr korrekt verhalten, und für die Einheimischen gab es keinen Grund, sich zu beklagen. Lorient besaß aber nicht nur eine bedeutende strategische Lage, von wo aus die Deutschen die Atlantikschlacht führen konnten, es verfügte auch über erstklassige Werftanlagen. In früheren Zeiten war die Stadt immer weit weg von den üblichen Schlachtfeldern Europas gewesen, aber durch die U-Boote rückte sie jetzt in eine Frontstellung. Mehr und mehr U-Boote trafen ein, und Admiral Dönitz verlegte sein Hauptquartier in die Nähe der Stadt. All

Kapitel 12

dies machte Lorient zu einem bevorzugten Ziel, und die RAF ging daran, die Wölfe in ihrer Höhle anzugreifen. Die Deutschen reagierten mit einer massiven Verstärkung der Garnison und der Flakartillerie. Bombensichere Bunker wurden gebaut, und obwohl die RAF sie mit ihren Bomben nicht durchschlagen konnte, wurden die Bomber bei ihrem Vernichtungswerk nicht zurückgehalten. Die Folge war, daß die Häuser der Stadt die volle Wucht der britischen Angriffe zu spüren bekamen.
In dieser Zeit bändelten deutsche U-Bootmänner vermehrt mit französischen Frauen an. Die U-Bootwaffe war die Elite der Kriegsmarine. Mit ihrem Wehrsold und ihren Privilegien konnten sie eine ganze Reihe Französinnen mit einem Lebensstil locken, den die französischen Männer nicht bieten konnten. Neid und Eifersucht schlugen in offene Feindseligkeit um, und bald wurden die ersten deutschen Soldaten mit durchschnittener Kehle in den Nebenstraßen aufgefunden. Im Kielwasser der massiven Militärpräsenz und der französischen Aktivitäten kamen Schwärme von Kollaborateuren, Prostituierten, Spionen und Saboteuren nach Lorient, das 1942 der größte U-Boot-Stützpunkt der Welt war. Die früher ruhige Provinzstadt wurde zu einem Platz der Gewalt und des Mißtrauens, und die Einwohner fragten sich, wen sie mehr hassen sollten, die Deutschen, die Lorient zur Frontstadt gemacht hatten, oder die Engländer, die erbarmungslos alles bombardierten.
Es wurde schwierig für diejenigen, die in Ruhe leben wollten, da der Maquis mit britischer Hilfe die Hafenarbeiter unterwandert hatte. Ziel des Maquis war die Sabotage der U-Boote, was wiederum die Gestapo auf den Plan rief, deren Maßnahmen oft Schuldige und Unschuldige gleichermaßen trafen. Dadurch wurde der Hölle, in der die Einheimischen lebten, eine weitere Variante hinzugefügt. Trotz allem waren die Saboteure erfolgreich. Sie mengten dem Brennstoff Zucker bei, wodurch die Maschinen beschädigt wurden, oder sie bohrten versteckte Löcher in die Brennstofftanks, damit die Boote, wenn sie tauchten, eine sichtbare Ölspur hinterließen. In einigen Fällen kam es zu vorsätzlich schlechten Schweißarbeiten an den Druckkörpern, die beim Tieftauchen aufbrachen. Wenn ein Boot nicht zurückkehrte, dann war es den Deutschen nicht möglich, den Verlust den Saboteuren anzulasten, aber wenn ein Boot einen solchen Anschlag überlebte, dann mußten viele dafür zahlen. Der Maquis spielte ein Spiel mit sehr hohem Einsatz, und hin und wieder führten seine Aktionen dazu, daß eine U-Boot-Besatzung Höllenqualen durchstehen mußte. Die im Dezember in Richtung Karibik marschierenden Boote waren alle davon betroffen – und eines davon besonders schwer.
U 124, mit dem Edelweiß am Turm, befand sich unter Ritterkreuzträger Kptlt. Johann Mohr auf seiner ersten Einsatzfahrt in die Karibik. Mohr war im Nordatlantik und vor der Ostküste der USA erfolgreich gewesen, aber er hatte den Höhepunkt der Offensive in der Karibik verpaßt. Ziele waren jetzt schwerer zu finden, und das Boot litt unter den erfolgreichen Bemühungen einer Gruppe von sehr professionellen Saboteuren. Kurz nach dem Auslaufen aus Lorient war Mohr gewarnt worden, daß das gebunkerte Dieselöl mit einem Zusatz versetzt worden war, der die Brennstoffpumpen zerstör-

KAPITEL 12

Kptl. Johann Mohr (U 124). *Quelle: U-Boot-Archiv, Cuxhaven*

te. Auf der ganzen Strecke über den Atlantik hatte das Boot mit Maschinenausfällen zu kämpfen. Mohr hätte zurückkehren können, aber er war nicht der Mann, der sich durch Schwierigkeiten kleinkriegen ließ. Im mittleren Atlantik hatte sich das Boot mit U 118 (KKpt. Werner Czygan) getroffen und sauberes Dieselöl übernommen. Es war nur eine kleinere Menge, aber Mohr entschloß sich, sie für Notfälle zu reservieren. Am 15. Dezember erreichte U 124 den Raum östlich Trinidads, und fast sofort kam es wieder zu einem Ausfall der Diesel, und das Maschinenpersonal mußte erneut die Brennstoffpumpen auseinandernehmen. Während U 124 gestoppt auf dem Wasser lag, trafen die ersten Boote einer neuen Welle ein. Zunächst das IXB Boot U 105 unter OltzS. Jürgen Nissen, das ebenso wie U 124 ein Neuling in der Karibik war. Ihm folgte Kurt Reichenbach-Klinke mit U 217, der wegen der schlechten Behandlung durch die Alliierten im September vor Curaçao noch eine Rechnung begleichen wollte. Alle drei Boote verblieben weiter östlich, denn am 13. Dezember war Vollmond gewesen und das Gebiet immer noch zu gefährlich.
Am 16. Dezember griff Mohr einen Tankerkonvoi an, aber die Unterlagen sagen nichts über eingetretene Verluste aus. Am gleichen Tag fing U 217 den schwedischen Frachter ETNA (2 619 BRT) ab, der mit Sprengladungen versenkt wurde, nachdem eine Untersuchung ergab, daß das Schiff Konterbande beförderte. Danach fiel das Boot über den gleichen Konvoi her, den sich schon Mohr vorgenommen hatte, aber beide Boote wurden von den weitreichenden PBYs des VP-53 abgedrängt.
Weiter nordöstlich befanden sich das IXB-Boot U 109 unter Eichenlaubträger Kptlt. Heinrich Bleichrodt und das VIID-Boot U 214 unter Kptlt. Günther Reeder, eben-

Kapitel 12

falls auf ihrer ersten Feindfahrt in die Karibik, im Anmarsch. Damit waren alle fünf versammelt, und das war alles, was von Dönitz' Plan übriggeblieben war, die Boote während der Winterstürme im Atlantik in der Karibik zu konzentrieren. Eine größere Gruppe, bestehend aus U 126, U 128, U 135, U 159, U 161, U 164, U 174, U 176 und dem italienischen ENRICO TAZZOLI, operierte jetzt vor Brasilien. Als Reaktion auf diese Bedrohung war die VP-74 Squadron mit ihren *Mariners* von Chaguaramas auf den brasilianischen Stützpunkt Aratu verlegt worden. Das Geschwader hatte bereits U 158 (Rostin) versenkt und sollte bis zum Ende des Krieges die zweiterfolgreichste U-Jagd-Einheit der US-Navy werden, auf deren Konto der Verlust von fünf U-Booten ging. VP-74 wurde durch die VP-81 Squadron ersetzt, und für eine Weile waren auf dem US-Seefliegerhorst nur *Catalina*-Flugboote stationiert. Die VP-51 und die VP-94 Squadron passierten Chaguaramas auf ihrem Weiterflug nach Belém am Amazonas. Die Karibik und Brasilien waren auf den erwarteten Schlag der beiden U-Boot-Gruppen bestens vorbereitet.

Nach dem Angriff auf den Tankerkonvoi wendete U 124 den Bug gen Trinidad, aber es wurde zu einer zermürbenden Reise, denn die ständige Gegenwart der *Catalinas* von VP-53 und VP-81 machten ihm das Leben schwer. Mohr hatte immer noch mit den lädierten Brennstoffpumpen zu tun, und er beschloß, während der Weihnachtstage östlich der Inseln zu bleiben, wobei er mit U 161 (Achilles) und U 128 (Heyse) zusammenkam. U 161 war vor Nordbrasilien schwer beschädigt worden und befand sich, ebenso wie U 128, auf dem Rückmarsch. Die drei Boote verbrachten außerhalb der Reichweite der Flugzeuge von Trinidad einen ruhigen Tag. Am 28. Dezember erteilte der BdU neue Einsatzbefehle. U 109 (Bleichrodt) wurden die Leeward Islands (nördliche Kleine Antillen) und U 105 (Nissen) die Windward Islands (südliche Kleine Antillen) zugewiesen, während U 214 (Reeder) und U 217 (Reichenbach-Klinke) innerhalb des Karibischen Meeres bis hin nach Curaçao patrouillieren und U 124 (Mohr) das Gebiet um Trinidad überwachen sollten.

Mohr brachte U 124 dicht unter den Galera Point an der Nordostecke Trinidads, wo er auf den britischen Frachter TREWORLAS (4 692 BRT) stieß. Nur neun Meilen von der Küste entfernt versank das Schiff in den Fluten. Das Boot setzte sich ab, um den gefährlichen Flugzeugen zu entgehen, aber kurz darauf wurde es wieder vom Maquis erwischt. Ein arglistiger Franzose hatte Salz in das destillierte Wasser gegeben, und als die Batterien aufgefüllt wurden, verbreitete sich Chlorgas. Zwölf Stunden waren nötig um durchzulüften, wobei U 124 die ganze Zeit zwischen Trinidad und Tobago an der Wasseroberfläche verbringen mußte. Mohr hatte unglaubliches Glück, daß ihn keiner der Raubvögel von Trinidad dabei entdeckte.

In der folgenden Nacht sah Mohr in der Galleon's Passage zwei leere Tanker, die auf Trinidad zuhielten. U 124 nahm Fahrt auf und versuchte, die Schiffe einzuholen, bevor sie den Golf von Paria erreichten. Aber die Tanker waren zu schnell und die Diesel des Bootes nicht in Hochform. Um die Schiffe aufzuhalten, schoß Mohr einen Viererfächer, aber alle Torpedos gingen vorbei und detonierten mit ohrenbetäubendem Getöse an den Felsen der Nordküste Trinidads. Der Krach muß eine ganze Reihe von Leuten aufgeschreckt haben, denn innerhalb von Minuten kam eine *Catalina* heran. Mohr wußte natürlich, daß die Tanker entkommen würden, wenn er tauchte, und er beschloß daher, über Wasser zu bleiben und auf sein Glück zu vertrauen. Und wieder blieb es ihm treu. Die PBY der VP-53 donnerte in einem perfekten Anflug über das Boot, aber die Wasserbomben klinkten nicht aus. Mohr glaubte allerdings, daß der Pilot unsicher gewesen war, ob er es mit einem U-Boot zu tun hatte, und blieb deshalb weiter aufgetaucht. Die Wache hatte er unter Deck geschickt, er stand allein auf der Brücke und beobachtete, wie das große Flugzeug erneut anflog. Es war unglaublich, aber wieder fielen keine Wasserbomben. Der Pilot muß stinksauer gewesen sein, als er die *Catalina* zu einem dritten Zielanflug herumbrachte. Als Mohr die Maschine herankommen sah, wußte er instinktiv, daß das Spiel vorbei war. Genau im richtigen Moment befahl er hart Steuerbordruder, und das Boot kurvte von den fallenden Wasserbomben weg. Mohr glitt die Leiter im Turm herunter und rief »*Tauchen, tauchen, tauchen*«. Die Wabos explodierten nahe an der Backbordseite des Kielwassers, als U 124 begann, nach unten wegzusacken. Die Detonationen zerschmetterten einige Einrichtungsgegenstände im Boot, aber es entkam. Mohr wußte jetzt, daß er mit den Flugzeugen nicht spielen konnte. U 124 blieb sieben Stunden unter Wasser und setzte sich ostwärts ab.

Auch U 214, das auf Trinidad zulief, hatte ein ähnliches Erlebnis, aber diesmal bei vollem Tageslicht. Für Günther Reeder war die Karibik neu, und er war sich trotz aller Warnungen offensichtlich nicht bewußt, wie tödlich Flugzeuge für ein U-Boot sein konnten. Das Boot marschierte über Wasser mit geöffneten Einstigluken, und an

Die Geschoßeinschläge wandern auf ein U-Boot zu. *Quelle: Verlagsarchiv*

Kapitel 12

Deck sonnten sich Besatzungsmitglieder. Plötzlich und ohne Warnung kamen im Wasser die spritzenden Einschläge von Maschinengewehrkugeln auf sie zu. Eine PBY der VP-53 Squadron hatte das Boot völlig unvorbereitet erwischt. Die Warnrufe wurden vom Donner der überfliegenden *Catalina* übertönt, und wieder klinkten die Wasserbomben nicht aus. Als der Pilot die große Maschine endlich gewendet hatte, waren alle Mann unter Deck, und das Boot tauchte, bevor sie erneut heran war. Das Problem mit der Ausklinkvorrichtung wurde später gelöst, aber zwei gute Gelegenheiten waren verpaßt. Reeder revanchierte sich, indem er mit Geschützfeuer den polnischen Frachter PADEREWSKI (4 426 BRT) 28 Meilen vor Galera Point auf den Meeresgrund schickte.

Die Versenkung der PADEREWSKI am 30. Dezember markierte für 1942 das Ende der Handelsschiffsverluste in der Karibik. Den U-Booten waren im Dezember nur sechs Schiffe zum Opfer gefallen, und das war weit unter dem Durchschnitt der vergangenen Monate. Die Verhältnisse hatten sich grundlegend geändert. Die US-Navy stellte sich mehr und mehr auf die U-Boote ein, und 1943 sollte daher anders aussehen, auch wenn der Start ins Neue Jahr für die Alliierten einen unglücklichen Verlauf nehmen sollte. Mit dem Beginn der *Neuland*-Offensive am 16. Februar 1942 bis zum letzten Tag des Jahres hatten die U-Boote 337 Schiffe mit 1,87 Millionen BRT in der Karibik versenkt. Das bedeutete, daß der karibische Kriegsschauplatz 1942 mit nahezu einem Drittel zu den Gesamtverlusten der Alliierten beigetragen hatte. Die Offensive hatte nur 319 Tage gedauert, aber während dieser Zeit verursachten die U-Boote derartiges Unheil, daß die Alliierten gezwungen waren, erhebliche Reserven an Menschen und Material in das Gebiet zu schicken. Der Angriff war umfassender und hatte länger gedauert als der auf die Ostküste der Vereinigten Staaten.[34] Die Karibik hatte sich als der wirkliche Goldene Westen für die U-Boote erwiesen.

Das Jahr 1942 bildete mit weltweit 1 160 versenkten Schiffen den Höhepunkt im U-Bootkrieg. Das war ein größerer Tonnageverlust für die Alliierten als in den Jahren 1939, 1940 und 1941 zusammen. Es hatte anfänglich viel zu lange gedauert, ehe die Bedrohung in der Karibik erkannt und entsprechende Maßnahmen eingeleitet wurden. Erst nachdem bereits erhebliche Verluste an Menschen und Material zu beklagen waren, reagierten die Amerikaner. Man hat später errechnet, daß die Rate der Personalverluste auf allen Kriegsschauplätzen während des Zweiten Weltkrieges bei der Handelsmarine 17 Prozent betrug, gegenüber 9 Prozent bei der Navy und der Air Force und sechs Prozent bei der Army. Die Handelsmarine hatte also einen größeren prozentualen Verlust als die Streitkräfte.

Trotz der Tatsache, daß der U-Bootkrieg in der Karibik Ende 1942 stark abgeflaut war, kam es Anfang des neuen Jahres zu zwei der schlimmsten Aktionen gegen Konvois, die aus Trinidad ausgelaufen waren und für alle Beteiligten eine schmerzliche Erfahrung darstellten. Die schweren Verluste an Tankern in der Karibik und vor der Ostküste der USA beeinträchtigten in zunehmende Maße die Operationen in Europa. Die Ölvorräte sanken gefährlich ab, was schon zu einer Krisensituation im Mittelmeer

Kapitel 12

und in Nordafrika geführt hatte. Churchill und Roosevelt wußten, daß der Transport auf den traditionellen Routen via Miami, New York, Liverpool ins Mittelmeer zu lange dauerte, und sie suchten nach einer Alternative. Schließlich entschloß man sich, das Risiko einzugehen und schnelle Tankerkonvois direkt von Trinidad nach Gibraltar zu schicken. Der vorgesehene Geleitzug erhielt die Bezeichnung TM-1, aber irgendwie war die Bedeutung dieser Sache den unteren Kommandostellen entgangen, so daß es zu einer Zuweisung ungenügender Sicherungskräfte kam. Manche Historiker haben die Geleitgruppe als unerfahren bezeichnet, aber das stimmt nicht. Der Zerstörer HMS HAVELOCK und die Korvetten HMS GODETIA, HMS SAXIFRAGE und HMS PIMPERNEL hatten an den Kämpfen im August um TAW 13 in der Windward Passage teilgenommen und auch an vielen Geleitzugschlachten im Atlantik. Es war eine erfahrene Gruppe, aber sie wurde vom Ausmaß des Angriffs überwältigt. Bei den ersten Anzeichen von Problemen hätte man sofort Verstärkungen schicken müssen, aber statt dessen überließ man die vier Kriegsschiffe sich selbst.

TM-1 mit neun voll beladenen Tankern und den vier Geleitfahrzeugen lief am 27. Dezember um 15 Uhr nachmittags aus der Boca de Navios in Trinidad aus. U 214 (Reeder) beobachtete den Konvoi und schickte eine Sichtmeldung. Zu dieser Zeit hatten die Deutschen noch keine Ahnung, welche Bestimmung die Tanker hatten, und daß es Gibraltar sein würde, ließ sich kaum vermuten. Die Sichtmeldung erweckte jedoch großes Interesse. Kurz darauf faßte U 105 (Nissen) weiter im Norden den Konvoi auf und gab Kurs und Zusammensetzung durch. Am 3. Januar 1943 entdeckte schließlich Hans-Jürgen Auffermann (U 514) die Tanker 800 Meilen nordöstlich Antiguas. Nun war klar, daß der Geleitzug quer über den Atlantik lief, und die Deutschen wußten, wohin er gehen würde. Auffermanns Sichtmeldung mobilisierte den BdU, und eilends wurden weitere Boote angewiesen, einen Suchstreifen quer zur Konvoiroute zu bilden. Die Gruppe erhielt den Namen *Delphin*. Die vier Geleitschiffe hatte keine Chance. Nachdem er seine Sichtmeldung abgegeben hatte, lief Auffermann zum Angriff an, und um 17 Uhr 46 traf er den britischen Tanker BRITISH VIGILANCE (8 093 BRT) mit zwei Torpedos. Die Geleitfahrzeuge hatten keine Zeit, sich um den Havaristen zu kümmern, und Auffermann auch nicht, denn es war seine Aufgabe, den Konvoi zu beschatten und die anderen Boote heranzuführen. Das Wrack der BRITISH VIGILANCE schwamm noch 21 Tage, bis U 105 (Nissen) es fand und unter Wasser beförderte. Der erste Angriff auf TM-1 hätte der Admiralität eine Warnung sein müssen, aber anscheinend würdigte man weder die Bedeutung des Konvois noch die Gefahr, in der er schwebte.

Während TM-1 seinem Schicksal entgegendampfte, war man in Trinidad dabei, eine neue Konvoiroute zu planen. Das Konzept für die Geleitzüge in der Karibik hatte dazu beigetragen, daß die Verluste an Schiffsraum drastisch zurückgingen. Als Antwort darauf hatten die U-Boote den Schwerpunkt ihrer Operationen in das Gebiet östlich Trinidads verlegt, wo die meisten der Handelsschiffe immer noch einzeln fuhren. Es war daher höchste Zeit für die Alliierten, reguläre Konvois auch auf der Bauxitroute und

Kapitel 12

im Verkehr nach Brasilien einzuführen. Sie sollten von Trinidad nach Bahia in Brasilien fahren, von wo aus die Schiffe andere südamerikanische Häfen erreichen oder den Südatlantik überqueren konnten. Der erste Geleitzug dieser Art war TB-1, der Port of Spain am 5. Januar 1943 verlassen sollte.

In den letzten Dezember- und ersten Januartagen ankerten eine Reihe neu eingetroffener Frachter im Golf von Paria und warteten auf die Abfahrt von TB-1. Eine Geleitschutzgruppe wurde zusammengestellt, aber sie war diesmal nicht nur schwach, sondern auch zu unerfahren, um es mit einem ausgefuchsten Gegner aufnehmen zu können. Schließlich waren die Vorbereitungen abgeschlossen, und am 5. Januar abends wurden die Anker gelichtet. Die Boote der TRNVR wiesen die Handelsschiffe in ihre Kolonnen ein, während am Himmel die gewohnte Machtdemonstration der Luftstreitkräfte stattfand. Vier Schiffe hatten sich nicht angeschlossen: der Motortanker MURENA war mit der Beladung nicht fertig geworden, Dampfer FORBIN konnte die Bebunkerung nicht rechtzeitig abschließen, und Dampfer RADICOME und das Motorschiff SIRANGER suchten noch nach Teilen ihrer Besatzung. Außerhalb der Boca zählte der Konvoi-Kommodore, Lieutenant D.C. Watson der US-Navy auf MS KING JAMES, zwölf Schiffe. Die KING JAMES war für Bahia bestimmt, einige andere Schiffe für Recife und Rio und eines für Bombay. Der Geleitzug setzte sich aus fünf Tankern und sieben Frachtern zusammen.

Der Befehlshaber der Geleitschutzgruppe, Lt.Cmdr. C. E. Weakley, der sich auf dem alten Vierschornstein-Zerstörer USS GOFF eingeschifft hatte, beobachtete, wie die Geleitfahrzeuge ihre Positionen einnahmen. Am Ende des Konvois fuhr die Korvette USS SURPRISE, während sich an Steuerbord- und Backbordseite die PCs 577 und 609 befanden. Die Route war sorgfältig ausgewählt worden. Anstatt direkt an der Nordküste Trinidads entlangzufahren, sollte der Geleitzug die Boca in nordöstlicher Richtung verlassen, so daß er Tobago nördlich passieren würde. Danach sollte er 150 Meilen weiter ostwärts dampfen, bevor er nach Süden einschwenkte. Diese Segelanweisung war brillant, denn hierdurch wurde die berüchtigte »Torpedo Junction« umgangen, und ein eventueller Fühlunghalter mußte denken, daß der Geleitzug für Westafrika bestimmt war. TB-1 hatte jedoch zwei Probleme: erstens seine geringe Geschwindigkeit von sechseinhalb Knoten und zweitens, daß sich in Trinidad unvorhergesehene Dinge ereignen sollten, die ihm zum Verhängnis wurden.

Um 22 Uhr abends waren alle Schiffe auf ihren Positionen, und der Konvoi setzte sich in Bewegung. Der großartige Johann Mohr sollte ihn jedoch zunächst verpassen. U 124 war ständig durch die Flugzeuge vor Britisch Guayana belästigt worden, weshalb Mohr nordwärts nach Trindad zurückkehrte. Nachdem er Galera Point gerundet hatte, setzte er die Fahrt entlang der venezolanischen Küste fort. Vor La Guaira griff er zwei Schiffe an, erzielte jedoch keinen Treffer. Danach kehrte er um und wandte sich wieder den erfolgversprechenden Gewässern um Trinidad zu. Wenn es die PBY P-1 der VP-53 Squadron nicht gegeben hätte, wäre er zur rechten Zeit am rechten Platz gewesen: nämlich als TB-1 aus der Boca herauskam. Die *Catalina* führte einen punktgenauen Angriff durch, und U 124 wurde kräftig von den Wabos durchgeschüttelt. Mohr beschloß, getaucht zu bleiben, und während die PBY ihn unter Wasser hielt, stach der Konvoi in See. Als das Boot schließlich auftauchte, war er bereits verschwunden. Keine der beiden Parteien wußte von der anderen.

Bei Tagesanbruch am 6. Januar befand sich U 124 vor dem Dragon's Mouth, und TB-1 stand nördlich der Insel Tobago. Das Boot erlitt wieder einen der inzwischen obligatorischen Maschinenausfälle, und Mohr zog sich von der Nordküste Trindads zurück, um die Reparatur auszuführen. Manch anderer U-Bootkommandant hätte inzwischen wohl aufgegeben, aber Mohr hielt durch. Als das Boot wieder einsatzfähig war, brachte er es an die Nordküste Trinidads zurück und setzte seine Patrouille ostwärts in Richtung auf Galera Point fort. Früh am Morgen, als er gerade die Inselspitze Point südwärts rundete, um die Ostküste Trinidads abzufahren, schwenkte TB-1 ebenfalls auf Südkurs. Der Konvoi und das U-Boot waren weit voneinander entfernt und auf verschiedenen Kursen, aber dafür entwickelte sich jetzt ein Drama im Golf von Paria, das großen Einfluß auf den weiteren Ablauf der Ereignisse haben sollte.

Am 7. Januar um 15 Uhr 15 meldete der diensthabende Offizier auf HMS BENBOW dem Hauptquartier der US-Navy in Port of Spain, daß die Induktionsschleife Nr. 9 im Serpent's Mouth, dem südlichen Zugang zum Golf von Paria, durch ein unbekanntes Fahrzeug überfahren worden war. Es wurde Alarm ausgelöst, und sofort starteten U-Jagdflugzeuge. Die meisten der PBYs waren auf Überwachungsflügen oder wurden für ihren nächsten Einsatz vorbereitet. Daher konnten sich nur einige OS2N *Kingfisher* der VS-45 Squadron und die P-39 Jagdflugzeuge von Waller Field an der Suche beteiligen.

Die 19th MTB Flotilla entsandte einige Motortorpedoboote, die zusammen mit den Fahrzeugen der TRNVR in den Golf ausliefen. Niemand wollte eine Wiederholung eines Angriffs à la Achilles. Die Aktion war bereits weit fortgeschritten, als eine weitere Meldung von Staubles Bay um 16 Uhr 40 die Lage verschlimmerte. Ein unbekanntes Objekt hatte die Induktionsschleife Nr. 6 im nördlichen Dragon's Mouth passiert. Eine Stunde und 25 Minuten trennten beide Berichte, und die Induktionsschleifen waren 45 Meilen voneinander entfernt. Ein Fahrzeug, das den Golf in dieser Zeit von Süden nach Norden durchquerte, konnte dies nur mit einer Geschwindigkeit von über 30 Knoten getan haben. Ein U-Boot war dazu nicht in der Lage, und daher nahm man an, daß es sich um eine koordinierte Aktion mehrerer U-Boote handelte. Der Golf war Sammelpunkt der karibischen Konvois, und anders als zu Achilles' Zeiten wimmelte es jetzt nur so von Handelsschiffen. Ein Angriff hätte eine fette Beute eingebracht. Es war Achilles' Vermächtnis, daß Trinidad auf höchste Alarmstufe ging. Operation *Faith*, Codename für einen U-Bootangriff im Golf, lief an. Wegen des Ernstes der Lage wurden die Langstrecken-Flugboote zurückgerufen. Jedes verfügbare Flugzeug und alle Schiffe wurden in Alarmbereitschaft versetzt. Innerhalb einer Stunde hallten die Flugplätze vom Dröhnen der startenden Maschinen wider. Die Küstengeschütze wurden besetzt, und die fahrbaren Geschütze nahmen ihre vorbereiteten

Kapitel 12

Positionen ein. Die amerikanischen Infanterie- und Pionierregimenter rückten in die Verteidigungsstellungen ein, wo die Freiwilligenbataillone Trinidads und die Einheiten der Bürgerwehr hinzustießen. Allen Handelsschiffen wurde signalisiert, daß sie mit einem Angriff rechnen müßten und eine umfangreiche U-Jagdoperation angelaufen sei. Da nicht ausgeschlossen werden konnte, daß die Aktion im Golf nur ein Teil einer größeren Unternehmung gegen die Schiffahrt war, wurden auch alle Konvois in See vor U-Booten gewarnt. Obwohl TB-1 über 150 Meilen entfernt war, wurde er automatisch in die Alarmbereitschaft einbezogen. Außer den üblichen Warnungen, die ausgegeben worden waren, stellte man im Konvoi verstärkten Funkverkehr im Golf fest und sah, daß die Geleitfahrzeuge Vorbereitungen trafen. Gleichzeitig bemerkte man eine beunruhigende Verringerung der Luftsicherung. Auf den Frachtern und ihren Bewachern machte sich Unbehagen breit, und die Spannung stieg.

Als U 124 Galera Point gerundet hatte, setzte Mohr Kurs auf das Gebiet südöstlich von Trinidad ab. Das Boot befand sich zwar auf konvergierendem Kurs mit TB-1, aber es stand weit hinter dem Geleitzug, den es nicht abfangen konnte und von dessen Existenz es auch nichts wußte. Zu dieser Zeit operierte U 105 (Nissen), weit hinter dem Geleitzug, zwischen den Großen Antillen und beschwerte sich, daß es keine Ziele finden konnte. Auch U 217 (Reichenbach-Klinke), das entlang der 200-Meter-Linie vor den Guayanas marschierte, war nicht in der Nähe von TB-1. Die ständigen Alarmmeldungen, die Trinidad wegen Operation *Faith* durchgab, hatten die Geleitfahrzeuge jedoch nervös gemacht. Sie glaubten, einen Kontakt ausfindig gemacht zu haben, und feuerten Leuchtgranaten in westliche Richtung. Das führte zu einer Kettenreaktion bei einigen Frachtern, die nun ihrerseits Leuchtraketen schossen. Das nächtliche Feuerwerk war auf weite Entfernung sichtbar, und Mohr, der westlich des Konvois stand, sah es natürlich. Da er Erfahrung aus den Schlachten im Nordatlantik mitbrachte, schloß er völlig korrekt, daß es sich bei dem Spektakel um einen Konvoi handeln müsse. Der alte Hase nahm Kurs auf das Leuchten am Horizont und befahl dem L.I., das Äußerste aus seinen malträtierten Dieseln herauszuholen. Die Höchstgeschwindigkeit eines IX B-Bootes betrug achtzehn Knoten, und es war nur eine Frage der Zeit, wann der sechs Knoten schnelle Konvoi eingeholt war.

Die Schwierigkeiten von TB-1 begannen mit einem Maschinenausfall des panamaischen Tankers MOTOCARLINE, der Brennstoff für die Marine transportierte. Der Tanker verließ den Konvoi, ohne den Kommodore zu benachrichtigen. Als das Schiff wieder Fahrt aufnahm, konnte es nur noch vier Knoten laufen und blieb außer Sichtweite hinter dem Geleitzug. Wahrscheinlich hat der Maschinenausfall den Tanker gerettet, denn Mohr war nicht hinter dem Geleitzug, sondern querab an Steuerbordseite. Um 23 Uhr war U 124 auf Sehrohrtiefe und bereitete sich auf den Angriff vor. In Trinidad verebbte inzwischen die große Aufregung. U-Boote waren, trotz intensiver Suche, nicht gefunden worden, und Operation *Faith* wurde abgeblasen. Das Überfahren der beiden Induktionsschleifen konnte nicht geklärt werden, aber was auch immer da geschehen war, es führte zum Untergang von TB-1.

Um 23 Uhr 35 schoß U 124 einen Dreierfächer auf den Konvoi. Ein Torpedo lief glatt hindurch, die anderen zwei verpaßten das eigentliche Ziel, trafen dafür aber den amerikanischen Tanker BROAD ARROW (7 718 BRT), der an Backbordseite marschierte. Die Torpedos detonierten im Vorschiff. Eine grellweiße Stichflamme zuckte auf, und eine turmhohe Flammensäule erhob sich über dem Schiff. Als der Tanker zum Stillstand kam, war das ganze Vorschiff von Flammen eingehüllt. Der Kapitän und 28 Besatzungsmitglieder kamen bei der Explosion um. Hinter dem Konvoi vermerkte die Brückenwache an Bord der MOTOCARLINE den Feuerball in ihrem Logbuch. Nur die toten Seeleute des Tankers hätten den Geleitfahrzeugen sagen können, daß die Torpedos von Steuerbord gekommen waren. Da die BROAD ARROW an der Backbordseite des Konvois gewesen war, vermutete man das U-Boot ebenfalls an dieser Seite. Das Führungsschiff USS GOFF lief mit höchstmöglicher Fahrt, die die alte Maschine hergab, auf die vermutete U-Boot-Position zu und feuerte eine Leuchtgranate. Die Korvette USS SURPRISE, die am Ende des Konvois fuhr, drehte ebenfalls nach Backbord, um sich der GOFF anzuschließen. PC 577 fiel zurück und hielt auf das brennende Wrack zu.

Tanker sterben langsam, und das war auch bei der BROAD ARROW der Fall. Der Bug war bereits abgesackt, aber zum großen Unbehagen der vielen Hundert Menschen auf den Schiffen des Geleitzuges, wollte er nicht sinken. Durch das lodernde Inferno war rundherum alles hell erleuchtet. Während das PC sich bemühte, die 26 Überlebenden des Tankers zu finden, die in die See gesprungen waren, tauchte U 124 vorsichtig an der Steuerbordseite des Konvois auf. Die Geleitfahrzeuge suchten auf der anderen Seite, und die Seeleute auf den Frachtern starrten fasziniert auf die wagnerianische Vorstellung, die ein brennender Tanker bot, so daß keiner den grauen Wolf bemerkte, der sich ihnen näherte. Es war lange her, daß ein U-Boot über Wasser in einen Konvoi eingedrungen war. Genau das tat Mohr jetzt. U 124 war vorgeflutet und schob sich zwischen die Kolonnen, wo Mohr sich beim Nachladen der Torpedorohre verstecken wollte. Schließlich wurde ein Geleitfahrzeug abgestellt, um die Steuerbordseite abzusuchen, aber das war natürlich erfolglos. Eine ganze Stunde schlängelte sich U 124 zwischen den Kolonnen hindurch, ohne daß es, trotz des Feuerscheins des brennenden Tankers, erkannt wurde.

Um 1 Uhr am Morgen des 8. Januar waren die Geleitfahrzeuge wieder auf ihren Positionen. Mohr hatte U 124 inzwischen aus den Kolonnen heraus auf die Backbordseite des Konvois gebracht und drehte zum Angriff an. Ein Dreierfächer verließ die Rohre in Richtung auf die an Backbord marschierende Kolonne. Ein Torpedo erwischte den für Rio de Janeiro bestimmten amerikanischen Frachter COLLINGSWORTH (5 101 BRT), der mit Kohlen und Stahl beladen war, direkt mittschiffs. Das Schiff kam zum Stillstand und versank innerhalb von fünf Minuten. Der zweite Aal verfehlte alle Ziele, aber der dritte traf den amerikanischen Dampfer BIRMINGHAM CITY (6 194 BRT). Der Frachter, der Stückgut für Recife an Bord hatte, wurde ebenso wie die COLLINGSWORTH durch die Explosion aufgerissen und war in wenigen Minuten verschwunden.

KAPITEL 12

Die Versenkung der beiden Schiffe in schneller Folge hatte katastrophale Auswirkungen im Konvoi. Geleitzüge in der Karibik wurden häufig von den kleinen PCs gesichert, aber die Seeleute auf den Handelsschiffen mißtrauten ihren Fähigkeiten. Sie wurden in dieser Einschätzung durch die Tatsache bestärkt, daß auch die U-Boote die PCs offensichtlich nicht ernst nahmen. Auf den Schiffen von TB-1 hielt man nur die beiden großen Geleitfahrzeuge für geeignet, Schutz zu geben, aber das war natürlich nicht ausreichend. Die Kapitäne reagierten, und die Schiffe strebten mit hoher Fahrt in alle Richtungen auseinander. Die Ordnung brach völlig zusammen und machte den Geleitfahrzeugen die Sicherung ihrer Schützlinge unmöglich. Das Resultat zeigte sich umgehend. In dem Bemühen, ihren Peiniger zu finden, schossen die Geleitschiffe Leuchtgranaten zu beiden Seiten des Konvois. Die Illumination wurde durch Leuchtraketen der Frachter und den Feuerschein des sechs Meilen entfernten, brennenden Tankers verstärkt. Die Scheinwerferstrahlen, die die fliehenden Handelsschiffe anleuchteten und Freund von Feind unterscheiden sollten, steigerten den Grad der Verwirrung noch zusätzlich. Im Jahr 1943 war es den U-Booten nur selten vergönnt, auf einen Geleitzug zu schießen, die Rohre nachzuladen und erneut anzugreifen. Aber Mohr machte das. Das Boot war nicht entdeckt worden, und den Frachtern muß man zugute halten, daß sie glaubten, von einem U-Bootrudel angegriffen zu werden.

U 124 hätte jedenfalls längst tief unter Wasser sein sollen, um endlose Wasserbombensalven über sich ergehen zu lassen. Mohr blieb jedoch aufgetaucht, und richtete das Boot auf ein neues Ziel aus. Zwei Torpedos verließen die Heckrohre und liefen auf den Frachter MINOTAUR (4 554 BRT) zu. Die gewaltige Explosion zerriß den Dampfer in zwei Teile, schleuderte seine Kohlenladung in die Luft, und Sekunden später war er verschwunden. Die dramatische Versenkung des letzten Schiffes führte zum Ausbruch einer Panik unter den restlichen Konvoiteilnehmern, die sich jetzt nicht einmal mehr um die in einem Meer von Öl und Kohlenstaub schwimmenden, hilferufenden Schiffbrüchigen kümmerten.

Zu diesem Zeitpunkt entdeckte USS GOFF schließlich U 124 und drehte auf das U-Boot zu. Der listige Mohr schlüpfte jedoch in einen Regenschauer und tauchte. Der Zerstörer bekam zwar noch Asdic-Kontakt, aber als die Wasserbomben auf dem Weg nach unten waren, hatte sich U 124 bereits davongemacht. In dem allgemeinen Unterwassergetöse riß die Ortung ab, obwohl man auf GOFF die Dieselabgase auf dem Wasser noch riechen konnte. Mohr versuchte wenig später, die fliehenden Frachter einzuholen, während die Torpedorohre nachgeladen wurden. Die Schiffe hielten jetzt auf die flacheren Gewässer vor Holländisch Guayana zu. Die Morgendämmerung stand bevor, und das U-Boot mußte vorsichtig sein, um nicht bei Tageslicht in einem Gebiet erwischt zu werden, wo es nicht tauchen konnte. Mohr hoffte trotzdem, einen der Nachzügler abzufangen, aber dann wurde das Boot erneut zum Opfer des Maquis. Überraschend fielen beide Diesel aus, und es dauerte zwölf Stunden, bis die Maschinen wieder klar waren. In dieser Zeit waren die Reste von TB-1 entkommen. Nachdem die BROAD ARROW in den Fluten versunken war, jagten die

Geleitschiffe hinter ihren Schützlingen her. Auf Trinidad war man sich bewußt, daß irgend etwas mit dem Konvoi schiefgelaufen war, und befahl den Schiffen, den Rio Para in Brasilien anzulaufen und dort zu ankern.

Der 8. Januar war aber auch der Tag, an dem die Gruppe *Delphin* den Konvoi TM-1 abfing. U 514 (Auffermann) und U 436 (Seibicke) hatten den Geleitzug den ganzen Tag beschattet. Um 16 Uhr 30 begann U 436 mit dem Schlachtfest. Zwei Torpedos eines Dreierfächers trafen den britischen Tanker OLTENIA (6 394 BRT). Die Explosion entzündete die Ladung, und der Tanker zerlegte sich in einem gewaltigen Feuerball. Es war der zweite Verlust, den TM-1 erlitt. Der dritte Torpedo schlug in den norwegischen Motortanker ALBERT L. ELLSWORTH (8 309 BRT) ein, der schwer beschädigt liegenblieb. Während TB-1 unter Land Schutz suchen konnte, gab es für TM-1 keine Fluchtmöglichkeit. Kurz nach Mitternacht kamen auch U 522 (Schneider) und U 575 (Heydemann) zum Schuß. Fünf Aale von U 575 gingen daneben, aber U 442 (Hesse) traf den norwegischen Motortanker MINISTER WEDEL (6 833 BRT) mit zwei Torpedos. Das in Flammen gehüllte Schiff stoppte, und die Besatzung ging von Bord. Dann erwischte das Boot mit einem weiteren Torpedo den großen panamaischen Motortanker NORVIK (10 034 BRT), der ebenfalls von seiner Mannschaft aufgegeben wurde. HMS HAVELOCK versuchte derweil, die beiden Havaristen mit Geschützfeuer zu versenken, aber sie mußte das Vorhaben abbrechen, um hinter dem Konvoi herzulaufen, der jetzt nur noch aus vier Tankern bestand.

Am Vormittag des 9. Januar griff U 575 den Geleitzug erneut an, aber wiederum gingen die Torpedos fehl. Während U 575 von der einen Seite aus angelaufen war, gelang es U 522 auf der anderen Seite des Konvois, den englischen Tanker EMPIRE LYTTON (9 800 BRT) zu torpedieren. Das schwimmende Wrack wurde von seiner Besatzung verlassen und später von dem selben Boot versenkt. Die Geleitfahrzeuge waren inzwischen völlig zermürbt und erschöpft. Die U-Boote versuchten unentwegt, den Sicherungsschirm zu durchbrechen und an die drei verbliebenen Tanker heranzukommen. Die Kommandanten berichteten später, die Geleitschiffe wären unerfahren gewesen, und führten als Beweis an, daß keines der beteiligten Boote beschädigt worden sei. Aber das überrascht nicht. Wenn so viele U-Boote gleichzeitig angriffen, dann konnte keines der vier Sicherungsfahrzeuge es sich erlauben, lange über einem vermuteten Kontakt zu verweilen. Die Situation war derart kritisch und hektisch, daß es zu Handlungen kam, die das Groteske streiften: ein Geleitfahrzeug konnte eins der U-Boote sehen, durfte aber seine Position nicht verlassen, da die Gefahr bestand, daß die anderen Boote in die entstehende Lücke hineinstießen. Und das Geleitschiff hinter dem Konvoi signalisierte dem beschattenden U-Boot, es möchte gefälligst verschwinden. Das U-Boot aber antwortete, das sei leider nicht möglich, da es noch einen Auftrag zu erfüllen hätte!

In der Nacht versuchten die Boote ständig, TM-1 restlos zu vernichten, während der zahlenmäßig unterlegene Geleitschutz sich bemühte, genau das zu verhindern, so daß der Konvoi nicht als einziger auf dem Atlantik völlig zerschlagen würde. Schließlich gelang es U 522 (Schneider) am 10. Januar, den Sicherungsschirm erneut zu durch-

Kapitel 12

brechen und den britischen Tanker BRITISH DOMINION (6 983 BRT) mit drei Torpedos zu treffen. Das Schiff wurde auseinandergerissen, und die Besatzung ging von Bord. TM-1 hatte jetzt sieben seiner ursprünglichen Stärke von neun Tankern verloren. Nur die britische CLIONA (8 375 BRT) und die norwegische VANJA (6 198 BRT) schwammen noch. In den folgenden 24 Stunden führten die U-Boote mehrere Angriffe durch, aber alle Torpedos, die auf die beiden Schiffe geschossen wurden, gingen fehl. Als die Reste des Konvois unter den Schutz der Langstreckenflugzeuge kamen, mußte die Aktion abgebrochen werden. TM-1 war jetzt zwar in Sicherheit, aber bittere Beschuldigungen und historische Mißbilligung der Durchführung dieser Unternehmung sollten die Folge sein.

Vor der brasilianischen Küste gaben derweil das flache Wasser und die Erfolge des Maquis Konvoi TB-1 eine Atempause. Die im Norden des Landes stationierte VP-83 Squadron, deren Aufgabe der Schutz der Schiffahrt war, patrouillierte auch das Mündungsgebiet des Para River und nahm den Geleitzug unter ihre Fittiche. PC 577 hatte inzwischen die traurige Pflicht, das Gebiet des nächtlichen Angriffs nach Überlebenden abzusuchen und die Toten zu bergen. Als das Patrouillenboot schließlich in Paramaribo in Holländisch Guayana anlegte, da befanden sich 149 Schiffbrüchige an Bord, von denen viele verwundet waren oder schwere Brandverletzungen davongetragen hatten. Zusätzliche Geleitfahrzeuge waren zum Para River in Marsch gesetzt worden, und am 18. Januar setzte TB-1 seine Fahrt unter verstärktem Begleitschutz fort.

U 124 war zu diesem Zeitpunkt längst verschwunden. Das Boot hatte mehrere Tage im Gebiet vor dem Para River auf- und abgestanden, bis der britische Frachter DALCROSS (4 557 BRT) in Sicht kam. Mohr machte sich an die Verfolgung, aber der unbekannte Maquis schlug wieder zu und verursachte einen neuerlichen Maschinenausfall. Mohr versuchte, mit einem Diesel und einem E-Motor in Überwasserfahrt heranzukommen. Als er feststellte, daß das nicht möglich war, schoß er einen Dreierfächer hinter dem Dampfer her. Der wich jedoch aus und rief um Hilfe. Flugzeuge erschienen, und U 124 mußte tauchen. Da der Brennstoffvorrat knapp wurde, fast alle Torpedos verschossen waren und die Diesel sich inzwischen in einem erbärmlichen Zustand befanden, entschloß sich Mohr zum Rückmarsch. Nach seiner Heimkehr wurde er mit dem Eichenlaub zum Ritterkreuz ausgezeichnet. U 124 und sein Kommandant überlebten den nächsten Fronteinsatz nicht, aber das Boot ging mit der Versenkung eines Kreuzers, einer Korvette und 47 Handelsschiffen während seiner gesamten Einsatzzeit als das dritterfolgreichste in die U-Bootgeschichte ein.

Das Jahr 1943 hatte für die U-Boote vielversprechend begonnen, aber in Wirklichkeit sollte es das Jahr ihrer Niederlage werden. In der Karibik gab es dafür bereits deutliche Anzeichen. Und auch anderswo gab es ein böses Omen. Der U-Tanker U 459 (Wilamowitz-Moellendorff) meldete, daß ihm bei seiner Ankunft am Treffpunkt im Atlantik zwei Zerstörer aufgelauert hätten. U 459 konnte entwischen, aber schon bald sollten die U-Tanker, die den Einsatz der Boote – vor allem des Typs VIIC – in der Karibik ermöglichen, zum erklärten Ziel der Alliierten werden.

KAPITEL 13

Ein U-Boot-As stirbt

Am Beginn des Monats Februar 1943 befand sich kein einziges U-Boot vor der Ostküste der Vereinigten Staaten, vor Brasilien oder in der Karibik; ein Ergebnis der Umgruppierung der Boote zur Bekämpfung der Landeoperation *Torch* vor Nordafrika. Am 30. Januar hatte Karl Dönitz Großadmiral Erich Raeder als Oberkommandierender der Kriegsmarine abgelöst. Obwohl Dönitz damit Chef der gesamten deutschen Flotte war, führte er auch weiterhin die U-Boote persönlich. Die neue Position gab ihm die Möglichkeit, der U-Bootwaffe den erforderlichen Vorrang einzuräumen, aber dazu war es bereits zu spät. Vorbei waren die goldenen Zeiten, wo man so viel hätte erreichen können. Jetzt befand sich Dönitz an einem Punkt, wo er nach der Pfeife der Alliierten tanzen mußte. Die U-Bootabwehrkräfte waren inzwischen sehr mächtig geworden und wurden laufend verstärkt. Die Lebenserwartung der U-Boote und ihrer Besatzungen wurde zunehmend geringer, und die verwegenen Unternehmungen der frühen Jahre gehörten der Vergangenheit an.

Interessanterweise sind in den goldenen Tagen des U-Boot-Krieges in der Karibik niemals Sabotageakte auf den Inseln durchgeführt worden. Im Oktober 1942 berichtete der »Reichssender Berlin«, daß ein U-Bootkommandant unerkannt auf Curaçao gelandet sei, dort in einem amerikanischen Hotel bedient worden war und hinterher das Kino Cinderella besucht hätte[35]. Die Meldung kann nicht bestätigt werden, aber sie ist durchaus wahrscheinlich.

Die außerordentliche Freiheit, die die U-Boote genossen, hätte es ihnen leicht gemacht, Saboteure und Kommandotrupps zu landen und wieder aufzunehmen. Ein derartiges Vorgehen hätte in den Monaten Mai bis September 1942 die Wirkung der Angriffe auf die Handelsschiffahrt vervielfacht und ein unglaubliches Chaos auf den schwach verteidigten Inseln verursacht. Aber 1943 war es für derartige Aktionen zu spät.

Die Alliierten nutzten die Ruhepause in der Karibik, um die großen Heeresgarnisonen auszudünnen und sie durch U-Bootabwehrkräfte zu ersetzen. Im Januar war Präsident Roosevelt, begleitet von Admiral Leahy und General Marshall, auf dem Durchflug zum ersten Gipfeltreffen mit Churchill und Stalin in Casablanca auf Waller Field zwischengelandet. Sein kurzer Besuch trug wesentlich zur Verbesserung der Stimmung bei den Truppen bei, die sich oft vergessen vorkamen. Sie hatten inzwischen eine schlagkräftige U-Bootabwehr aufgebaut, die sich in den kommenden Monaten bewähren sollte, aber für alle, die nicht bei der Marine und der Luftwaffe eingesetzt waren, blieb es ein langweiliger Kriegsschauplatz.

KAPITEL 13

Große Fortschritte waren auf dem Gebiet der Nachrichtenverbindung gemacht worden. Ein großes Netz von Radiostationen und Fernschreibern umspannte vom Hauptquartier des kommandierenden Admirals auf Puerto Rico aus die Karibik, bis hin zu den unbedeutendsten Inseln. U-Boot-Sichtungen konnten sofort weitergegeben und Gegenmaßnahmen umgehend eingeleitet werden. Das Hauptquartier der *Caribbean Sea Frontier* kontrollierte die Verteilung der Streitkräfte, aber das taktische Kommando verblieb bei den einzelnen Sektoren. Verbunden mit den Radiostationen war eine Radarkette. Die Amerikaner setzten wegen der überholten Vorstellung von der Luftbedrohung Panamas zwar immer noch ein Luftzielradar ein, aber diese Geräte eigneten sich auch für Seeziele. In La Lune an der Südküste und Blanchisseuse an der Nordküste Trinidads sowie auf dem Berg über Charlotteville auf Tobago wurden Radargeräte installiert, die das Gebiet von der venezolanischen Küste bis nach Grenada abdeckten. Radar wurde auch an den verschiedenen Passagen zur Karibik eingesetzt, so daß die Durchfahrt eines aufgetauchten U-Bootes entdeckt werden konnte. Anfänglich gab es Schulungsprobleme bei der Erkennung der Seeziele mit den Geräten, aber Ende 1943 hatten die amerikanischen U-Boot-Lageräume einen genauen Überblick, wann und wo ein U-Boot ein- oder ausgelaufen war. Die Amerikaner übernahmen auch die Leitung der Kaianlagen in den Häfen, wodurch deren Kapazität und die Leistungsfähigkeit enorm gesteigert wurden. Damit kam es nicht mehr zu Verzögerungen beim Umschlag von wichtigem Kriegsmaterial. Der Straßenbau ging rasch voran, und besonders auch auf Trinidad wurde ein Netz von Haupt- und Nebenstraßen angelegt, das die schnelle Verschiebung von Truppen ermöglichte. Die Garnisonen wurden verkleinert und kleine mobile Einheiten gebildet. Auch die Unterhaltung und Erneuerung der Eisenbahnlinien wurde von den Amerikanern übernommen, was mit Hinsicht auf die Erfordernisse der ständig wachsenden Luftaktivitäten wichtig war.

Am 10. Februar verlegte die US-Navy Squadron ZP-51 mit ihren Kleinluftschiffen als erste dieser Einheiten von den Vereinigten Staaten nach Edinburgh Field. Der Flugplatz war ebenso wie Waller Field inzwischen völlig überfüllt, und deshalb wurde der riesige Hangar für die Kleinluftschiffe südlich der zweiten Landebahn von Edinburgh Field errichtet. Aber auch das reichte nicht, und schließlich mußte der neue Flugplatz Camden die überzähligen Maschinen aufnehmen. Die Luftschiffe vom Typ »K« konnten Wasserbomben tragen und waren mit MAD-Geräten ausgestattet. Sie kamen vornehmlich in zwei Gebieten zum Einsatz: im Raum nördlich von Trinidad, der Hauptdurchgangsstraße für die Handelsschiffahrt, und auf der Bauxitroute. Die U-Boote taten gut daran, sich vor diesen weitreichenden Luftschiffen in acht zu nehmen. Zusätzlich traf die VP-34 Squadron mit weiteren PBY *Catalinas* ein, die mit MAD-Geräten und Sonarbojen[36] ausgerüstet waren, dem letzten Schrei auf dem Gebiet der U-Boot-Ortung. Chaguaramas verfügte jetzt über drei PBY Squadrons und außerdem über die OS2N *Kingfishers* der VS-45. Wenn man alles zusammenrechnete, waren auf Trinidad weit mehr als 100 amerikanische und 200 englische Kampfflugzeuge stationiert. Ihre Stunde sollte bald kommen.

KAPITEL 13

Am 16. Januar verließen U 156 (Hartenstein) und U 510 unter FKpt. Karl Neitzel Lorient mit Kurs auf die Karibik, gefolgt am 3. Februar von U 68 (Lauzemis). Seit den Konvoischlachten im August 1942 hatten sich die U-Boote auf das Gebiet um Trinidad konzentriert, so daß die Windward Passage von Aktionen verschont blieb. OltzS. Albert Lauzemis, der U 68 auf seiner ersten Feindfahrt als Kommandant führte, hatte den Auftrag, den Nachschubweg in der Windward Passage erneut zu unterbrechen. Die Verteidiger, die die leeren Weiten des Meeres in diesem Raum patrouillieren mußten, waren inzwischen zu Tode gelangweilt. Die Alliierten trauten sich jedoch nicht, den Schutz der Passage zu verringern, und er wurde sogar eher noch verstärkt. Im Januar war die VP-32 Squadron mit den hervorragenden PBM *Mariners* in Guantánamo Bay eingerückt, und sie sollte die Passage bald zu einem heißen Pflaster für U-Boote machen.

U 68 steuerte auf die Windward Passage zu, während Hartenstein mit U 156 und Neitzel mit U 510 auf dem Weg nach Trinidad waren. Werner Hartenstein, inzwischen mit dem Ritterkreuz ausgezeichnet, war auf seinem dritten Einsatz in der Karibik. Er wollte sein hervorragendes Ergebnis von 16 versenkten Schiffen noch verbessern. Neitzel hingegen war auf seiner ersten Karibikfahrt durch das ausgefallene Horchgerät stark behindert worden. Er hatte Nachholbedarf. Aber wieder litt U 510 unter einem Problem. Ein schlaues Mitglied des Maquis hatte ein Loch in die Brennstofftanks gebohrt, und das Boot hinterließ eine verräterische Ölspur auf dem Wasser. Trotz intensiver Fehlersuche wurde das Leck nicht gefunden, und Neitzel mußte außerhalb des Karibischen Meeres bleiben. Aber diese Schwierigkeit sollte ihn nicht hindern, später einen aufsehenerregenden Erfolg zu erringen. Alle drei U-Boote durchstreiften in den letzten beiden Februarwochen die Gewässer rund um die Inseln, aber sie fanden keine Ziele.

Inzwischen hatten U 155 (Piening), U 183 unter KKpt. Heinrich Schäfer und U 185 unter Kptlt. August Maus Befehl erhalten, in der nördlichen Karibik zu operieren. U 183 war ebenso wie U 185 für die Windward Passage bestimmt, während Adolf Piening, auf seiner dritten Fahrt in die Karibik, die Offensive im Golf von Mexiko – sofern möglich – wiedereröffnen sollte. Lauzemis hatte derweil festgestellt, daß sein Metox-Gerät unbrauchbar war, und da er befürchtete, daß die Windward Passage unter diesen Umständen zu seinem Grab werden könnte, brachte er U 68 in das Gebiet außerhalb der Bahamas, um die Ankunft von Ersatzteilen abzuwarten. Er wußte zu dieser Zeit noch nicht, daß die ersten alliierten Flugzeuge inzwischen mit dem neuen ASV Mk III-Radargerät ausgerüstet waren, das auf der cm-Welle arbeitete, die das Metox nicht erfassen konnte. Alle Boote dieser Welle entdeckten bald, daß ihr Metox gelegentlich nutzlos geworden war.

U 156 (Hartenstein) befand sich vor der Nordküste Trinidads, aber wegen der pausenlosen Luftüberwachung konnte er nicht an die gut gesicherten Konvois herankommen. Der Februar wurde zum ersten Monat, in dem die U-Boote keine Schiffe versenkten. Der März verlief jedoch anders, schon am zweiten Tag kam es zur ersten

KAPITEL 13

Kampfhandlung. Um 19 Uhr am Abend sichtete eine Douglas B-18 siebzehn Meilen nördlich der Grand Boca U 156 an der Wasseroberfläche. Hartenstein versuchte, den Konvoi TB-4 abzufangen, der Trinidad morgens verlassen hatte. Das Boot tauchte schnell, aber dem Bomber gelang es, vier Wabos in den Nähe des Tauchstrudels zu werfen. Die Explosionen führten vermutlich zu Beschädigungen, aber Hartenstein war entschlossen, den Geleitzug einzuholen und blieb nicht lange unter Wasser. Dem routinierten Jäger war offensichtlich nicht bewußt, daß er es jetzt, gegenüber seiner letzten Feindfahrt, mit einer wesentlich stärkeren Verteidigung zu tun hatte. Die B-18 meldete ihren Angriff auf das U-Boot, und sofort starteten weitere Flugzeuge, um den Angriff fortzuführen. Eineinhalb Stunden später bekam eine andere B-18 der 80th Bombardment Squadron (25th Bomber Group) einen Kontakt nördlich der Küste. Der Pilot überflog das »Objekt«, konnte jedoch wegen der Dunkelheit nicht erkennen, ob es sich um ein U-Boot handelte, und schaltete deshalb die Landelichter ein. Sofort eröffnete U 156 das Feuer, und die B-18 mußte abdrehen. Während der Bomber sich auf den nächsten Anflug vorbereitete, tauchte das Boot weg. Hartenstein war zuletzt im Juni 1942 in der Karibik gewesen, und es scheint, daß er über die neuen Entwicklungen nicht auf dem laufenden war. Es war lange her, daß ein U-Boot versuchte, vor der Nordküste Trinidads über Wasser zu operieren, aber genau das tat Hartenstein. Selbst der famose Lassen verbrachte im Oktober 1942 die meiste Zeit vor der Küste getaucht.

Die »Torpedo Junction« war auch nicht mehr das, was sie in den alten Tagen des Jahres 1942 für die U-Boote gewesen war, und wurde nun rund um die Uhr von U-Jagdflugzeugen überwacht. Hartenstein glaubte wahrscheinlich, daß der Pilot der B-18 keine Erfahrung hätte, denn kurze Zeit später war U 156 wieder über Wasser. Aber der Pilot war nicht fort, sondern er wartete darauf, daß das U-Boot auftauchte. Er wußte, daß der Konvoi noch nicht weit entfernt war, und hoffte, daß der ihm als Köder dienen würde. Im gleichen Augenblick, als der lange graue Rumpf die Wasseroberfläche durchbrach, donnerte die B-18 heran. Die Brückenwache hatte wahrscheinlich gerade das Turmluk geöffnet, da huschte der Schatten des Flugzeugs über den Turm, und vier Wasserbomben fielen neben dem Boot ins Wasser. Vermutlich gab es ein großes Tohuwabohu, als der Befehl zum Auftauchen widerrufen wurde und das Boot wieder auf Tiefe ging. Im Moment der Detonation der Wabos war U 156 noch über Wasser, und das war seine Rettung. Nachdem die B-18 herumgekommen war und erneut angreifen wollte, war das Boot verschwunden. Der zweifache Angriff gegen U 156 setzte eine gut eingespielte Abwehraktion in Gang. Die Amerikaner wußten jetzt, daß ein U-Boot vor der Nordküste von Trinidad operierte, und sie waren entschlossen, es zu vernichten. Wahrscheinlich tauchte Hartenstein im Laufe der Nacht auf, um die Batterien nachzuladen. Inzwischen war ihm sicher klar, daß er die Verfolgung von TB-4 aufgeben mußte. Es ist anzunehmen, daß er nach kurzer Zeit wieder tauchte, um sich langsam nach Osten aus der Gefahrenzone abzusetzen. Er war immer noch viel zu nahe an Trinidad und hatte vermutlich keine Ahnung, daß das Boot eine Ölspur auf dem Wasser hinterließ. Die Wabos des zweiten Angriffs hatten einen Brennstofftank leckgeschlagen.

Um 10 Uhr 43 am Morgen des 3. März sichtete die Besatzung des Luftschiffes *K 17* der ZP-51 Squadron, das sich auf einem Überwachungsflug nordöstlich von Trinidad befand, eine Ölspur, die ostwärts verlief. Der Pilot brachte das Luftschiff fast bis auf das Wasser herunter, verringerte die Geschwindigkeit, und kroch an dem schimmernden Ölfilm entlang. Zwei Stunden lang folgte *K 17* der Ölspur, bis es am Beginn angekommen war. Das Luftschiff war Teil einer Hunter/Killer-Gruppe, die speziell aufgestellt war, um das U-Boot zu vernichten. Der Pilot wußte, daß das Boot in der Nähe sein mußte. Er begann mit einer Labyrinthsuche, und bald zeigte das MAD-Gerät eine ostwärts auswandernde Ortung an. Der Pilot brachte das Luftschiff direkt über den Kontakt und warf drei Wasserbomben. U 156 muß sehr tief getaucht gewesen sein, denn die Wabos erzielten offenbar keine Wirkung. Aber jetzt wußte Hartenstein, daß er entweder eine Ölspur hinterließ oder die Alliierten ein neues Ortungsgerät besaßen.

Die Alliierten besaßen in der Tat ein neues Ortungsgerät: den Magnetic Anomaly Detector (MAD). Ein hochgeheimes Gerät, das nur auf Luftschiffen und einigen ausgewählten Flugzeugen eingebaut war. Es gibt keinen Hinweis darauf, daß die Deutschen von seiner Existenz während des Krieges erfahren haben. Nach dem Angriff auf U 156 wurden einige PBYs der VP-53 Squadron auf die Position eingewiesen, aber sie konnten keinen Kontakt herstellen. Hartenstein hat sicherlich durch das Luftziel-Sehrohr die kreisenden Flugzeuge und das Luftschiff gesehen, während das Boot langsam weiter ostwärts schlich..

Früh am nächsten Morgen lief Konvoi TE-1 aus den Bocas aus. Es war der erste einer neuen Art von Geleitzügen, die hauptsächlich darauf ausgelegt waren, Frachter aus dem karibischen Kampfplatz herauszubringen. Sobald ein sicheres Gebiet erreicht war, sollte sich der Konvoi auflösen und die Schiffe einzeln zu ihren Bestimmungshäfen weiterfahren. TE-1 bestand nur aus vier Handelsschiffen, verfügte aber über eine Eskorte von vier Zerstörern, die alle über die Anwesenheit eines U-Bootes informiert worden waren. Die Zerstörer USS NELSON, SOUTHAMPTON, MADDOX und GLENNON umgaben ihre Schützlinge, als USS NELSON plötzlich eine Asdic-Ortung erhielt. Der neue 2 000-Tonnen-Zerstörer der BUCHANAN-Klasse verließ den Sicherungsschirm und lief auf den Kontakt zu. Es ist wenig wahrscheinlich, daß Hartenstein den Konvoi angreifen wollte. Schließlich hinterließ er eine verräterische Spur, und das Gebiet wimmelte nur so von U-Jagdkräften. Vermutlich stolperte TE-1 unbeabsichtigt über U 156, das sich weiterhin auf dem Unterwassermarsch nach Osten befand. Neun Wasserbomben rollten vom Heck der NELSON und gabelten das Boot ein. Nach den Detonationen verlor der Zerstörer die Ortung, aber es bildete sich ein großer Ölfleck auf der Wasseroberfläche. U 156 wurde sicherlich erneut beschädigt, aber es entwischte.

Nachdem er von dem Konvoi frei war, brachte Hartenstein das Boot an die Wasseroberfläche und besichtigte wahrscheinlich die Schäden. Um 14 Uhr 25 sichteten

KAPITEL 13

die Ausgucks auf der Brücke ein Flugzeug am Horizont, und U 156 tauchte schnell. Das Metox hatte sie nicht gewarnt. Die B-18 von Edinburgh Field erfaßte das Boot mit ihrem Radar, aber bevor sie heran war, ging der Kontakt wieder verloren. Zwölf Mal überflog der Pilot die angenommene Position, aber er konnte keine neue Ortung bekommen. Im U-Boot-Lageraum des Hauptquartiers auf Trinidad waren die Angriffe und die Bewegung des U-Bootes in östliche Richtung mitgekoppelt worden. Damit hatte man den vermutlichen Standort des Bootes ermittelt.

U 156 verriet seine Position in den nächsten 30 Stunden nicht. Aber dann fing die Funkstation auf Edinburgh Field am 5. März um 20 Uhr 10 einen Funkspruch des Bootes auf und bestimmte die Richtung, aus der er gekommen war. Bald danach meldete der Funker des Seawell Airport auf Barbados, daß er den Funkspruch ebenfalls eingepeilt habe. Durch die Kreuzpeilung hatten die Amerikaner jetzt eine genaue Ortsbestimmung. Es war Hartenstein gewesen, der einen Bericht an den BdU abgesetzt hatte. Er hatte es geschafft, in eine Position weit östlich von Barbados zu kommen, wo er sich relativ sicher fühlte und glaubte, funken zu können. U 156 war seit mehr als einem Tag nicht angegriffen worden, und Hartenstein hatte wichtige Mitteilungen zu machen. Er berichtete, daß die pausenlose Luftüberwachung den Aufenthalt zwischen Trinidad und Grenada unmöglich mache, und daß er deshalb östlich der Inseln operieren wollte. Er vermutete, daß die U-Jagdflugzeuge über ein neues Ortungsgerät verfügten, das vom Metox nicht angezeigt wurde, und ergänzte, daß die nächtlichen Angriffe präzise und ohne Scheinwerfer durchgeführt worden wären. Es war sein letzter Funkspruch. Die Amerikaner koppelten den neuen Schiffsort mit den bisherigen Angriffspositionen und errechneten daraus den Generalkurs des Bootes in den Atlantik hinein. Im rollenden Einsatz flogen Bomber und Flugboote die vermutliche Route ab, aber ohne Erfolg. Drei Tage lang lief U 156 nach Osten und wurde nicht entdeckt. Schließlich stand das Boot mehr als 300 Meilen von Trinidad entfernt, und Hartenstein machte den entscheidenden Fehler, in seiner Wachsamkeit nachzulassen.

Um 6 Uhr am Morgen des 8. März hob die *Catalina P-1* auf dem US-Seefliegerhorst Chaguaramas vom Wasser ab. Lieutenant John D. Dryden brachte die weiß angemalte PBY rechts herum über die Bocas und ging dann auf östlichen Kurs. Die Maschine gehörte zu den vielen anderen Flugzeugen, die an der Jagd auf U 156 beteiligt waren. Dryden war ein erfahrener Pilot, und er war es auch, der im Januar an der Nordküste von Trinidad den schweren Angriff gegen U 124 (Mohr) geflogen hatte. Sein Einsatzgebiet lag an diesem Tag weit östlich von Trinidad. Um 13 Uhr nachmittags meldete der Bedienungsmann des Radargerätes ein Echo in 20 Meilen. Dryden zog die Maschine höher und versteckte sich in den Wolken, während er näher heranflog. Auf sieben Meilen Entfernung konnte er ein U-Boot durch eine Wolkenlücke sehen. Dryden benutzte wirkungsvoll den Schutz der Wolken und manövrierte das Flugboot in eine ideale Angriffsposition. 500 Meter vor dem Boot brach er aus der Deckung hervor und griff im Sturzflug an.

KAPITEL 13

Das Metox hat U 156 wahrscheinlich nicht gewarnt, als es in langsamer Überwasserfahrt ostwärts marschierte, und die Geschoßspritzer im Meer, die auf das Boot zuwanderten, waren für die Brückenwache vermutlich das erste Anzeichen für einen Angriff. Die Besatzung des U-Bootes konnte nicht mehr reagieren, als der große Vogel über sie hinwegflog und seine Maschinengewehre Tod und Verderben ausspien. Dryden wußte, daß er das Boot überrumpelt hatte, er ignorierte den Intervalometer[37] und löste die Wasserbomben von Hand aus. Die vier mit Torpex gefüllten Wabos fielen in einer Gruppe drei Meter vom Rumpf des U-Bootes entfernt ins Wasser. U 156 konnte die kombinierte Wirkung der Explosionen, die das Boot förmlich aus dem Wasser hoben, unmöglich überstehen. Sekunden später erfolgte eine weitere Detonation, die wohl von einem der Torpedo des Bootes herrührte, und eine fünfte Wassersäule schoß in die Luft.

Als sich der Wassernebel endlich verzog, sah die Besatzung der *Catalina* zwei Hälften des U-Bootes, die in geringem Abstand voneinander aus dem Wasser ragten. U 156 war in der Mitte glatt durchtrennt worden, und beide Teile verschwanden schnell. Dryden umkreiste den großen Öl- und Trümmerfleck, und zählte elf Überlebende im Wasser. Er warf ein Dingi und zwei Überlebenspäckchen ab. Fünf der Schiffbrüchigen zogen sich in das Rettungsfloß hinein, aber die anderen sechs müssen verwundet gewesen sein, denn sie versanken bald im Wasser. Dryden signalisierte Chaguaramas, daß er ein U-Boot 383 Meilen nordöstlich Trinidad versenkt hätte. Er umflog die Schiffbrüchigen noch weitere eineinhalb Stunden, bevor er erschöpft den Heimflug antrat.

Ein ganzes Jahr lang hatten Flugzeuge von Trinidad die U-Boote angegriffen und sich einen beachtlichen Ruf erworben. Viele Boote verließen den karibischen Kriegsschauplatz mit tiefen Narben, die ihnen von den schrecklichen Raubvögeln zugefügt wurden. Die Vernichtung von U 156 war jedoch ihre erste Versenkung und gleichzeitig auch der erste Verlust eines Bootes im neuen Jahr. Es war der letzte Einsatz der VP-53 Squadron in der Karibik. Das Geschwader wurde kurz darauf in den Pazifik verlegt, und von der VP-204 Squadron mit ihren respekteinflößenden PBM *Mariner*-Flugbooten abgelöst.

Um 16 Uhr 30 wurde der Zerstörer USS Barney an die Untergangsstelle entsandt, um die Überlebenden zu retten. Das Kriegsschiff erreichte die Untergangsstelle in etwas über zwölf Stunden. Man hatte gehofft, die Schiffbrüchigen zu finden, aber der US-Nachrichtendienst sollte enttäuscht werden. Das Dingi und die Überlebenden waren spurlos verschwunden. Zwei spanische Tanker waren in der Nähe, und anfänglich vermuteten die Amerikaner, daß die Spanier die Deutschen gerettet hätten. Das war jedoch, wie aus den Unterlagen nach dem Krieg hervorgeht, nicht der Fall. Das Dingi ist wahrscheinlich westwärts getrieben und hat sich in den Weiten des Karibischen Meeres verloren. Trotzdem unternahmen die Amerikaner eine intensive Suche und durchkämmten das Gebiet kreuz und quer. Es ist auch möglich, daß durch die verheerende Explosion viele Tote im Meer waren, wodurch einen Schwarm von Haien

Kapitel 13

angelockt wurde. Unter solchen Bedingungen hatte ein Dingi keine Chance. Hartenstein und seine tapfere Mannschaft kamen jedenfalls um. Dem As des U-Boot-Krieges in der Karibik war es nicht vergönnt gewesen, weitere Erfolge zu erzielen. Dryden wurde für seinen hervorragenden Angriff mit dem Distinguished Flying Cross und seine Besatzung mit der Air Medal ausgezeichnet.

Zum Zeitpunkt dieses Geschehens stand Karl Neitzel mit U 510, das eine breite Ölspur hinter sich her zog, 500 Meilen von Trinidad entfernt. Trotz dieses Handicaps sollte er die Amerikaner aus ihrer Selbstzufriedenheit über die spektakuläre Vernichtung von U 156 herausreißen und einen der vernichtendsten Angriffe eines einzelnen U-Bootes im Zweiten Weltkrieg gegen einen Konvoi durchführen. Nachdem TB-1 so arg mitgespielt worden war, hätten alle Trinidad-Bahia-Konvois stark geschützt sein müssen. In den sechs Wochen, seit dem Überfall durch Mohr, hatte es jedoch keine weiteren Angriffe gegeben, was zu einer gewissen Selbstgefälligkeit bei den Verteidigern geführt hatte. Und so kam es, daß am Tag der Versenkung von U 156 der nordgehende Geleitzug BT-6 nur von einem Zerstörer, einer Korvette und zwei PCs gesichert war. Diese jämmerliche Sicherung hielt man für ausreichend, um mit der U-Bootbedrohung fertig zu werden. Bei Sonnenuntergang am 8. März sichtete Neitzel Rauchsäulen am südlichen Horizont. Es war der Konvoi BT-6, der mit nordwestlichem Kurs auf Trinidad zusteuerte. Das U-Boot befand sich 100 Meilen von der Küste Französisch Guayanas entfernt, als die Sichtmeldung herausging. Der BdU reagierte prompt und gab Neitzel freies Manöver, ohne daß er weitere Sichtmeldungen durchzugeben brauchte. Man wußte noch nichts vom Untergang von U 156 und erklärte, daß das nächste Boot 600 Meilen entfernt stehen würde. Tatsächlich war das nächste Boot jedoch in der Windward Passage und damit 1 600 Meilen weit weg. Neitzel war ganz auf sich allein gestellt.

Am Abend um 21 Uhr war U 510 in Position. Neitzel hatte den Geleitfahrzeugen keine weitere Beachtung geschenkt und sich zwischen die PCs und die seewärtige Kolonne der ruhig dahinstampfenden Handelsschiffe geschoben. Er zielte auf einen schwerbeladenen Frachter, und sechs Minuten nach 21 Uhr erbebte das Boot, als zwei Torpedos die Rohre verließen. Eine Minute später kam ein weiterer Dampfer ins Fadenkreuz, und das zweite Paar rauschte aus den Bugrohren heraus. Während U 510 drehte, um auch die Heckrohre zum Tragen zu bringen, trafen die ersten beiden Aale. Nach einer Minute und 59 Sekunden detonierten sie an dem britischen Frachter KELVINBANK (3 872 BRT), rissen den Boden heraus, so daß er fast sofort versank. Bevor der Explosionsdonner verhallt war, hatte das Boot gewendet, und die beiden Hecktorpedos machten sich auf den Weg. Alle sechs Rohre waren jetzt leer, und U 510 beeilte sich, schnell von der Wasseroberfläche zu verschwinden. Der dritte Aal lief glatt durch die Kolonnen hindurch, aber der vierte traf den Liberty-Frachter GEORGE G. MEADE (7 176 BRT). Ein großes Loch wurde in die Bordwand gerissen, und die Ladung fing Feuer. Das Boot war kaum unter Wasser, als einer der beiden Hecktorpedos in der Bordwand eines weiteren Liberty-Schiffes, der TABITHA BROWN

(7 176 BRT), und der andere in die Seite des Liberty-Frachters JOSEPH RODMAN DRAKE (7 181 BRT) einschlugen.
Die Hammerschläge scheuchten die Geleitfahrzeuge auf, und der Zerstörer USS BORIE und die Korvette USS TENACITY jagten auf die vermutete Abschußposition zu. Neitzel war inzwischen auf den Konvoi eingeschwenkt und dabei, auf große Tiefe zu gehen. Er stand unter dem Eindruck, der Geleitzug sei von vier Zerstörern und vier PCs gesichert, und das war eine Abwehr, gegen die er wenig Chancen hatte. Er beschloß, mitten in den Konvoi hineinzufahren, wo ihn die Zerstörer vielleicht nicht vermuten würden. Während U 510 auf die Handelsschiffe zuhielt, lud die Besatzung die Torpedorohre nach. Über dem Boot schossen die Geleitfahrzeuge Leuchtkugeln, und die Bedienungsleute der Asdics orteten in den Tiefen an der seewärtigen Flanke des Konvois. Die brennende GEORGE G. MEADE erleuchtete das chaotische Geschehen, während die Besatzungen der drei getroffenen Frachter ihre Schiffe verließen. Das Tohuwabohu erreichte kritische Ausmaße, als die Kolonnen versuchten, den Havaristen auszuweichen. In den nächsten drei Stunden jagten der Zerstörer und die Korvette das U-Boot erfolglos. Die Meeresoberfläche hob sich unter den Detonationen der Wasserbomben, und Scheinwerferstrahlen tasteten durch das Dunkel der Nacht. Der Angriff hatte die Ordnung im Konvoi zerstört und die Frachter voneinander getrennt. Die Kapitäne fühlten sich sicherer, wenn sie mehr Seeraum zur Verfügung hatten, und den PCs gelang es nicht, die Schiffe wieder zu versammeln.
Um 24 Uhr waren alle Rohre nachgeladen und U 510 bereit zur zweiten Runde. Die Geleitfahrzeuge hatten sich beruhigt, und Neitzel wußte, daß er es weder mit einer schlagkräftigen noch mit einer erfahrenen Sicherung zu tun hatte. Während der ganzen Zeit war er nicht gestört worden. Jetzt begann das Boot damit, erneut Torpedos auszuspucken. Um vier Minuten nach Mitternacht verließen zwei Aale die Rohre und detonierten eine Minute und 27 Sekunden später an dem in der Steuerbordkolonne fahrenden Liberty-Frachter MARK HANNA (7 176 BRT). Das Schiff erbebte unter dem doppelten Aufschlag und kam zum Stillstand. Wieder jagten die Geleitfahrzeuge los und erleuchteten die seewärtige Seite des Konvois mit Leuchtgranaten. Wahrscheinlich hat niemand gemerkt, daß die MARK HANNA auf ihrer Backbordseite torpediert worden war. Aber selbst dann hätte sicher keiner geglaubt, daß sich das U-Boot innerhalb des Geleitzuges befand. U 510 lag jedoch in der weit offenen Mitte des Konvois quer zu dessen Fahrtrichtung. Drei Minuten nach dem ersten Angriff kam der Liberty-Frachter JAMES SMITH (7 181 BRT) auf der Backbordseite des Geleitzuges in die Schußlinie des U-Boothecks, und ein Torpedo zischte aus dem Rohr. Unmittelbar darauf tauchte der Liberty-Frachter THOMAS RUFFIN (7 191 BRT) auf, und der zweite Torpedo rauschte davon. Nach einer Minute und 23 Sekunden riß der erste Aal die Bordwand der JAMES SMITH auf, und das Seewasser strömte durch das große Loch in das Schiffsinnere. 20 Sekunden später traf das gleiche Schicksal die THOMAS RUFFIN.

Kapitel 13

Die THOMAS RUFFIN war das siebte Schiff, das torpediert wurde. Der Konvoi verlor alle Ähnlichkeit mit einer geordneten Formation, denn den Handelsschiffen erschien es, als ob sie restlos vernichtet werden sollten. Dann kam das Liberty-Schiff JAMES K. POLK (7 177 BRT), das aus der Masse der an Steuerbord marschierenden Kolonne Frachter herausdrehte, ins Fadenkreuz von U 510, und die beiden letzten Torpedos machten sich auf den Weg durch die Dunkelheit. Wieder waren alle Rohre leer, und Neitzel tauchte schnell weg und lief ostwärts ab. Kurz darauf trafen die beiden Aale die JAMES K. POLK. Es war das achte Schiff, das der Konvoi einbüßte.

Die Detonationen zu beiden Seiten des Geleitzuges trugen erheblich zur weiteren Verwirrung bei, und Leuchtkugeln erhellten nun auch die landwärtige Seite. Die Geleitfahrzeuge teilten sich auf, denn für sie bestand kein Zweifel, daß sie es mit mindestens zwei U-Booten zu tun hatten. Für Neitzel ergab sich dadurch eine gute Gelegenheit, seewärts zu entkommen. Er konnte es sich nicht leisten, nahe am Konvoi oder vor der Küste bei Tageslicht erwischt zu werden, denn die Ölspur, die das Boot hinterließ, hätte ihn schnell verraten. Der Geleitzug existierte praktisch nicht mehr, da die sieben Schiffe, die dem Massaker entgangen waren, nach allen Seiten hin in Sicherheit zu kommen suchten. Ein Schiff war bereits gesunken, und sieben, über eine Fläche von 15 Meilen verteilt, schwer beschädigt liegengeblieben und von ihren Besatzungen verlassen. Um 1 Uhr 15 teilte der Befehlshaber der Geleitgruppe an Bord des Zerstörers USS BORIE dem Hauptquartier auf Trinidad die Katastrophe mit, ohne zu wissen, daß alle beschädigten Schiffe noch schwammen. Er bat dringend um Unterstützung für die Reste seines Konvois.

PC 592 war bei Beginn des Angriffs als Rettungsschiff eingeteilt worden. Das Patrouillenboot nahm in dieser Nacht 130 Überlebende aus der See und aus den Rettungsbooten auf, die von den acht torpedierten Schiffen stammten. Obwohl sieben der Frachter gar nicht untergegangen waren, hieß das, daß die meisten der Besatzungsmitglieder entweder durch die Explosionen oder im Meer umgekommen waren. Unterstützung aus der Luft kam prompt, und die Bomber aus Zandery und Atkinson errichteten einen Schutzschirm um die unbeschädigten Schiffe. Die treibenden und verlassenen Frachter ließ man jedoch unwissentlich außer acht.

U 510 war mit Anbruch des Morgens weit östlich der Angriffsposition und wurde niemals entdeckt. Irgendwann im Verlauf des Tages stießen PBYs von Chaguaramas auf die havarierten sieben Liberty-Frachter, und Trinidad wußte jetzt, daß man vor einer großen Bergungsaktion stand. Alle Schiffe waren voll beladen gewesen, und selbst wenn sie zerstört waren, so konnte doch vielleicht ein Teil der kostbaren Ladung gerettet werden. Immer vorausgesetzt natürlich, daß ein schnüffelndes U-Boot die Frachter nicht zuerst fand. Die Korvetten und U-Jagd-Trawler HMS WOODRUFF, AMARANTHUS, TAMARISK, MORRIS DANCE der Royal Navy und vier PCs der US-Navy liefen zusammen mit fünf Schleppern aus der Boca aus und steuerten mit Höchstfahrt auf die Geisterflotte zu. Am 12. März fanden sie die JAMES SMITH und die JAMES K. POLK und nahmen sie in Schlepp, während die Suche nach den anderen weiterging. Am gleichen Tag liefen die zerschlagenen Reste von BT-6 in den Golf von Paria ein. Schließlich wurden alle sieben Liberty-Schiffe und die ausgebrannte GEORGE G. MEADE aufgefunden und nach Trinidad eingebracht, wo sie am 17. März eintrafen. Ein Teil der Ladungen konnte geborgen werden, aber die THOMAS RUFFIN und die JAMES K. POLK waren nicht mehr zu reparieren. Damit hatte der Konvoi drei Schiffe verloren, während fünf schwer beschädigt worden waren. Es war ein erstaunliches Ergebnis für ein einzelnes U-Boot.

Seit dem Untergang von U 156 war U 510 ganz allein im östlichen Teil der Karibik, aber im Nordwesten heizte sich die Lage seit sechs Monaten zum ersten Mal wieder auf. Vorher war der Sektor von U-Booten frei gewesen, aber jetzt durchstreiften gleich vier von ihnen die Gegend. U 68 (Lauzemis) hatte die Windward Passage durchfahren und befand sich auf dem Weg nach Aruba. Auch Schäfer mit U 183, der auf das Gebiet zwischen Jamaica und Cuba zusteuerte, und Maus mit U 185 hatten die Windward Passage hinter sich gebracht. Alle Boote hatten in der Windward Passage von den Amerikanern erheblichen Druck bekommen. Eine Kombination von PBYs des VP-92 und PBMs des VP-32 von Guantánamo Bay sowie OS2N *Kingfishers* des VS-62 und Bomber vom kürzlich eröffneten Flugplatz Vernam Field auf Jamaica machten für die U-Boote die Passage ebenso gefährlich wie die Nordküste Trinidads. Hinzukamen die nach Guantánamo abgestellten Kleinluftschiffe von ZP-51, die U 185 bereits mit Wasserbomben belegt hatten, und zahlreiche englische Flugzeuge, die auf dem Flugplatz Palisadoes auf Jamaica stationiert waren.

Trotz der intensiven Luftüberwachung gelang es Maus, zum Erfolg zu kommen. Er hatte U 185 wieder in die Mitte der Windward Passage zurückgebracht und kam um Mitternacht am 9. März mit KG 123 in Kontakt. KG-Konvois waren stark gesicherte militärische Geleitzüge, die zwischen Key West und Guantánamo verkehrten. Maus sichtete sechs Handelsschiffe, die von vier Kriegsschiffen begleitet wurden. Er ließ sich davon nicht abschrecken, und um 1 Uhr 30 am Morgen griff er an. Zwei Torpedos schlugen in den Tanker VIRGINIA SINCLAIR (6 151 BRT) ein und setzten die entzündliche Ladung in Brand. Der Angriff fand nur 20 Meilen von Guantánamo Bay statt und bewirkte eine heftige Reaktion der Verteidiger. Die nächsten vier Stunden schlich U 185 vorsichtig unter Wasser davon und versuchte, den Flugzeugen und Geleitfahrzeugen zu entkommen. Um 5 Uhr morgens war Maus wieder in erfolgversprechender Position, und zwei weitere Torpedos verließen die Rohre. Beide trafen den Liberty-Frachter JAMES SPRUNT (7 177 BRT), der mit Munition beladen war. Mit einem spektakulärem Feuerwerk ging das Schiff unter und legte sich zu der VIRGINIA SINCLAIR auf den Meeresgrund.

Die Morgendämmerung nahte, und Maus mußte das Boot von den Flugzeugschwärmen und den Geleitschiffen wegbringen, die sich ihm von allen Seiten näherten. Es gelang ihm, sich von der US-Marinebasis abzusetzen. Da er davon überzeugt war, in dieser Gegend viele Opfer zu finden, fuhr er nicht zu weit weg. Um 15 Uhr war er immer noch nahe Guantánamo, und er wurde durch das Insichtkommen

KAPITEL 13

eines großen Konvois belohnt. Maus lief über Wasser auf den Geleitzug zu, und es dauerte nicht lange, bis er entdeckt wurde. Er war gerade dabei gewesen, das Boot in Angriffsposition zu bringen, als eine PBM *Mariner* anflog und er alarmtauchen mußte. Kaum war er unter Wasser, da waren die Geleitfahrzeuge auch schon da. Die Wasserbomben beschädigten U 185, und Maus war gezwungen, sich in ein ruhigeres Gebiet abzusetzen, wo er die Reparaturen durchführen konnte.
Inzwischen war Schäfer mit U 183 an der Südküste Cubas entlanggefahren und erwischte am 11. März am westlichen Ende der Insel den honduranischen Frachter OLANCHO (2 493 BRT). Technisch gesehen, gehörte das Gebiet zu der *Gulf Sea Frontier*, und es war das erste Schiff, das hier seit September 1942 torpediert worden war. Zwei Tage danach führte Lauzemis mit U 68 den letzten erfolgreichen Angriff auf der wichtigen Konvoiroute zwischen Aruba und Guantánamo durch. Das Boot befand sich auf halben Wege zwischen den beiden Inseln, als es auf den Geleitzug GAT-49 stieß, der nach Süden steuerte. Es versenkte 160 Meilen vor Aruba den amerikanischen Tanker CITIES SERVICE MISSOURI (7 506 BRT) und den holländischen Frachter CERES (2 680 BRT). Die begleitenden Zerstörer USS BIDDLE und USS LEARY zwangen Lauzemis dann jedoch, die Aktion abzubrechen.
Piening hatte derweil U 155 die Nordküste Cubas heraufgebracht und vorsichtig die Floridastraße durchquert, bevor er Kurs auf die Mitte des Golfs von Mexiko nahm. Während Piening der starken Luftsicherung entging, mußten die anderen drei Boote (U 68, U 183 und U 185) ständige Angriffe über sich ergehen lassen. Die Verteidiger waren gewarnt, und Flugzeuge und Kriegsschiffe wehrten alle Versuche der Boote ab, sich den Konvois zu nähern. Es war eine beeindruckende Machtdemonstration der US-Navy, die jetzt nicht nur über das Gerät, sondern auch über die Erfahrung verfügte, es mit den U-Booten aufzunehmen, und den Kampf für sich zu entscheiden.
Im November 1942 hatten die Vereinigten Staaten den Versuch, das Problem mit den Vichy-Franzosen in der Karibik durch Verhandlungen zu lösen, aufgegeben. Die Häfen von Französisch Guayana, Martinique und Guadeloupe wurden blockiert, und die US-Navy stoppte alle Schiffe, die einlaufen wollten, wodurch es zu einer Unterbrechung des Imports von Nahrungsmitteln kam. Vizeadmiral Robert auf Martinique leistete jedoch weiterhin Widerstand, aber die Zustände in der Strafkolonie auf dem südamerikanischen Festland verschlechterten sich zusehends. Als der Hunger überhandnahm, kam es unter der Bevölkerung zu Unruhen und zu der Forderung nach Lostrennung von Vichy-Frankreich. Im März 1943 geriet die Situation schließlich außer Kontrolle, und der Gouverneur mußte sich geschlagen geben. Er kabelte General Giraud, daß Französisch Guayana der französischen Sache den Rücken gekehrt und sich den Alliierten angeschlossen habe. Die Loyalität der Vichy-Franzosen war zu dieser Zeit auf zwei Lager verteilt: auf der einen Seite stand General de Gaulle, der als erster hoher französischer Offizier die Free French Forces in England ins Leben gerufen hatte, deren Führung er übernahm und der auch von den Englän-

KAPITEL 13

dern anerkannt wurde. Und auf der anderen Seite stand General Giraud, der nach dem Mordanschlag auf Admiral Darlan im November 1942 zum Oberkommandierenden des französischen Militärs in Nordafrika aufgerückt war und sich de Gaulles Führungsanspruch widersetzte. Die beiden Männer konnten sich nicht einigen, und zeitweilig gab es zwei miteinander konkurrierende französische Streitkräfte, die beide Französisch Guayana für sich reklamierten. Das brachte die Vereinigten Staaten in die schwierige Lage, entscheiden zu müssen, welche Seite sie unterstützen wollten. Sie wählten General Giraud mit der Begründung, daß er der ranghöhere Offizier sei. Ein Vertrauter Girauds übernahm das Kommando in Fanzösisch Guayana, und der bisherige Vichy-französische Gouverneur wurde zu seiner eigenen Sicherheit in die USA abgeschoben. Andererseits machte seine frühere Verbindung zu Vichy es Giraud unmöglich, sich de Gaulles zu entledigen. Nur wenig später waren die Alliierten gezwungen, de Gaulle als den einzigen Führer anzuerkennen, aber die Affäre um Französisch Guayana sollte in nicht geringem Maße zu den Schwierigkeiten beitragen, die die Vereinigten Staaten nach dem Kriege mit dem späteren französischen Präsidenten hatten.

Als Französisch Guayana aufgab, rückten für die Amerikaner zwei Dinge in den Mittelpunkt ihres Interesses: erstens, daß ihre Truppen dort zügig stationiert werden konnten, und wichtiger noch, daß sie den Flugplatz benutzen durften. Ende März kam ein Übereinkommen über die Stationierung von U-Jagdflugzeugen auf Gallion Field zustande. Damit besaßen die USA eine nahtlose Kette von Stützpunkten vom hohen Norden des Kontinents bis hinunter an die Südgrenze Brasiliens, was das Leben für die U-Boote weiter erschwerte. Der zweite Punkt betraf die Notwendigkeit, Vizeadmiral Robert auf Martinique daran zu hindern, die Übernahme Französisch Guayanas durch die Alliierten zu vereiteln. Es bestand die Gefahr, daß die französische Flotte mit einer Invasionstruppe auslief, um Französisch Guayana für Vichy-Frankreich zurückzuerobern. Den Franzosen gegenüber mußten die Amerikaner die Glacéhandschuhe ausziehen, denn sie befanden sich jetzt in der selben Lage wie die Engländer im Juni 1940.

Die amerikanischen Gegenmaßnahmen waren rasch und entschlossen. Die Mehrzahl der amerikanischen U-Jagdflugzeuge wurde mit Bomben und Torpedos ausgerüstet und nach St. Lucia verlegt. Ihnen folgten die Zerstörer von Chaguaramas und aus dem *Puerto Rico Sector*. Ein Flottenverband unter Führung des brandneuen Flugzeugträgers USS ESSEX, dem Kreuzer USS OMAHA und den Zerstörern USS BEALE, RINGGOLD und SCHROEDER kam die Ostküste der Vereinigten Staaten herunter und bezog vor den Windward Islands Position. In Brasilien stationierte US-Streitkräfte rückten nach Norden an die Grenze zu Französisch Guayana. Der Befehl lautete, die französische Flotte zu vernichten, wenn sie feindliche Absichten zeigte.

Die Bedrohung aus Martinique verlor sich binnen kurzer Zeit, und die U-Jagdflugzeuge und Kriegsschiffe konnten ihre eigentliche Aufgabe wieder aufnehmen. Dadurch daß Vizeadmiral Robert seine Flotte zurückhielt und nicht auf die amerikanischen Maß-

KAPITEL 13

nahmen reagierte, bewahrte er ihr allerdings den bedrohlichen Status als »fleet-in-being«. Offiziere, die der Sache Vichys verbunden waren, verließen Französisch Guayana auf dem französischen Kolonialaviso *Gouverneur Mouttet*, um sich Vizeadmiral Robert in Martinique anzuschließen. Das französische Schiff mißachtete wiederholt amerikanische Aufforderungen umzudrehen, was deutlich macht, daß den Vichy-Franzosen nicht bewußt war, wie sehr sie die Geduld der Amerikaner strapazierten und die Situation verschärften. Die Amerikaner konnten die kampfstarken Vichy-französischen Streitkräfte nicht einfach links liegen lassen, während sie damit beschäftigt waren, der U-Bootbedrohung Herr zu werden. Die Gefahr war zu groß, sie konnten keine Rücksicht mehr nehmen, und die Vorbereitungen für eine Invasion von Martinique liefen an.

KAPITEL 14

Ein zweischneidiges Schwert

Im März 1943 wurden sechs Schiffe in der Karibik versenkt und zwei so schwer beschädigt, daß sie abgewrackt werden mußten. Aus Sicht der Verteidiger hatte es nur zwei bemerkenswerte Ereignisse gegeben: den Tod von Werner Hartenstein und den spektakulären Angriff Neitzels gegen Konvoi BT-6. Die Arbeit der U-Boote hatte ihrem hohen Leistungsstandard entsprochen, aber die Resultate waren hinter den Erwartungen zurückgeblieben. Es gelang ihnen zwar, einen Großteil der U-Jagdverbände zu binden, aber im großen und ganzen ging die Runde an die amerikanischen Streitkräfte.

Anders entwickelte sich die Lage auf dem Nordatlantik, wo die Alliierten im März schwere Verluste hinnehmen mußten. Vorher hatte es so ausgesehen, als ob sie die Schlacht auf dem Atlantik allmählich gewinnen würden, aber das Ausmaß der Versenkungen ließ Zweifel aufkommen, die sich sogar auf den Nutzen des erprobten Konvoisystems erstreckten. Auf dem Gipfeltreffen in Casablanca im Januar 1943 wurde beschlossen, dem Sieg über die U-Boote absoluten Vorrang zu geben. Dies wurde zwar allgemein akzeptiert, aber nicht von jedem der Teilnehmer unterstützt. Admiral King war immer noch auf den Pazifik fixiert und fand sich nur widerstrebend dazu bereit, die Luftüberwachungslücke über dem Atlantik zu schließen. Beträchtliche Differenzen gab es auch über die unterschiedlichen Methoden zur U-Bootabwehr, aber sie wurden letztendlich beigelegt, auch um der Öffentlichkeit ein Bild der Geschlossenheit zu bieten.

Die schweren Verluste hatten auf der im März in Washington stattfindenden Konferenz über den U-Boot-Krieg die Meinungsverschiedenheiten erneut entfacht, ob das Konvoi-System für den Kampf gegen die U-Boote geeignet sei. Admiral King zog alle amerikanischen Geleitfahrzeuge aus dem Konvoidienst zurück und begründete das damit, daß die gemischten Geleitgruppen nicht wirkungsvoll wären. Es ist die Ansicht vertreten worden, daß er dies nur tat, weil ihm der Gedanke widerstrebte, amerikanische Schiffe englischer Befehlsgewalt zu unterstellen. Der Monat März war für eine derartige Reorganisation natürlich nicht der beste Zeitpunkt. Schließlich einigte man sich darauf, daß die Engländer und Kanadier für den atlantischen Nachschubweg bis zu einer Trennungslinie entlang des Längengrades 47° West zuständig waren und die US-Navy für die andere Seite sowie für den Schutz der Geleitzüge vor der US-Ostküste und in der Karibik. Admiral King ist einer der umstrittenen militärischen Führer der Alliierten im Zweiten Weltkrieg. Es war offensichtlich, daß er dem Krieg im Pazifik stets einen höheren Stellenwert einräumte, aber es gab noch weiter-

KAPITEL 14

gehende Differenzen zwischen den Amerikanern und den Engländern. In den dunklen Tages des Jahres 1942 waren die Engländer entsetzt über die mangelnde Begeisterung der Amerikaner für das Konvoi-System, und das zu Recht. Die erforderlichen Reserven an Schiffen standen nicht zur Verfügung, um die von den Amerikanern verfolgte Idee der Hunter/Killer-Gruppen umzusetzen. Das bedeutete nicht, daß diese Idee falsch war. Es war aber 1942 keine praxisgerechte Alternative. Admiral King und andere hohe Offiziere der US-Navy setzten jedoch auf dieses Konzept, und obwohl sie sich schließlich notgedrungen den englischen Vorstellungen anschließen mußten, haben sie stets an ihren eigenen Ansichten zu diesem Thema festgehalten. Die Tatsache, daß im März 1943 zwei Drittel aller Schiffsverluste in Konvois eingetreten waren, lieferte ihnen den Vorwand, sich teilweise von der Geleitsicherung zu verabschieden.

Die Situation hatte sich 1943 gegenüber 1942 stark verändert. Jetzt standen ausreichend Schiffe zur Verfügung, es gab einen technologischen Vorsprung, und die Funkaufklärung sorgte für wichtige Informationen. Die Hunter/Killer-Gruppen hätten ohne zuverlässige Informationen über U-Bootaufstellungen im Atlantik gar nicht arbeiten können. Der Einbruch der Engländer in das deutsche Marine-Verschlüsselungsverfahren »Triton« hatte die Voraussetzungen dafür geschaffen. Admiral King war sich darüber im klaren, aber er wußte auch, daß er niemals die Möglichkeit bekommen würde, seine Vorstellungen auszuprobieren, solange er an das von den Engländern kontrollierte Konvoi-System gebunden war. Er benötigte Bewegungsfreiheit, und deshalb löste er sich von den nordatlantischen Geleitzügen, womit ihm der erwünschte Spielraum zur Einführung der Hunter/Killer-Gruppen in seinem Verantwortungsbereich zur Verfügung stand. Es mag etwas voreilig gewesen sein, denn die karibischen und brasilianischen Konvois waren immer noch ungenügend gesichert, und was Lassen, Mohr und Neitzel bei ihren Angriffen erreicht hatten, hätte niemals passieren dürfen. Das wäre im Nordatlantik nicht möglich gewesen, wo die Geleitfahrzeuge des öfteren mit Rudeln von zwanzig bis dreißig Booten fertig werden mußten.

Ein Teil des Erfolges der U-Boote gegen die Konvois in der Karibik wird dem beschränkten Nutzen der amerikanischen PCs zugeschrieben. Als Hochsee-Geleitfahrzeug waren sie nicht sehr erfolgreich, und die U-Boote beachteten sie kaum. Bei allen karibischen und südamerikanischen Geleitzügen bildeten sie jedoch die Hälfte der Sicherung. Die Korvetten waren besser, sie waren für langsame Konvois gut geeignet, und hatten durchaus Chancen, ein U-Boot zu vernichten, wenn sie es stellten. Sie wurden allerdings häufig schnelleren Geleitzügen zugeordnet, und im Fall des zwölf Knoten schnellen Konvois TM-1 waren sie mit einer Höchstgeschwindigkeit von 16 Knoten überfordert. Wenn sie zurückfielen, um ein U-Boot zu bekämpfen, hatten sie die größte Mühe, wieder aufzuschließen. Obwohl die PCs schneller waren als Korvetten, war ihr Nutzen durch das Fehlen von Radar und geeigneten Sonargeräten eingeschränkt. Unter diesem Gesichtspunkt waren sie für Hunter/Killer-Gruppen wenig geeignet.

Trotz dieser Vorbehalte waren die Hunter/Killer-Gruppen fast sofort erfolgreich und sollten auch im U-Boot-Krieg in der Karibik eine Rolle spielen.
Die neuen Hunter/Killer-Gruppen basierten auf dem System des Kampfverbandes (Task Group) mit einem Geleitflugzeugträger, der von Zerstörern geschützt wurde. Die Kampfverbände operierten im Mittelatlantik und in der Nähe der Azoren, wobei sie sich auf die nachrichtendienstlichen Erkenntnisse der Engländer stützten. Die Gruppen waren so erfolgreich, daß die Engländer mit ihren Unterstützungsgruppen (Support Groups) ein ähnliches System einführten, obwohl diese Einheiten nach einem anderen taktischen Konzept eingesetzt wurden. Die Unterstützungsgruppen sollten je nach U-Bootbedrohung der Geleitsicherung eines Konvois beistehen. Mit Fortgang des Krieges paßten sich beide Konzepte einander an, und gemeinsam mit einem gut organisierten Geleitschutz gelang es ihnen, die U-Boote zu besiegen.
Eine weitere wichtige Konferenz wurde in Miami abgehalten. Die US-Navy und das US-Army Air Corps setzten sich schließlich im März zusammen, um ihre Differenzen auszubügeln und einen neuen Operationsplan zu entwickeln. In der Karibik führten beide Streitkräfte die gleichen Aufgaben aus. Die Konferenz sollte dazu beitragen, Überschneidungen auszumerzen, so daß man sich nicht mehr gegenseitig im Weg stand. Der Kern des Problems war jedoch die Frage der Kommandogewalt. Für General Marshall war die Karibik in erster Linie ein Seekriegsgebiet, und er bestimmte daher, daß die Kontrolle über die U-Jagdkräfte des US-Army Air Corps der US-Navy zu übertragen sei. Es war ein ausgewogenes Vorgehen, ohne die sonst zwischen vielen der hohen Offiziere im Zweiten Weltkrieg üblichen Eifersüchteleien, und es sollte den Krieg in der Karibik verändern.
Seit Anfang des Krieges hatte die Bedeutung des Golfs von Paria ständig zugenommen. Die Verteidigungsstellungen waren Ende 1942 gut ausgebaut, und der Golf diente als sicherer Sammelplatz für Geleitzüge und als Stützpunkt für die U-Bootabwehr. Im Spätherbst avancierte er zum Übungsfeld für die neuen Geleitzerstörer, die in immer größerer Zahl eintrafen. Der neue Flottenflugzeugträger USS Essex (CV 9) war zusammen mit seinen Flugzeugen in den gefährlichen Gewässern vor der amerikanischen Küste bei der Erprobung, als die Krise um Französisch Guayana ausbrach und das Schiff in die Karibik verlegen mußte. Das Gebiet vor der Ostküste der USA war ständig von U-Booten bedroht, und es war keinesfalls sicher, ob die Geleitfahrzeuge Angriffsversuche immer unterbinden konnten. Das Gleiche galt natürlich auch für den Raum vor Martinique, und deshalb entschied der Befehlshaber des Kampfverbandes, den Flugzeugträger auf Abruf in Trinidad warten zu lassen. So kam es, daß die Flottenflugzeugträger den Golf von Paria entdeckten.
USS Essex traf am 20. März nachmittags um 14 Uhr 15 in Chaguaramas ein, und sofort erkannte der Kommandant die großartigen Übungsmöglichkeiten. Der Golf von Paria bot mehr als 2 000 Quadratmeilen geschützten Seeraum, wovon über 500 Quadratmeilen tiefer als zehn Meter waren. Das war ausreichend für die Erprobung großer Schiffe, und am 26. März meldete der Kommandant Washington, daß

KAPITEL 14

sich der Golf ideal zum Einfahren von Flugzeugträgern eignen würde. ESSEX verließ Trinidad am 4. April, aber es dauerte nicht lange, bis die nächsten Flugzeugträger eintrafen. Im April kam USS INDEPENDENCE (CVL 22), im Mai USS LEXINGTON (CV 16) und USS YORKTOWN (CV 10), gefolgt von USS PRINCETON (CVL 23) und USS BELLEAU WOOD (CVL 24). Bis zum Mai 1945 setzte sich der Strom der Flugzeugträger fort, und erst als Deutschland kapituliert hatte und keine U-Bootbedrohung mehr bestand, wurde von ihnen der größere Bereich der Karibik genutzt. Bis dahin hatten fünfzehn der großen Flottenflugzeugträger der ESSEX-Klasse und zehn der leichten Flottenflugzeugträger der INDEPENDENCE-Klasse im Golf ihre Schiffssicherungstechniken perfektioniert, die viele von ihnen bei den Kamikazeangriffen im Pazifik retten sollten. Die große Anzahl Flugplätze und die auf Trinidad stationierten Flugzeuge waren den Trägern bei Manövern und zur Übung von Luftangriffen eine große Hilfe. Anfänglich flogen die Maschinen zu den Flugplätzen des US-Army Air Corps, aber die Aktivitäten der Marineflieger nahmen derart zu, daß ihnen ein eigener Stützpunkt zugewiesen wurde. Die U-Jagdgeschwader verließen Edinburgh Field, inzwischen in Carlsen Field umbenannt, und verlegten zurück auf Waller Field. Carlsen Field wurde erfüllt vom Donner der pausenlos durchgeführten, simulierten Trägerlandungen. Der Luftraum war überfüllt mit 100 amerikanischen Kampfflugzeugen, und 200 englischen Maschinen des Fleet Air Arm, zu denen jetzt bis 200 Trägerflugzeuge hinzukamen, wenn sich zwei Flugzeugträger gleichzeitig im Golf aufhielten. Der Fleet Air Arm der RAF war auf dem Flugplatz Piarco stationiert und verfügte über ein großes Übungsgebiet für Torpedo- und Bombenabwürfe sowie für den Luftkampf. Da ließ sich auch leicht ein Übungsgelände für die Artillerie finden, und im August 1943 traf das Schlachtschiff USS NEW JERSEY ein, um mit seiner Erprobung zu beginnen. Der Schießplatz erwies sich für die gewaltigen 40,6-cm-Geschütze als ausreichend, und bald folgten weitere Schlachtschiffe und schwere Kreuzer, die gemeinsam mit den Flugzeugträgern übten.

Die Organisation, die zur Koordinierung der Bewegungen und Schießübungen so vieler Schiffe und Flugzeuge erforderlich war, führte bis Ende des Krieges zu einem ständigen Ausbau von Chaguaramas. Der Stützpunkt mußte umfangreiche Reparatur- und Bunkermöglichkeiten unterhalten, was ihn an den Rand seiner Leistungsfähigkeit brachte. Der Golf von Paria wurde zum größten geschützten Hafen der westlichen Hemisphäre und Chaguaramas zu einem der größten Flottenstützpunkte der Welt. Ab Mitte 1943 wurden monatlich bis zu 30 Geleitzüge mit ungefähr 1 000 Handelsschiffen abgefertigt, während Chaguaramas 300 Kriegsschiffbewegungen verzeichnete. Achilles hätte es nicht wiedererkannt, und er hätte es auch nicht überlebt. Der Golf von Paria war zum Mittelpunkt im Krieg in der Karibik geworden.

Abgesehen von seiner taktischen und strategischen Bedeutung für den Krieg auf der westlichen Seite des Atlantiks war Trinidad in zweierlei weiterer Hinsicht wichtig: erstens besaßen die Ölfelder und die Raffinerie auf Trinidad große Bedeutung für die englischen Kriegsanstrengungen und waren für die Versorgung der vielen Schiffe

und Flugzeuge vor Ort unentbehrlich. Wenn das Öl auf Trinidad nicht verfügbar gewesen wäre, hätten die Alliierten es über See heranbringen müssen, um ihre umfangreiche Kriegsmaschinerie im Golf von Paria in Gang zu halten. Die Lagerkapazität der Raffinerie von zwei Millionen Gallonen war für alle diese Zwecke ausreichend. Und zweitens diente Trinidad als Drehkreuz des Flugverkehrs in Südamerika. Florida war nur einen Flugtag entfernt, und die Insel wurde zur Zwischenstation für die Flugzeuge auf ihrem Weg von den USA zu den nordafrikanischen und europäischen Kriegsschauplätzen. Von Trinidad aus flogen die Kampf- und Transportmaschinen südwärts nach Brasilien, von dort nach Westafrika und dann nach Norden zu den verschiedenen Einsatzgebieten. Hunderte von Flugzeugen passierten monatlich die Insel auf ihrem Weiterflug. Der Luftverkehr erforderte eine umfangreiche Unterstützungsorganisation, die natürlich auch geschützt sein wollte, was ständige Alarmübungen zur Folge hatte. Die Freiwilligenverbände, denen die zivile Verteidigung und die Bürgerwehr inzwischen angeschlossen waren, arbeiteten einträchtig mit den amerikanischen Verbänden zusammen. Das war ein himmelweiter Unterschied zu den frühen Tagen, wo es laufend Streit über die Kommandogewalt gegeben hatte. Es scheint, daß die Deutschen die strategische Bedeutung Trinidads noch vor den Amerikanern erkannt haben, denn die Insel spielte während des Krieges immer wieder eine große Rolle in ihren politischen Schriften. Neutrale Schiffe, die Port of Spain anliefen, wurden vom britischen Geheimdienst intensiv überwacht, aber trotzdem scheint es Kontakte zwischen Besatzungsmitgliedern und Sympathisanten Deutschlands gegeben zu haben. Einige dieser lokalen Sympathisanten wurden für die Dauer des Krieges interniert, aber andere konnten während der ganzen Zeit nicht enttarnt werden. Die Deutschen kannten jedenfalls die Entwicklungen auf der Insel und wußten auch Bescheid über die gewaltige Infrastruktur, die die Amerikaner angelegt hatten. Und sie wußten auch, daß sich viele der Soldaten langweilten, da der Krieg hauptsächlich eine Angelegenheit der Luftwaffe und der Marine war. Sie nutzten dies, indem sie eine Radiostation einrichteten, die sich »Debunk« nannte und deren Aufgabe es war, zwischen den Truppen verschiedener Nationalitäten und der lokalen Bevölkerung Zwietracht zu säen. Die Amerikaner reagierten auf die Herausforderung mit einem Ableger ihres Armed Forces Network (Station WVDI), der der deutschen Propaganda entgegenwirken, die Langeweile der Soldaten vertreiben und die Bevölkerung beeinflussen sollte. Der Sender konnte im gesamten Süden der Karibik empfangen werden und arbeitete noch bis weit nach Ende des Krieges.
Trotz der Meinungsverschiedenheiten unter den obersten Befehlshabern über die Art, wie die U-Bootabwehr gestaltet werden sollte, entwickelte sich die Zusammenarbeit zwischen den Marine- und Luftwaffeneinheiten in der Karibik in bemerkenswerter Harmonie. Das US-Army Air Corps hatte sich auf Anweisung von General Marshall voll den Methoden und Taktiken der US-Navy angeschlossen, während die US-Navy unter Führung von Admiral Hoover wiederum eng mit der Royal Navy und der TRNVR zusammenarbeitete. Einer der führenden Offiziere, der unmittelbar

Kapitel 14

für die umfangreichen Verbesserungen im *Trinidad Sector* verantwortlich zeichnete, war Rear Admiral Jesse B. Oldendorf. Er hatte das Kommando in der schwärzesten Stunde übernommen und sich vehement für eine Verstärkung der U-Bootabwehr eingesetzt. Aber da sich nie jemand so recht für das Geschehen in der Karibik zu interessieren schien, und weil für Admiral King der atlantische Kriegsschauplatz ohnehin keine Priorität genoß, wurden Oldendorfs Verdienste niemals gewürdigt. Er war nicht der Einzige, dem es so erging. Viele Marineoffiziere bewährten sich in der Schlacht auf dem Atlantik, aber bei nur sehr wenigen wurde dies anerkannt. Im Vergleich zu ihren Kameraden im Pazifik waren die im Atlantik eingesetzten Marineoffiziere die armen Verwandten, insbesondere auch was ihre Karrieren betraf. Es war wie ein Stigma. Oldendorf wurde später in den Pazifik versetzt, wo er an allen namhaften Unternehmungen in führender Stellung teilnahm. In der letzten großen Schlacht der Schlachtschiffe im Leyte Golf in den Philippinen hatte er das Kommando über den einzigen für die US-Navy während des Krieges völlig erfolgreichen Einsatz inne. Trotzdem beendete er den Krieg in seinem alten Rang als Rear Admiral. Am 23. April 1943 übergab Rear Admiral Oldendorf das Kommando des *Trinidad Sectors* an Rear Admiral A.G. Robinson. Er hinterließ einen Sektor, der auf den nächsten großen Angriff der U-Boote bestens vorbereitet war.

Ende März befand sich U 510 (Neitzel) auf dem Rückmarsch. Das Boot hatte auf seinem zweiten Einsatz in der Karibik nur einen erfolgreichen Angriff ausgeführt und dabei lediglich ein Schiff versenkt, sowie sieben weitere beschädigt. Das Endergebnis seines Angriffs auf den Konvoi BT-6 war jedoch ungleich größer als das unmittelbare Resultat. Die Trinidad-Bahia-Geleitzüge wurden seitdem immer stark geschützt. U 68 (Lauzemis) bereitete sich ebenfalls auf den Heimweg vor. Am Monatsende hatte sich herausgestellt, daß das Metox ausgefallen war. Lauzemis brachte das Boot nordwärts durch die Windward Passage und hielt sich noch zehn Tage im Seegebiet nördlich Puerto Ricos auf, bevor er Kurs auf die Heimat nahm. Das Boot hatte unter KKpt. Merten im Juni 1942 50 000 BRT versenkt, während es jetzt nur auf zwei Schiffe mit etwas über 10 000 BRT kam. Diese Zahlen waren bezeichnend für das Ausmaß der Veränderungen in der Karibik.

Nachdem U 510 und U 68 das Gebiet verlassen hatten, befanden sich nur noch drei Boote für ein paar weitere Tage in der Karibik. U 183 (Schäfer) operierte bis zum 8. April westlich Cubas und in der Gegend von Grand Cayman und trat dann den Rückmarsch an. Als Ergebnis verzeichnete das Boot die Versenkung eines Frachters. U 185 (Maus) hatte an der Nordküste Cubas nach Zielen gesucht, aber feststellen müssen, daß der Schiffsverkehr ausschließlich in stark gesicherten Konvois stattfand. Maus brachte das Boot durch die Bahamas hinaus, wo er zu seinem dritten Erfolg kam. Zwanzig Meilen südwestlich Great Inagua Island torpedierte er den amerikanischen Liberty-Frachter JOHN SEVIER (7 176 BRT). Mit drei Versenkungen auf dem Erfolgskonto war U 185 das erfolgreichste U-Boot im März. Als letzter verließ Piening mit U 155 die Karibik. Er hatte bis zum 8. April im Golf von

Mexiko operiert und während seines Einsatzes dort den norwegischen Frachter LSYSEFJORD (1 091 BRT) und den amerikanischen Tanker GULFSTATE (6 882 BRT) versenkt. Piening waren auf drei erfolgreichen Feindfahrten 19 Handelsschiffe mit 83 800 BRT zum Opfer gefallen, womit er den ersten Platz unter den in der Karibik eingesetzten U-Boot-Kommandanten belegte.

Am 6. April war Kptlt. Reiner Dierksen mit U 176 als einzige Ablösung von Lorient aus in See gestochen. Als Einsatzgebiet war ihm die Nordküste Cubas und die gefährliche Floridastraße zugewiesen worden. Drei Wochen lang bahnte sich Dierksen seinen Weg durch den Atlantik, seiner schicksalhaften Bestimmung entgegen. U 176 traf sich im mittleren Atlantik mit U 155, aber das Glück, das Piening gehabt hatte, färbte nicht ab. Die vielen an den großen Erfolgen des März auf dem Nordatlantik beteiligten Boote waren inzwischen zur Versorgung in die Stützpunkte zurückgekehrt, weshalb sich im April nur wenige Boote im Einsatz befanden. April war eine ruhige Zeit für die U-Boote, und während sie sich neu gruppierten, taten dies die Alliierten ebenfalls. Ein Großteil der Geleitfahrzeuge, die zum Schutz der Invasion in Nordafrika abgezogen waren, wurde von ihren Aufgaben entbunden. Sie sorgten im Mai für eine stärkere Sicherung der Konvois, wozu die inzwischen aufgestellten Unterstützungsgruppen hinzustießen. Ende Mai nahmen dann auch die ersten amerikanischen Kampfgruppen ihre Tätigkeit im mittleren Atlantik auf. Die Luftüberwachungslücke auf dem Nordatlantik wurde durch Langstreckenbomber vom Typ B-24 *Liberator*, die auf Island stationiert waren, geschlossen. Hinzu kam, daß viele U-Jagdflugzeuge jetzt mit dem neuen cm-Radar (ASV Mk IV) ausgerüstet waren, vor dem das Metox nicht warnte. Die Geleitfahrzeuge verfügten über ein Überwachungs- u. Suchradar und über HF/DF-Geräte,[38] womit der Standort eines funkenden U-Bootes ermittelt werden konnte. Einige der Geleitschiffe führten auch schon den neuen Hedgehog-Werfer,[39] eine vorausfeuernde U-Bootbekämpfungswaffe.

Die U-Boot-Kommandanten waren gewöhnt, die Geleitfahrzeuge herankommen zu hören und wußten, daß diese ihre Wasserbomben erst warfen, nachdem sie die Unterwasserposition des Bootes passiert hatten. Sie warteten deshalb, bis das Geleitschiff unmittelbar über ihnen war, bevor sie ein Ausweichmanöver einleiteten. Mit dem nach vorn feuernden Salvenwerfer Hedgehog war es jetzt nicht mehr erforderlich, ein Boot zu überlaufen. Ein weiterer Vorteil des Verfahrens war, daß der Asdic-Kontakt nicht wie beim Wasserbombenangriff verlorenging. Der einzige Nachteil des Hedgehog-Werfers bestand darin, daß die Wurfgranaten den Bootskörper direkt treffen mußten, um zu explodieren. Im schicksalsschweren Monat Mai 1943 traten die U-Boote daher auf dem Nordatlantik mit ungleichen Waffen an, was zu ihrer Niederlage führte. Unter den vielen von ihnen, die im Mai verloren gingen, befanden sich auch U 332, U 109, U 125 und U 753, die in der Karibik erfolgreich im Einsatz gewesen waren.

Am 13. Mai hatte Dierksen U 176 durch die Bahamas gebracht und fuhr die Nordküste Cubas hoch, als er auf den amerikanischen Motortanker NICKELINER (2 249

KAPITEL 14

BRT) stieß. Ein Torpedo beförderte das Schiff fünf Meilen vor der Küste auf den Meeresgrund. Kurz darauf erlitt der kubanische Tanker MAMBI (1 983 BRT) das gleiche Schicksal. Dierksen suchte nach weiteren Opfern, fand aber keine. Die Amerikaner hatten das Boot entdeckt, obwohl es zwei Wochen lang keinen Funkspruch abgesetzt hatte, und die Schiffahrt war gewarnt worden. Der Küstenverkehr durfte nur in Konvois stattfinden.

Obwohl Cuba den Deutschen bereits im Dezember 1941 den Krieg erklärt hatte, zweifelten die Amerikaner an dem ernsthaften Willen der kubanischen Streitkräfte. Die kubanische Marine bestand aus einer Reihe sehr alter Patrouillen- und Kanonenboote, die mit ihrer überholten Ausrüstung in der U-Bootbekämpfung keine Rolle spielten. Um diesen Mangel zu beheben, übergaben die Vereinigten Staaten im April 1943 sieben moderne 27-Meter-U-Jagdboote an Cuba. Einen Monat später geleiteten drei dieser Fahrzeuge zwei Handelsschiffe die südliche Seite des Nicholas Channels hinauf, als U 176 sie sichtete und zum Angriff ansetzte. Der Konvoi war 60 Meilen von seinem Bestimmungshafen Cárdenas an der Nordküste Cubas entfernt. Das Boot muß dicht unter der Wasseroberfläche gewesen sein, denn die Besatzung einer OS2N *Kingfisher* sah den Schatten und warf sofort eine Nebelboje. Der Pilot flog auf den eineinhalb Meilen entfernten Konvoi zu, wackelte mit den Flügeln seiner Maschine und kehrte zur Nebelboje zurück. Der Befehlshaber auf dem U-Jagdboot CS 11 schickte CS 13 zur Untersuchung des Vorfalls an die Stelle, wo die Nebelboje schwamm, und schwenkte mit dem Geleitzug zur Sicherheit nach Backbord. CS 13 lief auf die Nebelboje zu und bekam eine Asdic-Ortung auf 360 Meter.

Dierksen wußte wahrscheinlich erst, daß er entdeckt worden war, als er die herankommenden Schraubengeräusche hörte. Er wird das Boot auf 70 Meter Tiefe gebracht haben, aber es ist nicht anzunehmen, daß er sich wegen eines PCs große Sorgen gemacht hat. Kein Kommandant nahm die PCs und SCs ernst, aber diesmal wurde ein U-Boot unter idealen Voraussetzungen angegriffen. Das Asdic des kubanischen Bootes hatte einen hervorragenden Kontakt. CS 13 überfuhr die Position des U-Bootes und warf eine Wasserbombe. Nachdem die Ortung wiederhergestellt war, führte das Fahrzeug einen zweiten Anlauf durch. Drei Wabos mit Tiefeneinstellungen von 33 Metern, 50 Metern und 66 Metern rollten von der Ablaufbühne am Heck. Diese U-Jagdboote hatten gute Manövriereigenschaften, und die Wasserbomben waren sehr exakt geworfen. Die ersten beiden Wabos detonierten normal, aber die dritte löste eine weitere Unterwasserexplosion aus, die wahrscheinlich durch einen explodierenden Torpedo verursacht wurde.

Im März hatte der BdU die Entfernung der Deckbehälter für Reservetorpedos auf den Booten vom Typ IX angeordnet, da die Gefahr von Sympathiezündungen der Gefechtsköpfe bei Wasserbombenangriffen bestand. U 176 war im März eingedockt worden, und es besteht durchaus die Möglichkeit, daß die Deckbehälter ausgebaut wurden. Wenn das der Fall war, dann muß die dritte Wasserbombe so nahe am Druckkörper detoniert sein, daß es zu einer Explosion eines Torpedos innerhalb des

Kapitel 14

Bootes gekommen ist. Wie dem auch sei, U 176 war jedenfalls erledigt. Das kubanische Schiff erhielt erneut Asdic-Kontakt, aber das Ziel bewegte sich nicht mehr. Trotzdem warf es vorsichtshalber noch zwei weitere Wasserbomben. Ein Ölfleck mit einem Durchmesser von 250 Metern bezeichnete den Untergang des Bootes. Über dem Ort des Geschehens öffnete der Beobachter in der OS2N *Kingfisher* das Cockpit und klatschte über seinem Kopf in die Hände zum Zeichen des Glückwunsches. U 176 war das zweite Boot, das 1943 in der Karibik verloren ging. Die kubanische Marine hatte sich bewährt.

Der BdU wußte nichts vom Verlust von U 176, und erst nach einigen Tagen, nachdem man vergeblich versucht hatte, das Boot zu erreichen, ahnte man etwas von seinem Schicksal. Es war das einzige Boot, das in der Karibik operierte, und noch nie war dem Gebiet ein so geringer Stellenwert zugekommen. Der BdU ging daran, die Situation zu ändern, und beorderte zunächst U 67 und U 527 in die Karibik, wo sie gemeinsam mit U 176 operieren sollten. Günther Müller-Stöckheim war mit U 67 ein Veteran der Operation *Neuland*, hatte die goldenen Tage im Juni und Juli 1942 miterlebt, und war im Oktober/November noch einmal vor Trinidad tätig geworden. Am 10. Mai lief er aus Lorient zu seiner vierten Feindfahrt in die Karibik aus, die seine letzte werden sollte. Am gleichen Tag verließ auch U 527 unter Kptlt. Herbert Uhlig den Stützpunkt. Nach seinem ersten Einsatz im Nordatlantik befand sich das Boot jetzt auf seiner zweiten Feindfahrt, von der es ebenfalls nicht zurückkehren würde. Die beiden Boote bildeten so etwas wie ein zaghaftes Vorauskommando einer neuen Offensive in der Karibik.

Inzwischen hatte sich die Schlacht im Atlantik zugunsten der Alliierten gewendet. 41 deutsche U-Boote und vier italienische waren im Mai verlorengegangen. Von diesem Schlag hat sich die deutsche U-Bootwaffe nie wieder erholt. Während des ganzen Krieges besaßen deutsche Waffensysteme vor den alliierten einen qualitativen Vorsprung und wurden allgemein als überlegen eingestuft. Die Ergebnisse einer nachhaltigen wissenschaftlichen Forschung lassen sich noch heute an den Waffensystemen ablesen, die vielfach auf Experimenten im Dritten Reich basieren. Dieser Umstand macht es schwer verständlich, warum die U-Boote so weit hinter die alliierte Technologie zur U-Boot-Bekämpfung zurückfielen. Man könnte natürlich spekulieren, daß Deutschland in erster Linie eine Kontinentalmacht war und der Kriegsmarine eine zu geringe Priorität eingeräumt wurde. Aber ein Sieg auf dem Lande war ohne einen Sieg in der Schlacht auf dem Atlantik nicht denkbar. Dönitz' Rückzug vom Nordatlantik sollte nicht von Dauer sein und wurde von ihm auch nicht als Eingeständnis einer Niederlage verstanden. Die Boote sollten zurückkehren, sobald sich die Waage wieder zu ihren Gunsten geneigt hatte.

Dönitz wartete auf den neuen Radar-Warnempfänger »Naxos«, der den Booten die Ortung durch cm-Wellen anzeigte, auf den akustischen Zielsuchtorpedo T-5 »Zaunkönig«, der gegen Geleitfahrzeuge eingesetzt werden sollte, und den Schnorchel, der den Booten die Unterwasserfahrt mit Dieselmotoren ermöglichte. Alle diese Fortschritte kamen, und die U-Boote kehrten im Herbst auf den Nordatlantik zurück, ohne

Kapitel 14

jedoch jemals die Initiative zurückzugewinnen. Aber es gab noch eine andere Entwicklung, die Auswirkungen auf den U-Bootkrieg haben sollte.
Die Boote erhielten seit Einführung des cm-Radars keine ausreichende Vorwarnung, um rechtzeitig tauchen zu können. Ein U-Jagdflugzeug peilte ein U-Boot ein, manövrierte sich in eine günstige Angriffsposition und kam erst aus den Wolken hervor, wenn es nahe genug heran war. Das Boot wiederum konnte sich nur auf die guten Augen seiner Ausgucks verlassen und war von den vorherrschenden Witterungsverhältnissen abhängig. Oft wurde ein Flugzeug erst im letzten Augenblick entdeckt, und dann war es bereits zu spät zum Tauchen. Wenn der Kommandant sich trotzdem entschloß alarmzutauchen, dann befand sich das Boot in einem hilflosen Zustand. Viele der Kommandanten blieben daher aufgetaucht und versuchten auszuweichen. Da das Flugzeug die Brücke eines Bootes gewöhnlich mit Maschinengewehrfeuer belegte und sich dort niemand gefahrlos aufhalten konnte, war es an der Flakbedienung, das Feuer des angreifenden Flugzeugs niederzuhalten. Das zusätzliche Bedienungspersonal verlängerte jedoch den Tauchvorgang, wenn sich eine Gelegenheit dazu bot. Trotz aller Nachteile, die sich bei der Taktik des Zurückschießens ergaben, waren die Kommandanten von der Idee angetan. Bis zu diesem Zeitpunkt bestand die Flabewaffnung eines U-Bootes lediglich aus einem Zweizentimeter-Geschütz ohne Schutzschild, herzlich wenig im Vergleich zu den vielen Waffen eines großen U-Jagdflugzeuges. Trotzdem war es Emmermann (U 172) am 6. April geglückt, ein angreifendes Flugboot vom Typ *Sunderland* abzuwehren und zu entkommen. Einen Tag später verzeichnete U 168 (Pich) den gleichen Erfolg. Die *Sunderland* war die am stärksten bewaffnete U-Jagdmaschine, sie wurde von den U-Bootkommandanten das »Stachelschwein« genannt. Als es U 666 gelang, eine dieser Maschinen abzuschießen, und U 333 – trotz Ausbleibens einer Metox-Warnung – eine mit Leigh Light ausgerüstete *Wellington* vom Himmel holte, erließ der BdU am 21. Mai seinen berühmten »Zurückschieß-Befehl«. Dönitz glaubte, daß die Boote eine Chance hatten, den Kampf mit den Flugzeugen über Wasser für sich zu entscheiden. Die Deckgeschütze wurden entfernt und die Flabewaffnung der Boote verstärkt. In unterschiedlicher Anordnung kam 3,7-cm-Flak in Einzelaufstellung, sowie 2-cm in Einzel-, Zwillings- und vorübergehend auch in Vierlingsaufstellung zum Einbau. Einige Boote wurden für kurze Zeit sogar als Flak-U-Boote ausgerüstet. Der »Zurückschieß-Befehl« blieb 94 Tage in Kraft. Die Sache hatte nämlich einen entscheidenden Haken: die Flugzeuge konnten den Kampf verweigern und Hilfe anfordern. Und sollte ein U-Boot versuchen, in dieser Zeit zu tauchen, dann konnte es gefahrlos angegriffen werden. Überraschenderweise haben sich nur wenige Piloten dieser sicheren Methode bedient. Besonders in der Karibik wurde zwar nach Hilfe gerufen, aber gleichzeitig angegriffen, was zu einigen sehr verlustreichen Auseinandersetzungen führte.
Die Historiker datieren den Sieg in der Schlacht im Atlantik auf Mai 1943. Das basiert auf der Tatsache, daß die Alliierten in diesem Monat den U-Booten ihre erste umfas-

sende Niederlage beibrachten. Aber es vermittelt auch den Eindruck, daß Dönitz seine Boote zurückzog und sie untätig in den Häfen liegen ließ, bis er sie im Herbst wieder auf den Nordatlantik schickte. In Wirklichkeit hat er die Zeit genutzt, sie umzugruppieren und in eine Gegend zu schicken, wo er sich geringeren Widerstand und größere Erfolge versprach. Die Gegend, die er aussuchte, war die Karibik.

U 67 (Müller-Stöckheim) und U 527 (Uhlig) waren die Vorhut von nahezu 50 U-Booten, die nun in die sonnige Karibik und an die Nordküste Brasiliens umgeleitet wurden. Es mußte zu heftigen und erbitterten Zusammenstößen kommen, da die U-Boote den Kampf gegen Flugzeuge über Wasser austragen wollten. Aber inzwischen war die US-Navy gut vorbereitet, und die Auseinandersetzungen sollten sich nicht allein auf die Karibik beschränken. Die ganze Fahrtroute von Lorient bis in die Karibik war in das Kampfgeschehen einbezogen worden. In der Biscaya warteten die Flugzeuge des Coastal Command der RAF, im mittleren Atlantik die Kampfgruppen der US-Navy mit ihren Geleitflugzeugträgern und in der Karibik ein ausgedehntes U-Boot-Abwehrnetz. Der Rahmen für eine Konfrontation war gegeben.

Kapitel 15

Die Wölfe versammeln sich

Der Juni begann mit dem Verlust von U 202, das im Oktober 1942 vor Trinidad operiert hatte. Günter Poser war auf dem Rückweg von einer Feindfahrt in den Nordatlantik, als ihm am 1. Juni um 10 Uhr morgens der wachhabende Obersteuermann (als III. WO) das Insichtkommen eines Konvois meldete. Poser muß ein träger Zeitgenosse gewesen sein, denn er blieb auf seiner Koje liegen und befahl lediglich, näher heranzugehen. Als Poser schließlich die Brücke betrat, bekam er einen Schreck. Das U-Boot lief nicht auf einen Geleitzug zu, sondern auf die Korvetten der berühmten Second Support Group von Captain Frederic John Walker, R.N. Die neuen U-Jagd-Korvetten der modifizierten BLACK SWAN-Klasse der Royal Navy waren erheblich besser als die alten FLOWER CLASS-Korvetten. Sie verdrängten 1 350 Tonnen und liefen bis zu 20 Knoten.

Poser reagierte blitzschnell, tauchte im Alarm und ging auf 165 Meter Tiefe, aber die Korvetten hatten bereits Asdic-Kontakt gewonnen. Der erste Angriff durch HMS STARLING eröffnete das lang andauernde Ringen: der hartnäckige Captain Walker gegen einen ebenso entschlossenen Günter Poser, der bis zum Ende kämpfen wollte. Die Angriffe veranlaßten Poser, mit dem Boot tiefer zu gehen, worin er die einzige Chance sah zu entkommen. Gegen die Widerstand des L.I. und des I.WO ging er mit U 202 auf 270 Meter und damit weit über die äußerste Tauchtiefe hinaus. Es zahlte sich aus, denn die Alliierten hatten keine Wasserbomben, die auf diese Tiefe eingestellt werden konnten. Poser stieß Bolde[40] aus und versuchte, in Schleichfahrt seine Verfolger abzuschütteln. Walker hatte das Boot jedoch ständig im Asdic-Kontakt. Die Unterstützungsgruppe begann mit ihrem berühmten Wasserbombensperrfeuer, wobei mehrere Korvetten gleichzeitig angriffen und fortlaufend einzelne Wasserbomben warfen. Es war das maritime Gegenstück zu einem Trommelfeuer der Artillerie. Poser versuchte den ganzen Tag zu entkommen, aber Walker hatte viel Zeit, und die wollte er nutzen. Um 20 Uhr abends hatten die Korvetten mehrere Hundert Wabos geworfen und Poser 76 Bolde ausgestoßen. Es war alles umsonst.

Schließlich ging die Luft im Boot aus, und Poser mußte auftauchen. Er hatte nicht viel Hoffnung, aber er wollte wenigstens kämpfend untergehen. U 202 kam aus der Tiefe und platzte mitten zwischen die wartenden Korvetten. Die Geschützbedienung versuchte an die Geschützplattform heranzukommen, aber alle sechs Korvetten eröffneten sofort das Feuer, und das Boot wurde schnell in ein sinkendes Wrack verwandelt. Schließlich gab Poser den Befehl zum Verlassen des Bootes. Fünfzehn Besatzungsmitglieder waren beim Kampf umgekommen. Interessanterweise wurde auf direkten Befehl von Captain Walker den Überlebenden die Rettung versagt, bis sie den Namen ihres Kommandanten und die Nummer des Bootes preisgegeben hatten. Als einer der Matrosen die Kälte nicht länger aushalten konnte, gab er die geforderte Information. Daraufhin wurden die vor Kälte und Nässe zitternden Schiffbrüchigen an Bord gelassen. Es war eine effektive Methode – aber der Vergleich zu dem umstrittenen *Laconia*-Befehl des BdU drängt sich einem natürlich sofort auf. Es war ja schon so viel über die Skrupellosigkeit der U-Boot-Kommandanten geschrieben worden!

Am gleichen Tag verlautete aus dem U-Boot-Lageraum der US-Navy, daß sich kein einziges U-Boot in der Karibik befände. Zum ersten Mal war eine derartige Meldung herausgegeben worden, und zum ersten Mal traf sie zu. Aber nur für 24 Stunden, denn am 2. Juni liefen U 67 (Müller-Stöckheim) und U 527 (Uhlig) auf dem Weg zu ihren Einsatzgebieten in die Karibik ein. Inzwischen war das Operationsgebiet von U 154 (Kusch) von Nordbrasilien bis vor Französisch Guayana ausgedehnt worden. Vor der brasilianischen Küste hatte Heinz-Oskar Kusch einigen Erfolg gehabt, obwohl es mit einem Fehlschlag anfing. Am 8. Mai hatte er mehrere Torpedos auf einen Tanker geschossen, die alle trafen, aber nicht explodierten. Das Schiff war sinnigerweise die panamaische MOTOCARLINE, die im Kampf um den Konvoi TB-1 im März verschont geblieben war. Das Glück stand dem Tanker auch diesmal zur Seite, und als U 154 wieder in Schußposition war, da wurde es von den zu Hilfe gerufenen Flugzeugen abgedrängt.

Kusch revanchierte sich später im Monat beim Angriff auf den Konvoi BT-14 vor Nordbrasilien. Er schoß sechs Torpedos auf den Geleitzug, wovon zwei den panamaischen Tanker JOHN WORTHINGTON (8 166 BRT) versenkten und zwei weitere den amerikanischen Motortanker FLORIDA (8 580 BRT) so stark beschädigten, daß der Zerstörer USS SAUCY den Havaristen nach Fortaleza einschleppen mußte. Ein fünfter Torpedo brachte den amerikanischen Frachter CARDINAL GIBBONS (7 000 BRT) mit einem großen Loch in der Bordwand zum Stillstand. Der Befehlshaber der Geleitsicherungsgruppe konnte kein weiteres Geleitfahrzeug für die Bergung entbehren und befahl daher einen der Frachter, die CARDINAL GIBBONS auf den Haken zu nehmen. Die beiden Schiffe erreichten Port of Spain am 5. Juni.

Im Mai fanden zur Vorbereitung der Invasion auf Martinique die ersten Truppenverlegungen in der Karibik statt. Das US-Army 33rd Infantry Regiment und die 135th Combat Pioneers rückten in Chaguaramas ein und begannen mit dem Training für einen amphibischen Angriff. Transportfahrzeuge trafen im Golf ein, und binnen kurzem wimmelten die Buchten von Landungsbooten, die unzählige Male zu Übungszwecken Soldaten an den Stränden absetzten. Auf Puerto Rico waren das 13th Marine Regiment und das 501st Airborne Regiment in ähnlicher Weise mit Manövern beschäftigt. Während die Truppen in der tropischen Sonne schwitzten, waren die Stabsoffiziere bei der Feinarbeit, denn das Unternehmen mußte klappen, ohne daß die Vereinigten Staaten gezwungen waren, Kampfeinheiten aus Nordafrika, Europa und

Kapitel 15

Amerikanische Landungsfahrzeuge im Juni 1943 bei Übungsmanövern im Golf von Paria. Im Hintergund der Flugzeugträger USS Bunker Hill.   *Quelle: National Archives, Washington*

dem Pazifik zurückzuholen, nur um diese kleine Insel in die Knie zu zwingen. Da die verfügbaren Angriffskräfte den Franzosen zahlenmäßig unterlegen waren, wurde entschieden, die Pionier- und Luftlandeeinheiten den Sturmangriff auf die Strände gemeinsam durchführen zu lassen.

Derweil wurde U 67 auf seiner neuen Feindfahrt wieder vom Pech verfolgt. Als das Boot am 2. Juni im Seegebiet der Bahamas ankam, stellte Günther Müller-Stöckheim fest, daß das Metox ausgefallen war. Der BdU wies ihm die Gegend nördlich von Puerto Rico als Einsatzgebiet zu, da dort weniger mit Luftangriffen zu rechnen sei. Außerdem teilte man ihm mit, daß U 758 (Manseck) mit Ersatzteilen unterwegs sei und in zwei Wochen eintreffen würde. Aber U 758 kam nicht durch. Es war das erste Boot der zweiten großen Angriffswelle, das von einer US-Kampfgruppe mit dem Geleitflugzeugträger USS Bogue (CVE 9) im Mittelatlantik zur Rückkehr gezwungen wurde. Das Boot schlug nicht weniger als acht Angriffe von Trägerflugzeugen zurück, aber es wurde dabei derart beschädigt, daß es die Fahrt nicht fortsetzen konnte. Müller-Stöckheim mußte seine gesamte Einsatzzeit vor Puerto Rico verbringen.

U 527 (Uhlig) war in der Zwischenzeit durch die Bahamas in die Windward Passage marschiert und dabei sofort aus der Luft angegriffen worden. Am 7. Juni versuchte das Boot gegen einen Konvoi vorzugehen, wurde aber von der starken und aggressiven Geleitsicherung zurückgedrängt. Kaum hatte sich Uhlig abgesetzt, stieß er mit einer Hunter/Killer-Gruppe zusammen und mußte erneut eine zermürbende Wasserbombenverfolgung über sich ergehen lassen. Die Amerikaner unterhielten jetzt zwei unabhängig patrouillierende Zerstörer in der Windward Passage, deren einzige Aufgabe die U-Jagd war.

Weit unten im Südosten wurde auch Kusch (U 154) wiederholt von Flugzeugen angegriffen, ohne vom Metox gewarnt worden zu sein. Das Gerät war ausgefallen, und der BdU befahl ihm, das Boot östlich bis zum Längengrad 30 West zu bringen, wo er vor Luftangriffen sicher sei. Kusch wich nicht so weit nach Osten aus. In der Hoffnung, weitere Ziele anzutreffen, nahm er das Risiko auf sich und führte U 154 entlang der äußersten östlichen Grenze des *Trinidad Sectors* nach Norden, dann durch den *Puerto Rico Sector*, um sich Müller-Stöckheim anzuschließen.

Währenddessen hatte U 527 (Uhlig) sein Operationsgebiet vor der Westspitze Cubas erreicht, lief am 13. Juni abermals auf einen Konvoi zu, wurde aber wieder abgedrängt und von einem Zerstörer mit Wabos belegt. In der gesamten Karibik sammelten die Verteidiger inzwischen ihre Kräfte vor dem erwarteten Ansturm. Die Geleitsicherungen wurden verstärkt, und die U-Jagdgeschwader verlegten in die Gebiete, in denen sich die U-Boote voraussichtlich konzentrieren würden. Die Amerikaner wußten aus nachrichtendienstlichen Erkenntnissen der Engländer und aus dem umfangreichen Funkverkehr der U-Boote, daß ein Angriff bevorstand.

Die Deutschen hatten sich einen gut ausgearbeiteten Täuschungsplan ausgedacht. Vier U-Boote waren in den Nordatlanik geschickt worden und sollten ständig auf unterschiedlichen Frequenzen mit verschiedenen Codes und Rufzeichen funken. Dadurch wollte man den Eindruck einer großen U-Boot-Konzentration in diesem Seegebiet erwecken. Die Engländer wären sicherlich darauf reingefallen, wenn nicht eine wenig bekannte Heldentat dies verhindert hätte. Im Februar 1942 hatten die Deutschen durch Einfügen einer weiteren Walze in ihrer Enigma-Schlüsselmaschine den Engländern das Mitlesen unmöglich gemacht. Trotz Einsatz von über 400 Spezialisten gelang es ihnen nicht, den Funkverkehr zu entschlüsseln, und die Deutschen konnten während des Jahres ihre spektakulären Erfolge erzielen. Der Durchbruch kam am 30. Oktober 1942. Eine *Sunderland* entdeckte U 559 (Heidtmann) um 5 Uhr morgens siebzig Meilen nördlich des Nildeltas. Ein Gruppe von vier Zerstörern, unterstützt von einer *Wellesley* der No. 47 Squadron der RAF, ortete das Boot und warf über 300 Wasserbomben.

Um 22 Uhr 40 mußte U 559 auftauchen und wurde sofort unter Geschützfeuer genommen. Die Besatzung öffnete die Flutventile und verließ das Boot. Sobald ersichtlich war, daß das U-Boot aufgegeben hatte, brachte der Zerstörer HMS PETARD ein Beiboot zu Wasser. Das Beiboot näherte sich dem U-Boot, und natürlich schwammen alle Deutschen darauf zu und hielten es auf. Lieutenant Fasson und Able Seaman Grazier rissen sich daraufhin ihre Kleider vom Leib, sprangen ins Wasser und schwammen auf das schnell sinkende U 559 zu, von dem zu diesem Zeitpunkt nur noch der Turm zu sehen war. Als beide am Boot ankamen, waren sie überrascht, daß ein sechzehnjähriger Kochsgehilfe aus eigenem Antrieb ebenfalls zum Boot geschwommen war. Fasson und Grazier waren sich über das Risiko im klaren, als sie in das untergehende U-Boot einstiegen. Sie bemächtigten sich der neuen Enigma-Schlüsselmaschine und der Codebücher und reichten sie dem jungen Mann nach

Kapitel 15

oben auf die Brücke. Das Beiboot war inzwischen längsseits gekommen, und die Schlüsselmaschine und die Bücher wurden herübergereicht. Für die beiden Seeleute im Inneren des Bootes war es jedoch zu spät. U 559 ging unter und nahm den Lieutenant und den Able Seaman mit sich.[41]

Innerhalb kurzer Zeit konnten die Engländer den deutschen Funkverkehr wieder mitlesen, und die Waage neigte sich zuungunsten der U-Boote. Der Sieg der Alliierten auf dem Nordatlantik im Mai und die Kenntnis von der neuen Offensive gegen die Karibik waren direkte Resultate des Handstreichs auf U 559. Mitte Juni kannten die Engländer die Einsatzbefehle der U-Boote, und von der Biscaya bis zum Panama-Kanal war man vorbereitet.

Am 2. Juni verließ U 572 (VIIC) unter Kptlt. Heinz Kummetat La Pallice zu seiner ersten und letzten Feindfahrt in die Karibik. Ihm folgte am nächsten Tag aus Lorient U 510 (IXC) unter OltzS. Alfred Eick und am 7. Juni U 759 (VIIC) unter Kptlt. Rudolf Friedrich. Am 8. Juni lief U 590 (VIIC) unter OltzS. Werner Krüer aus St. Nazaire aus. Am 10. Juni gingen von Brest aus U 84 (VIIB) (Uphoff), das nicht zurückkehren sollte, und U 732 (VIIC) unter OltzS. Klaus-Peter Carlsen in See. La Pallice steuerte am gleichen Tag U 134 (VIIC) unter Kptlt. Hans-Günther Brosin und U 653 (VIIC) unter Kptlt. Gerhard Feiler zur Offensive bei. Am 12. Juni verließen sechs Boote die französischen Stützpunkte: von Brest aus U 415 (VIIC) unter Kptlt. Kurt Neide, U 615 (VIIC) unter Kptlt. Ralph Kapitzky und U 634 (VIIC) unter OltzS. Eberhard Dahlhaus. U 615 und U 634 kehrten ebenfalls nicht zurück, aber Ralph Kapitzky sollte vorher mit einem legendären Kampf in die U-Boot-Geschichte eingehen. Von Lorient aus stachen U 68 (IXC) (Lauzemis), U 155 (IXC) (Piening) und U 159 (IXC) unter OltzS. Heinz Beckmann in See. Beckmann hatte U 159 von dem im Mai und Juni 1942 sehr erfolgreichen Helmut Witte übernommen. Im Zusammenhang mit dem Ansturm auf die Karibik sind noch zwei weitere Boote zu erwähnen: U 185 (IXC) (Maus) und U 564 (VIIC) unter OltzS. Hans Fiedler, die beide am 9. Juni aus Bordeaux ausgelaufen waren. U 185 sollte vor der Küste Brasiliens operieren und U 564 innerhalb der Karibik. Fiedler war in das Boot von dem U-Boot-As Teddy Suhren eingestiegen, der inzwischen an Land versetzt worden war. Er hoffte auf ähnliche Erfolge, aber Flugzeuge des RAF Coastal Command bereiteten seiner Feindfahrt bereits am 14. Juni in der Biscaya ein Ende. 16 Boote waren jetzt auf dem Weg in die Karibik. Zusammen mit den drei Booten vor Ort (U 67, U 154 und U 527) bildeten sie die erste Welle der neuen Offensive.

Die Boote versuchten die Biscaya so schnell wie möglich zu durchqueren. Sie marschierten über Wasser in Gruppen, wobei sie sich auf ihre Flawaffen zur Abwehr der Flugzeuge verließen. RAF Coastal Command war über die massive Bewegung informiert und hatte alle verfügbaren Kräfte aufgeboten. Am 13. Juni war U 564 (Fiedler) bei einem Angriff durch eine *Sunderland* schwer beschädigt worden, konnte das Flugzeug aber abschießen. Der BdU beorderte daraufhin U 185 (Maus), das Boot nach Bordeaux zurückzugeleiten. Auf dem Weg dorthin wurden beide Boote am folgendem Tag von der RAF erneut gesichtet, und eine *Whitley* griff U 564 an. Eine ihrer Wabos explodierte direkt unter dem Boot, das mit dem Heck voraus unterging. Doch auch diesmal hatte die Flak Erfolg gehabt und den Bomber so schwer getroffen, daß er notwassern mußte. Die Besatzung des Flugzeugs wurde von einem französischen Fischkutter geborgen und kam in deutsche Gefangenschaft. Die 18 Überlebenden einschließlich des Kommandanten von U 564 wurden von U 185 und den Zerstörern Z 24 und Z 25 gerettet.

Am gleichen Tag kam es in der Biscaya zu einem weiteren Gefecht zwischen den RAF-Bombern und drei U-Booten. U 257 (Rahe), U 600 (Zurmühlen) und U 615 (Kapitzky) marschierten über Wasser, wobei sie auf den gegenseitigen Schutz ihrer kombinierten Flugabwehrwaffen vertrauten. Der Angriff der *Whitley*-Bomber dauerte mehrere Stunden, wobei eine der Maschinen abgeschossen wurde. Als die Flugzeuge endlich abdrehten, verzeichneten alle Boote Tote und Verwundete und Schäden an ihren Rümpfen. Die Kommandanten entschlossen sich, den restlichen Weg getaucht zurückzulegen, was sehr vernünftig war. Auch die anderen Boote mußten pausenlose Angriffe über sich ergehen lassen, so daß die Geschützbedienungen kaum zur Ruhe kamen. Auf beiden Seiten gab es erhebliche Verluste an Menschenleben. Verschiedene Boote waren unbeschädigt durchgekommen, aber U 68 (Lauzemis) und U 155 (Piening) mußten ebenfalls umkehren.

Der BdU zog die Konsequenzen und widerrief den »Zurückschieß«-Befehl. Auslaufende Boote wurden angewiesen, die Biscaya so weit wie möglich getaucht zu durchqueren, während einlaufende Boote in Zweiergruppen mit doppelten Ausgucks marschieren sollten. Aber jetzt ergab sich ein weiteres einschneidendes Problem. Emmermann (U 172) meldete, daß er bei Ankunft am vereinbarten Versorgungs-Treffpunkt statt des U-Tankers U 118 (Czygan) einen Geleitflugzeugträger vorgefunden hätte. Der BdU befahl dem Tanker, sich 100 Meilen nach Süden abzusetzen. Aber es war schon zu spät.

Die amerikanischen Hunter/Killer-Gruppen operierten jetzt im Mittelatlantik und waren dabei, die sicheren Treffpunkte der U-Boote in Todesfallen zu verwandeln. Die amerikanischen Geleitflugzeugträger hatten ein gemischtes Geschwader an Bord, das aus Jagdflugzeugen und den vorzüglichen, für die U-Bootbekämpfung geeigneten Maschinen vom Typ Grumman *Avenger* bestand. Als U 172 die Gegenwart des Flugzeugträgers meldete, wußte weder das Boot noch der BdU, daß es sich um USS BOGUE mit der VC-9 Squadron handelte, dessen *Avengers* U 118 bereits am 12. Juni versenkt hatten. Die Folgen waren katastrophal. Der U-Tanker hatte noch vor zwei Tagen das IXC-Boot U 510 (Eick) und das VIIC-Boot U 572 (Kummetat) versorgt und ihnen gute Jagd in der Karibik gewünscht. Und eigentlich hätten noch weitere Boote bebunkert werden sollen, bevor sie ihren Marsch nach Westen fortsetzten. Jetzt mußte der BdU improvisieren und befahl dem im Einsatz stehenden U 530 (Lange), den erforderlichen Brennstoff an das für die Karibik bestimmte VIIC-Boot U 759 abzugeben. Danach kehrte U 530 zum Stützpunkt in Frankreich zurück. Der U-Tan-

Kapitel 15

ker U 487 (Metz) wurde angewiesen, die Versorgung zu übernehmen, aber dazu mußten zunächst drei operationsfähige Boote ihren Einsatz abbrechen, um den Bunkerbestand des fast leeren Tankers wieder aufzufüllen.

Einige Boote verkürzten jetzt die Verweildauer an der Front, um ausreichend Brennstoff für den Rückmarsch zu haben. Das IXC-Boot U 67 (Müller-Stöckheim) gehörte dazu, denn ihm wurde mitgeteilt, daß es keinen Bunkerstopp auf dem Heimweg geben werde. Es waren zwangsläufig die Boote vom Typ IX, deren Einsatzzeit eingeschränkt werden mußte, da die VIIC-Boote ohne Versorgung ohnehin nicht so weit im Westen operieren konnten. Die U-Tanker waren das Herzstück der Operationen in der Karibik und vor Brasilien, und nach dem Verlust von U 118 verblieben nur noch U 119 und U 487, um die Bebunkerung der schon in See stehenden Boote durchzuführen. 19 Boote waren für die erste Phase der neuen Offensive vorgesehen gewesen, davon war eines versenkt worden, drei mußten umkehren, zwölf befanden sich im Anmarsch, zwei waren im Einsatzgebiet, und eines war dabei, den Rückmarsch anzutreten.

Vier amerikanische Geleitflugzeugträgergruppen (Escort Carrier Groups) waren im Seeraum um die Azoren im Einsatz. Außer USS BOGUE kreuzten USS SANTEE (CVE 29) mit der VC-29 Squadron, USS CORE (CVE 13) mit der VC-13 Squadron und USS CARD (CVE 11) mit der VC-1 Squadron in dem einst für die U-Tanker sicherem Seegebiet. Jede dieser Hunter/Killer-Kampfgruppen verfügte über drei bis vier Begleitzerstörer. Unter diesen gefahrvollen Umständen näherte sich die erste Welle der U-Boote den Tankern, und die zweite Welle machte sich von ihren französischen Stützpunkten aus auf den Weg in die Karibik.

Am 26. Juni liefen als erste der zweiten Gruppe die beiden VIIC-Boote U 406 unter Kptlt. Horst Dieterichs und U 662 unter Kptlt. Heinz-Eberhard Müller aus St. Nazaire aus. Zwei Tage später folgte von Bordeaux der U-Tanker U 462 unter OltzS. Bruno Vowe und am 29. Juni U 160 (IXC) unter OltzS. Gerd von Pommer-Esche, der das Kommando von seinem meisterhaften Vorgänger Georg Lassen übernommen hatte. Pommer-Esche sollte nicht bis zur Karibik kommen und ebenso wie U 462 im Kampf mit den amerikanischen Geleitflugzeugträgergruppen im Mittelatlantik unterliegen. Am gleichen Tag verließen U 359 (VIIC) unter OltzS. Heinz Förster und U 386 (VIIC) unter OltzS. Fritz Albrecht St. Nazaire und U 466 (VIIC) unter OltzS. Gerhard Thäter La Pallice. U 359 blieb für immer in der Karibik und erlitt das gleiche Schicksal wie U 158 im vergangenen Jahr. Am Monatsende ging auch Adolf Piening mit dem reparierten U 155 erneut in See, aber sein Einsatz sollte ausschließlich darin bestehen, den amerikanischen Kampfgruppen auszuweichen. Am 1. Juli liefen die VIIC-Boote U 628 unter Kptlt. Heinrich Hasenschar und U 648 unter OltzS. Peter-Arthur Stahl aus Brest aus. U 628 hatte nur eine kurze Reise vor sich, die am 3. Juli durch eine B-24 *Liberator* des Coastal Commands ein vorzeitiges Ende fand. Von Lorient aus stachen an diesem Tag noch sechs weitere Boote in See, von denen jedoch nur U 514 (IXC) unter Hans-Jürgen Auffermann für die Karibik bestimmt war. Es sollte Auffermanns letzte Feindfahrt werden und dazu noch eine kurze.

Am 10. Juli verließen schließlich die letzten beiden Boote der zweiten Gruppe die französische Atlantikküste: U 607 (VIIC) unter OltzS. Wolf Jeschonnek und U 613 (VIIC) unter Kptlt. Helmut Köppe, die für einen Mineneinsatz vorgesehen waren. U 607 sollte die Zufahrten zum Hafen von Kingston auf Jamaica zwischen Port Royal und dem Festland der Insel verminen. Kingston war nicht nur Sammelpunkt für die Handelsschiffe, sondern auch Anlaufhafen für die Flugzeugträger der Royal Navy, die den Stützpunkt des Fleet Air Arm der RAF auf Palisadoes mit Kampfflugzeugen versorgten. Aber U 607 kam nicht sehr weit. Am 13. Juli fiel es bereits einer *Sunderland* des Coastal Command zum Opfer. U 613 hatte den Auftrag, den Hafen Jacksonville im Norden Floridas zu verminen, kam aber ebenfalls nicht an sein Ziel.
Während die zweite Gruppe sich ihren Weg durch die Biscaya und die sich anschließenden gefährlichen Gewässer bahnte, erreichten die überlebenden Boote der ersten Gruppe ihre Positionen in der Karibik. Sie hatten sich mühsam durchgekämpft, aber fast jedes Boot hatte Verwundete an die U-Tanker übergeben müssen. Als erster traf Alfred Eick mit U 510 am 25. Juni vor Holländisch Guayana ein. Am gleichen Tag schoß Müller-Stöckheim (U 67) nordöstlich Antiguas einen Vierfächer auf einen Frachter, doch alle vier Torpedos waren Versager. Vier Tage später übergab ihm U 572 (Kummetat) die langerwarteten Ersatzteile für das Metox, so daß er wieder näher an die Inseln herangehen konnte. U 572 war angewiesen, zusammen mit U 759 (Friedrich) vor Trinidad zu operieren. Am 30. Juni war auch Kummetat auf Position, während sich U 759 noch nördlich Puerto Ricos befand. U 590 (Krüer) hatte Stellung vor Französisch Guayana bezogen, während sich Beckmann (U 159) nördlich der Mona Passage bei dem Versuch, den Sicherungsschirm einer US-Schlachtschiffgruppe zu durchbrechen, eine gehörige Abfuhr holte.
Am 24. Juni hatte sich noch ein anderes tragisches Ereignis abgespielt. Angeführt durch die Korvette HMS STARLING überraschte die Second Support Group der Royal Navy unter dem Kommando von Captain Walker den U-Tanker U 119 (v. Kameke) am Treffpunkt. Die Unterstützungsgruppe operierte ähnlich wie die amerikanischen Hunter/Killer-Gruppen unabhängig. Die Korvette ortete das Boot mit Asdic auf 900 Meter Entfernung und griff sofort an, wobei sie zehn Wasserbomben mit Tiefeneinstellungen von 50 bis 100 Meter warf. U 119 wurde schwer beschädigt und tauchte mitten zwischen den Korvetten auf, die sofort das Feuer eröffneten. Der Rumpf des Bootes wurde von vielen 10,2-cm-Granaten getroffen, die im Inneren des Druckkörpers explodierten. U 119 war erledigt, und eigentlich hätte es nur noch einiger zusätzlicher Granaten oder einer Wasserbombe bedurft, um es zum Sinken zu bringen. Aber wieder gewann der Wunsch des Marineoffiziers zu rammen die Oberhand. Walker ließ das Feuer einstellen und manövrierte die STARLING in Position. Es war eigentlich klar, daß die kostbare Korvette beschädigt werden würde, wobei es sich hier um eine der modifizierten BLACK SWAN-Einheiten handelte, von denen es noch viel zu wenige gab. Walker war mit Sicherheit der fähigste U-Bootjäger, aber selbst er konnte der Versuchung nicht widerstehen. STARLING lief an, aber im letzten Moment

Kapitel 15

wurde sie von einer Welle angehoben und, statt zu rammen, setzte sie mit dem Kiel auf dem Deck des U-Bootes auf. Die Korvette rutschte krachend darüber weg, während U 119 hin und her rollte und unter dem Boden des Geleitfahrzeuges entlangschrammte. Und dann wurden auch noch kurz vor dem Auftreffen der Schrauben auf dem stählernen Druckkörper Wasserbomben mit flacher Tiefeneinstellung geworfen. Als STARLING über U 119 hinweg war, sank das U-Boot bereits. Die Korvette war noch nicht frei, als die Wabos explodierten und auch sie ihren Teil davon abbekam. U 119 war nun restlos zerstört, und es gab keine Überlebenden. Aber STARLING war schwer beschädigt und nicht länger einsatzfähig. Ihr Steven war verbogen, der Rumpf aufgerissen, das vordere Munitionsmagazin geflutet, die Asdic-Haube abgerissen und die Schrauben beschädigt. Das Schiff war ein Krüppel und mußte zurück zum Stützpunkt.

Die Vernichtung des zweiten U-Tankers warf die sorgfältige Planung des BdU über den Haufen und gefährdete vor allem auch die an der Offensive in der Karibik beteiligten Boote. Man hatte vorgehabt, die größtmögliche Anzahl an Booten in das Gebiet zu schicken, um die amerikanische Verteidigung aufzureißen. Die Konvois in der Karibik waren selten durch Rudel von mehr als drei Booten angegriffen worden, da es niemals genügend Boote gab. Selbst als 20 von ihnen gleichzeitig operierten, waren sie über ein riesiges Gebiet verteilt, so daß sie keine Schwerpunkte bilden konnten. Im Juli wollte der BdU alle verfügbaren Boote in der Karibik konzentrieren, um den Schiffsverkehr zu unterbrechen. Aber dazu sollte es nun nicht mehr kommen. Ende Juni liefen praktisch keine weiteren U-Booten mehr zur Karibik-Offensive aus, was auf zwei wesentliche Faktoren zurückzuführen ist. Zum einen war es der Verlust der U-Tanker U 118 und U 119, ohne deren Hilfe ein größerer Aufmarsch nicht möglich war. Der BdU mußte wegen der amerikanischen Hunter/Killer-Gruppen im Mittelatlantik auch weitere Tankerverluste und die Auswirkungen auf die Operationen einkalkulieren. Die Planung richtete sich jetzt darauf sicherzustellen, daß die in See stehenden Boote versorgt werden konnten. Zum anderen mußten die schweren Verluste unter den auslaufenden U-Boote berücksichtigt werden, die die fortlaufenden Angriffe des RAF Coastal Commands in der Biscaya anrichteten. Dönitz erlaubte nur den Booten mit starker Flabewaffnung auszulaufen, da man irrigerweise annahm, daß damit der Kampf gegen die Flugzeuge zu gewinnen sei. Die Zweizentimeter-Vierlingsflak war zwar eine mörderische und von den Piloten gefürchtete Waffe, aber gegen konzentrisch angreifende Flugzeuge war sie machtlos. Die letzten vier Boote der zweiten Gruppe hatten zwar alle die verstärkte Flabewaffnung erhalten, aber das rettete sie auch nicht.

Der BdU wußte, daß sehr viele Boote, trotz der Ausfälle auf den Auslaufrouten, auf dem Weg in die Karibik waren und daß es zu heftigen Auseinandersetzungen kommen würde. Die Versorgung mußte sichergestellt werden, und das hieß, die Tanker zu schützen und für Ersatz zu sorgen. Aber es bedeutete auch, den Besatzungen moralische und taktische Unterstützung für den bevorstehenden Kampf zu geben. Der BdU hatte alles getan, um die Erfahrungen aus der Karibik in die Einsatzbefehle ein-

KAPITEL 15

fließen zu lassen. Dönitz war bei seinen Männern als Vaterfigur bekannt, und er pflegte, ebenso wie ein General vor der Schlacht, seinen Booten einen Tagesbefehl zukommen zu lassen. Der lautete am 10. Juli wie folgt:
»Karibikboote werden über Verhalten im Op.-Gebiet wie folgt unterrichtet: 1) Nach bisherigen Erkenntnissen über feindliche Luft(-bedrohung) im Op.-Gebiet ist insbesondere an Verkehrsbrennpunkten und in Durchfahrtstraßen voraussichtlich nur stationäres Operieren möglich. Während Wartezeiten im Op.-Gebiet einwandfreie Befolgung aller Vorsichtsmaßregeln, Erfahrungen sammeln und ungesehen bleiben. Kommandanten haben volle Handlungsfreiheit, also je nach Abwehrlage selbständiges Absetzen in weniger überwachte Gebiete, entweder in innere Karibik oder nach der Atlantikseite, z.B. während Mondperiode. Bei Feindsichtungen durch wohlüberlegten, jedoch vollen Einsatz Erfolge erzwingen. Nach Erfahrungen eingelaufener Boote ist feindliche Seesicherung in Karibik an Geleitzügen ungeübt und nicht zu vergleichen mit der Atlantiksicherung. 2) Geleitzug bedeutet die große Chance, die voll beim Angriff ausgenutzt eine ganze Unternehmung erfolgreich gestalten kann.«
Das war ein einzigartiger Befehl ohne Schnörkel, der für den Charakter des Großadmirals bezeichnend war. Er enthielt umfassende Instruktionen und gute Ratschläge, aber seine Bemerkungen hinsichtlich der Geleitfahrzeuge waren etwas überholt. Sie bezogen sich eher auf das Jahr 1942 und die Erfahrungen, die Mohr und Neitzel im Januar 1943 gemacht hatten. Aber seitdem waren die Geleitsicherungen erheblich verstärkt worden, was die Boote bald selbst herausfinden sollten.
Am Beginn des dramatischen Monats Juli 1943 führte die US-Navy eine technisch-administrative Veränderung mit weitreichenden Folgen durch, die ein besseres Problembewußtsein zeigte. Die *Caribbean Sea Frontier* kam unter das Kommando der US-Navy Tenth Fleet, einer reinen U-Bootabwehr-Organisation. Dies zeigte, daß die US-Navy dem Kampf gegen die deutschen U-Boote jetzt größerer Bedeutung beimaß. Im Juni waren bereits verschiedene U-Jagdgeschwader mit neuen starken Einheiten in die Karibik verlegt worden, die über Flugzeuge der Typen PV-1 *Ventura*, B-25 *Mitchell* und B-24 *Liberator* verfügten. Die *Ventura* war die Marineausführung der Lockheed *Hudson*, sie hatte kräftigere Motoren und vier vorausfeuernde Maschinengewehre. Umfangreiche Luft- und U-Bootabwehrkräfte mit den Geschwadern VS-62, VP-92, VP-32 und einer Abteilung Luftschiffe des ZP-51 waren zur Verteidigung der Windward Passage in Guantánamo Bay stationiert. Weiter südlich operierten von Palisadoes/Jamaica aus O2SN *Kingfisher* zusammen mit *Hellcats*, *Corsairs* und *Avengers*, die von den Flugzeugträgern ausgeschifft waren. Von Vernam Field/Jamaica aus flogen Douglas B-18, die eine Staffel auf Grand Cayman Island unterhielten. Auf dem Seefliegerhorst Coco Solo in Panama befand sich eine Abteilung des VP-204 mit PBM *Mariner* Flugbooten, während auf France Field/Panama und in allen Ländern Mittelamerikas Bombergeschwader des US-Army Air Corps stationiert waren. Der Seefliegerhorst San Juan/Puerto Rico verfügte ebenfalls über PBM *Mariner* Flugboote des VP-32, die zusammen mit dem den PBY *Catalinas* des VP-81 See-

Kapitel 15

raumüberwachungsflüge durchführten, während PV-1 *Venturas* der US-Navy von Borinquen/Puerto Rico aus die Mona und die Anegada Passage kontrollierten. Auf St. Lucia befand sich weiterhin die 5th Bomber Squadron des US-Army Air Corps mit ihren Douglas B-18, zusammen mit OS2N *Kingfisher* der VMS-3, die ein Detachment auf Antigua unterhielten. Auf Curaçao und Aruba hatte sich das Bild völlig geändert, seitdem dort die 8th Anti-Submarine Squadron des US-Army Air Corps mit ihren B-24 *Liberators* eingezogen war, zu der noch P-40-Jagdflugzeuge der 32nd Fighter Squadron hinzukamen.

Auch auf Trinidad hatte es große Veränderungen gegeben. Die Jagdflugzeuge der 22nd Fighter Squadron waren abgezogen und durch Douglas A-20 *Havoc* der 39th Reconnaisance Squadron ersetzt worden. Als sich der Kampf entwickelte, wurde auch eine Abteilung der B-24 *Liberators* von Curaçao nach Trinidad verlegt. Auf Edinburgh Field waren jetzt PV-1 *Venturas* der VB-130 der US-Navy und B-25 *Mitchells* der 7th Anti-Submarine Squadron des US-Army Air Corps stationiert. Auch die bisher auf Curaçao beheimatete 59th Bomber Squadron, ebenfalls mit den B-25 *Mitchells* ausgerüstet, wechselte nach Edinburgh Field, wo sich außerdem auch noch die Douglas B-18 der 23rd Anti-Submarin Squadron des US-Army Air Corps befanden. Es war eine stattliche Präsenz, verglichen mit den Tagen des Höhepunkts der Operation *Neuland*, als die 1st Bomber Squadron allein auf weitem Felde stand.

Entlang der Bauxitroute hatte es ebenfalls Verbesserungen gegeben. Die 35th Bomber Squadron auf Zandery/Holländisch Guayana wurde mit B-24 *Liberators* ausgerüstet, wovon eine Abteilung nach Atkinson/British Guayana abgestellt wurde. Auf Gallion Field in Französisch Guayana war eine Abteilung B-18 der 417th Squadron von Trinidad eingezogen. Und überall operierten die Luftschiffe des ZP-51. Einen völligen Wechsel hatte es in Chaguaramas gegeben. Am 1. Juni rückte die VP-53 Squadron mit ihren *Catalinas* in den Pazifik ab und wurde durch die mit einem seegrauen Anstrich versehenen *Mariners* der VP-204 und VP-205 abgelöst. Die beiden Geschwader unterhielten je ein Detachment in Panama und in Cayenne/Französisch Guayana. Unmittelbar südlich des *Trinidad Sectors* war in Belém die VP-94 mit ihren *Mariner*s als nördlichste Einheit in Brasilien stationiert. Dieses Geschwader sollte eine wichtige Rolle im Juli spielen. Die Luftmacht der Alliierten in der Karibik war wirklich überwältigend.

Beide Seiten zeigten in den kommenden sechs Wochen große Tapferkeit. Lange vor Ankunft der U-Boote war wegen des spurlosen Verschwindens der *Mariner P-7* der VP-205 auf einen Überwachungsflug am 11. Juni die Stimmung bereits spannungsgeladen. Die Maschine ging wahrscheinlich aufgrund eines technischen Fehlers verloren, aber alle nahmen an, daß ein U-Boot sie abgeschossen hätte. Daher waren schon alle Geschwader in der Luft, bevor das erste U-Boot eintraf.

Kapitel 16

U-Tanker

Am Morgen des 2. Juli marschierten elf U-Boote durch die Biscaya. Davon waren U 155 (Piening), U 160 (v. Pommer-Esche), U 628 (Hasenschar) und U 648 (Stahl) für die Karibik bestimmt, die anderen für den Indischen Ozean. An diesem Morgen lief auch U 514 (Auffermann) aus Lorient aus. Im Verlaufe des Tages kam es zu heftigen Gefechten zwischen den Booten und den Flugzeugen des RAF Coastal Command. Die Boote versuchten, in den freien Seeraum durchzubrechen, und die Flugzeuge taten alles, dies zu verhindern. Die Biscaya hatte sich zur großen Besorgnis des BdU zu einem entscheidenden Kampfplatz in der Schlacht im Atlantik entwickelt. Die US-Navy stationierte aus diesem Grund zusätzlich die VP-84 Squadron in England. Sie wurde mit acht versenkten U-Booten zum erfolgreichsten Geschwader der amerikanischen Marine. Trotzdem war der Kampf in der Biscaya weitgehend eine Angelegenheit der RAF, die sich ohne Rücksicht auf Verluste auf die U-Boote stürzte. Am Abend des 3. Juli durchbrach eine B-24 *Liberator* der No. 224 Squadron das konzentrierte Abwehrfeuer von U 628 (Hasenschar) und plazierte ihre Wabos direkt neben dem Rumpf des U-Bootes. Als die Wassersäulen zusammenfielen, war U 628 verschwunden. Damit war das zweite der für die Karibik bestimmten Boote verloren gegangen. Stahl (U 648) berichtete dem BdU und setzte seinen einsamen Marsch fort. Weiter draußen hatten U 359 (Förster) und U 466 (Thäter) mehr Glück gehabt. Sie schlugen alle Angriffe zurück und konnten einen ihrer Peiniger sogar abschießen.

In den nächsten Tagen kam es bei den Karibik-Booten nicht zu weiteren Verlusten, aber am 8. Juli wurden sechs IXC-Boote beim Überwassermarsch entdeckt, und Coastal Command setzte alles, was an Flugzeugen verfügbar war, gegen diese Gruppe ein. Es waren U 168, U 183 und U 532, die alle für den Indischen Ozean bestimmt waren, sowie U 505 (Zschech), U 509 (Witte) und U 514 (Auffermann) auf dem Marsch in die Karibik. Die Boote verteidigten sich gut und hielten so lange wie möglich die Flugzeuge von sich fern. Aber wieder gelang es einer *Liberator* der No. 224 Squadron, die Abwehr zu durchbrechen und U 514 mit akkurat geworfenen Wasserbomben einzudecken. An diesem Tag starb Hans-Jürgen Auffermann, der sich in Barbados und in Tobago einen Namen gemacht hatte, zusammen mit seiner gesamten Besatzung. Es war das dritte Boot, das der Offensive in der Karibik verloren ging. Die sechs Boote waren pausenlosen Angriffen mit Maschinenkanonen, panzerbrechenden Raketen, Wasserbomben und zielsuchenden Torpedos ausgesetzt gewesen, und sie hatten Glück, daß nur eins von ihnen dabei versenkt wurde.

KAPITEL 16

Die überlebenden Boote der ersten Gruppe hatten derweil ihre Positionen auf dem karibischen Kampfplatz eingenommen. Kruer befand sich mit U 590 dicht vor der Grenzlinie zwischen Französisch Guayana und Brasilien, während Eick mit U 510 weiter nördlich vor Holländisch Guayana patrouillierte. Beide Boote standen auf der Bauxitroute. Kummetat war mit U 572 nach seinem Treffen mit U 67 (Müller-Stöckheim) entlang der Inselkette südwärts marschiert und durch die Grenadines in das Karibische Meer gefahren. Müller-Stöckheim blieb auf seiner bisherigen Position, da er wegen mangelnder Tankerversorgung auf dem Heimweg nicht weiter vordringen konnte. U 159 (Beckmann) und U 759 (Friedrich) liefen in die Windward Passage ein, und fast sofort kam Friedrich zum Erfolg. 20 Meilen westlich Haitis versenkte er den amerikanischen Frachter MALTRAN (3 513 BRT). Es war der erste Verlust in der Passage in nahezu zwei Monaten und bewirkte eine heftige Reaktion der U-Bootabwehr. Das Seegebiet wurde rund um die Uhr patrouilliert, und beide Boote mußten ständig getaucht bleiben.

Beckmann sollte vor Colón/Panama operieren, und er hätte sich leicht aus der stark verteidigten Passage absetzen können. Aber es scheint, daß er es nicht eilig hatte, in den Südwesten der Karibik zu kommen, und während der BdU auf seiner Karte den Kurs in Richtung Colón weiterkoppelte, lungerte U 159 noch in der Passage herum. Im Nordwesten beendete Uhlig (U 527) seinen Einsatz im Golf von Mexiko und wandte sich der Floridastraße zu. Er hatte keinen Erfolg gehabt, denn jeder seiner Angriffe auf einen Konvoi war von den Geleitfahrzeugen abgeschlagen worden. Die erste Juliwoche verlief in jeder Hinsicht enttäuschend, und der BdU beanstandete, daß die Boote während ihrer Überfahrt auf dem Atlantik nicht ein einziges Schiff versenkt hätten. Die Alliierten wußten von dem umfangreichen Anmarsch, und es scheint, daß der Verkehr in dem sonst von Einzelfahrern nur so wimmelnden Seegebiet vorsätzlich eingeschränkt worden war. Die Situation in der Karibik war ähnlich. Der Untergang der MALTRAN war der einzige Lichtblick in der für die Boote düsteren Woche. In der Vergangenheit hätten acht angesetzte U-Boote eine reiche Ernte eingefahren. Aber alles, was der BdU jetzt zu hören bekam, waren Beschwerden der Kommandanten über die pausenlose Luftüberwachung und sogar über den zermürbenden Einfluß des Klimas auf die Besatzungen.

Die durchschnittliche Besatzung eines VIIC-Bootes bestand aus dem Kommandanten, zwei Wachoffizieren, dem Leitenden Ingenieur, 14–15 Unteroffizieren (darunter Obersteuermann, zugleich III. WO, sowie zwei oder drei Obermaschinisten) und etwa 30 Mannschaftsdienstgraden. Wenn das Boot nicht in Alarm- bzw. Gefechtsbereitschaft oder in einer ruhigen Ecke war, dann fand der seemännische Dienst in drei und der Maschinendienst in zwei Wachen statt. Das konnte sich natürlich in einem Gebiet mit einer aggressiven Luftüberwachung, wie in der Karibik, schnell ändern. Dort herrschten sowieso schon von Anfang an besondere Verhältnisse. Früher konnten die Besatzungen ihre Freizeit unter der karibischen Sonne an Deck verbringen, aber 1943 kamen sie aus ihren stählernen Röhren nicht mehr heraus. In einem aufgetaucht marschierenden Boot erreichten die Temparaturen unter Deck extreme Werte, was zu Flüssigkeitsverlusten bei den Männern führte. Nur der Brückenwache und den Flakbedienungen war es vergönnt, für einige Zeit frische Luft zu genießen. Hinzu kam, daß auf den langen Reisen in die Karibik das Bootsinnere mehr als sonst mit Verpflegung, Munition und Torpedos vollgestopft war. Alles das verschlimmerte den üblen Geruch aus einer Mischung von Dieselöl und abgestandenem Bilgenwasser, der sich normalerweise in einem U-Boot verbreitete. Im Nordatlantik mußten die Besatzungen Kälte und Nässe erdulden, aber in den Tropen nahm die Hitze einem Menschen schnell die Kampfeslust. Die Karibik ließ sich hinsichtlich der feindlichen Luftaktivitäten durchaus mit der Biscaya vergleichen. Dort war die Gefahr allerdings in fünf bis sechs Tagen überwunden, während sie in der Karibik an jedem Tag für die gesamte Einsatzzeit andauerte. Der goldene Westen war zu einem Platz äußerster Mühsal voller Furcht und Schrecken geworden.

In der zweiten Juliwoche traten U 67 (Müller-Stöckheim) und U 527 (Uhlig) den Rückmarsch an. U 510 (Eick) und U 590 (Krüer) standen immer noch vor den Guayanas, aber jetzt trafen auch neue Boote ein. U 185 (Maus) war bis vor die Küste Nordbrasiliens gefahren. U 653 (Feiler) und U 415 (Neide) hatten das Gebiet östlich Trinidads erreicht, während U 572 (Kummetat) zur Nordküste Trinidads marschiert war. U 84 (Uphoff) und U 732 (Carlsen) fuhren auf die Windward Passage zu, wo sie zu U 759 (Friedrich) und U 159 (Beckmann) stießen. Brosin marschierte derweil mit U 134 durch die Bahamas in Richtung auf die Floridastraße. Elf Boote befanden sich jetzt auf dem Kriegsschauplatz, während weitere zehn im Anmarsch waren.

Die »TB«-Konvois, die zwischen Trinidad und Bahia verkehrten, gab es seit Januar 1943. Die Handelsschiffsverluste südlich von Bahia hatten jedoch derart zugenommen, daß die Konvoiroute unter der Bezeichnung »TJ« bis nach Rio de Janeiro verlängert werden mußte, um die Schiffahrt auf der 3000 Meilen langen Strecke zu schützen. Der erste dieser neuen Konvois verließ Trinidad am 3. Juli. Alle Geleitzüge waren seit der Katastrophe mit BT-14 stark gesichert und nicht mehr von den U-Booten behelligt worden. Aus unerklärlichen Gründen verfiel man in der ersten Juliwoche bei zwei Konvois wieder in alte Gewohnheiten zurück, was beide Geleitzüge teuer zu stehen kommen sollte. TJ-1 lief aus den Bocas mit zwanzig Handelsschiffen aus, die von dem alten Zerstörer USS SOMERS und fünf PCs gesichert wurden. Zur gleichen Zeit verließ der von zwei Korvetten und zwei PCs geleitete BT-18 – als letzter so bezeichneter Konvoi – Bahia mit Bestimmung Trinidad. Am 7. Juli standen Eick (U 510) und Maus (U 185) in Kontakt mit beiden Geleitzügen. Um Mitternacht setzte U 510 100 Meilen vor Französisch Guayana auf TJ-1 zum Angriff an, während U 185 1200 Meilen weiter südlich vor Fortaleza gegen BT-18 vorging. Zwanzig Minuten nach Mitternacht schoß Eick drei Torpedos und tauchte, um das Resultat durch das Sehrohr zu beobachten. Die ersten beiden Aale trafen den großen norwegischen Motortanker B.P. NEWTON (10 324 BRT) und der dritte den lettischen Dampfer EVERAGRA (3 702 BRT). Die Ladung des Tankers fing sofort Feuer, und wieder war

KAPITEL 16

die südamerikanische Konvoiroute Zeuge einer entsetzlichen Brandkatastrophe. Die EVERAGRA hatte mehr Glück, denn der Torpedo hatte nur einige Stahlplatten in Höhe des Maschinenraums herausgerissen. Der Frachter lag gestoppt, und die Mannschaft ging von Bord. Der Havarist wurde später nach Trinidad eingeschleppt. Der Tanker brannte jedoch die ganze Nacht und trug zur mißlichen Lage des Konvois bei. Während Eick zusah, wie die Geleitfahrzeuge das seewärtige Gebiet mit ihren Leuchtgranaten erhellten, versenkte U 185 inzwischen aus BT-18 einen Tanker und beschädigte einen zweiten. Danach fielen ihm noch zwei weitere Frachter zum Opfer, während die unzulängliche Geleitsicherung verzweifelt nach ihm suchte. Um 20 Minuten nach 1 Uhr griff Eick TJ-1 erneut an, und diesmal erwischte es den amerikanischen Frachter ELDENA (6 900 BRT), der schnell in den Fluten versank. Bei Anbruch der Morgendämmerung waren beide Boote von den Konvois frei, und es blieb Aufgabe der in Französisch Guayana und Brasilien stationierten Flugzeuge, die U-Boote von der verwundbaren Konvoiroute zu vertreiben. Die nächtlichen Ereignisse hatten die Alliierten zwei große versenkte und einen beschädigten Tanker und drei versenkte Frachter gekostet. Zusätzliche Geleitfahrzeuge wurden eilends entsandt, aber die Verstärkung hätte natürlich schon viel früher erfolgen müssen. Der Nachrichtendienst der US-Navy hatte sich gründlich verrechnet.

Die Geschwindigkeit der im Anmarsch befindlichen Boote war unterschätzt worden, und die mitgekoppelten Positionen lagen erheblich hinter den tatsächlichen Standorten. Der durch die Angriffe hervorgerufene Schock saß tief und veranlaßte den gesamten Kommandobereich von Trinidad bis Fortaleza, auf höchste Alarmstufe zu gehen. U 590 (Krüer) sollte schließlich den Preis für die Herausforderung durch U 185 und U 510 bezahlen. Kruer hatte das Boot vor die Küste Nordbrasiliens gebracht und dort am 4. Juli unmittelbar südlich des Äquators den brasilianischen Frachter PELOTASLÓIDE (5 228 BRT) versenkt. Danach wandte er sich nach Norden in Richtung auf die Karibik und setzte am 5. Juli seinen letzten Funkspruch an den BdU ab. Am Morgen des 9. Juli stand U 590 150 Meilen östlich der Grenzlinie zwischen Brasilien und Französisch Guayana, wo es in die inzwischen verstärkte Luftüberwachung hineingezogen wurde. Einer weißen PBY *Catalina* des VP-94 in Belém gelang es, das Boot bei Überwasserfahrt zu überraschen, und nachdem die Wasserbomben explodiert waren, konnte die Besatzung des Flugzeuges sehen, wie U 590 in den Wellen versank. Es war das erste U-Boot, das im Juli in der Karibik versenkt wurde. Es gab keine Überlebenden.

Am 10. Juli löste um 17 Uhr 18 die Wache am Kontrollposten zur Hafeneinfahrt am Dragon's Mouth Alarm aus. Die von den Amerikanern in der Zufahrt zum Golf von Paria ausgelegten Sonobojen hatten Schraubengeräusche aufgefaßt. Blitzmeldungen gingen an das Hauptquartier der Royal Navy in HMS BENBOW und an die US-Navy. Acht Minuten lang waren Schraubengeräusche zu hören, aber Staubles Bay konnte kein Überfahren der Induktionsschleifen feststellen. Trinidad war nach den Angriffen auf die beiden Konvois immer noch in höchster Alarmbereitschaft, und sofort liefen Kriegsschiffe aus. Der Golf war nicht nur voll von Handelsschiffen, sondern auch von Landungsfahrzeugen für die Invasion von Martinique sowie von einem Flugzeugträger und einigen schweren Kreuzern der US-Navy. Die Aufruhr war von U 572 verursacht worden. Kummetat hatte das Boot vor die Nordküste Trinidads gebracht und wollte einen Blick auf die Zufahrten werfen. Er brachte U 572 direkt vor die Third Boca und fuhr getaucht auf und ab, bevor er sich zurückzog. Er hatte die Induktionsschleifen nicht überfahren, aber die Schraubengeräusche waren zu hören gewesen. Es war natürlich klar, daß es sich nur um ein U-Boot handeln konnte, denn der Horizont war leer. Die PCs und die Motorboote suchten zwar mit ihren Asdics, konnten aber wegen der Minenfelder und der Gefahr der Beschädigung der Sonobojen und der Induktionsschleifen keine Wasserbomben werfen. Inzwischen beteiligten sich auch viele Flugzeuge an der Jagd in und außerhalb des Golfs. Einige PCs und Motorboote liefen durch die Bocas aus und begannen mit einer ausgedehnten Suche im nahegelegenen Seegebiet. Ein US Coast Guard Cutter, der einen Asdic Kontakt bekommen hatte, warf einige Wabos, aber das Boot entkam. Kummetat hatte eine große U-Bootabwehrorganisation aufgeschreckt. Die Suche dauerte mehrere Tage. Der Hafen von Port of Spain war in diesen Nächten verdunkelt, und auch die Zivilverteidigung stand in Alarmbereitschaft.

Kummetats Ausflug kam zu einem ungünstigen Zeitpunkt, denn die Führungsstäbe auf Trinidad waren völlig mit der letzten Runde in Sachen Martinique beschäftigt. Martinique stellte im Krieg in der Karibik das heikelste Kapitel dar. Gleich nach Kriegsbeginn im Dezember 1942 hatten die Vereinigten Staaten mit dem Militärgouverneur und obersten Befehlshaber auf Martinique Verhandlungen aufgenommen. Vizeadmiral Robert in seiner Eigenschaft als Vertreter Vichy-Frankreichs und Konteradmiral Horne im Namen der amerikanischen Regierung schlossen einen Vertrag, der vorsah, daß die Vichy-französischen Kriegsschiffe – mit Ausnahme des Hilfskreuzers BARFLEUR – den USA vier Tage im voraus von ihren Bewegungen Mitteilung machen sollten. Die BARFLEUR war ausgenommen, da sie den Verkehr zwischen Französisch Guayana, Martinique und Guadeloupe versah. Die Vichy-französischen Kampfflugzeuge durften Martinique nicht verlassen, ebensowenig wie die Goldreserven Frankreichs, die in den Kellern von Fort Desaix lagerten. Kurz nachdem dieser Vertrag unterschrieben war, verlautete aus Geheimdienstkreisen, daß Vizeadmiral Robert nicht die Absicht hatte, sich daran zu halten, und die Provokationen gegen die Alliierten begannen.

Im Juni hatten die amerikanischen Landungstruppen die Invasion geübt. Die Angriffseinheiten waren in zwei Kampfgruppen aufgeteilt worden. Die westliche Kampfgruppe sollte mit dem 33rd Infantry Regiment und den 135th Combat Pioneers auf den Stränden unmittelbar südlich der Stadt Fort de France anlanden. Ihre Aufgabe war es, Fort Desaix einzunehmen, wo sich das Hauptquartier der Franzosen befand. Die fränzöische Garnison bestand aus einem Kolonialregiment und einem Artillerie-Regiment. Das Fort war eine massive Befestigungsanlage, die als uneinnehmbar galt. Das 501st Airborne Regiment der amerikanischen Streitkräfte hatte die Aufgabe nörd-

Kapitel 16

lich der Stadt an Land zu gehen und den Flugplatz Lamentin besetzen. Die westliche Kampfgruppe stand unter dem Befehl von Brigadier General Summers. Den Oberbefehl über alle Landungstruppen hatte Major General J. L. Collins inne. Die östliche Kampfgruppe, die von Colonel Simmonds befehligt wurde, war für eine Landung in Le Robert an der Ostküste der Insel vorgesehen. Ihre Angriffseinheiten umfaßten die 13th Marines, das 295th Infantry Regiment und die 78th Combat Engineers. Sie sollten die Insel sozusagen in der Mitte durchschneiden, sich mit der westlichen Kampfgruppe vereinigen und dann nach Norden marschieren, um sich der Außenstellungen der französischen Infanterie und Artillerie anzunehmen.

Sollten die Franzosen Widerstand leisten, dann würde es eine harte Nuß zu knacken geben. Die geographischen Verhältnisse begünstigten die Verteidigung. Die ganze Insel war ebenso wie die anderen ostkaribischen Inseln gebirgig. Die Amerikaner waren sicher, daß sie mit der Gegenwehr der Franzosen fertig würden, mit Ausnahme von Fort Desaix und der französischen Flotte. Das Fort konnte nur im Sturm genommen werden, und das würde größere Verluste bedeuten. Die US-Navy sollte für alle Operationen an Land Feuerunterstützung geben, nachdem sie die Vichy-französischen Flotte ausgeschaltet hatte – aber eben darin lag das Problem.

Die französische Marine war die kämpferisch unabhängigste aller Vichy-französischen Streitkräfte, was in besonderem Maße auf die Einheiten auf Martinique zutraf. Außer dem Flugzeugträger BÉARN mit seinen Kampfflugzeugen lagen auch die Kreuzer ÉMILE BERTIN und JEANNE D'ARC in Bereitschaft. Der große Zerstörer LE TERRIBLE führte eine Flottille kleinerer Zerstörer an. Hinzu kam noch der Hilfskreuzer BARFLEUR. Es war eine beachtliche Streitmacht. Zu ihrer Abwehr verlegten die Amerikaner eine größere Anzahl von Zerstörern und PCs nach St. Lucia, was der Grund für die schwach gesicherten Konvois am Anfang des Monats gewesen sein kann. Der brandneue Flottenflugzeugträger USS BUNKER HILL (CV 17) und der Flugzeugträger USS COWPENS (CVL 25) liefen im Golf von Paria ein, vorgeblich zu Einfahrübungen, aber in erster Linie, um gegen die Vichy-Flotte zur Verfügung zu stehen. Das galt natürlich auch für das Schlachtschiff USS NEW JERSEY (BB 62) und die schweren Kreuzer USS BALTIMORE (CA 68) und USS CHESTER (CA 27), die sich bereits im Golf befanden.

Die militärische Situation in Martinique verschlechterte sich zusehends. Die Amerikaner versuchten mit einer Kombination aus Drohungen und Täuschungen, die Entschlossenheit der Vichy-Verteidiger zu unterminieren, was erstaunlich gut gelang. Sie fütterten die Vichy-Franzosen mit vielen Informationen über die bevorstehende Invasion und übertrieben in großem Stil die ihnen zur Verfügung stehenden Streitkräfte. Viele Franzosen konnten es nicht glauben, daß ihr früherer Verbündeter Amerika gegen sie zu den Waffen griff, aber schließlich trug die Hungerblockade dazu bei, ihren Widerstandswillen zu brechen. Das war besonders wirkungsvoll bei der Zivilbevölkerung, die zum Teil ohnehin nicht viel für die Vichy-französische Militärregierung übrig hatte.

Die Disziplin der französischen Truppen brach bei der Vorstellung an das bevorstehende Gemetzel zusammen, und selbst hohe Offiziere versuchten jetzt, Vizeadmiral Robert zu beeinflussen, sich nach den Bedingungen der Alliierten zu erkundigen. Es kam zu offenen Meutereien unter den Soldaten und zu Aufständen in den Straßen. Martinique rutschte ins Chaos ab, und der Vizeadmiral begann an der Entschlossenheit seiner Truppen zu zweifeln. Nur die Marine stand hinter ihm, aber selbst dort gab es bereits Offiziere, die dafür plädierten, Vichy den Laufpaß zu geben und sich den Free French Forces anzuschließen. Zu diesem Zeitpunkt kam es zu zahlreichen Desertationen. Als zunächst der Befehlshaber der Infanterie und dann der Chef der Artillerie zu den Alliierten flohen, erlitt das Ansehen von Vizeadmiral Robert einen harten Schlag. Am schlimmsten war jedoch, daß sein Stellvertreter, Konteradmiral Batet, nach Trinidad flüchtete. Die Desertion seines Vertrauten brach endgültig den Widerstand des Vizeadmirals, und am 30. Juni ließ er bei den Alliierten nachfragen, welche Bedingungen sie stellten. Die Verhandlungen begannen, und die Invasion, die ursprünglich zeitlich mit der Landung auf Sizilien zusammenfallen sollte, wurde zurückgestellt. General de Gaulle und General Giraud hatten sich inzwischen geeinigt, und die Amerikaner brauchten nicht länger zwischen beiden zu wählen. Die Situation auf Martinique war inzwischen schlimmer, als die Amerikaner ahnten. Am 15. Juli gab Vizeadmiral Robert dem Druck schließlich nach, nachdem er sich davon überzeugt hatte, daß eine Verteidigung gegen die Amerikaner nicht möglich war. Zusammen mit einer großen Gruppe nahestehender hoher Offizieren, Berater und Vichy-Regierungstreuer verließ er Martinique und fuhr nach Puerto Rico, wo er sich den Amerikanern stellte. Damit kam das Problem der Vichy-Franzosen in der Karibik zu einem unblutigen Ende. Die französischen Truppen auf Martinique schlossen sich den Alliierten an, wozu auch die Marine gehörte, die das Rückgrat des Widerstandes gewesen war.

Am Morgen des 13. Juli wurde U 607 (Jeschonneck) beim Durchqueren der Biscaya zum vierten Verlust eines für die Karibik vorgesehenen Bootes. Aus der Verminung des Hafens von Kingston wurde nichts. Eine *Sunderland* der No. 228 Squadron erwischte das Boot, das mit 45 Mann unterging. Nur sieben Besatzungsmitglieder konnten gerettet werden. U 613 (Köppe), das am gleichen Tag ausgelaufen und gemeinsam mit U 607 marschiert war, brachte die Biscaya zwar hinter sich, fiel aber dann am 23. Juli im Mittelatlantik mit der gesamten Mannschaft dem Zerstörer USS GEORGE E. BADGER der Sicherungsgruppe des Geleitflugzeugträgers USS BOGUE zum Opfer. Auch aus der Verminung von Jacksonville sollte also nichts werden. Aber der BdU mußte am 13. Juli noch ein weiteren Schicksalsschlag verkraften. Der einzige U-Tanker, der in See stand, war U 487 unter OltzS. Helmut Metz. Seit dem Verlust von U 118 und U 119 war Metz für alle Boote zuständig, die zum Treffpunkt im mittleren Atlantik kamen. Der U-Tanker sollte die in die Karibik marschierenden U 160 (v. Pommer-Esche) und U 648 (Stahl), sowie das heimkehrende U 527 (Uhlig) versorgen. Metz glaubte sich vermutlich außerhalb der Gefahrenzone, und es muß für die Brückenbesatzung völlig überraschend gekommen sein, als sie plötzlich Flugzeuge auftauchen sahen. Die *Avengers* warfen trotz der massiven Flakabwehr, der der Abschuß eines der Angreifer gelang, ihre Wasserbomben rund um das große Boot, das danach langsam in den Wellen versank. Ein Begleitzerstörer des Flugzeugträgers USS CORE rettete 33 Überlebende. Der BdU war jetzt in eine Krisensituation geraten, die allerdings schon elf Tage früher angefangen hatte. Am 28. Juni hatte der U-Tanker U 462 (Vowe) gemeinsam mit U 160 (v. Pommer-Esche) Bordeaux verlassen. Beide Boote marschierten eng beieinander durch die Biscaya, als das Schicksal am 2. Juli zuschlug. Coastal Command hatte sie entdeckt, und die Bomber donnerten heran. Da die RAF-Piloten um die Bedeutung der U-Tanker wußten, führten sie ihre Angriffe rücksichtslos durch. Schließlich traf eine Bombe das Vorschiff von U 462, das die Fahrt nicht fortsetzen konnte, und nach Bordeaux zurückkehren mußte. Der Schaden konnte repariert werden, aber das dauerte einige Tage und bis dahin waren alle Termine für die geplanten Brennstoffübernahmen geplatzt.

U 160 kam ohne wesentliche Schäden aus der Biscaya heraus. Aber jetzt benötigte das Boot dringend Dieselöl, wenn es die Karibik erreichen und dort operieren sollte. Der BdU wies v. Pommer-Esche an, sich bei den Azoren mit dem U-Tanker U 487 zu treffen. Die Versorgung sollte am 14. Juli an dem als sicher geltenden Platz stattfinden, der seit einem Jahr von den U-Booten benutzt wurde. An dieser Stelle war jedoch U 487 bereits am 13. Juli versenkt worden. Keiner der U-Boot-Kommandanten, die den U-Tanker aufsuchen sollten, wußte von der Existenz der amerikanischen Kampfgruppen in der Nähe ihres Treffpunktes. Die *Avengers* der VC-29 Squadron an Bord des Geleitflugzeugträgers USS SANTEE überraschten U 160, als es den Tanker vergeblich suchte. Ein Lufttorpedo FIDO zerstörte den Druckkörper, und Lassens altes Boot, das einmal der Schrecken der Nordküste Trinidads gewesen war, sank mit seiner ganzen Mannschaft auf den Meeresgrund. Es war das fünfte Boot auf dem Weg in die Karibik und das sechste der Offensive, das verloren ging.

Am Beginn der dritten Juliwoche befanden sich elf U-Boote in der Karibik und fünf weitere arbeiteten sich von Osten heran. Brosin (U 134) kreuzte in der Straße von Florida, wobei er es vermied, Unruhe zu stiften. U 84 (Uphoff), U 732 (Carlsen) und U 759 (Friedrich) lauerten in der Windward Passage, während Beckmann (U 159) immer noch weit von seinem eigentlichen Einsatzgebiet entfernt war. Statt vor dem Panama-Kanal zu sein, operierte er südlich von Haiti. Aber das sollte ihm bald zum Verhängnis werden. Dahlhaus war mit U 634 südlich der Mona Passage, und östlich von ihm stand U 615 (Kapitzky), das gerade die Guadeloupe Passage ungeschoren passiert hatte. Drei Boote – U 415 (Neide), U 572 (Kummetat) und U 653 (Feiler) – patrouillierten unmittelbar östlich von Trinidad, während U 510 (Eick) die Gegend vor den Guayanas abdeckte. Die Wölfe versammelten sich, aber es waren noch nicht alle auf ihren Positionen. Ebenso wie Beckmann war auch Markworth mit U 66 nicht in seinem befohlenen Einsatzraum. Er sollte eigentlich vor der Ostküste der USA operieren, aber die hartnäckige Verfolgung eines Tankers zog ihn in den Raum nördlich von Puerto Rico. Damit erhöhte sich die Zahl der Boote in der Karibik auf zwölf. Von

Osten her näherten sich jetzt U 359 (Förster), U 406 (Dieterichs), U 466 (Thäter) und U 662 (Müller), aber bevor sie eintrafen, ging noch ein weiteres U-Boot verloren. Am 14. Juli warnte die US-Navy alle Piloten in der Karibik, daß die U-Boote jetzt aufgetaucht bleiben würden, um angreifende Flugzeuge über Wasser zu bekämpfen. Man sagte den Piloten jedoch nicht, daß sie den Kampf verweigern konnten, bis sie einen taktischen Vorteil hatten oder Verstärkung eingetroffen war. Das war ein Fehler, denn in der Karibik konnte Hilfe leicht angefordert werden. Das gesamte Gebiet war umringt von Flugplätzen, und es gab Hunderte von U-Jagdflugzeugen. Den Piloten vom ZP-51 wurde allerdings verboten, sich auf einen Kampf einzulassen, da ihre Luftschiffe zu langsam und schwerfällig waren, um gegen die Flawaffen der U-Boote zu bestehen. Keiner der alliierten Piloten war bisher einem U-Boot begegnet, das sich entschieden zur Wehr gesetzt hatte. Die Warnungen wurden daher nicht sehr ernst genommen, wozu auch die Mühelosigkeit beitrug, mit der der erste Angriff durchgeführt wurde. Es ging um Beckmann (U 159) und um die VP-32 Squadron, die in Guantánamo stationiert war.

Beckmann war sicherlich bekannt, daß die letzten vor Panama eingesetzten Boote erfolglos geblieben waren, und er hielt sich deshalb in der Mitte der Karibik auf, wo die Konvois durchkamen. Vermutlich wußte er jedoch nicht, daß die Amerikaner ihn bereits gesichtet und auch mit Radar geortet hatten. VP-32 fing an, Suchstreifen südlich Haitis zu fliegen. Als Lieutenant R.C. Mayo am 15. Juli mit seiner *Mariner P-10* von Guantánamo startete, stand im nördlichen Teil des karibischen Meeres eine rauhe See mit einem dicken Dunstschleier, der die Sichtweite auf sechs Meilen beschränkte. Mayo zog die seegrau getarnte Maschine auf 1 000 Meter und begann bei fünf Zehntel Bewölkung mit seinem Patrouillenflug. Kurz darauf fiel das Radargerät aus, und Mayo mußte auf Sicht weiterfliegen. Um 12 Uhr 15 lenkte Lieutenant jg. Zepp die Aufmerksamkeit von Mayo auf ein Objekt Steuerbord voraus. Der Pilot ging herunter, um besser sehen zu können, und entdeckte auf vier Meilen ein U-Boot, das mit der schweren See kämpfte. Das große Flugboot schwenkte nach rechts und begann, steil nach unten zu gehen, während die Bombenschächte geöffnet wurden. Fast sofort eröffnete U 159 das Abwehrfeuer, und die Geschosse explodierten unmittelbar vor dem Motor an der rechten Tragfläche. Auf 300 Meter Höhe fing der Pilot die Maschine ab und setzte zum Angriff an. Die Flakgeschosse gingen über die *Mariner* hinweg, da die Geschützbedienungen die Sinkgeschwindigkeit und die Geschwindigkeit des Flugbootes unterschätzt hatten. Auf 700 Meter Entfernung eröffnete der Bugschütze das Feuer und beschoß das U-Boot während des ganzen Anflugs. Als das Flugboot noch 180 Meter weg war, verstummte das Abwehrfeuer, und die Maschine bahnte sich ungehindert ihren Weg. Mit 370 km/h donnerte die *Mariner* in einer Höhe von 15 Metern über den Turm des U-Bootes. Sie flog so tief, daß der Pilot das Biscaya-Kreuz deutlich ausmachen konnte. Der Heckschütze rief die Einschläge der Wasserbomben aus, so daß Mayo seinen Angriff einschätzen konnte. Die ersten beiden Wabos gingen zu kurz, während die dritte das Deck traf

KAPITEL 16

und über Bord geschleudert wurde. Die vierte landete genau neben dem Steuerbordbug. Sekunden später detonierten die Wabos, und die Wassersäulen verdeckten das U-Boot.

Mayo kurvte nach links und wollte noch einmal mit den Bordwaffen angreifen. Aber als sich der Wasserschleier verzog, sah er, daß das U-Boot mit dem Heck zuerst versank. Als die *Mariner* an die Stelle zurückkam, war nur noch der Schaum der Wabo-Detonationen zu sehen. Wahrscheinlich hatte die dritte Wasserbombe den Druckkörper zum Bersten gebracht und die vierte das Ende des Bootes besiegelt. Es gab keine Überlebenden. Der Angriff auf U 159 war wie aus dem Lehrbuch abgelaufen. Niemand wußte jedoch zu dieser Zeit, daß kein anderes U-Boot so schnell und sauber zu versenken sein würde. Als die *Mariner P-10* landete, war nicht ein einziger Einschuß in ihrem Rumpf.

Es war ein schwacher Trost für die U-Boote, daß Kummetat (U 572) den Schoner GILBERT B. WALTERS siebzig Meilen südöstlich Galeota Point/Trinidad versenkte. Seine Meldung an den BdU konnte die gedrückte Stimmung nicht heben, da der Funkverkehr über die Vernichtung von U 159 in Deutschland abgehört worden war. Ein kleiner Lichtblick war jedoch, daß es Kapitzky gelang, die Verteidiger wieder einmal aus der Fassung zu bringen. Er hatte U 615 von der Guadeloupe Passage an die Nordküste Trinidads heruntergebracht. Als er vor der Third Boca angekommen war, bog er in den Golf ein. Zunächst faßten die Sonobojen die Schraubengeräusche auf, und danach meldete HMS BENBOW, daß eine Induktionsschleife überfahren worden sei. Kapitzky wollte sich nur einmal im Hafen umgucken, und nach wenigen Minuten drehte er um und lief wieder aus. Aber jetzt hatte er Öl ins Feuer gegossen, denn der Hafen war vollgepackt mit der Invasionsflotte, weshalb die Reaktion der Abwehrkräfte außerordentlich heftig war. Der Besuch von U 572 wirkte nach, und wegen der Angriffe auf die Konvois in der vergangenen Woche herrschte weiterhin Alarmzustand. Alle verfügbaren Patrouillenboote und Flugzeuge wurden zur U-Jagd im Golf angesetzt. Zum ersten Mal nach einem Jahr unterbrach die Royal Navy das Training auf dem Flugplatz Piarco und stellte ihre Schulmaschinen für die Suche zur Verfügung. Die Nachricht, die von einer PBM *Mariner* des VP-205 um 17 Uhr 20 eintraf, sorgte allerdings für Unruhe. Das Flugboot hatte U 415 (Neide) nordöstlich Trinidad angegriffen und einen heißen Empfang bekommen. Der Pilot war, ebenso wie Mayo, mit der *Mariner* zum Angriff übergegangen, sobald er das U-Boot sah. Die Geschützbedienungen von U 415 waren jedoch besser, warteten ab, bis das Flugzeug nur noch 270 Meter weg war, und überschütteten es dann mit einem Hagel von 2-cm-Geschossen. Die *Mariner* setzte ihren Anflug unbeirrt fort, aber das Abwehrfeuer war für einen genauen Abwurf der Wasserbomben zu stark, und sie detonierten außerhalb ihres Wirkungsbereiches. Jedesmal wenn der Pilot erneut zum Angriff ansetzte, wurde er durch zielgenaues Abwehrfeuer empfangen. Es war zu spät, um Hilfe heranzuholen, denn die *Mariner* konnte aufgrund ihrer starken Beschädigungen nicht länger am Feind verbleiben. Als der Pilot sein angeschlagenes Flugzeug vorsichtig vom Schauplatz löste, setzte sich U 415 ab.

KAPITEL 16

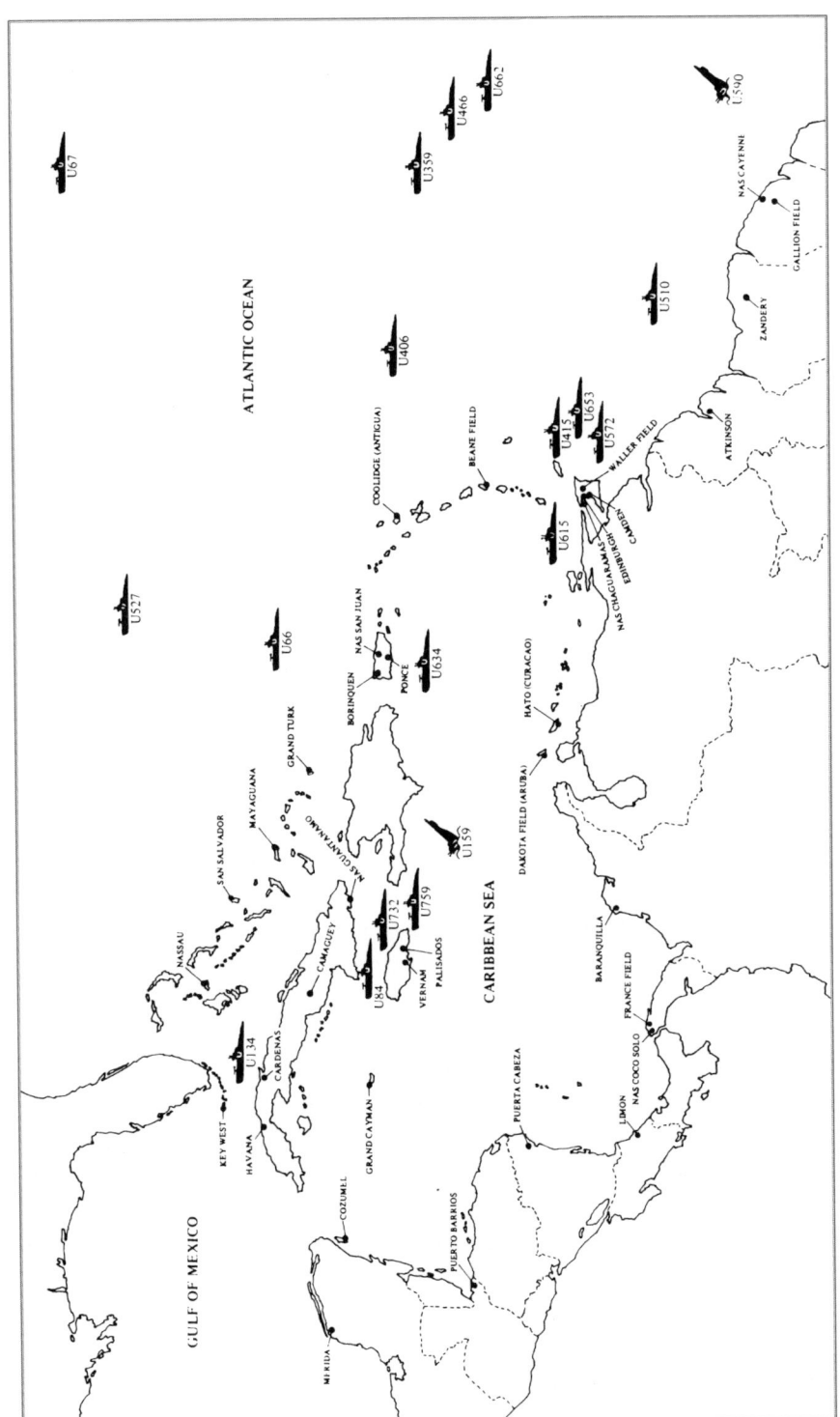

U-Boot-Aufstellung und Flugzeugplätze am 15. Juli 1943.

Quelle: Autor

KAPITEL 16

Nach dem ereignisreichen 15. Juli in der Karibik wechselte der Handlungsschwerpunkt erneut in den Mittelatlantik. Der 16. Juli sollte der Todestag von einem As der karibischen Offensive werden. Müller-Stöckheim (U 67) war bereits fünf Tage auf dem Rückmarsch, als er sich der Gegend näherte, wo die U-Tanker normalerweise warteten. Er wußte, daß sein Boot nicht versorgt werden konnte, aber kein U-Boot-Kommandant ließ sich die Gelegenheit entgehen, mit einem U-Tanker zusammenzutreffen, auch wenn es nur um den Austausch von Nachrichten ging. Er ahnte nicht, daß das Gebiet inzwischen eine Todesfalle war, und war sicherlich genauso überrascht wie die anderen Kommandanten, als die Ausgucks die anfliegenden *Avengers* meldeten. Es waren wieder die Flugzeuge der VC-13, die vom Geleitflugzeugträger USS CORE aus operierten. Die von Lieutenant Robert Williams geflogene *Avenger* warf vier Wabos, wovon eine unter dem Boot und drei entlang der Bordwand detonierten. U 67 versank in wenigen Minuten. Drei Überlebende wurden vom Zerstörer USS MCCORMICK geborgen. Müller-Stöckheim war nicht unter ihnen. Sein Gesamtergebnis stand immer noch bei 76 600 BRT versenktem Schiffsraum, dem er auf seiner vierten Feindfahrt in die Karibik nichts mehr hatte hinzufügen können. U 67 war das achte Boot, das in der Offensive verloren ging.

Am nächsten Tag hatte der BdU immer noch nichts vom Untergang des U-Tankers U 487 erfahren, aber er ahnte, daß irgend etwas faul war, denn U 188, U 527 und U 648 suchten seit vier Tagen vergeblich nach ihm. Die Situation war verzweifelt, da die ausmarschierenden U 188 (Lüdden – Indischer Ozean) und U 648 (Stahl) dringend Brennstoff benötigten, um ihre Operationsgebiete zu erreichen. Der BdU wartete noch 24 Stunden, aber dann mußte er eine Entscheidung treffen. In einem ersten Funkspruch teilte er mit, daß weder die ausgehenden Boote vom Typ IX noch die vom Typ VII versorgt werden könnten. Das bedeutete praktisch das Ende des Aufmarschs in der Karibik. Der Plan, das Gewicht der Offensive von dem gefährlichen Nordatlantik auf die Karibik zu verlegen, war bereits im Anfangsstadium gescheitert. Der zweite Funkspruch widerrief die Einsatzbefehle für U 155 (Piening), U 160 (v. Pommer-Esche) und U 648 (Stahl). Sie sollten als Tanker dienen und den anderen Booten die Heimkehr ermöglichen. Zu diesem Zeitpunkt war dem BdU noch unbekannt, daß U 160 bereits vor vier Tagen versenkt worden war, aber die Tatsache, daß das Boot den Funkspruch nicht bestätigt hatte, deutete auf einen möglichen Verlust hin. Mit einem Schlag war der Aufmarsch gestoppt, und drei Boote der zweiten Welle waren ihrem eigentlichen Zweck entzogen worden. In dieser Situation gab es keine andere Möglichkeit. Die U-Tanker waren entscheidend für die karibischen und brasilianischen Unternehmungen. U 648 (Stahl) fiel die Aufgabe zu, U 527 (Uhlig) zu finden und für den Heimweg zu versorgen. Uhlig war mit einem minimalen Brennstoffvorrat zum Treffpunkt unterwegs, und eine Bebunkerung war absolut notwendig. Piening (U 155) sollte sich der anderen rückmarschierenden Boote annehmen. Entlastung würde kommen, sobald U 462 repariert worden war. Weitere Boote wurden als Ersatztanker ausgerüstet, aber keines von ihnen war rechtzeitig fertig, um den im mittleren Atlantik stehenden Booten zu helfen.

Kapitel 17

Die Krise in der Karibik

Dreißig U-Boote waren bis Mitte Juli für die neue Offensive in der Karibik eingesetzt worden. Acht von ihnen waren bereits versenkt, und vier mußten mit Beschädigungen zurückkehren oder wurden zu Ersatztankern umgerüstet. Eine Reihe weiterer für die Karibik vorgesehener Boote war aufgrund der englischen Luftoffensive in der Biscaya gar nicht erst ausgelaufen. Damit konnten nur 18 der ursprünglich geplanten großen Anzahl Boote ihre eigentliche Aufgabe angehen. Sie sollten die Schiffahrt in der Karibik zum Erliegen bringen, aber dazu kam es nicht.

Am 16. Juli hatte sich Uphoff (U 84) westlich Jamaicas bis zum Zugang zum Golf von Mexiko vorgearbeitet. Er schoß auf ein Handelsschiff und berichtete, daß er das Schiff brennend zurückgelassen hätte. Aber dafür gibt es keine Bestätigung. Zwei Tage später griff Kummetat (U 572) 100 Meilen südöstlich von Galeota Point auf Trinidad zwei Frachter an, die er versenkt zu haben glaubte. Aber auch das ist nicht bestätigt. Beide Boote haben nicht überlebt, und es ist deshalb unmöglich, ihre Behauptungen nachzuprüfen. Es waren die einzigen Erfolgsmeldungen von Booten aus der Karibik. Statt Schiffe zu versenken, wurden die U-Boote immer mehr in verlustreiche Kämpfe mit den Flugzeugen verwickelt.

Das erste Boot in ernsthaften Schwierigkeiten war U 134, das unter Hans-Günther Brosin in der Florida-Straße operierte. Als es am Abend des 18. Juli dunkel wurde, faßte das Luftschiff *K 74* der US-Navy das Boot auf. Der Pilot, Commander Nelson R. Grills, kümmerte sich nicht um die Warnungen über die Verwundbarkeit seines Luftschiffes und griff an. Im entscheidenden Moment klinkten die Bomben jedoch nicht aus, womit es der Flakbedienung des Bootes noch leichter gemacht wurde. *K 74* wurde von den Zweizentimeter-Geschossen auseinandergerissen, und ein Besatzungsmitglied kam ums Leben, als es ins Meer stürzte. Das Luftschiff hatte jedoch um Hilfe gerufen. Kurz darauf kamen landgestützte Bomber herangeeilt. Die Flakbedienung war noch erfüllt von ihrem Erfolg, und sie vertrieb die Flugzeuge mit heftigem und akkuratem Abwehrfeuer. Nach diesem doppelten Erfolg hätte Brosin sofort tauchen sollen, aber er blieb über Wasser, und als die Euphorie nachließ, nahm auch die Aufmerksamkeit der Ausgucks ab. Ohne optische Sichtung oder Warnung des Metox war plötzlich eine *Ventura* der US-Navy da und warf drei Wasserbomben vor den Bug des Bootes, bevor die Flak reagieren konnte. Die Detonationen schüttelten das Boot und verursachten großen Schaden. Die Batteriezellen waren durch die Hammerschläge geborsten, und Brosin mußte dem BdU mitteilen, daß er sich zur Reparatur in die Bahamas zurückziehen würde.

KAPITEL 17

Der folgende Tag hielt weitere Schrecken für die U-Boote und die Flugzeuge bereit. Ungeachtet der Erfahrungen, die das Luftschiff K 74 mit U 134 und die *Mariner* mit U 415 gemacht hatten, war die Versenkung von U 159 immer noch Vorbild für die Piloten, die darauf bauten, ein U-Boot im Moment des Tauchens zu erwischen. Der 19. Juli sollte diese Vorstellungen völlig ändern. Um 10 Uhr 10 entdeckte eine B-24 *Liberator* der 35th Squadron auf Zandery/Holländisch Guayana ein U-Boot 220 Meilen östlich Cayenne. Der Pilot ging sofort in den Sturzflug über, um das Boot noch zu schnappen, bevor es unter Wasser verschwand. Aber auf U 662 (Müller) war die Flakbedienung vorbereitet, und der Pilot war entsetzt, eine Wand von Geschossen auf sich zukommen zu sehen. Er brach den Angriff ab, kreiste und wartete darauf, daß das U-Boot tauchte. Aber U 662 blieb über Wasser. 30 Minuten lang versuchte der Pilot alle Möglichkeiten, das Boot anzugreifen, doch jedesmal wurde er von einem endlosen Strom von Geschossen blockiert. Schließlich entschied er sich, das Abwehrfeuer zu ignorieren und anzugreifen. Die B-24 setzte vier Wasserbomben kurz hinter das Boot, wobei seine Maschine durch die Flakgeschosse fast auseinandergerissen wurde. Der Pilot wußte, daß die B-24 viel einstecken konnte, aber jetzt war die Maschine nicht mehr einsatzbereit. Ein Motor brannte, alle Propeller und das Heck der Maschine waren beschädigt. Der Pilot mußte den Angriff abbrechen und den Rückflug antreten. Die Wabos hatten U 662 keinen Schaden zugefügt. Das einzige Problem war eine kleine Ölspur, die das Boot hinterließ. Es war das zweite Mal gewesen, daß ein U-Boot in der Karibik den Kampf über Wasser ausgetragen hatte. Die Flugzeugbesatzung war wie vor den Kopf geschlagen, aber es sollte noch schlimmer kommen.

Drei Stunden später stieß eine Douglas B-18 der 417th Squadron, die auf Gallion Field in Französisch Guayana stationiert war, auf das gleiche U-Boot und ging sofort zum Angriff über. Aber U 662 war wieder vorbereitet, und das Flugzeug wurde von einem Hagel von Flakgeschossen eingedeckt, so daß der Pilot gezwungen war auszuweichen. Die B-18 kreiste und versuchte in einem für die Streuung der Wasserbomben günstigen Winkel heranzukommen. Schließlich führte der Pilot den Angriff durch, als das Boot sich gerade in einer unvorteilhaften Position befand. Er warf fünf Wasserbomben, doch keine davon war nahe genug, um dem Boot zu schaden, – aber dafür hatte es das Flugzeug jetzt ernsthaft erwischt. Während der Pilot versuchte, seine von den Flakgeschossen durchsiebte Maschine in der Luft zu halten, nutzte U 662 die Gelegenheit zum Schnelltauchen. Aber selbst wenn Müller über Wasser geblieben wäre, hätte der Pilot mit der schwer beschädigten B-18 nichts mehr ausrichten können. Der 19. Juli war jedoch auch hiermit noch nicht vorbei.

Die VP-205 Squadron hatte ihre Feuertaufe beim Angriff auf U 415 erhalten. Jetzt war das Schwestergeschwader VP-204 an der Reihe. Es war das einzige Geschwader in der Karibik, das mit dem Leigh Light für präzise Nachtangriffe ausgerüstet war. Um 21 Uhr 15 erhielt Lieutenant jg. John M. Erskine 210 Meilen östlich von Tobago einen Radarkontakt. Erskine hielt auf das Ziel zu und sichtete das U-Boot optisch.

Aber das Boot hatte das Flugzeug auch gesehen und tauchte, bevor die *Mariner* heran war. Erskine drehte um und versuchte, mit Scheinmanövern den Eindruck zu erwecken, er habe den Schauplatz verlassen. Um 21 Uhr 5 hatte er erneut Radarkontakt und flog sofort an. Diesmal erwischte er das Boot vorgeflutet über Wasser. Es war U 572, aber Kummetat hatte nicht die Absicht, zum zweiten Mal zu tauchen. Als die *Mariner* herabstieß, war die Besatzung vom Umfang des Abwehrfeuers, das ihr entgegenschlug, erschreckt. Erskine drehte ab, um der Leuchtspurmunition, die auf ihn zuströmte, auszuweichen. Trotz der seegrauen Tarnung des Flugbootes schien die Flakbedienung kein Problem zu haben, die Maschine im Visier zu halten. Der Pilot war darauf versessen, das U-Boot zu kriegen, und nach fünf Minuten Geplänkel setzte er erneut zum Angriff an. Erskine hielt trotz der tödlichen Zweizentimeter-Geschosse Kurs und Geschwindigkeit bei, aber die laufenden Einschläge brachten ihn vom Ziel ab. Drei Wasserbomben fielen in die See, aber U 572 hatte mit der Fahrt angezogen und nach Steuerbord gedreht. Das Heck des U-Bootes zeigte jetzt auf die *Mariner*, und die Geschützbedienung konnte die Maschine auf ihrem gesamten Anflug beharken. Die Wabos explodierten ungefährlich an Backbordseite. Das Boot war gerettet, aber die *Mariner* noch nicht. Der Rumpf des Flugbootes war von Einschüssen durchlöchert, und einige Sprenggeschosse trafen die Aufhängung der Tragflächen. Geschoßsplitter durchsiebten die Tanks im rechten Flügel, und der Treibstoff begann herauszulecken. Es bestand Brandgefahr, der Pilot mußte den Steuerbordmotor abstellen und die verbliebenen Wasserbomben abwerfen. Danach trat er den Rückflug nach Chaguaramas an.

Die drei Vorfälle an diesem Tag waren ein großer Schock für die Flugzeugbesatzungen auf Trinidad. Die Versenkung von U 159 hatte sich so leicht angesehen, und deshalb wiegten sie sich alle in einem falschen Gefühl der Sicherheit. Die neue Taktik des Zurückschießens sah man bis dahin bestenfalls als Ärgernis an, mit dem leicht fertig zu werden war. Seit langem betrachteten sich die Flieger als Jäger eines verschlagenen Wildes, aber jetzt waren grimmige Tiere daraus geworden, die hart zurückschlugen. Die Flugzeugbesatzungen wurden allmählich zu echten Kämpfern, aber noch waren die Flakbedienungen der Boote im Vorteil.

Die großen Flugboote waren nicht sehr wendig, und sie boten ein gutes Ziel, wenn sie sich ihrem Ziel in stetigem Flug schwerfällig näherten. Die verstärkte 2-cm-Bewaffnung der U-Boote war ihnen überlegen, wodurch sich die Art der Bekämpfung änderte. Die amerikanischen Piloten überwanden den ersten Schrecken allerdings erstaunlich schnell und paßten ihre Taktik den veränderten Umständen an. Nur wenige entschieden sich dabei für den vernünftigen Weg, den Kampf zu verweigern und Hilfe anzufordern. Das Angriffsverfahren wurde jedoch so abgeändert, daß sie beim Zielanflug Ausweichmanöver vollzogen. Es gab nicht viele Möglichkeiten für eine großes Flugboot, abrupte Manöver durchzuführen, aber die Piloten rissen jetzt die Maschinen immer wieder aus dem Strom der Leuchtspurmunition heraus und nutzten geschickt die Wolkendeckung, wenn sie U-Boote verfolgten. Die Kunst war, den

KAPITEL 17

rechten Moment zum Angriff abzupassen. Die Piloten lernten im Kampf mit den U-Booten, bis sie einen taktischen Vorteil errungen hatten. Zunächst aber machten sich die Besatzungen auf heftige Auseinandersetzungen gefaßt und bereiteten sich darauf vor, Opfer zu bringen, um an die Boote heranzukommen. Sie brauchten nicht lange darauf zu warten, und wieder war es die Kühnheit eines U-Bootkommandanten, die sie aus der Fassung bringen sollte.

Am 20. Juli patrouillierte um 20 Uhr 45 Lt.Cdr. Morgan mit einer PBM *Mariner* der VP-204 Squadron 200 Meilen südsüdöstlich von Barbados, als das Radar ein Echo in der Nähe eines Tankers anzeigte. Kurt Neide verfolgte mit U 415 in Überwasserfahrt den amerikanischen Tanker SCHENECTADY, als die Ausgucks die anfliegende Maschine entdeckten. Der U-Boot-Kommandant hätte genug Zeit zum Tauchen gehabt, aber das hätte eine Verzögerung bei der Jagd bedeutet. Er entschloß sich zu bluffen. Lampen wurden schnell nach oben gereicht, und Licht schien jetzt auf der Brücke und an Bug und Heck des Bootes. Eine Zeit lang glaubte der Pilot tatsächlich, ein Handelsschiff und nicht ein U-Boot vor sich zu haben. Er brach den Anflug ab, umkreiste das Gebiet und zerbrach sich den Kopf, warum die Lichter so tief über dem Wasser waren. Nach einigen Minuten, entschloß er sich, höher zu gehen und ein Leuchtfackel zu werfen. Im Schein des hell brennenden Lichtes sah er das U-Boot, das mit ihm Versteck spielte. Sofort kippte er die Maschine zum Angriff ab. Zu seiner großen Überraschung wurde er jedoch von einem Scheinwerfer erfaßt und sah einen Strom von Leuchtspurmunition aufsteigen. Der Pilot wand die *Mariner* aus dem grellen Licht heraus und machte sich daran, das Flugzeug in eine bessere Angriffsposition zu manövrieren. Neide hat wahrscheinlich eine Signallampe als Scheinwerfer benutzt, und sobald das Flugzeug abgedreht hatte, tauchte er. Schließlich kehrte die PBM an die Stelle zurück, wo das U-Boot verschwunden war, und warf eine einzelne Wasserbombe. Aber U 415 war schon weit weg. Bei seiner Rückkehr nach Chaguaramas fragte Morgan nicht zu unrecht, wer denn behauptet hätte, daß U-Boote keine Scheinwerfer mit sich führten. Sein Erlebnis fügte dem Buch der VP-204 Squadron ein weiteres Kapitel über die faszinierenden Taktiken der U-Boote hinzu.

Während sich dies abspielte, war 500 Meilen weiter südlich U 662 (Müller) in einen tödlichen Kampf mit einer PBY *Catalina* des VP-94 von Belém verwickelt – ein Duell, das das Geschwader gewinnen würde. Müller hatte das Boot südwärts geführt und operierte 150 Meilen vor der Grenzlinie zwischen Brasilien und Französisch Guayana, in der Gegend, wo zehn Tage vorher U 590 verloren gegangen war. Um 23 Uhr erhielt die weiß getarnte *Catalina* einen Radarkontakt. Der Pilot zögerte nicht, sofort anzugreifen, und Müller hatte keine Bedenken, den Kampf anzunehmen. Er hatte seine Fähigkeiten bereits zweimal unter Beweis gestellt, und das große Flugboot bot sogar ein noch besseres Ziel. Der Pilot wollte sich jedoch nicht einfach vom Himmel holen lassen. Sobald das Abwehrfeuer einsetzte, entzog er sich ihm und umkreiste das U-Boot. Das hielt er eine Stunde lang durch, täuschte gelegentlich einen Angriff vor und zog das Feuer auf sich, bevor er wieder abdrehte. Die Flakgeschütze spuckten Tod und Verderben, aber der Pilot wich ständig aus. Schließlich nahm der Pilot an, daß die Geduld der Geschützbedienungen erschöpft war, und verwandelte eine Täuschung in einen richtigen Angriff. Beim Anflug hielt der Bugschütze der *Catalina* das Feuer auf die Brücke gerichtet, dem sich der Heckschütze bei Näherkommen anschloß. Die Flakbedienungen wußten instinktiv, daß sie diesen Angriff zurückschlagen mußten, egal wie kaputt sie waren. Zweizentimeter-Geschosse trafen das Flugboot, aber der Pilot behielt den Kurs bei. Die Wasserbomben landeten kurz vor dem Bug des U-Bootes. Während der Pilot damit kämpfte, seine beschädigte Maschine vom Boot wegzubringen, detonierten die Wabos. Die Explosionen erfolgten fast unter dem Bug von U 662 und verursachten erhebliche Schäden. Aber das war im Moment nicht weiter wichtig, denn das Boot war immer noch einsatzfähig. Der Pilot drehte auf Heimatkurs zu seinem 500 Meilen entfernten Luftstützpunkt in Belém. Einige Mitglieder seiner Besatzung waren verwundet worden, und seine Hauptsorge war jetzt, sie so schnell wie möglich zurückzubringen. Er war enttäuscht, daß er das U-Boot nicht versenkt hatte. Dabei wußte er nicht, daß er eine tödliche Lücke im Konzept des Zurückschießens aufgedeckt hatte. Genaugenommen hatte er die Vernichtung von U 662 bereits eingeleitet.

Die Funkmeldung der PBY, in der der Pilot den Angriffsverlauf geschildert hatte, bewirkte eine sofortige Reaktion in Belém. Eine zweite *Catalina* startete mit dem Auftrag, direkt zu der berichteten Angriffsposition zu fliegen. VP-94 wollte das U-Boot um jeden Preis, und U 662 war ihr Ziel. Müllers Funkspruch an den BdU war beinahe panisch. Die Schäden durch die Wabos waren nicht entscheidend, aber das Maschinengewehrfeuer hatte das Metox auf der Brücke zerstört. Dadurch war es nicht mehr möglich, die Radarortung durch die Flugzeuge festzustellen. Aber das war nicht das wesentliche Problem. Es ging vor allem darum, daß das Boot jetzt fast die gesamte Flakmunition verbraucht hatte. Zum Schluß hatte er die PBY bereits nahe herankommen lassen müssen, bevor er das Feuer eröffnen konnte. Ohne das Metox konnte er nicht rechtzeitig tauchen, und das hieß automatisch, daß er den Kampf über Wasser austragen mußte. Aber ohne Munition konnte er kaum darauf hoffen, ein Flugzeug auf Dauer abzuwehren.

Die für die langen Feindfahrten vollgestopften U-Boote konnten nur in gewissem Umfang Flakmunition mitführen. Die automatischen Waffen verbrauchten eine gewaltige Menge Munition, und es war den Booten einfach unmöglich, genügend davon zu transportieren, um alle Geschütze für lange Gefechte versorgt zu halten. Das hieß, daß sie nur für eine begrenzte Zeit zurückschießen konnten. U 662 hatte drei stundenlange Duelle durchgefochten und gewonnen, aber jetzt war es praktisch wehrlos. Das Boot erhielt Anweisung, sich am 30. Juli im äußersten Osten des *Trinidad Sectors* mit U 516 unter dessen neuem Kommandanten Kptlt. Hans-Rutger Tillessen zu treffen, das ein Metox und 1200 Schuß Zweizentimeter-Munition übergeben würde. Danach sollte U 516 zurückkehren und U 662 in sein Einsatzgebiet vor Trinidad marschieren. Wenn man bedenkt, daß ein Rohr der 2-cm-Flak bis zu 600 Schuß

KAPITEL 17

pro Minute[42] feuert, dann war das ein dürftiger Beitrag. Aber U 662 sollte es ohnehin nicht bis zum Treffpunkt schaffen.

Am Morgen des 21. Juli brachte Müller U 662 auf Nordkurs und auf höchstmögliche Fahrt, um aus dem Bereich der schrecklichen Flugzeuge herauszukommen. Bis zum 30. Juli war eine lange Zeit, in der das Boot sich aus Schwierigkeiten heraushalten mußte. Aber das Schicksal war schon in Form einer weiteren PBY in Anmarsch. Um 5 Uhr 4 morgens, gerade als die ersten Strahlen den östlichen Horizont erhellten, fand die *Catalina* das Boot. U 662 marschierte nordwärts, hatte aber erst 60 Meilen vom Platz des letzten Duells zurückgelegt. Die Brückenwache wird die Maschine sicherlich gegen den dunklen Hintergrund im Westen gesehen haben, aber es war nicht viel zu machen. Zum Tauchen war es zu spät, und zur Abwehr der Flugzeugs fehlte die Munition. Müller war auf der Brücke und befahl der Geschützbedienung, mit dem Feuer bis zum letzten Moment zu warten und dann zu versuchen, den Piloten vom Ziel abzubringen. Die PBY kam rasch heran und hielt trotz des vernichtenden Abwehrfeuers ihren Kurs. Drei Wasserbomben verließen die Außenaufhängungen unter den Tragflächen und fielen direkt neben dem Rumpf des U-Bootes in die See. Als der Pilot sein beschädigtes Flugboot hochzog, detonierten die Wabos, und U 662 war erledigt. Das Ende kam schnell, und die Besatzung der *Catalina* konnte sehen, wie der Bug des U-Bootes steil gen Himmel ragte, bevor es in den Wellen versank. Die Maschine kam zur Stelle des Untergangs zurück und sichtete drei Überlebende im Wasser. Sie warf ein Rettungsfloß ab und beobachtete, wie die Schiffbrüchigen hineinkletterten. Es waren Müller und zwei seiner Leute, die durch die Explosionen ins Meer geschleudert wurden. Das Flugzeug drehte ab und nahm Kurs auf seinen Stützpunkt, da einige verwundete Besatzungsmitglieder dringend ärztliche Versorgung benötigten. Es war der zweite Erfolg der VP-94 Squadron und das neunte U-Boot, das bei der karibischen Offensive verloren ging.

Wenn der karibische Kriegsschauplatz ruhig gewesen wäre, dann hätte man bestimmt große Anstrengungen unternommen, die Schiffbrüchigen zu retten. Aber die Karibik war nicht ruhig. U-Boote hielten sich in großer Zahl im Gebiet auf, und jede verfügbare Einheit war damit beschäftigt, sie abzuwehren. Die Auseinandersetzung zwischen den U-Booten und den Verteidigern näherte sich ihrem Höhepunkt, und die Überlebenden mußten zusehen, wie sie klar kamen. Von der Stelle des Untergangs, 800 Meilen von Trinidad entfernt, war das Floß von der Strömung langsam nordwestlich getrieben worden. Elf Tage später sichtete eine B-24 *Liberator* die Schiffbrüchigen und benachrichtigte Trinidad. Der Zerstörer USS ABBOT lief von Chaguaramas aus und suchte, aber kehrte erfolglos zurück. Das Floß war in der Nähe der Küste, aber Strömung und Wind sorgten dafür, daß es immer in etwa in der gleichen Entfernung vom Land verblieb. Da die Schiffbrüchigen weder Wasser noch Nahrungsmittel an Bord hatten, wurde es zu einem dramatischen Überlebenskampf. Aber dann sichtete eine B-24 *Liberator* der 8th Anti-Submarine Squadron, die den Konvoi TJ-4 begleitete, das Rettungsfloß 300 Meilen südöstlich von Trinidad. Das Patrouillenboot PC 494 wurde abkommandiert und erreichte kurz danach das Gebiet. Die beiden Überlebenden waren zu schwach und mußten aus dem Floß herausgehoben werden. Sie hatten siebzehn Tage durchgestanden und dabei eine Strecke von 500 Meilen zurückgelegt. Der Dritte, ein junger Matrose, war inzwischen gestorben und auf See beigesetzt worden.

Zu Beginn der dritten Juliwoche operierten 15 U-Boote in der Karibik. Brosin war mit U 134 außerhalb der Bahamas, wo das Maschinenpersonal sich bemühte, die durch die *Ventura* verursachten Schäden zu reparieren. Uphoff stand mit U 84 vor dem westlichen Ende Cubas und maß seine Kräfte mit den Geleitschiffen der gut gesicherten Konvois im Golf von Mexiko. Carlsen mit U 732 und Friedrich mit U 759 versuchten vergeblich, in die stark geschützten Konvois in der Windward Passage einzubrechen. Beide Boote wurden laufend durch die Luftüberwachung unter Wasser gedrückt und berichteten, daß sie ständig von Land her mit Radar geortet würden. Dahlhaus (U 634) machte südlich von Puerto Rico eine schwere Zeit durch. Er meldete ebenfalls ständige Radarortung von Land, die er jedoch ignorierte. Es waren die Luftzielradargeräte, die von den Amerikanern als Suchradar für Seeziele eingesetzt wurden und die seine Bewegungen in der Mona Passage verfolgten. Innerhalb kurzer Zeit verstärkte sich die Luftüberwachung derart, daß er gezwungen war, U 634 westlich in das Gebiet südlich von Hispaniola zu bringen. Aber selbst dort mußte er vor den auf Puerto Rico stationierten PBYs der VP-81 Squadron und den *Venturas* der VB-141 auf der Hut sein. Nördlich der Inseln jagte Markworth (U 66) den amerikanischen Tanker CHERRY VALLEY (10 172 BRT), den er schließlich am 22. Juli abfing und versenkte. Zwei Tage später erwischte ihn eine *Mariner* von einem Stützpunkt in Florida, und er war gezwungen, mit vielen Verletzten den Rückmarsch anzutreten und zu einem U-Tanker zu kommen, wo ein Arzt verfügbar war.

Kapitzky hatte derweil U 615 in das Operationsgebiet vor Aruba und Curaçao gebracht. Er verbrachte hier die meiste Zeit seines Einsatzes und konnte nur eine Versenkung erzielen. Die Luftsicherung sorgte dafür, daß er nicht in die Nähe der durchfahrenden Konvois kam. Die auf den beiden Inseln stationierten B-24 *Liberators* der 8th Anti-Submarine Squadron waren ununterbrochen in der Luft, und die Geleitfahrzeuge waren ganz besonders aufmerksam. Die B-18-Bomber der 5th Squadron auf Coolidge Field/Antigua überprüften eine Meldung, wonach sich ein U-Boot 300 Meilen östlich der Insel aufhalten sollte. Das war Förster, der mit U 359 auf der Höhe Antiguas eingeschwenkt war und beabsichtigte, durch die wenig benutzte Passage zwischen Antigua und Guadeloupe hindurchzuschlüpfen, um sein Einsatzgebiet südlich der Mona Passage zu erreichen. Weiter südlich überlebten Kurt Neide (U 415) und Heinz Kummetat (U 572) mehr schlecht als recht in den gefährlichen Gewässern vor der Nord- und Ostküste Trinidads. Sie mußten fast ständig unter Wasser bleiben und konnten nur nachts zum Aufladen der Batterien kurz auftauchen. Aber sie blieben erfolglos, denn die Handelsschiffahrt war stark gesichert, und es fand eine ständige Luftüberwachung statt. Außerdem operierten vor Trinidad einige unabhängige Hunter/Killer-Gruppen der US-Navy und der TRNVR. Es gab einfach nicht genü-

Kapitel 17

gend Boote, um die U-Bootabwehrkräfte auseinanderzuziehen. Die Verteidiger gingen jeder Sichtung eines Sehrohrs und jeder Radarortung sofort nach.
Im Südosten standen U 406 (Dieterichs) vor Britisch Guayana, U 653 (Feiler) vor Holländisch Guayana und U 466 (Thäter) vor Französisch Guayana. Die drei Boote befanden sich auf der küstennahen Bauxitroute nach Trinidad, während U 510 (Eick) auf dem entfernteren Verkehrsweg entlang der 200-Meter-Linie patrouillierte. Jenseits der Grenze zwischen Französisch Guayana und Brasilien waren acht Boote vor der langen Küste im Einsatz: U 172 (Emmermann), U 185 (Maus), U 193 (Pauckstadt), U 199 (Kraus), U 513 (Guggenberger), U 591 (Ziesmer), U 598 (Holtorf) und U 604 (Höltring). Alle waren in heftige Kämpfe mit den Abwehrkräften verwickelt und wurden erbarmungslos gejagt. Das erste von ihnen, U 513 unter Eichenlaubträger Kptlt. Friedrich Guggenberger, war bereits am 19. Juli von einer *Mariner* des VP-74 südlich Rio de Janeiro erwischt und trotz heftiger Gegenwehr versenkt worden. Nur wenige der vor Brasilien eingesetzten Boote sollten die traumatischen Monate Juli und August im Jahr 1943 überleben. Das einzige, was sie erreichten, war die Bindung erheblicher U-Bootabwehrkräfte – aber zu einem schrecklichen Preis.
In der zweiten Hälfte Juli und bis in den August hinein litt der BdU unter einem Mangel an zuverlässigen Informationen. Es war typisch für diesen Zeitraum, daß Funksprüche an Boote abgesetzt wurden, die gar nicht mehr existierten. Der BdU wußte nicht, was sich genau im mittleren Atlantik, in der Karibik und vor der brasilianischen Küste abspielte. Am 21. Juli erfuhr er endlich von den amerikanischen Hunter/Killer-Gruppen, die bei den Azoren operierten. Erst jetzt war es ihm möglich, Vermutungen über das Schicksal einiger Boote anzustellen, die nicht antworteten. Der Nachricht stammte von einem Handelsschiff, das einen spanischen Hafen angelaufen und die Geleitflugzeugträger gesehen hatte. Am 24. Juli wurde die Meldung durch ein einlaufendes U-Boot bestätigt. Alle Boote wurden gewarnt, das Gebiet, das sich von den Kanarischen Inseln zu den Azoren und von dort bis nach Nordspanien erstreckte, zu meiden. Die übliche Transitroute führte direkt durch dieses ausgedehnte Seegebiet, und die U-Boote wurden jetzt westlich um die Azoren umgeleitet. Diejenigen von ihnen, die sich bereits in dem Sperrgebiet befanden, wurden zu äußerster Vorsicht ermahnt. Für einige von ihnen war es jedoch schon zu spät, und dazu gehörte U 527 (Uhlig), das von den *Avengers* des Geleitflugzeugträgers USS BOGUE am 23. Juli südwestlich der Azoren versenkt wurde. Es war das zehnte Boot der karibischen Offensive, das verloren ging.
Die amerikanischen Hunter/Killer-Gruppen leisteten den Verteidigern in der Karibik spürbare Hilfe. Sie hatten U 758 zur Rückkehr gezwungen, sie waren die Ursache, daß U 155 und U 648 ihre Einsätze nicht durchführen konnten, und außerdem hatten sie U 67, U 160 und U 527 versenkt. Aber ihr Beitrag war damit noch nicht zu Ende, denn die in der Karibik operierenden 15 Boote mußten alle irgendwann nach Hause, und auf sie würden die Geleitflugzeugträger warten. Der BdU bemühte sich eine Lösung für die katastrophale Tanker-Situation zu finden, die durch den anhaltenden Druck

der RAF in der Biscaya und der amerikanischen Hunter/Killer-Gruppen im Mittelatlantik verursacht wurde. Viele der rückmarschierenden Boote benötigten dringend Versorgung, und deswegen mußte ein Weg gefunden werden, die U-Tanker heil durch die Biscaya und an einen sicheren Platz im Atlantik zu bringen. Am 22. Juli wurde ein Versuch mit U 117, U 459 und U 461 unternommen, die von einer Gruppe Zerstörer begleitet wurden. Die Zerstörer sollten den Schutz in der Biscaya übernehmen, durften aber nicht zu weit rausfahren, da sie sonst durch britische Überwasserstreitkräfte von ihren Häfen hätten abgeschnitten werden können. Die Probleme begannen sofort nach Auslaufen. Der U-Tanker U 461 (Stiebler) hinterließ eine Ölspur und mußte umkehren. U 117 (Neumann) und U 459 (v. Wilamowitz-Moellendorff) traten den Weg allein an. Sie wurden bald von der RAF aufgespürt, die sich jedoch wegen der Zerstörer zunächst zurückhielt. Die Zerstörer begleiteten die beiden Boote so weit sie konnten, verabschiedeten sich und drehten ab. Drei Tage nach Auslaufen, in der Nacht zum 24. Juli, griff die RAF die Boote 400 Meilen von ihrem Stützpunkt entfernt an.

Die *Wellington* Q der No. 172 Squadron der RAF entdeckte U 459 und flog durch die Wolkendecke stoßend an. Das Boot führte eine starke Flabewaffnung, und sobald der angreifende Bomber gesichtet, eröffneten die Geschützbedienungen ein vernichtendes Sperrfeuer mit Zweizentimeter-Geschossen. Die *Wellington* wurde tödlich getroffen, stürzte völlig überraschend auf das Deck des U-Tankers, zerschmetterte den Wintergarten mit den Flawaffen, setzte das Boot in Brand und schlitterte in die See. Der einzige Überlebende des Flugzeugs war der Heckschütze, der von der Besatzung des Bootes geborgen wurde. Es wurde sofort damit begonnen, das Feuer zu löschen, aber dann machte man eine furchtbare Entdeckung. Zwei entsicherte Wasserbomben steckten in den Holzgrätings an Deck. Die Wabos waren auf eine Explosionstiefe von acht Metern eingestellt und konnten daher nicht einfach über Bord geschmissen werden. Die Besatzung begann mit dem gefährlichen Unternehmen, die Wasserbomben zum Heck zu rollen, um sie dann ins Wasser gleiten zu lassen, während das Boot mit äußerster Kraft voraus fuhr. Theoretisch konnte ein U-Tanker vom Typ XIV bei zwölf Knoten Geschwindigkeit zwölf Meter zurücklegen, bevor die Wabos explodierten. Und wiederum theoretisch war das U-Boot dann aus dem Zerstörungsbereich heraus. Aber bei U 459 klappte es nicht. Entweder war eine der Wasserbomben noch nicht ganz am Heck angekommen, bevor sie über Bord ging, oder sie explodierte vorzeitig. Die Detonation erfolgte direkt unter dem Heck des Bootes, zerstörte die Ruderanlage und verursachte erhebliche Schäden im Maschinenraum. Der Kommandant hoffte jedoch, den Schaden reparieren und dann zum Stützpunkt zurückkehren zu können. Aber dann wurde U 459 von einer zweiten *Wellington* angegriffen, die drei Wasserbomben warf und das Boot mit MG-Feuer belegte. Jetzt befahl v. Wilamowitz-Moellendorff die Besatzung von Bord, während er selbst auf der Brücke verblieb. Als sich die Schlauchboote mit den überlebenden Männern und dem geretteten Heckschützen entfernten, winkte ihnen v. Wilamowitz-Moellendorff

Kapitel 17

mit seiner weißen Kommandantenmütze zu. Dann stieg er in das Boot ein, um es persönlich, sozusagen mit eigener Hand, zu versenken. Wenig später war eine kurze, scharfe Explosion zu hören. U 459 versank mit dem Heck zuerst und nahm seinen Kommandanten mit in die Tiefe. So endete der »alte Wilamowitz«, der bereits im Ersten Weltkrieg als Wachoffizier auf U-Booten gefahren war, auf dramatische Weise sein Leben.

Zur gleichen Zeit mußte sich ein U-Boot-Kommandant der jüngeren Generation von den inzwischen kampferfahrenen amerikanischen Streitkräften geschlagen geben. Gerhard Thäter befand sich mit U 466 seit dem 20. Juli vor Französisch Guayana und war während der ganzen Zeit von den Flugzeugen auf Gallion Field und Zandery belästigt worden. Er war verärgert, daß er nicht an den Küstenverkehr herankommen konnte, da er ständig wegen der Luftüberwachung tauchen mußte. Nach vier Tagen entschloß er sich, den Kampf mit den Flugzeugen über Wasser aufzunehmen. Diese Entscheidung traf mit der Ankunft einer weiteren Langstrecken-PBY des VP-94 zusammen. Das Flugboot sichtete U 466 120 Meilen vor der Küste. Der Pilot zögerte nicht einen Moment und ging sofort zum Angriff über. Die U-Boot-Flak schoß das gewohnte furchteinflößende Sperrfeuer, aber er hielt den Anflug durch. Trotz vieler Treffer am Flugzeug gelang es ihm, vier Wasserbomben nahe am Boot abzuwerfen. Thäter änderte im letzten Moment den Kurs, und U 466 drehte von den Wassersäulen der detonierenden Wabos weg, aber die Stoßwellen unter Wasser beschädigten das Boot. Der Pilot kreiste einige Minuten, aber dann zwang ihn der Zustand seiner Maschine, die Aktion abzubrechen und zu seinem 600 Meilen entfernten Stützpunkt in Brasilien zurückzufliegen. Thäter hatte bereits kombinierte Luftangriffe in der Biscaya erlebt und wußte, daß die Piloten sich gelegentlich dem Flakbeschuß aussetzten, aber es überraschte ihn, daß eine einzelne Maschine dem Feuer trotzte und den Anflug fortsetzte.

Drei Stunden waren seit dem Angriff vergangen, genug Zeit, um im U-Boot-Lageraum des Sektors die genaue Position von U 466 zu ermitteln. Wenige Minuten später machte ein Alarmruf eines Ausgucks Thäter auf einen schwarzen Punkt am Horizont aufmerksam, der auf eine anfliegenden Maschine hindeutete. Diesmal entschloß er sich zu tauchen, da er nicht wieder das Risiko eingehen wollte, daß eine tollkühne PBY ihm zu Leibe rückte. Der Turm war bereits 30 Sekunden unter Wasser, bevor die Douglas B-18 aus Zandery über ihn hinwegflog. Das Flugzeug wurde von einem erfahrenen Piloten geflogen. Er schätzte die vermutliche Position des Bootes in der Richtung vor dem Tauchstrudel und warf vier Wasserbomben. U 466 war direkt unter den Wabos, als sie detonierten. Die Erschütterungen waren gewaltig, sie zerschmetterten Einrichtungsgegenstände und beschädigten den Rumpf. Der Pilot der B-18 sah einen großen Ölfleck aufsteigen, der sich ausbreitete. Thäter wartete bis lange nach Anbruch der Dunkelheit, bevor er auftauchte.

In der Nacht und bis zum nächsten Morgen arbeitete das Maschinenpersonal daran, die Schäden zu reparieren. Thäter war besorgt, da das Boot während der Repara-

turarbeiten über Wasser festgenagelt und in diesem Zustand sehr verwundbar war. Um 2 Uhr 30 entdeckten die Ausgucks den Anflug einer weiteren Maschine. Wieder hatte das Metox nicht gewarnt, was wahrscheinlich damit zusammenhing, daß die Piloten ihr Radar nur ganz kurz einschalteten. Zum Tauchen blieb keine Zeit, und die Geschützbedienungen fingen an, den Bomber zu verfolgen und zusätzlich Munition heraufzubringen. Die B-24 *Liberator* der 35th Squadron von Zandery fand U 466 genau an der angegebenen Stelle. Der Pilot war erstaunt über den Geschoßhagel, der ihm entgegenschlug. Er sah, daß der Kommandant das Boot breitseits gebracht hatte, um das kleinstmögliche Ziel für die Wasserbomben zu bieten und seinen Geschützbedienungen ein besseres Schußfeld zu geben. Der Pilot führte den Angriff energisch durch und hörte, wie seine Schützen das Feuer mit ihren Maschinengewehren eröffneten. Als die Maschine fast über dem Boot war, gab es einen furchtbaren Knall, und innerhalb von Sekunden fegte der Fahrtwind durch die Kanzel. Die Zweizentimeter-Geschosse hatten die Nase des Flugzeugs aufgerissen und den vorzeitigen Abwurf der Wasserbomben ausgelöst. Der Pilot zog sein beschädigtes Flugzeug hoch, während die Wabos außerhalb ihres Zerstörungsbereiches detonierten. Der an Backbordseite befindliche äußere Motor brannte, und der Rumpf war von Einschlägen durchsiebt. Nachdem er den Motor abgeschaltet und dafür gesorgt hatte, daß die Verwundeten erste Hilfe erhielten, sah er, wie das U-Boot tauchte. Die B-24 hatte sich brennend und schwer beschädigt entfernt, weshalb man auf U 466 glaubte, Zeit zum Tauchen zu haben. Der Pilot erkannte seine Chance, und während seine Besatzung damit beschäftigt war, ein kleines Feuer in der Kabine zu löschen und die Verwundeten zu versorgen, wendete er seinen »nasenlosen« Bomber und flog zu dem jetzt wehrlosen U-Boot zurück. Das Boot war bereits unter Wasser, als er die Stelle erreichte, aber trotzdem warf er eine einzelne Wasserbombe über den Tauchstrudel hinweg. Die schwerbeschädigte *Liberator* ging mit einem enttäuschten Piloten am Steuerknüppel auf Heimatkurs. Es wäre sicher erfreut gewesen, wenn er einen Blick in die Zentrale des U-Bootes geworfen und den Funkspruch gelesen hätte, der kurz darauf abgesetzt wurde.
In der Zentrale hatte es ein ziemliches Durcheinander gegeben, als die Schadensmeldungen einliefen und die Verwundeten versorgt werden mußten. Der Funkspruch an den BdU beschrieb die Notlage, in der sich U 466 befand:
»*24. Juli 2033 Uhr (Quadrat) EP 4323 Angriff Liberator abgewehrt. Ein Motor und Schwanz in Brand geschossen. 4 Wasserbomben haarscharf am Heck. Bordwaffenbeschuß. I.WO und ein Soldat schwer, Kommandant, II. WO, Obersteuermann leicht verwundet. Schneller Rückmarsch. Luft(-bedrohung) wie ›Biscaya‹. Ortung Tag und Nacht auf 130–160 cm – fortdauernd – kein Seeverkehr.*«
Für die karibischen Flugzeugbesatzungen konnte es kein größeres Kompliment geben als mit denen in der Biscaya verglichen zu werden, die für die U-Boote zum gefährlichsten Platz geworden war. Thäter war gezwungen, nach nur vier Tagen im Einsatzgebiet den Rückmarsch anzutreten.

Kapitel 17

U 466 war jedoch nicht das einzige Boot, das an diesem Tage einen Luftangriff über sich ergehen lassen mußte. Fast alle Boote waren unter Wasser gedrückt worden oder hatten Wasserbombenangriffe erlebt. Aber gelegentlich hatte es auch Fälle außerordentlicher Kühnheit von seiten einzelner Kommandanten gegeben. Wie zum Beispiel von Kurt Neide (U 415), als er versuchte, Konvoi JT-2 anzugreifen. Der Geleitzug kam mit seinen zehn Handelsschiffen von Nordosten auf Trinidad zu und war besonders stark geschützt. Vier PCs bildeten den engeren Sicherungsschirm, während die Korvetten USS COURAGE und TENACITY und die zur U-Jagd umgebaute Yacht CARNELIAN vier Meilen außerhalb des Gros der Schiffe standen. Zehn Meilen vom Konvoi entfernt operierte eine Gruppe von vier Zerstörern als Außensicherung. Über dem Geleitzug kreisten zwei *Mariners* des VP-204 und zwei vom VP-205. Das Außergewöhnliche war, daß Neide versuchte, in diesen starken Sicherungsschirm einzubrechen, und dann noch aufgetaucht. Um 22 Uhr 21 steuerte *Mariner P-12* des VP-204, die von Lieutenant jg. John Dresbach geflogen wurde, auf ein Radarziel zu und entdeckte U 415 über Wasser. Das Boot machte etwa 15 Knoten und drehte hart nach Steuerbord, als es vom Flugboot gesichtet wurde. Dresbach ging näher heran und versuchte, das Feuer auf sich zu ziehen, aber U 415 fiel nicht darauf rein. Dann flog er die Maschine in einem weiten Kreis nach draußen und drehte zum Angriff ein. Der Pilot war erschrocken, weil das U-Boot eine Leuchtkugel schoß und die Maschine erhellte. Das war normalerweise Sache der Flugzeuge, aber hier erlaubte sich doch tatsächlich ein U-Boot-Kommandant, dies zu tun. Im Licht des Feuerwerkskörpers eröffnete die Flak ein mörderisches Sperrfeuer, und die *Mariner* wurde wiederholt getroffen. Dresbach hielt durch, aber das Boot manövrierte mit hoher Geschwindigkeit, und die Wasserbomben landeten außerhalb ihres Zerstörungsbereiches. Neide operierte nur 38 Meilen von Galera Point an der Nordostecke von Trinidad entfernt, und in einer Wassertiefe von lediglich 90 Metern. Die in der Nähe fliegende *Mariner P-2* vom gleichen Geschwader sah die Leuchtkugel und die Feuerstöße der Leuchtspurmunition, konnte aber wegen eines defekten Radars das Boot nicht einpeilen. Als Dresbach erneut angreifen wollte, war U 415 verschwunden. Die Jagdgruppe der Zerstörer hatte das Feuerwerk ebenfalls gesehen, bekam aber keine Ortung. Sie patrouillierte daraufhin das Gebiet die nächsten 24 Stunden und stellte sicher, daß Neide nicht an den Konvoi herankam.
Auf dem gesamten Kriegsschauplatz kämpften die U-Jagdgeschwader mit den U-Booten. Flugzeuge kamen beschädigt zurück, und verwundete Besatzungsmitglieder mußten eilends in die Militärhospitäler gebracht werden. Bei der VP-32 Squadron war das anders gewesen, als sie U 159 wie im Lehrbuch versenkte, ohne Schäden an Maschine und Besatzung davonzutragen. Am 26. Juli sollte sie eine weitere meisterhafte Vorführung von Trick und perfekter Technik geben, wobei ihr ein in Verlegenheit gebrachter U-Boot-Kommandant unfreiwillig behilflich war. Rudolf Friedrich war mit U 759 auf seiner zweiten Feindfahrt, auf der er einen Schoner und den amerikanischen Frachter MALTRAN (3 513 BRT) versenkt hatte. Seitdem wurde er stän-

dig durch die Luftüberwachung behindert. Die US-Navy wußte, daß zwei U-Boote in der Windward Passage operierten, und vier Geschwader patrouillierten das Gebiet. In den frühen Morgenstunden des 26. Juli hob *Mariner P-12* des VP-32 mit Lieutenant Ralph Rawson am Steuerknüppel von Guantánamo Bay ab, um den Jamaica Channel nach U-Booten abzusuchen, bevor Konvoi TAG-74 das Gebiet am Morgen erreichte. Es war eine unruhige Nacht mit Windgeschwindigkeiten von 60 km/h, und das Meer war übersät von weißen Schaumkronen. Nach Osten hin hatte die Besatzung drei Meilen Sicht, aber in den anderen Himmelsrichtungen nur etwa eine halbe Meile. Es waren schlechte Stunden für eine optische Sichtung, und das Radar war unter diesen Seegangsverhältnissen auch kaum von Nutzen. Trotzdem bekam der Bedienungsmann des Radars früh um 3 Uhr 12 einen Kontakt zwanzig Meilen südlich von Navassa Island zwischen Haiti und Jamaica. Rawson drehte nach Westen, und da er das U-Boot nicht warnen wollte, setzte er Kurs und Geschwindigkeit so ab, daß er die georte Position in einen Abstand von drei Meilen weiter nördlich passieren würde, und schaltete das Radargerät ab. Die *Mariner* näherte sich dem angeblichen Zielort, aber niemand konnte etwas sehen. Rawson setzte den Flug nach Westen fort, dann wendete er, ging auf Angriffshöhe herunter und begann mit einem Radar-geleiteten Anflug. Auf acht Meilen verschwand das Ziel in den Störflecken auf dem Schirmbild, und wieder war nichts zu sehen, als sich das Flugboot über der georteten Position befand. Beim Anflug dicht über dem Meer wurden die Radarwellen vom hohen Seegang reflektiert, während in größerer Höhe nichts zu sehen war.

In den nächsten dreißig Minuten führte Rawson eine Reihe Radar-geleiteter Anflüge durch, aber jedesmal verlor er bei Annäherung den Kontakt. Seine einzige Hoffnung, das U-Boot zu finden, war, eine Leuchtbombe so nahe wie möglich am vermuteten Zielort zu werfen. Er stieg mit der *Mariner* auf 425 Meter und flog erneut an. Als das Radar ein Echo auf eine Meile anzeigte, rief ein Besatzungsmitglied, daß unten breites Kielwasser zu erkennen sei. Rawsen löste die Leuchtbombe im Aufwind des Zieles und sah das U-Boot, das mit hoher Fahrt südostwärts fuhr und eine verräterische Heckwelle nach sich zog. Friedrich muß komplett getäuscht worden sein. Er hatte sich auf die schwere See verlassen, die ihn vor Entdeckung schützte, und die Bewegungen des Flugzeugs haben ihn wahrscheinlich vermuten lassen, daß er nicht geortet worden war. Erst war die Maschine nördlich an ihm vorbeigeflogen, und dann war sie wiederholt, ohne anzugreifen, direkt über ihm gewesen. Jedenfalls drosselte er nicht einmal die Geschwindigkeit, um das markante Kielwasser zu vermeiden. Und selbst als sich die Leuchtbombe entzündete, dachte er wohl noch, nicht gesehen worden zu sein, denn er machte den entscheidenden Fehler zu tauchen. Dadurch kam das Boot in eine höchst verwundbare Lage und dazu noch im hellen Lichterschein. Rawson beobachtete, wie das U-Boot langsamer wurde, brachte die große blaugraue PBM *Mariner* herum und ging in einem Bogen von 180 Grad herunter, um auf Angriffshöhe zu kommen. Der Turm des U-Bootes war noch zu sehen, als das Flugzeug es 40 Sekunden später überflog. Es war ein perfekter Anflug, und vier Was-

Kapitel 17

serbomben gabelten das Boot ein. U 759 setzte die Fahrt in die Tiefe bis auf 2 000 Meter fort. Es war das elfte Boot, das während der neuen Offensive in der Karibik versenkt wurde. Und wieder war die *Mariner* des VP-32 nicht beschädigt worden. VP-94 und VP-32 hatten jetzt je zwei Versenkungen auf ihrem Erfolgskonto. Aber es sollte sich noch zeigen, wer am Schluß die Spitzenposition einnehmen würde: die PBMs oder die PBYs.

Kapitel 18

Luftmacht

Die Frage, wer das beste U-Jagdgeschwader war, blieb nicht lange unbeantwortet. Innerhalb von zwei Tagen sollte der VP-32 Squadron ein weiterer beachtlicher Erfolg beschieden sein, aber ihren Rekord hinsichtlich unbeschädigter Flugzeuge konnte sie nicht länger aufrechterhalten. Diesmal stieß sie auf einen Gegner, der schießen konnte.

U 359 war Ende Juni aus St. Nazaire zu seiner dritten Feindfahrt ausgelaufen. Das Boot sollte in die sonnige Karibik, wo man große Taten von ihm erwartete. Heinz Förster zählte zu den wenigen U-Boot-Kommandanten, denen 1943 völlige Operationsfreiheit gegeben wurde. Er hatte als Kadett die Karibik bereist und verfügte über gute Kenntnisse des Gebietes und seiner Schiffahrt. Förster brachte das Boot durch die Guadeloupe Passage in das Karibische Meer und steuerte dann auf den Raum südlich von Puerto Rico zu. Niemand weiß, wo er zu operieren gedachte, da ihm nur wenig Zeit verblieb, von seinen speziellen Kenntnissen Gebrauch zu machen. Während der vergangenen zwei Wochen hatte Dahlhaus (U 634) die Verteidiger durch sein Verweilen südlich der Mona Passage durcheinandergewirbelt. Die Gegend war durch die Überwachungsflüge der U-Jagdgeschwader voll abgedeckt, und obwohl diese das Boot nicht versenken konnten, zwangen sie Dahlhaus, sich weiter zurückzuziehen, um seiner Besatzung eine Ruhepause zu gönnen. Förster brachte U 359 unwissentlich in das Gebiet, daß U 634 gerade verlassen hatte, und erhielt einen heißen Empfang, der eigentlich für das andere Boot bestimmt gewesen war. VP-32 hatte für die Jagd auf das U-Boot eine Abteilung *Mariners* von Guantánamo zur Naval Air Station San Juan auf Puerto Rico verlegt. Während die PBY *Catalinas* der VP-81 die Anegada Passage und die Gewässer nördlich davon patrouillierten, übernahmen die PBM *Mariners* die Mona Passage und ihre Zugänge. Es war eine dieser Maschinen, die U 359 erwischte.

Um 16 Uhr 52, am Spätnachmittag des 28. Juli, hob Lieutenant jg. D.C. Pinholster mit *Mariner P-1* von Seefliegerhorst San Juan zu einem Überwachungsflug südlich der Mona Passage ab. Er war informiert, daß sich ein U-Boot im Gebiet aufhielt, aber die Radargeräte hatten seine Position in den letzten Tagen verloren und konnten ihm keine genaueren Angaben machen. Pinholster begann mit der Suche bei dunstigen und rauhen Witterungsverhältnissen. Zwei Stunden später befand sich das Flugzeug 120 Meilen südlich der Mona Passage, als der Bedienungsmann des Radars einen Kontakt auf fünf Meilen an Steuerbordseite bekam. Gleich darauf sah Pinholster das breite Kielwasser des U-Bootes, das am Rande eines Regenschauers entlanglief. Es war die

Kapitel 18

nasse Zeit in der Karibik mit vielen Wolkenbrüchen, die die Sicht mitunter auf Null sinken ließ. Der Pilot schob die Gashebel nach vorn, und als die beiden Sternmotoren auf volle Leistung gingen, kippte er die Maschine zum Angriff nach links ab. Das U-Boot marschierte mit 15 Knoten auf östlichem Kurs, als das große Flugzeug mit dem ausgeprägten V-förmigen Leitwerk in den Sturzflug überging. 15 Sekunden später eröffnete U 359 das Feuer. Es war gerade so, als ob die Flak auf die *Mariner* gewartet hätte. Der Bugschütze begann ebenfalls zu feuern, aber das Ziel war noch drei Meilen entfernt, und die Geschosse lagen zu kurz. Es war eine automatische Reaktion auf das Sperrfeuer gewesen, das vom U-Boot aufstieg. Er nahm den Beschuß wieder auf, als die Entfernung nur noch eine Dreiviertelmeile betrug und bestrich mit seinen beiden Maschinengewehren die Brücke des Bootes.

Während des ganzen Anflugs hatte die Flakbedienung auf die *Mariner* gefeuert, aber die Geschosse gingen darüber hinweg. Es kann sein, daß die von der VP-32 praktizierten heftigen Ausweichbewegungen die Richtschützen vom Ziel abgebracht haben. Die meisten anderen U-Jagdgeschwader griffen in einem langen flachen Anflug an und wurden dabei übel zugerichtet. Es kann aber auch sein, daß die See zu rauh war und die Flak deshalb vorbeischoß.

Als Pinholster den Punkt zum Ausklinken erreichte, begann U 359 zu drehen, um den Wasserbomben zu entgehen. Aber diese Drehung in letzter Sekunde half eher dem Piloten als dem U-Boot. Pinholster war direkt in den Angriff hineingefegt, ohne sich eine günstige Position zu verschaffen. Försters Manöver hatte das Boot herumgebracht, so daß das Flugzeug in einem Winkel von 30 Grad herankam, was die Streuung der Wasserbomben begünstigte. Die *Mariner* flog mit Höchstgeschwindigkeit und passierte U 359 in einer Höhe von acht Metern. Vier Wasserbomben verließen den Bombenschacht, während Förster versuchte, mit Gegenruder das Heck des Bootes vom Aufschlagpunkt wegzubekommen.

Das Flugboot stieg in einer steilen Linkskurve nach oben, während Pinholster über die Schulter guckte, um zu sehen, wie die Wasserbomben lagen. Der Heckschütze hatte den Kampf aufgenommen, und die Maschine vibrierte unter den Rückstößen der feuernden Maschinengewehre. Die Wabos explodierten, aber zur Enttäuschung des Piloten stiegen nur zwei Wassersäulen an der Steuerbordseite des U-Bootes auf. Die beiden Explosionen hatten außerhalb des Zerstörungsbereiches stattgefunden, während die zwei anderen Wabos Blindgänger sein mußten. Als der Wassernebel sich verzog, sah der Pilot das U-Boot unverändert weiterfahren, wobei seine Geschütze weiterhin endlose Ströme von Leuchtspurmunition ausspien. Die Maschine entfernte sich, und das Feuer aus seiner Heckkanzel verstummte. Pinholster glaubte, daß sein Angriff fehlgeschlagen war. Sein einziger Gedanke war, mit dem Boot quitt zu werden. Er hatte einen hervorragenden Angriff durchgeführt, das Flugzeug war nur ein- bis zweimal ohne größeren Schaden getroffen worden, aber die Wasserbomben hatten ihn im Stich gelassen. Sein Bombenmagazin war leer, und er beschloß daher einen Bordwaffenbeschuß, wobei er an Backbordseite des U-Bootes kreisen wollte, damit alle seine MG-Kanzeln zum Tragen kamen. Zu diesem Zeitpunkt lag U 359 gestoppt, nachdem es sehr schnell mit der Fahrt heruntergegangen war. Es stand eine rauhe See, das Wasser strömte vom U-Bootkörper herunter, und mitunter war nur der Turm zu sehen. Der Bug- und der Heckschütze schossen drauf los, aber die schwereren Waffen des U-Bootes hatten eine größere Reichweite als die Maschinengewehre des Flugzeugs. Bisher hatte die Flak auf den stampfenden und rollenden Geschützplattformen die *Mariner* nicht richtig ins Visier bekommen können, und Pinholster war der Meinung, daß das Boot deswegen gestoppt hätte. Kurz nachdem das Flugboot seine ersten Runde beendet hatte, fanden die Richtschützen des Bootes ihr Ziel. 3,7-cm- und 2-cm-Geschosse trafen fast jeden Teil des Flugbootes. Der Heckschütze und der Rumpfschütze an Steuerbord wurden schwer verwundet, und der Rumpf wies große Löcher auf. Nachdem die Maschine stark beschädigt und zwei seiner drei Bordwaffenpositionen außer Gefecht waren, entschloß sich Pinholster, zum Seefliegerhorst auf Puerto Rico zurückzukehren. Die Sicht betrug nur sechs Meilen, aber kurz bevor das U-Boot im Dunst verschwand, sah ein in der Heckluke stehender Marine-Fotograf, der zurückblickte, wie die Explosionssäule einer Wasserbombe den Turm des Bootes verdeckte. Er schrie ins Mikrophon, um den Piloten zur Rückkehr zu veranlassen, aber die Bordsprechanlage war zerschossen worden. Die *Mariner* donnerte weiter auf Nordkurs, und der Pilot war voll damit beschäftigt, die Schäden abzuschätzen, nicht ahnend, welches Drama sich auf dem U-Boot abspielte. Die Verwundeten mußten versorgt und das Flugboot zur Landung vorbereitet werden. Es war nur ein kurzer Weg bis Puerto Rico, und es gab keine Gelegenheit, um mit dem Piloten zu sprechen. Erst als Pinholster seine Maschine auf das Wasser aufsetzte und schnell auf die Rampe zusteuerte, erfuhr er, was der Fotograf wahrgenommen hatte. Der hatte allerdings nicht beobachtet, daß das Boot sank, und er war sich überhaupt nicht ganz sicher, was er gesehen hatte. Aber gesunken war U 359. Den ganzen nächsten Tag patrouillierten Flugzeuge den Angriffsort, aber alles, was sich zeigte, war ein großer Ölfleck. Die Amerikaner riegelten sofort die Mona und die Anegada Passagen ab, für den Fall, daß das beschädigte U-Boot versuchen sollte, aus dem Karibischen Meer zu entkommen. Dem Piloten wurde die Beschädigung eines U-Bootes anerkannt, aber gleichzeitig wurde er getadelt, daß er durch den Angriff mit Bordwaffen sein Flugzeug unnötig in Gefahr gebracht hätte. Man war der Meinung, er hätte besser abdrehen und Hilfe anfordern sollen. Dabei trug alles, was Pinholster getan hatte, zum Ende von U 359 bei.

Während eine der vier Wabos versagte, hat die andere wahrscheinlich das Deck des Bootes getroffen und ist dort liegengeblieben. Sie wäre explodiert, wenn Förster getaucht wäre, was jedoch nach seinem Sieg über das Flugzeug nicht nötig war. Wahrscheinlicher ist, daß die Besatzung – vor allem auch die vielen Bedienungsleute der verstärkten Flak – mitbekam, wie die Bombe auf Deck aufschlug. Bei U 158 im Juni 1942 waren die Geschütze nicht besetzt gewesen, und es ist möglich, daß damals keiner gesehen hatte, wie die Wasserbombe an Deck steckenblieb. Aber im

KAPITEL 18

Fall von U 359 ist das eher unwahrscheinlich. Die Besatzung hat die Bombe in der schweren See vermutlich hin- und herrollen sehen, und das könnte der Grund gewesen sein, warum das Boot so plötzlich stoppte. Wenn die *Mariner* die Geschützbedienungen nicht beschäftigt gehalten und das Deck mit Bordwaffenbeschuß belegt hätte, dann wäre der Besatzung Zeit geblieben, mit der drohenden Gefahr fertig zu werden. Es müssen Minuten des Schreckens gewesen sein, als man sah, wie die Wabo von den über Deck waschenden Wellen herumgerollt wurde, ohne daß man etwas tun konnte. Nachdem das Flugboot fort war, hat es sicher einen wilden Kampf gegeben, um das Ungeheuer einzufangen. Aber die Besatzung verlor das Rennen, da die Wasserbombe bei ihren verzweifelten Bemühungen auf dem schwer arbeitenden Boot über Bord gegangen ist. Bis zu ihrer Explosionstiefe waren es zwei Sekunden, und U 359 lag gestoppt und hatte keine Chance.

VP-32 hatte innerhalb von zwei Wochen ihr drittes U-Boot versenkt und nahm damit die Spitzenstellung unter den U-Jagdgeschwadern ein. Aber *Mariner P-1* hatte dafür zahlen müssen. Sie hatte 173 Einschüsse, und es grenzt an ein wahres Wunder, daß Pinholster sie schwimmend bis zur Rampe brachte. U 359 war das fünfte U-Boot, das im Juli 1943 in der Karibik verloren ging.

Der 28. Juli war ein emsiger Tag für die Funkgasten, denn alle Boote berichteten über ihre Tätigkeit in der letzten Woche und über die Kämpfe mit den Flugzeugen. Die alliierten Funkaufklärer peilten die Funksprüche ein und errechneten die Positionen der Boote. Die karibische Offensive erwies sich als Fehlschlag, obwohl es U 615 (Kapitzky) an diesem Tag gelang, ein Handelsschiff zu versenken. Am Abend kam Feiler (U 653) vor der Küste Holländisch Guayanas unter Beschuß. Eine Douglas B-18 von Zandery entdeckte ihn 90 Meilen nördlich von Paramaribo und brauste heran. Feiler hatte das Boot gut im Griff, und seine Flakbedienung zwang die B-18, den Überfall abzubrechen. Gleich nachdem die Maschine abgedreht hatte, tauchte U 653, und als der Bomber erneut anfliegen wollte, war das Boot verschwunden. Zweieinhalb Stunden später erhielt die B-18 erneut Radarkontakt, aber der Pilot konnte das Boot nicht ausmachen. Er zog die Maschine auf 650 Meter hoch, warf eine Leuchtbombe und sah, wie das U-Boot tauchte. Es gab nicht genügend Zeit für einen normalen Angriff, weshalb der Pilot seine Wabos aus 500 Meter Höhe abwarf. U 653 war weit von den Detonationen entfernt, aber am Abend fragte Feiler den BdU, ob er das Gebiet verlassen könnte. Er konnte keine Handelsschiffe versenken, und die Flugzeuge machten ihm das Leben schwer. Er erhielt die Erlaubnis und führte das Boot etwas weiter von der Küste weg. Fast zeitgleich rückte jedoch U 406 (Dieterichs) in den gefährlichen Raum vor dem Stützpunkt Zandery ein.

Im fernen Frankreich wurde inzwischen ein weiterer Operationsplan in Gang gesetzt, der im Falle seines Gelingens die Verteidiger auf Trinidad sicherlich verunsichert hätte. Am 27. Juli war U 383 unter Kptlt. Horst Kremser und am 29. Juli U 218 unter Kptlt. Richard Becker aus Brest ausgelaufen. Das VIID-Boot U 218 war als Minenleger ausgerüstet und sollte die Third Boca bei Trinidad verminen. Es war der einzige unverminte Zugang zum Golf von Paria, der von allen Schiffen benutzt wurde. Der Auftrag mißlang, da beide Boote bereits kurz nach Auslaufen von der RAF erwischt wurden. U 383 blieb nach einem Angriff einer *Sunderland* mit Schlagseite liegen, und U 218 erhielt – ebenso wie zwei weitere Boote – Befehl, dem beschädigten Boot zu Hilfe zu kommen. Doch ehe sie eintrafen, sank U 383 am 1. August, trotz großer Anstrengungen des Maschinenpersonals und offenbar ohne nochmalige Feindeinwirkung, mitsamt seiner ganzen Besatzung. Wie es dazu kommen konnte, bleibt ein Rätsel. U 383 und U 218 waren die letzten beiden Boote, die für die große karibische Offensive im Sommer 1943 vorgesehen waren.

Zu dieser Zeit war sich der BdU bereits darüber im klaren, daß das Karibik-Unternehmen fehlgeschlagen war. Die Operation blieb wegen der Schwierigkeiten in der Biscaya und mit den U-Tankern sowie aufgrund der außerordentlich starken Luftabwehr in der Karibik stecken. Es war ein hervorragender Plan gewesen, der jedoch zu spät umgesetzt wurde. Aber es war ja nicht aller Tage Abend, denn zu diesem Zeitpunkt standen noch 14 hierfür angesetzte U-Boote in See. Und alle mußten wieder nach Hause gebracht werden, was sich inzwischen als schwieriger erwies, als sie herauszubringen.

Der 30. Juli sollte ebenso hektisch werden wie die vorhergehenden Tage. Die Verteidiger waren siegesgewiß, und sie warfen sich den verbliebenen U-Booten mit erneuter Energie entgegen. Dieterichs war mit U 406 in das von U 653 verlassene Gebiet vor Holländisch Guayana marschiert und operierte nur fünfzehn Meilen von der Küste entfernt, als die 35th Bombardment Squadron das Boot entdeckte. Eine B-18 flog zweimal vorbei, ohne das U-Boot zu erkennen. Beim dritten Anflug warf der Pilot eine Leuchtbombe, aber als sie aufleuchtete, eröffnete die Flak das Feuer. Der Pilot zögerte nicht, durchflog das heftige Sperrfeuer und setzte fünf Wasserbomben neben das Boot. Keine der Wabos war im Zerstörungsbereich, und während der Pilot sich mühte, die beschädigte Maschine in der Luft zu halten, tauchte Dieterichs. Seine Gegenwart so nahe vor der Küste sorgte für Unruhe, da man sofort annahm, daß das Boot den Zugang zum Hafen von Paramaribo vermint hätte. Einige Minensucher wurden von Trinidad aus losgeschickt und die Luftüberwachung verstärkt.

In der folgenden Nacht um 22 Uhr 11 ortete Lieutenant L.D. Crockett mit seiner *Mariner P 11* der VP-204 Squadron U 406 120 Meilen nördlich von Paramaribo. Dieterichs hatte sich von dem Wespennest, in das er gestochen hatte, abgesetzt. Crockett konnte das Boot optisch nicht ausmachen und warf daher eine Leuchtbombe. Aber nachdem sie gezündet hatte, setzte sofort heftiger Flakbeschuß ein. Da sich Crockett in einer ungünstigen Lage befand, wich er aus und versuchte, in eine bessere Anflugposition zu kommen. Das große Flugboot kam heran, und sofort wurde es von Flakgeschossen getroffen. Eine Zweizentimeter-Granate durchschlug die Nase des Flugzeugs und traf den Kopiloten Lieutenant jg. Hershey in den Magen, so daß der Angriff abgebrochen werden mußte. Als sie den sterbenden Piloten aus dem Cockpit zerrten, flog Crockett zum U-Boot zurück und warf zwei weitere Leuchtbomben. Dieterichs hatte alle Zeit der Welt gehabt, um zu tauchen, aber er blieb über Wasser. Es war richtig, denn die P-11 griff jetzt von vorn an und warf vier Wabos, die aber alle außerhalb des Zerstörungsbereiches detonierten. Als der Kopilot im hinteren Teil des Flugzeugs starb, drehte Crockett nach Chaguaramas ab. Er verließ die Stelle wutentbrannt und voller Rachegefühle, und es sollte nicht lange dauern, bis ein U-Boot dafür büßen mußte.

In der Biscaya hatten die U-Boote mit dem 30. Juli einen weiteren verheerenden Tag hinter sich gebracht. Die U-Tanker U 461 (Stiebler) und U 462 (Vowe), die von U 504 (Luis) begleitet wurden und sich gegenseitig schützen sollten, wurden Opfer von kombinierten Luftangriffen und von Captain Walkers Second Support Group. Alle drei Boote wurden nach heftiger Gegenwehr versenkt. Der Verlust der beiden Tanker brachte die Anzahl der in den letzten fünf Wochen verloren gegangenen Versorgungsboote auf fünf, womit das Ende der laufenden karibischen Offensive praktisch besiegelt war. U 117 (Neumann) konnte unmöglich alle Boote bedienen, und der BdU mußte sofort handeln. Dort wußte man immer noch nichts vom Verlust von U 67 (Müller-Stöckheim), U 527 (Uhlig) und U 459 (v. Wilamowitz-Moellendorff). Die Versenkung der beiden »Milchkühe« in der Biscaya bewirkte, daß einige Boote vor Beendigung ihres Einsatzes aus der Karibik zurückgezogen werden mußten. U 84 (Uphoff), U 134 (Brosin) und U 572 (Kummetat) wurden aufgefordert, den Rückmarsch anzutreten.

Am letzten Julitag wurden drei U-Boote von den Flugzeugen in der Karibik angegriffen. Dahlhaus hatte U 634 aus der sicheren Ecke südlich von Hispaniola herausgebracht und war östlich zur Anegada Passage gefahren, wo er beim Überwassermarsch von einer *Catalina* der VP-81 entdeckt und bombardiert worden war. Er setzte sich daraufhin südlich in das Karibische Meer ab. Carlsen hatte mit U 732 die gefährliche Windward Passage hinter sich gelassen und das Gebiet südlich Haitis aufgesucht, um seiner Besatzung eine Ruhepause zu geben. Kaum war er dort angekommen, wurde er von einer *Catalina* der VP-92 entdeckt. Alle Wasserbomben explodierten jedoch außerhalb des Zerstörungsbereiches. Carlsen hatte seit seiner Ankunft in der Karibik vor drei Wochen seine Sache gut gemacht, denn U 732 war nicht beschädigt worden. Es gelang ihm, diese Leistung aufrechtzuerhalten, und er sollte der einzige sein, der bei 32 eingesetzten Booten die Offensive mit einem unbeschädigten Boot überstand. Das konnte von U 572 (Kummetat) leider nicht gesagt werden. Der Rückrufbefehl erreichte das Boot nahe Tobago, wo es ständig den Hunter/Killer-Gruppen ausweichen mußte. Aus irgendeinem Grund trat U 572 den Rückmarsch nicht sofort an. Kummetat erlebte seinen ersten Luftangriff in der Karibik am 1. Juli, als er nördlich von Puerto Rico eintraf. Von da an hatte er es mit praktisch jedem U-Jagdgeschwader im *Trinidad Sector* zu tun bekommen und trotz einiger Beschädigungen alle Angriffe abgewehrt. Seine fortdauernde Anwesenheit in der Nähe von Trinidad beunruhigte die Verteidiger, und jedes Mal, wenn er einen Funkspruch absetzte, wurde seine neue Position eingepeilt. Alle U-Jagdeinheiten hatten den besonderen Auftrag, U 415 und U 572 zu vernichten, da beide Boote unverfroren dicht vor Trinidad operierten. Kummetat verließ dies Gebiet widerstrebend und trat nur langsam den Rückmarsch an.

180 Meilen östlich von Trinidad zeigte um 22 Uhr 11 das Radar der *Mariner P-2* der VP-205 ein Echo an. Der Pilot zog das Flugboot nach oben und warf eine Leuchtbombe über der georteten Position. Im Schein des Feuerwerkskörpers sah er U 572 beim Überwassermarsch nach Osten. Die Flak des Bootes eröffnete jedoch sofort das Feuer und beobachtete befriedigt, wie das Flugzeug abdrehte. Kurz darauf hörte sie die Maschine erneut herankommen, aber sie war sehr hoch. Der Pilot versuchte eine andere Taktik, indem er zwei Sprengbomben abwarf. Während des gesamten Angriffs hielten die Geschützbedienungen ihr akkurates Feuer aufrecht, was von den Maschinengewehren der *Mariner* beantwortet wurde. Kummetat hatte sicher mit einer weiteren Leuchtbombe gerechnet und war erstaunt, bombardiert zu werden. Die beiden Bomben detonierten mit großem Getöse, aber sie waren zu weit entfernt, um Schaden am Boot anzurichten.

Durch die Explosionsblitze verlor der Pilot das U-Boot aus den Augen und beschloß, Katz und Maus zu spielen. Als das Flugzeug abdrehte, wird Kummetat seinen Geschützbedienungen sicher zu ihrem Erfolg gratuliert haben, denn durch das Sperrfeuer hatte sich der Pilot für einen Höhenangriff entschieden und war dann verschwunden. Aber wie immer nach einem erfolgreichen Gefecht ließ die Aufmerksamkeit nach, und das war auch bei U 572 der Fall. Niemand auf der Brücke des Bootes vermutete, daß die *Mariner* zurückkehren würde. Der Pilot wartete jedoch westlich des U-Bootes, und nach zwei Stunden begann er, sich an sein Opfer heranzupirschen. Ausgehend von dem Radarkontakt koppelte er den bisherigen Kurs des U-Bootes vor und ging in den Tiefflug über. In einiger Entfernung hinter dem U-Boot entdeckte er das Kielwasser und begann den Endanflug in 40 Metern Höhe. U 572 wurde völlig überrascht, und die Flak schoß erst, als die *Mariner* bereits heran war. Vier Wasserbomben fielen herab, als die Maschine über das Boot hinwegdonnerte. Die Wabos detonierten, aber auch die *Mariner* wurde getroffen, obwohl der Pilot versuchte, den Garben der Leuchtspurmunition auszuweichen. Als er seine beschädigte Maschine über die Stelle zurückbrachte, sah er nur noch die vier Markierungslichter, die ihm anzeigten, wo die Wabos ins Wasser gefallen waren. Es war schwierig für ihn, die beschädigte *Mariner* in der Luft zu halten. Der Navigator und einer der Maschinengewehrschützen waren verwundet, und daher entschloß er sich, nach Chaguaramas zurückzukehren, ohne zu wissen, was mit dem U-Boot geschehen war. U 572 hatte jedoch überlebt, aber es war beschädigt worden. Kummetat nahm dies nicht als Warnung und trödelte weiter, gerade so als ob er die Karibik nicht verlassen mochte. VP-205 hatte ihre Visitenkarte abgegeben, und es war ihre Absicht, noch eine weitere zu hinterlassen. Das Geschwader wollte sich das U-Boot nicht entgehen lassen, und bevor die Nacht vorüber war, wurden zwei weitere *Mariners* von Chaguaramas auf die Angriffsposition eingewiesen.

KAPITEL 18

Die RAF hatte die Biscaya zu einem Katastrophengebiet für die U-Boote gemacht und in sechs Wochen dort 19 von ihnen versenkt. Um dieses Ergebnis zu erreichen, hatte sie 57 Flugzeuge verloren, was kein zu hoher Preis war, wenn man bedenkt, welches Unheil ein U-Boot anrichten konnte. Die Verluste waren in erster Linie darauf zurückzuführen, daß die U-Boote die Biscaya über Wasser durchqueren mußten. Sobald dies Verfahren geändert wurde, gingen die Verluste radikal zurück. Es dauerte zwar länger, die Biscaya getaucht zu durchfahren, aber es war unendlich sicherer.

In der Karibik waren die U-Boote mit den Flugzeugen in einem Kampf auf Leben und Tod verwickelt, der beide Seiten wegen seiner Intensität überraschte. Mehr als drei Dutzend Zusammenstöße hatte es gegeben, und fast immer waren die Flugzeuge schwer beschädigt worden. Aber auch alle U-Boote hatten Schäden davongetragen, wozu noch das Problem der Versorgung ihrer Verletzten kam. Während die Flugzeuge ihre Verwundeten schnell zu den Hospitälern bringen konnten, war dies den U-Booten nicht möglich. Anfang des Monats war der Ruf nach einem Arzt für jedes Boot laut geworden. Jetzt mußten sie einen U-Tanker aufsuchen, um ärztliche Hilfe zu erhalten. Aber wo waren die U-Tanker? Das Resultat war, daß die verwundeten Besatzungsmitglieder eine Rückreise von 4 000 Meilen vor sich hatten, bevor sie medizinisch versorgt werden konnten. Viele starben und wurden in den Weiten des Atlantik beigesetzt.

Während des Monats Juli hatten die U-Jagdgeschwader fünf U-Boote, die in die Karibik gekommen waren, versenkt. Das war beinahe mehr, als im ganzen Jahr 1942. Außerdem waren fünf U-Boote auf dem Anmarsch und zwei auf dem Rückmarsch verloren gegangen. Insgesamt hatte die Offensive in der Karibik bereits zwölf Boote gekostet, während 14 weitere, die im Gebiet operierten, noch den gefährlichen Heimweg vor sich hatten. Und was hatten sie erreicht? Die Offensive war ein Mißerfolg. Die beschädigten Flugzeuge zählten nicht, denn die U-Boote waren ja nicht in die Karibik gekommen, um Flugzeuge zu bekämpfen, sondern um Handelsschiffe zu versenken. Allen zusammen fielen nur drei Tanker, zwei Frachter und zwei Schoner zum Opfer. Zwei weitere Frachter wurden beschädigt. Gemessen am erbrachten Einsatz, war es eine schlechte Rendite. Der Fehlschlag beruhte jedoch auf einem falschen taktischen Konzept für den karibischen Kriegsschauplatz.

Das gewaltige Gebiet der Karibik vom hohen Norden im Golf von Mexiko über 3000 Meilen bis an die Grenze zwischen Französisch Guayana und Brasilien, und an einigen Stellen mit einer Breite von mehr als 1000 Meilen, war von einer anderen Größenordnung als die nordatlantische Konvoiroute. Am Anfang hatten sich die U-Boote über den gesamten Bereich verteilt und, da die Verteidigung schwach war, ihn mühelos in Brand gesetzt. Das unbeschwerte Jagen im »Waidmanns-Heil«-Stil funktionierte, weil die Amerikaner dem Ansturm nicht gewachsen waren, doch 1943 war dies eine überholte Einstellung. Die anfänglichen Erfolge der Deutschen hatten die Amerikaner gezwungen, sich über das ganze Gebiet zu verteilen und es zu verteidigen. 1943 hätten sich die U-Boote konzentrieren und jeweils in einem Gebiet

KAPITEL 18

angreifen müssen. Seit der Operation *Neuland* war es nicht mehr zu Konzentrationen gekommen – und das war verhängnisvoll, denn jetzt waren an allen Ecken U-Jagdeinheiten stationiert, die sich der einzelnen Boote annehmen konnten.
Es kommt einem so vor, als ob die Boote in weit verzweigte Operationsgebiete geschickt und dann einfach ihrem Schicksal überlassen wurden. Wenn nur ein Bruchteil der Stabsarbeit, die in einen Rudelangriff auf einen nordatlantischen Konvoi floß, darauf verwandt worden wäre, die U-Boote in der Karibik zusammenzufassen, dann hätte man die Schiffahrt zum Erliegen gebracht. Ungeachtet der starken Verteidigung hätten die eingesetzten 22 Boote besser genutzt werden können. Ob im Golf von Mexiko, zwischen Aruba und der Windward Passage, vor Trinidad oder entlang der Bauxitroute, in jedem dieser Gebiete wäre der Schiffsverkehr gestoppt worden. Die Amerikaner wären dann gezwungen gewesen, ihre Streitkräfte schnellstens zu verlegen, um den Ansturm abzuwehren. Und wenn die U-Boote dann eine verstärkte Abwehr festgestellt hätten, dann hätten sie anderswo einen Schwerpunkt bilden können. Die Initiative wäre bei den Deutschen geblieben. Sie hätten nach Belieben zuschlagen können, aber statt dessen beugten sie sich dem Druck der Amerikaner. Das war eigentlich nicht typisch für die Arbeit eines deutschen Stabes.
Durch den endgültigen Mißerfolg der U-Boote im Juli überholte das amerikanische Schiffsneubauprogramm schließlich die Tonnageverluste. Die Vorstellung einer Bedrohung des Panama Kanals durch Flugzeuge und Fallschirmjäger aus Südamerika wurde zu den Akten gelegt. Nur die U-Boote bildeten eine Gefahr, und daher wurde alles unternommen, sie zu besiegen. Es zeigte, wie weit die US-Navy seit den schwarzen Tagen 1942 gekommen war, als sie noch nach der Pfeife der U-Boote tanzen mußte. Juli war ein großer Sieg für sie, aber die Auseinandersetzung war noch nicht vorüber, und der größte Kampf sollte noch stattfinden.
Das vierte Boot, das vor Brasilien verloren ging, war U 598 (Holtorf), das von den B-24 *Liberators* des VB-107 am 23. Juli nordöstlich Fortaleza wiederholt angegriffen und zerstört wurde. Eine der angreifenden Maschinen flog dabei so tief, daß sie von der Explosion der eigenen Wasserbomben vernichtet wurde, wobei die zwölfköpfige Besatzung den Tod fand. (U 598 hatte im August 1942 in der Windward Passage operiert und an dem Kampf um Konvoi TAW-12 teilgenommen.) Am 30. Juli fiel U 591 (Ziesmer) einer *Ventura* der VB-127 südöstlich von Recife und am 31. Juli U 199 (Kraus) einer *Mariner* von VP-74 südöstlich von Rio de Janeiro zum Opfer. Sechs Boote waren damit bereits vor der brasilianischen Küste in Verlust geraten. Nördlich von diesem Kriegsschauplatz befand sich Eick mit U 510 und fühlte sich wie auf einem Abstellgleis. Er hatte sich zwar zwei Wochen aus allem Ärger heraushalten können, aber das wurmte ihn. Ein Grund dafür, daß er nicht angegriffen worden war, bestand in dem Befehl, weit ab von der Küste der Guayanas auf dem Verkehrsweg entlang der 200-Meter-Linie zu patrouillieren. Der BdU war überzeugt, daß die Schiffahrt diese Route benutzen würde, die 1942 sehr populär gewesen war, aber 1943 hielten sich die Konvois wegen des besseren Schutzes durch die Flugzeuge in

KAPITEL 18

Küstennähe. Dort schränkte das flache Wasser die Bewegungsfreiheit der U-Boote zudem stark ein.

Eick hatte sich dafür eingesetzt, die Gegend verlassen zu dürfen, aber ohne Erfolg. Doch dann änderte der BdU auf Grund der Situation seine Meinung. Zunächst war U 590 (Krüer) auf der landnahen Route versenkt worden, danach erwischte es U 662 (Müller). Thäter (U 466) hatte sich zu sehr mit den Flugzeugen angelegt und war zur Rückkehr gezwungen worden. Dann nahm Kandler (U 653) seinen Platz ein, wurde jedoch von den U-Jagdkräften genötigt, nach See hin auszuweichen. Ihm folgte Dieterichs mit U 406, der die Verteidiger ziemlich aufgemischt hatte, aber auch er mußte sich wegen der Luftangriffe zurückziehen. Innerhalb drei Wochen waren auf der Bauxitroute fünf U-Boote nacheinander verbraucht worden, und jetzt war sie für U 510 frei. Der BdU gab nach, und Eick brachte sein Boot an die Küste heran. Im Gegensatz zu den anderen Booten gelang es U 510, den Flugzeugen auszuweichen. Am 1. August stieß Eick auf den stark gesicherten Konvoi JT-2, der von Rio de Janeiro nach Trinidad unterwegs war. Er lief über Wasser an, aber um 18 Uhr 20 wurde der Turm des Bootes von dem führenden Zerstörer USS SOMERS gesichtet, der auf ihn zudrehte. U 510 tauchte, doch der Zerstörer hatte alsbald Asdic-Kontakt. Das Boot befand sich nur 30 Meilen nördlich von Paramaribo in sehr flachem Wasser. Trotzdem gelang es Eick, sich den donnernden Wabo-Explosionen zu entziehen. Sobald der Konvoi in sicherer Entfernung war, verließ USS SOMERS den Angriffsort, eilte hinter den Schiffen her und signalisierte, daß er das U-Boot weit hinter sich gelassen hätte. Aber Eick war ein eigensinniger Zeitgenosse.

Sieben Stunden später, um 1 Uhr morgens, ortete eines der Geleitfahrzeuge ein schnell von achtern aufkommendes Ziel. Wieder verließ USS SOMERS seine Schützlinge und dampfte nach Süden, um sich des Eindringlings anzunehmen. U 510 mußte eine weitere heftige Waboverfolgung über sich ergehen lassen, doch wieder gelang es Eick, trotz des flachen Wassers zu entkommen. Der Zerstörer hielt sich diesmal länger über dem Asdic-Kontakt auf, aber schließlich mußte er zurück, da der Konvoi die Gewässer um Trinidad erreichte, in denen einige andere schwer zu fassende U-Boote operierten. Um 9 Uhr morgens wurde USS SOMERS informiert, daß sich ein U-Boot hinter dem Geleitzug befand. Die Korvette USS SURPRISE erhielt Befehl, sich um den Störenfried zu kümmern. Aber bevor sie den fraglichen Ort erreichte, war U 510 bereits tief unter Wasser und schlich davon. Der Kommandant des Zerstörers war überzeugt, es mit einem außergewöhnlich hartnäckigen U-Boot zu tun zu haben, und forderte die Korvette auf, hinter dem Konvoi zu bleiben und aufzupassen.

Eine Stunde später sah er zu seiner Überraschung, wie USS SURPRISE erneut zu einem Angriff anlief. Und wieder war es Eick. Die Korvette pflasterte die Gegend mit Wasserbomben, so daß sogar Schlick vom Meeresboden aufgeschwemmt wurde, aber das U-Boot schlüpfte davon. Trotz stundenlanger Jagd konnte die Korvette den Kontakt nicht wiedergewinnen. Kaum hatte sie ihren Platz hinter dem Konvoi eingenommen, traf ein weiterer Bericht über ein sich von achtern näherndes U-Boot ein. Der Kommandant des Zerstörers hatte die Schnauze voll, und USS SOMERS preschte nach Süden, um der Sache ein für allemal ein Ende zu bereiten. Eick tauchte in den Schlamm des Orinoco-Deltas und zählte die Wabo-Explosionen. Schließlich verließ der Zerstörer das Gebiet, überzeugt, das U-Boot zerstört und seine Teile über den ganzen Meeresboden verteilt zu haben.

Diesmal benötigte Eick etwas länger, aber um 21 Uhr 20 unternahm er seinen sechsten Anlauf. Die Geleitfahrzeuge konnten es nicht glauben, sie rasten nach Süden und belegten den Bereich rund um das U-Boot mit Wasserbomben. Danach forderten sie das Luftgeleit auf, sich hinter den Konvoi zu setzen, um sie gegen diesen verrückten U-Boot-Kommandanten zu schützen. An den beiden Tagen, an denen Eick JT-2 verfolgte, hat keines der Flugzeuge U 510 jemals zu Gesicht bekommen. Es zeigt die Qualität dieses U-Boot-Kommandanten und auch, was man hätte erreichen können, wenn er nicht allein gewesen wäre.

Es waren nicht die Flugzeuge, die JT-2 vor weiteren Angriffen retteten. Es war der BdU, der auf die dramatische Situation durch die verloren gegangenen U-Tanker reagierte. Nachdem U 461 und U 462 gesunken waren, gab es keine Hoffnung mehr, den Einsatz in weit entfernten Gebieten fortzusetzen. Der erste Funkspruch des BdU rief U 68 (Lauzemis), U 123 (v. Schroeter), U 505 (Zschech) und U 523 (Pietzsch) zurück. Die Boote waren am 1. August mit verstärkter Flabewaffnung ausgelaufen und hatten Order, sich durch die Biscaya hindurchzukämpfen. Aber inzwischen war der Groschen gefallen. In einem zweiten Funkspruch wurden alle Boote angewiesen, jeglichen Versuch zu unterlassen, die Biscaya über Wasser zu durchqueren. Künftig sollten sie einzeln und unter Wasser marschieren und nur nachts zum Aufladen der Batterien auftauchen. Der dritte Funkspruch befahl Piening (U155) und Stahl (U 648), sofort zusammen mit U 309 (Mahrholz) und U 190 (Wintermeyer) zurückzukehren. Sie erhielten Befehl, die Biscaya dicht unter der spanischen Küste, ohne Rücksicht auf territoriale Gewässer, zu durchfahren. Das war ein rigoroser Schritt, aber die Situation erforderte das. Der vierte Funkspruch forderte Eick (U 510), Kummetat (U 572) und Kandler (U 653) auf, die Karibik sofort zu verlassen und sich mit dem U-Tanker U 117 zu treffen. Die drei Boote hatten am längsten im Gebiet operiert und waren alle knapp an Brennstoff. Aber es gab noch weitere, die sich in einer kritische Lage befanden. Neide (U 415), der sich als einer der verwegensten Kommandanten erwiesen hatte, teilte mit, daß er wegen Treibstoffmangel die Karibik verlassen müsse. Der BdU reagierte, indem er nunmehr alle Boote aufforderte, sofort zu den Stützpunkten zurückzukehren, und hinzufügte, daß Bebunkerung nur noch in Notfällen möglich sei. Es war das erste Zugeständnis einer Niederlage und der Trompetenstoß, der den Rückzug der U-Boote ankündigte – aber es war noch immer nicht das Ende des Kampfes.

Nach einer alten militärischen Regel sind die Verluste größer, wenn man dem Gegner den Rücken zukehrt, als wenn man kämpft. Das sollte auch bei den U-Booten

Kapitel 18

der Fall sein. U 572 war das erste Boot, das verloren ging. Kummetat schlenderte nach einer Feindfahrt, die unter den Verhältnissen 1943 als erfolgreich bezeichnet werden kann, nach Hause. Er hatte zwei Schoner versenkt, die Verteidiger auf Trinidad zur Verzweiflung gebracht, war in den Dragon's Mouth eingelaufen und neun Mal gesichtet worden, aber immer wieder entwischt.

Die Amerikaner hatten seine Funksprüche eingepeilt und ihn trotzdem nicht festnageln können. Während er einen Tanker verfolgte, hatte er eine *Mariner* des VP-204 mit seinen Lichtern zum Narren gehalten und war davongekommen. Er überstand sechs ernsthafte Luftangriffe, in deren Verlauf er durch Flakeinsatz fünf Flugzeuge beschädigte und in jedem von ihnen Besatzungsmitglieder verwundete. Und schließlich entkam er dem VP-205, obwohl er völlig überrascht worden war. Die Verteidiger auf Trinidad wollten dieses Boot um jeden Preis. Alles das wußte Kummetat, und trotzdem bummelte er auf dem Rückmarsch. Da das so war, gab ihm der BdU auf dem Heimweg noch eine weitere Aufgabe. Dieterichs (U 406) hatte vor den Guayanas eine harte Zeit durchgestanden und fast seine ganze Flakmunition aufgebraucht. Da U 572 noch in der Nähe war, wurde Kummetat aufgefordert, sich mit Dieterichs zu treffen und Munition und Schmierfett zu übergeben. Die Zusammenkunft sollte 600 Meilen nordöstlich von Trinidad stattfinden.

Am späten Abend des 2. August hob *Mariner* P-6 der VP-205 Squadron vom Seefliegerhorst Chaguaramas zur Luftüberwachung im Raum östlich von Trinidad ab. Das Flugboot unter dem Kommando von Lieutenant jg. C.C. Cox hatte drei Offiziere und acht Mannschaftsdienstgrade an Bord. Der Pilot war informiert, daß ein U-Boot etwa 300 Meilen vor Trinidad operierte. Es war vermutlich dasselbe, daß dem Geschwader vor drei Nächten entwischt war.

25 Minuten nach Mitternacht am 3. August erhielt Trinidad einen offenen Funkspruch der *Mariner*: »U-Boot gesichtet – greifen an – 11.35N 54.05W.« Wiederholte Versuche, Kontakt mit P-6 aufzunehmen, scheiterten. Bei Tagesanbruch waren mehrere Flugboote des Geschwaders über dem 390 Meilen östlich Trinidads gelegenen Gebiet. Sie suchten tagelang, aber es gab keine Spur der *Mariner*. Da keine Wrackteile gefunden wurden, nahm man an, daß das U-Boot das Flugzeug abgeschossen hatte. U 406 erreichte den Treffpunkt, aber U 572 erschien nicht. Der BdU versuchte lange Zeit, Kummetat zu erreichen, erhielt aber keine Antwort. Es muß wohl einen gigantischen Zusammenprall zwischen der *Mariner* und dem U-Boot gegeben haben, bei dem sie sich schließlich gegenseitig vernichteten. Heinz Kummetat hatte etwas zu lange gebummelt.

KAPITEL 19

Der größte Kampf

Als der Rückruf kam, befanden sich vier Boote innerhalb des Karibischen Meeres. Klaus-Peter Carlsen stand mit U 732 vor Navassa Island (zwischen Jamaica und Haiti) und bereitete sich auf die Rückkehr durch die Windward Passage vor. Kurt Neide (U 415) marschierte von der Nordküste Trinidads weg, wobei er noch versuchte, in die Sicherung von Konvoi TJ-4 einzubrechen, dabei aber kräftig mit Wasserbomben belegt wurde. Zwei Boote, U 634 unter Eberhard Dahlhaus und U 615 unter Ralph Kapitzky, operierten im Gebiet nordöstlich von Curaçao. Dahlhaus wandte sich nordwärts, um durch die Mona Passage zu fahren, während Kapitzky auf die Galleons Passage zusteuerte.

U 615 war eines der VIIC-Boote, das die für den »Zurückschießbefehl« erforderliche, verstärkte Flabewaffnung erhielt. Die alte 8,8-cm-Kanone auf dem Vordeck wurde von Bord genommen. Statt dessen wurde eine weitere Plattform hinter dem Turm zur Aufnahme eines zweiten schutzschildlosen Zweizentimeter-Geschützes angebaut.[43] Zusätzlich wurden Halterungen für vier leichte Infanterie-MGs (MG 34) auf der Brücke angebracht. Bei Durchqueren der Biscaya mußte sich U 615 bereits verschiedener Angriffe durch *Whitley*-Bomber erwehren und konnte einen davon abschießen. Auf der Brücke verblutete dabei allerdings Bootsmannsmaat Wilke, der von den Bordwaffen der angreifenden Flugzeuge tödlich verwundet worden war. Nach Versorgung durch das als Hilfstanker dienende U 535 setzte Kapitzky die Fahrt fort, drang am 13. Juli unentdeckt durch die Guadeloupe Passage in das Karibische Meer ein und wandte sich südwärts in der Hoffnung, vor Trinidad auf Schiffsverkehr zu stoßen. In den letzten zwei Juliwochen verblieb das Boot nahe Curaçao. Kapitzky sichtete eine große Anzahl Tanker, aber er konnte wegen der starken Luft- und Seesicherung nicht herankommen. Die 8th Anti-Submarine Squadron zwang ihn mit ihren B-24 *Liberators*, während des ganzen Tages getaucht zu bleiben, so daß er nur nachts kurz zum Durchlüften des Bootes und zum Aufladen der Batterien auftauchen konnte. Am 28. Juli ergab sich endlich eine Gelegenheit, als ihm der holländische Spezialtanker ROSALIA (3 177 BRT) zehn Meilen vor Willemstad/Curaçao vor die Rohre lief. Zwei Torpedos bereiteten dem Schiff ein schnelles Ende.

Die Versenkung der ROSALIA bewirkte, daß die Alliierten ein besonderes Interesse an dem hierfür verantwortlichen Boot entwickelten. Es waren nicht viele Handelsschiffe, die im Juli verloren gingen, und jedesmal hatte es zu einer heftigen Reaktion seitens der Verteidiger geführt. Kapitzky war es gelungen, in den beiden vorangegangenen Wochen der Luftüberwachung zu entgehen, aber einen Tag nach der Ver-

Kapitel 19

senkung sah er sich einem Nachtangriff ausgesetzt. Eine B-24 *Liberator* der 8th Antisubmarine Squadron erwischte ihn 60 Meilen nordwestlich von Curaçao über Wasser und warf vier Wasserbomben, die das Boot, erschütterten. Danach nahm U 615 Kurs auf Trinidad, aber je weiter das Boot vorankam, um so intensiver wurde die Luftüberwachung. Die Amerikaner suchten das Boot und schließlich fanden sie es.

Kurz vor der Abenddämmerung am 5. August hatte Lieutenant jg. J.M. Erskine Befehl erhalten, U-Jagd-Patrouille nordwestlich von Trinidad zu fliegen. Er war der Pilot, der am 19. Juli zum Auftakt der Auseinandersetzungen von U 572 (Kummetat) erfolgreich abgewehrt worden war. Erskine hob mit *Mariner P-6* der VP-204 von Chaguaramas ab und ging auf westlichen Kurs. Vier Stunden später erhielt er 40 Meilen nordwestlich Blanquilla Island Radarkontakt, woraufhin er die Maschine auf 1 000 Meter hochzog. Er überflog das Ziel und warf zwei Leuchtbomben, in deren Licht ein ostwärts steuerndes U-Boot zu erkennen war. U 615 lief mit sechs Knoten, um kein verräterisches Kielwasser zu hinterlassen. Erskine kippte die *Mariner* ab und drückte sie in einem Halbkreis auf 500 Meter Höhe direkt über dem U-Boot herunter. Dann löste er zwei Sprengbomben, die mit grellem Blitz auf dem Wasser detonierten. Nach den Explosionen stellte er fest, daß das Boot unvermindert weiterfuhr, und ging für seinen nächsten Angriff noch weiter herunter.

Auf der Brücke versuchte Kapitzky, den Angreifer auszutricksen. Die Bomben lagen weit neben dem Boot, er hoffte, daß ihn der Pilot nach Verlöschen der Leuchtbomben aus den Augen verlieren würde, und blieb aufgetaucht. Es war eine sehr dunkle und regnerische Nacht, die gute Chancen für ein Entkommen bot. Doch Erskine wollte das Boot kriegen, und nachdem er die *Mariner* fast auf die Wasseroberfläche heruntergebracht hatte, begann er den Anflug. U 615 wurde überrascht, denn die Flak war nicht feuerbereit. Erskine hielt direkt auf das U-Boot zu und überflog den Turm, doch durch einen technischen Fehler blieben drei seiner vier Wasserbomben im Bombenschacht stecken. Die einzige, die sich löste, fiel 50 Meter vor den Bug des Bootes. Kapitzky reagierte in letzter Minute mit einem Ausweichmanöver nach Steuerbord, und während die Wabo auf Tiefe ging, löste er das Signal zum Alarmtauchen aus.

Erskine warf die Maschine herum, verfluchte sein Mißgeschick, das den guten Angriff zunichte gemacht hatte, und flog erneut an. Da der Tauchstrudel zu sehen war, als der Turm unter Wasser schnitt, setzte er eine Wasserbombe 30 Meter davor. Die Explosion schüttelte U 615 durch, aber sie war nicht tödlich. Kapitzky konnte sich für das knappe Entkommen beglückwünschen. Die Amerikaner jubilierten jedoch, denn sie hatten das Boot wieder entdeckt. Erskines Funkspruch bewirkte auf dem Seefliegerhorst eine sofortige Reaktion. *Mariner P-5* der VP-204 startete unverzüglich in Richtung Nordwest, um ihm beizustehen. Erskine versuchte inzwischen mit Katz- und Mausspiel, Kapitzky zum Auftauchen zu veranlassen, der ihm den Gefallen jedoch nicht tat. P-5 benötigte eine Stunde, um den Angriffsort zu erreichen, aber auf dem Weg dorthin fiel das Radargerät aus. Trotzdem begannen beide *Mari-*

KAPITEL 19

ners, mit überschneidenden Kursen das Gebiet abzusuchen, um das U-Boot, sobald es auftauchte, zu erfassen.

Zwei Stunden nach dem ersten Angriff erhielt Erskine einen Radarkontakt an der Stelle, wo er das U-Boot vermutete. Er flog erneut an, aber da er in der Dunkelheit das Ziel nicht erkennen konnte, warf er drei Wasserbomben auf einen Schatten auf der Meeresoberfläche, der mit der gepeilten Position übereinstimmte. Dann zog seine Maschine auf eine für den Abwurf von Leuchtbomben geeignete Höhe. Das Flugzeug passierte das Ziel, während zwei Leuchtbomben nach unten sanken. Aber zum Entsetzen der Besatzung der *P-6* war es nicht ein U-Boot, sondern ein zweimastiger Schoner, der von den Explosionswellen kräftig geschüttelt wurde.

Trinidad schickte inzwischen weitere Verstärkung. Das erste Flugzeug war eine *Harpoon*, die Marineausführung der PV-1 *Ventura* des US-Army Air Corps. Sie war speziell für die U-Jagd ausgerüstet, und ihr größter Vorteil war ihre hohe Geschwindigkeit. Die Maschine der VB-130 Squadron benötigte weniger als eine Stunde, um zum Ort des Geschehens zu kommen und dort mit den beiden Flugbooten die Jagd aufzunehmen. Auch zwei Douglas B-18 der 7th Anti-Submarine Squadron starteten von Edinburgh Field. Bei fünf Flugzeugen in der Luft war es U 615 unmöglich, in dieser Nacht aufzutauchen.

In der Morgendämmerung des 6. August hob *Mariner P-4* der VP-205 vom Seefliegerhorst Chaguaramas ab und ging auf Nordwestkurs. An Bord des von Lieutenant A.R. Matuski geflogenen Flugbootes befanden sich noch zwei weitere Offiziere und acht Mannschaftsdienstgrade. *P-4* sollte am Angriffsort die Aufgabe des Niederhaltens von den beiden anderen *Mariners* übernehmen. Es war ein taktischer Fehler, nur ein Flugzeug zur Ablösung zu schicken, um eine Funktion zu übernehmen, die Maschinen von drei Geschwadern in der vergangenen Nacht in Atem gehalten hatte. Aber die Einsatzleitungen auf Trinidad waren sehr beschäftigt, denn es mußten nicht nur die rückmarschierenden U-Boote gejagt, sondern auch viele Konvois geschützt werden. An diesem Tag befanden sich vier Geleitzüge im Raum von Trinidad. Konvoi JT-2, der von Eick (U 510) hartnäckig beschattet worden war, sollte an diesem Tag im Dragon's Mouth eintreffen und TJ-4 auslaufen. Konvoi GAT-77 wurde ebenfalls erwartet, während TAG-76 seine lange Reise nach Guantánamo und New York antreten sollte. Außerdem gab es einige kleinere Inter-Island-Konvois und auch schnelle Truppentransporte, die das Gebiet durchfuhren, die ebenfalls alle gesichert werden mußten. Trotz der scheinbar großen Zahl von Flugzeugen, über die Trinidad verfügte, wurden die Mittel zur Luftunterstützung langsam knapp. Während der letzten beiden Juliwochen war eine größere Anzahl Maschinen schwer beschädigt worden, und einige mußten nach den Kämpfen mit den U-Booten sogar abgeschrieben werden. Hinzu kamen natürlich die normale Abnutzung durch Bruchlandungen und die erforderlichen Wartungen.

Das Abrücken der fünf Flugzeuge am frühen Morgen und ihre Ablösung durch eine einzelne *Mariner* gab Kapitzky eine Ruhepause. Das neue Flugboot hatte gleich nach

KAPITEL 19

Ankunft eine vorläufige Suche durchgeführt, aber keinen Radarkontakt erhalten. Matuski begann daraufhin das Gebiet großräumig abzukämmen. Die Besatzung der PBM war sicher, daß das Boot früher oder später auftauchen würde. Das Flugzeug entfernte sich, und Kapitzky ließ gegen 13 Uhr 20 kurz auftauchen, um Frischluft ins Boot zu holen, damit die Besatzung nach Wochen großer Hitze etwas Erleichterung hatte. Nach Ablauf der Zeit befahl Kapitzky Alarmtauchen. Trotz schärfsten Ausgucks hatte keiner der Männer auf der Brücke die zurückkehrende *Mariner* in den Wolken gesehen. Das Turmluk wurde geschlossen, und U 615 begann nach unten zu gehen. Es war 13 Uhr 30 mittags, als der Pilot das U-Boot aufgetaucht entdeckte und sich zum sofortigen Angriff entschloß. Matuski muß die Wolkendecke für die Annäherung genutzt haben, bevor er sich zeigte. Aber zu diesem Zeitpunkt war niemand mehr auf der Brücke des U-Bootes, der ihn hätte sehen können. Die *Mariner* fegte über den gerade versinkenden Turm, und vier Wasserbomben verließen die Bombengondel. Sie gabelten U 615 ein, und die Explosionen verwundeten das Boot tödlich. Matuski zog die Maschine hoch und berichtete Chaguaramas, daß er ein U-Boot angegriffen und beschädigt hätte. Er fügte hinzu, das Boot liege mit dem Heck tief im Wasser und mache nur langsam Fahrt. Dann bereitete er sich auf einen weiteren Angriff vor. Acht Minuten später erhielt Chaguaramas die rätselhafte Nachricht: »P-4 beschädigt – beschädigt – Feuer.« Darauf folgte ominöses Schweigen. Es war die letzte Nachricht von Matuski. Viele Tage später sichtete eine PBM, die sich auf einem Überwachungsflug weit im Westen befand, eine Flügelspitze, ein nicht aufgeblasenes Schlauchboot und einen Karton im Meer. Das war alles, was von Matuski und seinen zehn Besatzungsmitgliedern übrig geblieben war. Es war die dritte *Mariner*, die der VP-205 Squadron ohne Erklärung verloren ging.

Die vier Wasserbomben hatten die Hoffnung für U 615, die Karibik hinter sich zu lassen, zunichte gemacht. Die Detonationen hatten das Boot schwer beschädigt. Die Steuerbord-E-Maschine und der Backbord-Diesel waren außer Betrieb. Der Schmieröltank war gerissen, und Öl floß in die Bilge. Preßluftrohre waren zerbrochen, und Wasser drang durch die Stopfbuchsen am Heck. Das Boot rauschte auf 280 Meter Tiefe durch, erst dann konnte es abgefangen werden. Kapitzky hatte keine Wahl, er mußte auftauchen. Als das Boot die Wasseroberfläche durchbrach, hasteten die Geschützbedienungen nach oben. Seit dem Kampf in der Biscaya hatte Kapitzky Auseinandersetzungen mit Flugzeugen vermieden, aber jetzt war es unvermeidlich. Er leitete den Waffeneinsatz seiner verstärkten Flak, und es gelang ihm, die *Mariner* beim zweiten Angriff mit konzentriertem Feuer vom Himmel zu holen.

Die beiden Funkmeldungen der *Mariner P-4* lösten in Chaguaramas sofortige Gegenmaßnahmen aus. Die für das Seegebiet zuständige VP-204 Squadron hatte jedoch keine Maschine verfügbar, da alle entweder beschädigt waren oder gewartet wurden. Die diensthabende Besatzung unter Lieutenant L.D. Crockett mußte sich von der VP-205 Squadron die *Mariner P-11* ausleihen. Es war die einzige Maschine, die einsatzbereit war. Nach kurzer Lageeinweisung hob die *Mariner* um 14 Uhr 30 vom Seefliegerhorst ab und drehte auf Nordwestkurs. Als das Donnern der Motoren über dem Marinestützpunkt verhallte, machte sich der Führungsstab daran, Flugzeuge zurückzurufen und Prioritäten neu zu setzen, um die nötige Verstärkung zur Bereinigung der kritischen Lage im Nordwesten zur Verfügung zu haben.

Um 15 Uhr 23 erreichte *Mariner P-11* die letzte von Matuski gemeldete Angriffsposition 180 Meilen nordwestlich des Dragon's Mouth und begann mit der Suche nach dem U-Boot und der *Mariner P-4*. Vierzehn Minuten später erhielt Crockett Radarkontakt zwölf Meilen weiter westlich. Auf eine Entfernung von sieben Meilen bekam er U 615 in Sicht, und das sich lang hinziehende Drama nahm seinen Anfang. Crockett war der Pilot mit dem brennenden Wunsch nach Vergeltung. Er hatte neben dem Kopiloten Lt. Hershey gesessen, als dieser von einem Geschoß von U 406 (Dieterichs) tödlich getroffen wurde. Crockett ließ sich Zeit. Er hielt die Maschine auf einer Flughöhe von 1000 Metern und umkreiste das Boot in drei Meilen Entfernung. Zur Überraschung seiner Besatzung eröffnete die 2-cm-Flak ein sehr akkurates Schnellfeuer. Sprenggeschosse explodierten unmittelbar hinter dem Flugzeug, so daß Crockett den Abstand vergrößerte. Er hatte keine Ahnung, daß ein U-Boot ihn auf diese Distanz treffen konnte, und das war eigentlich die Erklärung dafür, was mit *P-4* geschehen war.

Nachdem er das U-Boot zweimal in gebührender Entfernung umkreist und Chaguaramas über die Lage informiert hatte, entschloß er sich um 15 Uhr 45 zum Angriff. Zu dieser Zeit kroch U 615 mit tiefliegendem Heck buchstäblich dahin und hinterließ eine breite Ölspur. Crockett drückte die *Mariner* auf 500 Meter herunter, schwenkte auf das offensichtlich lahmgelegte U-Boot zu und löste zwei Sprengbomben mit Aufschlagzünder. U 615 steuerte zu dieser Zeit 340 Grad Nord, während das Flugzeug von Süden her angriff. Die Sprengbomben explodierten mit gewaltigem Getöse an Backbordseite des Bootes, und die Druckwelle überschüttete die Geschützbedienungen mit einer riesigen Wasserfontäne. Der Bugschütze der *Mariner* hatte das U-Boot während des gesamten Anflugs unter Feuer genommen. Doch die Flak war auch nicht untätig gewesen und hatte das anfliegende Flugboot, das in 500 Meter Höhe ein beträchtliches Ziel bot, mit Dauerfeuer belegt. Einige Geschosse trafen die Maschine und eins riß ein großes Loch in die Tragflächenwurzel, wobei die Treibstoffleitung zerrissen wurde. Feuer brach aus, und das Flugzeug füllte sich mit Rauch, als es das Ziel passierte. Crockett erkannte, daß die *Mariner* in Gefahr war zu explodieren, und entschloß sich mit großer Kaltblütigkeit zu einem weiteren Angriff, bevor sie alle ein Raub der Flammen würden. Er hatte nicht die Absicht, den gleichen Weg wie *P-4* zu gehen, aber wenn er schon draufgehen sollte, dann wollte er das U-Boot mitnehmen.

Das große seegrau getarnte Flugboot, das Rauch und Flammen nach sich zog, kippte in eine steile Rechtskurve und ging im Sturzflug zum Angriff über. Aber die Brücke und die Plattformen des U-Bootes vor Crockett war ein Meer von Blitzen, als die Flak ein mörderisches Feuer gegen das Flugzeug eröffnete. In der Kabine der steil herabgehenden Maschine spielte sich derweil ein dramatischer Vorgang ab.

Kapitel 19

Der Bordmechaniker A.S. Creider griff sich ein Ersatzhemd und zwei kleine Feuerlöscher und stolperte durch den Rauch zu dem Brandherd, um ihn zu ersticken. Dabei achtete er nicht darauf, daß sich das Flugboot jederzeit in einem großen Feuerball auflösen konnte und auch nicht auf die wiederholt einschlagenden Granaten. Er zog sich in die Tragflächenwurzel hinauf, um an das Feuer zu gelangen. Als Crockett die Maschine 70 Meter über den Wellen abfing, drehte U 615 nach Steuerbord. Die *Mariner* erbebte unter den Einschlägen der Granaten, aber Crockett behielt den Kurs bei. Er fegte mit dem großen, brennenden Vogel über das Boot und warf vier Wasserbomben. Dann zog er das schwer beschädigte Flugboot nach links und konnte das U-Boot sehen, das von zusammenfallenden Wasserfontänen der explodierenden Wabos umgeben war.

Im Inneren von U 615 waren die Ohren der Besatzung vom Krach der Detonationen wie taub, während sie versuchte, der vielen Lecks im Druckkörper Herr zu werden. Die meisten Strom- und Lichtquellen waren ausgefallen, und die Männer standen knietief im Wasser, doch sie kämpften weiter. Auf der Brücke schaute Kapitzky nach achtern zum Heck, das nun ganz unter Wasser war, während der Bug aus der See herausragte. Die Wellen brachen sich an der Achterkante des Turms, und die Geschützbedienungen hatten Mühe, sich auf dem nach achtern und Steuerbord geneigten Plattformen zu halten und die abfliegende PBM im Auge zu behalten. Kapitzky wußte, daß es das Ende war. U 615 würde niemals mehr tauchen können. Die Höchstgeschwindigkeit betrug nur noch zwei Knoten, und das Ruder klemmte in Hartsteuerbordstellung. Viele U-Boote hatten sich selbst versenkt und einige sich sogar dem Feinde ergeben, als sie sich in einer ähnlichen Situation wie Kapitzky befanden. Aber er erwies sich als einer, der zur Elite gehörte. Er war ein Kämpfer. Seine Besatzung ging entschlossen an die Arbeit, und es gelang ihr, das Boot besser auszutrimmen, so daß es achtern höher aus dem Wasser kam. Andere Besatzungsmitglieder schafften Munition auf die Brücke und stapelten sie in kleinen Haufen um die Maschinengewehre und Flakgeschütze. Sie wollten bis zum letzten kämpfen und dabei so viele ihrer Peiniger wie nur möglich ausschalten, bevor sie der Übermacht des Gegners erliegen würden. Die Szene für einen epischen Kampf war bereitet.

In der Zwischenzeit machte Creider in der Enge der Tragflächenwurzel das schier Unmögliche möglich, indem es ihm gelang, den Treibstoffbrand nur mit dem Hemd und den beiden kleinen Feuerlöschern zu ersticken, obwohl die Frontseite des Flügels fehlte. Der Rauch verflüchtigte sich danach schnell, und der Maschinist wurde mit schlimmen Verbrennungen aus der immer noch heißen Tragfläche herausgezogen. Nachdem die Gefahr für P-11 gebannt war, brachte Crockett die Maschine aus dem Wirkungsbereich der Flak heraus und kreiste, während er auf Verstärkung wartete. Trotz vieler Einschüsse im Flugzeugrumpf und obwohl der Treibstoff sich nicht mehr umpumpen ließ, blieb die *Mariner* flugfähig. Um 16 Uhr 8 meldete er Chaguaramas, daß das Feuer an Bord unter Kontrolle sei und daß er in Sichtweite zum U-Boot bleibe, um weitere Angreifer heranzuführen.

Während Crocketts Angriff im Gange war, hatte sich der Lagerraum auf dem Seefliegerhorst mehr und mehr bevölkert. Alle höheren Offiziere des Stabes waren erschienen, um die Eintragungen auf der Karte zu verfolgen und dem laufenden Kommentar von Crockett zu lauschen. Das Hauptquartier des *Trinidad Sector* wies ebenfalls eine außergewöhnliche Versammlung auf. Selten hatte ein Kampf mit einem U-Boot sich so lange hingezogen, und niemals zuvor war es möglich gewesen, das Kampfgeschehen hautnah mitzuerleben. Inzwischen war der Motorenlärm der zum Einsatz befohlenen *Harpoon B-5* der VB-130 Squadron zu hören, als sie über Chaguaramas hinwegflog. Der Führungsstab veranlaßte außerdem die Ausdünnung der üblichen starken Flugsicherung für die unterwegs befindlichen Konvois und leitete einige der PBM *Mariners* zum Kampfplatz im Nordwesten um.

Um 16 Uhr 30 erreichte die *Harpoon* mit Lieutenant jg. T.M. Holmes am Steuerknüppel den Ort des Geschehens, und Crockett übernahm trotz seiner schwer mitgenommenen Maschine sofort das Kommando. Denn dies war Crocketts Boot. Er schlug ein koordiniertes Vorgehen vor, bei dem die *Harpoon* von achtern und die *Mariner* von der Steuerbordseite aus das Boot anfliegen sollten. Die *Harpoon* würde den Hauptschlag mit Wasserbomben durchführen, während Crockett das Boot unter Bordwaffenbeschuß nahm und das Abwehrfeuer auf sich zog. Auf Crocketts Signal hin begann der Angriff. Der Pilot der *Harpoon* schob die Hebel auf Vollgas, um seine Maschine mit ihren beiden 2 000-PS-Motoren auf Höchstgeschwindigkeit zu bringen, und begann den Anflug. Die starren Bugkanonen und die Maschinengewehre in den Kanzeln eröffneten das Feuer, als das Flugzeug auf das U-Boot zustürmte. Die *Mariner* bemühte sich mitzuhalten, doch die *Harpoon* erreichte eine Geschwindigkeit von 520 km/h und vergrößerte rasch die Entfernung zum Flugboot. Trotzdem hämmerten die schweren 12,7-mm-Maschinengewehre der *Mariner* während der ganzen Zeit des Anflugs auf das U-Boot ein.

Die Geschützbedienungen des U-Bootes ließen sich jedoch nicht zum Narren halten. Sie ignorierten trotz der Einschläge den Beschuß durch die *Mariner* und konzentrierten sich auf die *Harpoon*. Die war jedoch so schnell, daß sie versehentlich in die Flugbahn der Spurgschosse des Flugbootes geriet, ohne jedoch getroffen zu werden. Der Pilot führte einen perfekten Angriff im Tiefflug durch und gabelte U 615 mit vier Wasserbomben ein. Eine nachträgliche Bewertung ergab, daß die Explosionen für das Boot unter Wasser oder während des Tauchens tödlich gewesen wären. Die Wabos detonierten, als die *Mariner* sich unmittelbar darüber im Steigflug befand, und schüttelten sie kräftig durch.

Die Gewalt der Explosionen war so enorm, daß U 615 volle 15 Sekunden lang von den Wassermassen zugedeckt wurde. Die Männer im Boot wurden zu Boden gerissen, Leitungen zerbarsten und wichtige Armaturen gingen zu Bruch. Einige Bedienungsleute der Flak wurden durch die Wassermassen vom Turm gefegt. Überraschenderweise kam U 615 aus dem brodelnden Wasserschwall frei, und die benommenen Geschützbedienungen kletterten wieder auf ihre Gefechtsstationen

KAPITEL 19

und bemannten in Erwartung des nächsten Ansturms tapfer ihre Waffen. Doch der Bordwaffenbeschuß hatte ein Opfer gefordert. Ein Geschoß hatte den dritten Wachoffizier, Obersteuermann Hans Peter Dittmer, tödlich verwundet. Der Tod dieses bewährten Mannes war ein Schock für die Besatzung, die ihn wegen der Enge auf der Brücke sofort dem Meer übergeben mußte. Crockett sah, daß das Boot einen fürchterlichen Schlag erhalten hatte, und in der Annahme, daß es nun so weit wäre, ihm den Gnadenstoß zu geben, schwenkte er die *Mariner* herum, um seine letzte Wasserbombe anzubringen. Es war unfaßbar, aber er wurde mit einem vernichtenden Kugelhagel von dem waidwunden U-Boot empfangen, so daß er seine schwer beschädigte Maschine schleunigst aus der Gefahrenzone bringen mußte. An Bord von U 615 arbeitete die Besatzung weiter fieberhaft daran, das Boot auszutrimmen, obwohl dieses sich nur noch in langsamster Fahrt im Kreise bewegen konnte. Daß in dieser Lage überhaupt noch zurückgeschossen wurde, war zweifellos ein Beweis für die hervorragenden Führungsfähigkeiten von Ralph Kapitzky. Auf der Brücke des Bootes beobachtete man ständig die außer Schußweite kreisenden Flugzeuge und stellte sich die Frage, wieviele der vernichtenden Wasserbombenattacken man wohl noch überleben könne. U 615 war nun fast vier Stunden unter ständigen Luftangriffen gewesen und hatte vier Wasserbomben- und einen Sprengbombenangriff sowie erheblichen Bordwaffenbeschuß hinnehmen müssen.

Crockett fuhr mit seiner ständigen Berichterstattung an den Stützpunkt fort und bat dringend um Verstärkung. Zu diesem Zeitpunkt war die militärische Führung auf Trinidad in beträchtlicher Erregung, aber es gab auch skeptische Stimmen. Wie war es möglich, daß ein U-Boot einen derart schweren Beschuß hinnehmen konnte, ohne aufzugeben? Alle Wasserbomben hatten exakt gelegen, und etliche davon waren sogar innerhalb des Zerstörungsbereiches gewesen – aber das Boot kämpfte weiter. In seinem jetzigen Zustand war U 615 natürlich nichts anderes mehr als eine schwimmende, aber immer noch gefährliche Geschützplattform. Unter den U-Boot-Besatzungen wurde gesagt, daß die bei Blohm & Voss in Hamburg gebauten Boote die widerstandsfähigsten wären, aber selbst für ein Hamburger Boot stellte U 615 etwas Besonderes dar.

Auf dem Flugplatz Edinburgh Field und dem Seefliegerhorst Chaguaramas warteten die Piloten ungeduldig auf die Beendigung der Munitionierung durch die Mechaniker und Waffenwarte, zumal Flugzeuge aus dem gesamten *Trinidad Sector* freigestellt worden waren und nun miteinander in Wettkampf traten, um dem Boot den Rest zu geben. Männer, die monatelang die Weiten der Karibischen Meeres erfolglos nach den gefürchteten U-Booten abgesucht hatten, hatten endlich Gelegenheit, eins zu sehen und beim Todesstoß dabei zu sein. Aber so leicht sollte sich U 615 nicht geschlagen geben.

Drei U-Jagdboote waren von Grenada und eins von Chaguaramas aus in Marsch gesetzt worden, aber es würde Stunden dauern, bevor eins von ihnen am Ort des Geschehens eintreffen konnte. Sämtliche Zerstörer des *Trinidad Sectors* waren ent-

weder zur Sicherung der Konvois in See oder zu Hunter/Killer-Einsätzen an der Ostküste unterwegs, so daß nur kleinere Fahrzeuge zur Verfügung standen.
Die erste eintreffende Verstärkung war *Mariner P-8* der VP-204 Squadron, die von Lieutenant jg. J.W. Dresbach geflogen wurde. Die Maschine war von der Konvoisicherung abgezogen worden. Crockett konnte das Geschwaderabzeichen der VP-204 erkennen, das einen über eine Wolke lugenden Indianer zeigte, der eine Laterne sowie eine plattnasige Wasserbombe hält. Wieder organisierte Crockett einen koordinierten Angriff, wobei seine *P-11* von Backbord, die *Harpoon* von Steuerbord und Dresbach mit seiner *P-8* von achtern anfliegen sollten. Die mit Bordwaffen von den Flanken her angreifenden Flugzeuge sollten kurz vor Dresbach herangehen, um ihm den Weg freizuschießen, indem sie die Flak mit ihren Maschinengewehren bekämpften und das Feuer auf sich zogen. Die *P-8* sollte dann den Wasserbombenangriff durchführen. Um 18 Uhr 15 begannen die Flugzeuge mit ihrem Anflug. Das U-Boot war bereits so übel zugerichtet, daß die Piloten glaubten, sein Ende sei jetzt gekommen. Diesmal sollte es nicht davonkommen. Aber die Annahme erwies sich wiederum als falsch.
Obgleich sowohl die *Mariner P-11* als auch die *Harpoon B-5* den Turm des U-Bootes mit wirkungsvollen Bordwaffenbeschuß belegten, hatte Kapitzky blitzschnell die Situation erfaßt und erkannt, welche *Mariner* am gefährlichsten war. Die Geschützbedienungen ignorierten die *P-11* und die *B-5* und konzentrierten das Abwehrfeuer auf das von achtern angreifende Flugboot. Dresbach drückte die Maschine tief herunter und raste im Sturzflug heran, um das lästige U-Boot ein für allemal zu erledigen. Vorn unter ihm richteten die Geschützbedienungen ihre Flawaffen auf ihn und eröffneten ohne Rücksicht auf den Beschuß durch die drei Amerikaner das Feuer. Leuchtspurgeschosse strömten auf die *P-8* zu, und als das Flugboot näher kam, schlugen sie in die Flugzeugkanzel ein. Dresbach wurde tödlich in Brust und Schulter durch Splitter der Zweizentimeter-Geschosse getroffen, und seine letzte bewußte Reaktion war der Abwurf der Wasserbomben.
Der Kopilot, Lieutenant jg. O.R. Christian, riß dem sterbenden Piloten den Steuerknüppel aus den Händen und zog die Maschine in letzter Sekunde nach oben. Als die beschädigte *Mariner* im Steigen begriffen war, explodierten die Wasserbomben. Sie waren um Bruchteile zu früh abgeworfen worden, und die vierte und letzte ging zehn Meter hinter dem Heck des Bootes hoch. Obwohl sie etwas außerhalb des Zerstörungsbereiches lag, hob der Explosionsdruck das Heck völlig aus dem Wasser und beschädigte das Ruder und die Tiefenruder des Bootes. Der Druckkörper bekam weitere Lecks, und im E-Maschinenraum stand das Wasser kniehoch. Doch U 615 hatte auch diesen Angriff überstanden und lebte immer noch. Auf der Brücke hatte der Bordwaffenbeschuß jedoch seinen Blutzoll gefordert. Kapitzky lag mit zertrümmerten Oberschenkel an den Sehrohraufbau gelehnt. Der andere Schwerverwundete war Oberbootsmannsmaat Helmut Langner, seemännische Nummer Eins des Bootes und Geschützführer des oberen Zweizentimetergeschützes.

Kapitel 19

In der Kanzel des Flugbootes herrschte Chaos. Das Cockpit war blutbespritzt, und Christian mußte mit einer Hand die Maschine steuern, während er mit der anderen Dresbachs leblosen Körper festhielt, damit er nicht auf die Instrumente fiel. Die Besatzung zog den Piloten schließlich aus dem Cockpit. Christian versuchte seine Wut zu unterdrücken, aber schließlich gewann der Wunsch nach Vergeltung die Oberhand, und er überflog U 615 in einer Höhe von 500 Metern und warf zwei Sprengbomben. Die Bomben explodierten 100 Meter an Backbordseite des U-Bootes. Während des ganzen Anflugs konzentrierte die Flak ihr Feuer auf die P-8, die mehrfach getroffen wurde. An Bord der *Mariner* lag Dresbach im Sterben, und vier weitere Besatzungsmitglieder waren schwer verwundet worden. Alles war voller Blut, und der Wind pfiff durch die Einschußlöcher. Crocketts Berichte hatten in Chaguaramas große Bestürzung hervorgerufen. Gewißheit herrschte nur darüber, daß dieses U-Boot nicht endlos weiterkämpfen konnte. Ein Aufziehschlitten wurde vorbereitet, da das Flugboot nach der Wasserung nicht lange schwimmfähig sein würde. Ambulanzen standen bereit, den Toten und die Verwundeten in Empfang zu nehmen und zum Lazarett zu bringen. Man hatte sich mit diesen Aufgaben den ganzen Juli befassen müssen – und jetzt auch noch im August. Es schien, als ob es ewig so weitergehen würde.

An Bord von U 615 verabschiedete sich Kapitzky, gegen den Sehrohrbock gelehnt, von all seinen Besatzungsangehörigen mit Handschlag und übergab schmerzgezeichnet das Kommando an den I.WO LtzS. Herbert Schlipper. Schlipper veranlaßte die Versorgung der beiden Verwundeten und ließ sie in einer kurzen Kampfpause in ein kleines Schlauchboot an Oberdeck vor dem Turm betten.

Während des letzten Angriffs der P-8 durch Christian erschien *Mariner P-2* der VP-205 Squadron, die von Lt.Cmdr. Robert Null geflogen wurde. Crockett bat ihn, erst das Ende der laufenden Aktion abzuwarten. Aber jetzt stellte sich das Problem der Befehlsgewalt. Crockett, wenngleich ein sehr erfahrener Pilot, war nur Lieutenant (Kapitänleutnant) und der Kommandant der P-2 war Lieutenant Commander (Korvettenkapitän) und hatte damit den höheren Dienstgrad. Aber Null war nicht nur ranghöher, er war auch noch von einem anderen Geschwader. Dessen ungeachtet betrachtete Crockett die Angelegenheit als seine Sache. U 615 gehörte ihm, und er gab die Befehle. Als die Wassersäulen zusammenfielen, war das Boot immer noch zu sehen. Er unterdrückte seine Enttäuschung und organisierte sofort einen neuen Angriff.

Die *P-11* und die *Harpoon* sollten versuchen, die Geschützbedienungen des U-Bootes niederzukämpfen, während Null mit der *P-2* einen weiteren Wasserbombenangriff flog. Im Leuchten der Abenddämmerung wurde der Angriff durchgeführt, und wieder blieb er erfolglos. Die Geschützbedienungen ignorierten die beiden mit Bordwaffen angreifenden Flugzeuge und konzentrierten sich auf den Neuankömmling. Ein Strom von Leuchtspurgeschossen schlug der *Mariner* entgegen, aber das Schicksal hatte diesmal den Daumen dazwischen. Durch einen mechanischen Fehler lösten sich die Wasserbomben bereits beim Öffnen der Türen zur Bombengondel und explodierten mit gewaltigem Getöse 200 Meter hinter dem U-Boot. Voller Wut setzte der Pilot der P-2 den Anflug fort und setzte seine Bordwaffen trotz des vernichtenden Abwehrfeuers ein.

Crockett war verzweifelt und versuchte vergeblich, den vorgesetzten Offizier zum Abbruch des Angriffs zu veranlassen, während Kapitzkys Geschützbedienungen Schießübungen veranstalteten. Das Ergebnis war eine weitere schwer beschädigte *Mariner* mit einer Reihe verwundeter Besatzungsmitglieder. Crockett bemühte sich, Null zurückzuhalten, aber der war sauer auf das U-Boot. Er zog die *P-2* auf 500 Meter Höhe hoch und führte einen Bombenabwurf nach Sicht durch. Die PBM *Mariner* hatte kein Bombenzielgerät, verfügte auch nicht über eine geeignete Position für einen Bombenschützen, so daß Höhenbombardements selten erfolgreich waren. Die beiden Sprengbomben landeten 150 Meter vom U-Boot entfernt und explodierten mit einem prächtigen lauten Knall. Doch U 615 war immer noch da. Um 18 Uhr 40 meldete der Pilot der *Harpoon*, daß sein Sprit knapp wurde und er den Rückflug antreten müßte. Crockett sah ihn ungern gehen. Bis zu diesem Zeitpunkt war es die einzige Maschine, die keine schwereren Beschädigungen davongetragen hatte, obwohl der Rumpf zahlreiche Löcher aufwies. Die Geschützbedienungen des Bootes sahen dem verschwindenden Landflugzeug dankbar nach, denn die *Harpoon* war wegen ihrer hohen Geschwindigkeit schwer zu treffen und hatte eine starke nach vorn feuernde Bewaffnung. Die Männer auf U 615 waren außerdem dankbar, daß die Nacht schnell hereinbrach und hofften, die Dunkelheit würde ihnen eine Atempause geben. Sie waren völlig erschöpft, vom Kampf gegen die Flugzeuge und von den Bemühungen, das Boot schwimmfähig zu halten. Zwölf Wabo- und Bombenangriffe von sechs verschiedenen Flugzeugen hatten sie überstanden. Das Boot war in einem schrecklichen Zustand, doch es hatte einen ganzen Tag lang allem getrotzt und würde dies auch weiterhin tun.

Außerhalb der Schußweite der Flak drehte Crockett mit seiner *Mariner* endlose Kreise. Nach dem Abflug der *Harpoon* sowie der beschädigten *Mariner P-2* der VP-205 war Crockett für einige Minuten mit seinem Gegner allein. Kapitzky und seine Männer wußten natürlich nichts vom Tod des Kopiloten im Kampf gegen U 406, und sie waren sicher über die Hartnäckigkeit des Piloten in der bereits übel zugerichteten Maschine verwundert. Auf der einen Seite ein tapferer U-Bootkommandant mit einem blutig zerschossenen Bein – und auf der anderen Seite ein erschöpfter Pilot in einer schwer beschädigten Maschine. Man fixierte einander ständig. Der eine zerbrach sich den Kopf, wie er das U-Boot erledigen konnte. Der andere versuchte zu ergründen, warum dieser Mann das Boot unbedingt haben wollte.

In Chaguaramas herrschte fassungsloses Erstaunen, daß ein U-Boot so viele Luftangriffe überstehen konnte. Weitere Flugzeuge wurden in den Kampf geschickt, und man hoffte, damit das Problem zu lösen. Eins davon war das Luftschiff *K 68* der US-Navy von der ZP-51 Squadron, das von Lieutenant jg. Wallace Wydean geführt wurde. Wydean war fast am Ende seines Einsatzes, als er den Hilferuf erhielt. Obwohl

KAPITEL 19

er knapp an Brennstoff war, zögerte der junge Pilot nicht eine Minute. K 68 ging mit seiner Höchstgeschwindigkeit von 140 km/h auf Westkurs und erreichte den Schauplatz wenige Minuten, nachdem die *Mariner P-2* und die *Harpoon B-5* abgeflogen waren. Ungeduldig bat er darum, angreifen zu dürfen, aber Crockett lehnte ab, da das silbergraue Marineluftschiff wegen seiner Größe und seiner geringen Geschwindigkeit kein ernstzunehmender Gegner für dieses U-Boot war, dessen Geschützbedienungen immer wieder bewiesen hatten, wie gut sie waren. So mußte der sehr enttäuschte Luftschiffer den Beobachter spielen und sich aus der Reichweite der gefürchteten Flak des U-Bootes heraushalten. Niemand ahnte zu diesem Zeitpunkt, daß Wydean noch eine wichtige Rolle spielen würde.

August ist die Hochsaison der Regenzeit in der Karibik, und am Nachmittag hatte sich das Wetter bereits verschlechtert. Etwa gegen 19 Uhr erreichte eine Kaltfront das Gebiet. Für Crockett waren die heraufziehenden niedrigen Wolken und die Regenschauer eine Katastrophe. Für U 615 stellte sich die Wetterverschlechterung jedoch als segensreich dar, denn dadurch ließ sich Zeit gewinnen. Gerade als die Abenddämmerung dem Ende entgegenging, erschien Verstärkung in Form einer B-18 der 10th Bombardment Squadron des US-Army Air Corps von Edinburgh Field. Die Maschine gehörte dem fünften Geschwader an, daß in den Kampf um U 615 verwickelt war. Und wieder übernahm der erschöpfte Crockett das Kommando. Der Pilot der B-18 war wild entschlossen, sich über das U-Boot herzumachen, das die US-Navy offensichtlich nicht versenken konnte. Er wollte allein angreifen, aber er konnte es nicht finden. Zu diesem Zeitpunkt hatten Gewitterschauer das Gebiet erreicht und jede Sicht unmöglich gemacht. Crockett gab dem Piloten den Kurs, den er steuern mußte, und beide begannen mit einem gemeinsamen Anflug. Die verblüfften Piloten überflogen die Position, wo U 615 zuletzt gesehen worden war, aber es war nirgendwo zu entdecken. Die Enttäuschung der Piloten war grenzenlos. Die Maschinen unternahmen zahlreiche Kreuz- und Querflüge und warfen Leuchtbomben ab, um die Meeresoberfläche zu erhellen, aber alles ohne Erfolg. Über eine Stunde suchten sie die Gegend ab, doch U 615 blieb verschwunden. Mit geringer Fahrt und immer tiefer absackend hatte sich das Boot in den dunklen Regenschauern davongeschlichen.

An Bord von U 615 war man über das heranziehende Unwetter froh. Aber dann spülte eine über das Vordeck rollende Welle zum Entsetzen aller das Schlauchboot mit Kapitzky und Langner sowie zwei das Boot sichernde Matrosen über Bord. Die an Deck gekommenen Besatzungsmitglieder hatten sich an der starken Antenne festhalten können, aber dem Sanitäter war der Morphiumvorrat weggerissen worden, bevor er Langner eine Spritze geben konnte. Es bestand kaum Hoffnung in der stockdunklen Nacht und bewegten See, das kleine Schlauchboot wiederzufinden. Der I.WO ließ mit dem beschädigten Ruder, das durch die Explosionen der letzten Wabos wieder etwas beweglicher geworden war, so gut es ging Kreise steuern, da alle Kompasse ausgefallen waren. Schließlich wurde das Schlauchboot nach etwa

KAPITEL 19

zwei Stunden in der von den Leuchtbomben der Angreifer erhellten See gefunden, und U 615 konnte herangesteuert werden. Dann schwamm der E-Maat Viktor Drobek in selbstlosem Einsatz zu dem Schlauchboot, sicherte es mit der ebenfalls über Bord gegangenen Leine, und die Besatzung zog es vorsichtig wieder an Deck. Der Obergefreite Richard Suhra, einer der beiden über Bord gespülten Matrosen, war inzwischen von der aufgewühlten See abgetrieben worden und konnte nicht mehr gerettet werden. Kurze Zeit nach der Bergung starb Kapitzky an Bord von U 615, während über ihm die aufheulenden Motoren der suchenden Flugzeuge, Blitze, Donner und prasselnder Tropenregen die Geräuschkulisse bildeten. Kptlt. Ralph Kapitzky wurde in eine Hängematte gehüllt und um 1 Uhr am Morgen des 7. August von seiner Besatzung dem Meer übergeben.

Um 20 Uhr hatten die Piloten U 615 immer noch nicht gefunden, und das schlechte Wetter fing an, die Suche erheblich zu behindern. Niedrige Wolken und Regen machten es den Maschinen fast unmöglich, hoch genug zu steigen, um Leuchtbomben zu werfen. Das bedeutete, daß die Flugzeuge in niedriger Höhe die Regenschauer durchqueren mußten, was bei der geringen Sicht die Gefahr eines Zusammenstoßes heraufbeschwor. Es war eine enttäuschende Situation für die Piloten und besonders für Crockett, der lange und hart um dieses U-Boot gekämpft hatte. Seine Maschine hatte fast den ganzen Sprit verbraucht, und daher gab er die Befehlsgewalt schweren Herzens an Lt. Cmdr. Joster der *Mariner P-15* der VP-205 ab. Das neue Flugboot traf ein, als Crockett und der Pilot der B-18 versuchten, trotz des miserablen Wetters Leuchtbomben abzuwerfen. Als weitere *Mariners* auf dem Kampfplatz erschienen, erhielt Crockett Befehl, sein schwer beschädigtes Flugzeug nach Hause zu fliegen. Obwohl er schwer enttäuscht war, wußte er die Operation in guten Händen und war überzeugt, daß sie das U-Boot erledigen würden. Crockett war ein außerordentlich fähiger Pilot, was er nicht zuletzt dadurch bewies, daß er *P-11* zurückbrachte. Der PBM war fast das gesamte Armaturenbrett weggeschossen worden und die meiste Zeit hatte er nach Gefühl fliegen müssen. Noch schlimmer war, daß auch der Kompaß nicht mehr funktionierte, und unter diesen Umständen grenzt es an ein Wunder, daß er die Jagd so lange aufrechterhalten konnte. Die Maschine war durch die laufenden Zusammenstöße mit dem U-Boot schwer mitgenommen worden. Vom klaffenden Loch in der Tragflächenwurzel bis zur Heckflosse waren überall große Löcher im Rumpf, durch die der Wind blies. Ohne Kompaß mußte Crockett durch das schlechte Wetter südlich steuern in der Hoffnung, auf die Berge Venezuelas stoßen, bevor er auf östlichen Kurs nach Trinidad gehen konnte. Und wieder mußte in Chaguaramas ein Aufziehschlitten bereitgestellt werden, denn auch *P-11* würde nicht lange schwimmfähig sein. An der Pier warteten ein weiteres Mal die Ambulanzen auf die Verwundeten.

Inzwischen war es der Operationsleitung der US-Navy in Chaguaramas endlich gelungen, ein großes Überwasserschiff loszueisen. Der brandneue Zerstörer USS WALKER der Fletcher-Klasse verließ die Third Boca und strebte mit Höchstge-

Kapitel 19

schwindigkeit auf den Ort des Geschehens zu. Der Zerstörer gehörte nicht zu den in Chaguaramas stationierten Geleitfahrzeugen, sondern verbrachte seine Einfahrzeit mit einer neuen Mannschaft als Begleiter des Flottenflugzeugträgers USS BUNKER HILL. Er wurde extra für diesen Einsatz von der Flugzeugträger-Gruppe freigestellt. Auf dem Kampfplatz war das Wetter so schlecht geworden, daß die Flugzeuge Probleme hatten, die Meeresoberfläche zu erkennen. Nun war die Zeit für das vom Wetter weniger behinderte Luftschiff gekommen, um das sich in den Regenschauern verbergende U-Boot zu jagen. Um 21 Uhr 15 entdeckte Wydean U 615, das fast bewegungslos im Wasser lag. Wydean hielt das Luftschiff unsichtbar in den niedrigen Wolken und wies die B-18 in einen Angriffskurs ein. Zum letzten Mal fielen Wasserbomben um das U-Boot herum. Die Geschützbedienungen eröffneten noch einmal ihr gefürchtetes Abwehrfeuer, aber der Bomber durchflog es ohne ernstliche Schäden, wenngleich er auch an einigen Stellen getroffen wurde. Die Wasserbomben ließen den Rumpf des U-Bootes erbeben und führten zu weiteren Beschädigungen. Dann aber hüllten niedrige Wolken das Boot plötzlich ein und entzogen es den Blicken seiner Peiniger.

Das Luftschiff hatte den letzten Angriff möglich gemacht, und schließlich kam es Wydean in den Kopf, daß er nach Hause mußte. Keiner hatte den jungen Piloten gefragt, ob er auch genug Sprit habe. Er selbst hatte die Frage des Spritvorrats für weniger wichtig gehalten als seine Aufgabe, an der Versenkung des U-Bootes mitzuwirken. *K-68* hatte fast keinen Tropfen mehr im Tank und keine Chance, die 180 Meilen bis zur Nordküste Trinidads zu schaffen. Daher steuerte Wydean auf die unbewohnte venezolanische Insel Blanquilla zu, die er gerade noch erreichte; aber da der Kraftstoff für die Landung nicht ausreichte, zerschellte das Luftschiff. U 615 hatte sein letztes Opfer gefordert. Die Besatzung wurde durch eine von Trinidad entsandte Barkasse gerettet.

An Oberdeck vor dem Turm von U 615, wo sich die gesamte Mannschaft bis auf die Brückenbesatzung zusammendrängte und das Schlauchboot mit dem verwundeten Langner vor den überkommenden Wellen sicherte, wurden die letzten Stunden des Dramas eingeläutet. Das Boot war nachts schon einmal mit dem Heck fast versunken, aber der LI konnte mit seinen Zentralemaaten durch Preßluft auf mehrere Zellen das Boot vor dem Untergang bewahren. Schließlich fiel aber der wieder in Gang gebrachte Luftverdichter gegen 5 Uhr morgens aus, als Wasser den E-Maschinenraum überflutete. Lediglich die Backbord-E-Maschine lief trotz der gerissenen Batterien zu diesem Zeitpunkt noch unvermindert kleinste Fahrt.

KAPITEL 19

Kptl. Kapitzky (U 615) im Kreise seiner Mannschaft. Rechts von ihm LtzS Schlipper, der in der letzten Phase des »großen Kampfes« das Kommando führte.
Quelle: Herbert Schlipper (U 615)

KAPITEL 20

Der Rückzug

U 615 war das zweite Boot, das beim Rückzug aus der Karibik verloren ging. In den frühen Morgenstunden des 7. August waren sich die Amerikaner ihrer Sache jedoch keinesfalls sicher. Einige der Piloten, die vom Einsatz zurückkehrten, waren überzeugt, daß das U-Boot die Nacht nicht überleben würde. Aber es war oft vorgekommen, daß sie als erledigt betrachtet wurden und trotzdem entkamen. Während der ganzen Nacht hatten die Mariners ununterbrochen gesucht, das Boot schien jedoch verschwunden.
Um 5 Uhr 25 am Morgen des 7. August, als der Untergang des Bootes unmittelbar bevorstand, schoß der I.WO eine rote Signalkugel in der vagen Hoffnung auf Rettung. Das Licht wurde in der Dunkelheit auf der Brücke des Zerstörers USS WALKER gesehen, der sofort Kurs darauf nahm. Als die Mastspitzen des Kriegsschiffs vom Turm des U-Bootes zu erkennen waren, öffneten auf Befehl Schlippers der LI, der II.WO und ein Zentralemaat die Flutventile, bevor sie mit der anderen Besatzung zusammen über Bord sprangen. Schweigend beobachtete die im Meer treibende Besatzung, wie ihr Boot unter wehender Flagge mit dem Bug voran versank.
Um 5 Uhr 55 hatte der Feuerleitoffizier der WALKER dem Kommandanten ein tauchendes U-Boot recht voraus auf 14 000 Meter gemeldet. Wenn das, was man durch die gewaltige Optik des Entfernungsmessers sah, wirklich ein U-Boot war, dann war es der letzte Blick auf U 615.
Der Zerstörer näherte sich mit hoher Fahrt und machte bald darauf eine Gruppe Überlebender aus, die im Wasser schwamm. 43 Besatzungsmitglieder wurden in der Dünung auf- und niedergetragen, während sich im Schlauchboot der Leichnam des inzwischen seinen Verletzungen erlegenen Oberbootsmannmaat Langner befand. USS WALKER ließ Enternetze an der Bordwand herunter, aber die See war rauh und das Hochziehen daran schwierig. Nur zwei hatten es geschafft, als eine gewaltige Explosion unter Wasser erfolgte. Zum gleichen Zeitpunkt ging eine Meldung der Mariner P-9 ein, die ein tauchendes U-Boot westlich des Zerstörers gesehen haben wollte. Diese Meldung konnte nie aufgeklärt werden. Möglicherweise war die vom Flugzeug gemeldete Position unzutreffend, und es hatte sich um das untergehende Boot gehandelt. Die Explosion stammte vermutlich von den Torpedos, deren Aufschlagzünder durch den enormen Wasserdruck oder beim Auftreffen auf den Meeresboden zündeten. Obwohl er keinen Asdic-Kontakt bekommen konnte, ließ Lt. Cmdr. Townsend, der Kommandant der USS WALKER, die Enternetze vorsorglich einziehen und unternahm unter Einweisung der Mariner zwei Wasserbombenanläufe. Die

blieben jedoch ohne Erfolg, und nach einer halben Stunde gab der Zerstörer die Jagd auf und kehrte zu den Schiffbrüchigen zurück, die schon jede Hoffnung auf Rettung aufgegeben hatten. An Bord der USS WALKER wurden die Überlebenden mit großem Respekt behandelt. Sie erhielten nach fast dreizehn Wochen Einsatz ihre erste warme Dusche, ein anständiges Frühstück und wurden in neue Khaki-Uniformen der US-Navy gesteckt. Den gefangenen Offizieren überließ der erste Offizier des Zerstörers seine Kammer.

Auf Trinidad bereiteten sich an diesem Morgen Dutzende von Flugzeugen für ihren Einsatz vor. Vier *Mariners* befanden sich in der Gegend der gestrigen Kämpfe, und die Amerikaner waren entschlossen, alles für die Jagd aufzubieten. Das U-Boot durfte nicht entkommen. Die Armada war beeindruckend: da waren OS2N *Kingfishers* auf Chaguaramas, Douglas B-18, B-25 *Mitchells* und Lockheed *Harpoons* auf Edinburgh Field und die großen B-24 *Liberators* auf Waller Field, die sich warmliefen. Zusätzlich flogen Maschinen von San Juan und St. Lucia Patrouillen über allen Zugängen zum karibischen Meer. Obwohl USS WALKER die Besatzung von U 615 bereits an Bord hatte, glaubten die Amerikaner, daß noch ein weiteres U-Boot in der Gegend operierte. Mehr und mehr Flugzeuge erreichten den Kampfplatz und verteilten sich zu einer ausgedehnten U-Jagd.

Am Vormittag des 8. August wurde die Besatzung von U 615 an Deck des Zerstörers gebracht, wo der gefallene Helmut Langner aufgebahrt lag. Die Flagge war auf Halbmast gesetzt, und auf dem Brückendeck war eine Formation der amerikanischen Matrosen angetreten, die einen Ehrensalut schoß, als die Bahre ins Meer glitt. Um 17 Uhr legte USS WALKER in Port of Spain an. Eine große Menschenmenge hatte sich versammelt, um die Überlebenden des großen Kampfes zu sehen, wie sie die Gangway herunterkamen. Sie hielten den Kopf hoch, denn noch nie hatte ein U-Boot fünf U-Jagdgeschwadern, die fast gleichzeitig angriffen, getrotzt und sich so tapfer verteidigt. Die 43 Überlebenden wurden zunächst in ein temporäres Gefangenenlager gebracht, wonach die neun ranghöchsten von ihnen in die USA ausgeflogen wurden. Dies war ein Kampf gewesen, über den die US-Navy die andere Seite hören wollte. Sie war beeindruckt von der hohen Moral der Besatzung und der Verehrung für ihren toten Kommandanten. Und sie war auch von der Tatsache überrascht, daß das Durchschnittsalter der Matrosen 19 Jahre betrug.[44]

Die Jagd auf das unbekannte U-Boot nordwestlich Trinidads war noch im vollen Gang, als sich im Mittelatlantik ein Drama abspielte, das den Rückzug in eine schlimme Niederlage verwandeln sollte. Am 28. Juli hatte U 404 (Schönberg) einen Geleitflugzeugträger südlicher als vermutet angetroffen. Normalerweise operierten die amerikanischen Hunter/Killer-Gruppen nahe der Azoren, aber jetzt war überraschend eine von ihnen in dem neuen Versorgungsgebiet der U-Boote aufgetaucht. Der BdU muß angenommen haben, daß die Kampfgruppe sich nur auf der Durchfahrt befand, und setzte einen neuen Treffpunkt auf dem Breitengrad von Florida fest. Derweil marschierte U 66 mit dem schwerverwundeten Friedrich Markworth und

Kapitel 20

sieben weiteren schwerverwundeten Besatzungsmitgliedern an Bord mit Höchstfahrt von der Karibik weg und erreichte am 7. August den U-Tanker U 117 (Neumann). Die am schwersten Verletzten wurden dem großen Versorgungsboot übergeben, und während der Arzt sich um sie kümmerte, wurde U 66 betankt. Aber urplötzlich erschienen *Avengers* am Himmel. Die Schlauchverbindung wurde eilends gelöst, und beide Boote tauchten. Wenig später konnte man auf U 66 Wasserbombenexplosionen hören. Die *Avengers* des Geleitflugzeugträgers USS CARD hatten U 117 zerstört. Es gab keine Überlebenden. Viele Boote befanden sich jetzt auf dem Rückmarsch, darunter die Karibikboote U 66, U 84 (Uphoff), U 134 (Brosin), U 415 (Neide), U 510 (Eick), U 634 (Dahlhaus) und U 653 (Feiler), die alle dringend Versorgung benötigten. Der gesamte Rückzug war gefährdet.

Bei den alliierten Streitkräften erfolgten in der zweiten Woche August eine Reihe von Änderungen. Vice Admiral John H. Hoover übergab das Kommando an Vice Admiral A.B. Cooke. Hoover hatte die *Caribbean Sea Frontier* durch ihre schwerste Zeit geführt und hatte Hervorragendes geleistet. Die Royal Navy ersetzte Admiral Hodges auf Trinidad durch Vice Admiral T. Carties und beendete damit endlich die Anomalie, daß Hodges rangmäßig alle übertraf und dennoch dem amerikanischen Befehlshaber der *Caribbean Sea Frontier* unterstellt war. General Jessy übernahm den Befehl über die Free French Forces auf Martinique und gliederte seine Einheiten den alliierten Streitkräften an. Veränderungen gab es auch bei den Geschwadern. Die 8th Anti-Submarine Squadron wurde Ende des Monats mit ihren B-24 *Liberators* von Curaçao zur Ostküste der USA zurückgerufen. VB-130 verlegte mit ihren *Harpoons* von Edinburgh Field nach Zandery in Holländisch Guayana. Gleichzeitig wurden alle U-Jagdgeschwader des US-Army Air Corps der US-Navy unterstellt. Mehr und mehr moderne Flugzeuge und Überwasserschiffe wurden den Kommandobereichen in der Karibik und in Brasilien zugeteilt, damit die U-Boote nie wieder ungehindert in diesen wichtigen Gebieten operieren konnten.

Nachdem U 66 (Markworth) in einer Meldung angedeutet hatte, daß der Tanker U 117 wahrscheinlich versenkt worden sei, traf der BdU Vorsorgemaßnahmen. U 525 (Drewitz) und U 129 (v. Harpe) wurden aufgefordert, sich als Ersatztanker zur Verfügung zu halten. Beide Boote sollten eigentlich von U 117 versorgt werden. Auch U 760 (Blum) erhielt ebenfalls Befehl, den Einsatz abzubrechen und als Tanker zu dienen. Diese Schritte waren von entscheidender Bedeutung, um die in der Karibik eingesetzten Boote nach Hause zu bringen. Aber in einem Fall war es schon zu spät. Kptlt. Hans-Joachim Drewitz näherte sich mit dem IXC-Boot U 525 auf dem Marsch in die Karibik dem Treffpunkt mit U 117, als er auf die gleiche Hunter/Killer-Gruppe stieß, die bereits den Tanker versenkt hatte. Das Boot hatte an dieser Stelle weit südwestlich der Azoren, die extra aus Sicherheitsgründen ausgewählt worden war, keine Trägerflugzeuge erwartet. Die *Avengers* des Geleitflugzeugträgers USS CARD machten am 11. August mit U 525 kurzen Prozeß, und es gab keine Überlebenden.

Versenkung von U 117 (KKpt. Neumann) beim Treffen mit U 66 (Kptlt. Markworth) am 7. August 1943 durch Flugzeuge des Geleitflugzeugträgers USS CARD. U 66 (links im Bild) konnte entkommen.

Quelle: Archiv Peter Tamm

Am 12. August berichtete Dieterichs (U 406), daß er keine Schiffe und kaum Luftüberwachung antreffen würde. Das ist nicht verwunderlich, da er fernab der jetzigen Verkehrsrouten operierte. Um der U-Bootbedrohung zu entgehen, experimentierte die Schiffahrt 1942 mit weit außerhalb der Karibik gelegenen Verkehrswegen. 1943 wurde aber nur noch dicht unter Land gefahren, und besonders entlang der karibischen Inselkette hatte sich die dortige Luftüberwachung bereits einen legendären Ruf erworben. Für die Flugzeuge war es nicht mehr erforderlich, weit in den Atlantik hinauszufliegen, denn dort gab es nichts zu schützen. Dieterichs Funkspruch war jedoch eingepeilt worden, und bald darauf wurde die ruhige Ecke, in der er sich aufhielt, regelmäßig von den Flugbooten aufgesucht. In der Karibik oder entlang der Bauxitroute waren zu dieser Zeit keine U-Boote tätig, aber es wurden immer wieder Ortungen gemeldet. Die Geschehnisse im Juli und August hatten die Verteidiger derart aufgepeitscht, daß es zu einer ganzen Reihe von Falschmeldungen über Sichtungen und Aktivitäten der U-Boote kam. Es ist erstaunlich, wieviele eindeutige Asdic-Kontakte gemacht und Waboverfolgungen durchgeführt wurden, für die fast immer die Wale mit ihren Leben bezahlen mußten. Die Karibik war stets ein reichhaltiges Revier für Wale gewesen, aber nach dem Kriege gab es nur noch sehr wenige davon.

Am 13. August erreichten U 415 (Neide) und U 653 (Feiler) die Position, wo sie mit U 525 (Drewitz) zusammentreffen sollten. Als der Hilfstanker nicht auftauchte, infor-

Kapitel 20

mierten sie den BdU, der daraufhin sofort eine andere Lösung erarbeitete. Jetzt sollte v. Harpe (U 129) Dahlhaus (U 634) versorgen, wozu sie sich am 15. August trafen. U 760 (Blum) wurde beauftragt, U 84 (Uphoff) die Heimfahrt zu ermöglichen, aber als der Hilfstanker den Treffpunkt ansteuerte, konnte er in der Ferne Wasserbombenexplosionen hören und entfernte sich vorsorglich. Uphoff wurde angegriffen, es gelang ihm jedoch zu entkommen. In der Zwischenzeit hatten verschiedene Boote es geschafft, aus eigener Kraft nach Hause zu kommen. Der erste von ihnen war Piening (U 155), der nach dem Einsatz als Hilfstanker sich strikt an die Order hielt und den Rückmarsch über Wasser antrat – allerdings innerhalb der spanischen Hoheitsgewässer. Niemand hatte ihn dabei gestört, und die Route wurde daher nach ihm benannt. Am 19. August signalisierte der BdU allen Booten, künftig die »Piening-Route« zu benutzen. In den nächsten zehn Tagen machten die Boote davon erfolgreich Gebrauch. Aber das konnte natürlich nicht lange gutgehen.

Der britische Nachrichtendienst hatte die Funksprüche entziffert, und obwohl man die Route nicht genau bestimmen konnte, vermutete man, wo sie sein könnte. Bei ihren Erkundungsflügen entdeckte Coastal Command die U-Boote in den spanischen Hoheitsgewässern. In kürzester Zeit waren die Flugzeuge der RAF über der »Piening-Route«, und Überwasserstreitkräfte der Royal Navy bezogen außerhalb der Territorialgewässer Stellung. Sollte Spanien den U-Booten das Durchfahren erlauben, dann würden die Engländer sie eben innerhalb der spanischen Gewässer versenken. Binnen weniger Tage war die spanische Regierung mit einer unerträglichen Lage konfrontiert und sorgte dafür, daß der BdU seine Anweisung zurücknehmen mußte. In der Zwischenzeit hatte sich der Heimweg entlang der spanischen Küste für die U-Boote jedoch ausgezahlt. Am 15. August brachte Stahl U 648 nach St. Nazaire, Thäter das beschädigte U 466 mit den Verwundeten nach La Pallice. Beide VIIC-Boote wurden nicht wieder für die Karibik verwendet, für die in Zukunft nur noch die großen Boote vom Typ IX eingesetzt wurden. Am 21. August lief Tillessen mit U 516 in Lorient ein. Er war auf der Suche nach U 662 (Müller) nur bis zum Außenrand der Karibik vorgedrungen. Der nächste Einsatz sollte ihn jedoch wieder in dieses Gebiet führen.

Obgleich die große karibische Offensive zum Erliegen gekommen war, bereitete der BdU weitere Aktionen vor. Die Karibik war zwar nicht mehr das bevorzugte Operationsgebiet, und die goldenen Zeiten waren für immer vorbei. Aber die Amerikaner hatten in dem gesamten Bereich umfangreiche U-Jagdkräfte stationiert, und wenn diese von ihren Aufgaben entbunden würden, dann hätten sie den U-Booten das Leben in anderen Gegenden schwer gemacht. Das war der Grund, warum die U-Boote in die Karibik zurückkehrten. Im August verließen drei der dafür vorgesehenen Boote die französischen Stützpunkte. Das erste war das berühmte U 123, mit dem Eichenlaubträger Kptlt. Reinhard Hardegen im Januar 1942 die *Paukenschlag*-Offensive gegen die Ostküste der Vereinigten Staaten durchgeführt hatte und das jetzt unter dem Kommando von OltzS. Horst von Schroeter stand. Das IXB-Boot lief am

16. August aus Lorient mit Bestimmung Trinidad und Bauxit-Route aus. Ihm folgte zwei Tage später das IXC-Boot U 518 unter Kptlt. Friedrich-Wilhelm Wissmann. Als letztes ging am 22. August noch einmal ein Boot des Typs VII, und zwar in der Version D als Minenleger, in See. Es handelte sich um U 214 unter OltzS. Rupprecht Stock, der den Zugang zum Panamakanal verminen sollte.

Die Einfahrt zum Panamakanal in Cristobal war ein strategisch hochsensibler Bereich, und die Amerikaner hatten fast alle Zufahrten stark vermint. Die Minen verursachten jedoch die gleichen Schwierigkeiten wie im Golf von Paria, da es sich ebenfalls um Ankertauminen handelte, die sich ständig losrissen. Zusätzlich waren im gesamten Bereich Minen mit Abstandszündern auf dem Meeresboden verlegt worden, die häufig ohne Grund detonierten. Im August waren bereits ein Schlepper versenkt und mehrere Handelsschiffe beschädigt worden. Stocks Einsatzbefehl sah die Verminung der geräumten Zufahrt zum Hafen vor.

Die Versorgungsprobleme im mittleren Atlantik beeinträchtigten die U-Bootoperationen überall, und die Auswirkungen betrafen auch das einzige Boot, das sich noch in der Karibik befand. Wenn U 117 nicht versenkt worden wäre, dann hätte Horst Dieterichs (U 406) die Ankunft von v. Schroeter (U123), Wissmann (U 518) und Stock (U 214) abwarten können. Dadurch wäre eine gewisse Kontinuität der Operationen auf dem Kriegsschauplatz gewährleistet worden. Aber Dieterichs mußte zusehen, daß er genügend Treibstoff hatte, um noch nach Hause zu kommen. Am 15. August trat er den Rückmarsch an, was er vermutlich nicht bedauerte. Die Amerikaner wußten, daß U 406 das einzige Boot war, das noch in der Karibik operierte, und sie konzentrierten sich darauf. Dieterichs kehrte am 15. September nach St. Nazaire zurück, aber es war nicht ohne Probleme abgelaufen. Eine Woche nachdem er Kurs auf die Heimat genommen hatte, erwischten ihn Jagdflugzeuge vom Typ Grumman *Wildcat* des Geleitflugzeugträgers USS CARD beim Überwassermarsch. Dieterichs wehrte sie trotz Munitionsmangels ab, aber zwei seiner Besatzungsmitglieder fanden dabei den Tod, und drei weitere wurden schwer verwundet. Er tauchte und konnte entkommen, bevor die *Avengers* eintrafen. U 406 wurde von U 849 (Schultze) versorgt und überstand erfolgreich das Spießrutenlaufen durch die Biscaya.

Im Juli hatten die amerikanischen Hunter/Killer-Gruppen die traditionellen Versorgungsgebiete bei den Azoren zur U-Bootfalle gemacht, weshalb der BdU den Treffpunkt weiter südwestlich verlegte. Mitte August befand er sich im mittleren Atlantik in etwa auf dem Breitengrad zwischen Florida und den Kanarischen Inseln. Die Amerikaner folgten, indem sie ihre Hunter/Killer-Gruppen aufteilten, um das gesamte Gebiet besser abdecken zu können. Bei den Azoren im Norden operierten weiterhin die Geleitflugzeugträger USS BOGUE und USS SANTEE, während beim neuen Treffpunkt im Süden USS CORE und USS CARD tätig waren. Hier war es auch, daß Dieterichs mit den Jagdflugzeugen zusammenstieß. Brosin (U 134) hatte andererseits auf der südlichen Route keine Schwierigkeiten gehabt, als er mit U 849 zusammentraf. Er war auch schon fast durch das gefährliche Gebiet im Norden hindurch, bevor

Kapitel 20

Geleitflugzeugträger USS Bogue. *Quelle: Archiv Peter Tamm*

es zum ersten Zusammenprall mit den Flugzeugen der dortigen Hunter/Killer-Gruppen kam. Es gelang ihm, U 134 ungeschoren durchzuschleusen, aber dann geriet er doch noch in einen Hinterhalt. Brosin stand kurz vor der spanischen Küste und beabsichtigte die »Piening-Route zu benutzen. Die hatte er aber noch nicht erreicht, als die RAF ihn beim Überwassermarsch entdeckte. Eine *Wellington* des Coastal Command der RAF führte einen vernichtenden Wasserbombenangriff durch, und das Boot versank mit seiner gesamten Besatzung. Es war das vierte Boot, das beim Rückzug aus der Karibik verloren ging.

Inzwischen war der Einsatzbefehl für das große Boot vom ozeanischen Typ IXD U 847 unter Ritterkreuzträger Kptlt. Herbert Kuppisch widerrufen worden. Das Boot sollte ebenso wie das Schwesterboot U 849 unter Ritterkreuzträger Kptlt. Heinz-Otto Schultze durch den Südatlantik in den Indischen Ozean gehen. Jetzt erhielt es Befehl, als Hilfstanker für die aus der Karibik und von Brasilien heimkehrenden Boote zu dienen, und wurde zum neuen, aber inzwischen gefährlichen Treffpunkt dirigiert, wo USS Core und USS Card operierten. Damit standen vier Hilfstanker zu dieser Zeit im Mittelatlantik: U 129 (v. Harpe), U 760 (Blum) sowie U 847 und U 849. Am 25. August signalisierte Blum, daß U 84 (Uphoff) im vereinbarten Gebiet westlich der Azoren nicht erschienen sei. Es war bereits der dritte Treffpunkt für Uphoff, nachdem er am 18. August beim Treffen mit U 760 von Zerstörern überrascht worden war. Dabei hatte es sich um die alten Vierschornsteiner USS Green, USS Belknap und USS Goldsborough gehandelt, die 1942 in Chaguaramas stationiert gewesen waren und die jetzt den Geleitflugzeugträger USS Core begleiteten. Es war der zweite Einsatz der USS Core, und es sollte ihr erfolgreichster werden. U 487 (Metz) war ihr schon Mitte Juli zum Opfer gefallen, was die Tankerkrise im Mittelatlantik ausgelöst hatte. Dann folgte die Versenkung von Müller-Stöckheims U 67. Am 24. August fügten ihre Piloten zwei weitere U-Boote hinzu. Das erste war das von August Maus erfolgreich geführte U 185. Maus hatte im März und April in der Windward Passage operiert, wo er drei Schiffe versenkte. Im Juni sollte er das beschädigte U 564 (Fiedler) nach Bordeaux zurück geleiten, mußte jedoch dessen Versenkung durch eine Whitley miterleben, noch ehe die beiden Boote den Stützpunkt erreichten. Danach kam er vor der brasilianischen Küste, wo er Konvoi BT-18 angriff, wieder zum Erfolg. Doch jetzt erwischten ihn die Avengers am neuen südlichen Treffpunkt, wo er über Wasser auf den Hilfstanker U 847 (Kuppisch) gewartet hatte. Maus war unter den 36 Überlebenden, die später von dem amerikanischen Zerstörer USS BARKER aufgenommen wurden.

Als Blum (U 760) am 25. August seinen Funkspruch an den BdU absetzte, ahnte er schon, daß U 84 untergegangen sein könnte. Er hatte sechs Tage gewartet und gehofft, einen neuen Treffpunkt vereinbaren zu können, aber Uphoff war bereits tot. Wenige Stunden nach der Vernichtung von U 185 entdeckten die Avengers U 84 beim Überwassermarsch. Uphoff konnte zwei Angriffe zurückschlagen, aber den dritten überstand er nicht. Als U 84 mit seiner gesamten Mannschaft auf den Meeresboden sackte, war es das siebzehnte U-Boot, das in der Karibik-Offensive verloren ging.

USS CARD, der Stallgefährte von USS CORE, war ebenfalls erfolgreich. Der Geleitflugzeugträger hatte bereits am 7. August den U-Tanker U 117 (Neumann) und zwei Tage später U 664 (Graef) versenkt. Am 11. August fiel ihm Hans-Joachim Drewitz mit U 525 und am 27. August Kuppisch mit U 847 zum Opfer. Beide Boote wurden durch den Abwurf von zielsuchenden Lufttorpedos[45] vernichtet, und es gab keine Überlebenden. Kuppisch hatte U 415 (Neide), U 634 (Dahlhaus) und U 653 (Feiler) versorgt sowie drei weitere Boote. Am letzten Tag des Monats brachte Carlsen U 732 sicher nach Brest zurück. Er gehörte zur Nachhut und hatte es geschickt verstanden, dem Hinterhalt der amerikanischen Geleitflugzeugträger zu entgehen. Demgegenüber geriet Eberhard Dahlhaus nach der Versorgung in Schwierigkeiten. Er funkte dem BdU, daß er auf dem Weg zwischen den Azoren und Portugal von einer Korvette gejagt würde Es war seine letzte Meldung. Es handelte sich um die beiden kampferprobten Korvetten HMS STORK und HMS STONECROP, die U 634 schließlich schnappten und es mit Mann und Maus versenkten. Die letzten drei heimkehrenden Boote, U 406 (Dieterichs), U 415 (Neide) und U 653 (Feiler), erreichten alle sicher ihre Stützpunkte in Frankreich.

Die karibische Offensive hatte 1943 sechs Boote auf dem Hinmarsch, sieben im Einsatzgebiet und fünf auf dem Rückmarsch gekostet. Und das alles für fünf Handelsschiffe und zwei Schoner, die vernichtet worden waren. Von 32 Kampfbooten, die zum Einsatz kamen, waren 18 verloren gegangen, was einer Verlustrate von 57 Prozent entsprach. Nur U 648 (Stahl) und U 732 (Carlsen) erreichten unbeschädigt die Heimat. Um sich zu verdeutlichen, wie katastrophal sich die Situation entwickelt hatte, muß man die Zahlen des Jahres 1942 zum Vergleich heranziehen. 1942 führten 70 Kampfboote 100 Feindfahrten durch. Davon waren zwölf auf dem Hin- und Rückweg und auf dem karibischen Kriegsschauplatz versenkt worden, was eine Verlustrate von 17 Prozent bedeutete. Aber das ist nur die eine Seite der Geschichte. Die

Kapitel 20

U-Tanker bildeten einen unverzichtbaren Teil der Offensive, da die U-Boote ohne ihre Hilfe nicht wirksam operieren konnten. U 67 und U 527 waren die ersten beiden Boote gewesen, die im Mai 1943 auf dem Anmarsch, und U 415 und U 653 die letzten beiden, die im September 1943 auf dem Rückmarsch versorgt werden mußten. In diesem Zeitabschnitt wurden die U-Tanker U 117, U 118, U 119, U 459, U 461, U 462 und U 487 entweder bei der Versorgung der karibischen Boote oder auf dem Weg zu den entsprechenden Treffpunkten versenkt. Hinzu kamen die Hilfstanker U 760 und U 847, die ebenfalls in Verlust gerieten. Damit hatte die Offensive neun Tanker eingebüßt. U 460 war der einzige U-Tanker und U 129 und U 849 die beiden einzigen Hilfstanker, die überlebten. Insgesamt waren also zwölf U-Tanker im Einsatz gewesen, womit die Anzahl der für die Operation in der Karibik verwendeten Boote sich auf 44 erhöht. Hiervon gingen 27, das sind 61 Prozent, verloren.

In der zweiten Augusthälfte analysierte der BdU die Gründe, die zum Mißerfolg der Offensive in der Karibik geführt hatten. Ein Großteil wurde der Überlegenheit der alliierten Luftstreitkräfte zugeschrieben, die allein in der Biscaya für neun untergegangene Boote verantwortlich zeichneten. Aber das war natürlich auch darauf zurückzuführen, daß die Boote die Biscaya aufgetaucht durchqueren mußten. Diese Verluste wären wahrscheinlich zu vermeiden gewesen. Dann kamen die Hinterhalte durch die amerikanischen Hunter/Killer-Gruppen im mittleren Atlantik, denen neun Boote zum Opfer fielen. Das ließ sich nicht vermeiden. Die Deutschen verfügten nicht über die nachrichtendienstlichen Erkenntnisse, die es ihnen ermöglichten, die U-Tanker rechtzeitig aus der Gefahrenzone herauszubringen. Aber am schlimmsten war die Luftbedrohung in der Karibik, wo die Boote ständig durch Überwachungsflüge behindert wurden. Diese Bedrohung war aber nur in gewissen Gebieten überwältigend, und zwar entlang der Küsten im Golf von Mexiko, in der Floridastraße, in der Windward Passage und um Trinidad herum. Das waren jedoch die Operationsräume der U-Boote. Mit anderen Worten, sie griffen in den am stärksten gesicherten Gebieten an. Die 500 Meilen lange Konvoiroute zwischen Aruba und der Windward Passage wurde von ihnen total vernachlässigt, obwohl hier, ähnlich wie auf dem Nordatlantik, die Konvois nur durch Langstreckenflugzeuge hätten geschützt werden können. Aruba und Curaçao waren jedoch die am schwächsten mit Luftstreitkräften ausgestatteten Plätze. Alle Konvois mußten dieses Gebiet passieren, und ein konzentrierter Ansatz, gepaart mit dem Willen, die Flugzeuge zu bekämpfen, hätte vermutlich zu Erfolgen geführt.

Das Gleiche gilt für die Bauxitroute, wo die U-Boote der Reihe nach eintrafen und eins nach dem anderen besiegt wurden. Auch hier hätte sich eine Konzentration sicher ausgezahlt. Es gab genügend Bereiche, wo die amerikanischen Streitkräfte sehr weit auseinandergezogen waren, und daraus hätte man Kapital schlagen können. In der Analyse des BdU gab es wiederum Hinweise auf die schwachen und unerfahrenen Geleitfahrzeuge, und es wurde hervorgehoben, mit welcher Leichtigkeit die Konvois TJ-1 und BT-18 von einzelnen U-Boote angegriffen worden waren.

KAPITEL 20

Aber diese Erfolge wiederholten sich nicht, was darauf zurückgeführt wurde, daß die Geleitzüge dichter unter der Küste im Schutz der Luftdeckung fuhren. Auch die ständige Überwachung durch die Radarstationen an Land wurde erwähnt. Die Bemerkung über die Geleitfahrzeuge stimmte, denn die Konvois waren tatsächlich schlecht durch sie geschützt. Aber man hat wahrscheinlich nicht erkannt, daß die Geleitzugsicherung Teil eines integrierten Systems war, das aus der Benutzung küstennaher flacher Gewässer, fortlaufender Radarüberwachung, ununterbrochener Deckung aus der Luft und unabhängigen Hunter/Killer-Gruppen bestand. Unter diesen Umständen waren die Geleitfahrzeuge fast überflüssig. Aber natürlich waren die Konvois in höchstem Grade verwundbar, wo es alle diese Unterstützungsmaßnahmen nicht gab. Diese Gebiete existierten, aber zu keiner Zeit wurden sie im Jahr 1943 von den deutschen U-Booten genutzt.

Auch die Einschränkungen bezüglich der Einsatzzeit im Operationsgebiet, bedingt durch den Verlust der U-Tanker, kamen zur Sprache. Sie war auf höchstens drei Wochen begrenzt und erlaubte nur einen einzigen Angriff auf einen Geleitzug. Nordgehende Konvois verließen Trinidad alle sechs Tage. Zwischendurch trafen die südgehenden Konvois ein, so daß alle drei Tage die Durchfahrt eines Geleitzuges erwartet werden konnte. Im Verkehr mit Brasilien wurden die Konvois im gleichen Zyklus

U 185 (Maus) sinkt, nachdem es von zwei Wabos einer Avenger von USS CORE getroffen wurde.

Quelle: Archiv Peter Tamm

Kapitel 20

abgefertigt. Zusammen mit den Inter-Island- und den transatlantischen Geleitzügen war demnach täglich mit einem Konvoi von oder nach Trinidad zu rechnen. Es gab also ständig Angriffsmöglichkeiten, aber natürlich schwerlich im langen Schatten Trinidads. Natürlich muß man berücksichtigen, daß die Wirksamkeit der karibischen Boote durch den Verlust der U-Tanker bereits zu stark eingeschränkt war, um bei dieser Entwicklung am Ball zu bleiben. Zum Schluß vermerkte der BdU noch den Einfluß, den das Klima auf die Besatzungen gehabt hatte. Es war ein wesentlicher Punkt, denn nur wenige U-Boote operierten 1943 mit dem gleichen Schneid wie die Veteranen des Jahres 1942.

Einige der außerordentlich mutigen Kommandanten verdienen jedoch besondere Erwähnung, da sie bereit waren, kompromißlos an den Feind heranzugehen: Kurt Neide mit U 415, Alfred Eick mit U 510, Heinz Kummetat mit U 572 und Ralph Kapitzky mit U 615. Die Mehrheit scheint jedoch der Teilnahmslosigkeit durch die drückende Hitze in den Stahlröhren erlegen zu sein. Dabei spielte die allgegenwärtige feindliche Luftüberlegenheit, die die Boote ständig unter Wasser zwang, eine große Rolle. Viele Historiker haben die karibische Offensive 1943 mit dem Angriff gegen die brasilianische Küste zur gleichen Zeit in einen Topf geworfen. Wenn dem so ist, dann müssen die Aktionen vor Brasilien dem Ganzen hinzugerechnet werden. Acht Boote waren dort im Einsatz, wovon sechs verloren gingen. Es war mit Sicherheit eine Nebenoperation, aber wenn man alles zusammenzählt, dann kommt man auf 33 verloren gegangene U-Boote. Bei dann insgesamt 52 eingesetzten Booten bedeutet das eine Verlustrate von 64 Prozent. Keine Streitmacht kann derartige Verluste auf die Dauer verkraften. Das Ende vom Lied: die Karibik und Brasilien wurden zu unbedeutenden Nebenschauplätzen, in denen die U-Boote nur noch operierten, um die U-Jagdkräfte zu binden.

KAPITEL 21

Die siegreiche US-Navy

v. Schroeter erhielt für U 123 den 400 Meilen breiten Küstenstreifen auf der Ostseite der Karibik als Einsatzgebiet zugewiesen. Das war vorher der Bereich von neun U-Booten gewesen, und die U-Jagdverbände waren dort auf viele Gegner eingestellt. Nach den Aufregungen der letzten drei Monate waren die Verteidiger in erhöhter Wachsamkeit, und sie hatten die Funksprüche von U 123 schon eingepeilt, bevor es auf dem karibischen Kriegsschauplatz eintraf. Sicherlich haben zur Entdeckung des Bootes aber auch die nachrichtendienstlichen Erkenntnisse der Engländer beigetragen. Am 11. September erhielten sie die Bestätigung, als der Frachter JARED INGERSOLL berichtete, ein U-Boot 220 Meilen östlich von Trinidad gesichtet zu haben. Der Dampfer machte sich eilends nach Trinidad davon, wobei er von dem U-Boot verfolgt wurde. Aber innerhalb einer Stunde waren die *Mariners* zur Stelle, und v. Schroeter mußte die Jagd aufgeben. Der schwer errungene Sieg über U 615 hatte der Abwehr Auftrieb gegeben, und nachdem U 406 das Gebiet verlassen hatte, suchten sie fieberhaft nach dem nächsten U-Boot, das in der Karibik eintraf. v. Schroeter stand mit U 123 weit vor den anderen drei Booten der Gruppe, und er wurde gnadenlos gejagt. Die nächsten zwei Wochen hielt er sich aus den flachen Gewässern heraus, aber schließlich mußte er angreifen. Er wählte Konvoi TJ-9, als dieser südgehend Französisch Guayana passierte, und schoß einige Torpedos. Obwohl Detonationen zu hören waren, wurde keines der Schiffe im Geleitzug getroffen. Der Angriff löste jedoch eine gewaltige U-Bootabwehraktion aus, so daß U 123 sich hastig nach Norden zurückziehen mußte. Am folgenden Tag wurde v. Schroeter eine Lektion in militärischer Überlegenheit erteilt. Der U-Jäger HMS BLACK BEAR der TRNVR bekam Asdic-Kontakt und griff mit Wasserbomben an, verlor danach jedoch die Ortung. Sofort wurden ein Luftschiff, eine OS2N *Kingfisher* und eine PBM *Mariner* auf die Position eingewiesen, um die vier für die Sicherung des Konvois eingesetzten Flugzeuge zu unterstützen. Aber das war nur ein Teil der Reaktion. Die US-Navy war überzeugt davon, daß es sich bei U 123 um das einzige U-Boot in der Region handelte, und die Geleitfahrzeuge des Konvois erhielten daher Befehl, beim georteten Objekt zu bleiben, während die Flugzeuge den Konvoi sicher zum Dragon's Mouth brachten.

Doch jetzt rückte Verstärkung an. Am 21. September brachte Wissmann U 518 auf den Weg zur Nordküste Cubas in die Bahamas. Am nächsten Tag erreichte Stock mit dem für Panama bestimmten U 214 die Gegend nordöstlich von Antigua. Interessanterweise wußten die Befehlsstellen in der Karibik seit dem 11. September von der

KAPITEL 21

Minenoperation. Diese Information konnte nur auf nachrichtendienstlichen Erkenntnissen beruhen. Am 19. September lief Kptlt. Richard Becker mit dem VIID-Boot U 218 aus Brest aus, um den Dragon's Mouth zu verminen. Auch darüber wußten die Alliierten sofort Bescheid. Zu dieser Zeit lasen die britischen Entschlüsselungsexperten bereits alle Funksprüche der Deutschen mit.[46]
Inzwischen verließ das US-Army Air Corps die Karibik und verlegte seine Geschwader nach Nordamerika oder auf den europäischen Kriegsschauplatz. Die Flugzeuge der Armee hatten besonders im ersten Jahr der Offensive eine große Rolle gespielt. Allein im *Trinidad Sector* brachten die Maschinen 30 000 Flugstunden hinter sich. Die Geschwader wurden durch Einheiten der US-Navy, die über Lockheed *Harpoons* verfügten, ersetzt. Einige dieser Flugzeuge wurden schon bald mit Seezielflugkörpern ausgerüstet. Das US-Army Air Corps behielt Waller Field auf Trinidad, aber der Flugplatz diente jetzt vor allem den Transportflugzeugen und als Zwischenstopp für die Kampfflugzeuge auf ihrem Weg nach Afrika.
Das bedeutsamste Ereignis im August war jedoch der Tod von Albrecht Achilles. Das IXC-Boot U 161 war am 8. August zu seiner sechsten Feindfahrt ausgelaufen und für den Einsatz vor Brasilien vorgesehen. Achilles bezog vor der Küste Position und versenkte zwei Frachter.[47] Die Amerikaner hatten jedoch seinen Vormarsch genau verfolgt. Am 27. September morgens ortete *Mariner P-2* der VP-74 Squadron, die von Lieutenant jg. Harry Patterson geflogen wurde, U 161 mit Radar in einer Entfernung von 38 Meilen. Auf zehn Meilen konnte Patterson das Boot sehen und begann mit seinem Anflug. Es war ein klarer Tag, so daß Achilles das Flugzeug schon frühzeitig erkannt haben wird und deswegen wahrscheinlich beschloß, den Kampf über Wasser auszutragen. Das U-Boot eröffnete das Feuer bereits auf eine Entfernung von acht Meilen, was für das kleine Kaliber der Flak eigentlich zu weit ist. Das Abwehrfeuer war jedoch sehr akkurat, die *Mariner* mußte beim Angriff eine Menge einstecken, aber Patterson hielt durch und warf sechs Wasserbomben, von denen die meisten an Steuerbordseite des Bootes im Meer landeten. Der Pilot sah keine Wirkung und entschied sich für einen weiteren Angriff. Wieder lag das Abwehrfeuer genau, und einige der Besatzungsmitglieder des Flugzeugs wurden schwer verwundet, dennoch gab Patterson nicht auf und setzte seine letzten beiden Wabos unmittelbar neben den Rumpf des Bootes. Während er sich mühte, die schwer beschädigte *Mariner* in der Luft zu halten, sah der Pilot U 161 langsamer werden. Einen Moment steuerte das Boot erratische Kurse, dann fuhr es jedoch wieder geradeaus und tauchte. Kurz darauf erschien eine *Harpoon* am Ort des Geschehens, konnte aber kein Anzeichen des U-Bootes finden. Niemand hat U 161 je wiedergesehen, und es ist nicht bekannt, welches Drama sich in diesen Minuten an Bord abgespielt hat. U 161 ging 240 Meilen südlich von Recife unter und war das fünfte Opfer der VP-74 Squadron. Zu diesem Zeitpunkt des Krieges war die U-Bootabwehrtechnik dem Entwicklungsstand der U-Boote eindeutig voraus. Im September 1943 änderte sich jedoch das Bild, als das erste mit einem Schnorchel ausgerüstete U-Boot in See ging. Durch

den Schnorchelmast wurde die Luft angesaugt, die es den Booten ermöglichte, unter Wasser mit Dieselmotoren zu fahren. Es war eine Entwicklung, die das U-Bootswesen verändern sollte, indem es das bisherige Tauchboot zu einem wirklichen Unterseeboot machte. Die Einführung war mit vielen Kinderkrankheiten behaftet, und es sollte noch einige Zeit dauern, bis auch die Boote in der Karibik damit ausgerüstet waren. Für den Rest des Jahres 1943 waren sie jedenfalls noch an die Wasseroberfläche gebunden und wurden damit leicht zur Beute der Flugboote.

Anfang Oktober wartete v. Schroeter (U 123) immer noch auf eine Chance zuzuschlagen, aber die kombinierten Luft- und See-Hunter/Killer-Gruppen machten ihm schon das Überleben schwer, von einem Angriff ganz zu schweigen. U 518 (Wissmann) hatte sich inzwischen durch die Bahamas, den Nicholas Channel und die Straße von Florida hindurchgearbeitet und operierte nahe Key West innerhalb des Golfs von Mexiko. Stock war mit U 214 durch die Mona Passage gefahren und hatte Kurs direkt auf Panama abgesetzt. Durch die Tankerkrise konnten sich Boote von Typ VII keine Mätzchen leisten, und Stock erreichte daher Cristobal bereits am 8. Oktober. Er war zwar ausführlich über die Gefährlichkeit des Gebietes informiert worden, vermochte aber angesichts der friedensmäßigen Beleuchtung an der Küste kaum daran zu glauben. Über ein Jahr lang hatte kein U-Boot mehr in der Nähe operiert, und daher bestand die einzige Vorsichtsmaßnahme der Abwehr darin, daß ein starker Scheinwerfer ab und zu die Hafeneinfahrt anleuchtete. Aber der Schein kann trügen, denn Cristobal war stark geschützt. Außer Minenfeldern verfügte der Bereich über zahlreiche Küstenbatterien. Nur an Zerstörern und U-Jagdbooten mangelte es. Stock manövrierte U 214 vorsichtig in den Außenbereich des Hafens und legte zwölf Minen in das flache Gewässer der Zufahrt. Nach Beendigung seiner Aufgabe setzte er sich nordwärts ab und meldete dem BdU Vollzug. Der BdU instruierte ihn, die restlichen Minen weiter draußen zu legen, was er vor Punta Manzanillo an der Nordspitze Panamas tat. Zwei Tage später wurde eine Mine in diesem Gebiet entdeckt, was große Bestürzung bei den Verteidigern auslöste. U 214 hatte den Funkspruch an den BdU in einer codierten Vierbuchstabengruppe abgegeben, die nicht eingepeilt worden war, weshalb man nichts von der Anwesenheit des Bootes wußte. Da die Mine jedoch offensichtlich neueren Datums war, wurde eine sofortige Räumungsaktion eingeleitet. Der Eingang zum Panama-Kanal war so sensibel, daß er auch die Achillesferse Amerikas genannt worden ist. Trotz umfangreicher Räumungsmaßnahmen stufte man das Gebiet erst Ende des Monats wieder als sicher ein.

Mitte Oktober marschierte Becker mit U 218 östlich der Kette der Antillen auf Trinidad zu. Eine Meldung hatte den Führungsstab auf Trinidad vor dem Boot gewarnt – das den Auftrag zum Minenlegen hatte! Alle verfügbaren Räumfahrzeuge waren auf die Häfen im karibischen Meer verteilt worden, und die Patrouillen wurden verstärkt. Aber das hinderte Becker nicht, seine Aufgabe am 27. Oktober zu erfüllen. Er legte zwölf Minen in der Zufahrt zur Third Boca. Becker war ebenfalls über die starke Verteidigung des Gebietes informiert worden. Er führte die Operation daher in einer

Kapitel 21

mondlosen Nacht durch, ohne entdeckt zu werden. Die Minen wurden in Gewässern zwischen 90 und 110 Meter Tiefe und in einem Abstand von 360 Metern gelegt. Wegen der starken Strömung war jede Mine mit einem 550 Meter langen Ankertau versehen. Becker setzte sich nordöstlich ab und funkte seine Vollzugsmeldung mit der Vierbuchstabengruppe AFKP. Es ist nicht bekannt, ob die deutschen Minen vor Trinidad zu alliierten Verlusten geführt haben. Die Amerikaner hatten ohnehin genug mit ihren eigenen Minen zu tun, und es ist gut möglich, daß die deutschen Minen ebenso wie die amerikanischen durch die starke Strömung so tief unter Wasser gehalten wurden, daß sie unschädlich waren.

Jetzt traf eine erfolgreichere Gruppe von IXC-Booten in der Karibik ein. Der erste war Oskar-Heinz Kusch mit U 154. Das Boot befand sich unter seinem Kommandanten bereits auf der fünften Feindfahrt zum karibischen Kriegsschauplatz. Am 3. Novem-

Hans-Rutger Tillessen (U 516).

Quelle: U-Boot-Archiv, Cuxhaven

ber bezog Kusch Position vor Cayenne. v. Schroeter hatte das Gebiet nach pausenlosen Luftangriffen ohne Ergebnis verlassen. Als zweiter traf Hans-Rutger Tillessen ein, der U 516 durch die Passage zwischen Tobago und Grenada brachte und auf die westliche Karibik zusteuerte. Hinter diesen beiden näherten sich OltzS. Richard v. Harpe mit U 129 und U 193 unter KKpt. Hans Pauckstadt. Als fünfter der neuen Gruppe war U 530 unter Kptlt. Kurt Lange im Anmarsch. Dieses Boot machte drei Fahrten in die Karibik, wobei die dritte unter sehr ungewöhnlichen Umständen stattfand.

Friedrich-Wilhelm Wissmann (U 518) operierte im Oktober im Golf von Mexiko, konnte aber nicht in die stark gesicherten Geleitzüge einbrechen. Es war ein Wunder, daß er so nahe Key West überhaupt überlebte. Im September und Oktober war es den U-Booten nicht gelungen, Handelsschiffe in der Karibik zu versenken. Die US-Navy hatte die Region fest im Griff, und es bedurfte erst eines verwegenen Kommandanten, um wieder eine Bresche in die Verteidigung zu schlagen. Dieser Kommandant war Tillessen, der U 516 an Trinidad und Venezuela vorbei vor die Nordküste Kolumbiens geführt hatte. Am 8. November griff eine *Harpoon* der VP-133 Squadron das Boot westlich von Curaçao an. Die Flak eröffnete ein fürchterliches Sperrfeuer, und gerade als das Flugzeug sich dem Ausklinkpunkt der Wabos näherte, schoß sie sich ein. Die *Harpoon* wurde stark beschädigt und konnte nur mit größter Mühe den Anflug durchhalten. Der Pilot warf sechs Wasserbomben, die jedoch über das Ziel hinausgingen und im sicheren Abstand explodierten. Danach brachte er das beschädigte Flugzeug und seine verwundete Besatzung nach Curaçao zurück und berichtete von der Gegenwart des U-Bootes. Das U-Jagdgeschwader hatte nur auf eine solche Gelegenheit gewartet, und bald waren nahezu alle *Harpoons* auf der Suche. Eine Hunter/Killer-Gruppe mit dem Zerstörer USS HURST und dem holländischen U-Jagd-Boot QUEEN WILHELMINA unterstützten die Bemühungen, aber der unerschrockene Tillessen war schon davongeschlüpft.

Am 11. November torpedierte er den panamaischen Frachter PAMPOON (1 082 BRT) direkt vor dem Hafen Barranquilla, was großes Entsetzen und allgemeine Empörung hervorrief. Man hatte geglaubt, daß das karibische Meer inzwischen sicher sei, denn die U-Boote waren ja von der US-Navy geschlagen, und da war es unerhört, daß eins von ihnen durchbrechen konnte! Außerdem fand die Versenkung im *Panama Sector* statt, wo es seit dem Angriff von Achilles auf die *San Pablo* in Puerto Limon im Juli 1942 keine Verluste mehr gegeben hatte. Die Abwehr im *Panama Sector* war aus ihrem Dämmerschlaf aufgescheucht, und das war gut so, denn Tillessen war noch keinesfalls mit seiner Arbeit fertig.

Kusch (U 154) operierte auf der Bauxitroute und war dabei ebenso wie v. Schroeter pausenloser Luftüberwachung ausgesetzt, so daß er nicht an die Konvois herankommen konnte. v. Harpe hatte inzwischen U 129 durch die Bahamas in die gefährliche Straße von Florida gebracht, während Pauckstadt mit U 193 auf dem gleichen Weg in den Golf von Mexiko weitermarschierte. Lange durchfuhr mit U 530 die Mona Passage, drehte ostwärts und schlug entlang der Inselkette einen Bogen bis Mar-

Kapitel 21

tinique, bevor er auf Westkurs ging. Lange war als Handelsschiffskapitän gefahren und bereits 39 Jahre alt. Er war der zweitälteste unter den aktiven U-Bootkommandanten und genoß den Ruf eines Überlebenskünstlers. Er hatte nicht die Absicht, sein Leben aufs Spiel zu setzen, und U 530 wurde von den Besatzungen als sicheres Boot betrachtet, – eins, das stets zurückkehrte. Lange griff niemals an, wenn er nicht im Vorteil war, und er war auch nicht in die Karibik gekommen, um sich Schwierigkeiten einzuhandeln. Sein Operationsgebiet lag jedoch im *Panama Sector*, wo Tillessen bereits ins Wespennest gestochen hatte.

Nach der Versenkung der PAMPOON drang Tillessen weiter in das Gebiet ein und zerstörte am 17. November etwas nördlich von Cristobal den Schoner RUBY mit seinen Flakwaffen. Als das Dingi mit den Überlebenden an Land kam, wurde den Amerikanern bewußt, daß es im *Panama Sector* Ärger gab. Die U-Jagd verlagerte sich von der kolumbianischen Küste auf das Gebiet vor Colón und folgte damit den U-Boot-Kommandanten, der anscheinend noch immer nicht begriffen hatte, daß der Krieg in der Karibik vorüber war. Trotz der Gegenwart von zwei Hunter/Killer-Gruppen und zahlreichen Flugzeugen schlug Tillessen erneut zu. Am 23. November torpedierte er nachts um 23 Uhr den Liberty-Frachter MELVILLE E. STONE (7 176 BRT) 150 Meilen von den Luftstützpunkten in Panama entfernt. Der Hilferuf des Frachters wurde sogar in Deutschland empfangen. Als die U-Bootabwehrkräfte auf den Angriffsort zuströmten, marschierte Tillessen weiter auf die Küste zu. Fünf Stunden später und nur noch 75 Meilen von den Flugplätzen entfernt, kam der amerikanischen Tanker ELIZABETH KELLOGG (5 189 BRT) in Sicht. Zwei Torpedos setzten das Schiff in Brand, und der Feuerschein war von weitem zu sehen. Tillessen setzte sich nordwärts ab, und als die Flugzeuge bei Tagesanbruch den sinkenden Tanker umkreisten, da befand sich U 516 getaucht in sicherer Entfernung vom Tatort.

Der Tanker war Tillessens viertes Schiff. Seit Mohr (U 124) den Konvoi TB-1 im Januar dezimiert hatte, war es keinem U-Boot mehr gelungen, vier Schiffe in der Karibik zu versenken. Und Tillessen war noch nicht einmal fertig. Die US-Navy annullierte an diesem Morgen alle Sperrpatrouillenflüge in den Windward, Mona und Anegada Passagen, die nach dem Angriff der *Harpoon* am 8. November eingeführt worden waren, weil man annahm, daß das vermeintlich beschädigte U-Boot versuchen würde zu entkommen. Jetzt war klar, daß man es nicht mit einem »Krüppel« zu tun hatte. Tillessen hielt sich jedoch für den Rest des Monats bedeckt und wich den Hunter/-Killer-Gruppen geschickt aus. Sinnigerweise war U 530 in dieser Zeit das einzige U-Boot, das nicht gejagt wurde. Lange blieb am Tage getaucht, funkte nicht und griff auch nicht an. Er brachte das Boot durch das Karibische Meer und wartete auf einen günstigen Augenblick. Früher oder später würde ein Ziel auftauchen, das er gefahrlos angreifen konnte. Am Monatsende erreichte er schließlich den Seeraum vor Panama.

Anfang Dezember stießen zwei weitere Boote hinzu. Kptlt. Günther Pfeffer führte U 170 vom brasilianischen Kriegsschauplatz in die Karibik. Er marschierte an der Ostseite der Inselkette nach Norden und verbrachte eine Woche vor der Nordküste von Puerto Rico. Das zweite Boot war U 190, das von Kptlt. Max Wintermeyer ebenfalls von Brasilien heraufgebracht wurde und vor Britisch Guayana Position bezog. Die beiden Neuankömmlinge wurden durch ihre Funksprüche entdeckt und dann auch optisch gesichtet. Es gab jetzt sieben Boote in der Karibik, und es wurden wieder Schiffe versenkt. Es war fast wie in alten Zeiten, aber wie lange würde es gutgehen? Alle verfügbaren U-Jagdeinheiten waren im Einsatz, und die Amerikaner zeigten, daß sie das Gebiet unter Kontrolle hatten. Nur Tillessen wollte sich dem nicht fügen und sollte bald durch v. Harpe (U 129) und Pauckstadt (U 193) bei seinem Treiben unterstützt werden.

Am 3. Dezember beendete Pauckstadt seine Operation im Golf von Mexiko stilgerecht, indem er den amerikanischen Tanker TOUCHET (10 172 BRT) mit drei Torpedos versenkte. Es war das letzte Handelsschiff, das in diesem Gebiet verlorenging. Pauckstadt wurde unbarmherzig gejagt und erhielt keine weitere Angriffsmöglichkeit. Am folgenden Tag weckte v. Harpe die nördliche Karibik auf, als er 25 Meilen südlich San Salvador in den Bahamas den kubanischen Frachter LIBERTAD (5 441 BRT) auf den Meeresgrund schickte. Auch er wurde jetzt von den U-Jagdkräften verfolgt. Vorbei waren die Tage, wo die U-Bootkommandanten beeindruckende Erfolge einheimsten. Die Versenkung nur eines einzigen Schiffes auf einer Feindfahrt war zu dieser Zeit bereits ein gutes Ergebnis. Für alle, mit Ausnahme von Hans-Rutger Tillessen! Der Schwerpunkt des Krieges in der Karibik hatte sich nach einem Jahr von Trinidad wieder in den Westen des karibischen Meeres zurückverlagert. Die VB-133 Squadron war von Curaçao nach Panama verlegt worden, aber das hinderte Tillessen nicht, am 8. Dezember das panamaische Motorschiff COLOMBIA (1 176 BRT) 25 Meilen vor San Blas Point an der Nordküste Panamas zu torpedieren. Wieder operierte ein U-Boot gefährlich nahe am Zugang zum Panama-Kanal, und die Reaktion der Verteidiger war dementsprechend heftig.

Um überall für Einsätze zur Verfügung zu stehen, waren die kampfkräftigen B-25 *Mitchell* der 23rd Anti-Submarine Squadron über die ganze Karibik verteilt worden. Im Dezember wurden sie jedoch alle in Panama benötigt, und deshalb verlegte man das ganze Geschwader dorthin. Diese Veränderung traf sich vorzüglich mit Tillessens Wunsch, das Gebiet zu verlassen. Gerade als der Verband sich bereit machte, um sich mit U 516 zu befassen, setzte sich das Boot ostwärts ab. Zwei Tage später schnüffelte Tillessen vor dem Tankerterminal auf Aruba herum, und am 16. November schreckte er die holländischen Inseln aus ihrer Ruhe auf, indem er den amerikanischen Tanker MCDOWELL (10 195 BRT) 30 Meilen von Curaçao entfernt versenkte. Das gefiel ihm, und er beschloß, noch ein wenig in der Gegend zu verweilen. Der Verlust der MCDOWELL führte zu einer sofortigen Verlegung einer Abteilung PBM *Mariners* der VP-204 Squadron von Trinidad nach Curaçao. Die Maschinen nahmen ihre Arbeit unverzüglich auf, und am 18. November um 21 Uhr 15 entdeckte eine *Mariner* U 516 beim Überwassermarsch nördlich der Insel. Der Pilot griff an, aber das U-Boot eröff-

Kapitel 21

nete ein furchtbares Sperrfeuer. Trotzdem hielt das Flugboot durch und setzte sechs Wasserbomben quer zum Kurs des Bootes. U 516 stoppte, und als der Pilot das sah, schwenkte er herum, um erneut anzufliegen. Das U-Boot erwiderte den Angriff nicht, und da der Bombenschacht des Flugzeugs leer war, beschoß die *Mariner* die Brücke des Bootes mit Maschinengewehren. Zu diesem Zeitpunkt hatte U 516 jedoch wieder Fahrt aufgenommen und tauchte. Die Schäden am Boot waren allerdings so umfangreich, daß der Rückmarsch angetreten werden mußte.

Als U 516 eine Woche später die Mona Passage sicher hinter sich gebracht hatte, wurde Lange (U 530) in Versuchung geführt. Er schoß drei Torpedos auf den amerikanischen Tanker CHAPULTEPEC (10 195 BRT), wovon zwei das große Schiff trafen und es zum Stillstand brachten. Der Notruf »SSS« des Tankers wurde sogar in Deutschland aufgefangen, aber bevor Lange das Schiff erledigen konnte, waren die B-25 heran. Er hatte nur 60 Meilen vor San Blas Point/Panama angegriffen und befand sich daher im Nahbereich der Verteidiger. Als sie anfingen, sich auf ihn zu konzentrieren, wich er nach Norden aus. Die Torpedierung der CHAPULTEPC sorgte für erhebliche Bestürzung, denn Lange hatte in der ganzen Zeit keinen Funkspruch abgesetzt, so daß niemand etwas von seiner Anwesenheit ahnte. Die Entdeckung des Bootes hielt Panama und Curaçao für die nächsten beiden Wochen in Aufregung, aber U 530 war bereits in Richtung Mona Passage auf und davon.

Genaugenommen befanden sich alle Boote in der ersten Januarwoche 1944 auf dem Rückmarsch. Lange hatte seine Gegenwart vor Panama vor den Amerikanern zwar geheimhalten können, nicht jedoch seinen Rückzug. Seefernaufklärer der VP-204 Squadron entdeckten ihn, als er aus dem Karibischen Meer herauskam und schikanierten ihn bis weit in den Atlantik hinein. Tillessen teilte derweil dem BdU mit, daß er den Eindruck hätte, die Amerikaner würden seine Funksprüche in der Karibik einpeilen. Das geschah bereits seit Juni 1942, aber aus irgendeinem Grund fuhren die U-Boote mit der Funkerei fort. 1943 war das Abhörsystem bereits so ausgefeilt, daß die U-Bootabwehrkräfte in der Lage waren, die gesamte Feindfahrt eines U-Bootes zu verfolgen.

U 516 war als einziges beschädigt worden, aber es war auch das einzige, das erfolgreich gewesen war. Wie war es möglich, daß Tillessen auf dieser Feindfahrt in die Karibik zwei große Tanker, drei Frachter und einen Schoner versenken konnte? Das war mehr als das, was 22 Boote im Juli geschafft hatten. Hatte es nur daran gelegen, daß er sich die richtigen Gebiete ausgesucht hatte? Als U 615 im Juli die ROSALIA versenkte, gab es unter den militärischen und zivilen Befehlsstellen auf den holländischen Inseln einen gehörigen Aufruhr, aber jetzt schien ihnen entgangen zu sein, daß es immer noch U-Boote in der Karibik gab. Aber man ist auch geneigt, von einem Planungsversagen der Deutschen zu sprechen. Der große Erfolg Tillessens genügt eigentlich, um dem deutschen Planungsansatz in den vorhergehenden Monaten eine schlechte Note zu geben. Selbst der stockkonservative Lange hatte es fertiggebracht, einen Tanker zu torpedieren. Was hätte sich mit einer anderen Strategie alles erreichen lassen!

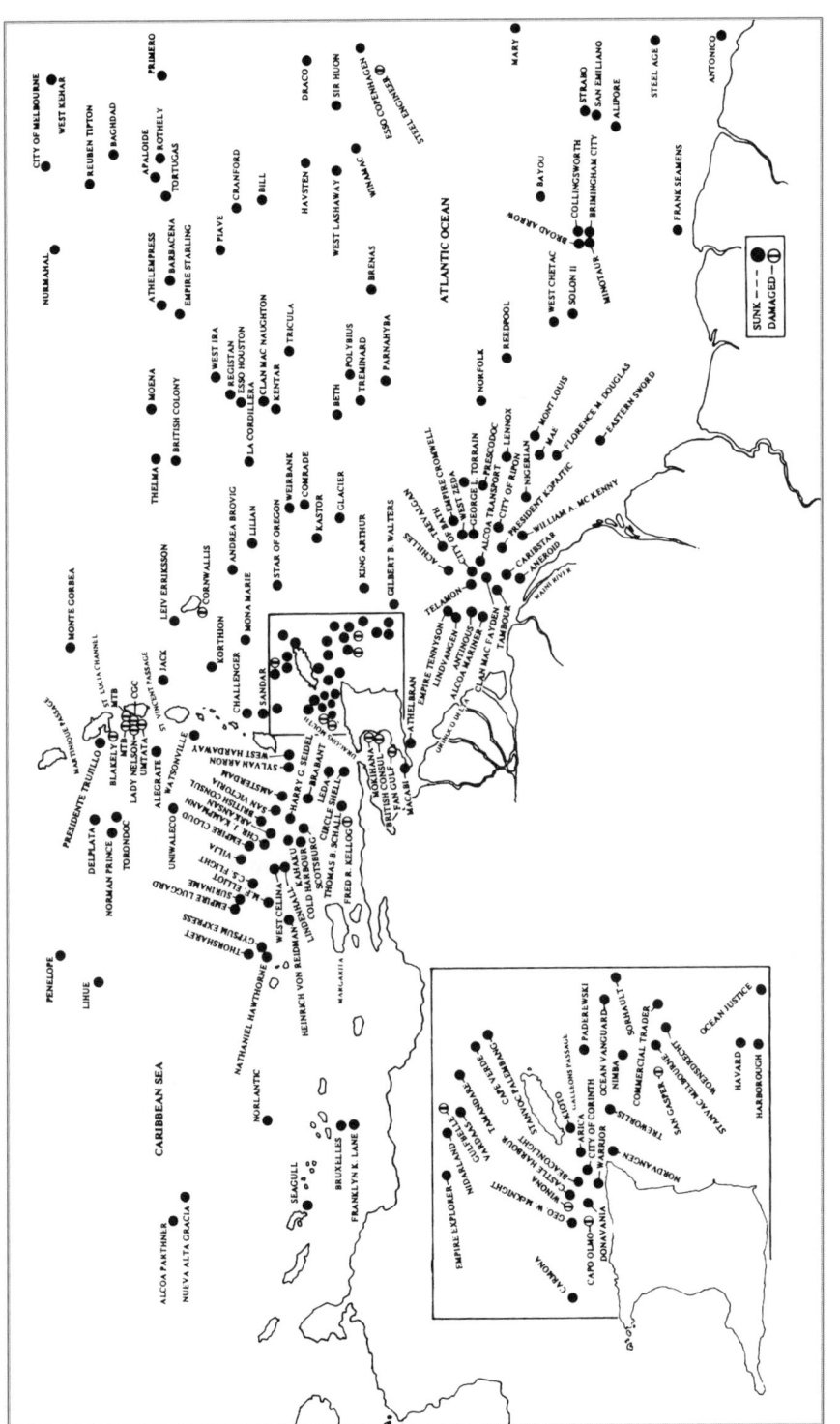

Alliierte Schiffsverluste im »Trinidad Sector« 1942–1943.

KAPITEL 21

Die Tage, wo die Camps auf den Inseln von Überlebenden überquollen, waren vorüber und damit anscheinend auch das Bewußtsein, daß sich ein Krieg in der Region abspielte. Als die Schiffbrüchigen noch von ihren Erlebnissen berichteten, schwante der Bevölkerung etwas von den Ereignissen, aber jetzt wußte man offensichtlich nichts mehr. Die Piloten waren 1943 größeren Gefahren ausgesetzt als je zuvor, aber sie stießen dabei kaum auf Verständnis unter den Zivilisten und oft auch nicht einmal beim militärischen Landpersonal. Das mußte zwangsläufig zu Spannungen führen, – Spannungen, die die Amerikaner sogar noch nach dem Kriege plagen sollten. Im Juli hatten die Amerikaner einen großen Sieg über die U-Boote errungen, aber der Bevölkerung nicht mitgeteilt, was sich abgespielt hatte. Es war ein schwerer Fehler in der Öffentlichkeitsarbeit.

Ende 1943 konnte der BdU nicht auf ein Jahr großer Errungenschaften zurückblicken. Der Unterschied zum Vorjahr war schwindelerregend. Im Jahresverlauf hatten 40 verschiedene U-Boote 45 Feindfahrten in die Karibik durchgeführt und dabei 31 Schiffe versenkt und sieben beschädigt. Das war ein Ergebnis, das 1942 in einem einzigen Monat erreicht worden war. Der Tonnagekrieg war ohnehin verloren, denn die Schiffsneubauten der Alliierten überstiegen inzwischen bei weitem die Verluste. Die Bindung der U-Jagdkräfte war das einzige, was den U-Booten gelang, und unter diesem Gesichtspunkt waren sie in gewisser Weise erfolgreich. Einige Historiker haben die Unternehmungen der U-Boote 1943 als einen gigantischen Fehler bezeichnet. Aber das stimmt nicht völlig, denn es war eine erfolgreiche Verteidigungsoperation, und nirgends wird dies deutlicher als in der Karibik. 24 U-Jagdgeschwader waren zwischen dem Golf von Mexiko und Französisch Guayana aufgeboten. An Land waren die Stützpunkte mit Hunderttausenden von Soldaten besetzt. Auf See operierten zwei Flotten, die eine im Golf von Mexiko und die andere im Karibischen Meer. Und der ganze Aufwand, um 40 U-Boote zu stoppen! Es gelang den Amerikanern, aber zu welchem Preis? Genaugenommen betraf es sogar das ganze Gebiet des Kontinents. Von Kanada über die Ostküste der Vereinigten Staaten entlang der ganzen Karibik bis zur 3 000 Meilen langen brasilianischen Küste standen weit über eine Million Männer unter Waffen, um die U-Boote abzuwehren. Man kann sagen, daß 1943 beide Seiten in der Karibik erfolgreich waren. Die US-Navy mit ihrem Sieg im Sommer und die Deutschen, weil es ihnen gelang, Menschen und Material in großem Umfang zu binden. 1944 sollte dagegen ganz anders verlaufen. Die Boote, die jetzt noch in die Karibik kamen, operierten nur noch als Störfaktor. Die Amerikaner verringerten ihre Streitkräfte und verlegten die Bombergeschwader der Navy in den Pazifik. Die Flugbootgeschwader in Chaguaramas unterhielten jetzt Abteilungen in Panama, den Bahamas, auf Puerto Rico und auf Antigua.

Anfang Februar 1944 wurde U 518 unter seinem neuen Kommandanten OltzS. Hans-Werner Offermann bereits beim Anmarsch zur Karibik entdeckt. Die Amerikaner hörten seine Funksprüche mit und peilten seine Position ein. Eine Kampfgruppe wurde ihm nach Antigua entgegengeschickt, die aus je drei *Mariners* der VP-204 und der VP-205 Squadron von Chaguaramas sowie sechs *Harpoons* der VB-141 Squadron vom Waller Field bestand. Am 28. Februar war Offermann durchgebrochen, und die US-Navy annullierte die Sperrpatrouillenflüge. Sie wußte genau, wann und wo er durchgekommen war, und während einige Flugzeuge ihn verfolgten, bereiteten sich die anderen darauf vor, den nächsten Ankömmling abzufangen. Es war U 154, das jetzt unter dem Kommando von OltzS. Gerth Gemeiner stand. Ihm folgte Richard Becker, der mit U 218 zu seiner zweiten Minenunternehmung im Karibischen Meer aufgebrochen war. Um mit allen drei Booten fertig zu werden, gruppierte der Führungsstab der *Caribbean Sea Frontier* die Geschwader um. VP-204 verlegte von Trinidad in die Bahamas und wurde von VP-212 ersetzt. VP-205 gab eine Abteilung nach Curaçao ab, und VP-215 brachte ihre *Mariners* von der Ostküste der USA zur Naval Air Station in Coco Solo/Panama. Die US-Navy folgte jetzt dem Vorbild der Engländer und war sehr flexibel geworden. Im Golf von Paria wurden inzwischen auch die neuen Geleitzerstörer eingefahren, die jederzeit zur Verstärkung der karibischen Streitkräfte herangezogen werden konnten.

Die Umstellung war noch im Anfangsstadium, und gleich gab es einen Ausrutscher. Die Geschwader hatten sich gerade in ihren neuen Einsatzgebieten eingerichtet, als Offermann zuschlug. Die Flugboote hatten ihn nämlich bei der Verfolgung verloren. Am 6. März versenkte er den Tanker VALERA (3 401 BRT) 100 Meilen nördlich der Isla de Blanquilla vor Venezuela. Die *Mariners* der VP-205 Squadron waren schnell am Angriffsort, so daß Offermann westwärts in Richtung Panama weiterfahren mußte, wo allerdings die VP-215 Squadron die Jagd fortsetzte. Inzwischen war Gemeiner näher an Trinidad herangerückt, wobei er von der VP-212 Squadron verfolgt wurde. Am 9. März ging er gegen den Konvoi JT-24 vor, der die Bauxitroute heraufkam. Der Befehlshaber der Geleitsicherung war über die Position des U-Bootes informiert worden, und der Zerstörer USS REYNOLDS führte zusammen mit der Korvette USS SURPRISE einen schweren Wasserbombenangriff gegen das Boot durch, so daß es sich weit zurückziehen mußte. Währenddessen hatte Becker U 218 vor den Hafen von San Juan/Puerto Rico gebracht, der sich besser als der Dragon's Mouth zur Verminung eignete. Ein unerklärlicher Vorfall weiter südlich sollte jedoch seine Bemühungen durchkreuzen. Am 20. März kämmte der Minensucher YMS-3 routinemäßig die Einfahrt zum Hafen Castries auf St. Lucia ab, als eine Mine explodierte, die möglicherweise Markworth (U 66) im Juli 1942 gelegt hatte. Der Hafen war mehrfach abgesucht und für minenfrei erklärt worden. Die Zufahrt zu Castries wurde geschlossen und eine Minenräumflotille in das Gebiet beordert. Vier Tage später fand man zwei weitere Minen, und natürlich nahm man an, daß ein U-Boot ein neues Minenfeld gelegt hätte, ohne daß es bemerkt worden war. Sofort wurden für alle karibischen Häfen Räumaktionen angesetzt, und dabei entdeckte die US-Navy Beckers Minen vor der Hafeneinfahrt von San Juan.

Nachdem U 518 (Offermann) und U 154 (Gemeiner) wegen der starken Luftüberwachung keine weiteren Erfolge erzielen konnten, traten sie zusammen mit U 218

KAPITEL 21

den Rückmarsch an. Die U-Bootkrieg in der Karibik trat in seine Endphase ein. Der Führungsstab der *Caribbean Sea Frontier* wechselte nach Trinidad über, wo Vice Admiral Robert C. Giffon das Kommando übernahm. Nachdem es mit den Alliierten steil bergauf ging, waren sie jetzt auch in der Lage, Strafaktionen gegen neutrale Staaten durchzuführen, die mit den Deutschen sympathisiert hatten. Spanische Tanker hatten beispielsweise sehr zum Verdruß der Alliierten nach Gutdünken in der Karibik operiert. Die GOBEO und die CAMPECHE spielten 1942 zweifelhafte Rollen und waren sicher nicht die einzigen, die mit U-Booten in Verbindung gestanden hatten. Im November 1942 widersetzte sich die GERONA den Befehlen der Überwachungsflugzeuge, sich von einem Konvoi fern zu halten. Wenig später versuchte der Tanker in einem venezolanischen Hafen, sechs Tonnen Schmieröl zu bekommen. Da das Schmieröl nur für die U-Boote bestimmt sein konnte, wurde der Wunsch abschlägig beschieden. Auch 1943 gab es mit den Spaniern Schwierigkeiten, und jetzt war der Zeitpunkt gekommen zurückzuschlagen. Der spanische Tanker CANTABRIO wurde in Port of Spain beschlagnahmt, da er außerhalb der für die neutrale Schiffahrt festgelegten Verkehrswege gefahren war. Das taten zwar alle spanischen Tanker, aber die Alliierten hatten bis zu diesem Zeitpunkt warten müssen.

Inzwischen hatte Kptlt. Hans-Jürgen Lauterbach-Emden U 539 in die Karibik gebracht. Trotz der fortgesetzten Verringerung der U-Bootabwehrkräfte war die VP-204 Squadron einsatzbereit. Am 1. Juni griff eine *Mariner* das Boot 150 Meilen östlich von Puerto Rico an, aber es tauchte schnell und entkam. Der Pilot informierte Puerto Rico, und eine weitere *Mariner* wurde entsandt. Kurz vor der Morgendämmerung überraschte Lieutenant J.G. Tomkins U 539 beim Überwassermarsch. Der Pilot warf seine Wasserbomben, aber das Abwehrfeuer der Flak beschädigte das Flugzeug, und bevor er es zu einem neuen Angriff herumbringen konnte, war das Boot getaucht. Zu diesem Zeitpunkt hatte VP-204 die Spur verloren, und mehrere Maschinen wurden zur Suche eingesetzt. Drei Tage später meldete sich Lauterbach-Emden mit der Versenkung des panamaischen Frachters PILLORY (1 516 BRT) 130 Meilen südlich der Mona Passage zurück. VP-204 nahm die Fährte wieder auf und zwang U 539, die Mona Passage zu verlassen. Da man vermutete, daß das U-Boot für Curaçao bestimmt war, wurde eine Gruppe *Mariners* zur Verstärkung zu den holländischen Inseln abgestellt. In den frühen Morgenstunden des 11. Juni näherte sich Lauterbach-Emden dem holländischen Spezialtanker CASANDRA nördlich von Curaçao. Er löste zwei T-5 Geräuschtorpedos, aber das Schiff konnte ihnen ausweichen. Daraufhin tauchte U 539 auf und beschoß den fliehenden Tanker mit seinen Geschützen. Die kleinkalibrige Flak konnte das Schiff jedoch nur beschädigen und nicht stoppen. Der Tanker wehrte sich mit seinen Maschinengewehren und rief um Hilfe. Als Lauterbach-Emden versuchte, in eine bessere Schußposition zu kommen, erschien eine *Mariner* der VP-204 Squadron. Es war zu spät zum Tauchen, und während das Flugzeug und das U-Boot sich zum Kampf rüsteten, entkam der Tanker. Obwohl die *Mariner* gegen die geballte Feuerkraft der Flak wenig Chancen besaß, entschloß sich der Pilot zum Angriff. Als das Flugzeug schließlich abdrehen mußte, hatte der Pilot die größte Mühe, die schwer beschädigte Maschine nach Curaçao zurückzubringen. Später am Morgen griff U 539 einen anderen Tanker an, der jedoch ebenfalls den Torpedos ausweichen konnte. Alle *Mariners* und alle *Harpoons* waren jetzt in der Luft und suchten nach diesem einzelnen U-Boot.

KAPITEL 22

Das Ende der karibischen Operationen

Die kombinierten See/Luftabwehrmaßnahmen bei Curaçao und Aruba in den letzten beiden Juni-Wochen 1944 vertrieben Lauterbach-Emden (U 539) und zwangen ihn, in den *Pamana-Sector* auszuweichen. Während er die Position wechselte, schlüpfte Tillessen mit U 516 durch die Mona Passage in das Karibische Meer. Das Boot war auf seiner dritten Feindfahrt, und diesmal würde es schwer zu entdecken sein. Während seines letzten Einsatzes Ende 1943/Anfang 1944 war Tillessen zu der Überzeugung gekommen, daß die Alliierten seine Funksprüche einpeilten. Obwohl er für diese Theorie keine offizielle Unterstützung erhalten hatte, beschloß er, das Funkgerät nicht zu benutzen. Außerdem war U 516 mit einem Schnorchel ausgerüstet, womit das Boot unter Wasser mit seinen Dieseln fahren konnte. Die Folge war, daß das Boot bei der Durchfahrt durch die Mona Passage von den Radarstationen an Land nicht entdeckt worden war.

Die U-Boote der Typen VII und IX waren reine Kampfmaschinen. Es gab sehr wenig Bewegungsfreiheit im Innern des Druckkörpers, was durch den Einbau des Schnorchels weiter verschlimmert wurde. Bei normaler Unterwasserfahrt mußte sich die Freiwache, um Luft zu sparen, hinlegen. Wenn jedoch geschnorchelt wurde und die Diesel Frischluft ansaugten, dann begann sich alles im Boot zu regen, und die wichtigsten Wartungsarbeiten wurden ausgeführt. Obwohl die Lebensbedingungen und die Leistungsfähigkeit an Bord durch den Schnorchelbetrieb beeinträchtigt waren, wußten die Besatzungen, daß sie sich vor Entdeckung sicher fühlen konnten. Die in der Karibik eingesetzten Radargeräte waren nur unter sehr günstigen Voraussetzungen in der Lage, den Schnorchelkopf eines U-Bootes zu orten. Damit war man auf dem karibischen Kriegsschauplatz wieder im Anfangsstadium angekommen, in dem die Boote nur optisch entdeckt werden konnten. Für die Amerikaner war es sehr frustrierend, denn die Anwesenheit eines U-Bootes war jetzt erst im Fall eines Angriffs festzustellen. Aber selbst dann war es oft schwierig, wie der Fall Lauterbach-Emden zeigt.

Am 4. Juli operierte U 539 nur 30 Meilen von San Blas Point/Panama entfernt gegen einen Tanker-Konvoi. Lauterbach-Emden schoß sechs Torpedos, die alle detonierten, aber nur zwei trafen. Einer erwischte den amerikanischen Tanker KITTANING (10 195 BRT) und der andere den amerikanischen Tanker HOLLYWOOD (5 498 BRT). Beide Schiffe wurden schwer beschädigt und mußten nach Colón zurückgeschleppt werden. Als die Geleitfahrzeuge jedoch auf die vermutete Schußposition des Bootes zuliefen, hatte sich U 539 bereits nach Norden abgesetzt und war entkommen. Zwei Tage später schlug Tillessen in der nördlichen Karibik zu und schoß einen T-5-

KAPITEL 22

Geräuschtorpedo auf den Tanker Esso Harrisburg (9 887 BRT). Der Torpedo schlug im Maschinenraum ein und brachte das Schiff zu einem jähen Stopp. Drei normale Torpedos bereiteten dem großen Schiff anschließend 75 Meilen südwestlich Beata Point an der Südspitze von Hispaniola ein Ende. Am folgenden Tag versuchte Tillessen, den amerikanischen Tanker Point Breeze mit drei normalen und einem T-5-Geräuschtorpedo anzugreifen, aber das Schiff konnte allen Aalen geschickt ausweichen.

Es waren die letzten Angriffe gegen die Handelsschiffahrt im Karibischen Meer. Die Boote hatten ihre Positionen verraten, und die U-Bootabwehrkräfte machten ihnen weitere Unternehmungen unmöglich. Es war eine Pattsituation. Die Amerikaner konnten die Boote nicht festnageln, und die Boote konnten nicht angreifen, ohne ihre Positionen preiszugeben. So blieb die Esso Harrisburg das letzte Schiff einer langen Reihe, das den U-Booten zum Opfer fiel. U 539 und U 516 verblieben noch einige Zeit in der Karibik, bevor sie den Rückmarsch antraten. Ein weiteres Boot sollte jedoch noch in die Karibik kommen. Es war Kurt Lange mit U 530, das jetzt ebenfalls mit einem Schnorchel ausgerüstet war. Vorher hatten die Alliierten Lange schon nicht aufspüren können, aber nun war es völlig unmöglich. Er operierte vor der Nordküste von Trinidad, einem Gebiet, in das sich im vergangenen Jahr nur wenige U-Boote getraut hatten. Lange fuhr die Bauxitroute hinunter, kehrte nach Trinidad zurück und wandte sich Curaçao zu. Niemand wußte, daß er da war. Es gab keine Funksprüche, und die Radarstationen meldeten alle Passagen frei. Die Flugboote führten ihre Überwachungsflüge durch, sichteten aber nichts und konnten auch nichts mit ihrem Radar orten. U 530 war das letzte U-Boot, das in der Karibik operierte, aber nicht zum Erfolg kam. Lange verbrachte einen ganzen Monat in dem Gebiet, ohne entdeckt zu werden. Dann trat er den Rückmarsch an.

Damit wäre die karibische Offensive zu Ende gewesen, wenn die Amerikaner nicht eine Entscheidung getroffen hätten, die überfällig war. Die US-Navy erweiterte den Verantwortungsbereich der *Caribbean Sea Frontier* auf 1 500 Meilen östlich der Inselkette. Damit war sie für praktisch die Hälfte des Atlantiks zuständig und damit auch für den Teil des Meeres, der den U-Booten in den vergangenen Jahren als Ruheplatz gedient hatte. Die Schlinge wurde enger gezogen. Im Januar 1944 hatten sich die Amerikaner den Engländern auf den Azoren angeschlossen, und Langstreckenbomber der US-Navy patrouillierten jetzt das Gebiet, das vorher von den Hunter/Killer-Gruppen überwacht worden war. Flugzeuge von den Bermudas, den Karibischen Inseln, den Azoren und Französisch Westafrika deckten zusammen mit den weiter südlich verlegten Hunter/Killer-Gruppen den gesamten mittleren Atlantik ab. Das Gleiche galt für den Südatlantik, wo der größte Teil der Luftüberwachungslücke durch Flugzeuge der US-Navy in den westafrikanischen Staaten, auf den Ascension Islands und in Brasilien geschlossen werden konnte.

Der neue Verantwortungsbereich der *Caribbean Sea Frontier* verdoppelte die Größe des Kriegsschauplatzes, aber er fiel mit dem Rückzug der U-Boote aus der Karibik

Kapitel 22

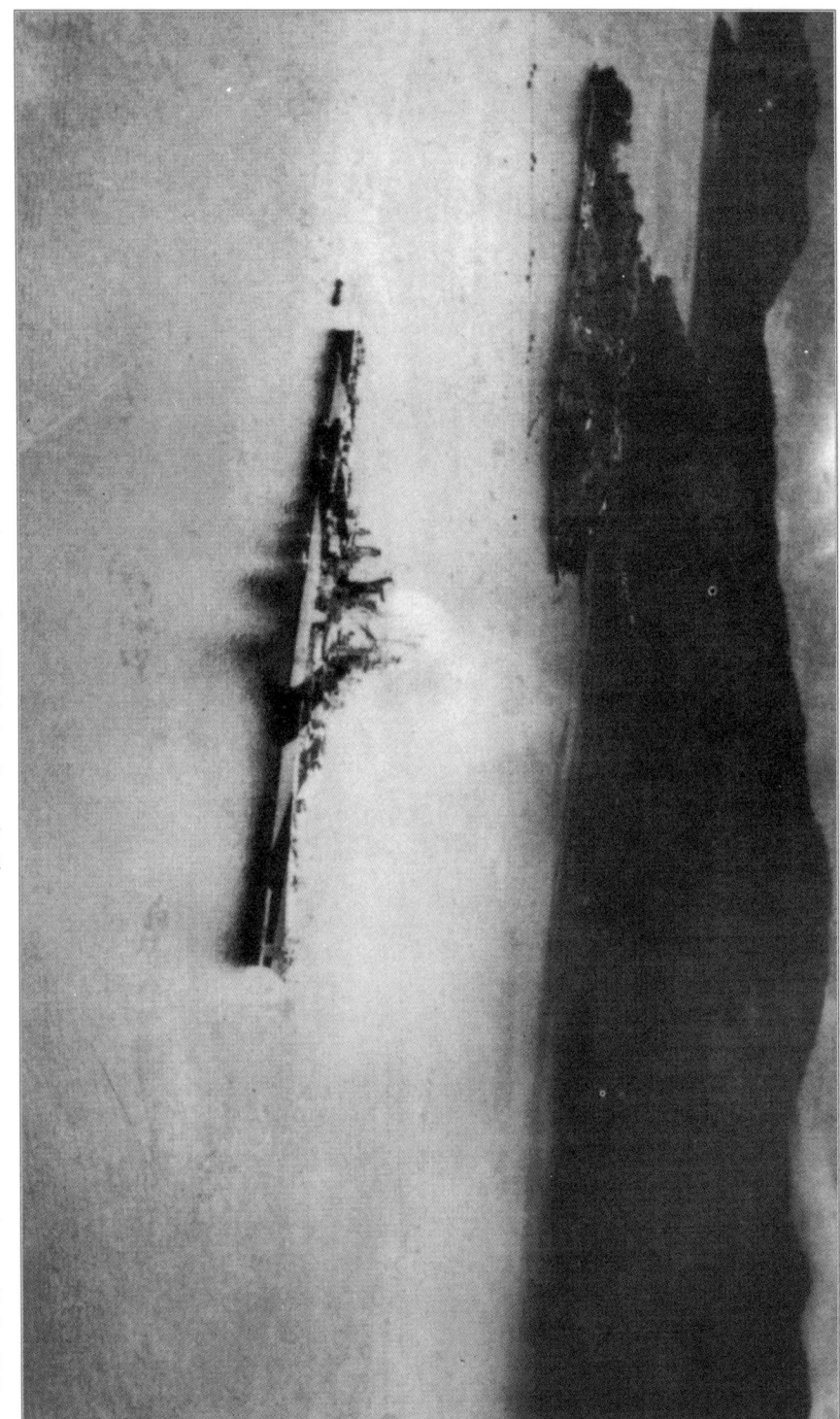

Der amerikanische Schlachtkreuzer USS Alaska (CB 1) ankert vor dem US-Marinestützpunkt Chaguaramas.

Quelle: National Archives, Washington

zusammen. Was im mittleren Atlantik passierte, war jetzt von großem Interesse. Die Reorganisation brachte eine Reihe der Überwachungsgeschwader der US-Navy in die Region zurück. In Brasilien wurden die Langstreckenflugboote der VP-74, VP-94, VP-203 und VP-211 Squadrons stationiert, die östlich in den Südatlantik hinein operierten. VP-92 befand sich weiterhin mit ihren PBY *Catalinas* in Zandery/Holländisch Guayana. VP-204 kehrte mit ihren PBM *Mariners* nach Chaguaramas zurück und schloß sich der dortigen VP-212 an. Beide Geschwader führten jetzt tägliche Patrouillenflüge in den mittleren Atlantik durch. VP-205 wechselte nach Guantánamo Bay und löste die berühmte VP-32 ab, die zur Naval Air Station San Juan Puerto Rico verlegte. Aber für die Flugboote gab es kaum etwas anzugreifen, denn die U-Boote hatten sich in die engen Gewässer im Norden Europas zurückgezogen.

Nach der Invasion in Frankreich und dem Verlust der U-Boot-Stützpunkte an der französischen Küste begannen die Amerikaner ihr leistungsfähiges Verteidigungssystem in der Karibik abzubauen. Schiffen, die mindestens zehn Knoten schnell waren, wurde erlaubt, unabhängig von Konvois zu fahren. Im Oktober 1944 wurden alle Navigationslichter und die Beleuchtung der Fahrwassertonnen wieder eingeschaltet. Im Dezember löste die US-Navy das Luftschiffgeschwader ZP-51 auf, das bis zu diesem Zeitpunkt 35 000 Stunden Konvoischutz geflogen hatte.

Obwohl es keine U-Boote mehr in der Karibik gab, brummte das Gebiet vor Aktivität. Übungen für den Krieg im Pazifik waren in vollem Gange. Dutzende neuer Geleitzerstörer für die U-Bootabwehr wurden ebenso wie Kreuzer und Schlachtschiffe im Golf von Paria eingefahren. Besonders die Flugzeugträger sorgten für Gedränge. Im November mußten die Flottenflugzeugträger USS RANDOLPH (CV-15), USS BENNINGTON (CV-20) und USS SHANGRI LA (CV-38) einander ständig ausweichen, während ihre Geschwader pausenlos auf Carlsen Field übten und Übungsziele angriffen. Außerhalb des Golfs sorgten die Flugboote dafür, daß die Seeverkehrswege offen blieben, und suchten nach Treibminen. Die Amerikaner waren inzwischen so selbstbewußt, daß sie dem Flugzeugträger USS RANDOLPH sogar erlaubten, unbegleitet zum Panamakanal zu fahren. Keines der kostbaren Kriegsschiffe war bisher ohne starke Luft- und Seesicherung aus Trinidad ausgelaufen. Im Februar 1945 zog die Royal Navy ihre Schiffe zurück, und die Brasilien-Konvois wurden aufgegeben. Mit USS ANTIETAM (CV-36) traf der letzte der Flugzeugträger der Essex-Klasse im Golf ein. Dann schlug plötzlich ein U-Boot wieder zu.

FKpt. Ottoheinrich Junker befand sich mit dem IXC-Boot U 532 auf dem Rückmarsch vom Indischen Ozean. Am 10. März 1945 versenkte er 500 Meilen vor der brasilianischen Küste den britischen Frachter BARON JEDBURGH (3 656 BRT). Das Schiff hatte keinen Notruf abgesetzt, und so blieb die Anwesenheit des U-Bootes unentdeckt. Am 28. März lief Junker 1000 Meilen östlich von Trinidad der amerikanische Motortanker OKLAHOMA (9 268 BRT) vor die Rohre, den er ebenfalls auf den Meeresgrund schickte. Wieder war kein Notruf hinausgegangen, und die Amerikaner wußten immer noch nicht, daß Schiffe im karibischen Zuständigkeitsbereich

Kapitel 22

versenkt worden waren. Am 14. April entdeckte eine patrouillierende *Mariner* der VP-212 Squadron von Chaguaramas ein Rettungsboot nordwestlich des Dragon's Mouth und meldete dies Trinidad. Der Frachter DELAWARE, der gerade aus der Boca auslief, wurde zur Fundstelle dirigiert und nahm 22 völlig erschöpfte Überlebende der OKLAHOMA auf. Die Schiffbrüchigen hatten 18 Tage in dem Rettungsboot des Tankers verbracht, und viele ihrer Kameraden waren unterwegs an Hitze und Durst verstorben. Die Nachricht vom Untergang des Schiffes wurde auf Trinidad mit großer Bestürzung aufgenommen. Eigentlich hätten die Karibik und der Südatlantik von U-Booten frei sein sollen – aber eben nur eigentlich.

Wie sah nun die Endabrechnung der U-Bootkrieges in der Karibik aus? Die Offensive begann im Februar 1942 und dauerte im vollen Umfang nur bis zum November des gleichen Jahres. Der Abzug der Boote zur Bekämpfung der Operation *Torch* hatte die Karibik zu einem Nebenkriegsschauplatz gemacht. Trotzdem verloren die Alliierten dort insgesamt 400 Handelsschiffe, während weitere 56 beschädigt wurden. Auf deutscher Seite waren 17 U-Boote den Verteidigern innerhalb der Karibik zum Opfer gefallen. Für jedes versenkte U-Boot verloren die Alliierten 23,5 Handelsschiffe. Es spielt jedoch eigentlich keine Rolle, wie man die Endabrechnung aufmacht. Die Karibik erwies sich als der attraktivste Kriegsschauplatz für die Deutschen. 97 Boote führten 145 Feindfahrten durch, wobei sie von sechs italienischen Booten mit sieben Einsätzen unterstützt wurden. Umgerechnet ergab das eine Versenkungsquote von vier Handelsschiffen pro U-Boot oder 2,6 Handelsschiffen pro Feindfahrt.

Am 8. Mai 1945 kapitulierte die deutsche Wehrmacht. Die U-Bootwaffe war der einzig einsatzfähige Truppenteil, der ihr verblieben war. Bis zum bitteren Ende blieb die Moral der Besatzungen ungebrochen, obwohl sie unter allen deutschen Streitkräften prozentual die höchsten Verluste erlitten hatten. Deutschland baute während des Zweiten Weltkriegs 1162 U-Boote. Davon gingen 784 verloren, und von rund 40 000 U-Bootmännern fanden ca. 32 000 den Tod. Trotz dieser erschreckenden Zahlen waren die Besatzungen jedoch bereit, den Kampf gegen die Alliierten mit den neuentwickelten Booten vom Typ XXI fortzuführen. Und wohl auch ohne diese neuen Boote hätten sie weitergekämpft, denn niemals war ein U-Boot seinem Einsatzbefehl nicht nachgekommen.

Als Deutschland die Waffen streckte, gab Dönitz den Alliierten die Zusicherung, daß seine U-Boote kapitulieren würden. Ein Funkspruch forderte die in See stehenden Boote auf, aufzutauchen, eine weiße oder blaue Flagge zu setzen und den nächsten alliierten Hafen anzulaufen. Die in Deutschland und Norwegen liegenden Boote sollten dort verbleiben und auf die Ankunft der alliierten Truppen warten. Dönitz hat dabei vermutlich nicht an den Geist gedacht, den er seiner U-Bootwaffe eingeflößt hatte. Und er muß den Stolz seiner Besatzungen verkannt haben und die Qualität der Waffe, die er geschaffen hatte. Er lehnte die Selbstzerstörung der U-Boote ab, er verbot sie sogar. Die Besatzungen nahmen die Sache jedoch selbst in die Hand.

KAPITEL 22

U-Boot-Verluste in der Karibik 1942/43.
Quelle: Autor

Folgende Geschwader und Überwassereinheiten waren für die Versenkungen in der Karibik und vor Brasilien (***) verantwortlich:

USAAF
45th Squadron — U 654: 8/42
99th Squadron — U 512: 10/42
10th Squadron — U 615: 8/43 (beteiligt)

Überwasserstreitkräfte
US Coast Guard — U 157: 6/42
Royal Canadian Navy — U 94: 8/42 (beteiligt)
Royal Navy — U 162: 9/42
Kubanische Marine — U 176: 5/43 (beteiligt)
Unbekannte Ursache — U 153: 7/42

US-Navy
VB-107 — U 598: 7/43 (***)
VP-74 — U 158: 6/42, U 128: 5/43 (***), U 513: 7/43 (***), U 161: 9/43 (***)
VP-32 — U 159: 7/43, U 759: 7/43, U 359: 7/43
VP-94 — U 590: 7/43, U 662: 7/43
VP-83 — U 164: 1/43 (***), U 507: 1/43 (***)
VP-204 — U 615: 8/43 (beteiligt)
VP-205 — U 572: 8/43, U 615: 8/43 (beteiligt)
VB-130 — U 615: 8/43 (beteiligt)
VP-92 — U 94: 8/42 (beteiligt)
VP-53 — U 156: 3/43
VS-62 — U 176: 5/43 (beteiligt)
ZP-51 — U 615: (beteiligt)
USCG-212 — U 166: 8/42

309

KAPITEL 22

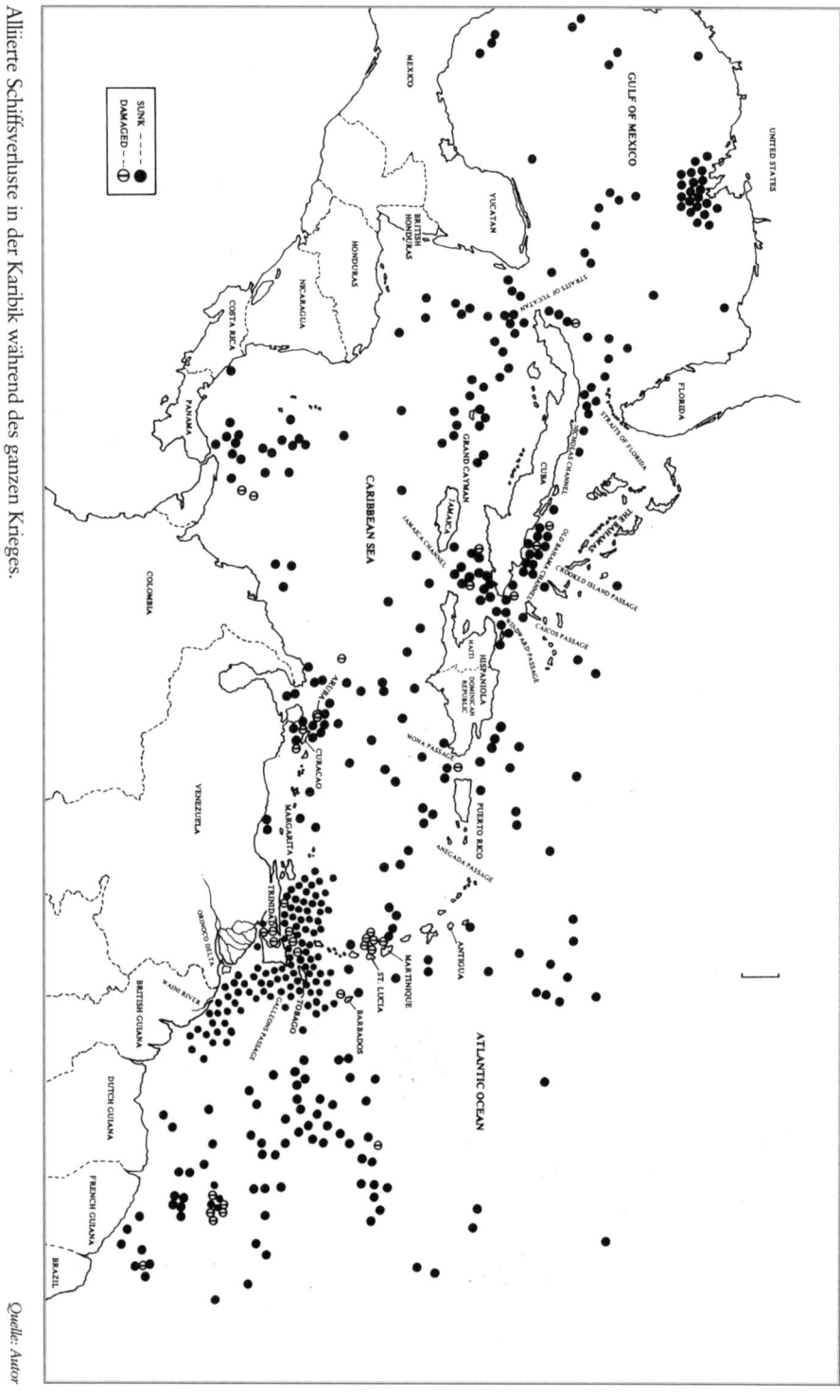

Alliierte Schiffsverluste in der Karibik während des ganzen Krieges.

Quelle: Autor

156 U-Boote beugten sich dem Befehl und kapitulierten in den alliierten Häfen. Die Mehrheit der Offiziere und Mannschaften weigerte sich jedoch zu glauben, daß ihr Großadmiral, dem sie vertrauten, von ihnen verlangte, ihre Boote einfach so dem Feind zu übergeben. Sie betrachteten es als ehrenrührig. Unter größtmöglicher Geheimhaltung wurde das früher für eine solche Situation vorgesehene Codewort *Regenbogen* durch Funk unter den Booten verbreitet. Eins nach den anderen glitt auf die See hinaus. Und dann hallten die Gebiete vor den Nord- und Ostseehäfen von den Explosionen wider, als die Wölfe sich selbst zerstörten. 221 Boote wurden von ihren eigenen Besatzungen versenkt. Ihre Kommandanten waren bereit, den Ärger des Großadmirals und ein Kriegsgerichtsverfahren zu akzeptieren. Ritterkreuzträger KKpt. Peter (Ali) Cremer war bei Dönitz, als ihm das Ergebnis der Aktion *Regenbogen* mitgeteilt wurde. Er schrieb, daß Dönitz zunächst überrascht geguckt hätte, dann mißbilligend und schließlich sei ein Lächeln über sein Gesicht gegangen. Wäre Dönitz einer von ihnen gewesen, dann hätte er sich bestimmt genau so verhalten. Er war stolz auf seine U-Bootwaffe. Von seiten der Alliierten gab es keine Reaktion, vermutlich allerdings aus einem anderen Grund. Wenige U-Boot-Kommandanten waren sich über das Ausmaß an Furcht und Schrecken im klaren, das von ihnen ausging. Die Alliierten waren insgeheim glücklich, daß die U-Boote endlich auf dem Meeresboden lagen. Die Kapitulation der deutschen Wehrmacht beendete den Krieg in der Karibik. Die Geleitzüge wurden eingestellt, die Handelsschiffe konnten ihre Positionslichter wieder einschalten und brauchten keine Zickzackkurse mehr zu steuern. Kampfeinheiten verließen die karibischen Stützpunkte und verlegten in den Pazifik. In Chaguaramas verblieb ein einziges Flugbootgeschwader. Verdunkelung, Pressezensur, Lebensmittelrationierung und Einschränkung der Reisefreiheit wurden aufgehoben. Die TRNVR-Einheiten wurden aufgelöst, und die wenigen verbliebenen Einheiten der Royal Navy kehrten nach England zurück. Die Induktionsschleifen im Dragon's Mouth und im Serpent's Mouth wurden ebenso wie die Schutznetze in allen karibischen Häfen abgebaut. Alle Küsten- und Flakgeschütze wurden fortgeschafft und die Infanterie-Garnisonen ausgedünnt. Die Karibik versuchte, zu ihrer Vorkriegsgelassenheit zurückzukehren, aber das war nicht so einfach. Im gesamten Gebiet hatten sich die Menschen, ihre Gewohnheiten und in einigen Fällen sogar die Gestalt der Inseln verändert. Große Erdbewegungen, Ausfüll- und Baggerarbeiten waren durchgeführt worden, die die Landkarten für alle Zeit verwandelten. Am meisten geändert hatte sich jedoch die Art und Weise, wie die Menschen jetzt dachten. Sie waren mit einem völlig anderem Lebensstil und mit anderen kulturellen Werten konfrontiert worden, und von da gab es kein Zurück. Der Zweite Weltkrieg hatte die Karibik auf die Weltbühne gehoben.

Chaguaramas diente auch weiterhin als Marinestützpunkt und wurde erst 1966 von der US-Navy aufgelöst, obwohl sie ihre Rechte auf Grund des Pachtvertrages von 99 Jahren behielt. In der ganzen Karibik wurden die Fliegerhorste geschlossen. Sie waren speziell für die Bekämpfung der U-Boote eingerichtet worden, aber jetzt waren

Kapitel 22

sie nutzlos. Jahrzehnte später konnte man, mit Ausnahme der inzwischen von der Zivilluftfahrt genutzten Flugplätze, noch viele der verlassenen und verfallenen Landebahnen sehen. Sie waren vom Unkraut überwuchert, und nur die Erinnerungen an die Flieger und ihre mutigen Taten blieben. Ihre Geschichte ist jedoch niemals geschrieben worden, was für die Einwohner der Inseln ein Anachronismus ist. Waller Field erlebte noch einmal einen Höhepunkt als Zwischenstopp für die massiven Truppentransporte von Europa zurück in die USA und weiter in den Pazifik. Zu der Zeit waren es die größten Lufttransportunternehmungen, die bis dahin durchgeführt worden waren. 260 Dakotas waren daran beteiligt, und so wie Chaguaramas 1943 die größte Marinebasis geworden war, so wurde Waller Field im Juni 1945 zum größten Luftstützpunkt. Die Operation dauerte nicht sehr lange, aber ihre Organisation und Durchführung wurden u.a. zum Vorbild für die spätere Versorgung Berlins während der Blockade durch die Sowjetunion.

Drei der bekannten karibischen U-Boote überlebten den Krieg. Reinhard Hardegens berühmtes U 123, das von Horst v. Schroeter in die Karibik geführt worden war, fiel den Franzosen in die Hände. Sie reparierten das Boot und stellten es unter dem Namen BLAISON in Dienst. 1956 wurde es schließlich abgewrackt. Das zweite war Karl Neitzels U 510, das zuletzt unter dem Kommando von Alfred Eick gestanden hatte. Das Boot war zuletzt im Indischen Ozean eingesetzt gewesen und wurde nach Rückkehr im April von den Alliierten im U-Bootbunker in St. Nazaire vorgefunden. Auch dieses Boot wurde von den Franzosen wiederhergestellt und diente bei der französischen Marine unter dem Namen BOUAM bis 1963. Das dritte jedoch war kein geringeres als Peter Zschechs U 505, das zuletzt von Harald Lange geführt wurde. Es wurde nicht zerstört und kapitulierte auch nicht, es wurde am 4. Juni 1944 von einer Hunter/Killer-Gruppe der US-Navy nordwestlich Dakar gekapert. Bis 1954 lag es verlassen an der Marinewerft in Portsmouth, New Hampshire. Dann erwarb das Museum of Science and Industry in Chicago das IXC-Boot und stellte es an der Ostseite des Museums in einer eindrucksvollen Zeremonie auf. Hier ist es der Öffentlichkeit zugänglich.

Zwei weitere Boote entgingen ebenfalls vorerst der Vernichtung. Kurt Langes U 530 unter OltzS. Otto Wermuth und U 977 unter OltzS. Heinz Schäffer. Sie widersetzten sich der Selbstversenkungsaktion »Regenbogen« und suchten unabhängig voneinander nach einer Alternative zum Gefangenendasein. Beide Boote entschieden sich, nach Argentinien zu fahren, wo sie mit einem freundlichen Empfang rechneten. Argentinien hatte erst im März 1945 Deutschland den Krieg erklärt. Die U-Boot-Kommandanten glaubten, daß man sie willkommen heißen würde, wenn sie die Boote an die argentinische Marine übergaben. Wermuth verließ Horten am Oslo-Fjord am 3. März und hatte zum Zeitpunkt der deutschen Kapitulation den Südatlantik schon fast erreicht, während Schäffer erst am 2. Mai aus Kristiansand in Norwegen ausgelaufen war. Beide Boote entzogen sich der Entdeckung. U 977 schaffte das, indem es 66 Tage mit Schnorchel unter Wasser marschierte. Das war ein Weltrekord

KAPITEL 22

Oben: Das sinkende U 505 (Lange).
Unten: Kaperung des sinkenden U 505 durch die US-Navy am 4. Juni 1944.

Bilder: Archiv Tamm

Kapitel 22

für U-Boote, der aber niemals anerkannt wurde. Wie erwartet, hieß man die Boote in Argentinien willkommen, und die Besatzungen wurden auf dem Kreuzer BELGRANO untergebracht. Aber es war nur für kurze Zeit. Der Zweite Weltkrieg hatte die USA auch in Südamerika zur Supermacht aufsteigen lassen. Argentinien mußte zusehen, wie es nach dem Kriege zurechtkam, und daher wurden beide Boote den Amerikanern übergeben und die Besatzungen in Gefangenenlager übergeführt. Am 3. August landete die Mannschaft von U 530 auf Waller Field für einen Übernachtungsstopp, ein Jahr nachdem sie die Nordküste von Trinidad unsicher gemacht hatte. Einen Monat später kamen auch die Männer von U 977 auf dem Weg in die USA über Trinidad. Sie waren Gegenstand großer Neugier, da man annahm, daß sie Hitler nach Südamerika gebracht hätten. Nach ausführlichen Verhören wurden sie später von Amerika nach Deutschland zurückgebracht und entlassen.

Seit Beginn der Schlacht im Atlantik wußten die Engländer, daß es sich um einen Kampf auf Leben und Tod handeln würde. Es gab für sie nicht die geringsten Zweifel an der Wichtigkeit der U-Bootabwehr, und ihre U-Jagdspezialisten waren nationale Helden. Das kann man von den Amerikanern nicht sagen. So bedeutend die großen Erfolge der Flugzeugträgerschlachten im Pazifik auch waren, sie wären bei einem Sieg der Deutschen im Atlantik mit Sicherheit überschattet worden. Die US-Navy war durch die zwei Ozeane in der Mitte getrennt, sowohl physisch, wie auch gedanklich. Ein Beispiel dafür ist die Ordensverleihung an den Leitenden Ingenieur des Geleitflugzeugträgers USS GUADALCANAL (CVE-60), Commander Earl Trosino, der ohne Kenntnis der U-Boottechnik in das sinkende U 505 in fast hoffnungsloser Lage einstieg und das Boot für die Amerikaner rettete. Trosino war für das Navy Cross vorgeschlagen, aber die pazifische Lobby sorgte dafür, daß er nur den Orden Legion of Merit erhielt. Rear Admiral Daniel Gallery, zum Zeitpunkt der Kaperung von U 505 Befehlshaber der Hunter/Killer-Gruppe auf USS GUADALCANAL, sagte dazu, daß Trosino es leider im »falschen Ozean« getan hätte. Die gleiche Behandlung erfuhr der U-Boot-Krieg in der Karibik. Obwohl der Sieg unter großen Opfern und Erschwernissen erkämpft worden war, spielten die Erfolge der U-Jagdeinheiten nach dem Kriege für die Amerikaner keine Rolle, und nur wenige Eingeweihte wußten von seiner wirklichen Bedeutung für den Sieg der Alliierten über die Achsenmächte.

KAPITEL 23

Das Treffen der alten Kämpfer

In der frischen Morgenluft des 2. Oktober 1945 versammelte sich auf der Pier des US-Marinestützpunktes Chaguaramas eine große Anzahl Militärangehöriger. Sie repräsentierten alle Waffengattungen und kamen von allen Befehlsstellen des karibischen Kriegsschauplatzes. Außer den amerikanischen und englischen Offizieren waren portugiesisch sprechende Brasilianer, spanisch sprechende Venezolaner und Mittelamerikaner, französisch sprechende Vertreter der Free French Forces und holländisch sprechendes Personal zusammengekommen. Es war ein internationales Stelldichein derjenigen, die in der Karibik den Kampf mit den U-Booten ausgetragen hatten. Am Ende der Pier drängte sich eine kleine Gruppe hoher Offiziere um ihren Gastgeber Commodore Courtlant Baughmann, den Befehlshaber des US-Marinestützpunktes Chaguaramas. Captain W. Christiansen war der offizielle Vertreter der US-Navy. Neben ihm stand das Team der Royal Navy, das aus Captain J. H. Breals, Chief Petty Officer L. King und Mr. C. Penwell vom Konstruktionsbüro der Admiralität bestand. Englisch, Französisch, Portugiesisch, Spanisch und Holländisch waren die in der Karibik üblichen Sprachen, aber an diesem Morgen kam eine weitere hinzu. Zu der Gruppe gehörten nämlich außerdem Kapitän Kadov und Kapitän Favarov der Marine der UdSSR. Es war das Allied Tripartite Committee, das die Ankunft der »Task Force 21.4« der US-Navy erwartete. Die Kämpfe im Atlantik und im Pazifik waren vorbei, und die Hochspannung des Krieges ließ langsam nach, aber für die Karibik war dies ein ganz besonderer Morgen.

Einige Mariner-Flugboote der VP-212 Squadron waren in der Luft und begleiteten die Task Force nach Trinidad, während die restlichen Piloten des Geschwaders sich ebenfalls auf der Pier eingefunden hatten. Für die anwesenden Offiziere und Mannschaften war die Ankunft des Verbandes der Endpunkt – und zugleich Höhepunkt – ihres Kampfes in der Karibik, den sie nicht verpassen wollten. Genau um 6 Uhr 55 erschien der Bug des Führungsschiffes in der Third Boca. Es war der 1 200 Tonnen verdrängende Hochseeschlepper USS CHEROKEE, der extra mit Bergungsgerät ausgerüstet war und erfahrenes technisches Personal an Bord hatte. Der Schlepper durchfuhr die Boca und drehte nach Steuerbord, um seinen Schützlingen die Bühne zu überlassen. Erregtes Gemurmel begrüßte den Anblick des zweiten Bugs der Task Force, als er das dunkle Wasser durchschnitt. U 530 war zu seinem dritten Besuch in die Karibik zurückgekehrt.

Das lange graue Vordeck kam in Sicht, auf dem die Gischt im morgendlichen Sonnenlicht glitzerte. In der Luft donnerten die Motoren der Flugboote, als ihr Erzfeind

KAPITEL 23

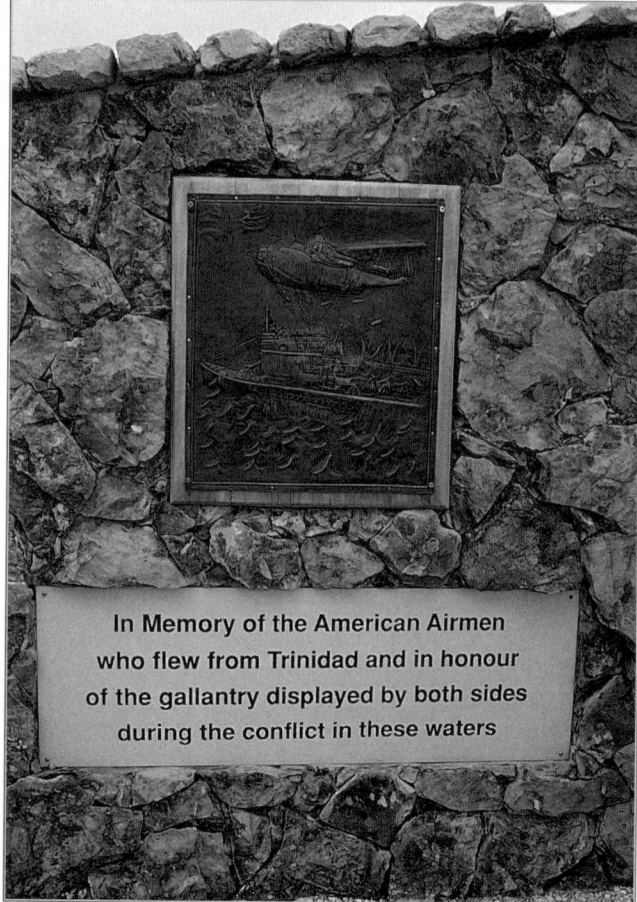

Gedenktafeln zu Ehren der gefallenen deutschen U-Boot-Männer und der Angehörigen der TNRVR sowie die Erinnerungstafel an die amerikanischen Flieger auf dem Gelände des ehemaligen US-Marinestützpunktes Chaguaramas.

Quelle: Steffen

in den Golf von Paria einfuhr. Die amerikanische Überführungsmannschaft war an Deck angetreten, als das Boot auf die Pier und die wartenden Menschen zudrehte. U 530 hatte die Boca kaum durchfahren, als das zweite U-Boot erschien. Es war U 977. Beide Boote waren den amerikanischen Besatzungen von der argentinischen Marine übergeben worden. Ihre deutschen Mannschaften befanden sich inzwischen in amerikanischen Gefangenenlagern, wo sie einer besonderen Befragung unterzogen wurden. Die beiden U-Boot-Kommandanten ahnten nicht, daß ihre Boote in Trinidad waren, aber sie hätten sich sicher über den großartigen Empfang gefreut. Er war nicht gerade von Verzückung geprägt. Die Jäger der Tiefe wurden niemals mit Begeisterung begrüßt. Es war eher ein respektvolles Schweigen, und obwohl es sich um »gezähmte Wölfe« handelte, schwang immer noch so etwas wie Furcht mit. Die Atmosphäre war stark gefühlsbelastet, auch Haß war noch zu spüren.

Als die beiden Boote dichter an die Pier herankamen, konnten die Zuschauer den furchteinflößenden Wald von Flakrohren am achteren Ende der Türme sehen. Die Flieger auf dem Kai hatten sich häufig den todbringenden Waffen gegenübergesehen, und manch einer ihrer Kameraden war von ihnen vom Himmel geholt worden. Die Marineangehörigen interessierten sich wahrscheinlich mehr für die drohenden, aber unsichtbaren Torpedorohre. Die meisten der an diesem Morgen versammelten Personen waren zwar am Krieg gegen die U-Boote beteiligt gewesen, aber nur wenige hatten bisher eins gesehen. Die Mitglieder des Tripartite Committee waren allerdings aus einem anderen Grund auf die Boote neugierig. Sie hatten schon verschiedene andere U-Boote besichtigt, aber diese beiden rostigen Exemplare bildeten eine Ausnahme, und deswegen war die Gruppe eigens nach Trinidad gereist.

U 530 und U 977 hatten sich so weit entfernt von ihren Stützpunkten ergeben, daß an ihnen irgend etwas Besonderes sein mußte. Außer den technischen Aspekten galt es die Frage zu klären, ob von ihnen Hitler und einige seiner engsten Mitarbeiter vor Patagonien abgesetzt worden waren. Das Gerücht hielt sich hartnäckig, obwohl es dafür keine Anhaltspunkte gab, und daher mußte es gründlich untersucht werden. Während der nächsten vier Tage lagen die Boote am Kai in Chaguaramas, und die Mitglieder des Tripartite Committee kletterten überall herum. Aber sie mußten feststellen, daß sie zwei ganz normale U-Boote überprüften, die den bisher besichtigten glichen. Sie mußten feststellen, daß das VIIC-Boot U 977 dem VIIC-Boot U 570, das von Royal Navy 1941 gekapert woren war, ebenso ähnelte wie das IXC-Boot U 530 dem IXC-Boot U 505, das die US-Navy 1944 erbeutet hatte. Der einzige Unterschied lag in der moderneren Ausrüstung mit Torpedos und Ortungsgeräten. Beide Boote waren mit einem Schnorchel ausgerüstet, dessen Kopf mit einem gummiartigen Material überzogen war, der die Radarimpulse absorbieren sollte. Außerdem entdeckte man in einem Anbau am Turm die Antenne des Hohentwiel-Radars, womit See- und Luftziele aktiv georter werden konnten. Das war ein großer Fortschritt gegenüber den bisher verwendeten, aber inzwischen auch verbesserten Radarwarnempfängern. Die elektronische Kriegführung war im vollen Gange, und die U-Boote

Kapitel 23

hatten aufgeholt. Auf der Brücke fand man einen einfachen Funkpeilrahmen. Die Funkpeilgeräte wurden von den U-Booten während des ganzen Krieges benutzt. Aber wenn die Boote die Möglichkeit dazu hatten, dann doch sicher auch die Alliierten. Dennoch scheint man während des Krieges in Deutschland geglaubt zu haben, daß die Alliierten die Funksprüche der U-Boote nicht einpeilen und damit deren Standort auch nicht bestimmen konnten.

An Bord fand man auch die Asdic-Täuschungskörper, die die Alliierten SBTs (Submarine Bubble Targets) und die Deutschen Bolde (von Kobold) nannten. Beide Boote verfügten über große runde Dome für Unterwasserhorchgeräte unter dem Bug, und U 530 zusätzlich über zwei Richthydrophone, die nahe dem Bug an Deck eingebaut waren. Diese Geräte waren außerordentlich leistungsfähig, und U 505 soll damit sogar Wasserbombenexplosionen in 500 Meilen Entfernung aufgefaßt haben. Auch die Tauchtiefen waren weiter verbessert worden. Die beiden alten Boote, die im Oktober 1945 in Chaguaramas besichtigt wurden, hätten eigentlich nur einen stromlinienförmigen Rumpf und die höhere E-Kapazität der neu entwickelten Boote vom Typ XXI benötigt, um zu der von den Deutschen langersehnten Waffe zu werden. Nach Beendigung ihrer Untersuchung wurde dem Militärpersonal der karibischen Befehlsstellen die Möglichkeit zur Besichtigung der Boote gegeben. Sie verloren keine Zeit, an Bord zu kommen. Aber alle waren entsetzt. Wie war es möglich, daß Menschen so ausgezeichnet kämpfen konnten, während sie in diesen engen Stahlröhren eingepfercht waren?! Besonders die Piloten empfanden die Beengtheit in den Booten klaustrophobisch. An die Freiheit der Lüfte gewöhnt, konnten sie sich nicht vorstellen, in diesen schwimmenden Särgen arbeiten zu müssen. Was waren das für Leute gewesen, die darin zur See fuhren und wußten, daß die Wahrscheinlichkeit nach Hause zu kommen, mit jedem Tag schrumpfte. Der erste Schimmer eines Verständnisses war das unmittelbare Ergebnis dieses Besuches und überall dort, wo U-Boote besichtigt wurden. Der leidenschaftliche Haß und die Furcht wichen allmählich der Bewunderung, die es mit der Zeit möglich machte, die Geschichte der U-Boote zu erzählen. Obwohl keine deutschen Seeleute an Bord waren, trafen sich auch die ehemaligen Gegner an diesem Tag – wenn auch nur im Geiste. Die U-Boote sprachen dabei für ihre Besatzungen.

Am Nachmittag des 5. Oktober, um 13 Uhr 34, legte USS Cherokee mit U 530 und U 977 von der Pier in Chaguaramas ab. Die »Task Force 21.4« der US-Navy passierte die Third Boca und begab sich auf ihre Reise zur Unterseebootsbasis New London in Connecticut. Begleitet von den *Mariners* durchfuhr sie das karibische Meer und verließ es durch die Mona Passage zwischen Puerto Rico und der Dominikanischen Republik.

Anhang

Anmerkungen

1. Vgl. Edward R. Stettinius *Welt in Abwehr – Leih-Pacht*.
2. Karibisches See-Grenzgebiet (siehe Karte).
3. Vgl. Michael Gannon *Operation Drumbeat*.
4. Ziel der US Maritime Commission für 1942 waren 8 Mio dwt (ca. 5,3 Mio BRT), die auch erreicht wurden, und für 1943 16 Mio dwt (ca. 10,6 Mio BRT). Es wurden jedoch 20 Mio dwt (ca. 13,2 BRT) abgeliefert. Vgl. David R. Dorn *Ships for Victory*, S. 71.
5. Engl./amer. Handelsmaß für Rohöl. Ein Barrel entspricht 42 Gallonen = 158,97 Liter.
6. BdU = Befehlshaber der U-Boote. Abkürzung für Admiral Dönitz und/oder seinen Stab.
7. »Asdic« (Anti-Submarine Detection Investigation Committee), englische Bezeichnung für Unterwasserortungsgerät. Die amerikanische Bezeichnung ist »Sonar«(Sound Navigation and Ranging). Ausführlich dazu Krause *U-Boot-Alarm*, Brennecke *Die Wende im U-Boot-Krieg*, Möller *Kurs Atlantik* u.v.a.m.
8. PC = Patrol Craft, Patrouillenfahrzeuge unterschiedlicher Größe. Vgl. Conway's *All the World's Fighting Ships*, S. 150 ff.
9. Laut *Defense of Merchant Shipping Handbook 1938* sollten Handelsschiffe bei Angriffen durch U-Boote das Kurzsignal »SSS« (Submarine, Submarine, Submarine) und durch Überwasser-Streitkräfte »RRR« (Raider, Raider, Raider) per Funkspruch durchgeben.
10. Der Haß gegen deutsche Soldaten und besonders die U-Boote wurde von der englischen Regierung mit unfairen Formulierungen geschürt. Vgl. Martin Middlebrook *Convoy*.
11. B-Dienst war der Funkbeobachtungs- und Entschlüsselungsdienst der Kriegsmarine.
12. USCG *Acacia* war ein 172-Fuß-Tender der US Coast Guard. Alle Schiffe der US Coast Guard waren im Kriegsfall Teil der US-Navy. Vgl. Robert L. Scheina, *US Coast Guard Cutters of WW II*.
13. Vgl. Jürgen Rohwer *Die Rolle der Funkaufklärung im Seekrieg 1939–1945* (Festschrift Peter Tamm), S. 126 ff.
14. Im Stil von Fischdampfern für die Royal Navy gebaute Fahrzeuge (auch Umbauten), die u.a.als Geleitschiffe eingesetzt wurden. Vgl. Conway's *All the World's Fighting Ships*, S. 65 ff.
15. Verfasser nennt die Versorgungs-U-Schiffe »U-Tanker«. Von den Besatzungen wurden sie liebevoll »Milchkühe« genannt. Vgl. J. Brennecke *Jäger-Gejagte*, S. 473 ff.
16. Der Hangar steht heute noch auf dem ehemaligen Gelände des Seefliegerhorstes, wo sich auch das *Chaguaramas Military History and Aviation Museum* befindet, das der Verfasser gegründet hat.
17. MTB = Motor Torpedo Boat. Vgl. Conway's *All the Worlds Fighting Ships*, S 67 ff. (den deutschen Schnellbooten vergleichbar).
18. Vgl. H. Schmoeckel *Menschlichkeit im Seekrieg?* Ausführliche Darstellung mit detaillierten Ausführungen zum humanitären Verhalten deutscher Kommandanten, auch aus alliierter Sicht.
19. Von RAF Sq/Ldr. H. de V. Leigh konstruierter, einziehbarer starker Scheinwerfer, womit ein Boot im letzten Moment vom Flugzeug angestrahlt werden konnte. Vgl. u.a.G. Krause »*U-Boot Alarm*«, S. 213.

[20] Seeaufklärungsradar auf 1,5 m Wellenlänge, das Ende 1942 durch das ASV MK III (9,7 cm) und 1943 durch das weiter entwickelte MK IV (9,7 cm) abgelöst wurde. Vgl. Steffen, *Electronic Battle*.

[21] Operation »Torch« = Codename für die Landung der Alliierten in Französisch-Nordafrika in der Nacht vom 7. auf den 8. November 1942.

[22] Auch die Alliierten führten keine Unterlagen über die Versenkungen der Schoner. Besonders gravierend war die Unterbrechung der für die Lebensmittelkonservierung in den Tropen lebenswichtigen Versorgung mit Salz, die fast ausschließlich mit Schonern erfolgte.

[23] »VP« war die Bezeichnung für die Flugboot-Geschwader der US-Navy. V stand für US-Navy und »P« dabei für Patrouille. Die Sollstärke einer Squadron umfaßte 12 Maschinen. Der dritte Buchstabe bezeichnete entweder den Flugzeugtyp (Flugboote der Typen PBM Mariner und PBY Cataliner) oder die Einsatzart des Geschwaders (1943 erhielten die Geschwader den Zusatzbuchstaben »B« für Bomber – VPB).

VS = Der zweite Buchstabe steht für Surveillance/Reconnaisance (Überwachung/Aufklärung).

VC = Der zweite Buchstabe steht für Composite (zusammengesetzt). Gemischte Geschwader mit dieser Bezeichnung operierten von Bord der Geleitflugzeugträger. Sie bestanden meist aus unterschiedlichen Flugzeugen der Typen Avenger und Hellcat.

VB = Der zweite Buchstabe steht für »land based bombers« (landgestützte Bomber der Typen Hudson, Harpoon, B-18, B-24 und B-25).

VMS = Der zweite Buchstabe steht für »Marines«, der dritte für Surveillance/Reconnaisance. Die Geschwader unterstanden den US-Marines und waren in der Karibik vornehmlich mit Wasserflugzeugen vom Typ OS2N Kingfisher ausgerüstet.

ZP = Bezeichnung für Luftschiffgeschwader.

[24] Vgl. Gröner *Die deutschen Kriegsschiffe*, Band 3, S. 71 ff. Die Tauchzeit für den Typ VII ist generell mit 30 Sekunden angegeben.

[25] »PT« Bezeichnung der US-Navy für MTBs. Conway's »*All the World's Fighting Ships*«, S. 154.

[26] Die Darstellung beruht auf einem Bericht der Royal Navy. Die Besatzung von U 162 kann sich jedoch nicht an eine Wasserbombe der VIMY erinnern, deren Druckwelle jemanden ins Wasser geworfen hätte. (Brief des Besatzungsmitglieds Alfred Hiller vom 4. November 1998.)

[27] Vgl. J. Brennecke *Der Fall Laconia* (1959), L. Peillard *Affäre Laconia* (1965), Schmoeckel *Menschlichkeit auf See?*, S 123 ff, 213, E.P. von der Porten *Die deutsche Kriegsmarine im Zweiten Weltkrieg*, S 227 ff, 233 ff, 277, B.Pitt *The Battle of the Atlantic*, S. 155.

[28] Q-Schiffe waren U-Boot-Fallen. Vgl. M. Gannon *Operation Drumbeat*, S. 304 ff., S.W. Roskill *The War at Sea 1939–1945*, Vol. I., S. 136–137.

[29] Kptlt. Werner Henke versenkte im November 1942 den britischen Passagierdampfer *Ceramic* (18 713 BRT), der mit 650 Passagieren unterwegs war. Unter Beachtung des *Laconia*-Befehls des BdU verzichtete Henke auf die Bergung der Überlebenden. Die Engländer verbreiteten daraufhin über den von ihnen betriebenen »Deutscher Kurzwellensender Atlantik«, daß U 515 die Schiffbrüchigen mit Maschinengewehren beschossen hätte und daß jedes Besatzungsmitglied des Bootes gehängt werden würde. Als Henke im April 1944 in amerikanische Gefangenschaft geriet, drohten ihm die Amerikaner mit der Auslieferung an England, wenn er nicht mit dem US-Nachrichtendienst zusammenarbeiten würde. Henke lehnte ab und unternahm einen Fluchtversuch, bei dem er erschossen wurde. Vgl. u.a.T.P. Mulligan *Lone Wolf – Life and Death of the U-Boat Ace Werner Henke*.

[30] MAD = Magnetic Anomaly Detector. Das Gerät zeigte die durch das getauchte U-Boot erzeugte Veränderung des Erdmagnetfeldes an, wodurch sich die ungefähre Position eines Unterwasserzieles bestimmen ließ. Vgl. u.a. Michael Gannon *Black May*, S. 460.

[31] Im August 1942 wurde das von der französischen Firma *Metox* hergestellte Warngerät FuMB 1 (Frequenzspektrum 60 cm–2,65 m) mit der Biscaya-Kreuz genannten Antenne als unverantwortlich verspätete Reaktion auf die mit dem Radargerät ASV Mk II (Wellenlänge 1,5 m) ausgerüsteten alliierten Flugzeuge eingeführt. Vgl. u.a. Bekker *Augen durch Nacht und Nebel*, Möller *Kurs Atlantik*, S. 71 ff, Brennecke *Die Wende*, S 249 ff.

[32] Peter Zschech gab am 24. Oktober 1943 während eines Wasserbombenangriffs auf U 505 auf und beging Selbstmord. U 505 ging in die Geschichte als das einzige Boot ein, das von der US-Navy am 4. Juni 1944 gekapert werden konnte, und ist heute vor dem *Museum of Science and Industry* in Chicago zu besichtigen.

[33] Als Maquis bezeichneten sich in Frankreich Partisanengruppen, die u.a. in den deutschen U-Boot-Stützpunkten an der Atlantikküste Sabotageakte durchführten.

[34] Der erste erfolgreiche Angriff auf die Schiffahrt an der Ostküste der USA begann am 14. Januar 1942 und lief unter dem Namen »Operation Paukenschlag«. Vgl. Michael Gannon *Operation Paukenschlag* u.v.a.m.

[35] KKpt a.D. Reinhard Hardegen (Eichenlaubträger und Kommandant U 123) hält derartige Geschichten für hübsche Märchen. Er ist überzeugt, daß ein U-Boot-Kommandant sein Boot niemals verlassen würde, um an Land zu gehen. Das sei verantwortungslos. Einsatztrupps wären jedoch an verschiedenen Plätzen abgesetzt worden. (Persönliches Gespräch mit R. Hardegen am 22. November 1998 in Bremen.)

[36] Die Sonarboje (Geräuschboje): von Flugzeugen abgeworfener Schwimmkörper zur Schallerfassung unter Wasser, die über einen Sender weitergeleitet wird. Vgl. Krause *U-Boot-Alarm*, S. 136, Gannon *Black May*, S. 460.

[37] Intervalometer war ein elektromechanisches Gerät, womit die Zwischenräume bei Reihenabwürfen von Wasserbomben reguliert werden konnten. Vgl. Michael Gannon *Black May*, S. 162.

[38] HF/DF (High Frequency Direction Finder) – auch Huff/Duff genannt – war ein Kurzwellen-Peilsystem, mit dem im Panorama-Sichtpeilverfahren Funksprüche der U-Boote eingepeilt und deren Standort festgestellt werden konnte. Vgl. u.a. Möller *Kurs Atlantik*, S. 59 ff u. 203 ff, Brennecke *Die Wende*, S. 265 ff.

[39] Der Werfer schleuderte 24 mit einem Aufschlagzünder versehene Granaten 300 Meter voraus, die in einem Kreis mit einem Durchmesser von 40 Metern im Wasser aufschlugen und nach unten sanken. Vgl. u.a. Krause *U-Boot-Alarm*, S. 130 ff., Brennecke *Die Wende*, S. 308 ff., Tarrant *Kurs West*, S. 265.

[40] Der Bold wurde zur Darstellung eines Scheinzieles gegen die Asdic-Ortung eingesetzt. Er war so groß wie eine Konservendose und erzeugte eine Wasserstoffgaswolke. Vgl. Möller *Kurs Atlantik* S. 53,54, Brennecke *Die Wende*, S. 506, Rössler *Geschichte des deutschen U-Bootbaus*, S. 221.

[41] Vgl. Paul Kemp *U-Boot-Verluste*, S. 96. Danach wurden nur das Chiffrier/Dechiffrierhandbuch (und der Wetterschlüssel) erbeutet, womit es den Engländern gelang, die neue Walzenkombination am Abend des 13. Dezember 1942 zu knacken.

[42] Die Schußfolge bei der 2 cm-Flak 38 betrug pro Rohr maximal 420–480 und in der Praxis 180–220 Schuß pro Minute. Vgl. Ian Hogg *German Artillery of WW II*, S. 144 ff.

[43] Bewaffnung gem. Angaben von Herbert Schlipper, I.WO von U 615. Vgl. auch Darstellung Brückenumbau II/43 für VIIC-Boote in Gröner *Die Deutschen Kriegsschiffe*, Bd. 3, S. 75.

[44] Ausführlich zu Ralph Kapitzky und U 615 vgl. Theodore P. Savas *Silent Hunters*, S. 42–73, Veröffentlichungen aus amerikanischer Sicht erschienen außerdem bereits in *History of US Naval Operations in WW II*, Vol. X, S. 195, in der *Washington Post* vom 20.11.1943 und im *Reader's Digest* vom November 1945.

45 FIDO = amerikanischer Lufttorpedo, der auf Geräusche reagierte. Ähnlich dem deutschen T 5 (Zaunkönig). Sein erster erfolgreicher Einsatz ist ist laut KzS. Hans Meckel, 4. Asto beim BdU, für den 12. Mai 1943 nachzuweisen. Zit. bei Jochen Brennecke *Die Wende im U-Boot-Krieg*, vgl. auch Paul Kemp *U-Boot-Verluste*.

46 Der Einbruch in den deutschen Marine-Code unter dem Namen *Ultra* wird ausführlich von Patrick Beesley in *Very Special Intelligence: The Story of the Admiralty's Operational Centre 1939–1945* behandelt. Vgl. außerdem u.a. Möller *Kurs Atlantik*, S. 25 ff, Brennecke *Die Wende*, S. 183 ff, 215 ff. Tarrant *Kurs West*, S. 137 ff.

47 Einer der beiden von Achilles versenkten Frachter war der Dampfer St. Usk (5 472 BRT). Hierüber berichtet der I. Funkoffz. F. Sheehan in *Sea Breezes* No. 626, S. 145 ff. Danach ging Achilles mit U 161 längsseits der Rettungsboote, versorgte die Schiffbrüchigen mit Nahrungsmitteln und Wasser, zeichnete auf einer Karte den Kurs zum nächsten Hafen ein und ließ einen Verletzten verbinden und ihm eine Spritze geben.

Veröffentlichte Quellen

A Bloody War – Harald Lawrence, McMilian NAL, Ontario 1979
A Marinha do Brazil, No Segunda Guerra Mundial – Arthur Oscar Saldanha de Gama, Grafica, Brazil 1982
Autumn of the U-Boats – Geoffrey Jones, W. Kimber Ltd., London 1984
Axis Submarines – Anthony J. Watts, Arco Publishing, New York 1977
Axis Submarine Successes – Jürgen Rohwer, US Naval Institute Press, Annapolis 1983
British Warship Losses in World War Two – H.T. Lenton & J.J. Colledge, Ian Allen, London 1976
Building the Navy's Bases in World War Two – US Govt. Printing Office 1947
Business in Great Waters: The U-Boat Wars 1916–1945 – John Terraine, Cooper, London 1989
Convoy – Martin Middlebrook, Ian Allen, London 1976
Dynamite for Hire – A.V. Sellwood, Panther Books, London 1958
Encyclopedia of World War Two – John Keegan, Hamlyn, London 1977
Encyclopedia of World War Two – Thomas Parrish, Secker & Warberg, London 1978
Grey Wolf, Grey Sea – E.B. Gassaway, Futura Books, London 1972
History of the Second World War – Winston Churchill, Cassell, London 1959
History of United States Naval Operations in World War II – S.E. Morison, Little Brown, Boston 1947
In Danger's Hour – Gordon Holman, Hooder & Staughton, London 1948
Jane's Fighting Ships 1939/40 – Jane's Fighting Ships Publishing Co., London
Jane's Fighting Ships 1945/46 – Jane's Fighting Ships Publishing Co., London
Proceedings – US Naval Institute Press, Annapolis, Issues 1954–1986
The Battle of the Atlantic – Donald Macintyre, Pan Books, London 1961
The Battle of the Atlantic – Harrie Pitt, Time-Life Books, New York 1977
The Battle of the Atlantic – Her Majesty's Stationery Office, London 1946
The Deadly Stroke – Warren Tute, Pan Books, London 1976
The Month of Lost U-Boats – Geoffrey Jones, W. Kimber Ltd. London 1977
The Navy at War 1939–1945 – S.W. Roskill, Collins, London 1960
The Sea Wolves – Wolfgang Frank, Ballantyne Books, New York 1955
The Squadrons of the Royal Air Force – James J. Halley, Air Britain 1980
The Squadrons of the Fleet Air Arm – R. Sturtivant
The War at Sea – S.W. Roskill, Her Majesty's Stationery Office, London 1956
They Were Dependable – The History of US-Navy Airship Operations in World War II, US-Navy 1946
U-Boat – The Secret Menace – David Mason, Ballantyne Books, London 1968
U-Boat 333 – Peter Cremer, Grafton Books, London 1983
U-Boat 977 – Heinz Schäffer, Tandem Books, London 1952
U-Boats in the Atlantic – Paul Beaver, Patrick Stephens Ltd., London 1979

ANHANG

US-Navy Aircraft Since 1911 – Gordon Swansborough & Peter Bowers, Funk & Wagnals, New York
Ultra at Sea – John Winton, Morrow, New York 1988
Walker, R.N. – Terrence Robertson, Pan Books, London 1956
Warship – Conway Maritime Press Ltd., London, Issues Nos. 1 to 20
We Captured a U-Boat – Daniel V. Gallery, Sidgewick & Jackson, London 1957

Unveröffentlichte Quellen

Scholarly Resources Ltd., Wilmington – Kriegstagebuch des BdU 1942/43/44
US Naval Historical Center/Operational Archives, Washington – Kriegstagebücher USN Trinidad Sector, Chaguaramas Naval Air Station 1942–1945, Chaguaramas Naval Operating Base 1943–45, US Naval Station Trinidad, US-Army Command History File, Berichte der Einheiten auf dem karibischen Kriegsschauplatz
Squadron War Diaries – Kriegstagebücher der Geschwader: USN VP-32, VP-53, VP-74, VP-204, ZP-51, USN Flottenluftschiffgeschwader 5, FASRON 105, Hedron 71
Diverse Berichte – Funktagebuch Konvoi TB-1 USN, Funktagebuch Konvoi BT-6 USN, Bericht über Verlust des USS ERIE
National Archives, Washington – Kriegstagebücher U 161, U 156, Zusammenfassung der Kriegstagebücher aller Karibikboote
Department of the Air Force – Albert F. Simpson Historical Research Canter, Maxwell Air Force Base, Alabama – History of the US-Army in the South American Theatre 1942–45, History of the US-Army in the Trinidad Sector 1940–1945, G-2 Intelligence Reports Caribbean Command, Zusammenfassung der Kriegstagebücher der 45th, 59th und 99th Squadrons der US-Army Air Corps
Royal Navy Historical Division – Ministry of Defence, London – Zusammenfassende Darstellung der U-Bootabwehr der RN im Zweiten Weltkrieg, Handelsschiffsverluste in der Karibik 1942, Deutsche und italienische U-Bootverluste 1939–45
Public Records Office, London – Kriegstagebuch der No. 53 Squadron der RAF, Kriegstagebuch der Royal Navy für den Befehlsbereich Trinidad 1942–1945, History File des Befehlsbereichs der TRNVR 1940–45
Directorate of History, National Defence Headquarters, Ottawa – Zusammenfassende Darstellung der U-Bootsabwehr der Royal Canadian Navy

Fachzeitschriften

US-Navy Proceedings – US Naval Institute Press, Annapolis, Ausgaben 1954–1986
Warship – Conway Maritime Press Ltd., London, Ausgaben 1–20

ANHANG

Für die Bearbeitung der deutschsprachigen Ausgabe wurden nachstehende Quellen zusätzlich herangezogen

Augen durch Nacht und Nebel – Cajus Bekker, Heyne Verlag, München 1976
Black May – Michael Gannon, HarperCollins Publishers, New York 1998
Conway's All The World's Fighting Ships 1922–1946 – Conway Maritime Press, London 1980
Der U-Boot-Krieg 1939–1945 – Rainer Busch/Hans-Joachim Röll, Bd. 1 u. 2, E.S. Mittler & Sohn, Hamburg 1996/97
Deutsche U-Boote 1906–1966 – Bodo Herzog, Karl Müller Verlag, Erlangen 1993
Die Handelsflotten der Welt 1942 – Erich Gröner, J.F. Lehmann, München 1942
Die deutsche Kriegsmarine im Zweiten Weltkrieg – F.P. von der Porten, Motorbuch, Stuttgart 1994
Die deutschen Kriegsschiffe 1815–1945, Band 3 – Bernard & Graefe, Koblenz 1985
Die Rolle der Funkaufklärung im Seekrieg 1939–1945 – Jürgen Rohwer, Festschrift Peter Tamm, 1998
Die Wende im U-Boot-Krieg – Jochen Brennecke, ergänzte Ausgabe bei Heyne, München 1991
German Artillery of WW II – Anti-Aircraft Artillery – Ian Hogg, 1975
Geschichte des deutschen U-Bootbaus – Eberhard Rössler, J.F. Lehmann, München 1975
Kurs Atlantik – U-Boot-Entwicklung bis 1945 – Eberhard Möller, Motorbuch, Stuttgart 1995
Kurs West – die deutschen U-Boot-Offensiven 1914–1945 – V.E. Tarrant, Stuttgart 1996
Lone Wolf: Life and Death of the U-Boat Ace Werner Henke – Timothy P. Mulligan, Westport 1993
Menschlichkeit im Seekrieg – Helmut Schmoeckel, E.S. Mittler & Sohn, Herford 1987
Operation Drumbeat – Michael Gannon, Harper & Row, New York 1990
Search, Find and Kill – The RAF's U-Boat Successes in WW II – N. Franks, Grub Street, London 1995
Ships for Victory – David R. Dorn, Proceedings, Naval Institute Press, Annapolis, Febr. 1985
Silent Hunters – German U-Boat Commanders of WW II – T.P. Savas, Savas Publ. Co., Campbell 1997
The Electronic Battle of the Atlantic – Dirk Steffen, Term Paper, American Military University, 1998
The Story of the U-505 – Museum of Science and Industry, Chicago 1985
Torpedos in the Gulf – Melanie Wiggins, Texas A. & M University Press, 1995
U-Boot-Alarm – Geschichte der U-Boot-Abwehr – Günter Krause, Brandenburgisches V.haus, Berlin 1998
U-Boot-Verluste in beiden Weltkriegen – Paul Kemp, Urbes, Gräfelfing 1998
U.S. Coast Guard Cutters & Craft of WW II – Robert L. Scheina, Naval Institute Press, Annapolis
Very Special Intelligence: The Admiralty's Operational Centre 1939–1945, P. Beesly, Hamilton, London 19976
Welt in Abwehr – Leih-Pacht – Edward R. Stettinius jun., Paul List, Leipzig/München 1946

ANHANG

Die erfolgreichsten U-Boot-Kommandanten in der Karibik

Kommandant	U-Boot	versenkte Tonnage	Schiffe versenkt	Schiffe beschädigt	Feindfahrten
Adolf Piening	U 155	83 800 BRT	19 Schiffe	keine	3
Jürgen v. Rosenstiel *gefallen in U 502*	U 502	78 800 BRT	14 Schiffe	1	2
Jürgen Wattenberg *Kriegsgefangenschaft*	U 162	77 700 BRT	13 Schiffe	keine	2
G. Müller-Stöckheim *gefallen in U 67*	U 67	76 600 BRT	13 Schiffe	4	4
Ernst Bauer	U 126	74 800 BRT	14 Schiffe	4	2
Georg Lassen	U 160	74 100 BRT	14 Schiffe	2	2
Werner Hartenstein *gefallen in U 156*	U 156	66 800 BRT	16 Schiffe	4	3
Hans-Ludwig Witt	U 129	60 800 BRT	14 Schiffe	keine	2
Georg Staats *gefallen in U 508*	U 508	53 000 BRT	11 Schiffe	keine	2
Erich Rostin *gefallen in U 158*	U 158	52 700 BRT	10 Schiffe	keine	1
Karl-Friedrich Merten	U 68	50 900 BRT	7 Schiffe	keine	1
Harro Schacht *gefallen in U 507*	U 507	44 800 BRT	9 Schiffe	keine	1
Richard Zapp	U 66	44 000 BRT	6 Schiffe	1	1
Friedrich Markworth	U 66	42 900 BRT	7 Schiffe	4*	2
Werner Henke *bei Fluchtversuch aus POW-Camp erschossen*	U 515	42 100 BRT	8 Schiffe	2#	1
Ulrich Folkers *gefallen in U 125*	U 125	42 000 BRT	8 Schiffe	keine	1
Helmut Witte	U 159	41 300 BRT	9 Schiffe	1	1
Günther Krech	U 558	37 800 BRT	10 Schiffe	1	2
Albrecht Achilles *gefallen in U 161*	U 161	37 500 BRT	8 Schiffe	5	2
Hans-Rutger Tillessen	U 516	34 600 BRT	7 Schiffe	keine	2

* Drei Beschädigungen durch Minen, die von U 66 gelegt wurden.
# Ein beschädigtes Schiff war Totalverlust und mußte aufgegeben werden.
(Die Tonnagen sind aufgerundet. Die Tabelle basiert auf der neuesten Ausgabe von Jürgen Rohwer *Axis Submarine Sucesses of World War Two*, Greenhill Books, London 1999.)

Die 20 erfolgreichsten U-Boote in der Karibik

U-Boot	versenkte Tonnage	Schiffe versenkt	Schiffe beschädigt	Kommandanten/ Feindfahrten
U 129	105 200 BRT	24	keine	Clausen 1/Witt 2/ v. Harpe 1
U 66	86 900 BRT	13	5 (*)	Zapp 1/Markworth 2
U 155	83 800 BRT	19	keine	Piening 3
U 502	78 800 BRT	14	1	v. Rosenstiel 2
U 162	77 700 BRT	13	keine	Wattenberg 2
U 67	76 700 BRT	13	4	Müller-Stöckheim 4
U 126	74 800 BRT	14	4	Bauer 2
U 160	74 100 BRT	14	2	Lassen 2
U 156	66 800 BRT	16	4	Hartenstein 3
U 68	61 100 BRT	9	keine	Merten 1/Lauzemis 1
U 154	54 900 BRT	10	3	Kölle 2/Schuch 1/ Kusch 1/Gemeiner 1
U 516	53 200 BRT	11	1	Wiebe 1/Tillessen 2
U 508	53 000 BRT	11	keine	Staats 2
U 158	52 700 BRT	10	keine	Rostin 1
U 507	44 800 BRT	9	keine	Schacht 1
U 515	42 100 BRT	8	2 (#)	Henke 1
U 125	42 000 BRT	8	keine	Folkers 1
U 159	41 300 BRT	9	1	Witte 2/ Beckmann 1
U 558	37 800 BRT	10	1	Krech 2
U 161	36 400 BRT	8	5	Achilles 2

(*) Drei Versenkungen durch Minen, die von U 66 gelegt wurden.
(#) Ein beschädigtes Schiff war Totalverlust und mußte abgewrackt werden.
(Die Tonnagen sind aufgerundet. Die Tabelle basiert auf der neuesten Ausgabe von Jürgen Rohwer *Axis Submarine Sucesses of World War Two*, Greenhill Books, London 1999.)

Anhang

»Karibik-Boote«

U-Boot	Typ	Kommandanten in der Karibik	Einsatzzeitraum in der Karibik	Schicksal der Boote
U 66	IXC	Zapp/Markworth	(April/Mai 42) (Juli/Aug./Sept. 42) (Juli 43)	gesunken 6.5.44
U 67	IXC	Müller-Stöckheim	(Feb./März 42) (Juni/Juli 42)/Okt./Nov. 42) (Juni/Juli 43)	gesunken 16.7.43
U 68	IXC	Merten/Lauzemis	(Juni 42)/(Feb./März 43)	gesunken 10.4.44
U 69	VIIC	Gräf	(Mai/Juni 42)	gesunken 17.2.43
U 84	VIIB	Uphoff	(Juni 42)/(Juli/Aug. 43)	gesunken 24.8.43
U 94***	VIIC	Ites	(Aug. 42)	gesunken 28.8.42
U 103	IXB	Winter	(Mai/Juni 42)	gesunken 15.4.45
U 105	IXB	Nissen	(Dez. 42/Jan. 43)	gesunken 2.6.43
U 106	IXB	Rasch	(Mai/Juni 42)	gesunken 2.8.43
U 107	IXB	Gelhaus	(Mai/Juni 42)	gesunken 18.8.44
U 108	IXB	Scholtz	(Mai 42)/(Aug. 42)	außer Dienst 7.44
U 109	IXB	Bleichrodt	(Dez. 42/Jan. 43)	gesunken 4.5.43
U 123	IXB	v. Schroeter	(Sep./Okt. 43)	bei Invasion 8.44 erbeutet und von der französischen Marine wieder in Dienst gestellt
U 124	IXB	Mohr	(Dez. 42/Jan. 43)	gesunken 3.4.43
U 125	IXC	Folkers	(April/Mai 42)	gesunken 6.5.43
U 126	IXC	Bauer	(März 42)/(Juni/Juli 42)	gesunken 3.7.43
U 128	IXC	Heyse	(Juni 42)	gesunken 17.5.43
U 129	IXC	Clausen/Witt	(Feb./März 42) (Juni/Juli 42)/(Okt./ Nov./Dez. 42) (April/Mai 43)	außer Dienst 8.44
U 130	IXC	Kals	(April/Mai 42)	gesunken 12.3.43
U 134	IXC	Schendel/Brosin	(Juli/Aug. 42) (Juli/Aug. 43)	gesunken 24.8.43
U 153***	IXC	Reichmann	(Juni/Juli 42)	gesunken 3.7.42
U 154	IXC	Kölle/Schuch Kusch/Gemeiner	(April 42)/(Juni/Juli/Aug. 42) (Nov./Dez. 42)/(Juni 43)/(März 44)	gesunken 3.7.44
U 155#	IXC	Piening	(Mai 42)/(Juli/Aug. 42) (März/April 43)	Op. Deadlight 5.45
U 156***	IXC	Hartenstein	(Feb. 42)/(Mai/Juni 42) (Feb./März 43)	gesunken 8.3.43
U 157***	IXC	Henne	(Juni 42)	gesunken 13.6.42
U 158***	IXC	Rostin	(Mai/Juni 42)	gesunken 30.6.42

U 159***	IXC	Witte/Beckmann	(Juni 42)/(Sept. 42) (Juni/Juli 43)	gesunken 15.7.43
U 160	IXC	Lassen	(Juli/Aug. 42) (Okt./Nov. 42)	gesunken 14.7.43
U 161	IXC	Achilles	(Feb./März 42) (Mai/Juni/Juli 42)	gesunken 27.9.43
U 162***	IXC	Wattenberg	(April/Mai 42) (Juli/Aug./Sept. 42)	gesunken 3.9.42
U 163	IXC	Engelmann	(Aug./Sept. 42) (Nov./Dez. 42)	gesunken 13.3.43
U 164	IXC	Fechner	(Aug./Sep. 42)	gesunken 6.1.43
U 166***	IXC	Kuhlmann	(Juli/Aug. 42)	gesunken 1.8.42
U 170#	IXC/40	Pfeffer	(März/April 44)	Op. Deadlight 5.45
U 171	IXC	Pfeffer	(Juli/Aug./Sep. 42)	gesunken 9.10.42
U 172	IXC	Emmermann	(Juni 42)	gesunken 13.12.43
U 173	IXC	Beucke	(Juli/Aug. 42)	gesunken 16.11.43
U 175	IXC	Bruns	(Sep./Okt.42)	gesunken 17.4.43
U 176***	IXC	Dierksen	(Mai 43)	gesunken 15.5.43
U 183	IXC/40	Schäfer	(Feb./März/April 43)	gesunken 23.4.45
U 185	IXC/40	Maus	(März/April 43)	gesunken 24.8.43
U 193	IXC/40	Pauckstadt	(Dez. 43/Jan. 44)	gesunken 28.4.44
U 201	VIIC	Rosenberg	(Sept./Okt. 42)	gesunken 17.2.43
U 202	VIIC	Poser	(Sept./Okt. 42)	gesunken 2.6.43
U 203	VIIC	Mützelburg	(Juni/Juli 42)	gesunken 25.4.43
U 214	VIID	Reeder/Stock	(Dez. 42/Jan. 43) (Sept./Okt. 43)	gesunken 26.7.44
U 217	VIID	Reichenbach-Klinke	(Aug./Sept. 42) (Dez. 42/Jan. 43)	gesunken 5.6.43
U 218#	VIID	Becker	(Okt./Nov. 43) (März/April 44)	Op. Deadlight 5.45
U 332	VIIC	Liebe	(Sept./Okt. 42)	gesunken 29.4.43
U 359***	VIIC	Förster	(Juli 43)	gesunken 28.7.43
U 406	VIIC	Dieterichs	(Juli/Aug. 43)	gesunken 18.2.44
U 415	VIIC	Neide	(Juli/Aug. 43)	gesunken 14.7.44
U 466	VIIC	Thäter	(Juli 43)	selbstversenkt 8.44
U 502	IXC	v. Rosenstiel	(Feb. 42)/(Mai/Juni 42)	gesunken 5.7.42
U 504	IXC	Poske	(Mai/Juni 42)	gesunken 30.7.43
U 505	IXC	Loewe/Zschech	(Juni/Juli/Aug. 42)/(Nov. 42)	sinkend aufgebracht 4.6.44
U 506	IXC	Würdemann	(Mai/Juni 42)	gesunken 12.7.43
U 507	IXC	Schacht	(April/Mai 42)	gesunken 13.1.43
U 508	IXC	Staats	(Juli/Aug.42)/(Nov./Dez. 42)	gesunken 12.11.43
U 509	IXC	Wolff	(Juli/Aug. 42)	gesunken 15.7.43

ANHANG

U 510	IXC	Neitzel/Eick	(Aug. 42)/(Feb./März 43) (Juni/Juli 43)	bei Kriegsende 5.45 erbeutet und von französischer Marine wieder in Dienst gestellt
U 511	IXC	Steinhoff	(Aug./Sept. 42)	an Japan 9.43
U 512***	IXC	Schultze	(Sep./Okt. 42)	gesunken 2.10.42
U 514	IXC	Auffermann	(Sep./Okt. 42)	gesunken 8.7.43
U 515	IXC	Henke	(Sept. 42)	gesunken 9.4.44
U 516#	IXC	Wiebe/Tillessen	(Sept./Okt. 42)/(Nov./Dez. 43) (Juni/Juli 44)	Op. Deadlight 5.45
U 518	IXC	Wissmann/ Offermann	(Sept./Okt./Nov. 43) (Feb./März/April 44)	gesunken 22.4.45
U 527	IXC/40	Uhlig	(Juni/Juli 43)	gesunken 23.7.43
U 530	IXC/40	Lange	(Dez. 43/ Jan. 44) (Juli/Aug. 44)	an Argentinien ausgelief. 7.45
U 532#	IXC/40	Junker	(April 45 östlich der Karibik)	Op. Deadlight 5.45
U 539#	IXC/40	Lauterbach-Emden	(Mai/Juni/Juli 44)	Op. Deadlight 5.45
U 553	VIIC	Thurmann	(Aug. 42)	verschollen 1.43
U 558	VIIC	Krech	(Mai 42)/(Aug./Sep. 42)	gesunken 20.7.43
U 564	VIIC	Suhren	(Aug./Sep. 42)	gesunken 14.6.43
U 572***	VIIC	Kummetat	(Juni/Juli/Aug. 43)	gesunken 3.8.43
U 575	VIIC	Heydemann	(Juli 42)	gesunken 13.3.44
U 590***	VIIC	Krüer	(Juni/Juli 43)	gesunken 9.7.43
U 598	VIIC	Holtorf	(Aug. 42)	gesunken 23.7.43
U 600	VIIC	Zurmühlen	(Aug. 42)	gesunken 25.11.43
U 615***	VIIC	Kapitzky	(Juli/Aug. 43)	gesunken 7.8.43
U 634	VIIC	Dahlhaus	(Juli/Aug. 43)	gesunken 30.8.43
U 653	VIIC	Feiler	(Juli/Aug. 43)	gesunken 15.3.44
U 654***	VIIC	Forster	(Aug. 42)	gesunken 22.8.42
U 658	VIIC	Senkel	(Aug. 42)	gesunken 30.10.42
U 662***	VIIC	Müller	(Juli 43)	gesunken 21.7.43
U 732	VIIC	Carlsen	(Juli/Aug. 43)	gesunken 31.10.43
U 751	VIIC	Bigalk	(Mai 42)	gesunken 17.7.42
U 753	VIIC	Manhardt v. Mannstein	(Mai/Juni 42)	gesunken 13.5.43
U 755	VIIC	Göing	(April/Mai 42)	gesunken 28.5.43
U 759***	VIIC	Friedrich	(Juni/Juli 43)	gesunken 26.7.43

*** im Bereich der Karibik versenkt
\# »Deadlight« war die englische Operation zur Versenkung der bei Kriegsende ausgelieferten U-Boote.

Teilnehmende U-Boote der italienischen Marine:

Enrico Tazzoli	(Mai 42) · (August 42)	gesunken 16.5.43
Guiseppe Finzi	(Mai 42)	von Deutschland beschlagnahmt und 8. 44 als UIT 21 selbstversenkt
Leonardo da Vinci	(Februar 42)	gesunken 23.5.43
Luigi Torelli	(Februar 42)	von Japan beschlagnahmt und 4.46 als als I 504 von USN versenkt
Morosini	(Mai 42)	gesunken 11.8.42
Pietro Calvi	(März/April 42)	selbstversenkt 15.7.42

ANHANG

Amerikanische und englische Geschwader in der Karibik

Land	Flugplatz	Aufbau und Verteilung 1942	Stand 2. Hälfte 42/ Anfang 43	Stand Mitte 1943
Trinidad	Waller Field	1st Bomb.Sqdn. USAAC (B-18) No. 53 Sqdn Coastal Command RAF (Hudson MK III)	22nd Fighter Sqdn. USAAC (P-39, P-40)	39th Recon. Sqdn. USAAC (Douglas A 20) VB-141 USN (Venturas)
	Edinburgh Field (Carlsen Field)		No. 53 Sqdn. Coastal Command RAF (Hudson MK III) 1st Bomb. Sqdn USAAC (B-18) 25th Bomber Group bestehend aus Teilen der 10th, 80th u. Teilen der 417th Bomb. Sqdn (B-18)	VB-130 USN (Harpoons) 7th Antisub. Sqdn USAAC (B-18 u. B-25) 59th Bomb. Sqdn USAAC (B-25) 23th Antisub. Sqdn USAAC (B-18 u. B-25)
	Chaguaramas	VS-45 USN (Kingfisher) VP-53 USN (PBY Catalina) VP-74 USN (PBM Mariner)	VS-45 USN (Kingfisher) VP-53 USN (PBY Catalina) VP-81 USN (PBY Catalina) VP-34 USN (PBY Catalina) ZP-51 (Luftschiffe)	VS-45 USN (Kingfisher) VP-204 USN (PBM Mariner) VP-205 USN (PBM Mariner) ZP-51 (Luftschiffe)
Curaçao	Hato Field	59th Bomb. Sqdn. USAAC (Douglas A 20 u. B-18)	8th Antisub. Sqdn. USAAC (B-24)	8th Antisub. Sqdn. USAAC (B-24) VP-133 USN (Harpoons) 32nd Fighter Sqdn USAAC (P-40)
Puerto Rico	Borinquen	45th Bomb. Sqdn. USAAC (B-18) (Abt.)	45th Bomb. Sqdn. USAAC (B-18) (Abt.)	VB-141 USN(Venturas) 32nd Fighter Sqdn USAAC (P-40)
	NAS San Juan	VP-53 USN (PBY Catalina)	VP-204 USN (PBM Mariner)	VP-81 USN (PBY Catalina) VP-32 USN (PBM Abt. v. Cuba)
Holländisch Guayana	Zandery	99th Bomb. Sqdn. USAAC (B-18)	35th Bomb. Sqdn. USAAC (B-18) (Abt.) No. 53 Sqdn. RAF (Hudson) (Abt. von Trinidad)	35th Bomb. Sqdn USAAC (B-24) (Abt.) No. 53 Sqdn RAF (Hudson) (Abt. v. Trinidad)
Britisch Guayana	Atkinson	430th Bomb. Sqdn. USAAC (B-18)	35th Bomb. Sqdn. USAAC (B-18) (Abt.)	35th Bomb. Sqdn USAAC (B-24) (Abt.)
Panama	France Field	45th Bomb. Sqdn. USAAC (B-18) (Abt.)	45th Bomb. Sqdn. USAAC (B-18) (Abt.)	23rd Antisub.Sq.) USAAC (B-24 u. B-25) (Abt.)
	Coco Solo	VP-53 USN (PBY Catalina) (Abt. v. Trinidad)		VP-204 USN (PBM Mariner) (Abt. v. Trinidad)

Cuba	Guantánamo	VP-92 USN (PBY Catalina) VS-62 USN (Kingfisher)	VP-92 USN (PBY Catalina) VP-32 USN (PBM Mariner) VS-62 USN (Kingfischer) ZP-51 USN (Luftschiffe) (Abt.)	VP-92 USN (PBY Catalina) VP-32 USN (PBM Mariner) VP-62 USN (Kingfisher) ZP-51 USN (Luftschiffe) (Abt.)
St. Lucia	Beane Field		No. 53 Sqdn RAF (Hudson) Abt. v. Trinidad 45th Bomb. Sqdn (B-18) (Abt.)	5th Bomb. Sqdn USAAC (B-18) (Abt.) VMS-3 USN (Kingfisher) (Abt.)
Antigua	Coolidge Field	VP-204 USN (PBM Mariner) (Abt.) 10th Bomb. Sqdn. USAAC (B-18)	VP-204 USN (PBM Mariner) (Abt.) 10th Bomb. Sqdn USAAC (B-18)	5th Bomb. Sqdn USAAC (B-18) (Abt.) VMS-3 USN (Kingfisher) (Abt.).
Französisch Guayana	Gallion Field			417th Bomb. Sqdn USAAC (B-18) Abt.
	Cayenne			VP-204/VP-205 USN (PBM) Abt.v.Trinidad
Brasilien	Belém	VP-51 USN (PBY Catalina)	VP-51 USN (PBY Catalina) VP-94 USN (PBY Catalina) 430th Bomb. Sqdn USAAC (B-18)	VP-94USN (PBM Catalina) 430th Bomb. Sqdn USAAC (B-18)
	Aratú		VP-74 USN (PBM Mariner)	VP-74 USN (PBM Mariner)

Anhang

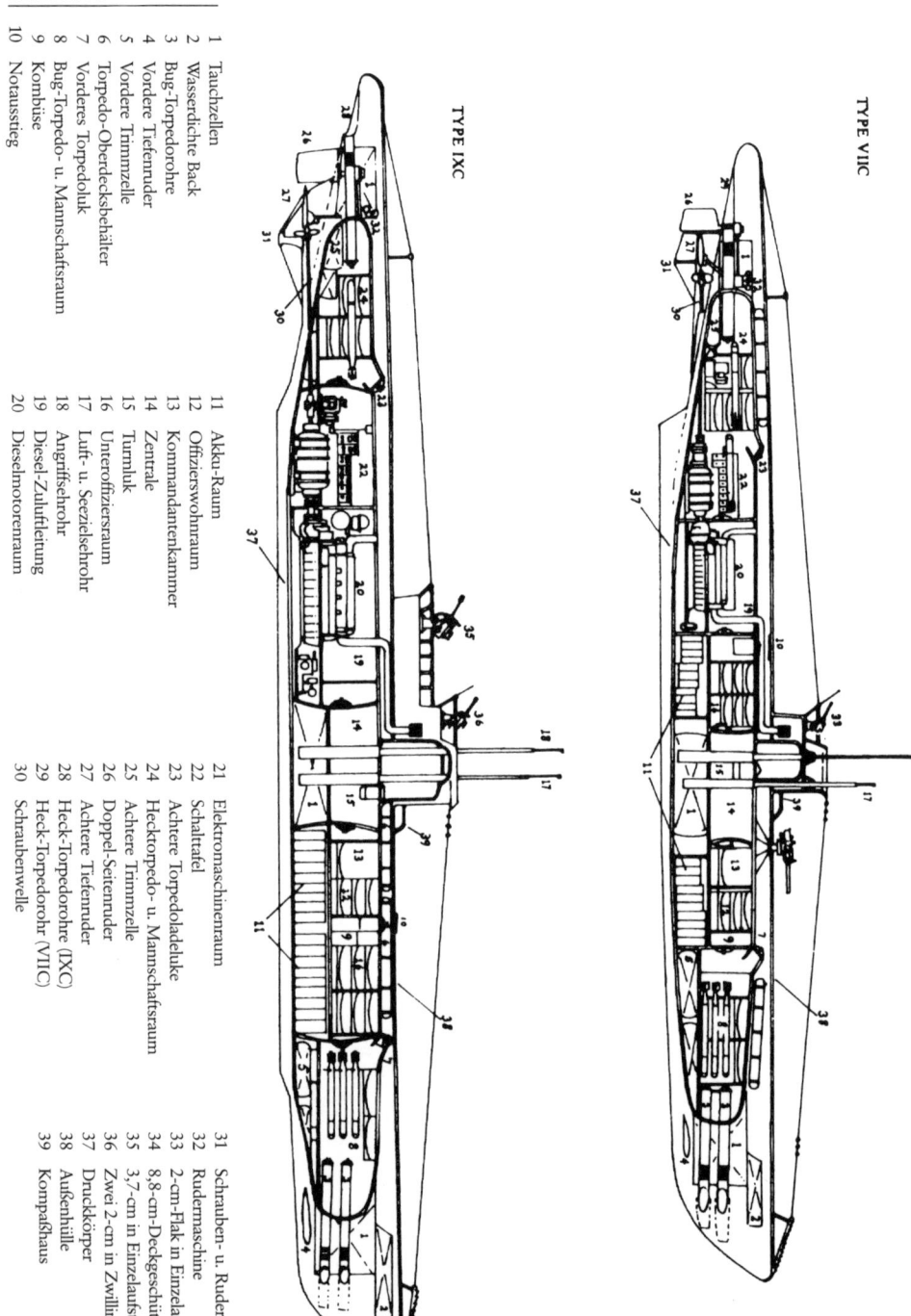

TYPE IXC

TYPE VIIC

1 Tauchzellen
2 Wasserdichte Back
3 Bug-Torpedorohre
4 Vordere Tiefenruder
5 Vordere Trimmzelle
6 Torpedo-Oberdecksbehälter
7 Vorderes Torpedoluk
8 Bug-Torpedo- u. Mannschaftsraum
9 Kombüse
10 Notausstieg

11 Akku-Raum
12 Offizierswohnraum
13 Kommandantenkammer
14 Zentrale
15 Turmluk
16 Unteroffiziersraum
17 Luft- u. Seezielsehrohr
18 Angriffsehrohr
19 Diesel-Zuluftleitung
20 Dieselmotorenraum

21 Elektromaschinenraum
22 Schalttafel
23 Achtere Torpedoladeluke
24 Hecktorpedo- u. Mannschaftsraum
25 Achtere Trimmzelle
26 Doppel-Seitenruder
27 Achtere Tiefenruder
28 Heck-Torpedorohr (IXC)
29 Heck-Torpedorohr (VIIC)
30 Schraubenwelle

31 Schrauben- u. Ruderschutz
32 Rudermaschine
33 2-cm-Flak in Einzelaufstellung
34 8,8-cm-Deckgeschütz
35 3,7-cm in Einzelaufstellung
36 Zwei 2-cm in Zwillingsaufstellung
37 Druckkörper
38 Außenhülle
39 Kompaßhaus

Typ VIIC (Konfiguration 1942)

Verdrängung -	769 Tonnen↑/871 Tonnen↓
Abmessungen -	67,1 m x 6,2 m x 4,7 m
Bewaffnung -	ein 8,8-cm-Deckgeschütz
	eine 2-cm-Flak
	fünf Torpedorohre (53,3 cm) -
	(vier vorn und eins achtern)
Antrieb -	zwei Dieselmotoren mit zusammen 2 800 Pse
	zwei Elektromotoren mit zusammen 750 Pse
Geschwindigkeit -	17 kn↑/7,6 kn↓
Treibstoffvorrat -	113,5 Tonnen
Fahrstrecke -	8500 sm bei 10 kn↑/130 sm bei 2 kn – 80 sm bei 4 kn↓
Tauchzeit -	30 Sekunden
Besatzung -	ca. 44

Typ IXC (Konfiguration 1943)

Verdrängung -	1120 Tonnen↑/1232 Tonnen↓
Abmessungen -	76,7 m x 6,7 m x 4,7 m
Bewaffnung -	nach Ausbau des 10,5 cm Deckgeschützes:
	eine 3,7-cm-Flak und zwei 2-cm-Flak in Zwillingsaufstellung
	sechs Torpedorohre (53,3 cm)
	(vier vorn und zwei achtern)
Antrieb -	zwei Dieselmotoren mit zusammen 4 400 Pse
	Zwei Elektromotoren mit zusammen 1 000 Pse
Geschwindigkeit -	18,3 kn↑/7,3 kn↓
Treibstoffvorrat -	208 Tonnen
Fahrstrecke -	13 450 sm bei 10 kn↑/128 sm bei 2 kn – 63 sm bei 4 kn↓
Tauchzeit -	35 Sekunden
Besatzung -	ca. 48

ANHANG

U-Boot-Stützpunkte und U-Flottillen in Frankreich

BORDEAUX (Bis 1942 Einsatzstützpunkt für die italienischen U-Boote.)
          12. U-Flottille Flottillenchef 1942/43
                           KKpt. Klaus Scholtz (ex U 108)
                           Flottille aufgelöst im August 1944
                           Stützpunkt erobert am 24. August 1944

BREST   1. U-Flottille   Flottillenchef 1942/43
                           KKpt. Werner Winter (ex U 103)
                           Flottille aufgelöst September 1944

          9. U-Flottille   Flottillenchef 1942/43
                           KKpt. Heinrich Lehmann-Willenbrock (ex U 96)
                           Flottille aufgelöst August 1944
                           Stützpunkt erobert am 18. September 1944

LA PALLICE 3. U-Flottille Flottillenchef 1942/43
                           KKpt. Richard Zapp (ex U 66)
                           Flottille im August 1944 nach Norwegen verlegt
                           Stützpunkt kapitulierte am 8. Mai 1945

LORIENT   2. U-Flottille   Flottillenchef 1942 KKpt. Viktor Schütze (ex U 103)
                           Flottillenchef 1943 FKpt. Ernst Kals (ex U 130)
                           Flottille im August 1944 nach Norwegen verlegt

          10. U-Flottille Flottillenchef 1942/43
                           KKpt. Günter Kuhnke (ex U 125)
                           Flottille aufgelöst Oktober 1944
                           Stützpunkt kapitulierte am 8. Mai 1945

SAINT NAZAIRE 7. U-Flottille Flottillenchef 1942/43 KKpt. Herbert Sohler (ex U 46)
                              Flottille im August 1944 nach Norwegen verlegt

          6. U-Flottille   Flottillenchef 1942 KKpt. Wilhelm Schulz (ex U 124)
                           Flottillenchef 1943 Kplt. Carl Emmermann (ex U 172)
                           Flottille aufgelöst August 1944
                           Stützpunkt kapitulierte am 8. Mai 1945

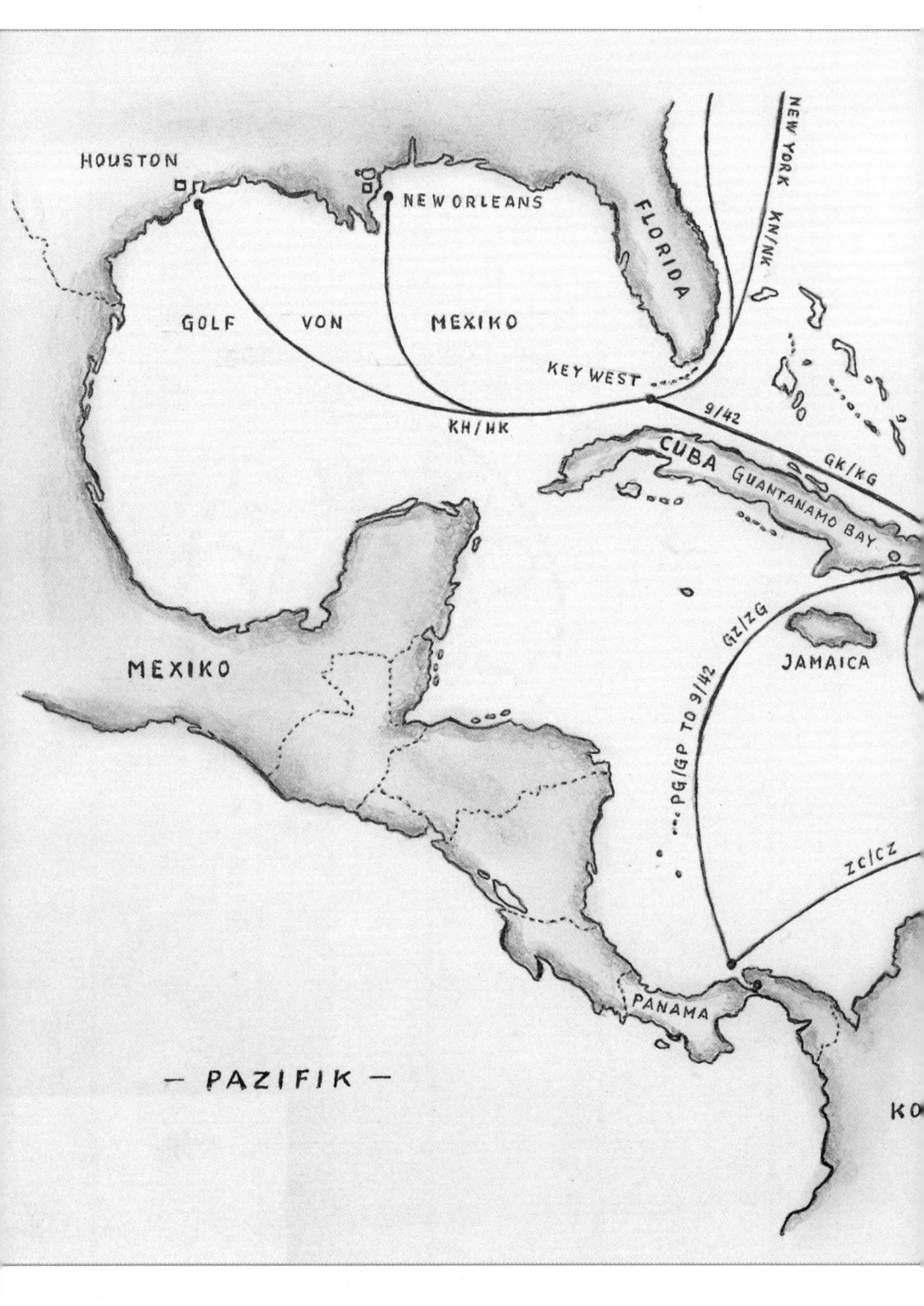